Der Wettbewerb um Stimmen im US-amerikanischen und deutschen Aktienrecht

AF893629

Frankfurter wirtschaftsrechtliche Studien

Herausgegeben von
Theodor Baums, Andreas Cahn, Friedrich Kübler,
Hans-Joachim Mertens, Eckard Rehbinder
und Gunther Teubner

Band 75

PETER LANG
Frankfurt am Main · Berlin · Bern · Bruxelles · New York · Oxford · Wien

Robert F. Thoma

Der Wettbewerb um Stimmen im US-amerikanischen und deutschen Aktienrecht

PETER LANG
Europäischer Verlag der Wissenschaften

Bibliografische Information Der Deutschen Bibliothek
Die Deutsche Bibliothek verzeichnet diese Publikation in der Deutschen Nationalbibliografie; detaillierte bibliografische Daten sind im Internet über <http://dnb.ddb.de> abrufbar.

Zugl.: Frankfurt (Main), Univ., Diss., 2005

D 30
ISSN 0723-0427
ISBN 3-631-54062-0

© Peter Lang GmbH
Europäischer Verlag der Wissenschaften
Frankfurt am Main 2006
Alle Rechte vorbehalten.

Das Werk einschließlich aller seiner Teile ist urheberrechtlich geschützt. Jede Verwertung außerhalb der engen Grenzen des Urheberrechtsgesetzes ist ohne Zustimmung des Verlages unzulässig und strafbar. Das gilt insbesondere für Vervielfältigungen, Übersetzungen, Mikroverfilmungen und die Einspeicherung und Verarbeitung in elektronischen Systemen.

www.peterlang.de

Vorwort

Die vorliegende am Institut für Bankrecht der Johann Wolfgang Goethe-Universität Frankfurt am Main entstandene Untersuchung wurde im Wintersemester 2004/2005 von der juristischen Fakultät der Johann Wolfgang Goethe-Universität Frankfurt am Main als Dissertation angenommen.

Literatur und Rechtsprechung wurden bis Juli 2005 berücksichtigt.

Für die Anregung, Betreuung und stete Förderung der Arbeit schulde ich meinem verehrten Doktorvater, Herrn Professor Dr. Dr. h.c. Theodor Baums, herzlichen Dank. Er hat mir zudem eine interessante und lehrreiche Zeit an seinem Institut ermöglicht.

Herrn Professor Dr. Manfred Wandt danke ich für die Übernahme und die umgehende Erstattung des Zweitgutachtens.

Düsseldorf, im September 2005

Robert F. Thoma

INHALTSÜBERSICHT

INHALTSVERZEICHNIS ... 9

EINFÜHRUNG ... 17

1. KAPITEL: WETTBEWERBE UM STIMMEN IN DEN USA ... 21

§ 1 BEGRIFFSBESTIMMUNGEN ... 21

§ 2 DIE BEDEUTUNG VON STIMMRECHTEN DER AKTIONÄRE IN EINER CORPORATION ... 23

§ 3 DIE HISTORISCHE ENTWICKLUNG VON WETTBEWERBEN UM STIMMEN IN DEN USA ... 30

§ 4 GRÜNDE FÜR DIE EINLEITUNG EINES WETTBEWERBS UM STIMMEN ... 38

§ 5 RECHTLICHER RAHMEN BEI DER WERBUNG VON PROXIES DURCH DEN HERAUSFORDERER ... 41

§ 6 RECHTLICHER RAHMEN BEI EINER MITTELBAREN SAMMLUNG VON STIMMEN NACH RULE 14A-8 ... 72

§ 7 HAFTUNG UND RECHTSSCHUTZ ... 85

§ 8 DIE BEDEUTUNG ÜBERNAHMERECHTLICHER REGELUNGEN BEI STIMMRECHTSWETTBEWERBEN ... 94

§ 9 BETEILIGTE AN WETTBEWERBEN UM STIMMEN ... 104

§ 10 VERTEIDIGUNGSMÖGLICHKEITEN GEGENÜBER PROXY CONTESTS ... 130

§ 11 KOSTEN DES WETTBEWERBS ... 153

§ 12 DER ABLAUF EINES TYPISCHEN PROXY CONTEST ZUR AUSWECHSLUNG DES MANAGEMENTS ... 163

§ 13 DAS VERHÄLTNIS VON PROXY CONTESTS UND TAKEOVERS ... 172

§ 14 JÄHRLICHE ANZAHL VON WETTBEWERBEN UND DEREN ERFOLG ... 184

§ 15 EMPIRISCHE UNTERSUCHUNGEN ZU WETTBEWERBEN UM STIMMEN ... 197

§ 16 GESAMTERGEBNIS ... 209

§ 17 ZUSAMMENFASSUNG DER DARSTELLUNG ZUM US-AMERIKANISCHEN RECHT ... 212

2. KAPITEL: WETTBEWERBE UM STIMMEN IM DEUTSCHEM RECHT ... 217

§ 18 DAS DEUTSCHE SYSTEM DER STIMMRECHTSVERTRETUNG ... 217

§ 19 DER WETTKAMPF UM STIMMEN NACH GELTENDEM DEUTSCHEM RECHT ... 223

§ 20 ERGEBNIS ... 248

§ 21 ZUSAMMENFASSUNG ... 249

3. KAPITEL: RECHTSVERGLEICH UND WÜRDIGUNG 253

§ 22 VERGLEICH ZWISCHEN DEUTSCHEM UND US-AMERIKANISCHEM RECHT 253

§ 23 ZUSAMMENFASSUNG UND ERGEBNIS 260

4. KAPITEL: FÖRDERUNG VON WETTBEWERBEN UM STIMMEN IN DEUTSCHLAND 263

§ 24 VERBESSERUNG DER CORPORATE GOVERNANCE DURCH WETTBEWERBE UM STIMMEN 263

§ 25 MAßNAHMEN ZUR FÖRDERUNG VON WETTBEWERBEN UM STIMMEN IN DEUTSCHLAND 283

ABKÜRZUNGSVERZEICHNIS 301

LITERATURVERZEICHNIS 309

INHALTSVERZEICHNIS

EINFÜHRUNG 17

1. KAPITEL: WETTBEWERBE UM STIMMEN IN DEN USA 21

§ 1 BEGRIFFSBESTIMMUNGEN 21

I. Proxy 21

II. Proxy system 21

III. Wettbewerbe um Stimmrechtsvollmachten, Proxy Contests und Shareholder Proposals 22

§ 2 DIE BEDEUTUNG VON STIMMRECHTEN DER AKTIONÄRE IN EINER CORPORATION 23

I. Einleitung 23

II. Das Modell der Aktionärsdemokratie 24

III. Das Principal-Agent-Modell 25

IV. Das Vertragsmodell 27

V. Bewertung 28

§ 3 DIE HISTORISCHE ENTWICKLUNG VON WETTBEWERBEN UM STIMMEN IN DEN USA 30

I. Die historische Entwicklung des Proxy–Systems 30

II. Die historische Entwicklung von Wettbewerben um Stimmen 33

§ 4 GRÜNDE FÜR DIE EINLEITUNG EINES WETTBEWERBS UM STIMMEN 38

I. Proxy Contests zur Auswechslung des Managements 39

II. Die Werbung von Stimmrechtsvollmachten zur Unterstützung eines Übernahmeangebotes oder Acquisition Proposal 39

III. Proxy Contests zur Durchsetzung von Verkauf, Liquidation oder Restrukturierung 40

IV. Sonstige Werbungen um Stimmen: Rule 14a-8 und Institutional Activism 41

§ 5 RECHTLICHER RAHMEN BEI DER WERBUNG VON PROXIES DURCH DEN HERAUSFORDERER 41

I. Überblick 41

II. Einzelstaatliche Regelungen 42

1. Allgemeine Informations- und Einsichtsrechte der Aktionäre 43

2. Bevollmächtigung des proxy holders nach einzelstaatlichen Regeln 45

III. Bundesrechtliche Regelungen 49

1. Einleitung 49

2. Anwendbarkeit der proxy-Regelungen der SEC 51

3. Definition der proxy solicitation 51

4. Überblick über die SEC Rules 54
5. Exkurs: Die Beteiligung der beneficial owners an der Abstimmung einer corporation 58
a) Praxis der Aktienverwahrung 58
b) Beteiligung der beneficial owners an den Abstimmungen einer corporation 60
6. Spezielle Regelungen in den proxy rules zur Durchführung von proxy contests 62
a) Zugang zu den Aktionären über Rule 14a-7 62
b) Rule 14a-12 67
IV. Ergebnis 68
V. Zusammenfassung 69
§ 6 RECHTLICHER RAHMEN BEI EINER MITTELBAREN SAMMLUNG VON STIMMEN NACH RULE 14A-8 72
I. Formelle Voraussetzungen 72
II. Ablehnungsgründe 74
1. Proper subject 74
2. Relevance 76
3. Ordinary business 77
4. Relates to election 78
5. Weitere Ausschlussgründe 79
III. Gegenstände von Shareholder Proposals 80
IV. Verhältnis zu den übrigen Proxy Rules 81
V. Ergebnis 83
VI. Zusammenfassung 84
§ 7 HAFTUNG UND RECHTSSCHUTZ 85
I. Übersicht 85
II. Rule 14a-9 und seine Durchsetzung 86
1. Irreführung der Aktionäre 87
2. Erheblichkeit 89
3. Kausalität 90
4. Verhältnis zu Rule 10b-5 91
5. Rechtsschutz 92
III. Ergebnis 93
IV. Zusammenfassung 93

§ 8 DIE BEDEUTUNG ÜBERNAHMERECHTLICHER REGELUNGEN BEI STIMMRECHTSWETTBEWERBEN 94
I. Die bundesrechtlichen Regelungen 94
1. Der Williams Act 94
2. Die Erfordernisse nach Section 13(d) 95
a) Definition der Gruppe im Sinne von Section 13(d) 96
b) Veröffentlichungspflichten nach Section 13(d) 98
3. Rechtsschutz bei einer Verletzung von Section 13(d) 100
4. Die offensive Nutzung von Section 13(d) 100
5. Kombination von Übernahmeangebot und proxy contest 101
II. Die einzelstaatlichen Regelungen 102
III. Ergebnis 103
IV. Zusammenfassung 103
§ 9 BETEILIGTE AN WETTBEWERBEN UM STIMMEN 104
I. Management 105
II. Aktionär 106
1. Privatanleger 107
2. Institutionelle Anleger 110
a) Pensionsfonds 113
b) Investmentfonds 117
c) Banken 117
d) Versicherungen 119
e) Universitäten und Stiftungen 119
III. Herausforderer 120
IV. Sonstige Beteiligte 123
1. Professionelle Stimmrechtswerber 124
2. Weitere Beteiligte 126
V. Ergebnis 127
VI. Zusammenfassung 128
§ 10 VERTEIDIGUNGSMÖGLICHKEITEN GEGENÜBER PROXY CONTESTS 130
I. Shareholder Rights Plans 132
1. Überblick über Shareholder Rights Plans 132

2. Einfluss von Shareholder Rights Plans auf proxy contests 133
II. Einzelstaatliche Anti-Takeover Statutes 136
1. Business combination statutes 137
2. Control share acquisition statutes 138
3. Weitere einzelstaatliche Regelungen 139
III. Staggered Boards und Cumulative Voting 141
IV. Änderung des Hauptversammlungszeitpunkts und des Record Date 142
V. Bylaws und Charter Provisions zur Verhinderung von Aktionärsopposition 143
VI. Verkauf von Aktien an White Squires 146
VII. Employee Stock Ownership Plans 146
VIII. Gerichtliche Kontrolle von Verteidigungsmaßnahmen in einem Proxy Contest 146
1. The inequitable purpose doctrine 147
2. Gerichtliche Kontrolle nach dem Unocal-Standard 148
a) Entwicklung des Unocal-Standards für feindliche Übernahmen 148
b) Anwendung des Unocal-Standards auf Verteidigungsmaßnahmen in proxy contests 149
IX. Ergebnis 151
X. Zusammenfassung 151
§ 11 KOSTEN DES WETTBEWERBS 153
I. Art der Kosten 154
II. Kostenträger 154
1. Kosten beim Management 155
2. Kosten beim Herausforderer 157
III. Bewertung durch Rechtsprechung und Literatur 159
IV. Ergebnis 162
V. Zusammenfassung 162
§ 12 DER ABLAUF EINES TYPISCHEN PROXY CONTEST ZUR AUSWECHSLUNG DES MANAGEMENTS 163
I. Auswahl des Zielobjekts 163
II. Identifizierung der Aktionäre 165
III. Kauf von Aktien 166
IV. Formierung eines Teams 167
1. Die Bildung eines Herausfordererkomitees 167

2. Hinzuziehung externer Berater 168
V. Kommunikation mit den Aktionären 169
VI. Einwerbung der Stimmrechtsvollmachten 169
VII. Zusammenfassung 171
§ 13 DAS VERHÄLTNIS VON PROXY CONTESTS UND TAKEOVERS 172
I. Proxy Contest und Takeover als alternative Mittel der Kontrollübernahme 173
II. Die Verbindung von Proxy Contest und Übernahmeangebot 177
III. Ergebnis 182
IV. Zusammenfassung 183
§ 14 JÄHRLICHE ANZAHL VON WETTBEWERBEN UND DEREN ERFOLG 184
I. Häufigkeit und Erfolg von Proxy Contests 184
II. Häufigkeit und Erfolg von Shareholder Proposals 191
III. Ergebnis 195
IV. Zusammenfassung 196
§ 15 EMPIRISCHE UNTERSUCHUNGEN ZU WETTBEWERBEN UM STIMMEN 197
I. Empirische Untersuchungen über Ursachen und Wirkungen von Shareholder Proposals 197
II. Empirische Untersuchungen über Ursachen und Wirkungen von Proxy Contests 199
1. Empirische Belege für die Ursachen von proxy contests 200
2. Empirische Belege für die Wirkungen von proxy contests 201
III. Ergebnis 207
IV. Zusammenfassung 208
§ 16 GESAMTERGEBNIS 209
§ 17 ZUSAMMENFASSUNG DER DARSTELLUNG ZUM US-AMERIKANISCHEN RECHT 212
2. KAPITEL: WETTBEWERBE UM STIMMEN IM DEUTSCHEM RECHT 217
§ 18 DAS DEUTSCHE SYSTEM DER STIMMRECHTSVERTRETUNG 217
I. Einleitung 217
II. Überblick über die geltende Rechtslage 218
§ 19 DER WETTKAMPF UM STIMMEN NACH GELTENDEM DEUTSCHEM RECHT 223
I. Bestehende Minderheitenrechte 224
1. Einberufungsrecht 225
2. Zusatzanträge zur Tagesordnung 226

3. Gegenanträge und Vorschläge zur Wahl des Aufsichtsrats 229
4. Zusammenfassung und Ergebnis 230
II. Sonstige Möglichkeiten des Erwerbs von Stimmen 231
III. Aktionärsstruktur und Stimmrechtsausübung 233
1. Die herkömmliche Struktur der Aktionäre und ihre Stimmrechtsausübung 233
2. Tendenzen 238
a) Rückgang des Depotstimmrechts 239
b) Durchsetzung des Verwaltungsstimmrechts in Deutschland 243
c) Verstärkte Rolle institutioneller Investoren in Deutschland 245
§ 20 ERGEBNIS 248
§ 21 ZUSAMMENFASSUNG 249
3. KAPITEL: RECHTSVERGLEICH UND WÜRDIGUNG 253
§ 22 VERGLEICH ZWISCHEN DEUTSCHEM UND US-AMERIKANISCHEM RECHT 253
I. Systemunterschiede zwischen den USA und Deutschland 253
II. Entwicklung des deutschen Corporate-Governance-Systems in Richtung auf den angelsächsischen Shareholder Capitalism 258
§ 23 ZUSAMMENFASSUNG UND ERGEBNIS 260
4. KAPITEL: FÖRDERUNG VON WETTBEWERBEN UM STIMMEN IN DEUTSCHLAND 263
§ 24 VERBESSERUNG DER CORPORATE GOVERNANCE DURCH WETTBEWERBE UM STIMMEN 263
I. Effekte für den Markt für Unternehmenskontrolle 264
1. Wettbewerbe um Stimmrechtsvollmachten als Mittel der Kontrollübernahme 265
2. Wettbewerbe um Stimmen als Mittel zur Unterstützung einer Übernahme 270
II. Beschränkung der Verwaltungsherrschaft 273
III. Zweckmäßigkeit einer gesetzlichen Regulierung in Deutschland 277
IV. Ergebnis 280
V. Zusammenfassung 281
§ 25 MAßNAHMEN ZUR FÖRDERUNG VON WETTBEWERBEN UM STIMMEN IN DEUTSCHLAND 283
I. Rückgängigmachen des § 67 Abs. 6 AktG 283
II. Weiterleitungsanspruch aufbegehrender Aktionäre 287
1. Vorschlag der Regierungskommission Corporate Governance 287
2. Stellungnahme 289

3. Die Einführung eines Aktionärsforums durch das UMAG ... 292

III. Kostenregelung ... 293

IV. Absenken der Abberufungsschwellen für den Aufsichtsrat ... 293

V. Einführung des cumulative voting ... 294

VI. Förderung von corporate governance resolutions ... 295

VII. Einfluss neuer Medien auf die vorgeschlagenen Änderungen ... 297

VIII. Ergebnis ... 298

IX. Zusammenfassung ... 299

ABKÜRZUNGSVERZEICHNIS ... 301

LITERATURVERZEICHNIS ... 309

Einführung

Sowohl in den *USA* als auch in Deutschland üben die Aktionäre das mit ihren Aktien verbundene Stimmrecht in der Regel nicht selbst aus, sondern sie lassen sich auf der Hauptversammlung von einem Stimmrechtsvertreter vertreten. In den *USA* werden dazu die Stimmrechtsvollmachten der Aktionäre meistens durch die Unternehmensverwaltungen eingeworben, um das für die Beschlussfähigkeit der Hauptversammlung nötige Quorum zu erreichen. Dieses Verwaltungsstimmrecht hat den Vorteil, dass dem Aktionär stets ein zur Übernahme der Stimmrechtsvertretung bereiter Stimmrechtsvertreter zur Verfügung steht. Es beinhaltet jedoch auch die Gefahr, dass sich die amtierende Unternehmensverwaltung einen umfassenden Zugriff auf die Gesellschaft verschafft. Eine wirksame Kontrolle findet praktisch nicht mehr statt, denn das amtierende Management kontrolliert sich selbst.

Dieser Situation setzt das US-amerikanische Stimmrechtsvertretungssystem Wettbewerbe um die Stimmen der Aktionäre und speziell um die Stimmrechtsvollmachten der Aktionäre entgegen, in denen mit der Unternehmensverwaltung um die Erteilung von Stimmrechtsvollmachten und die Erteilung spezieller Weisungen zur Abstimmung gerungen werden kann. Diese Wettbewerbe sind seit langem ein Bestandteil des US-amerikanischen Gesellschaftsrechts. Sie stellen das zumindest gedankliche Korrektiv zu dem umfassenden Zugriff der US-amerikanischen Unternehmensleitung auf die Stimmrechte der Aktionäre dar, der dieser durch das Verwaltungsstimmrecht ermöglicht wird. Die umfassende Kontrolle der Gesellschaft durch das eigene Management soll so verhindert bzw. zumindest dauernd gefährdet werden.

In Deutschland sind solche Wettbewerbe um die Stimmen der Aktionäre nicht oder nur sehr rudimentär vorhanden. Das gesamte System der Stimmrechtsvertretung funktionierte traditionell aber auch völlig anders. Stimmrechtsvollmachten wurden vor allem in Publikumsgesellschaften zu einem großen Teil durch die Banken ausgeübt, und den Unternehmensverwaltungen war die Ausübung von Stimmrechtsvollmachten versagt. In der letzten Zeit haben sich jedoch in Deutschland im Bereich der Stimmrechtsvertretung entscheidende Veränderungen ergeben, die möglicherweise zu einer nachhaltigen Veränderung der Stimmrechtsvertretungspraxis führen könnten. Diese Entwicklungen könnten die vom US-amerikanischen Stimmrechtsvertretungssystem entwickelten wettbewerblichen Elemente verstärkt ins Gespräch bringen, und es sind auch bereits erste Ansätze einer Diskussion über wettbewerbliche Elemente im Bereich der Stimmrechtsvertretung hierzulande erkennbar. Diese Arbeit versteht sich als ein Beitrag zu dieser Diskussion.

Aus der Tatsache, dass Wettbewerbe um die Stimmen der Aktionäre in den *USA* ein seit langem vorhandenes und erprobtes Element des dort bestehenden Systems der Stimmrechtsvertretung darstellen, in Deutschland jedoch bisher nur sehr vereinzelt aufgetreten sind und bisher praktisch keine große Rolle gespielt haben, ergibt sich bereits der für die folgende Untersuchung einzuschlagende Gang der Darstellung:

So soll zunächst die Funktionsweise und der rechtliche Rahmen von Wettbewerben um die Stimmen der Aktionäre in den *USA* beschrieben werden.[1] Weil solche Wettbewerbe im Gegensatz zur Situation in Deutschland ein bereits seit langem etablierter Teil der Unternehmensverfassung sind, liegt hier auch der Schwerpunkt der gesamten Arbeit. Dabei konzentriert sich die Darstellung nicht nur auf die Beschreibung des rechtlichen Rahmens, der bei der Durchführung solcher Wettbewerbe einzuhalten ist, sondern es soll auch versucht werden, die tatsächlichen Umstände, unter denen diese Wettbewerbe zum Einsatz kommen, zu beleuchten.[2] So liegen Schwerpunkte der Darstellung auf der Analyse des Verhaltens der an solchen Wettbewerben beteiligten Personen,[3] der Erfolgsaussichten der Stimmrechtswettbewerbe,[4] der Umstände, die das Auftreten von Wettbewerben begünstigen, sowie der Frage, wie der Markt auf die Durchführung eines Wettbewerbs reagiert.[5] Es wird außerdem versucht, zumindest einen Teil der hierzu vorhandenen empirischen Studien auszuwerten und für die Analyse heranzuziehen.[6]

Anschließend soll die Situation in Deutschland betrachtet werden.[7] Da hier eine entsprechende Erfahrung mit Wettbewerben um die Stimmen der Aktionäre fehlt, liegt der Schwerpunkt der Darstellung auf der Frage, inwieweit die Regelungen des geltenden deutschen Aktienrechts dennoch die erfolgreiche Durchführung eines Wettbewerbs um Stimmrechte ermöglichen würden bzw. was dem entgegensteht.[8] Auch aktuelle Entwicklungen im Bereich der Stimmrechtsvertretung, die eine Neubewertung des deutschen Stimmrechtsvertretungssystems nach sich ziehen könnten, sollen dabei zur Sprache kommen.[9]

Im dritten Kapitel wird die Situation in den *USA* derjenigen in Deutschland gegenübergestellt, wobei der Blick auf die in beiden Ländern vorhandenen Stimmrechtsvertretungssysteme insgesamt gerichtet werden soll, um die Frage zu beantworten, ob das deutsche Recht in diesem Bereich gegenüber den US-amerikanischen Regelungen defizitär ist und sich deshalb die Förderung von Wettbewerben um Stimmen anbieten würde

Im letzten Teil wird die Frage erörtert, inwieweit Wettbewerbe um die Stimmen der Aktionäre in die durch das Aktienrecht geprägte Unternehmensverfassung passen und welche Auswirkungen solche Wettbewerbe auf die Unternehmensleitung haben könnten.[10] Konkret werden verschiedene Alternativen für eine Änderung des deutschen Rechts vorgestellt und bewertet.[11] Dabei werden auch die von der *Regierungskommis-*

---

[1] Vgl. § 3 ff.
[2] Vgl. § 9 ff.
[3] Vgl. § 9.
[4] Vgl. § 14.
[5] Vgl. § 15.
[6] Vgl. vor allem § 14 und § 15.
[7] Vgl. § 18 ff.
[8] Vgl. § 19.
[9] Vgl. vor allem § 19 III.
[10] Vgl. § 24 f.
[11] Vgl. § 25.

sion Corporate Governance erarbeiteten Vorschläge mit in die Diskussion einbezogen, soweit sie sich mit den hier behandelten Fragestellungen befassen.[12]

[12] Die *Regierungskommission Corporate Governance* wurde mit Schreiben vom 29. Mai 2000 vom Bundeskanzler unter dem Vorsitz von *Prof. Dr. Dr. h.c. Theodor Baums* eingesetzt. Sie sollte sich mit möglichen Defiziten des deutschen Systems der Unternehmensführung und –kontrolle befassen und konkrete Vorschläge für eine Modernisierung des rechtlichen Rahmenwerkes bieten. Sie legte im Juli 2001 ihren Abschlussbericht vor; vgl. *Baums* (2001).

1. Kapitel: Wettbewerbe um Stimmen in den USA

§ 1 Begriffsbestimmungen

Im Folgenden sollen einige Begriffe vorangestellt und erklärt werden, die für das Verständnis des US-amerikanischen Systems der Stimmrechtsvertretung sowie der dazu gehörenden Wettbewerbe um Stimmen und Stimmrechtsvollmachten entscheidend sind. Die Bedeutung von für die hier behandelte Thematik weniger wichtigen Begriffen wird jeweils an den Stellen mitbehandelt werden, an denen sie das erste Mal im Text benannte werden.

I. Proxy

Der Begriff *proxy* bezeichnet die Vollmacht, die ein Aktieninhaber einem anderen erteilt, um seine aus den Aktien resultierenden Stimmrechte auf der Hauptversammlung einer *corporation* durch diesen als Vertreter ausüben zu lassen.[13] Gleichzeitig wird der Bergriff *proxy* als Bezeichnung für die Vollmachtsurkunde als solche und für die bevollmächtigte Person (*proxy holder*) benutzt.[14] Er leitet sich etymologisch vom Begriff *procuracy* ab. Wegen der umfassenden Begriffsbedeutung ist es gerechtfertigt, den gesamten Bereich der Regelungen, die sich auf die Stimmrechtsvertretung beziehen, als *proxy system* zu bezeichnen.[15]

II. Proxy system

Der Begriff des *proxy system* umfasst neben der eigentlichen Stimmrechtsvertretung der Aktionäre in der Hauptversammlung die Gesamtheit aller Regelungen, die sich mit der Stimmrechtsvertretung bei der Beschlussfassung einer *corporation* und den damit zusammenhängenden Aktivitäten befassen.[16] Dazu gehören die einzelstaatlichen Regelungen der Bevollmächtigung, die bundeseinheitlichen *proxy*-Bestimmungen einschließlich der von der *Securities and Exchange Commission* (*SEC*) erlassenen Bestimmungen,

---

[13] Mit dem Begriff der *corporation* ist im Rahmen dieser Arbeit die *business corporation* im gesellschaftsrechtlichen Sinne gemeint. Solche *corporations* gibt es im US-amerikanischen Recht in verschiedenen Formen, die beiden wichtigsten sind die *publicly held corporation* oder *public corporation* und die *close corporation*, *Hay* (2000), Rdnr. 499. Das grundlegende Merkmal der *corporation* ist, dass sie eine eigene Rechtspersönlichkeit besitzt (*legal entity*), die unabhängig von den Gesellschaftern im Rechtsverkehr Bestand hat, *Hay* (2000), Rdnr. 499. Darin liegt auch der wesentliche Unterschied zur *partnership*, *Merkt* (1991), Rdnr. 204. Vgl. näher zum Begriff der *corporation* und ihren Merkmalen bei *Merkt* (1991), Rdnr. 203 ff. und *Hay* (2000), Rdnr. 499 ff.

[14] Siehe z.B. *Duffy v. Loft, Inc.*, 151 A. 223 (Del. Ch. 1930)

[15] Vgl. z.B. *Hohn Abad* (1995), S. 32 ff.; *Soderquist* (1996), S. 207.

[16] *Ruoff* (1999), S. 178; vgl. auch *Heard/Sherman* (1987), S. 74 ff.; *Merkt* (1991), Rdnr. 633 ff.

aber auch die einzelstaatlichen Bestimmungen zur Stimmrechtsausübung durch Vertreter.[17] Darüber hinaus werden die Vorschriften erfasst, die sich mit den stimmrechtsrelevanten Informationsrechten der Aktionäre befassen; außerdem die Regeln derjenigen Einrichtungen und Verbände, denen sich die am *proxy*-Verfahren Beteiligten freiwillig unterworfen haben.[18] Das *proxy system* stellt sich somit als ein hoch komplexes Regelungssystem dar, das sich aus einzelstaatlichen und bundesstaatlichen Gesetzen, *common law* sowie freiwilligen Selbstbeschränkungen zusammensetzt.[19]

III. WETTBEWERBE UM STIMMRECHTSVOLLMACHTEN, PROXY CONTESTS UND SHAREHOLDER PROPOSALS

Der Begriff des *Wettbewerbs um Stimmrechtsvollmachten* soll in dieser Arbeit auch im Bezug auf das deutsche Recht als Oberbegriff für solche Situationen gebraucht werden, in denen im Vorfeld der Abstimmung in einer Hauptversammlung verschiedene Personen oder Gruppen um die Stimmrechtsvollmachten der Aktionäre konkurrieren, um einem von ihnen unterstützten Abstimmungspunkt auf der Hauptversammlung zum Erfolg zu verhelfen.[20] Unter diesen Oberbegriff lässt sich dann im US-amerikanischen Recht der Begriff des *proxy contest* subsumieren.

Konkurrieren verschiedene Gruppen beim Sammeln von Stimmrechtsvollmachten in der Weise, dass sie sich aktiv um eine Bevollmächtigung bei den Aktionären bewerben, so kommt es zu einem *proxy contest*. Dieser wird auch *proxy fight* genannt. In der Regel kämpfen in einem solchen *proxy contest* oder *proxy fight* ein opponierender Aktionär oder auch eine Gruppe von opponierenden Aktionären einer Gesellschaft (*insurgent shareholders*), die man auch als Herausforderer bezeichnen kann, in einer *proxy campaign* um den Erwerb möglichst vieler Stimmrechte gegen die amtierende Unternehmensverwaltung, die im *proxy system* grundsätzlich die Aktionäre vertritt, um gegen diese Einfluss auf die Gesellschaft zu erhalten.[21]

Zugleich erlauben es die rechtlichen Rahmenbedingungen einem mit der aktuellen Unternehmenspolitik unzufriedenen Aktionär, sich nicht selber von den Aktionären bevollmächtigen zu lassen, sondern stattdessen einen seinen Interessen entsprechenden

---

[17] *Ruoff* (1999), S. 179.

[18] Dies sind vor allem die Regeln der US-amerikanischen Börsen, also vor allem der *New York Stock Exchange* (*NYSE*), und die Bestimmungen der *National Association of Securities Dealers* (*NASD*).

[19] *Heard/Sherman* (1987), S. 74 ff.

[20] Nicht näher behandelt werden in dieser Arbeit Abstimmungen durch so genannten *written consent*. Dabei handelt es sich um ein schriftliches Abstimmungsverfahren, ohne dass es der Durchführung einer Hauptversammlung bedürfte. Die Gesetze der meisten Bundesstaaten erlauben ein solches Vorgehen, vgl. z.B. §§ 228, 275 (c) Del.Gen.Corp.L. Die meisten zur Werbung von Stimmrechtsvollmachten erlassenen Regelungen sind jedoch auch auf den *written consent* anwendbar, vor allem die *proxy regulation* der *SEC* (vgl. dazu ausführlich § 5). Vgl. allgemein zum *written consent* *Thomas/Dixon* (1998), § 4.04; *Finkelstein/Varallo* (1986); *Finkelstein/Varallo* (1987). Die *Regierungskommission Corporate Governance* hat sich für das deutsche Aktienrecht gegen die Einführung eines dem *written consent* entsprechenden Verfahrens ausgesprochen, *Baums* (2001), Rdnr. 112.

[21] *Hamilton* (1991), S. 292.

Tagesordnungspunkt für die Hauptversammlung einzureichen. Dieser Tagesordnungspunkt muss mit den Materialien des amtierenden Managements verbreitet werden, mit denen dieses um die Erteilung von Stimmrechtsvollmachten bittet. Die Aktionäre können dann auf den Unterlagen zur Bevollmächtigung der Unternehmensverwaltung über den Vorschlag abstimmen. Das Management muss das Stimmrecht je nach Entscheidung des Aktionärs auch für den Tagesordnungspunkt des Aktionärs ausüben. Der Aktionär wirbt somit nicht direkt Stimmrechtsvollmachten ein, sondern indirekt und mittelbar Stimmen zugunsten seines Vorschlags über das amtierende Management. Einen solchen Vorschlag nennt man *shareholder proposal*.

§ 2 DIE BEDEUTUNG VON STIMMRECHTEN DER AKTIONÄRE IN EINER CORPORATION

An den Anfang der Betrachtung von Wettbewerben um die Stimmen der Aktionäre in den *USA* soll ein kurzer Überblick über die in den *USA* geführte Diskussion über die grundsätzliche Bedeutung von Stimmrechten in einer Gesellschaft gestellt werden.[22] Die Frage, warum Aktionäre überhaupt ein Stimmrecht haben und dieses in regelmäßigen Abständen ausüben sollten, hat einen gewissen präjudizierenden Charakter für die Bedeutung, die man Wettbewerben um diese Stimmrechte für das Funktionieren eines *Corporate-Governance*-Systems beimisst. Es werden hierzu verschiedene, nicht völlig gegensätzliche und sich zum Teil ergänzende Ansichten vertreten, die kurz vorgestellt und beurteilt werden sollen. Man kann zu einer sehr unterschiedlichen Bewertung der in den *USA* bestehenden Situation kommen, je nachdem welcher Ansicht man sich im Folgenden anschließt. Daher ist am Ende des Kapitels auf diese Diskussion zurückzukommen.

I. EINLEITUNG

Das Stimmrecht des Anteilseigners ist eines der wesentlichen Merkmale des U.S.-amerikanischen Gesellschaftsrechts.[23] Eine Abstimmung der Aktionäre in einer *corporation*

---

[22] Einen umfassenden Überblick über die *corporate theory* in den *USA* gibt *Merkt* (1991), Rdnr. 35 ff.

[23] *Bebchuk/Kahan* (1990), S. 1073. Eine allgemeine Diskussion über die Bedeutung von Stimmrechten im Gesellschaftsrecht findet sich etwa auch bei *Easterbrook/Fischel* (1991b), S. 63 ff.; *Easterbrook/Fischel* (1991c); *Clark* (1986), S. 357 ff.; *Baums* (1999a), S. 110 ff.; *Baums* (1998), S. 547; *Zöllner* (1963), S. 11. Die Stimmrechte selbst sind ein Teil verschiedener Rechte der Aktionäre. Üblicherweise kommen einem Aktionär in unterschiedlicher Ausprägung folgende Rechte zu: (1.) Das Recht, seine Aktien zu verkaufen, (2.) das Recht, abzustimmen und zwar auch durch Bevollmächtigung eines anderen, (3.) das Recht, auf Schadensersatz zu klagen, wenn die Verwaltung der Gesellschaft gegen ihre Verpflichtungen verstößt, (4.) das Recht auf bestimmte Informationen der Gesellschaft und (5.) das Recht auf den Liquidationserlös, *Monks/Minow* (2001), S. 93 m.w.N.

ist stets erforderlich, wenn die Zusammensetzung des *board of directors*[24] bestimmt werden muss oder bedeutende Änderungen innerhalb der Gesellschaft anstehen.[25] Der *Delaware Chancery Court* hat einmal festgestellt, Abstimmungsentscheidungen durch die Aktionäre seien "*critical to the theory that legitimates the exercise of power by some [directors and officers] over vast aggregations of property that they do not own*"; sie seien das „*ideological underpinning upon which the legitimacy of directorial power rests*".[26] Daraus folgt zunächst, dass gesellschaftsinterne Wahlen mit absoluter Fairness und ohne jede Bevorzugung irgendeines Kandidaten durchgeführt werden müssen, wenn die Werthaltigkeit der Beteiligung erhalten bleiben soll.[27]

Dies lässt zwar den Schluss zu, dass sich die Legitimität des Managements von den Aktionären ableitet, nicht jedoch, warum dies so sein soll bzw. in welchem Ausmaß den Aktionären die Möglichkeit gegeben werden soll, auf die Geschicke einer Gesellschaft Einfluss zu nehmen.

Im Hinblick auf diese Funktion von Stimmrechten in einer Gesellschaft lassen sich drei Linien ausmachen, unter deren Überschrift diese Fragen diskutiert werden:

II. DAS MODELL DER AKTIONÄRSDEMOKRATIE

Von dem Leitbild der Aktionärsdemokratie gehen insbesondere die U.S.-amerikanischen Gerichte[28] und die *SEC* aus, die sich, insofern von einem Idealbild ausgehend, schützend vor die Stimmrechte der Aktionäre stellen.[29] Nach ihrer Ansicht sollen auch im Gesellschaftsrecht demokratische Grundsätze herrschen, so dass diejenigen, die die Führung in einer Gesellschaft übernehmen, durch Wahlen der Aktionäre in ihren Ämtern legitimiert sind. Man geht davon aus, dass die Bürger eines demokratischen Staates und die Aktionäre einer modernen Publikumsgesellschaft einander ähneln.[30] Durch freie und offene Abstimmungen wird sichergestellt, dass sich das *board of directors* gegenüber den Aktionären verantworten muss. Denn bei den Aktionären liege schließlich das Bestimmungsrecht für das *board of directors*.

Das Modell der Aktionärsdemokratie garantiert also die notwendige Kontrolle der ansonsten umfassenden Macht des Managements über die Gesellschaft und sichert damit am besten die im politischen Sinne verstandenen Freiheitsrechte des Einzelnen.[31] Folgt man diesem Modell, so sollten die Abstimmungen in Gesellschaften im Idealfall Wett-

---

[24] Dem *board of directors* kommt die Aufgabe zu, das Management in eigener Verantwortung zu erledigen, wobei es dabei nicht Vertreter der Gesellschafter, sondern unabhängiges Gesellschaftsorgan ist, *Merkt* (1991), Rdnr. 488.

[25] *Cox/Hazen/O'Neal* (1996), S. 306.

[26] *Blasius Indus., Inc. v. Atlas Corp.*, 564 A.2d 651, 659 (Del. Ch. 1988).

[27] *Blasius Indus., Inc. v. Atlas Corp.*, 564 A.2d 651, 661-662 (Del. Ch. 1988).

[28] Vgl. z.B. die Entscheidung *Schnell v. Chris-Craft Industries, Inc.*, 285 A.2d 437 (Del. 1971). Zu dieser Entscheidung auch noch näher unter § 10 VIII.

[29] *Thomas/Dixon* (1998) § 1.02[A].

[30] So z.B. *Emerson/Latcham* (1952), S. 9.

[31] *Frank* (1976), S. 45 ff.

bewerbe verschiedener rivalisierender Gruppen sein, die mit gleichen Chancen gegeneinander antreten, um ihre Vorstellungen über eine Besetzung des *board of directors* oder über Fragen der Unternehmenspolitik durchzusetzen.[32] Die Aktionäre sollten in freier Wahl zwischen den rivalisierenden Gruppen wählen können.

In der Praxis jedoch zeigt sich, dass das derzeitige System den Ansprüchen einer funktionierenden Aktionärsdemokratie nicht gerecht wird. Nur in wenigen Fällen, in denen die Zahl der Aktionäre auf einige große Anteilseigner beschränkt ist, kann man davon sprechen, dass die Kontrolle tatsächlich demokratisch durch die Anteilseigner ausgeübt wird.[33] Daher werden von den Vertretern des Modells der Aktionärsdemokratie auch Reformen des geltenden Systems gefordert, die die derzeitigen Mängel nach ihrer Ansicht beseitigen würden. Die Vorschläge umfassen unter anderem Änderungen des bestehenden Systems der Kostenerstattung bei *proxy contests*,[34] verbesserte Möglichkeiten der Aktionäre, eigene Kandidaten für das *board of directors* vorzuschlagen, einen einfacheren Zugang der Aktionäre zu den Werbeunterlagen des Managements durch *shareholder proposals*[35] und eine verbesserte Information der Aktionäre über die Gesellschaft und die zu wählenden Kandidaten.[36]

In den Augen der Vertreter des Modells der Aktionärsdemokratie ist der *proxy contest* das entscheidende Mittel der Aktionäre, das Management auf eine demokratische Weise zur Rechenschaft zu ziehen, denn es eröffnet den Aktionären die Möglichkeit, dieses auch gegen seinen Willen abzulösen.[37] Das Recht der Aktionäre, ihr Stimmrecht auszuüben und an den Abstimmungen der Gesellschaft teilzunehmen, wurde daher von den Gerichten auch stets leidenschaftlich verteidigt.[38]

III. DAS PRINCIPAL-AGENT-MODELL

Einen gänzlich anderen Schwerpunkt bei der Frage, warum Aktionäre ein Stimmrecht haben sollten, setzt das *Principal-Agent*-Modell.[39] Dieses Modell beschreibt die Beziehung zwischen Aktionär und Management als eine Beziehung zwischen einem *principal*

---

[32] *Emerson/Latcham* (1952), S. 9.

[33] *Sadat-Keeling* (1984), S. 162.

[34] Zur Kostenerstattung bei *proxy contests* und den Vorschlägen für eine Veränderung der geltenden Rechtslage vgl. § 11 III.

[35] Vgl. hierzu auch § 6.

[36] *Thomas/Dixon* (1998) § 1.02[A].

[37] *Caplin* (1953), S. 151.

[38] *Thomas/Dixon* (1998) § 1.02[A]. Diese Haltung der Gerichte führte unter anderem dazu, dass heute Übernahmeversuche regelmäßig mit *proxy contests* verbunden werden, denn während die Gerichte dem Management ein großes Ermessen bei der Abwehr von Übernahmeversuchen zubilligten, verwarfen sie regelmäßig Versuche des Managements, Abstimmungen der Aktionäre über die Aufhebung so genannter *anti-takeover devices* zu verhindern. Vgl. dazu ausführlich unten § 10 VIII.

[39] Vgl. zum *principal-agent*-Konflikt auch *Baums/von Randow* (1995), S. 152 ff.; *Shleifer/Vishny* (1997), S. 740 ff. m.w.N. Im Hinblick auf die Stimmrechtsvertretung vgl. auch *Tuerks* (2000), S. 183 ff.

(Geschäftsherrn) und einem *agent* (Vertreter).[40] Durch die Einschaltung des *agent* entstehen dem *principal* so genannte *agency costs*.[41] Denn die Eigentümer der Gesellschaft (*principals*) führen die Geschäfte nicht selber, sondern stellen hierfür Manager (*agents*) ein. Diese handeln jedoch nicht immer im Interesse der Gesellschafter, bzw. sie tun dies nur, wenn sie von den Gesellschaftern überwacht werden.[42] Die Gesellschafter erleiden somit einerseits durch den fehlenden Gleichlauf der Interessen sowie andererseits durch die zur Überwachung eingesetzten Mittel Verluste, die dann als *agency costs* bezeichnet werden.

Es gilt also den Nachteil, dass der Aktionär nicht selbst unternehmerisch tätig wird, durch Auferlegen verschiedenster Beschränkungen möglichst gering zu halten und damit die *agency costs* zu minimieren.[43] Dies muss unter anderem durch eine Überwachung der amtierenden Unternehmensleitung erfolgen. Diese Überwachung des eingestellten Managements kann durch unterschiedliche Mittel erfolgen. So muss etwa die Verwaltung z.B. durch die Erstellung von Jahresabschlüssen, die durch unabhängige Wirtschaftsprüfer kontrolliert werden, Rechenschaft über ihre Aktivitäten ablegen.

Wichtig ist aber auch die Überwachung des amtierenden Managements durch die Gesellschafter selbst.[44] Eine Möglichkeit, diese Überwachung des Managements durchzuführen und für eine Beachtung der Interessen der Eigentümer zu sorgen, besteht dabei für die Aktionäre in der Ausübung ihres Stimmrechts auch gegen das amtierende Management. Dazu haben sie in der Situation eines Wettbewerbs um ihre Stimmen Gelegenheit, auch ohne dass sie auf der Hauptversammlung selbst ihr Stimmrecht ausüben müssten.

Auch nach dem *Principal-Agent*-Modell nimmt somit das Stimmrecht der Aktionäre eine wichtige Rolle unter den verschiedenen das Management beschränkenden Mitteln ein. Es wird ihm aber nicht die Rolle zugemessen, die es in Analogie zum politischen Wahlsystem im Modell der Aktionärsdemokratie einnimmt.[45] Vielmehr ist die Ausübung von Aktionärsmacht durch das Stimmrecht nur eines von mehreren Mitteln, durch die die *principals* der Gesellschaft (die Aktionäre) die Leistungen der *agents*, *directors* und *officers*, überwachen und kontrollieren können.[46] Andere Möglichkeiten sind etwa die Berufung unabhängiger Direktoren (*outside directors*)[47] sowie unabhängiger Prüfungsgesellschaften, die die Leistung des amtierenden Managements bewerten

---

[40] Zum Begriff der *agency* speziell im Bereich der Stimmrechtsvertretung vgl. § 5 II.2. Gegen die Verwendung des *principal-agent*-Modells im Bereich der Publikumsgesellschaft wenden sich *Lipton/Rosenblum* (2003). Vgl. auch schon *Lipton/Rosenblum* (1991), S. 190 ff.

[41] *Brealey/Myers* (2000) S. 8. Vgl. dazu auch *Jensen/Meckling* (1976) und *Jensen* (1986).

[42] *Brealey/Myers* (2000), S. 8.

[43] *Rock* (1991), S. 453.

[44] *Black* (1992), S. 831.

[45] *Black* (1992), S. 831.

[46] *Thomas/Dixon* (1998) § 1.02[B].

[47] *Outside directors* sind im Gegensatz zu *inside directors* solche Mitglieder des *board of directors*, die nicht gleichzeitig Managementaufgaben in der Gesellschaft wahrnehmen, *Cox/Hazen/O'Neal* (1996), S. 146 f.

sollen, oder informelle Kontakte institutioneller Investoren zum amtierenden Management.[48]

IV. Das Vertragsmodell

Eine dritte Theorie des *corporate voting*, das so genannte Vertragsmodell (*contractarian model*), betont die Funktion, die Abstimmungen in Gesellschaften zukommt, um die Rechte und Pflichten der beteiligten Parteien, die ihnen aus dem Gesellschaftsvertrag erwachsen, genauer zu bestimmen. Dabei setzt die Vertragstheorie voraus, dass Gesellschaften nichts anderes sind als ein Netz verschiedenster Verträge (*nexus of contracts*).[49] Rechtliche Regelungen spielen dabei insoweit eine Rolle, als sie den Prozess des Vertragsschlusses zwischen den Parteien vereinfachen können. Das Gesellschaftsrecht gibt hierfür standardisierte Gesellschaftsformen vor, derer sich die Parteien bedienen können und die die Kosten zur Gründung und zum Betrieb einer Gesellschaft zwischen den Parteien reduzieren, da diese die Verträge ansonsten in allen Einzelheiten aushandeln müssten.[50] *Easterbrook* und *Fischel*, zwei führende Vertreter dieser Theorie, argumentieren, dass das Recht abzustimmen bedeute, das Recht zu haben, alle Entscheidungen, die nicht schon per Vertrag auf eine bestimmte Art geregelt sind, selbst zu treffen.[51] Stimmrechte sind für Aktionäre das, was für *bondholders* die Vertragsbedingungen (*covenants*) sind, sie beschränken den Entscheidungsspielraum des Managements und bieten daher Schutz gegen *moral hazard*.[52] Mehrheitsentscheidungen der Aktionäre bieten außerdem die einzig mögliche Methode in einer großen Gesellschaft, Verbesserungen in der Unternehmenspolitik durchzusetzen.[53] Müssten solche Veränderungen zwischen den einzelnen Anteilseignern ausgehandelt werden, so wären solche Verhandlungen nicht nur schwierig zu organisieren, sondern würden auch Einstimmigkeit der Vertragspartner voraussetzen, was jedem Aktionär praktisch ein Vetorecht geben würde.[54]

Die Aktionäre wählen daher Direktoren, geben ihnen jedoch weitgehende Freiheit, die meisten Entscheidungen, die die Gesellschaft betreffen, selbst zu treffen, weil die Kosten, die dem einzelnen Aktionär durch eine Abstimmungsentscheidung entstehen, hoch sind und die Aktionäre daher ihr Recht zur Abstimmung eher sporadisch ausüben wollen.[55] Auch bei der Wahl des *board of directors* stimmen die Aktionäre dieser Meinung zufolge in der Regel den Vorschlägen des Managements ohne großes Nachdenken zu, da ökonomische Kräfte automatisch dafür Sorge tragen, dass das amtierende Manage-

---

[48] *Thomas/Dixon* (1998) § 1.02[B]; siehe hierzu ausführlich auch bei *Black* (1992). Zum Verhalten der institutionellen Investoren vgl. auch noch unten § 9 II.2.

[49] Siehe dazu auch *Jensen/Meckling* (1976), S. 310 f.

[50] Vgl. z.B. *Easterbrook/Fischel* (1986), S. 282; *Bebchuk* (1989a), S. 1397.

[51] *Easterbrook/Fischel* (1983), S. 402.

[52] *Easterbrook/Fischel* (1991a), S. 186.

[53] *Baums* (1999a), S 111.

[54] Vgl. *Baums* (1998), S. 547.

[55] *Thomas/Dixon* (1998) § 1.02[C].

ment die Interessen der Anleger verfolgt.[56] Das Stimmrecht der Aktionäre gewinnt hiernach nur dann an Wert, wenn es darum geht, die Kontrolle in einer Gesellschaft zu übernehmen.[57] Soll die Kontrolle der Gesellschaft durch ein Übernahmeangebot realisiert werden, so sind die mit den Aktien verbundenen Stimmrechte entscheidend, denn ohne diese könnte der Übernehmer die Kontrolle in der von ihm erworbenen Gesellschaft gar nicht ausüben.[58] Soll der Kontrollwechsel durch einen *proxy contest* durchgeführt werden, so kommt es allein darauf an, die Stimmrechte der Aktionäre zu erlangen, da die Ablösung des amtierenden Managements hier nur durch eine Mehrheit von Stimmrechtsvollmachten erreicht wird.[59]

V. Bewertung

Die vorgestellten Modelle schließen sich nicht unbedingt aus. Sie sind eher davon gekennzeichnet, dass sie das von allen als unverzichtbar vorausgesetzte Stimmrecht der Aktionäre unterschiedlich bewerten und ihm jeweils eine unterschiedliche Bedeutung zumessen.

So bestechend das vorgestellte Modell der Aktionärsdemokratie auch auf den ersten Blick erscheinen mag, so fraglich ist, ob tatsächlich der politische demokratische Prozess Leitbild für die Ausübung von Kontrolle in einer *corporation* sein sollte. Denn trotz aller Bemühungen etwa der *SEC*, dem Aktionär mehr Einfluss zu geben und ihn besser zu informieren, bleiben die meisten Kleinaktionäre weiterhin passiv und üben sich in rationaler Apathie.[60] Abstimmungen gewannen in den letzten Jahrzehnten vornehmlich dadurch wieder an Gewicht, dass sich zunehmend institutionelle Investoren für die internen Entwicklungen in den von ihnen gehaltenen Gesellschaften interessierten.[61] Soweit sich das Modell der Aktionärsdemokratie danach auf die Rolle des einzelnen Aktionärs bezieht, läuft diese Entwicklung dem Modell der Aktionärsdemokratie entgegen.[62] Die Stimmmacht des einzelnen Kleinaktionärs wird in der Regel von der Stimmmacht der großen institutionellen Investoren beseitigt. Anders als bei Wahlen in

---

[56] *Dent* (1989), S. 885.

[57] *Manne* (1965), S. 113. Nach der Ansicht *Mannes* sichert nur die Gefahr einer Übernahme die Ausrichtung der Unternehmenspolitik durch das amtierende Management an den Erfordernissen des Wettbewerbs. Dadurch wird die große Zahl der kleinen Aktionäre, die in der Regel keine Kontrolle ausüben, in ihren Interessen geschützt. Zu den Mitteln, die überhaupt zu einer Kontrollübernahme führen können, zählt *Manne* den *proxy contest*, den direkten Kauf von Aktien der Zielgesellschaft (*takeover*) und den Zusammenschluss (*merger*), vgl. *Manne* (1965), S. 113 f.

[58] *Easterbrook/Fischel* (1983), S. 402 f. Auch *Clark* misst den Stimmrechten im Zusammenhang mit Übernahmen eine entscheidende Bedeutung zu. Damit ein Übernahmeangebot erfolgreich und gesamtgesellschaftlich von Nutzen sein kann, müssen nach seiner Ansicht verschiedene Voraussetzungen erfüllt sein: (1.) Es muss überhaupt Stimmrechte geben, (2.) diese Stimmrechte müssen handelbar sein (in der Regel im Zusammenhang mit den Aktien, aus denen das Stimmrecht folgt) und (3.) muss der Käufer in der Lage sein, durch den Kontrollerwerb einen Gewinn zu erzielen, *Clark* (1986), S. 398.

[59] *Fischel* (1987), S. 133 f.

[60] *Fischel* (1982a) S. 1272. Zum Begriff der *rationalen Apathie* vgl. auch § 9 II.1.

[61] Vgl. zu den institutionellen Investoren § 9 II.2.

[62] *Conard* (1988), S. 127 f.

der Politik resultiert Stimmmacht in einer Gesellschaft eben auch aus der Größe des Anteils, den der Einzelne an der Gesellschaft hält.

Indem Abstimmungen der Aktionäre in eine Vielzahl unterschiedlichster Kontrollmechanismen, die zur Minimierung von *agency costs* bestehen, eingeordnet werden, ermöglicht das *Principal-Agent*-Modell im Gegensatz zum Modell der Aktionärsdemokratie einen pragmatischen Blick auf die Funktion von Abstimmungen in einer Gesellschaft. Aus der zugrunde liegenden Annahme, dass es darum gehe, die durch den Zielkonflikt zwischen Eigentümern und Management für die Eigentümer entstehenden Kosten zu minimieren, folgt, dass Abstimmungen eben dort ihre Berechtigung haben, wo sie dazu beitragen können, diese Kosten zu reduzieren. Die Ausgestaltung des Stimmrechts sowie der Möglichkeiten, dieses auszuüben, sind somit insofern von Bedeutung, als sie zu einer Reduzierung von *agency costs* beitragen. Wettbewerbe um die Stimmen der Aktionäre verdienen bei der Betonung dieses Elements daher dann eine Förderung, wenn sie die Kontrolle des amtierenden Managements zu vergleichsweise niedrigen Kosten ermöglichen bzw. helfen, bestehende *agency costs* zu reduzieren.

Der Vertragstheorie ist darin Recht zu geben, dass sie die größte Bedeutung von Stimmrechten dort sieht, wo es gilt, außergewöhnliche Situationen in einer Gesellschaft zu regeln. Ansonsten stimmen die Aktionäre den Maßnahmen der Unternehmensleitung routinemäßig zu. Sie vertrauen darauf, dass ein funktionierender Markt für Unternehmenskontrolle dafür sorgen wird, dass „Verträge“ mit einem schlechten Management beendet werden.[63] In den Situationen, in denen es darum geht, die Kontrolle in einer Gesellschaft dem amtierenden Management zu entreißen, hat das Stimmrecht eine echte Bedeutung. Für denjenigen, der gegen den Willen des amtierenden Managements in einer Gesellschaft Kontrolle ausüben will, ist es daher entscheidend, entweder selbst genügend Anteile durch ein Übernahmeangebot zu erwerben oder von den Aktionären in einem *proxy contest* bevollmächtigt zu werden, um gegen das amtierende Management vorgehen zu können. Aber auch *proxy contests*, in denen es nicht um die Kontrolle der Gesellschaft geht, oder *shareholder proposals* sind geeignet, gegen die amtierende Unternehmensleitung eigene Vorstellungen in bestimmten Sachfragen durchzusetzen. Sie können dafür sorgen, die „Vertragsbeziehung“ zum Management neu zu organisieren, bzw. dafür, die Bedrohung des Managements durch den Markt für Unternehmenskontrolle aufrechtzuerhalten, indem sie sich z.B. gegen Maßnahmen gegen feindliche Übernahmen richten.

---

[63] Das Konzept des Marktes für Unternehmenskontrolle wurde Mitte der sechziger Jahre von *Robin Marris* und *Henry Manne* entwickelt, vgl. *Marris* (1964), *Manne* (1964) und *Manne* (1965). Mit dem Begriff *Markt für Unternehmenskontrolle* ist nach *Manne* folgendes gemeint: Die Kontrolle von Gesellschaften stellt unabhängig von Gewinnen, die durch das Erreichen eines Monopols erzielt werden können, bzw. solchen, die durch Kostenersparnisse durch Vergrößerung des Betriebes (*economics of scale*), erreicht werden können, einen selbständigen Wert dar, *Manne* (1965), S. 112. Dies führt dazu, dass ein Markt für Unternehmenskontrolle entsteht, auf dem sich Personen um die Kontrolle einer Gesellschaft bewerben werden, sofern sie die Möglichkeit sehen, hierdurch einen Gewinn zu erzielen. Diesen Gewinn können die Marktteilnehmer durch die Steigerung des Unternehmenswerts realisieren. Die Theorie eines Marktes für Unternehmenskontrolle beruht somit auf der Annahme, dass zwischen der Effizienz des Managements einer Gesellschaft und seinem Marktwert ein Zusammenhang besteht, *Manne* (1965), S. 112.

Im Ergebnis lässt sich festhalten, dass die Postulation einer wie auch immer ausgestalteten Aktionärsdemokratie keine überzeugende Antwort auf die Frage enthält, warum Aktionären ein Stimmrecht zukommen sollte. Der Vergleich mit Abstimmungen im staatlichen Bereich zeigt zwar gewisse Parallelen, ist jedoch, wie oben gezeigt, nicht unbedingt überzeugend. Die in einer Gesellschaft anzutreffenden Umstände sind einfach zu unterschiedlich, als dass sich die die staatlichen Abstimmungen beherrschenden Prinzipien auf das Gesellschaftsrecht übertragen ließen. Hier bietet ein Ansatz, der sich an der Trennung von Finanzierung und Unternehmensleitung orientiert, eine überzeugendere Erklärung. Danach gilt es, die Stimmrechte der Aktionäre als ein Mittel dafür einzusetzen, den Zielkonflikt zwischen Aktionären und Management zugunsten der Aktionäre als in der Gesellschaft letztberechtigte Anspruchsteller (*residual claimants*) aufzulösen.[64] Hierzu können die beiden anderen beschriebenen Ansätze nützliche Gedanken beisteuern. Auch Wettbewerbe um die Stimmen von Aktionären müssen sich damit daran messen lassen, inwieweit sie in der Lage sind, einen Beitrag zur Lösung dieses Konflikts zu leisten.

§ 3 Die historische Entwicklung von Wettbewerben um Stimmen in den USA

Die historische Entwicklung von Wettbewerben um die Stimmen von Aktionären im Vorfeld von Abstimmungen ist eingebettet in die historische Entwicklung des gesamten *proxy*-Systems in den *USA*. Daher soll zunächst ein kurzer Überblick über die Entwicklung dieses Stimmrechtsvertretungssystems gegeben werden, bevor näher auf die Entwicklung von Wettbewerben um die Stimmen der Aktionäre innerhalb dieses *proxy*-Systems eingegangen werden wird.

I. Die historische Entwicklung des Proxy–Systems

Das amerikanische Gesellschaftsrecht hat sich im Wesentlichen aus dem englischen *common law*[65] des ausgehenden Mittelalters und der frühen Neuzeit entwickelt,[66] das sich aus den ursprünglich 13 britischen kolonisierten Gründerstaaten in fast alle nordamerikanische Staaten verbreitete.[67] Die Entwicklung verlief jedoch in den Einzelstaa-

---

[64] Zu dem Begriff der *residual claims* vgl. *Fama/Jensen* (1983), S. 302 f.

[65] Der Begriff des *common law* umfasst das ursprüngliche Richterrecht der *common law courts*. Zusammen mit dem *equity law* (vgl. dazu Fn. 381) bildet es das *case law* des angelsächsischen Rechts im Gegensatz zum *statutory law*, dem gesetzten Recht. Vgl. zu den Begriffen auch *Hay* (2000), S. 6. Vgl. auch *Dietl/Lorenz* (2000) zum Begriff des *common law*.

[66] Vgl. zu den Ursprüngen des US-amerikanischen Gesellschaftsrechts *Axe* (1942), S. 38 ff.; *Henn/Alexander* (1983), S. 17 ff.; *Solomon et al.* (1994), S. 1-4; *Loss/Seligman* (1989), Bd. I, S. 3-28 jeweils m. w. N.

[67] *Hüssy* (1959), S. 7.

ten der *USA* unterschiedlich, so dass von Beginn an nicht von einem einheitlichen Recht der *USA* gesprochen werden konnte.[68]

Betrachtet man hiervon ausgehend die rechtliche Entwicklung der Stimmrechtsvertretung, so ist festzustellen, dass nach den ursprünglichen Regeln des *common law* eine Vertretung auf der Hauptversammlung einer Gesellschaft überhaupt nicht möglich war.[69] Da sich jedoch der Charakter der Aktiengesellschaft veränderte, weil zunehmend rein wirtschaftliche Interessen im Vordergrund standen und Kapital von einem immer weiter verstreuten Personenkreis aufgebracht wurde,[70] wuchs das Bedürfnis nach einer Regelung der Stimmrechtsvertretung schon allein deshalb, um die nach US-amerikanischem Recht notwendige Kapitalpräsenz auf den Hauptversammlungen sicherzustellen.[71] Daher wurden seit Beginn des neunzehnten Jahrhunderts in allen amerikanischen Staaten entsprechende Gesetze erlassen.[72] Besonders hervorzuheben ist, dass auch schon zu dieser Zeit eine Beauftragung des *board of directors* oder des sonstigen Managements,[73] also der Verwaltung der Aktiengesellschaft, für zulässig gehalten wurde.[74]

Die Entwicklung des Rechts der Stimmrechtsvertretung verlief also zunächst auf der Ebene der Bundesstaaten. Es bestanden sowohl auf einzelstaatlicher Ebene als auch auf Bundesebene keine Regelungen, die die Berücksichtigung von Aktionärsinteressen sicherstellten. In den frühen dreißiger Jahren war der Aktienbesitz so zersplittert und auch geographisch so weit verstreut, dass es zu einer massiven Veruntreuung von Vermögen durch das aktive Management kam.[75] Als sich dann erhebliche Mängel im Anlegerschutz zeigten und es 1929 zum großen Börsenkrach mit anschließender Weltwirtschaftskrise kam, reagierte ab dem Jahre 1933 der Bund mit einer Gesetzgebung im Bereich der Stimmrechtsvertretung.[76] Zwar hat der Bundesgesetzgeber im Bereich des Gesellschaftsrechts an sich keine verfassungsrechtliche Gesetzgebungskompetenz, doch stützte er seine Gesetzgebung auf die *interstate commerce clause* der Bundesverfassung, da für die Erlangung von Stimmrechtsvollmachten die Post als Einrichtung des zwischenstaatlichen Geschäftsverkehrs zur Versendung der *proxy*-Vordrucke benutzt

---

[68] *Tunc/Tunc* (1955), S. 186 f.

[69] Dies hat seinen Grund darin, dass das amerikanische Aktienrecht aus dem Recht gemeindlicher und gemeinnütziger Einrichtungen erwachsen ist, in dem es nicht um bloße wirtschaftliche Interessen ging, sondern um nicht delegierbares gegenseitiges Vertrauen, vgl. *Axe* (1942), S. 39; *Wiethölter* (1961), S. 247.

[70] *Hüssy* (1959), S. 58

[71] Vgl. *Hohn Abad* (1995), S. 33

[72] Ausgangspunkt dieser Entwicklung war *New York* im Jahr 1811, dessen Beispiel dann alle übrigen Staaten folgten. *Wiethölter* (1961), S. 248. Vgl. zum Ganzen auch *Axe* (1942), S. 38 ff.; *Tuerks* (2000), S. 74. Vgl. auch § 7.22 RMBCA; § 212 Del.Gen.Corp.L.

[73] In den Vereinigten Staaten sind die Aufgaben des Managements und der Kontrolle in den *corporation statutes* praktisch aller Bundesstaaten nach dem gleichen Grundmuster unter den Hauptakteuren, d.h. den Gesellschaftern (*shareholders*), den leitenden Angestellten (*executive officers*) und dem *board of directors* verteilt (*statutory scheme*), *Merkt* (1991) Rdnr. 482 ff.; vgl. auch *Buxbaum* (1985), S. 1671-1734.

[74] *Axe* (1942), S. 50 f.; *Wiethölter* (1961), S. 248; *Ruoff* (1999), S. 178.

[75] *Berle/Means* (1991), XXXI; siehe auch S. 47-65.

[76] *Tuerks* (2000), S. 75; *Merkt* (1991), Rdnr. 27.

wird.[77] 1933 wurde der *Federal Securities Act* erlassen, 1934 der *Securities Exchange Act*, der 1968 durch den *Williams Act* reformiert wurde. Durch den *Securities Exchange Act* wurde auch die *Securities and Exchange Commission* (*SEC*) ins Leben gerufen, die in *Section 14a* mit weit reichenden Handlungsvollmachten zur Aufstellung, Anwendung und Durchsetzung von *proxy*-Regeln ausgestattet wurde.[78] Dadurch sollte die Beteiligung der Aktionäre gestärkt und erhalten werden.[79] Die Regulierung des Rechts der Stimmrechtsvertretung wurde durch diese Maßnahmen zu einer gemeinsamen Aufgabe der Einzelstaaten sowie des Bundes. Dabei bediente sich der Bund der *SEC*, die autorisiert wurde, Regeln zur Durchführung der Werbung um Stimmrechtsvollmachten im öffentlichen Interesse oder zum Schutz der Investoren zu erlassen.[80] Die weit reichende Ermächtigung zum Erlass entsprechender Regelungen sollte von der *SEC* im Hinblick auf zwei Ziele genutzt werden: (1.) Es sollte die vollständige und faire Veröffentlichung von Informationen sichergestellt werden, die für die Wahlentscheidung der Aktionäre entscheidend sind. (2.) Außerdem sollten die Bedingungen kontrolliert werden, unter denen *proxies* geworben werden dürfen, um die in der Vergangenheit aufgetretenen Missbräuche zu verhindern, die eine freie Ausübung des Wahlrechts nicht ermöglicht hatten.[81]

Die ersten *proxy rules* wurden daraufhin von der *SEC* 1935 erlassen, bereits 1938 ersetzt und 1964 durch die *Securities Act Amendments* reformiert. Nachdem für die Anwendbarkeit der alten Regelungen maßgebliche Voraussetzung die Registrierung an einer nationalen Börse war, wurden durch die *Securities Act Amendments* die Regelungen auf nicht börsennotierte Gesellschaften erweitert.[82] Seitdem gelten die von der *SEC* erlassenen *proxy rules* für weite Teile der amerikanischen Publikumsgesellschaften. Die Hoffnungen des Kongresses, dass sich die seitdem besser informierten Aktionäre nunmehr effektiver in die Kontrolle ihrer Gesellschaften einschalten würden, erfüllten sich für die nächsten Jahrzehnte in dieser Weise aber nicht.[83] Die Kontrolle aller Aspekte einer Gesellschaft inklusive der *proxy machinery*[84] durch ihr Management zusammen mit einer andauernden Passivität der Anleger blieb das dominierende Bild in der typischen U.S.-amerikanischen Publikumsgesellschaft.[85]

---

[77] *Petzke* (1975), S. 65.

[78] Zur Verfassungsmäßigkeit der *SEC* und ihrer weitreichenden Handlungsbefugnisse vgl. die Entscheidung *SEC v. May*, 229 F.2d 123.

[79] *Thomas/Dixon* (1998), § 1.01[A].

[80] Siehe *J.I. Case v. Borak*, 377 U.S., 426, 432.

[81] H.R. Rep. No.1383, 73d Cong., 2d Sess. 14 (1934). Siehe auch *J.I. Case v. Borak*, 377 U.S. 426, 431 f. (1964).

[82] Dazu waren die Kompetenzen der *SEC* zuvor durch Gesetz erheblich erweitert worden, *Aranow/Einhorn* (1968), S. 95.

[83] *Thomas/Dixon* (1998), § 1.01[A].

[84] Unter dem Begriff „*proxy machinery*" fasst man den gesamten die Stimmrechtsvertretung in einer Gesellschaft ermöglichenden Apparat zusammen, der in der Regel dem amtierenden Management zur Verfügung steht und damit sicherstellt, dass das amtierende Management seine Vorstellungen durchsetzen kann.

[85] *Loss/Seligman* (1989), S. 1921 f.

Um der Kontrolle der Gesellschaften durch ihr amtierendes Management entgegenzuwirken, wurden die *proxy rules* der *SEC* im Jahre 1992 nach langen Diskussionen und intensiver Lobbyarbeit von verschiedensten Seiten ein weiteres Mal reformiert.[86] Hierdurch wurden vor allem die Möglichkeiten der Aktionäre, sich in einer Opposition zum amtierenden Management zu organisieren, verbessert.

II. Die historische Entwicklung von Wettbewerben um Stimmen

Parallel zu der Entwicklung des *proxy*-Systems, wie es heute anzutreffen ist, verlief auch die Entwicklung von Wettbewerben um die Stimmen der Aktionäre, die ja nur einen Teil des Systems der Stimmrechtsvertretung in den *USA* darstellen.

Trotz der Dominanz des Managements im Bereich der Stimmrechtsvertretung war es Dritten in den *USA* jederzeit möglich, Stimmrechtsvollmachten in ihrem Sinne zu werben, um dadurch die Kontrolle der amtierenden Unternehmensleitung über die Gesellschaft in Frage zu stellen. In den fünfziger und sechziger Jahren des letzten Jahrhunderts wurden regelmäßig *proxy contests* genutzt, um durch die Auswechslung des *board of directors* die Kontrolle einer Gesellschaft zu erlangen.[87] Feindliche Übernahmen waren zu dieser Zeit noch nicht verbreitet. Noch am Ende der fünfziger Jahre wurden unfreiwillige Kontrollwechsel in Aktiengesellschaften zum weitaus überwiegenden Teil durch Wettbewerbe um Stimmrechtsvollmachten bewerkstelligt.[88] Mit einem auf diese Weise erlangten Kontrollwechsel sollte meist eine effektivere Fortführung des Unternehmens erreicht werden.[89] Des Weiteren wurde ein Austausch von Direktoren nicht mehr nur angestrebt, um für eine Fortführung des Unternehmens mit geänderter Geschäftspolitik zu sorgen. In vielen Fällen sollten die neu gewählten Direktoren vielmehr eine Auflösung, „Ausschlachtung", Verschmelzung oder radikale Restrukturierung der Aktiengesellschaft durchführen.[90]

Gesetzgeberisch wurde auf diese Entwicklung reagiert, indem die *SEC* im August 1955 eine Reihe von Ergänzungen ihrer Regelungen vorschlug, in denen es hauptsächlich um so genannte *contested elections*, also umkämpfte Wahlen zum *board of directors* ging. Dies hatte seinen Grund darin, dass es für die *SEC* zunehmend schwieriger wurde zu überwachen, ob den Aktionären für ihre Entscheidungsfindung angemessene Berichte vorgelegt wurden, denn es mangelte der *SEC* an ausreichenden Informationen über die Personen, die für den *proxy contest* verantwortlich bzw. an ihm interessiert waren.[91] Um dieses Defizit zu beheben, wurden 1956 *Rule 14a-11*[92] und *Schedule 14B* erlassen.[93]

---

[86] Vgl. hierzu etwa *Sharara/Hoke-Witherspoon* (1993).

[87] *Gilson/Black* (1995), S. 1400 f. Vgl. auch die Analyse von *Emerson/Latcham* (1951), S. 429 ff.

[88] *Bloomenthal* (1997b), § 13.11; *Schrager* (1986), S. 7; *Waters* (1992), S. 2.

[89] *Schrager* (1986), S. 10.

[90] *Merkt* (1991), Rdnr. 659; *Schrager* (1986), S. 7 f.; 10.

[91] *Loss/Seligman* (1989), S. 1987 Fn. 176.

[92] *Rule 14a-11* ist inzwischen wieder aufgehoben und in *Rule 14a-12* aufgegangen, vgl. § 5 III.6.b).

[93] Siehe Sec. Ex. Act Rels. 5212 (1955) (*proposal*), 5253 (1955) (*public hearing*), 5265 (1955) (*revised proposal*), 5276 (1956) (*adoption*).

Die wichtigste Entwicklung der folgenden Jahre war jedoch, dass *proxy contests* als primäres Mittel zur Kontrollübernahme in einer *corporation* fast vollständig von Übernahmeangeboten (*tender offers*) verdrängt wurden.[94] Diese Entwicklung, die in den siebziger Jahren zunehmend erkennbar wurde, erreichte ihren Höhepunkt in der zweiten Hälfte der achtziger Jahre.[95] Während dieser Zeit wurden Kontrollwechsel meist durch Übernahmeangebote angestrebt und auch bewerkstelligt. Wettbewerbe um Stimmrechtsvollmachten spielten nur noch eine untergeordnete Rolle. Übernahmeangebote erlaubten es dem potenziellen Übernehmer, sein Angebot zur Übernahme der Aktien der Gesellschaft direkt an die Aktionäre zu richten, ohne dass das *board of directors* eingeschaltet werden musste.[96] In den meisten Fällen war daher ein Übernahmeangebot schneller, billiger und Erfolg versprechender als der traditionelle *proxy contest*.[97] Mit der Zunahme der Übernahmeaktivitäten nahmen jedoch auch die Bemühungen zu, diese zu verhindern oder jedenfalls ihre Durchführung zu erschweren. Das Management vieler Gesellschaften, unterstützt durch neue einzelstaatliche Gesetze[98] und die Rechtsprechung[99], führte eine Vielzahl von Maßnahmen zur Verhinderung oder zur Abwehr von Übernahmen ein.

Dieser Anstieg der Abwehrbemühungen seitens des Managements führte wiederum dazu, dass Übernahmeangebot und *proxy contest* vermehrt auch kumulativ eingesetzt wurden.[100] Dabei wurde mit dem *proxy contest* das Ziel verfolgt, die bestehenden Abwehrmöglichkeiten in einer Gesellschaft mit Hilfe einer Abstimmung der Aktionäre zu überwinden. Mitte der achtziger Jahre, als die Übernahmewelle ihren Höhepunkt erreichte, wurden Übernahmeangebote regelmäßig mit *proxy contests* verbunden. Dabei sollte durch den *proxy contest* das amtierende Management entweder entfernt oder geschwächt werden, wenn dieses sich weigerte, mit dem Bieter zu verhandeln.[101] Viele einzelstaatliche Gesetze verpflichteten den Bieter dazu, eine Werbung um Stimmrechtsvollmachten durchzuführen, um durch eine Abstimmung die Stimmrechte seiner Aktien wiederherzustellen, weil er diese bei Erreichen eines bestimmten Anteils nicht ausüben darf.[102] Andere einzelstaatliche Gesetze („*business combination*" *statutes*) machten die Werbung von Stimmrechtsvollmachten im Zusammenhang mit einer geplanten Übernahme nötig, weil sie die abschließende Durchführung von nicht verhandelten Zusam-

---

[94] *Thomas/Dixon* (1998), § 1.01[B]. So genannte *cash tender offers* als ein Mittel zur Kontrollübernahme wurden seit 1956 genutzt. Als dann in den fünfziger und sechziger Jahren des letzten Jahrhunderts die Kosten für die Durchführung von *proxy contests* dramatisch anstiegen, begannen *tender offers* den *proxy contest* als bevorzugtes Übernahmemittel zu ersetzen, da hierdurch erheblicher Einfluss zu relativ geringen Kosten erworben werden konnte, *Pound* (1993), S. 1015.

[95] *Merkt* (1991), Rdnr. 659; *Waters* (1992), S. 2

[96] *Thomas/Dixon* (1998), § 1.01[B].

[97] *Loss/Seligman* (1989), S. 2128 f.

[98] Vgl. dazu ausführlich *Lipton/Steinberger* (1978) § 5 und unten § 10 II.

[99] Vgl. ausführlich bei *Lipton/Steinberger* (1978) § 5A.

[100] *Heard/Sherman* (1987), S. 29; *Merkt* (1991), Rdnr. 659; *Bagley* (1990), S. A-4 ff.

[101] *Bainbridge* (1992), S. 1086 f.

[102] *Bainbridge* (1992), S. 1101. Zu diesen *control-share acquisition statutes* vgl. auch noch unten § 10 II.2.

menschlüssen und ähnlichen Transaktionen zwischen der Zielgesellschaft und dem Übernehmer für einige Jahre blockierten, wenn nicht die Zustimmung einer bestimmten Anzahl von Aktien vorlag.[103]

Das Management erkannte sehr schnell die Gefahren, die auch in der Werbung von Stimmrechtsvollmachten für seine Position liegen konnten. War den Aktionären eben noch nahe gelegt worden, sich bei einer eventuellen Unzufriedenheit mit der Leistung des Managements der Mittel des *proxy*-Systems zu bedienen, anstatt ihre Aktien einem Bieter zu überlassen, so wurde diese Position aufgegeben, als die Übernahmewelle abebbte.[104] Denn als man erkannte, dass auch *proxy contests* eine wirkliche Gefahr für das amtierende Management darstellen konnten, begann man, auch gegen sie Barrieren zu errichten.[105] Auf verschiedenen Wegen wurde versucht, die Möglichkeiten der Aktionäre, eine wirksame Opposition zu organisieren und ihre Stimme frei und ungehindert auszuüben, zu beschränken.[106]

Mit dem Abebben vor allem der in großem Umfang fremdfinanzierten Übernahmen (*leveraged buyouts*) am Ende der achtziger Jahre des vorigen Jahrhunderts scheint die Dominanz so genannter *tender offers* als Möglichkeit der Kontrollübernahme in einer *corporation* in den neunziger Jahren allerdings beendet worden zu sein.[107] Man besann sich auf die Vorteile, die ein Wettbewerb um Stimmrechtsvollmachten gegenüber den Übernahmeangeboten zu bieten hat. Während bei einem Übernahmeangebot Kapital zum Ankauf der Aktien in beträchtlicher Höhe nötig ist, muss bei einem *proxy contest* mit dem Ziel der Kontrollübernahme hauptsächlich ideelle Überzeugungsarbeit geleistet werden – ein hoher Kapitaleinsatz, von den Kosten der Werbemaßnahmen abgesehen, ist nicht erforderlich.[108] Zwar ist auch ein Wettbewerb um Stimmrechtsvollmachten strengen Regeln unterworfen, diese sind jedoch bei weitem nicht so restriktiv wie die modernen, vermehrt in einzelstaatlichen Gesetzen, *charter*[109] oder *bylaws*[110]

[103] *Bainbridge* (1992), S. 1101. Vgl. dazu auch noch § 10 II.1.

[104] So führte z.B. *Time, Inc.* eine gegen den Erfolg von *proxy contests* gerichtete Maßnahme ein, die bestimmte, dass der Austausch von fünf der 27 Mitglieder des *board of directors* zu einer erheblichen Verwässerung des Kapitals der Aktionäre führte. Dadurch sollten Übernahmeversuche, die mit einem *proxy contest* verbunden waren, verhindert werden, vgl. *Gilson/Gordon/Pound* (1991), S. 31.

[105] *Gilson/Gordon/Pound* (1991), S. 30 f.

[106] Vgl. dazu ausführlich unter § 10.

[107] *Cox/Hillman/Langevoort* (1991), S. 884 ; *Merkt* (1991), Rdnr. 658; *Waters* (1992), S. 3. Siehe jedoch auch *Bagley/Berger* (1997b), S. A-1, die von einer Zunahme der feindlichen Unternehmensübernahmen (*hostile takeovers*) bei ebenfalls steigender Bedeutung der Wettbewerbe um Stimmrechtsvollmachten berichten.

[108] *Merkt* (1991), Rdnr. 659; *Bagley/Berger* (1997b), S. A-21.

[109] Der Begriff *charter* wird in den *USA* in einer anderen Bedeutung gebraucht als im englischen Recht. Oft meint der Begriff *charter*, so auch hier, einfach die *articles of incorporation*, also die Regelungen, die nach dem Recht des Inkorporationsstaats, die Struktur der *corporation* bestimmen, ähnlich der Satzung im deutschen Recht. Oft wird der Begriff auch noch in einem weiteren Sinne gebraucht. Dann bezeichnet man damit die gesamte Unternehmensverfassung, die nicht nur durch die in der Gründungsurkunde enthaltenen *articles of incorporation* sondern auch durch das Recht des Inkorporationsstaates geprägt wird. Gelegentlich wird der Begriff *charter* auch für die Konzessionserteilung gebraucht, der es bedarf, um eine *corporation* ins Leben zu rufen. Vgl. dazu *Cox/Hazen/O'Neal* (1997), S. 56.

aufgenommenen Bestimmungen, die zur Verhinderung von feindlichen Übernahmen eingeführt wurden.[111] In den späten achtziger Jahren führten die einzelstaatlichen Anti-Übernahmegesetze und der Zusammenbruch des *junk-bond*-Marktes zu einem Anstieg der Kosten möglicher Übernahmen auf ein prohibitives Niveau.[112] Diese Entwicklungen zusammen mit der kontinuierlichen Zunahme des Anteilsbesitzes institutioneller Anleger und der Lockerung der *proxy rules* im Jahre 1992 trugen dazu bei, dass Abstimmungen über die Kontrolle einer Gesellschaft „wieder entdeckt“ wurden.[113]

Eine wichtigere und für die heutige Diskussion um die Bedeutung von Wettbewerben um die Stimmen der Aktionäre entscheidende Entwicklung kam hinzu: es traten große institutionelle Investoren auf, deren Anteil an den an den Aktienmärkten gehandelten Aktien stetig zunahm.[114] Befanden sich im Jahre 1951 noch 75 bis 85 Prozent aller in den *USA* gehandelten Aktien in den Händen individueller Investoren, so gehörten Ende 1978 schon 36,3 Prozent aller Aktien institutionellen Anlegern.[115] Heute ist dieser Anteil bereits auf über 60 Prozent angewachsen.[116]

Traditionell waren institutionelle Anleger wenig gewillt, sich in Unternehmensentscheidungen einzumischen. Sie stimmten entweder den ihnen vom Management präsentierten Vorschlägen zu oder verkauften ihre Aktien, wenn sie mit der Entwicklung einer Gesellschaft unzufrieden waren. Damit entsprachen sie der so genannten *Wall Street Rule*, wonach anstelle der Ausübung der im Einzelfall erheblichen Stimmrechtsmacht die Aktien eines bestimmten Unternehmens einfach abgestoßen wurden, wenn man mit der Leistung unzufrieden war. Dies war auch in vielen *proxy contests* der Fall. Hier stimmten die Großanleger oftmals einfach für das Management. Dies galt vor allem für Investmentbanken und Versicherungsgesellschaften, die außer dem Aktienbesitz noch weitere geschäftliche Beziehungen zu diesen Gesellschaften pflegten.[117] Dieser Trend

---

[110] Entgegen den *articles of incorporation*, die nur ein relativ kurzes Dokument darstellen, das bei der Gründung dem Inkorporationsstaat vorgelegt werden muss, enthalten die *bylaws* ausführlichere Regelungen im Hinblick auf die interne Organisation der Gesellschaft. So legen sie z.B. fest, wann und wo die Hauptversammlung abgehalten wird, welche Befugnisse die *officers* der Gesellschaft haben sowie welche *committees* das *board of directors* einzurichten hat. Vgl. dazu *Cox/Hazen/O'Neal* (1997), S. 57.

[111] *Bagley* (1990), S. A-4 f.; *Bagley/Berger* (1997b), S. A-21; *Cox/Hillman/Langevoort* (1991), S. 884; *Waters* (1992), S. 2 f. Vgl. darüber hinaus zu den Abwehrmaßnahmen und –bestimmungen *Lüttmann* (1992), S. 85 ff., 102 ff.

[112] *Pound* (1993), S. 1038-1040, 1047.

[113] *Gilson/Black* (1995), S. 1401; *Grundfest* (1990), S. 89 ff.; *Fleischer/Sussman* (1990), § 10.01. Entgegen zum Teil anders lautender Prognosen kam es nach dem Zusammenbruch der *junk bond*-Märkte Ende der achtziger Jahre aber nicht zu einem wirklichen Abflauen der Übernahmeaktivitäten. So erreichten z.B. die *merger&aquisition*-Aktivitäten 1999 die Rekordzahl von 9.933 durchgeführten Transaktionen mit einem Gesamtwert von über § 1,358 Billiarden, 1999 Securities Industry Fact Book, S. 24. Im Vordergrund standen jedoch nicht länger die spektakulären Übernahmeschlachten der achtziger Jahre, sondern andere Formen von Unternehmenszusammenschlüssen.

[114] Zur Rolle der institutionellen Investoren vgl. ausführlich unten § 9 II.2.

[115] *Thomas/Dixon* (1998), § 1.01[A] m.w.N.

[116] Vgl. dazu noch näher unten § 9 II.2.

[117] *Pound* (1992), S. 88 Fn. 3.

kehrte sich erst in den achtziger Jahren um, als die Bedeutung von Stimmrechten neu überdacht wurde.[118]

In neuerer Zeit streben vermehrt institutionelle Anleger Wettstreite um die Erteilung von Stimmrechtsvollmachten zur Wahrung ihrer Investitionsinteressen an.[119] Dieses Phänomen ist Ausprägung des in den *USA* vor allem in den letzten Jahrzehnten ständig gewachsenen Aktionärsaktivismus. Angeführt von einigen öffentlichen Pensionsfonds und einer handvoll institutioneller und individueller Vertretungsorganisationen begannen Aktionäre zunehmend, ihre Unzufriedenheit mit den bestehenden Abwehrmitteln gegen Übernahmen zu artikulieren. Diese wachsende Aktionärsopposition gegenüber den Maßnahmen des Managements äußerte sich nicht nur durch Gegenstimmen bei Abstimmungsvorschlägen des Managements, sondern auch in der offensiveren Nutzung des Rechts, eigene Abstimmungsvorschläge nach *Rule 14a-8* zu unterbreiten.[120]

Rule 14a-8 wurde von der *SEC* im Jahre 1942 eingeführt. Sie geht zurück auf die Aktivitäten der berühmten Brüder *Gilbert*, die in den dreißiger Jahren damit begonnen hatten, Angelegenheiten der Unternehmensführung zu thematisieren.[121] *Rule 14a-8* eröffnet dem Aktionär die Möglichkeit, eigene Abstimmungsvorschläge abzugeben, die in die Unterlagen des Managements aufgenommen werden müssen, mit denen dieses um die Erteilung von Stimmrechtsvollmachten an sich selbst in eigener Sache wirbt. Der Aktionär hat die Möglichkeit, auf dem Vollmachtsformular des Managements für einen Aktionärsvorschlag zu stimmen. Einem opponierenden Aktionär wird damit die Möglichkeit eingeräumt, mittelbar Stimmrechte für die eigenen Angelegenheiten zu sammeln. Damit wurde dem aufbegehrenden Aktionär die Chance gegeben, in bestimmten Fragen eine Entscheidung der Aktionäre herbeizuführen, ohne dass er selbst den aufwendigen und teuren Weg einer eigenen Stimmrechtswerbung im Sinne eines klassischen *proxy contest* antreten musste. Während sich vor allem seit den siebziger Jahren viele *shareholder proposals* mit sozialen und ethischen Fragen befassten, die meist nur einen geringen Stimmanteil für sich gewinnen konnten, haben die heute vermehrt eingereichten *corporate governance proposals* größere Aussicht auf Erfolg und werden oftmals von großen institutionellen Anlegern unterstützt.[122]

Dies alles führte dazu, dass auch heute noch Wettbewerbe um die Stimmen der Aktionäre eine entscheidende Rolle im US-amerikanischen System der Stimmrechtsvertretung spielen. Dabei haben sowohl gesetzliche Entwicklungen wie die Reformen der *proxy rules* von 1992 als auch tatsächliche Entwicklungen wie die wachsende Bedeutung der institutionellen Investoren dazu geführt, dass Stimmrechtswettbewerbe stark an Bedeutung gewonnen haben.

---

[118] Siehe *The Department of Labor's Enforcement of the Employee Retirement Income Security Act, Report of the Subcomm. on Oversight of Government Management, Senate Comm. on Governmental Affairs*, 99th Cong., 2d Sess. 45 (1986) (sog. *ERISA Report)*. Vgl. auch *Thomas/Dixon* (1998), § 1.01[A].

[119] *Cox/Hillman/Langevoort* (1997), S. 828

[120] Siehe den ERISA Report (Fn. 118), S. 45 f.

[121] *Monks/Minow* (2001), S. 136.

[122] Vgl. dazu auch § 14 II.

§ 4 GRÜNDE FÜR DIE EINLEITUNG EINES WETTBEWERBS UM STIMMEN

Wettbewerbe um Stimmen und speziell um Stimmrechtsvollmachten werden aus den verschiedensten Gründen geführt. So treten sie auf, wenn ein Herausforderer etwa das *board of directors* mit seinen eigenen Kandidaten besetzen will, um gegen eine Übernahme gerichtete Maßnahmen abzuschaffen oder um konkret die Übernahme einer Gesellschaft zu unterstützen. Mit wieder anderen Wettbewerben wird versucht, die Restrukturierung oder den Verkauf einer Gesellschaft zu erreichen.

Wettbewerbe um die Stimmen der Aktionäre lassen sich zunächst einmal in zwei verschiedene Kategorien einteilen: *Proxy control contests* und *issue contests.*

In *proxy contests for corporate control* ist es das Ziel der aufbegehrenden Aktionäre, die den Wettbewerb durchführen, die übrigen Aktionäre zur Abgabe von Stimmrechtsvollmachten zu bewegen, die es dem Herausforderer ermöglichen, das *board of directors* abzulösen und seine Kandidaten an dessen Stelle zu setzen.[123] Zu solchen *proxy contests for corporate control* kommt es häufig auch im Zusammenhang mit Übernahmeversuchen anderer Unternehmen, wenn es darum geht, ob das amtierende Management Abwehrmaßnahmen gegen solche so genannten feindlichen Übernahmen (*hostile takeovers*) ergreifen soll oder nicht, und der Bieter dies verhindern möchte.[124]

In den neunziger Jahren wurden *issue contests* zu einer wichtigen Methode, um das amtierende Management in seinen Handlungen zu beeinflussen. Darunter lassen sich alle übrigen Wettbewerbe um die Stimmen der Aktionäre fassen, in denen es nicht um die Kontrollübernahme in einer Gesellschaft durch die Auswechslung des *board of directors* geht. Dabei darf man unter dem Begriff *issue contest* nicht nur *proxy contests* verstehen, die aus einem anderen Grund geführt werden als der Erlangung der Kontrolle über das *board of directors*. Vielmehr spielt bei der Durchsetzung anderer die Gesellschaft betreffender Angelegenheiten, wie etwa der Rücknahme von so genannten *anti-takeover defenses*, das Recht aus *Rule 14a-8* eine weitaus größere Rolle.[125] Nicht immer also wirbt die Opposition ihre eigenen Stimmrechtsvollmachten (*proxies*) ein, sondern sie bedient sich bei Fragen der Unternehmenspolitik in einem Großteil der Fälle eines *shareholder proposal*. Auf diese Weise kann sie eigene Vorschläge über die Werbematerialien des Managements bekannt machen und durch die Abstimmungsweisungen der Aktionäre indirekt Stimmrechtsvollmachten in ihrem Sinne einwerben.[126] Es ist jedoch nicht ungewöhnlich, dass auch ein *issue contest* mit einer Kampagne einer Gruppe von Aktionären verbunden ist, denen es um die Übernahme der Gesellschaft geht. So verband zum Beispiel *Harold Simmons* einen *proxy contest* zum Austausch des Managements bei *Lockheed-Martin* mit der Werbung um Stimmrechtsvollmachten zur Rück-

---

[123] *Bloomenthal* (1997b), § 13.11; *Merkt* (1991), Rdnr. 658; *Waters* (1992), S. 212 .

[124] Siehe hierzu noch ausführlich § 10 und § 13 II.

[125] *Thomas/Dixon* (1998), § 2.01[B].

[126] Siehe zu den rechtlichen Voraussetzungen von *shareholder proposals* ausführlicher in § 6.

nahme einiger Maßnahmen der Gesellschaft, die eine Übernahme verhindern sollten.[127] In den restlichen Fällen beziehen sich die *proxy fights*, die aus anderen Gründen als dem Kontrollerwerb einer Gesellschaft geführt werden, vor allem auf die Stimmrechtsausübung in Angelegenheiten wie Verschmelzungen, Abspaltungen und anderen Restrukturierungsmaßnahmen.[128]

Unabhängig von der Einordnung als *control* oder *issue contest* lassen sich jedoch die meisten Wettbewerbe um die Stimmen der Aktionäre, die in den *USA* auftreten, in eine oder mehrere der folgenden Kategorien einteilen:[129]

I. Proxy Contests zur Auswechslung des Managements

In einem typischen *proxy contest* zur Auswechslung des Managements, der wie gesagt *proxy control contest* genannt wird, versuchen die Herausforderer das *board of directors* abzulösen und mit eigenen, von ihnen gestellten Kandidaten zu besetzen. Dabei werden sich die Herausforderer in der Regel auf die schlechte Leistung des amtierenden Managements berufen, um die übrigen Aktionäre davon zu überzeugen, dass ein Kontrollwechsel erforderlich sei.

II. Die Werbung von Stimmrechtsvollmachten zur Unterstützung eines Übernahmeangebotes oder Acquisition Proposal

In den neunziger Jahren wurde eine Reihe von *proxy contests* zur Unterstützung von Übernahmeangeboten oder *acquisition proposals* durchgeführt. Dabei bediente sich der Übernahmeinteressent des Mittels des *proxy contest*, weil er sich in der Regel einer Vielzahl verschiedenster Verteidigungsmöglichkeiten gegenübersah, die es zu überwinden galt, um den Übernahmeversuch zum Erfolg zu bringen.

Im Rahmen eines solchen Übernahmeangebots oder *acquisition proposal* kann der *proxy contest* als Teil einer Kampagne eingesetzt werden, in der möglichst großer Druck auf das amtierende Management ausgeübt werden soll, um dieses zu einer Zustimmung zu der Übernahme zu bewegen. Der Herausforderer kann mit der Abgabe des Übernahmeangebots auch beginnen, Stimmrechtsvollmachten für die Wahl seiner eigenen Kandidaten zum *board of directors* zu sammeln. Zumindest kann er jedoch versuchen, eine Resolution der Aktionäre durchzusetzen, in der diese sich gegen den Einsatz von Verteidigungsmitteln gegen die Übernahme aussprechen. Durch diese Taktik soll auf das *board* erhöhter Druck ausgeübt werden, indem ihm signalisiert wird, dass ein Großteil oder sogar die Mehrheit der Aktionäre hinter dem Vorhaben steht und dieses daher nicht abzulehnen sei. Gewinnen die Herausforderer die Kontrolle über das *board*, bevor die Annahmefrist für das Übernahmeangebot abläuft, kann in der Regel ein be-

---

[127] *Stevenson* (1990), S. D9.

[128] *Heard/Sherman* (1987), S. 28 f.; *Waters* (1992), S. 212 ff.

[129] Vgl. zu dieser Unterteilung der verschiedenen Arten von Wettbewerben um Stimmrechtsvollmachten auch *Waters* (1992), S. 211 ff. und *Lipton/Steinberger* (1978), §1.06[6].

stehender *shareholder rights plan* außer Kraft gesetzt werden.[130] Es können in der *charter*[131] oder den *bylaws*[132] enthaltene Verteidigungsmöglichkeiten ergänzt und einzelstaatliche Übernahmegesetze für nicht anwendbar erklärt werden.[133] Hat die Zielgesellschaft ein so genanntes *classified board*, so können die Herausforderer das amtierende *board of directors* zumindest dadurch unter Druck setzen, dass sie für die maximal mögliche Anzahl neu zu wählender Direktoren mittels eingeworbener Stimmrechtsvollmachten eigene Kandidaten durchsetzen und durch eine Aktionärsresolution die Gesellschaft auffordern, ihre Verteidigungsmittel nicht anzuwenden und die angestrebte Transaktion zu begrüßen.[134]

III. Proxy Contests zur Durchsetzung von Verkauf, Liquidation oder Restrukturierung

Eine Stimmrechtswerbung, die den Verkauf, die Liquidation oder Restrukturierung der betroffenen Gesellschaft verfolgt, geht meistens von solchen Aktionären aus, die einen erheblichen Anteil der Aktien der Gesellschaft besitzen, die jedoch nicht die gesamte Gesellschaft selbst übernehmen wollen oder können. Daher versuchen sie durch einen *proxy contest* die Gesellschaft zu einem Verkauf, der Liquidierung oder zur Restrukturierung zu bewegen, um so den Wert ihres Anteils zu erhöhen. Dies geschieht in der Regel dadurch, dass der Herausforderer bestimmte Vorschläge zur Abstimmung stellt, die unmittelbar darauf abzielen, den *shareholder value* zu erhöhen. Dies kann beispielsweise der Verkauf eines Geschäftsbereiches oder die Zahlung einer besonderen Dividende sein. Der Herausforderer wird in diesen Fällen Stimmrechte für eine oder mehrere Resolutionen der Aktionäre sammeln, die das *board of directors* auffordern, die Vorschläge des Herausforderers umzusetzen. Gleichzeitig wird der Herausforderer versuchen, das *board of directors* auszutauschen bzw. bei einem *classified board* die maximal mögliche Repräsentanz zu erreichen, um auf diese Weise in eine Position zu gelangen, die die Durchsetzung der eigenen Vorstellungen ermöglicht. Um eine möglichst hohe Unterstützung auch der institutionellen Anleger zu erlangen, haben viele Herausforderer hierzu in der Vergangenheit nicht nur *proxies* für die Auswechslung des amtierenden Managements, sondern auch zugunsten bestimmter Vorschläge, die Fragen der *Corporate Governance* betrafen, Stimmrechtsvollmachten eingeworben. So warben beispielsweise *Centaur Partners* in einem Stimmrechtswettkampf um die Kontrolle von *National Intergroup* auch Stimmrechtsvollmachten zugunsten der Einführung der geheimen Abstimmung, einer Bestimmung, die alle zukünftigen *golden parachutes* von der Zustimmung der Aktionäre abhängig machte, und einer Resolution, die sich gegen jeden Vorschlag wandte, den Auslöser eines *shareholder rights plan* auf unter 20 Prozent zu setzen.

---

[130] Zum *shareholder rights plan* vgl. näher bei *Lipton/Steinberger* (1978), § 6.03[4] und unten § 10 I.

[131] Vgl. Fn. 109.

[132] Vgl. Fn. 110.

[133] Siehe zu den einzelstaatlichen Übernahmegesetzen näher bei *Lipton/Steinberger* (1978) § 5.03 und unten § 10 II.

[134] Zum Begriff des *classified board* vgl. § 10 III.

IV. SONSTIGE WERBUNGEN UM STIMMEN: RULE 14A-8 UND INSTITUTIONAL ACTIVISM

Unter diese letzte Kategorie der möglichen Arten von Werbungen um Stimmrechtsvollmachten sollen alle diejenigen Wettbewerbe gefasst werden, in denen es dem Gegenspieler des Managements darum geht, bestimmte Teile der betroffenen Gesellschaft zu reformieren. Es geht in diesen Fällen nicht darum, selbst die Kontrolle über die Gesellschaft zu erlangen, sondern nur darum, gegen das amtierende Management bestimmte Veränderungen in der Gesellschaft durchzusetzen. Hierbei wird sich der Herausforderer in der Regel des *shareholder proposal* gemäß *Rule 14a-8* bedienen,[135] dies vor allem wegen der Möglichkeit, über die Unterlagen des Managements kostengünstig Stimmrechtsvollmachten zugunsten der eigenen Vorschläge zu sammeln. Von dieser Möglichkeit haben in den letzten Jahren vor allem institutionelle Anleger zunehmend Gebrauch gemacht.[136] Die Gegenstände der Vorschläge reichen dabei von Angelegenheiten im sozialen Bereich (*social policy resolutions*) bis zu Angelegenheiten zur Verbesserung der Unternehmensleitung im Bereich der *Corporate Governance* (*corporate governance resolutions*).

§ 5 RECHTLICHER RAHMEN BEI DER WERBUNG VON PROXIES DURCH DEN HERAUSFORDERER

I. ÜBERBLICK

Oben wurde bereits dargestellt, dass der Begriff des „*proxy system*" eine Vielzahl unterschiedlichster Regelungen umfasst.[137] Es handelt sich um den Oberbegriff für alle mit der Stimmrechtsausübung durch Vertreter zusammenhängenden Fragen.[138] Dabei sind direkte Wettbewerbe um Stimmrechtsvollmachten der Aktionäre ein wesentlicher Teil dieses *proxy*-Systems. Daher soll im Folgenden zunächst ein kurzer Überblick über das bestehende *proxy*-System insgesamt gegeben werden.[139] Der Schwerpunkt soll dabei

---

[135] Zu *Rule 14a-8* vgl. ausführlich § 6.

[136] Zur Rolle der institutionellen Anleger und ihren Aktivitäten im Bereich der Corporate Governance vgl. unten § 9 II.2.

[137] Vgl. § 1 II.

[138] Zu den Auswirkungen, die die neuen elektronischen Medien wie das Internet auf das *proxy*-System haben vgl. z.B. *Olson/Pitt* (2000); *Tuerks* (2000), S. 116 ff.; *Spindler/Hüther* (2000); *Berger/LaRosiliere* (1998).

[139] Ausdrücklich soll an dieser Stelle auch auf andere zu diesem Thema erschienene Arbeiten verwiesen werden. Diesen lassen sich weitere Einzelheiten zum *proxy*-System insgesamt entnehmen. Siehe hierzu insbesondere *Ruoff* (1999), S. 195 ff.; *Hoffmann* (1999), S. 40 ff. und 82 ff.; *Tuerks* (2000), S. 73 ff.; vgl. aber auch schon *Petzke* (1975). Einen guten Überblick bietet auch *Merkt* (1991), Rdnr. 633 ff. Insbesondere *Ruoff* (1999), S. 195 ff., gibt einen detaillierten Überblick über die einzelstaatlichen Regelungen, die bei der Werbung um Stimmrechtsvollmachten eine Rolle spielen.

vor allem auf den speziell zur Werbung um Stimmrechtsvollmachten (*proxy solicitation*) ergangenen bundesrechtlichen Regelungen der *SEC* liegen. Diese Vorschriften differenzieren in vielen Bereichen nicht danach, ob nun gerade das Management oder ein Herausforderer versucht, Stimmrechtsvollmachten einzuwerben. Vielmehr sind die unterschiedlichen Regelungen miteinander verwoben und können daher nur im Zusammenhang verstanden werden. Nur wenige Regelungen sind ausdrücklich nur auf solche Fälle anwendbar, in denen es zu einem Wettbewerb zwischen dem amtierenden Management und einem Herausforderer kommt.

In diesem Teil der Arbeit sollen die im Zusammenhang mit einem *shareholder proposal* zu beachtenden Regelungen zunächst noch nicht berücksichtigt werden. Für ein *shareholder proposal* kommt es vor allem auf die Einhaltung von *Rule 14a-8* an, so dass dies auch aus Gründen der Übersichtlichkeit geschlossen unten beschrieben werden soll.[140] Zunächst geht es daher ausschließlich um die rechtlichen Regelungen, die derjenige einzuhalten hat, der sich in einem *proxy contest* direkt um die Erteilung von Stimmrechtsvollmachten durch die Aktionäre gegen das amtierende Management bemüht.

Für die erfolgreiche Durchführung eines Wettbewerbs um Stimmrechtsvollmachten kommt es vor allem darauf an, dass für einen potenziellen Herausforderer die Möglichkeit besteht, die übrigen Aktionäre direkt zu erreichen und mit ihnen zu kommunizieren. Ansonsten wäre nur eine allgemeine Ansprache etwa über die Medien möglich. Wichtig für die Durchführung eines Wettbewerbes um Stimmrechtsvollmachten ist somit für den aufbegehrenden Aktionär als Herausforderer der Zugang zu den übrigen Aktionären.[141] Auf der Frage, wie dieser Zugang nach den geltenden Regeln erreicht werden kann, soll daher ein weiterer Schwerpunkt der Darstellung sowohl des einzelstaatlichen Rechts als auch der entsprechenden bundesrechtlichen Regelungen liegen.

II. EINZELSTAATLICHE REGELUNGEN

Das Gesellschaftsrecht der Vereinigten Staaten ist durch die einzelnen Bundesstaaten geprägt. Ihnen kommt auf diesem Gebiet die grundsätzliche Gesetzgebungskompetenz zu und es bedarf einer speziellen Ermächtigung, damit der Bundesgesetzgeber eine gesellschaftsrechtliche Regelung erlassen kann.[142] Daher soll hier auch mit der Beschreibung der für einen *proxy contest* entscheidenden einzelstaatlichen Regelungen begonnen werden. Unter den einzelnen Bundesstaaten wiederum hat es der Staat *Delaware* als beliebtester Inkorporationsstaat geschafft, eine herausragende Rolle im Bereich des Ge-

[140] Vgl. § 6.

[141] Eine andere entscheidende Frage kann die der Kostentragung sein. Sie übt einen nicht unwesentlichen Einfluss auf die Entscheidung eines potenziellen Herausforderers aus, ob überhaupt und wenn ja mit welchem Aufwand ein *proxy contest* geführt werden soll. Aus Gründen der Übersichtlichkeit erfolgt die Diskussion der Kostentragungsregeln jedoch unten getrennt. Vgl. § 11.

[142] Dies ist im 10. Zusatzartikel der US-amerikanischen Verfassung verankert, *Hay* (2000), Rdnr. 45.

sellschaftsrechts zu spielen.[143] Dies hatte zur Folge, dass auch sein Gesellschaftsrecht das am meisten beachtete in den Vereinigten Staaten ist. Die Darstellung lehnt sich darum häufig an die dort geltenden Regeln an.

1. Allgemeine Informations- und Einsichtsrechte der Aktionäre

Entscheidend für die Einwerbung von Stimmrechtsvollmachten gegen die amtierende Unternehmensleitung ist der Zugang zu den Aktionären. Ein solcher Zugang kann nur dann wirkungsvoll erreicht werden, wenn es einem Herausforderer gelingt, die Aktionäre einer Gesellschaft zu identifizieren und gezielt anzusprechen.

Dies ermöglicht das Recht der Einzelstaaten über das so genannte *right of inspection*, das einem Aktionär regelmäßig einen beschränkten Zugang zu den Aktionärslisten der Gesellschaften gewährt. Diese einer Gesellschaft zur Verfügung stehenden Aktionärslisten enthalten alle notwendigen Informationen, die ein zur Opposition bereiter Aktionär benötigt, um die übrigen Aktionäre zu identifizieren und zu ihnen Kontakt aufzunehmen und sie um die Erteilung einer Stimmrechtsvollmacht zu bitten.

Ein allgemeines Informationsrecht besteht in vielen Staaten der *USA* nach dem *common law*.[144] Danach hat ein Aktionär, der in gutem Glauben mit dem Ziel handelt, die Interessen der Gesellschaft zu bewahren und seine eigenen Interessen als Aktionär zu schützen, ein allgemeines Recht, die Bücher und Aufzeichnungen einer Gesellschaft von Zeit zu Zeit zu untersuchen.[145] Dabei trägt nach dem *common law* im Allgemeinen der Aktionär die Beweislast, dass er in gutem Glauben und mit einem „*proper purpose*" handelt.[146] Die meisten Bundesstaaten haben inzwischen Gesetze erlassen, die dieses Einsichtsrecht des Aktionärs regeln. Dabei gewähren viele dieser Gesetze restriktivere Einsichtsrechte als die *common law rule*.[147] So gewähren sie die Einsichtsrechte zum Teil nicht jedem Aktionär, sondern verlangen einen gewissen Mindestbesitz, oder es wird nur Einsicht in bestimmte Bücher und Unterlagen gewährt.[148] Auch wenn das einzelstaatliche Gesetz im Hinblick darauf nicht eindeutig ist, geht man jedoch davon aus, dass der „*proper-purpose test*" weiterhin durchzuführen ist.[149] Außerdem verdrängen die einzelstaatlichen Gesetze das *common law* nicht vollständig, so dass in Fällen,

---

[143] Diese Position hält *Delaware* seit dem Ende des neunzehnten Jahrhunderts inne. Umstritten ist dabei, ob dies das Ergebnis eines *race to the bottom*, vgl. z.B. *Cary/Eisenberg* (1974); *Bebchuk* (1992); *Liggett v. Lee*, 288 U.S. 517, 558 n.34 (*Brandeis dissenting*), oder eines *race to the top*, vgl. z.B. *Romano* (1993a); *Fischel* (1982b); *Winter* (1977), ist. Neuerdings wird auch vertreten, dass sich *Delaware* nicht in einem Wettbewerb mit den übrigen Bundesstaaten der *USA* befindet, sondern hauptsächlich versucht, auf Entwicklungen im Bundesrecht zu reagieren, um zu verhindern, die Regelungskompetenz in einem bestimmten Bereich an den Bundesgesetzgeber zu verlieren, vgl. dazu ausführlich *Roe* (2003).

[144] Zum Begriff des *common law* vgl. bereits Fn. 65.

[145] *Albbe v. Lamson & Hubbard Corp.*, 320 Mass. 421, 424, 69 N.E.2d 811, 813 (1946).

[146] *Albbe v. Lamson & Hubbard Corp.*, 320 Mass. 421, 424, 69 N.E.2d 811, 813 (1946).

[147] *Eisenberg* (2000), S. 273.

[148] *Eisenberg* (2000), S. 273.

[149] Siehe z.B. *Crane Co. v. Anaconda Co.*, 39 N.Y.2d 14, 382 N.Y.S.2d 707, 346 N.E.2d 507 (1976); *Eisenberg* (2000), S. 273.

in denen das einzelstaatliche Recht nicht anwendbar ist, ein Anspruch weiterhin auch aus dem *common law* hergeleitet werden kann.[150]

Geht es bei dem Informationsbegehren des Aktionärs um den Zugang zu einer Liste der Aktionäre, so sind die Gerichte wesentlich großzügiger bei der Gewährung dieses Zugangs als in Fällen, in denen der Aktionär Einsicht in ansonsten vertrauliche geschäftliche Informationen oder die Bücher der Gesellschaft verlangt. In den Fällen, in denen es um geschäftliche oder finanzielle Informationen geht, muss der Aktionär in der Regel dem Gericht spezifische und plausible Gründe darlegen, warum er gerade diese Informationen benötigt. Geht es dagegen um den Zugang zu der Aktionärsliste, so genügt es normalerweise, dass der Aktionär dem Gericht darlegt, dass er die Liste benötigt, um mit den anderen Aktionären in Kontakt zu treten. Dies ist nachvollziehbar, denn zum einen ist der Zugang zu den anderen Aktionären ein notwendiger Schritt für den einzelnen Aktionär, um seine Rolle in der *Corporate Governance* der Gesellschaft auszuüben. Andererseits verursacht ein solches Begehren bei der betroffenen Gesellschaft auch nur einen geringen Aufwand und wird den Geschäften der Gesellschaft in der Regel nicht schaden.[151]

In einigen Fällen unterscheiden die einzelstaatlichen Gesetze selbst zwischen verschiedenen Büchern und Aufzeichnungen.[152] *Section 220* des *Delaware General Corporation Law* erlaubt einem Aktionär, der einen so genannten "*proper purpose*" geltend macht und der die übrigen "*procedural requirements*" einhält, bestimmte Bücher und Aufzeichnungen einer Gesellschaft einzusehen. Nach *Section 220(c)* trägt dann die Gesellschaft die Beweislast dafür, dass hinter dem Verlangen des Aktionärs nicht ein „*proper purpose*" steht.[153] Im Fall *Security First Corp. v. U.S. Die Casting and Development Co.*[154] hat sich der *Supreme Court* des Staates *Delaware* zuletzt mit der Frage auseinandergesetzt, wann ein Aktionär ein "*proper purpose*" verfolgt, wenn er die Einsicht in die Aktionärsliste einer Gesellschaft verlangt. Dabei betont das Gericht, dass es nicht genüge, dass der Aktionär vorbringe, er benötige die Liste, um mit den anderen Aktionären zu kommunizieren, wenn ein konkreter Plan dazu gar nicht bestand. Die Gesellschaft kommt ihrer Beweislast für das Fehlen des „*proper purpose*" schon dann nach, wenn sie zeigen kann, dass der die Einsicht verlangende Aktionär aus bloßer Neugierde handelt.[155]

Eine Liste von Aktionären besteht bei den meisten Gesellschaften aus weit mehr als einer bloßen Aufzählung der Aktionäre, ihrer Adressen und der Anzahl der von ihnen gehaltenen Aktien. Hat ein Aktionär ein Einsichtsrecht, so umfasst dieses auch die Einsicht in alle weitergehenden Informationen, die der Gesellschaft über den einzelnen Aktionär zur Verfügung stehen.[156] Dies können auch Listen von *beneficial owners* sein,

---

[150] Siehe z.B. *Bank of Heflin v. Miles*, 294 Ala. 462, 318 So.2d 697 (1975).

[151] *Eisenberg* (2000), S. 275.

[152] Siehe z.B. Del.Gen.Corp.L. § 220.

[153] Del.Gen.Corp.L. § 220(c); *Compaq Computer Corp. v. Horton*, Del.Supr., 631 A.2d 1, 3 (1993).

[154] Del.Supr., 687 A.2d 563 (1997).

[155] *Insuranshare Corporation of Delaware v. Kirchner*, Del.Supr., 5 A.2d 519, 521 (1939).

[156] *Balotti/Finkelstein* (1999), § 7.39.

also solchen, die bei der Gesellschaft nicht selbst registriert sind, sondern sich für die Registrierung einer anderen Person bedienen. Voraussetzung ist hierfür, dass diese einer Offenlegung ihres Aktienbesitzes gegenüber der Gesellschaft nicht widersprochen haben.[157] Der Aktionär hat außerdem einen Anspruch darauf, dass ihm von der Gesellschaft solche Bewegungen in der Aktionärsstruktur mitgeteilt werden, die, nachdem er die Liste der Aktionäre erhalten hat, bis zum Zeitpunkt der Hauptversammlung vor sich gehen.[158] Die Gesellschaft ist allerdings nicht verpflichtet, die vom Aktionär begehrten Informationen in einer seinen Wünschen entsprechenden Art aufzubereiten, wenn nicht die Gesellschaft selbst schon Zugang zu den Informationen in dieser Form hat.[159]

Nach geltendem Recht des Staates *Delaware* muss die Aktionärsliste dem Aktionär spätestens zehn Tage vor der Hauptversammlung vorgelegt werden. Dies gilt nur dann nicht, wenn die Gesellschaft dem Aktionär nachweist, dass er einen *improper purpose* verfolgt und somit zur Einsicht nicht berechtigt ist.[160] Problematisch an dieser Regelung ist, dass zehn Tage eine viel zu kurze Zeit sind, wenn man in einem *proxy contest* noch tausende Aktionäre einer Publikumsgesellschaft erreichen will.[161] Auch kann die Gesellschaft einfach die Einsicht in die Aktionärsliste bzw. ihre Herausgabe verweigern und den Aktionär so zwingen, zunächst gerichtliche Schritte einzuleiten, um sein Recht durchzusetzen. Dabei ist ein hinreichender vorläufiger Rechtsschutz nicht immer gesichert,[162] was dazu führen kann, dass bei gerichtlichem Zuspruch des Rechts auf Einsicht in die Aktionärsliste die Hauptversammlung schon vorbei ist.[163]

2. Bevollmächtigung des *proxy holders* nach einzelstaatlichen Regeln

Da es für die Stimmrechtsvertretung in Gesellschaften keine spezielle Zuweisung der Gesetzgebungskompetenz an den Bund gibt, richtet sich in den *USA* auch in einem *proxy contest* die Bevollmächtigung eines Stimmrechtsvertreters nach dem jeweils geltenden einzelstaatlichen Recht. Die einzelstaatlichen Gesetze sagen jedoch in der Regel wenig über die Stimmrechtsausübung in einer *corporation* durch Vertreter aus. Daher sind die damit zusammenhängenden vertretungsrechtlichen Fragen weitgehend nach dem jeweiligen einzelstaatlichen allgemeinen Recht der Stellvertretung (*agency law*) zu beurteilen.

Der *proxy holder* ist ein Vertreter (*agent*), der das Stimmrecht aus den Aktien des Aktieninhabers für diesen ausübt. Dabei kann seine Vertretungsmacht (*authority*) allgemein

---

[157] Sog. „*NOBO lists*". Zur Praxis der Aktienverwahrung in den *USA* und der Beteiligung *beneficial owners* an der Willensbildung in einer Gesellschaft vgl. unten § 5 III.5.

[158] *Balotti/Finkelstein* (1999) § 7.39.

[159] Vgl. z.B. *R.B. Associates of New Jersey, L.P. v. The Gillette Co.*, [C.A. No. 9711 (Del.Ch. Mar. 22, 1988)].

[160] § 219 (a) Del.Gen.Corp. L.

[161] *Goforth* (1994), S. 464.

[162] In einigen Staaten wird aber die Verschiebung der Hauptversammlung gerichtlich angeordnet, wenn das Management unzulässigerweise den rechtzeitigen Zugriff auf die Aktionärsliste verweigert hat. Vgl. z.B. § 1600 (b) Cal.Corp.Code.

[163] Vgl. hierzu auch *Petzke* (1975), S. 150.

oder auf bestimmte Punkte oder ein bestimmtes Abstimmungsverhalten beschränkt sein.[164] Der Stimmrechtsvertreter ist dabei nach den einzelstaatlichen Gesetzen treuhänderisch gebunden. Im Fall *Rice & Hutchinson, Inc. v. Triplex Shoe Co.* drückte das entscheidende Gericht dies folgendermaßen aus: „*A person acting as proxy for another is but the latter's agent and owes to the latter the duty of acting in strict accord with those requirements of a fiduciary relationship which inhere in the conception of agency.*"[165]

Eine generelle, unbeschränkte Vollmacht, an einer Hauptversammlung teilzunehmen und dort die Stimme für den Inhaber der Aktien abzugeben, gibt dem *proxy holder* die umfassende Vertretungsmacht, nach seinem Ermessen über das *board of directors* und alle anderen gewöhnlichen Tagesordnungspunkte abzustimmen. Dies gilt sogar dann, wenn diese Punkte in der Einladung zur Hauptversammlung nicht erwähnt waren.[166] Eine für die Ausübung des Stimmrechts erteilte Generalvollmacht gibt jedoch keine Vertretungsmacht bei Abstimmungen über die Änderungen der Satzung (*corporate charter*), über die Auflösung (*dissolution*), die Übertragung aller Vermögensgegenstände auf eine andere Gesellschaft oder über andere außergewöhnliche Geschäfte, zumindest dann nicht, wenn nicht der Aktieninhaber zuvor hinreichend aufgeklärt worden ist.[167] Die Gerichte unterscheiden nämlich scharf zwischen Angelegenheiten, die auf einer ordentlichen Hauptversammlung ohne besondere Erwähnung zur Abstimmung gestellt werden können, und Angelegenheiten, die wegen ihrer Besonderheit an sich einer außerordentlichen Hauptversammlung bedürften.[168]

Eine Spezialvollmacht kann die Vertretungsmacht sowohl im Hinblick auf bestimmte Tagesordnungspunkte als auch auf das Abstimmungsverhalten hin beschränken.[169] Um die Vertretungsmacht nachzuweisen, bedarf es zumindest eines schriftlichen Beweises,[170] wobei die Gerichte jedoch *proxies* anerkannt haben, die mit einem

---

[164] *Cox/Hazen/O'Neal* (1997), S. 331.

[165] 147 A. 317, 322 (Del. Ch. 1929); aff'd, 152 A. 342 (Del. 1930). Siehe auch *Blair v. Smith*, 156 A. 207 (Del. Ch. 1931); *Lowman v. Harvey R. Pierce Co.*, 120 A. 404 (Pa.1923).

[166] *McClean v. Bradley*, 282 F. 1011 (N.D. Ohio 1922); *aff'd*, 299 F. 379 (6th Cir. 1924); *Gow v. Consilidated Coppermines Corp.*, 165 A. 136, 143 (Del. Ch. 1933); *Note*, 33 Ill. L. Rev. 914, 917-918 (1939).

[167] *Farish v. Cieneguita Copper Co.*, 100 P. 871 (Ariz. 1909) (Umstrukturierung der Gesellschaft); *Gottlieb v. McKee*, 107 A.2d 240 (Del. Ch. 1954) (Schenkung von Vermögenswerten der Gesellschaft an die Direktoren). Außerdem gibt eine generelle Vollmacht auch keine Vertretungsmacht, Stimmen zu kumulieren, ohne den Aktieninhaber zu informieren; *Hefner v. Union Natl. Bank & Trust Co.*, 639 F.2d 1011 (3d Cir. 1981). Es gibt dem *proxy holder* auch kein Recht, den Vollmachtgeber (*principal*) in einen Rechtsstreit zu verwickeln; *Pertuit v. Pioneer Petroleum Corp.*, 193 So. 2d 286 (La. Ct. App. 1967), writ refused, 195 So. 2d 148 (la. 1967).

[168] *Cox/Hazen/O'Neal* (1997), S. 331.

[169] *Bache v. Central Leather Co.*, 81 A. 571 (N.J. Ch. 1911); *State ex rel. Lally v. Cadigan*, 174 P. 965 (Wash. 1918); *Note*, 33 Ill. L. Rev. 914, 917 (1939); 13 St. John's L. Rev. 297, 305 (1939).

[170] Siehe *Klein v. United Theatres Co.*, 75 N.E.2d 67 (Ohio Ct. App.), *aff'd*, 74 N.E.2d 67 (Ohio 1947).

Unterschriftenstempel angefertigt waren,[171] und auch solche, die nur die Initialen des Aktieninhabers trugen.[172]

Ein *proxy* ist, wie eine Vollmacht im Allgemeinen, jederzeit widerrufbar, es sei denn, es ist mit einem besonderen Interesse an den Aktien verbunden („*coupled with an interest*"). Dies gilt selbst dann, wenn eine unwiderrufliche Vollmacht vereinbart wurde oder ihre Rücknahme mit einer Gegenleistung verbunden ist.[173] Für die Rücknahme einer Stimmrechtsvollmacht ist es nicht nötig, dass diese formal und schriftlich gegenüber der Gesellschaft widerrufen wird, es sei denn, dieses wird gesetzlich vorgeschrieben.[174] Es genügt vielmehr, wenn gegenüber dem Bevollmächtigten oder dem *election judge* die Vollmacht widerrufen wird. Auch in einer erneuten Vollmachtserteilung oder einem Verkauf der Aktien liegt ein Widerruf der Stimmrechtsvollmacht.[175] Des Weiteren kann der Eigentümer der Aktien auf der Hauptversammlung erscheinen und sein Stimmrecht selbst geltend machen.[176] Eine einmal erteilte Stimmrechtsvollmacht kann also sowohl mündlich als auch konkludent widerrufen werden. Soweit nicht einzelstaatliche Gesetze etwas anderes vorschreiben, endet die Vertretungsmacht des *proxy holders* auch durch den Tod des Prinzipals oder des *agent* oder durch den Verlust der Geschäftsfähigkeit.[177]

In einem *proxy contest* bedeutet dies, dass sich sowohl das amtierende Management als auch der Herausforderer bis zum Zeitpunkt der Abstimmung nicht absolut sicher sein können, dass ihnen die einmal eingeworbene Stimmrechtsvollmacht noch zur Verfügung stehen wird. Denn der Aktionär kann diese bis zuletzt widerrufen und etwa die Gegenseite bevollmächtigen. Dies führt bei der Durchführung von *proxy contests* auch dazu, dass bis zum letzten Moment um die Neuerteilung von Vollmachten bei den Aktionären geworben wird.

Obwohl eine ausdrückliche Bestimmung hierzu fehlt, wird eine Stimmrechtsvollmacht ausnahmsweise in solchen Fällen als unwiderruflich angesehen, wenn sie mit einem besonderen Interesse an den Aktien verbunden ist („*coupled with an interest*").[178] Damit wird die Erteilung unwiderruflicher Vollmachten gleichzeitig auch beschränkt, denn sofern ein solches besonderes Interesse eben nicht besteht, ist die Vollmacht auch widerruflich. Durch diese Regelung wird sichergestellt, dass Stimmrecht und Kapitalbe-

---

[171] *Schott v. Climax Molybdenum Co.*, 154 A2d 221 (Del. Ch. 1959).

[172] *Atterbury v. Consolidated Coppermines Corp.*, 20 A2d 743 (Del. Ch. 1941).

[173] *In re Chilson*, 168 A. 82 (Del. Ch.1933); *Stein v. Capital Outdoor Advertising, Inc.*, 159 S.E.2d 351 (N.C. 1968).

[174] *Cox/Hazen/O'Neal* (1997), S. 332.

[175] *Dennistoun v. Davies*, 229 N.W. 353 (Minn. 1930).

[176] Siehe *State ex rel. Breger v. Rusche*, 39 N.E.2d 433 (Ind. 1942); *In re Manacher*, 133 N.Y.S.2d 265 (Sup. Ct.), *aff'd men.*, 131 N.Y.S.2d 914 (App. Div. 1954). Dagegen ist die bloße Anwesenheit des Aktionärs kein Grund, dem *proxy holder* die Ausübung des Stimmrechts zu versagen.

[177] *Note*, 44 Harv. L. Rev., 265 (1930).

[178] *Mobile & O.R.R. v. Nicholas*, 12 So. 723, 731 (Ala. 1893); *Smith v. San Francisco & N.P. Ry.*, 47 P. 582 (Cal. 1897); *Chapman v. Bates*, 47 A. 638 (N.J. 1900).

teiligung grundsätzlich miteinander verbunden bleiben.[179] Die amtierende Unternehmensleitung kann sich somit nicht dadurch vor einer Entfernung aus dem Amt durch einen *proxy contest* schützen, dass sie sich von den Aktionären unwiderrufliche Vollmachten zur Ausübung des Stimmrechts erteilen lässt.

Was jedoch im Einzelfall ein solches besonderes Interesse ausmacht, ist eine nicht abschließend geklärte Frage.[180] Üblicherweise wurde es bejaht, wenn entweder ein Sicherungs-, Pfand- oder sonstiges Vermögensrecht an den Aktien selbst besteht oder der *proxy holder* ein Sicherungsinteresse für Forderungen gegenüber dem Aktionär hat.[181] In neueren Gerichtsentscheidungen wird ein besonderes Interesse in der Regel dann bejaht, wenn es darum geht, das Recht des Stimmrechtsvertreters oder eines Dritten zu schützen, oder in solchen Fällen, in denen die Sicherung einer Verpflichtung des Aktionärs zu gewährleisten ist.[182]

Eine nach den oben genannten Regeln unwiderrufliche Vollmacht endet im Gegensatz zu einer widerruflichen Vollmacht auch nicht mit dem Tod des Vollmachtgebers oder mit dem Verlust seiner Geschäftsfähigkeit.[183] Einige Staaten haben durch den Erlass von Gesetzen entweder versucht, den eher schwammigen Begriff „*coupled with an interest*" zu vermeiden, indem sie die Umstände festgelegt haben, unter denen eine Stimmrechtsvollmacht unwiderruflich gestaltet werden kann,[184] oder versucht, den Begriff gesetzlich zu definieren.[185] Nach dem *Revised Model Business Corporation Act* (*RMBCA*) gilt eine unwiderrufliche Stimmrechtsvollmacht dann als erloschen, wenn das mit ihr verbundene besondere Interesse erloschen ist.[186] Bei Erteilung einer Stimmrechtsvollmacht kann außerdem auch die Dauer der Bevollmächtigung festgelegt werden. Darüber hinaus haben die Einzelstaaten die Dauer von *proxies*, deren Länge nicht privatautonom beschränkt ist, gesetzlich festgelegt.[187]

Zahlungen an den Eigentümer einer Aktie als Kompensation für die Erteilung der Stimmrechtsvollmacht verstoßen gegen die Regel des *common law*, die einen Stimmrechtskauf verbietet. Daher vermittelte eine solche Vereinbarung dem Vertreter bisher auch keine Vertretungsmacht.[188] Teilweise wird die Ansicht vertreten, dass der Stimm-

---

[179] *Easterbrook/Fischel* (1983), S. 400, 410.

[180] *Cox/Hazen/O'Neal* (1997), S. 332; *Abercrombie v. Davies*, 123 A2d 893, 906-907 (Del. 1956), *rev'd on other grounds*, 130 A.2d 338 (Del. 1957); *Ecclestone v. Indiatlantic, Inc.*, 29 N.W2d 679 (Mich 1947); *Deibler v. Charles H. Elliot Co.*, 81 A.2d 557 (Pa. 1951); siehe dazu auch *Thomas* (1965).

[181] Siehe *In re Chilson*, 168 A. 82, 85-86 (Del. Ch.1933); *Williams v. Williams*, 427 N.E.2d 727 (Ind. Ct. App. 1981); *Schulman v. Spera*, 423 N.Y.S.2d 115 (Sup. Ct. 1979); *Arcweld Mfg. Co. v. Burney*, 121 P.2d 350, 355 (Wash. 1942). Siehe aber auch *Byrne v. Morley*, 299 P.2d 758 (Idaho 1956).

[182] *Cox/Hazen/O'Neal* (1997), S. 322.

[183] *Cox/Hazen/O'Neal* (1997), S. 333.

[184] N.Y. Bus.Corp.L. § 609(f), (g).

[185] Siehe z.B. Revised Model Business Corporation Act (RMBCA) § 7.22 (d).

[186] RMBCA § 7.22 (f).

[187] MBCA § 33; RMBCA § 7.22 (c). *Delaware* z.B. bestimmt, dass Stimmrechtsvollmachten für drei Jahre gültig sind, § 212 (b) Del.GenCorp.L.

[188] Siehe *Chew v. Inverness Management Corp.*, 352 A2d 426 (Del. Ch. 1976).

rechtskauf nicht per se unwirksam sei, sondern nur anfechtbar, je nach dem, ob er einer Überprüfung der *intrinsic fairness* standhält.[189] Daher soll nach dieser Ansicht der Kauf von Stimmen in einer *corporation* dann erlaubt sein, wenn der Käufer eine erhebliche Kapitalbeteiligung an der Gesellschaft hält und hofft, durch die Ausübung der Stimmen eine Steigerung des Wertes dieser Beteiligung zu erreichen.[190] Dem lässt sich jedoch entgegenhalten, dass die Verbindung der Kapitalbeteiligung mit dem Stimmrecht verhindert, dass unnötige *agency costs* entstehen.[191] Denn der Käufer würde die Gesellschaft kontrollieren, jedoch nur im Umfang seiner eigenen Kapitalbeteiligung die Auswirkungen seiner Entscheidungen auf den Wert dieser Beteiligung spüren. Wegen der zu erwartenden *agency costs* wird der Wert der Beteiligung des einzelnen Aktionärs durch einen Verkauf beeinträchtigt. Dabei ist auch nicht zu erwarten, dass der Kaufpreis, den er von dem Käufer des Stimmrechts erhält, dies kompensieren wird, denn die einzelnen Aktionäre sind hierfür zu zerstreut und unorganisiert. Sie werden daher ihre Stimmrechte für jeden Preis über Null verkaufen, da sie sich wegen ihres geringen Anteils keine Einflussmöglichkeit durch die Ausübung ihres Stimmrechts ausrechnen.[192] Die Verbindung von Kapitalbeteiligung und Stimmrecht erhöht somit die Effizienz der Organisation einer Gesellschaft.[193] Es ist deshalb auch in einem *proxy contest* nicht erlaubt, dass die eine oder andere Seite für die Erteilung von Stimmrechtsvollmachten Zahlungen leistet.

III. BUNDESRECHTLICHE REGELUNGEN

1. Einleitung

Das einzelstaatliche Recht enthält vor allem mit seinen *agency*-Regeln wahrscheinlich alle Regelungen, die in einer typischen *close corporation* nötig sind, in der der Aktionär in die Geschäfte persönlich involviert ist oder jedenfalls denjenigen kennt, der sich um seine Stimmrechtsvollmacht bemüht. Im einzelstaatlichen Recht fehlt es jedoch an Regelungen, die die verstreuten Aktionäre eines börsennotierten Unternehmens davor schützen, ihre Stimmrechtsvollmachten an Personen erteilen zu müssen, die sich nicht kennen und von denen sie nicht wissen, zu welchem Zweck sie die Vollmachten nutzen werden.[194] Dies ist für den betroffenen Aktionär um so nachteiliger, als für ihn regelmäßig die Bevollmächtigung eines Dritten zur Ausübung seines Stimmrechts der einzige Weg ist, durch den er in einer großen, in Streubesitz stehenden Aktiengesellschaft an der Wahl der *directors* und an anderen fundamentalen Strukturveränderungen teilneh-

---

[189] *Clark* (1979), S. 807.

[190] *Clark* (1979), S. 807.

[191] *Easterbrook/Fischel* (1983), S. 410. Zum Begriff der *agency costs* vgl. bereits § 2 III.

[192] *Easterbrook/Fischel* (1983), S. 411. Daran würde auch ein Wettbwerb um den Kauf der Stimmrechte nichts ändern, vgl. *Easterbrook/Fischel* (1983), S. 411. Der hier beschriebene Konflikt der Aktionäre wird auch als *collective action problem* bezeichnet. Vgl. dazu noch näher unten § 9 II.1.

[193] *Easterbrook/Fischel* (1983), S. 411.

[194] *Soderquist/Sommer* (1986), S. 415.

men kann bzw. dazu gewillt ist.[195] Da somit die eigentliche Willensbildung des Aktionärs auf den Prozess der Vollmachtserteilung vorverlagert wird, ist es für den Aktionär entscheidend, im Moment der Bevollmächtigung mit den nötigen Informationen versorgt zu sein.

Der *Securities and Exchange Act* (*SEA*) von 1934 hat versucht, diese Lücke des einzelstaatlichen Rechts zu schließen. Die bundesrechtliche Regulierung von *proxies* findet sich in *Section 14* des *SEA* und den dazu von der *SEC* erlassenen *proxy rules*.[196] Das Ziel all dieser Regeln ist es, für den Aktionär Transparenz zu schaffen, indem Veröffentlichungspflichten aufgestellt werden. Durch die *proxy rules* sollen dem Aktionär diejenigen Informationen zur Verfügung gestellt werden, die er für eine ausgewogene Willensbildung benötigt.[197] Weder der Kongress noch die *SEC* haben, von kleineren Ausnahmen abgesehen, je versucht zu regulieren, wer um Stimmrechtsvollmachten werben darf und unter welchen Umständen für die Erteilung einer Vollmacht geworben werden darf. In der Hauptsache verlangen die aufgestellten bundesrechtlichen Regeln lediglich die volle und detaillierte Information der Aktionäre, wenn es um die Werbung ihrer Stimmrechtsvollmachten geht. Dabei müssen die *proxy rules* stets herangezogen werden, wenn es darum geht festzustellen, welche Informationen für welchen Beschluss dem Aktionär zur Verfügung gestellt werden müssen.[198] In jüngerer Zeit betrafen die Regelungen vor allem Probleme der *Corporate Governance* in Publikumsgesellschaften. Hier erließ die *SEC* detaillierte Regelungen zur Veröffentlichung von Vorstandsaktivitäten, wie z.B. hinsichtlich der Zusammensetzung und der Funktion der verschiedenen Ausschüsse oder der Aufzeichnung der Anwesenheit einzelner Direktoren.[199]

Die heute geltenden Regelungen sind das Ergebnis einer Jahrzehnte dauernden Entwicklung, die entscheidend durch die Vorenthaltung benötigter Informationen und andere Missbräuche, die bei der Sammlung der Stimmrechtsvollmachten immer wieder auftraten, beeinflusst wurden.[200] Weil es in einem *proxy contest* um die Sammlung von Stimmrechtsvollmachten geht, sind die entsprechenden Regelungen für eine *proxy solicitation* in einem *proxy contest* immer auf beide Seiten anwendbar. In einigen Fällen werden sie lediglich durch spezielle Vorschriften ergänzt.

---

[195] Zum Abstimmungsverhalten von Aktionären vgl. auch unten § 9 II.

[196] Diese *proxy rules* lassen sich im Internet unter *www.sec.gov* einsehen.

[197] *Bernstein/Fischer Henry G.* (1940), 229, 247.

[198] Die *SEC* spezifiziert sehr genau, welche sowohl finanziellen als auch anderen Informationen veröffentlicht werden müssen, sei es, dass es um die Wahl der *directors*, ihre Vergütung, einen Zusatz in der Satzung (*charter*) oder Nebensatzung (*bylaws*), einen Vorschlag zur Fusion mit einem anderen Unternehmen, einen Verkauf von Vermögenswerten oder um die Modifizierung der Aktien der Gesellschaft geht.

[199] Die Sammlung bestimmter Daten, die einzelne Direktoren betreffen, wie etwa die Vergütung oder bestimmte potenzielle Interessenkonflikte, kann für die Wahlentscheidung des Aktionärs relevant sein. Vgl. z.B. *Berkman v. Rust Craft Greeting Cards, Inc.*, 454 F. Supp. 787, 789 (S.D.N.Y. 1979). Außerdem müssen auch alle Umstände der Geschäfte, die ein Direktor mit der Gesellschaft abschließt, veröffentlicht werden. Vgl. z.B. *Maldonado v. Flynn*, 597 F.2d 789 (2d Cir. 1979).

[200] Vgl. *Loss/Seligman* (1989), 1916 f. Vgl. auch *Dean* (1939) und *Bernstein/Fischer Henry G.* (1940).

2. Anwendbarkeit der *proxy*-Regelungen der *SEC*

Wie oben bereits erläutert wurde, beruhen die Regelungen der *SEC* auf dem *Securities Exchange Act*. In *Section 14(a)* des *Securities Exchange Act* heißt es:

„*It shall be unlawful for any person, by the use of the mails or by any means or instrumentality of interstate commerce or of any facility of a national securities exchange or otherwise, in contravention of such rules and regulations as the Commission may prescribe as necessary or appropriate in the public interest or for the protection of investors, to solicit or to permit the use of his name to solicit any proxy or consent or authorization in respect of any security (other than an exempted security) registered pursuant to Section 12 of this title.*“

Die Frage der Anwendbarkeit der *SEC rules* richtet sich also danach, ob die Aktien, die mit dem umworbenen Stimmrecht ausgestattet sind, der Registrierungspflicht nach *Section 12* des *Securities Exchange Act* unterliegen. Nach *Section 12* sind alle diejenigen Aktien bei der *SEC* registrierungspflichtig, die an einer nationalen Börse[201] notiert sind.[202] Hinzu kommen die Aktien solcher Gesellschaften, deren Gesellschaftsvermögen mindestens 10 Millionen US-Dollar beträgt, sofern diese Aktien von mehr als 500 Aktionären (*shareholders of record*) gehalten werden.[203]

Im Rahmen dieser vom *SEA* abgesteckten Grenzen hat die *SEC* nun ihr Regelwerk zur Werbung von Stimmrechtsvollmachten erlassen, das im Folgenden näher beschrieben werden soll.

3. Definition der *proxy solicitation*

Die Anwendung der von der *SEC* auf der Grundlage des *Securities Exchange Act* erlassenen *proxy rules* setzt neben der Anwendbarkeit gemäß *Section 14(a)* des *Securities and Exchange Act* voraus, dass eine Werbung um Stimmrechtsvollmachten (*proxy solicitation*) im Sinne der von der *SEC* zugrunde gelegten Definition vorliegt. Dies hat die *SEC* in *Rule 14a-1(l)* geregelt. Dabei hat die *SEC* den *proxy rules* eine sehr weite Definition zugrunde gelegt, wann von einer *proxy solicitation* im Sinne der *proxy rules* auszugehen ist.[204] Eine Werbung um Stimmrechtsvollmachten liegt danach vor, (1.) wenn um die Erteilung einer Stimmrechtsvollmacht gebeten wird, (2.) wenn dazu aufgerufen wird, eine Vollmacht zu erteilen oder auch nicht zu erteilen oder sie zu widerrufen, (3.) wenn die Aktionäre unter Umständen angesprochen werden, von denen vernünftigerweise erwartet werden muss, dass sie zur Erteilung, zur Versagung oder zum Widerruf von Stimmrechtsvollmachten führen werden. Die Regeln wurden damit so weit gefasst,

---

[201] Z.B. *New York Stock Exchange* oder *American Stock Exchange*.

[202] *Section 12(b) SEA*.

[203] *Section 12(g) SEA* und *Rule 12g-1*. Vgl. auch *Soderquist* (1996), S. 195 f. Darüber hinaus unterliegen auch Aktien bestimmter Investment- und Holdinggesellschaften der Registrierungspflicht gem. *Section 12 SEA*, *Ruoff* (1999), S.214 Fn. 220. Da hiervon die wichtigsten Gesellschaften und vor allem die börsennotierten Gesellschaften erfasst werden, soll sich die Darstellung im Folgenden auf solche Gesellschaften beschränken, die unter die Definition von *Section 12* des *SEA* fallen.

[204] *Rule 14a-1(l)*. Zum Begriff der *solicitation* vgl. auch *Cherno/Zelenty* (1984).

dass auch Maßnahmen, die für gewöhnlich nicht zu einer Bevollmächtigung in einem bestimmten Sinne führen, bereits unter die Regulierungen der *SEC* fallen.[205]

Auch die Gerichte unterstützen die Ansicht, dass die Kommunikation zwischen Anlegern, die selbst nicht darauf gerichtet ist, Stimmrechtsvollmachten zu gewinnen, als Stimmrechtswerbung im Sinne der Regulierung der *SEC* anzusehen ist, wenn sie Teil eines fortgesetzten Planes ist, der am Ende in einer erfolgreichen Stimmrechtswerbung enden soll.[206] Daher stellte beispielsweise auch ein Brief eines Aktionärs an verschiedene andere Aktionäre, in denen er diese aufforderte, ihn bei seinem Vorhaben zu unterstützen, die Aktionärsliste der Gesellschaft herauszuverlangen, eine *proxy solicitation* dar. Denn der Autor des Briefes wollte die Liste letztlich dazu nutzen, Stimmen für seine Abstimmungsvorschläge zu sammeln. Ebenso kann ein Brief an die Aktionäre, in dem aktuelle Vorgänge im Unternehmen diskutiert werden, als eine Werbung um Stimmrechtsvollmachten gesehen werden, da die Definition der *SEC* auch solche Aktivitäten umfasst, die geeignet sind, die Aktionäre davon abzuhalten, ihr Stimmrecht einem anderen zu geben.[207]

Diese weite Definition der Werbung um Stimmrechtsvollmachten hat dazu geführt, dass es zu Kollisionen mit dem ersten *Amendment* der amerikanischen Verfassung, das die Meinungsfreiheit garantiert, kommen konnte. In dem Fall *Long Island Lighting Company (LILCO) v. Barbash*[208] war *LILCO* in einen *proxy contest* verwickelt, in dem es um den Betrieb eines Atomkraftwerkes durch *LILCO* ging. Im Rahmen dieses *proxy contest* verklagte *LILCO* eine Gruppe von Aktivisten, die Anzeigen geschaltet hatten, in denen die Auflösung von *LILCO* gefordert wurde. Obwohl diese Anzeigen mit dem *proxy contest* in keinem unmittelbaren Zusammenhang standen, argumentierte *LILCO*, dass die *proxy rules* anwendbar wären. Das Gericht wies die Klage mit der Begründung ab, dass bei einer Anwendung der *proxy rules* diese das Recht der Gruppe auf freie Meinungsäußerung verletzen würden.[209] Vom Berufungsgericht wurde dies allerdings mit der Begründung nicht anerkannt, es wäre voreilig, hier bereits eine Verletzung des ersten *Amendments* zu sehen. In einer abweichenden Meinung vertrat jedoch *Judge Winter* die Ansicht, dass die *proxy rules* zumindest nicht auf Werbung in Zeitungen

---

[205] So wurde anlässlich des Zusammenschlusses zweier Eisenbahngesellschaften der offene Brief des Managements an die *Interstate Commerce Commission*, in dem die Vorteile des Zusammenschlusses ausgebreitet wurden und um eine schnelle Zustimmung gebeten wurde, bereits als Anwendungsfall der Regeln der *SEC* für Stimmrechtswerbungen gesehen, da noch keine Abstimmung der Aktionäre vorlag und der Brief Aussagen traf, die zu einer Beeinflussung der Aktionäre führen konnten. Siehe *Union Pac. R.R. v. Chicago & N.W. Ry.*, 226 F. Supp. 400 (N.D. Ill. 1964); *Cary/Eisenberg* (1988), S. 287.

[206] *Studebakers Corp. v. Gitlin*, 360 F.2d 692, 696 (2d Cir. 1966), *citing SEC v. Okin*, 132 F.2d 784 (2d Cir. 1943).

[207] Siehe *Sargent v. Genesco, Inc.*, 492 F.2d 750 (5th Cir. 1974).

[208] 779 F.2d 793 (2d Cir. 1985).

[209] *Long Island Lighting Co. v. Barbash*, 625 F. Supp. 221, 222 (S.D.N.Y. 1985).

anwendbar sein sollten, um zu verhindern, dass hierdurch die Meinungsfreiheit berührt würde.[210]

Mit den Reformen im Jahre 1992 wurden in den *proxy rules* verschiedene Fälle von der Definition der *proxy solicitation* ausgenommen, weil die *SEC* befürchtete, dass die Breite der Definition beinahe jede Äußerung über eine an der Börse gehandelte Gesellschaft zu einer den *proxy rules* unterfallenden Werbung um Stimmrechtsvollmachten machen würde.[211] Dadurch käme es im Ergebnis zu einer unverhältnismäßigen Beschränkung der Aktionärskommunikation. Eingeführt wurde *Rule 14a-1(l)(2)*, die verschiedene Tatbestände von der Definition einer *solicitation* ausnimmt. Die wichtigste Neuregelung war dabei *Rule 14a-1(l)(2)(iv)*. Diese stellte klar, dass ein Aktionär, der sich nicht um die Stimmrechtsvollmachten der anderen Aktionäre bemüht, öffentlich bekannt geben kann, wie er abstimmen wird und welche Gründe dies hat, ohne dass er gleich die Vorgaben der *proxy rules* einhalten muss. Diese Neuerung im Hinblick auf die Bekanntgabe von Wahlentscheidungen hatte vor allem Einfluss auf so genannte „*Just Vote No*"-Kampagnen,[212] die von großen Pensionsfonds und anderen institutionellen Anlegern mit dem Ziel geführt werden, die Unzufriedenheit mit der Politik des Managements auszudrücken, ohne dass ein *proxy contest* geführt werden muss.[213]

Im Zuge der Reformen wurden außerdem die Ausnahmen in *Rule 14a-2(b)(1)* überarbeitet, die demjenigen, der an sich mit seinen Aktivitäten die Definition einer *proxy solicitation* erfüllt, verschiedene Erleichterungen von den nachfolgenden Regelungen zugesteht. So schließt *Rule 14a-2(b)(1)* solche Kommunikation zwischen den Aktionären von der Anwendung der folgenden *Rules 14a-3* bis *14a-6* aus,[214] die zwar die Definition einer *proxy solicitation* erfüllen, grundsätzlich jedoch von einer Person ausgehen, die ihrerseits nicht mit dem Ziel handelt, Stimmrechtsvollmachten zu erwerben und die auch kein substantielles Interesse (*substantial interest*) an der betroffenen Angelegenheit hat. In einer Rückausnahme werden hiervon jedoch wiederum zehn verschiedene Personengruppen ausgenommen, bei denen stets vermutet wird, dass sie in die Werbung um Stimmrechtsvollmachten verwickelt sind.[215] So müssen *officers*, *directors*, Kandidaten für das *board of directors* oder solche Personen, die zur Veröf-

---

[210] In einem anderen Fall (*Securities & Exch. Commn. v. Wall St. Pub. Inst.*, 851 F.2d 365 (D.C. Cir. 1988), *cert. denied*, 489 U.S. 1066 (1989), in dem nach anderen *Securities Laws* entschieden wurde, war das Gericht ebenfalls der Ansicht, dass die Ermächtigung zur Regulierung von Aktiengesellschaften mit dem Recht auf freie Meinungsäußerung kollidieren könne. Siehe auch *Dun & Bradstreet, Inc. v. Greenmoss Bldrs.*, 472 U.S. 749 (1985). Generell genießt die Äußerung in geschäftlichen Angelegenheiten einen geringeren Schutz. Siehe dazu *Central Hudson Gas & Elec. Corp. v. Public Serv. Commn.*, 477 U.S. 557 (1980).

[211] Sec. Ex. Act Rel. 31,326, 52 SEC Sock. 2028, 2031 f. (1992).

[212] In einer sogenannten „*Just Vote No*"-Kampagne versucht eine Partei nicht die Stimmrechtsvollmachten der anderen Aktionäre zu werben, sondern allein durch die Bekanntgabe der eigenen Position und der Gründe dafür, andere Aktionäre davon zu überzeugen, dass sie ebenfalls gegen die Vorschläge des Managements stimmen bzw. dem Management keine Vollmacht erteilen. Vgl. dazu auch *Grundfest* (1993) und *Wharton/Lorsch/Lord Hanson* (1991).

[213] *Thomas/Dixon* (1998), § 5.03[A][1], [3]; § 6.03[A], [D].

[214] Vgl. zu diesen *Rules* noch unten § 5 III.4.

[215] *Rule 14a-2(b)(1)*.

fentlichung ihrer Pläne im Hinblick auf die Gesellschaft nach dem *Williams Act* verpflichtet sind,[216] weiterhin die strengen Auflagen der *SEC* erfüllen. In *Rule 14a-2(b)(2)* bis *Rule 14a-2(b)(4)* werden noch drei weitere Ausnahmen festgelegt: *Rule 14a-2(b)(2)* erlaubt, Stimmrechtswerbungen durch Personen, die nicht der Gesellschaft zuzurechnen sind, ohne dass die *Rules 14a-3* bis *14a-6* erfüllt werden müssen, wenn dabei Stimmrechtsvollmachten von nicht mehr als zehn Personen eingeworben werden. Dies mag auf den ersten Blick nicht viel erscheinen, doch kann die Unterstützung der zehn größten Aktionäre einer Gesellschaft neben dem Management bereits eine erhebliche Stimmrechtsmacht in den Händen eines Herausforderers bedeuten.[217]

4. Überblick über die *SEC Rules*

Im Folgenden soll ein kurzer allgemeiner Überblick über die *proxy rules* geliefert werden, die anwendbar sind, sobald von einer *proxy solicitation* im Sinne der oben genannten Definition auszugehen ist. Dabei sollen zunächst die Regelungen betrachtet werden, die sich nicht speziell auf einen *proxy contest* beziehen, jedoch von jedem eingehalten werden müssen, der eine *proxy solicitation* im Sinne von *Rule 14a-1* durchführt.[218]

Entsprechend dem Ziel der *proxy rules*, im Zusammenhang mit bestimmten zustimmungsbedürftigen Maßnahmen für eine vollständige Aufklärung der Aktionäre zu sorgen, enthält *Rule 14a-3* in Verbindung mit dem *Schedule 14A* einen weit reichenden Katalog von Veröffentlichungstatbeständen. *Rule 14a-3* soll dafür sorgen, dass keine Werbung von Stimmrechtsvollmachten, auf die die *proxy rules* anwendbar sind, durchgeführt wird, ohne dass dem umworbenen Aktionär ein schriftliches *proxy statement* zugegangen ist, das die in *Schedule 14A* spezifizierten Informationen enthält. In *Schedule 14A* werden detailliert alle Informationen aufgelistet, die bei bestimmten zustimmungsbedürftigen Maßnahmen von einem Teilnehmer (*participant*) an einer Werbung um Stimmrechtsvollmachten dem einzelnen Aktionär zur Verfügung gestellt werden müssen.[219]

In *proxy contests* gelten besonders strenge Veröffentlichungsvorschriften. *Item 4 (b)* und *Item 5 (b)* des *Schedule 14A* treffen an den Begriff des *participant* anknüpfend verschiedene Sonderregelungen für *election contests*: Danach muss das *proxy statement* eine Fülle genauester Angaben über alle *participants* enthalten, die von den bloßen persönlichen Daten bis hin zur Angabe von Verurteilungen in den letzten 10 Jahren – mit Ausnahme von Straßenverkehrsdelikten – reichen.[220] Außerdem muss im *proxy statement* noch einmal angegeben werden, wie hoch die geschätzten Gesamtkosten der *proxy*

---

[216] Vgl. zu den in einem *proxy contest* einzuhaltenden Regelungen des *Williams Act* näher unten § 8 I.

[217] Die Aktionäre müssen jedoch weiterhin *Rule 14a-9* beachten, vgl. dazu ausführlich § 7. Erreichen die Aktionäre zusammen einen bestimmten Anteilsbesitz, so müssen sie außerdem die Vorgaben des *Williams Act* beachten, der die Einreichung eines *Schedule 13D* verlangt, vgl. dazu ausführlich § 8 I.

[218] Zu *Rule 14a-2* vgl. § 5 III.3.

[219] Der Begriff des Teilnehmers (*participant*) erfasst nach *Instruction 3* zu *Item 4* von *Schedule 14A directors, nominees* oder Personen, die die Werbung unterstützen oder finanzieren oder bei einer der vorher genannten Tätigkeiten eine aktive Rolle übernehmen, 17 C.F.R. § 240.14a-101.

[220] Vgl. *Schedule A Item 5 (b) (1) (i)* und *(iii)*.

solicitation sind, und wer diese Kosten trägt. Dabei ist ebenfalls anzugeben, ob – soweit die Kosten nicht aus Gesellschaftsmitteln bestritten werden – der Kostenträger beabsichtigt, später von der Gesellschaft Ersatz zu verlangen, und ob er die Kostenersatzfrage später den Aktionären zur Abstimmung stellen will.[221]

Das vorläufige gemäß *Rule 14a-3* zu erstellende *proxy statement* sowie das vorläufige Vollmachtsformular (*proxy form*), die der Werbende für die *proxy solicitation* nutzen will, müssen der *SEC* mindestens zehn Tage vor dem Beginn der eigentlichen Stimmrechtswerbung zu Kontrollzwecken vorgelegt werden.[222] Keine Pflicht zur Vorlage besteht allerdings hinsichtlich des im Rahmen einer Werbung um Stimmrechtsvollmachten verwandten übrigen Materials wie Briefe an die Aktionäre, Werbung oder sonstiges unterstützendes Material. Außerdem werden in *Rule 14a-6(a)* für bestimmte *solicitations* Ausnahmen gemacht. So entfällt das Einreichungserfordernis beispielsweise vor dem Beginn der eigentlichen Stimmrechtswerbung, wenn es auf der Aktionärsversammlung ausschließlich um die Wahl der *directors* oder die Auswahl der Wirtschaftsprüfer geht.

Das vorgelegte Material wird von der *SEC* überprüft. Auf Anfrage kann die *SEC* Vorschläge zur Berichtigung der eingereichten Unterlagen abgeben, schon bevor die Unterlagen an die Aktionäre versandt werden. In vielen Fällen wurden die an einer *proxy solicitation* Beteiligten jedoch auch von selbst durch die *SEC* aufgefordert, die *proxy*-Unterlagen zu korrigieren. Dies kann unter Umständen dazu führen, dass der geplante Termin für die Hauptversammlung verschoben werden muss. Die Veröffentlichungspflichten der *SEC* haben aber eine gewisse Abschreckungswirkung, so dass es in der Regel schon nicht zu einer die Aktionäre benachteiligenden Informationspflichtverletzung kommt.[223]

Nach der Einreichung der vorläufigen Materialien muss mindestens zehn Tage gewartet werden, bevor mit der eigentlichen Stimmrechtswerbung begonnen werden kann. Dem steht auch nicht entgegen, dass die *SEC* sich bis dahin zur Zulässigkeit der vorläufigen Materialien nicht geäußert hat, denn seit 1980 überprüft sie die eingereichten Materialien nur noch stichprobenweise.[224] Die endgültigen, für die Werbung der Stimmrechtsvollmachten benutzten Unterlagen müssen spätestens mit der Zusendung an die Aktionäre auch bei der *SEC* sowie bei jeder Börse, an der die Gesellschaft gehandelt wird, eingereicht werden.[225]

Im Zuge der Reformen von 1992 wurde *Rule 14a-6* durch verschiedene Regelungen ergänzt, die die Kommunikation zwischen den Aktionären erleichtern sollen.[226] So müssen mündliche Äußerungen, die die Werbung von Stimmrechtsvollmachten betreffen

---

[221] *Schedule A Item 4 (b) und (5)*. Zu den Kosten eines *proxy contest* vgl. ausführlich unter § 11.

[222] *Rule 14a-6(a)*.

[223] *Cox/Hazen/O'Neal* (1997), S. 339.

[224] *Loss/Seligman* (2001), S. 499.

[225] *Rule 14a-6(b)*.

[226] *Loss/Seligman* (2001), S. 499 f.

der *SEC* nicht vorgelegt werden.[227] Und diejenigen Personen, die unter den Ausnahmetatbestand von *Rule 14a-2(b)(1)* fallen und gleichzeitig Aktien mit einem Wert von mehr als 5 Mio. Dollar besitzen,[228] müssen nur für den Fall, dass sie Werbematerial an andere Aktionäre versenden, eine *Notice of Exempt Solicitation* einreichen. Andere Äußerungen, die im Hinblick auf die Abstimmung der Aktionäre gemacht werden, erfordern eine solche Benachrichtigung nicht.[229]

Das Vollmachtsformular muss angeben, ob die Stimmrechtsvollmacht zugunsten der Gesellschaft (*registrant*) oder wie im Falle eines *proxy contest* zugunsten einer anderen Person erfolgt.[230] Die Vollmacht darf auch immer nur für eine Aktionärsversammlung eingeworben werden.[231] Weil nach dem *common law* die Vertretungsmacht in der Regel jederzeit durch eine spätere, anders lautende Vollmacht widerrufen werden kann,[232] muss auf dem Vollmachtsformular ein Feld enthalten sein, in dem das Datum bei Vollmachtserteilung eingetragen werden kann.[233] Das Vollmachtsformular muss jeden einzelnen Abstimmungspunkt, egal ob er von der Gesellschaft oder einem Aktionär eingebracht wurde, klar und deutlich darstellen und dem Aktionär die Möglichkeit geben, der Angelegenheit zuzustimmen, sie abzulehnen oder sich der Stimme zu enthalten.[234] Um zu verhindern, dass das Management unpopuläre Abstimmungsvorschläge mit populären Tagesordnungspunkten („*sweeteners*") verbindet, um für erstere dennoch eine Abstimmungsmehrheit zu erlangen, verbieten die *proxy rules* eine solche Kopplung.[235] Dadurch wird verhindert, dass Aktionäre Vorschlägen zustimmen müssen, die zwar zu einem Teil wünschenswert sind, zu einem anderen Teil jedoch für den Aktionär nachteilige Maßnahmen enthalten, indem sie etwa den Wert seiner Investition gefährden.[236] Seit 1979 muss das Vollmachtsformular außerdem eine Möglichkeit enthalten, dass der Aktionär für jeden einzelnen Kandidaten für das *board of directors* bestimmen kann, ob er ihm seine Stimme gibt.[237]

Hat der Aktionär einmal einen Stimmrechtsvertreter mit der Ausübung seiner Stimme beauftragt, so bestimmt *Rule 14a-4(c)*, inwieweit dem Vertreter bei der Abgabe der Stimme ein eigenes Ermessen zukommt. So darf er etwa das Stimmrecht für den Aktionär in Angelegenheiten ausüben, die bei der Zusendung der Werbeunterlagen noch nicht bekannt waren, wenn er sich dieses Ermessen vorbehalten hat. In Betracht kommt auch, dass der Vertreter dann ein eigenes Ermessen ausüben darf, wenn der Aktionär es unterlassen hat, in bestimmten Angelegenheiten eine eigene Wahl zu treffen. Vorausset-

---

[227] *Rule 14a-6(g)(2)*.

[228] Zu *Rule 14a-2(b)(1)* vgl. § 5 III.3.

[229] *Rule 14a-6(g)(2)*.

[230] *Rule 14a-4(a)(1)*.

[231] *Rule 14a-4(d)(2), (3)*.

[232] Vgl. dazu bereits oben § 5 II.2.

[233] *Rule 14a-4(d)*. *Rule 14a-10* soll außerdem die Manipulation des Datums verhindern.

[234] *Rules 14a-4(a)(3); 14a-4(b)(1)*

[235] *Rule 14a-4*.

[236] Vgl. dazu auch *Bebchuk* (1989b), S. 1830 ff.

[237] *Rule 14a-4(b)(2)*.

zung ist nur, dass sich aus dem Vollmachtsformular ergibt, wie der Vertreter in einem solchen Fall abstimmen wird.

Gegen diese Regelung ist Kritik angebracht worden, weil sie besonders im Hinblick auf den Erfolg von *shareholder proposals* das amtierende Management bevorzugt.[238] Denn für ein *shareholder proposal* werden keine eigenen Vollmachten gesammelt, sondern die Aktionäre können auf der *proxy card* des Managements für oder gegen den Vorschlag eines Aktionärs stimmen. Viele machen sich jedoch diese Mühe nicht. Sie senden ihr Formular einfach unterschrieben zurück, da sie ja wissen, dass dann das Management nach seinen eigenen Vorschlägen abstimmen wird. Da das Management jedoch zumeist gegen einen Vorschlag eines Aktionärs stimmen wird, erhält ein *shareholder proposal* nur sehr wenige Stimmen.

Würde man die Regelung von *Rule 14a-4(c)* allerdings nicht zulassen, so bestünde die Gefahr, dass für viele Entscheidungen das nach einzelstaatlichem Recht erforderliche Quorum für die Beschlussfähigkeit der Hauptversammlung schon gar nicht zustande käme. Außerdem würde den Aktionären ihr Wahlrecht entzogen, obwohl sie durch ihr Verhalten eigentlich gezeigt haben, dass sie die Position des Managements unterstützen.[239]

Auf einem Vollmachtsformular (*proxy card*) darf nicht für oder gegen eine bestimmte Angelegenheit geworben werden. Erlaubt ist der werbenden Gesellschaft nur eine kurze Anmerkung, wie sie zu einem Abstimmungspunkt steht. Argumente für oder gegen eine Angelegenheit sind nicht erlaubt. Ebenfalls verboten sind optische Markierungen oder Hervorhebungen, etwa Pfeile, an den Stellen, an denen der Aktionär sein Kreuz setzen soll.[240] Allerdings kann für *proxy statement* oder *proxy card* eine spezielle Farbe gewählt werden. In *proxy contests* bedienen sich die konkurrierenden Gruppen daher regelmäßig unterschiedlicher Farben.[241] Damit wird im Grunde gerade der Regelungszweck von *Rule 14a-4(a)(1)* erfüllt, der verlangt, dass aus der *proxy card* klar hervorgehen muss, wem der Aktionär seine Vollmacht erteilt.

---

[238] Vgl. zum *shareholder proposal* nach *Rule 14a-8* ausführlich § 6.

[239] Vgl. dazu auch *Loss/Seligman* (2001), S. 502.

[240] Nicht durchgesetzt hat sich ein Vorschlag der *SEC* aus dem Jahr 1948, mit dem sie ein *secret ballot* einführen wollte. Dann hätte auf dem Vollmachtsformular übehaupt keine Empfehlung mehr stehen dürfen. Vgl. auch Sec. Ex. Act Rel. 4114 (1948).

[241] So warb der Herausforderer in einem *proxy contest* 1951 mit den Worten, die Aktionäre sollten für den *„red, white and blue proxy*" stimmen, *Aranow/Einhorn* (1968), S. 175 f. Auch in dem aufsehenerregenden *proxy contest* um den Zusammenschluss von *Hewlett Packard* und *Compaq* im Jahre 2001 forderte das Team der Herausforderer um *Walter Hewlett* die Aktionäre auf, die grüne *proxy card* zurückzuschicken und auf keinen Fall die weiße Karte des Managements, vgl. die verschiedenen Werbeversuche von *Walter Hewlett* an die Aktionäre, abzurufen unter *www.sec.gov* (Datenbank *EDGAR*) unter dem Suchbegriff „Hewlett Walter".

5. Exkurs: Die Beteiligung der *beneficial owners* an der Abstimmung einer *corporation*

Hier soll in Form eines Exkurses die Praxis der Aktienverwahrung in den Vereinigten Staaten beschrieben werden. Außerdem wird dargestellt, wie auf dieser Grundlage die Beteiligung der Aktionäre an der Willensbildung sichergestellt werden kann. Dieser Exkurs ist wichtig, damit im Folgenden die Bedeutung des Begriffs des *beneficial owner* vorausgesetzt werden kann. Außerdem soll die Bedeutung der Aktienverwaltung für die Stimmrechtsvertretung betont werden.

In den *USA* ist die *registered share* (Namensaktie) gebräuchlich und üblich. Denn hiervon hängt bereits die Zulassung an einer der verschiedenen Börsen ab.[242] Bei der Gesellschaft ist jeder Aktionär registriert. Die Gesellschaft weiß somit, wer in welchem Umfang an ihr beteiligt ist. Trotzdem wäre die Kommunikation mit den Aktionären sowohl für das Management als auch für einen Herausforderer in einem *proxy contest* schwierig, gäbe es nicht zusätzliche Regelungen, die eine Kommunikation sicherstellen. Diese Schwierigkeiten liegen in der Art und Weise der Aktienverwahrung in den Vereinigten Staaten begründet.

a) Praxis der Aktienverwahrung

In den *USA* fallen typischerweise die im Aktienregister als Aktionäre eingetragenen Personen und die hinter diesen stehenden wirtschaftlichen Eigentümer, die im Grunde als die eigentlichen Eigentümer anzusehen sind, auseinander. Diejenigen Personen, die bei der Gesellschaft als Aktionäre registriert sind, werden *record owners* genannt. Aus einer Vielzahl von Gründen sind diese Personen nicht mit denjenigen identisch, denen die Aktien wirklich gehören, den *beneficial owners*. So werden zum Beispiel die Aktien einzelner Anleger, aber auch solche institutioneller Investoren, im *„street name"* gehalten, d.h. im Namen einer Bank oder eines Brokers, oder im so genannten *„nominee name"*, d.h. im Namen eines *bank nominee accounts*, und dann entsprechend registriert.[243]

Die Zahl der Aktien, die von *broker-dealers* für die Depots ihrer Kunden gehalten werden, steigt seit langem stetig an.[244] So wurden bereits im Jahre 1987 ungefähr siebzig Prozent aller Aktien im *street name* gehalten. Davon wurden etwa dreißig Prozent im *broker name* gehalten und siebzig Prozent im *bank nominee name*. Im Jahre 1999 waren es bereits achtzig bis neunzig Prozent aller öffentlich gehandelten Aktien, die im *street name* gehalten wurden.[245] Diese Registrierung im *street name* hat mehrere Gründe:

---

[242] In den *USA* ist die Namensaktie (*registered share*) die Regel, da eine unmittelbare Platzierung (*direct listing*) an der Börse *New York Stock Exchange* in der Praxis eine verbriefte Namensaktie voraussetzt, *Wunderlich/Kummert* (2000), S. 146.

[243] *Heard/Sherman* (1987), S. 74. Der Bergriff *"street name"* wurde ursprünglich nur für die Registrierung im *broker name* benutzt, heute ist er jedoch ein Oberbegriff für die Registrierung im *broker name* oder *nominee name*.

[244] Vgl. auch die *Street Name Study* der *SEC* von 1976.

[245] *Markham/Hazen* (2000) § 8.11[2].

Händler nutzen die *street name* Registrierung, um Aktientransfers und die anschließende Neuregistrierung zu beschleunigen.[246] Einzelne Anleger, die ihre Aktien nicht selbst verwahren wollen, belassen ihre Aktien bei einem Broker, der die Aktien normalerweise in seinem Namen registriert.[247] Andere Anleger, zum Beispiel solche, die Aktien auf Kredit kaufen (*on margin*), müssen ihre Aktien solange bei ihrem Broker belassen, bis sie vollständig bezahlt sind. Der Broker registriert diese Aktien dann im *street name*.[248]

Aber auch Broker, Banken und andere, die Aktien für ihre Kunden halten, halten diese Aktien wiederum nicht selbst, sondern deponieren sie in so genannten *regional stock depositories*, die die Aktien erneut unter einem anderen Namen führen.[249] Es gibt vier regionale *depositories*, von denen der größte der *Depository Trust Co.* in New York (*nomineee name Cede and Co.*) ist. Hält eine Bank oder ein Broker seine Aktien über einen *depository*, so wird das *depository* der offizielle *record holder* der Aktien. Bei vielen Gesellschaften ist deshalb „*Cede and Co.*" in der Aktionärsliste als Hauptaktionär eingetragen. Gesellschaften, die wissen möchten, wer ihre „wahren" Aktionäre sind, wird es durch die oben beschriebene Struktur nicht leicht gemacht, die *beneficial owners* zu identifizieren. Sie sind darauf angewiesen, von den *depositories* Listen zu erhalten, aus denen hervorgeht, wem die Aktien wirklich gehören. Diese Listen jedoch sagen dem Unternehmen auch nur, welche Banken und Broker Aktien bei dem entsprechenden *depository* aufbewahren, nicht jedoch, wer die wirklichen *beneficial owners* der Aktien sind (die Kunden der Banken und Broker).[250]

Um Rechtssicherheit zu erreichen, gewährt das U.S.-amerikanische Gesellschaftsrecht in vielen Fällen mit dem Aktienbesitz verbundene Rechte nur dem *record owner*. Einer dieser Fälle ist auch die Ausübung des Stimmrechts. Nur *record owner* haben das Recht, von einer Hauptversammlung zu erfahren und zu wählen.[251] Diese Regelung führt zu einem weiteren Problem. Möchte eine Gesellschaft eine Hauptversammlung abhalten, auf der es zu einer Abstimmung der Aktionäre kommen soll, so muss sie diese, um die bundesrechtlichen Veröffentlichungspflichten einzuhalten, hinreichend früh ankündigen. Da aber Aktien einer Publikumsgesellschaft dauernd den Eigentümer wechseln, unterscheidet sich die Gruppe der Personen, die am Tag der Bekanntgabe der Hauptversammlung *record owners* waren, von der Gruppe, die am Tag, an dem die Hauptversammlung tatsächlich stattfindet, als Aktionäre registriert sind. Daher stellt sich die Frage, wer eigentlich berechtigt sein soll, auf der Hauptversammlung das Stimmrecht auszuüben. Derjenige, der die Einladung erhalten hat, ist nicht mehr Aktionär, und derjenige, der zum Zeitpunkt der Hauptversammlung Aktionär ist, ist nicht eingeladen. Um dieses Dilemma aufzulösen, erlaubt das Gesetz den Gesellschaften, ein so genanntes *record date* zu setzen. Jeder, der zu diesem Zeitpunkt als Aktionär regist-

---

246 *Heard/Sherman* (1987), S. 74.

247 *Heard/Sherman* (1987), S. 74.

248 *Heard/Sherman* (1987), S. 74.

249 *Eisenberg* (2000), S. 275.

250 *Heard/Sherman* (1987), S. 74 f.

251 *Eisenberg* (2000), S. 275.

riert war, kann auf der Hauptversammlung wählen. Normalerweise wird dabei ein Datum gewählt, das mit der Bekanntgabe der Hauptversammlung in Zusammenhang steht.[252]

b) Beteiligung der *beneficial owners* an den Abstimmungen einer *corporation*

Gegenüber der Gesellschaft sind aus Rechtssicherheitsgründen zunächst einmal nur die *record owners* stimmberechtigt. Aufgrund der oben beschriebenen US-amerikanischen Praxis der Aktienverwahrung würde dies jedoch dazu führen, dass in einem Großteil der Fälle an sich nur die mit der Aufbewahrung der Aktien beauftragten *depositories* die Stimmrechte als *record owners* ausüben könnten. Wirtschaftlich betrachtet ist Eigentümer aber derjenige, der die Investitionsentscheidung für eine Aktie getroffen hat und für ihre Folgen einstehen muss. Nur derjenige, der in die Gesellschaft investiert hat, ist auch an der Kontrolle der Unternehmensleitung interessiert. Aus diesem Grund sorgen verschiedene Regelungen dafür, dass die im Aktienregister eingetragenen *record owners* ihre Stimmrechte im Sinne der *beneficial owners* ausüben.

Section 14(b) des *Securities and Exchange Act* verlangt von allen *broker-dealers*, die Mitglied einer nationalen Börsen- oder Wertpapiervereinigung sind,[253] die Unterlagen zur Werbung von Stimmrechtsvollmachten, die sie von der Gesellschaft oder von einem Herausforderer erhalten, an ihre Kunden weiterzuleiten, in deren Auftrag sie die Aktien halten. Das Gesetz verlangt außerdem, dass von der *SEC* verkündete weitergehende Regelungen beachtet werden.[254] Von dieser Ermächtigung zur weiteren Konkretisierung der Verpflichtungen aus *Section 14(b)* hat die *SEC* Gebrauch gemacht.[255] Die Regeln, die sich auf die Kommunikation der Aktionäre beziehen, wurden auf Banken und andere Personen erweitert, die im eigenen Namen Aktien als Treuhänder für die *beneficial owners* halten.[256]

Die Weiterleitungspflicht allein eröffnet einer Gesellschaft oder einem Herausforderer jedoch noch nicht die Möglichkeit zu bestimmen, wer die einzelnen *beneficial owners* sind. Diese können weiterhin immer nur über den *broker* oder die Bank angesprochen werden, die die Aktien für ihre Kunden halten. Dieses Problem führte in den achtziger Jahren dazu, dass einige Gesellschaften nicht in der Lage waren, ihre *beneficial owners* zu identifizieren, und nicht garantieren konnten, dass ihre *proxy*-Materialien diesen über Banken und *broker* rechtzeitig, wenn überhaupt, zugingen. Schlimmstenfalls mussten sie ihre Hauptversammlungen verschieben, um sicherzustellen, dass die Aktionäre die Möglichkeit erhielten, sich an der Willensbildung in der Gesellschaft zu beteiligen. Um

---

[252] *Eisenberg* (2000), S. 276. Vgl. zu Versuchen, das *record date* zur Abwehr von *proxy contests* zu manipulieren, auch § 10 IV.

[253] Die Regelung findet außerdem auf solche *broker-dealers* Anwendung, die direkt von der *SEC* reguliert werden. *Section 14(b)* findet also Anwendung auf alle *broker-dealers*, die durch Regulierungen des *Exchange Act* und die Aufsicht der *SEC* betroffen sind. Vgl. zu *Section 14(b)* auch *Hazen* (2002), § 10.10.

[254] 15 U.S.C.A. § 78n(b).

[255] Vgl. *Rules 14b-1* ff.

[256] Pub.L. No. 99-222, 99 Stat. 1737 (1985), amending 15 U.S.C.A. § 78n(b). Vgl. *Rule 14b-2*.

dieser Situation ein Ende zu setzen, erließ die SEC 1985 die so genannten „*NOBO*" *rules*.[257] „*NOBO*" steht dabei für *non-objecting beneficial owner*. Diese Regelungen verpflichten alle Broker der Aktien einer Gesellschaft, deren Aktien der Broker im Namen seines Kunden hält, den Namen, die Adresse und die Anzahl der gehaltenen Aktien dieses Kunden zu übermitteln, wenn nicht der Kunde einer solchen Übermittlung widerspricht. Das Gegenstück für Banken, die Aktien für ihre Kunden halten, ist die so genannte *COBO list*. Darin sind alle *consenting beneficial owners registriert*.[258] Dies hat den Vorteil, dass sich die Gesellschaft direkt an ihre Aktionäre wenden kann. Auch ein Herausforderer in einem *proxy contest* hat Anspruch auf Herausgabe einer entsprechenden Liste, wenn er entweder nach einzelstaatlichem Recht[259] oder nach Bundesrecht[260] von der Gesellschaft Einsicht in das Aktienregister verlangt.

Wegen der oben bereits beschriebenen Weite des Begriffs *proxy solicitation* müssten sich grundsätzlich auch alle Broker und Banken, die die Werbematerialien der Gesellschaft bzw. eines Herausforderers weiterleiten, den *rules* auf der Basis von *Section 14(a)* unterwerfen. Sie fielen als Teilnehmer an einer Werbung um Stimmrechtsvollmachten (*participant*)[261] unter *Regulation 14A*.[262] Um jedoch zu verhindern, dass *broker-dealers*, deren Funktion in einer Werbung um Stimmrechtsvollmachten sich darin erschöpft, Werbeunterlagen anderer weiterzuleiten, Vorschriften über die Werbung von Stimmrechtsvollmachten einhalten müssen, gelten für diese bestimmte Ausnahmen. Sie müssen nur die bereits beschriebenen Bestimmungen aus *Section 14(b)* einhalten. Denn nach *Rule 14a-2(a)(1)* gelten *broker-dealers*, die *proxy*-Materialien an ihre Kunden weiterleiten, nicht als *participant* im Hinblick auf die laufende Werbung um Stimmrechtsvollmachten, wenn sie (1.) keine Vergütungen außer dem Ersatz der durch die Versendung angefallenen Kosten erhalten, (2.) die Werbeunterlagen unverzüglich an ihre Kunden weiterleiten und (3.) nicht mehr unternehmen, als ihren Kunden unabhängige Anweisungen zu geben, wie die Stimmrechtsvollmachten an die richtige Stelle weiterzuleiten sind.[263] Versendet jedoch der *broker-dealer* eigene Unterlagen, die in irgendeiner Weise den Herausgeber der weiterzuleitenden Werbematerialien betreffen, so erlischt die Ausnahmeregelung.[264] Jeder Versuch des *broker-dealer*, Einfluss auf die Wahlentscheidung des Kunden zu nehmen, oder andere Maßnahmen im Zusammenhang mit der Werbung der Stimmrechtsvollmachten führen dazu, dass *Regulation 14A* und damit die *proxy rules*, wie sie oben bereits beschrieben wurden,[265] anzuwenden sind.[266]

---

[257] *Rule 14b-1(c)*.

[258] Vgl. *Rule 14(b)-2*.

[259] Vgl. dazu bereits oben unter § 5 II.1.

[260] Siehe zu *Rule 14a-7* noch unten § 5 III.6.a).

[261] Wer ein *participant* ist, richtet sich nach *Instruction 3* zu *Item 4* des *Schedule 14A*. Vgl. auch schon Fn. 219.

[262] Zu den dann einzuhaltenden Vorschriften vgl. bereits oben § 5 III.4.

[263] *Rule 14a-2(a)(1)*.

[264] Vgl. Sec. Exch. Act Rel. No. 34-7208 (SEC Jan. 7, 1964).

[265] Vgl. § 5 III.4.

[266] Vgl. Sec. Exch. Act Rel. No. 34-7208 (SEC Jan. 7, 1964).

6. Spezielle Regelungen in den *proxy rules* zur Durchführung von *proxy contests*

Die oben beschriebenen Regelungen stellen den rechtlichen Rahmen dar, der von jedem einzuhalten ist, der sich um die Erteilung von Stimmrechtsvollmachten in einer Gesellschaft bemüht. Sowohl das amtierende Management als auch einen möglichen Herausforderer treffen ähnliche Verpflichtungen bei der Einwerbung der Stimmrechtsvollmachten der Aktionäre. Sie bestimmen die im *proxy statement* zu veröffentlichenden Informationen genauso wie das bei der Einwerbung der Stimmrechtsvollmachten einzuhaltende Verfahren.

Diese formale Gleichheit vor dem Gesetz kann jedoch nicht die tatsächlichen Unterschiede ausgleichen, die dem Management erhebliche Vorteile verschaffen. Denn das Management hat, um seine Politik durchzusetzen, einerseits Zugang zu den Ressourcen des Unternehmens,[267] andererseits kennt es seine Aktionäre bzw. kann sich über Dritte Zugang zu ihnen verschaffen und sie so in einem Wettbewerb um ihre Stimmrechtsvollmachten direkt ansprechen.[268] Im geltenden *proxy*-System besteht daher das Problem, dass zwar rein formal Chancengleichheit gilt, tatsächlich jedoch die amtierende Unternehmensleitung die *proxy machinery* beherrscht. Der *SEC* stellte sich somit seit jeher die Frage, wie das amtierende Management und die aufbegehrenden Aktionäre tatsächliche Chancengleichheit erlangen können. Sie hat versucht, diesem Problem mit ihren *proxy rules* auf drei verschiedenen Wegen zu begegnen:[269]

Erstens soll der Zugang eines Aktionärs zu den anderen Aktionären sichergestellt werden. Zweitens werden allen Beteiligten in einem *proxy fight* besondere Regeln auferlegt. Und drittens wird dem Aktionär die Möglichkeit eröffnet, auf dem *proxy statement* des Managements seine eigenen Vorschläge mitzuteilen und damit ohne Durchführung einer eigenen Werbung um Stimmrechtsvollmachten über seinen Vorschlag abstimmen zu lassen. Zum Teil wurden die besonderen für einen *proxy contest* bestehenden Regelungen bereits oben mitbehandelt.[270] Auf letztere Möglichkeit eines *shareholder proposal* wird später noch ausführlich eingegangen.[271] Im Folgenden sollen daher zunächst die Regelungen beschrieben werden, die im Zusammenhang mit einer direkten Werbung um Stimmrechtsvollmachten in einem *proxy contest* von besonderer Bedeutung sind.

a) Zugang zu den Aktionären über *Rule 14a-7*

Im Allgemeinen erfordern die Regeln der *SEC* nicht, dass eine Liste mit den Aktionären des Unternehmens veröffentlicht werden muss. Ein Einsichtsrecht wird dem einzelnen Aktionär nur über einzelstaatliches Recht gewährt, sofern er ein *proper purpose* nachweisen kann.[272] Versucht jedoch ein Herausforderer, in einem *proxy contest* das amtierende Management anzugreifen, so kommt *Rule 14a-7* zur Anwendung, die den Zugang

---

[267] Siehe zur Kostenfrage bei der Werbung um Stimmrechtsvollmachten unten § 11.

[268] Vgl. § 5 III.5.

[269] So auch *Loss/Seligman* (1989), S. 1980.

[270] Vgl. § 5 III.4.

[271] Siehe § 6.

[272] Vgl. bereits oben unter § 5 II.1.

des Herausforderers zu den Aktionären der Gesellschaft sicherstellen soll. Durch diese Regel werden die Probleme umgangen, die mit dem Zugang zur Aktionärsliste nach einzelstaatlichem Recht verbunden sein können, insbesondere muss der die Einsicht begehrende Aktionär das bereits beschriebene *proper motive* nicht nachweisen.

Der Zugang zu den Aktionären wird von *Rule 14a-7* dadurch gewährleistet, dass dem betroffenen Unternehmen ein Wahlrecht eingeräumt wird. Will ein Herausforderer Stimmrechte werben und sind die *proxy rules* auf diese Werbung anwendbar,[273] so muss das betroffenen Unternehmen diesem entweder eine Liste mit allen Aktionären zur Verfügung stellen oder die *proxy*-Materialien des Herausforderers auf dessen Kosten für ihn versenden.[274] Durch diese Regelung soll sichergestellt werden, dass der Herausforderer die von ihm umworbenen Aktionäre auch erreichen kann. Die Regelung in *Rule 14a-7* sieht dieses Wahlrecht des betroffenen Unternehmens ausdrücklich vor. Einen Anspruch auf Aushändigung einer Aktionärsliste gibt es nach Bundesrecht nicht.[275] Umgekehrt bedeutet dies jedoch auch, dass, wenn das betroffene Unternehmen sich für die Herausgabe der Liste entscheidet, der Herausforderer von diesem nach den *proxy rules* keine weitere Unterstützung verlangen kann.[276] Dann muss der Herausforderer selbst dafür Sorge tragen, dass seine Werbematerialien die Aktionäre tatsächlich erreichen.

Rule 14a-7 ist ein für den Erfolg einer Aktionärskampagne entscheidendes Recht. Zwar kann ein von einem Herausforderer eingeschalteter professioneller Stimmrechtswerber schon durch die Auswertung von frei zugänglichen Informationen oft sehr genaue Auskünfte über die Zusammensetzung des Aktionärskreises machen, ohne je die Aktionärsliste einsehen zu müssen.[277] Einige Informationen jedoch, wie etwa die geographische Verteilung und die Höhe der individuellen Anteile, können erst mit der Einsicht in die Bücher der Gesellschaft genau bestimmt werden.[278] Eine typische Aktionärsliste enthält weit mehr Informationen als bloß eine Auflistung von *record holders* und ihren Adressen. Da als *record holder* für gewöhnlich nur so genannte *depositories* eingetragen sind, hätten sie für einen Herausforderer auch nur einen sehr geringen Wert.[279] Zusätzliche Informationen, wie etwa die Aufschlüsselung der hinter dem *depository trust* stehenden

---

[273] Dies hängt davon ab, ob eine *proxy solicitaion* vorliegt, vgl. § 5 III.3.

[274] *Rule 14a-7(a)*.

[275] *Gaudiosi v. Franklin*, 166 F. Supp. 353, 369 (E.D. Pa. 1958), *aff'd on other grounds sub. nom. Gaudiosi v. Mellon*, 269 F.2d 873 (3d Cir. 1959), *cert. denied*, 361 U.S. 902.

[276] Entscheidet sich das Unternehmen für die Versendung der Unterlagen des Herausforderers, so hat es diese auch in ausreichender Zahl an Banken, Broker und sonstige Personen zu versenden, damit diese die Unterlagen an die *beneficial owners* weitergeben können, die der Aktionär benannt hat (Vgl. *Rule 14a-7(a)(2)*). Erklärt sich das Management zur Herausgabe der Liste bereit, so kann der Herausforderer verlangen, dass ihm nur die Daten bestimmter Gruppen von Aktionären zur Verfügung gestellt werden, solange die bei der Gesellschaft vorhandene Datenbank eine solche Unterscheidung zwischen den Anlegern zulässt, *Rule 14a-7(a)(2)(ii)*.

[277] Z.B. in Datenbanken wie den *Standards & Poor Directories* oder *Moody's*, aber auch den *annual reports* und den *proxy statements*. Möglich ist dies auch über Veröffentlichungen bestimmter Anleger, die ihnen von der *SEC* auferlegt werden. Diese können in der *EDGAR*-Datenbank der *SEC* online abgerufen werden. Zu den Veröffentlichungspflichten nach dem *Williams Act* vgl. auch noch § 8 I.

[278] *Thomas/Dixon* (1998), § 3.01.

[279] Zum Begriff und der Funktion der *depositories* vgl. den Exkurs unter § 1 II.1.a).

Banken und Broker (sog. *CEDE breakdowns*) und Listen der *non-objecting beneficial owners (NOBO lists)*, die der Gesellschaft nach *Rule 14b-1(c)* zur Verfügung stehen, werden deshalb ebenfalls als Teil der *stocklist* angesehen. Außerdem müssen dem Herausforderer die täglichen Änderungen in der Aktionärsstruktur mitgeteilt werden, damit er bis zum Zeitpunkt der Hauptversammlung auf diese reagieren kann.

Es überrascht nicht, dass das betroffene Unternehmen in den meisten Fällen bevorzugt, die vom aufbegehrenden Aktionär eingereichten Unterlagen selbst an die übrigen Aktionäre zu versenden.[280] Durch die Entscheidung des Managements, das Werbematerial des oder der Herausforderer selbst zu versenden, gewinnt dieses in einem gewissen Umfang Kontrolle über den Ablauf des *proxy contest*.[281] Diese Kontrolle wird in zeitlicher Hinsicht jedoch dadurch begrenzt, dass in den Fällen, in denen es um eine Stimmrechtswerbung zur jährlichen Hauptversammlung geht, das Management gemäß *Rule 14a-7(a)(2)(i)* das Werbematerial der Opposition mit so genannter „*reasonable promptness*“ nach dem Erhalt des Materials und der Versicherung, dass alle Kosten übernommen werden, versenden muss. Was unter „*reasonable promptness*“ zu verstehen ist, hängt vom Einzelfall ab.[282] Dabei hat der Aktionär Anspruch auf eine von den Werbeunterlagen des Managements getrennte Versendung seines Materials, sofern er einer gemeinsamen Versendung nicht ausdrücklich zustimmt.[283]

Im Gegensatz zu den Unternehmen, die in der Mehrzahl der Fälle eine Versendung der Materialien für den Herausforderer übernehmen werden, bevorzugt der opponierende Aktionär es regelmäßig, eine Liste zu erhalten. Denn dadurch verhindert er einerseits, dass das Unternehmen bereits frühzeitig mit eigenen Maßnahmen auf die Herausforderung reagiert, andererseits kann er mit einer Liste der Aktionäre seine Werbemaßnahmen auf bestimmte Großaktionäre fokussieren und so erhebliche Kosten sparen.[284] Das Interesse der Herausforderer geht normalerweise dahin, ihre Werbeunterlagen vor dem Management zu versenden und dies möglichst überraschend, um das amtierende Management in die Defensive zu zwingen. Dagegen wird das Management versuchen, diese Strategie zu vereiteln, indem es die Versendung des Materials möglichst lange hinauszögert. Dadurch ist das Management in gewisser Weise in der Lage, den Beginn und die Dauer eines *proxy contest* zu bestimmen. Da Zeit in einem *proxy fight* oft der entscheidende Faktor ist, hat das Management hierdurch einen wichtigen Vorteil.[285] Ein weiterer Vorteil erwächst dem Management daraus, dass es bei einer Versendung der Werbematerialien des Herausforderers über dessen Aktivitäten immer auf dem Laufenden gehalten wird. Dadurch, dass die oppositionellen Aktionäre ihre Materialien stets über das

---

[280] *Loss/Seligman* (1989), S. 1984.

[281] *Thomas/Dixon* (1998), § 3.02[C].

[282] *Cf. Knapp v. Walden*, 367 F. Supp. 385, 387 (S.D.N.Y. 1973), wo dem Management eine Frist von vier Tagen eingeräumt wurde, um die Materialien der Herausforderer zu versenden.

[283] Sec. Ex. Act Rel. 7078 (1968).

[284] *Loss/Seligman* (1989), S. 1984.

[285] *Thomas/Dixon* (1998), § 3.02[C].

Management versenden, kann dieses jederzeit Einblick in die Inhalte der Materialien erlangen und so schon zu einem frühsten möglichen Zeitpunkt auf diese reagieren.[286]

Unabhängig von der Ausübung des Wahlrechts muss das betroffene Unternehmen dem Herausforderer spätestens fünf Tage nach Eingang des Begehrens seine Entscheidung mitteilen. Außerdem ist dem Herausforderer mitzuteilen, wie viele *record holders*, *beneficial holders* oder andere vom Herausforderer bestimmte Gruppen von Aktionären das Unternehmen hat.[287] Weiterhin hat er einen Anspruch darauf zu erfahren, was die Versendung des *proxy statement*, der Vollmachtsunterlagen oder anderer Mitteilungen an die Aktionäre ungefähr kosten wird. Diese Kosten hat der herausfordernde Aktionär dem betroffenen Unternehmen nach *Rule 14a-7(e)* zu ersetzen.

Macht ein Aktionär sein Begehren auf Herausgabe einer Aktionärsliste durch einen Strohmann (*nominee*) geltend, so muss dieser Strohmann dem Unternehmen eine Erklärung des Aktionärs vorlegen, die den *beneficial ownership* des Hintermanns bestätigt. Der Aktionär darf Informationen, die er vom Unternehmen nach *Rule 14a-7(a)(2)(ii)* erhält, nicht für andere Zwecke als die Werbung von Stimmrechtsvollmachten für die entsprechende Hauptversammlung nutzen. Außerdem dürfen diese Informationen nicht an andere Personen als Angestellte, Vertreter oder *beneficial owners* weitergegeben werden. Nach dem Abschluss der Werbeaktion ist der Aktionär verpflichtet, die erhaltenen Informationen zurückzugeben und keine Kopien zurückzuhalten (*Rule 14a-7(d*). Um dies sicherzustellen, muss der Herausforderer eine nach dem entsprechend anwendbaren einzelstaatlichen Gesetz gültige Erklärung abgeben, die bestätigt, dass er die Informationen der Liste nicht zu einem anderem Zweck benutzt, als damit Aktionäre für die anstehende Hauptversammlung zu werben.[288]

Im Zuge der Debatte über die dann 1992 durchgeführte Reform der *proxy rules* machte die *SEC* im Jahre 1991 den Vorschlag, die bestehende Wahlmöglichkeit für die Gesellschaft, ob sie dem Herausforderer die Liste zur Verfügung stellt oder seine Unterlagen selbst versendet, abzuschaffen und dem Aktionär dieses Wahlrecht zu geben.[289] Über diese Frage wurde eine heftige Debatte geführt.[290] Letztlich blieb es jedoch bei dem Wahlrecht des Managements und Änderungen wurden lediglich in anderen Bereichen von *Rule 14a-7* durchgeführt. Das Wahlrecht besteht seit den Reformen der *proxy*-Re-

---

[286] *Thomas/Dixon* (1998), § 3.02[C].

[287] Siehe zu den verschiedenen Formen des Aktienbesitzes ausführlich § 9 II.

[288] *Rule 14a-7 (c)*.

[289] Siehe *Regulations of Securityholder Communications*, Exchange Act Release No. 29,315, [1991 Transfer Binder] Fed. Sec. L. Rep. (CCH) ¶ 84,811 (June 17, 1991).

[290] Siehe *Thomas/Dixon* (1998), § 3.02[A] m.w.N.

gelungen von 1992 nur in den Fällen nicht mehr, in denen es um so genannte *going privates* im Sinne von *Rule 13e-3* oder um so genannte *roll-up transactions* geht.[291]

Die Reformen von 1992 haben *Rule 14a-7* jedoch in anderen Bereichen verändert und dadurch die Kommunikationsmöglichkeiten der Aktionäre untereinander verbessert. So erlaubt jetzt die reformierte *Rule 14a-7*: (1.) Sowohl *beneficial owners* als auch *record owners* können nun von ihr Gebrauch machen. (2.) Der Zeitraum, in dem das Management auf Verlangen des Aktionärs hin die Liste zur Verfügung stellt bzw. die Versendung der Werbematerialien vornimmt, wurde verengt. (3.) Es wurde der Zugang zu den so genannten *CEDE breakdowns* oder der *NOBO/COBO list* vereinfacht, soweit die Gesellschaft solche Aufstellungen besitzt. (4.) Die Aktionäre haben das Recht, die Aktionärsliste in jedem Format zu erhalten, das sie wünschen. (5.) Das Management ist verpflichtet, die Informationen, die es liefert, regelmäßig zu aktualisieren. (6.) Das Management ist verpflichtet, auch die Anzahl der von jedem Aktionär gehaltenen Aktien mit in die an die Herausforderer herausgegebene Liste aufzunehmen.

Es bleiben jedoch entscheidende Probleme für die Herausforderer im Zusammenhang mit *Rule 14a-7* bestehen. Das Management wird sich in der Regel für die Versendung des Werbematerials der Herausforderer entscheiden und keine Aktionärsliste herausgeben. Zwar haben die Aktionäre nach *Rule 14a-7(a)(1)* das Recht auf einige zusätzliche Informationen, doch sind diese meist auch schon durch öffentliche Quellen bekannt. Ein ausdrücklicher Anspruch auf Aushändigung einer Aktionärsliste wird den Aktionären aber durch das Bundesrecht versagt. Wie oben bereits erwähnt, ist es risikoreich, wenn die opponierenden Aktionäre sich auf die Versendung ihrer Materialien durch das Management verlassen müssen, weil sie dadurch zu einem gewissen Teil der Kontrolle des Managements unterliegen. Ein weiterer Nachteil von *Rule 14a-7* ist, dass sie nur dann anwendbar ist, wenn auch die Gesellschaft eine Werbung um Stimmrechtsvollmachten im Zusammenhang mit einer Hauptversammlung der Gesellschaft durchführt. Außerdem bleibt das Recht der Aktionäre, über eine Angelegenheit abzustimmen, auf die Stimmrechtswerbung beschränkt, d.h. die Herausforderer haben die Rechte aus *Rule 14a-7* nicht, wenn sie andere Tagesordnungspunkte als das Management zur Abstimmung stellen wollen.[292] Nachteilig ist außerdem, dass bei einer Nichtbeachtung der Rechte der Herausforderer die *SEC* eine Anhörung im Zusammenhang mit einem Durchsetzungsbeschluss (*enforcement action*) nicht früher als 30 Tage, nachdem der Herausforderer sein Recht geltend gemacht hat, durchführen wird. Rückt also der Termin der Abstimmung näher, so wird dem aufbegehrenden Aktionär nicht rechtzeitig genug Rechtsschutz gewährt. Die Aktionäre sind vielmehr gezwungen, ihr Recht selbst durchzusetzen (*private enforcement action*). Dann müssen sie aber auch die damit verbundenen Kosten selbst tragen.

---

[291] *Rule 14a-7(b)*. Dies wird von der *SEC* mit der außerordentlichen Natur solcher Transaktionen, den dabei üblichen Interessenkonflikten mit dem Management und höheren Schutzerfordernissen für die Aktionäre begründet. Sec. Ex. Act Rel. 31,326, 52 SEC Dock. 2028, 2043-2044 (1992). Siehe auch *American Ass'n of Ltd Partners*, 1993 Fed. Sec. L. Rep. (CCH) ¶ 76, 676. Ursprünglich wollte die Kommission den Aktionären in allen Fällen dieses Wahlrecht einräumen. Sec. Ex. Act Rel. 31,326, 52 SEC Dock. At 2044. Siehe dazu auch ausführlich *Pinto/Branson* (1999).

[292] *Rule 14a-7*.

Aus diesen Gründen werden die Herausforderer in der Regel immer auch prüfen, ob sie die begehrte Liste der Aktionäre nicht auch schon nach einzelstaatlichem Recht erhalten können. Die bundesrechtlichen *proxy rules* schließen ein solches einzelstaatliches Recht nicht aus.[293] Die aufbegehrenden Aktionäre sind vom Gebrauch ihrer einzelstaatlichen Rechte auch nicht deshalb ausgeschlossen, weil das Management sich dafür entschieden hat, ihr Material nach *Rule 14a-7* zu versenden.[294] Sind die bundesrechtlichen Regeln schon gar nicht anwendbar, so kann der Herausforderer eine Aktionärsliste ohnehin nur nach einzelstaatlichem Recht erlangen.

b) *Rule 14a-12*

Ursprünglich regelten sowohl *Rule 14a-11* als auch *Rule 14a-12* Ausnahmen zu den sonstigen *proxy rules* im Zusammenhang mit *proxy contests*. Bei beiden Regelungen ging es um die ausnahmsweise Zulässigkeit einer Werbung um Stimmrechte vor Zugang eines *proxy statement* bei den Aktionären. Dabei bezog sich *Rule 14a-11* auf solche Wettbewerbe, in denen es um die Wahl von Mitgliedern des *board of directors* ging, und *Rule 14a-12* auf alle übrigen Wettbewerbe. Im Zusammenhang mit den im Jahr 1999 vorgenommenen Liberalisierungen der *proxy rules* hob die *SEC Rule 14a-11* auf und erweiterte die Regelung in *Rule 14a-12* derart, dass sie nun stets zur Anwendung gelangt, wenn es zur Werbung von Stimmrechten kommt, ohne dass den Aktionären ein an sich erforderliches *proxy statement* vorliegt. *SEC Rule 14a-12* erlaubt es, unter bestimmten Umständen mit der Werbung um Stimmrechtsvollmachten schon zu beginnen, bevor der Werbende die Voraussetzungen des *Schedule 14A* erfüllt hat.[295] Diese Ausnahme zu den Veröffentlichungspflichten der *proxy rules* erlaubt es beispielsweise dem amtierenden Management der Zielgesellschaft, auf Angebote an die Aktionäre durch einen Herausforderer, die den eigenen Plänen entgegenlaufen, schnell zu reagieren, ohne gleich das gesamte *proxy statement* veröffentlichen zu müssen. Sie können sich so beispielsweise zunächst mit so genannten „*Dear Stockholder*"-Briefen an die übrigen Aktionäre wenden.[296] Aber auch jeder andere Teilnehmer (*participant*) an einem *proxy contest* und damit vor allem der Herausforderer kann sich vor dem Einreichen des vollständigen *proxy statements* im Sinne von *Schedule 14A* gemäß *Rule 14a-12* an die Aktionäre wenden.[297]

Dabei sind bestimmte Voraussetzungen einzuhalten. So darf auch nach *Rule 14a-12* keinem Aktionär ein Vollmachtsformular (*proxy card*) ausgehändigt werden, bevor ihm

---

[293] *Hillhaven v. State*, 565 S.W.2d 210, 211-212 (Tenn. 1978). Vgl. auch *Thomas/Dixon* (1998), § 3.03 und *Loss/Seligman* (1989), S. 1983 Fn. 170. Zu dem einzelstaatlichen Recht auf Einsicht in die Aktionärsliste vgl. bereits oben unter § 5 II.1.

[294] *Kerkorian v. Western Air Lines, Inc.*, 253 A.2d 221, 225 (Del. Ch.), *aff'd*, 254 A.2d 240 (Del. 1969).

[295] Siehe zu den Voraussetzungen von *Schedule 14A* und zur Frage, wann ein solcher überhaupt bei der *SEC* einzureichen ist, bereits oben unter § 5 III.4.

[296] *Thomas/Dixon* (1998), § 6.03 (B) noch zu *Rule 14a-11*.

[297] Wer ein *participant* im Sinne von *Rule 14a-12* ist, richtet sich nach *Instruction 3* zu *Item 4* des *Schedule 14A*, Vgl. auch Fn. 219.

nicht das endgültige *proxy statement* zur Verfügung gestellt wird.[298] Außerdem müssen auch die im Rahmen von *Rule 14a-12* versandten Materialien zu dem Zeitpunkt bei der *SEC* eingereicht sein, zu dem sie veröffentlicht oder einem Aktionär zur Verfügung gestellt werden. Die Materialien müssen außerdem den Börsen, an denen die Aktien der betroffenen Gesellschaft gelistet sind, ausgehändigt werden.[299]

Als die *proxy rules* 1999 überarbeitet wurden, dachte die *SEC* sogar darüber nach, eine Zusendung von Werbematerialien bereits dann zu erlauben, wenn noch gar keine Materialien bei der *SEC* eingereicht wurden.[300] Nach der Durchsicht der hierzu abgegebenen öffentlichen Kommentare beschloss die *SEC* jedoch, dass die erweiterten Möglichkeiten zur Zusendung von Werbematerialien durch die überarbeitete *Rule 14a-12* ausreichend seien.[301]

IV. ERGEBNIS

Als Ergebnis kann festgehalten werden, dass die US-amerikanische Rechtsordnung sowohl durch einzelstaatliche als auch durch bundesrechtliche Regelungen einem Herausforderer ermöglicht, selbst Stimmrechtsvollmachten gegen das amtierende Management zu werben. Der Zugang zum einzelnen Aktionär wird dabei sowohl durch einzelstaatliche Rechte als auch durch die auf Bundesebene erlassenen *proxy rules* abgesichert. Gerade die *proxy rules* sind mit ihrem in *Rule 14a-7* enthaltenen Recht auf Aushändigung einer Liste bzw. auf Versendung des Werbematerials durch die von einem *proxy contest* betroffene Gesellschaft entscheidend für die Erfolgsmöglichkeiten eines Herausforderers. Die Reformen dieser *proxy rules* im Jahr 1992 haben dabei die Möglichkeiten der Organisation und Kommunikation der Aktionäre untereinander, die für den Erfolg eines Herausforderers entscheidend sein können, weiter verbessert. Im Ergebnis bleiben aber einige strukturelle Vorteile für das amtierende Management, die durch die bisherige Rechtslage nicht ausgeglichen werden. So wurde das Wahlrecht des Managements in *Rule 14a-7* nicht angetastet, mit der Folge, dass dieses eine gewisse Kontrolle auch über die Stimmrechtswerbung des Herausforderers behält. Ob dies im Ergebnis schlecht ist oder aber auch dazu führt, dass ein Wettbewerb um Stimmrechtsvollmachten nur in wichtigen und extremen Situationen im Leben einer Gesellschaft auftritt, kann an dieser Stelle nicht abschließend beantwortet werden. Festzuhalten bleibt an dieser Stelle jedoch, dass der in den Vereinigten Staaten geltende rechtliche Rahmen darum bemüht ist, *proxy contests* auch gegen ein den Abstimmungsprozess in der Regel beherrschendes Management zu ermöglichen, und den Aktionären dafür entscheidende Rechte in die Hand gibt.

---

[298] *Rule 14a-12(a)(1)(ii)*.

[299] *Rule 14a-12(b)*.

[300] Regulation of Takeovers and Security Holder Communications, Securities Exchange Act Rel. No. 34-42055, 1999 WL 969596 (SEC Oct. 22, 1999).

[301] Regulation of Takeovers and Security Holder Communications, Securities Exchange Act Rel. No. 34-42055, 1999 WL 969596 (SEC Oct. 22, 1999).

V. ZUSAMMENFASSUNG

Bei einer eigenen Werbung um Stimmrechtsvollmachten durch einen Herausforderer in einem *proxy contest* muss zunächst zwischen dem einzelstaatlichen und dem Bundesrecht unterschieden werden. Schon das *common law,* aber auch in den Bundesstaaten erlassene Gesetze ermöglichen es einem Aktionär, die Aktionärsliste einzusehen und damit die übrigen Aktionäre zu identifizieren. Voraussetzung ist allerdings, dass der Aktionär hierfür einen *proper purpose* nachweisen kann. Geht es dem Aktionär darum, mit den anderen Aktionären in Kontakt zu treten, so genügt dies in der Regel, um einen *proper purpose* nachzuweisen. Das Einsichtsrecht des Aktionärs erstreckt sich dabei auf alle auch der Gesellschaft über die Aktionäre zur Verfügung stehenden Informationen. Dem Aktionär sind daher insbesondere auch die der Gesellschaft bekannten *beneficial owners*, also diejenigen Anleger, die ihre Aktien nicht selbst, sondern über eine Bank oder einen Broker halten, mitzuteilen. Außerdem sind ihm Veränderungen in der Aktionärsstruktur bis zur Durchführung der Hauptversammlung mitzuteilen. Nachteilig neben dem erforderlichen Nachweis eines *proper purpose* ist für den Aktionär, dass das Einsichtsrecht die Gesellschaft lediglich dazu verpflichtet, dem Aktionär die Liste zehn Tage vor der Hauptversammlung vorzulegen, was dem Aktionär für die Durchführung einer eigenen Stimmrechtswerbung einen viel zu kurzen Zeitraum lässt.

Mangels einer speziellen Gesetzgebungskompetenz des Bundes richtet sich die eigentliche Bevollmächtigung des Stimmrechtsvertreters nach einzelstaatlichem Recht. Auch die Einzelstaaten haben keine spezialgesetzlichen Regelungen zur Bevollmächtigung von Stimmrechtsvertretern erlassen, so dass sich der gesamte Vorgang nach dem allgemeinen *agency law* richtet. Möglich ist danach sowohl eine allgemeine als auch eine auf ein bestimmtes Abstimmungsverhalten beschränkte Vollmacht. Dabei ist der Vertreter dem Vertretenen gegenüber treuhänderisch gebunden. Die Vollmacht ist jederzeit auch konkludent widerrufbar, es sei denn, sie ist mit einem besonderen Interesse des Vertreters verbunden. Nicht erlaubt sind dabei Zahlungen an den bevollmächtigenden Aktionär als Kompensation für die Erteilung der Stimmrechtsvollmacht. Der Stimmrechtskauf verstößt gegen die Regel des *common law.*

Der Bundesgesetzgeber hat im Bereich der Stimmrechtsvertretung versucht, dem Problem zu begegnen, dass sich die Willensbildung in einer modernen *corporation* bereits im Vorfeld der eigentlichen Hauptversammlung abspielt, weil die meisten Aktionäre an dieser überhaupt nicht teilnehmen, sondern sich vertreten lassen. Das Ziel der bundesrechtlichen Regelungen ist es daher, dem Aktionär bei der Bevollmächtigung des Stimmrechtsvertreters Transparenz zu verschaffen, indem insbesondere Veröffentlichungspflichten aufgestellt werden, die den Aktionär mit den erforderlichen Informationen versorgen sollen. Die ergangenen Regelungen beruhen dabei auf der im *Securities and Exchange Act* von 1934 enthaltenen Ermächtigung der *SEC*. Auf der Grundlage dieser Ermächtigung hat die *SEC* ihre umfangreichen *proxy rules* erlassen. Diese *proxy rules* sind auf alle Gesellschaften anwendbar, die an einer nationalen Börse notiert sind oder die ein Gesellschaftsvermögen von mindestens zehn Millionen Dollar haben, sofern an der Gesellschaft mehr als 500 Aktionäre beteiligt sind.

Die Anwendung der von der *SEC* erlassenen *proxy rules* setzt voraus, dass eine Werbung um Stimmrechtsvollmachten (*proxy solicitation*) vorliegt. Die dabei von der *SEC* zugrunde gelegte Definition ist sehr weit. Danach liegt eine *proxy solicitation* nicht nur vor, wenn ausdrücklich zur Erteilung einer Vollmacht aufgerufen wird, sondern auch schon dann, wenn die Aktionäre unter Umständen angesprochen werden, die dazu geeignet sind, dass sie die Willensbildung der Aktionäre im Hinblick auf eine Bevollmächtigung beeinflussen können. Durch die Reformen von 1992 wurden allerdings verschiedene Ausnahmen eingeführt, weil die Breite der Definition dazu führte, dass beinahe jede Äußerung über eine an der Börse gehandelte Gesellschaft als eine den *proxy rules* unterfallenden Werbung um Stimmrechtsvollmachten angesehen werden konnte. So wurde z.B. klargestellt, dass die öffentliche Bekanntgabe der eigenen Wahlentscheidung noch keine *proxy solicitation* darstellt. Es wurden außerdem verschiedene Ausnahmen eingeführt, die trotz Vorliegens einer *proxy solicitation* die Anwendbarkeit verschiedener nachfolgender Regelungen ausschließen. Sie betreffen etwa solche Personen, die nicht mit dem Ziel handeln, eigene Stimmrechtsvollmachten zu werben und die an der entsprechenden Angelegenheit auch kein besonderes eigenes Interesse haben. Eine Ausnahme kommt weiterhin solchen Personen zugute, die die Stimmrechtsvollmachten von nicht mehr als zehn Personen werben wollen.

Wird die Definition der *proxy solicitation* erfüllt und kommt ein Ausnahmetatbestand nicht in Betracht, so sind die weiteren von der *SEC* erlassenen Regelungen zu beachten: So hat der um die Stimmrechtsvollmacht Werbende dafür zu sorgen, dass den von ihm umworbenen Aktionären ein *proxy statement* zugeht, das den umworbenen Aktionär detailliert über die zur Abstimmung stehenden Angelegenheiten informiert. Dabei sind die Vorschriften in einem *proxy contest* besonders streng und verlangen z.B. genaueste Angaben über die Teilnehmer und die zu erwartenden Kosten. Das *proxy statement* sowie die zur Bevollmächtigung benutzte *proxy card* müssen außerdem der *SEC* vorgelegt werden. Diese überprüft stichprobenartig die eingereichten Materialien. Das Vollmachtsformular muss es dem Aktionär ermöglichen, für jeden einzelnen Abstimmungspunkt zu bestimmen, ob er diesem zustimmt, diesen ablehnt oder sich der Stimme enthält. Verboten ist es, unpopuläre Abstimmungspunkte mit populären zusammenzufassen, um für erstere eine Mehrheit zu erreichen. Auch hinsichtlich jedes einzelnen Kandidaten für das *board of directors* verlangen die *proxy rules* eine eigene Abstimmungsmöglichkeit. Treten auf der Hauptversammlung Angelegenheiten auf, die so vorher nicht bekannt waren, so darf der Stimmrechtsvertreter das Stimmrecht nach eigenem Ermessen nur ausüben, wenn er sich dies bei der Vollmachtserteilung vorbehalten hat. Dasselbe gilt, wenn es der Aktionär unterlassen hat, dem Stimmrechtsvertreter spezielle Weisungen zu erteilen. Das dem Aktionär zugesandte Vollmachtsformular darf selbst keine Werbung für oder gegen einen bestimmten Abstimmungspunkt enthalten.

Besonderheiten ergeben sich in den *USA* aus der dort üblichen Praxis der Aktienverwahrung. Diese erschwert sowohl dem amtierenden Management als auch einem möglichen Herausforderer die Werbung von Stimmrechtsvollmachten. Zwar ist in den *USA* die *registered share* gebräuchlich und üblich und es ist daher erforderlich, dass die Aktionäre bei der Gesellschaft registriert sind. Eingetragene Person (*record owner*) und tatsächlicher Aktionär (*beneficial owner*) fallen jedoch in der Regel auseinander. Aus verschiedenen Gründen werden die Aktien vieler Anleger im Namen einer Bank oder eines Brokers (*street name*) oder im Namen eines *bank nominee accounts* (*nominee name*) für einen Anleger gehalten. Auch Banken und Broker, die Aktien im Namen ihrer Kunden halten, sind jedoch in der Regel nicht als *record owners* bei einer Gesellschaft registriert. Sie deponieren die Aktien bei so genannten *regional stock depositories*, die dann als *record owner* bei der Gesellschaft eingetragen sind. Aus Rechtssicherheitsgründen haben gegenüber der Gesellschaft auch nur die *record owners* die Rechte eines Aktionärs. Um jedoch die *beneficial owners*, die ja auch das wirtschaftliche Risiko des Investments tragen, an der Willensbildung in der Gesellschaft zu beteiligen, verlangt *Section 14(b)* des *Securities and Exchange Act* in Verbindung mit den von der *SEC* auf dieser Grundlage geschaffenen weitergehenden Regelungen, dass Unterlagen zur Werbung von Stimmrechtsvollmachten, egal ob sie vom amtierenden Management einer Gesellschaft oder von einem Herausforderer desselben stammen, an die *beneficial owners* weitergeleitet werden. Diese dürfen dann für die Ausübung des Stimmrechts Weisungen erteilen. Um eine direkte Ansprache der *beneficial owners* zu ermöglichen, werden *beneficial owners* an die Gesellschaft gemeldet, sofern sie einer solchen Weiterleitung ihrer Daten nicht widersprechen (*non-objecting beneficial owners*). Auch ein Herausforderer hat Anspruch auf Herausgabe der entsprechenden Liste, soweit er Einsicht in das Aktienregister verlangen kann.

Die *proxy rules* in Verbindung mit weiteren von der *SEC* auf der Grundlage des *Securities and Exchange Act* erlassenen Regelungen schaffen somit einen rechtlichen Rahmen, der von jedem, der sich um die Stimmrechtsvollmachten eines Aktionärs bemüht, beachtet werden muss. Zwei spezielle *Rules* finden jedoch ausschließlich im Fall eines *proxy contest* Anwendung. Um einer Partei eine schnelle Reaktion auf die Werbungsaktivitäten des Gegners in einem Wettbewerb um Stimmrechtsvollmachten zu ermöglichen, erlaubt *Rule 14a-12*, unter bestimmten Umständen mit der Werbung um Stimmrechtsvollmachten schon zu beginnen, bevor die Partei die strengen Transparenzgebote der *proxy rules* erfüllt hat, insbesondere bevor die Materialien bei der *SEC* eingereicht wurden. Erforderlich ist nur, dass die Aktionäre ein vollständiges *proxy statement* erhalten, wenn sie endgültig dazu aufgefordert werden, ihre Stimmrechtsvollmacht zu erteilen.

Die wichtigste bundesrechtliche Spezialregelung für die Durchführung von *proxy contests* ist *Rule 14a-7*. Sie stellt den Zugang des Herausforderers zu den Aktionären in einem *proxy contest* sicher. *Rule 14a-7* bestimmt, dass in dem Fall, in dem ein Herausforderer Stimmrechtsvollmachten sammeln will und die *proxy rules* auf diese Werbung anwendbar sind, die betroffene Gesellschaft verpflichtet ist, dem Aktionär entweder eine Liste mit allen Aktionären zur Verfügung zu stellen oder die Materialien des Herausforderers auf seine Kosten zu versenden. Es überrascht nicht, dass das Management in der überwiegenden Zahl der Fälle die Versendung des Materials für den Herausforderer übernimmt. Hierdurch kann es zu einem gewissen Teil die Kontrolle über den Ablauf des *proxy contest* erreichen. Zugleich bevorzugt es der aufbegehrende Aktionär, eine Liste zu erhalten, weil er hierdurch seine Maßnahmen geheim halten und außerdem die Stimmrechtswerbung stärker fokussieren kann. Diskussionen darüber, das Wahlrecht der amtierenden Unternehmensleitung abzuschaffen und dem Aktionär einfach ein

Recht auf Aushändigung der Aktionärsliste zu geben, haben noch zu keinem Ergebnis geführt. Damit bleibt es bei dem gegenwärtigen Zustand, dass die *proxy rules* zwar sicherstellen, dass auch ein Herausforderer die Aktionäre in einem *proxy contest* erreichen kann, ohne dass er sich der schwerfälligen einzelstaatlichen Einsichtsrechte bedienen müsste, doch dieser Zugang zu den Aktionären nicht frei ist von einem gewissen kontrollierenden Einfluss der amtierenden Unternehmensleitung.

§ 6 RECHTLICHER RAHMEN BEI EINER MITTELBAREN SAMMLUNG VON STIMMEN NACH RULE 14A-8

Der Aktionär einer Gesellschaft muss nicht unbedingt den beschwerlichen und aufwendigen Weg eines *proxy contest* gehen, in dem er selbst Stimmrechtsvollmachten sammelt, um seine Interessen auf der Hauptversammlung durchzusetzen. *Rule 14a-8* ermöglicht es ihm nämlich, einen Abstimmungsvorschlag für die Hauptversammlung anzufertigen und diesen in die Werbeunterlagen des Managements aufnehmen zu lassen. So können über die Materialien des Managements Stimmrechte für den Vorschlag des Aktionärs eingeworben werden. Mit diesem so genannten *shareholder proposal* wird dem mit der Unternehmenspolitik unzufriedenen Anleger ein Weg eröffnet, den übrigen Aktionären einen Abstimmungspunkt bereits zu einem Zeitpunkt zu präsentieren, an dem die Willensbildung der Aktionäre tatsächlich stattfindet, nämlich im Vorfeld der eigentlichen Abstimmung bei der Bevollmächtigung der Stimmrechtsvertreter. Über das *shareholder proposal* kann der Aktionär somit mittelbar gegen das amtierende Management Stimmrechte zu seinen Gunsten sammeln.

Bei dieser in *Rule 14a-8* enthaltenen Regelung handelt es sich um eine Anomalie in der *proxy*-Regulierung.[302] Denn hier geht es nicht wie sonst um die Veröffentlichungs- und Informationspflichten derjenigen, die um Stimmrechtsvollmachten werben, sondern es wird dem einzelnen Aktionär das Recht eingeräumt, den *proxy*-Materialien des Managements eigene Vorschläge zu bestimmten Angelegenheiten der Gesellschaft beizufügen.

I. FORMELLE VORAUSSETZUNGEN

Zur Vorbereitung eines Aktionärsvorschlags muss der Aktionär zunächst beantragen, dass zusammen mit den Werbeunterlagen des Managements, mit dem dieses für seine eigenen Vorschläge Stimmrechte sammeln will, auch Stimmrechte für den Vorschlag des Aktionärs eingeworben werden. Damit das Management einer Gesellschaft verpflichtet ist, den Vorschlag des Aktionärs seiner eigenen Werbung um Stimmrechtsvollmachten anzuhängen, müssen bestimmte formelle Voraussetzungen erfüllt sein:

---

[302] *Soderquist/Sommer* (1986), S. 426. Zur *proxy regulation* allgemein vgl. bereits oben unter § 5 III.

Der Aktionär ist nur dann berechtigt, einen Abstimmungsvorschlag zu machen, wenn er *record owner* oder *beneficial owner*[303] von mindestens einem Prozent der Aktien der Gesellschaft ist oder zumindest Aktien im Wert von $ 2000 hält.[304] Außerdem muss er diese Aktien seit mindestens einem Jahr halten, und er muss diese Aktien auch bis zu dem Zeitpunkt halten, an dem die Aktionärsversammlung stattfindet.[305] Während die Berechtigung (*eligibility*) des *record owner* direkt aus dem Aktienregister der Gesellschaft folgt, muss der *beneficial owner*, der seine Aktien über einen anderen hält, seine Berechtigung durch eine schriftliche Bestätigung des *record holder* nachweisen, in der dieser erklärt, dass der *beneficial owner* die Aktien bereits seit einem Jahr durch ihn hält; der *beneficial owner* muss außerdem versichern, dass er beabsichtigt, die Aktien auch noch bis zum Tag der Aktionärsversammlung zu halten.[306] Es kann jeweils nur ein *shareholder proposal* vorgebracht werden.[307]

Eine weitere Voraussetzung dafür, dass ein Abstimmungsvorschlag eines Aktionärs den *proxy materials* der Unternehmensverwaltung beigefügt werden muss, ist, dass er rechtzeitig bei der Gesellschaft eingeht. Nach *Rule 14a-8(e)* ist ein *shareholder proposal* dann zu berücksichtigen, wenn es die Gesellschaft mindestens 120 Kalendertage vor dem Tag erreicht, an dem die Verwaltung das *proxy statement* für die Aktionärsversammlung des Vorjahres versandt hat.[308] Hat im Vorjahr eine Aktionärsversammlung nicht stattgefunden, wurde das Datum, an dem die Aktionärsversammlung stattfinden sollte, um mehr als 30 Tage verändert, oder soll der Vorschlag des Aktionärs auf einer außerordentlichen Aktionärsversammlung zur Abstimmung gestellt werden, ist nur erforderlich, dass der Vorschlag die Gesellschaft zu einem Zeitpunkt erreicht, an dem noch eine angemessene Zeitspanne zwischen dem Eingang und dem Druck und der Versendung des *proxy statement* besteht.[309] Der Aktionär ist außerdem verpflichtet, seinen Abstimmungsvorschlag auf der Aktionärsversammlung entweder selbst oder durch einen Vertreter vorzustellen. Versäumt der Aktionär dies, ohne hinreichend entschuldigt zu sein, so ist die Gesellschaft berechtigt, Abstimmungsvorschläge, die der Aktionär in den zwei folgenden Kalenderjahren einreicht, von der Aufnahme in das *proxy statement* auszuschließen.[310]

---

[303] Siehe dazu bereits § 5 III.5.

[304] *Rule 14a-8(b)(1).*

[305] *Rule 14a-8(b)(1).*

[306] *Rule 14a-8(b)(2)(i).* Nach *Rule 14a-8(b)(2)(ii)* gilt dies nicht für solche Anleger, die bereits bei der *SEC* einen *Schedule 13D* eingereicht haben. Sie müssen der Gesellschaft hiervon lediglich eine Kopie zusammen mit der Versicherung vorlegen, dass sie die Aktien bereits seit einem Jahr halten und beabsichtigen, diese auch noch bis zum Zeitpunkt der Aktionärsversammlung zu halten. Zu *Schedule 13D* vgl. ausführlich unter § 8 I.2.

[307] *Rule 14a-8(c).*

[308] *Rule 14a-8(e)(2).* Ist beipielsweise das *proxy statement* im vorigen Jahr am 1. Mai versandt worden, so muss der Aktionär dafür sorgen, dass sein Abstimmungsvorschlag die Gesellschaft 120 Tage vor dem 1. Mai diesen Jahres erreicht.

[309] *Rule 14a-8(e)(2).*

[310] *Rule 14a-8(g).*

Wird der Abstimmungsvorschlag in das *proxy solicitation material* des Managements aufgenommen, so muss das Management den Aktionären in seinen Unterlagen die Möglichkeit geben, über den Vorschlag konkret mit „ja“, „nein“ oder „Enthaltung“ abzustimmen. Insgesamt darf der Abstimmungsvorschlag des Aktionärs inklusive Begründung 500 Worte nicht überschreiten.[311] Auch das Management darf, und tut dies in der Regel auch, dem Vorschlag einen Text beifügen, in dem es den Aktionären erläutert, warum diese den Vorschlag des Aktionärs ablehnen sollten. Dabei ist das Management selbst jedoch nicht auf 500 Worte beschränkt.[312]

Hält der Aktionär die genannten Voraussetzungen nicht ein, ist die Gesellschaft nicht verpflichtet, den Vorschlag in ihr *proxy statement* aufzunehmen. Sie muss dem Aktionär allerdings die Möglichkeit geben, den Fehler zu beheben.[313]

In der Natur des *shareholder proposal* als eines Rechtes, das es dem Aktionär erlaubt, seinen Vorschlag auf den des Managements „aufzusatteln“, liegt es, dass das Management überhaupt bei den Aktionären um Stimmrechtsvollmachten werben muss. Denn es wird dem einzelnen Aktionär ja nur das Recht zugebilligt, seine Vorschläge mit denen des Managements zu verbinden. *Rule 14a-8* findet daher keine Anwendung, wenn überhaupt keine Stimmrechtsvollmachten eingeworben werden.

II. ABLEHNUNGSGRÜNDE

Auch wenn der Aktionär die oben beschriebenen formellen Voraussetzungen erfüllt, bedeutet dies noch nicht, dass er jede Angelegenheit zur Abstimmung stellen kann. Denn *Rule 14a-8* enthält einen Katalog von Ablehnungsgründen, der bestimmte Sachverhalte als Gegenstand eines *shareholder proposal* ausschließt. Die Frage, ob einer dieser Ablehnungsgründe im Einzelfall gegeben ist, ist die zugleich wichtigste und umstrittenste Frage im Zusammenhang mit *Rule 14a-8*, denn die formalen Hürden sind eher niedrig, und diese inhaltliche Betrachtung entscheidet daher in der Regel über die Aufnahme eines Abstimmungsvorschlags in die Materialien des Managements. *Rule 14a-8* zählt 13 Gründe auf, die eine Gesellschaft auch bei Erfüllung aller formellen Voraussetzungen dazu berechtigen, den Abstimmungsvorschlag eines Aktionärs abzulehnen.[314] Im Folgenden sollen diese Gründe kurz beschrieben werden.

1. *Proper subject*

Nach *Rule 14a-8(i)(1)* kann die Gesellschaft ein *shareholder proposal* ablehnen, welches eine Angelegenheit betrifft, in der die Aktionäre nach dem Recht der Einzelstaaten

---

[311] *Rule 14a-8(d)*.

[312] Um diese Beschränkung zu umgehen, nutzen inzwischen viele Anleger, die ein *shareholder proposal* einreichen, das Internet, um den übrigen Aktionären zusätzliche Informationen zur Verfügung zu stellen. So veröffentlichten z.B. *CalPERS* und der *Florida Retirement System Trust Fund* ihre Werbeunterlagen im Internet, um ein *shareholder proposal* zur Veränderung der *bylaws* bei *Archer-Daniel-Midland* zu unterstützen, vgl. *Berger/LaRosiliere* (1998).

[313] *Rule 14a-8(f)(1)*.

[314] *Rule 14a-8(i)*. Vgl. dazu ausführlich bei *Loss/Seligman* (2001), S. 513 ff.

kein Mitentscheidungsrecht haben, in der sie dem Management daher auch keine verbindlichen Weisungen erteilen können. Der Abstimmungsvorschlag hat dann kein *proper subject* im Sinne der Regelung. Nach der Einführung der Regelung im Jahre 1942 war lange Zeit unklar, was unter einem *proper subject* zu verstehen sein sollte, da die heute enthaltene ausdrückliche Verweisung auf das Recht der Einzelstaaten nicht vorhanden war. Klarheit brachte hier erst der Fall *SEC v. Transamerica Corp.*[315], in dem bestätigt wurde, dass ein Abstimmungsvorschlag eines Aktionärs dann zulässig ist, wenn er sich auf eine Angelegenheit bezieht, bei der den Aktionären ein Mitspracherecht zukommt. Seit 1954 wird in *Rule 14a-8* ausdrücklich auf die einzelstaatlichen Gesetze verwiesen, die für die Beantwortung dieser Frage entscheidend sind.[316]

Problematisch ist allerdings, dass die Frage, welche Angelegenheiten nach einzelstaatlichem Recht einer Abstimmung durch die Aktionäre zugänglich sind, nicht immer eindeutig zu beantworten ist, weil in den meisten Staaten hierzu detaillierte Regelungen fehlen. Bei der Entscheidung dieser Fälle findet sich daher die *SEC* oft in der gleichen Situation, in der sich auch die Bundesgerichte häufig befinden, die bei der Vorbereitung ihrer Entscheidung einzelstaatliches Recht anwenden müssen. Sie muss nach der so genannten *Erie doctrine*[317] versuchen zu ermitteln, wie ein Gericht des betreffenden Einzelstaates über diese Frage entscheiden würde.[318] Durch eine Vielzahl solcher Entscheidungen darüber, was ein *proper subject* im Sinne von *Rule 14a-8* darstellt, hat die *SEC* eine Art eigenes *common law* herausgebildet.[319]

In einer Anmerkung zu *Rule 14a-8(i)(1)* stellt die *SEC* fest, dass ein Aktionär eine Abweisung seines Abstimmungsvorschlags auch dadurch vermeiden kann, dass er ihn als bloße Empfehlung für eine bestimmte Maßnahme formuliert, ohne dass sie irgendeine Verbindlichkeit für sich in Anspruch nähme. Dann ist es unschädlich, wenn der Vorschlag einen Bereich betrifft, der nach dem Recht eines Einzelstaates den Aktionären an sich nicht zugänglich ist.[320] In einem solchen Fall wird die *SEC* den Vorschlag für zulässig erachten, wenn nicht die Gesellschaft den Beweis für seine Unzulässigkeit erbringt.[321] Ein solches Vorgehen ermöglicht es dem Aktionär, mittels einer

---

[315] 163 F.2d 511 (3d Cir. 1947), *cert. denied*, 332 U.S. 847.

[316] Seit 1998 enthält *Rule 14a-8* die heute gebräuchliche Formulierung „*laws of the jurisdiction of the company's organization*", *Loss/Seligman* (2001), S. 514.

[317] Die *Erie doctrine* entwickelte sich aus der Entscheidung *Erie Railroad v. Tompkins*, 304 U.S. 64, 58 S.Ct. 817, 82 L.Ed.1188 (1938). Der Kläger war durch einen Zug der beklagten Eisenbahngesellschaft in Pennsylvania verletzt worden. Nach dem *common law* von Pennsylvania stand ihm kein Anspruch zu, daher klagte er bei einem Bundesgericht in New York, weil *federal common law* für den Kläger günstiger war. Der *Supreme Court* entschied jedoch, dass in *diversity*-Fällen das Bundesgericht immer das Recht anwenden muss, das in dem Gerichtsbezirk gilt, in dem sich sein Sitz befindet. Das Gericht darf daher kein *federal common law* anwenden oder schöpfen, sondern muss das *common law* des jeweiligen Staates anwenden. Ziel des *Suprem Court* war es zu erreichen, dass die in einem Staat tätigen Gerichte des Bundes und dieses Staates das Recht einheitlich anwenden und *forum shopping* vermeiden. Vgl. dazu näher bei *Hay* (2000), Rdnr. 100, 208 f.

[318] *Loss/Seligman* (2001), S. 514.

[319] *Loss/Seligman* (2001), S. 514.

[320] *Rule 14a-8(i)(1), Note to paragraph (i)(1).* Vgl. dazu auch *Hazen* (2002), S. 146 f.

[321] *Rule 14a-8(i)(1), Note to paragraph (i)(1).*

unverbindlichen Aktionärsresolution dem amtierenden Management die Unzufriedenheit der Aktionäre mit der derzeitigen Unternehmenspolitik zu demonstrieren, auch wenn den Aktionären an sich überhaupt kein Mitspracherecht bei der Gestaltung der Unternehmenspolitik zukommt. Trotz dieser Unverbindlichkeit kann mit einer solchen Resolution ein beträchtlicher Druck ausgeübt werden, sofern sich nur genügend Aktionäre an der Abstimmung beteiligen.

2. *Relevance*

Bezieht sich der Abstimmungsvorschlag auf Tätigkeiten der Gesellschaft, die weniger als fünf Prozent des Vermögens der Gesellschaft ausmachen, die weniger als fünf Prozent des Gewinns und der Umsätze der Gesellschaft repräsentieren und die auch sonst nicht mit den Geschäften der Gesellschaft in einem bedeutenden Zusammenhang stehen, so kann die Gesellschaft die Aufnahme in die *proxy materials* ablehnen.[322]

In einer früheren Fassung hieß es in der *Rule 14a-8(i)(5)* entsprechenden Regelung, dass ein Vorschlag nicht aufgenommen werden müsse, wenn es dem einreichenden Aktionär offensichtlich nur darum gehe, mit dem Abstimmungsvorschlag wirtschaftliche, politische, die Rasse betreffende, religiöse, soziale oder ähnliche Ziele allgemeiner Art zu verfolgen.[323] Abstimmungsvorschläge, die sich mit sozialen oder ethischen Fragen befassten, sind seit den siebziger Jahren sehr populär geworden. Dabei ging es z.B. um Geschäfte mit dem Apartheidsregime in Südafrika, Angelegenheiten des Verbraucherschutzes oder der Betriebssicherheit.[324] Der *leading case* zu Abstimmungsvorschlägen, die soziale oder ethische Fragen betreffen, ist *Medical Committee for Human Rights v. SEC.*[325] Die *SEC* hatte dem Management erlaubt, einen Abstimmungsvorschlag abzulehnen, der vorsah, dass *Dow Chemical* aufhörte, Napalm zu produzieren. Das entscheidende Gericht verwies den Fall jedoch an die *SEC* mit der Argumentation zurück, es sei nicht einsichtig, warum dem Management bei der Beurteilung solcher Fragen eine höhere Kompetenz zukomme als den Aktionären. Es sei außerdem fraglich, ob eine solche Interpretation der *proxy rules* mit dem Gedanken der *shareholder democracy*, wie er in *Section 14(a)* des *SEA* zum Ausdruck kommt zu vereinbaren sei.[326] Die früheren *Rule 14a-8(c)(5)* wurde danach dahingehend interpretiert, dass ein Abstimmungsvorschlag nicht schon deshalb als irrelevant anzusehen ist, wenn ihm im Hinblick auf die gesamte Gesellschaft nur eine geringe ökonomische Bedeutung zukommt. Vielmehr kann auch ein Vorschlag, der sich mit sozialen oder ethischen Fragen beschäftigt, *„significantly related to the company's business"* sein.[327]

---

[322] *Rule 14a-8(i)(5).*

[323] Frühere *Rule 14a-8(c)(2), added by* Sec. Ex. Rel. 4755 (1952).

[324] Vgl. dazu näher *Schwartz* (1971b) und *Schwartz* (1971a).

[325] 432 F.2d 659 (D.C. 1970), *vacated as moot*, 404 U.S. 403 (1972).

[326] *Medical Committee for Human Rights v. SEC*, 432 F.2d 659, 681 (D.C. 1970). Zum Begriff der *shareholder democracy* vgl. bereits § 2 II.

[327] *Lovenheim v. Iroquois Brands, Ltd.*, 618 F. Supp. 554, 560 (D.D.C. 1985).

3. *Ordinary business*

Dieser seit 1954 bestehende Ausschlussgrund hat sich in seiner Anwendung und Auslegung für die *SEC* als einer der schwierigsten herausgestellt. Er sieht vor, dass ein Abstimmungsvorschlag eines Aktionärs dann von einer Gesellschaft abgelehnt werden kann, wenn er sich mit der gewöhnlichen Geschäftstätigkeit der Gesellschaft befasst (*ordinary business*).[328] Damit ist es der Gesellschaft grundsätzlich möglich, auch solche Vorschläge abzulehnen, die sich nur unverbindlich mit einem *improper subject* im Sinne von *Rule 14a-8(i)(1)* auseinandersetzen und nach dieser Regelung daher zulässig sind, sich jedoch auf Fragen der gewöhnlichen Geschäftstätigkeit beziehen.[329] Was als gewöhnliche Geschäftstätigkeit anzusehen ist und daher nicht der Kontrolle der Aktionäre unterfällt, richtet sich nach dem Gesellschaftsrecht der Einzelstaaten.[330] Auch in dem schon vorgestellten *Medical Committee Case* hatte die *SEC* den Ausschluss des Abstimmungsvorschlags nicht nur aufgrund der fehlenden *relevance* erlaubt,[331] sondern auch, weil es sich um eine Frage des *ordinary business* handele. Dies wurde jedoch von dem angerufenen Gericht nicht bestätigt, weil es nach dem heranzuziehenden Recht von *Delaware* erlaubt ist, das *Certificate of Incorporation* durch eine Veränderung des Unternehmensgegenstandes zu ergänzen, und auch keine überzeugenden Gründe dafür angegeben wurden, warum der Abstimmungsvorschlag danach nicht zulässig sein sollte.[332]

Die Geschichte der Interpretation der heutigen *Rule 14a-8(i)(7)* ist von einer Vielzahl von Änderungen in der Politik der *SEC* geprägt.[333] So erlaubte die *SEC* etwa den Ausschluss eines Vorschlags, der sich gegen den Bau eines Atomkraftwerks wandte, um dann einige Zeit später rückblickend zuzugeben, dass eine solche Entscheidung wohl doch nicht Teil des *ordinary business* sei.[334] Im Jahre 1990 wurde die Ansicht aufgegeben, bei *„golden parachutes"* handele es sich um gewöhnliche Geschäftstätigkeit, weil diese nun in den Blickpunkt der Öffentlichkeit gerückt seien.[335] Der bekannteste Fall der jüngeren Zeit im Zusammenhang mit *Rule 14a-8(i)(7)* ist wohl die im Jahre 1991 getroffene Entscheidung über einen Abstimmungsvorschlag bei *Cracker Barrel Old Country Store, Inc.*, in der die *SEC* befand, dass eine Gesellschaft einen Vorschlag ausschließen dürfe, der die Einführung einer bestimmten Einstellungspolitik verlangte, durch die die Diskriminierung bestimmter Minderheiten verhindert werden sollte.[336]

---

[328] *Rule 14a-8(i)(7).*

[329] Zu *Rule 14a-8(i)(1)* vgl. oben unter § 6 II.1.

[330] *Medical Committee for Human Rights v. SEC*, 432 F.2d 659, 680 (D.C. 1970), *vacated as moot*, 404 U.S. 403 (1972). Die Aktionäre können dann nur insoweit das Management kontrollieren, als sie ihm die Wiederwahl verweigern und die Kontrolle über die Gesellschaft auf andere Personen übertragen.

[331] Vgl. dazu bereits oben § 6 II.2.

[332] *Medical Committee for Human Rights v. SEC*, 432 F.2d 659, 680 (D.C. 1970), *vacated as moot*, 404 U.S. 403 (1972).

[333] *Loss/Seligman* (2001), S. 522, sprechen von einer regulatorischen „Achterbahnfahrt".

[334] Sec. Ex. Act Rel. 12,999, 10 SEC Dock. 1006, 1012 (1976).

[335] *Transamerica Corp.*, 1989-1990 Fed. Sec. L. Rep. (CCH) ¶79,338 at 79,260 (avail. Jan. 10, 1990).

[336] 1992-1993 Fed. Sec. L. Rep. (CCH) ¶76,418 (avail. Oct. 13, 1992).

Diese Entscheidung wurde von den Gerichten auch in anderen Fällen aufrechterhalten.[337] Die von der *SEC* hiermit verfolgte Politik wurde scharf kritisiert, und insbesondere institutionelle Anleger setzten sich für eine Änderung ein.[338] Im Jahre 1998 nahm die *SEC* dann ihre seit der *Cracker Barrel*-Entscheidung verfolgte Linie zurück und stellte im Hinblick auf die zukünftige Anwendung von *Rule 14a-8(i)(7)* fest, dass sie, ausgehend von der Erwägung, dass Fragen des *ordinary business* grundsätzlich allein dem Management zustünden, trotzdem solche Abstimmungsvorschläge zulassen werde, die damit in Zusammenhang stehende Grundsatzfragen beträfen und damit über gewöhnliche Tagesentscheidungen hinausgingen.[339] Damit hat die *SEC* im Grunde zu einer Einzelentscheidungspolitik zurückgefunden, in der jeder Fall selbständig auf seine Übereinstimmung mit *Rule 14a-8(i)(7)* geprüft werden muss.

4. *Relates to election*

Rule 14a-8(i)(8) erlaubt es dem Management einer Gesellschaft, die Aufnahme solcher *shareholder proposals* in die *proxy materials* zu verweigern, die im Zusammenhang mit der Wahl des *board of directors* stehen. Es kann also kein Abstimmungsvorschlag eingereicht werden, durch den die Wahl einer bestimmten Person in das *board of directors* verhindert werden soll oder mit dem die Wahl einer bestimmten Person unterstützt werden soll.[340] Zulässig sind allerdings solche Vorschläge, die für die Zukunft bestimmte Eigenschaften von Direktoren oder *officers* zur Voraussetzung für eine Nominierung machen.[341] Wer also das *board of directors* mit seinen eigenen Kandidaten besetzen möchte, kommt nicht umhin, einen *proxy contest* zu führen und selber Stimmrechtsvollmachten für diese Kandidaten einzuwerben. Er muss dann auch ein eigenes *proxy statement* versenden.[342] Aus diesem Grund stellt das Auswechseln des Managements zurzeit den wichtigsten Anwendungsfall des *proxy contest* dar.

Es wird allerdings von Seiten der *SEC* darüber nachgedacht, die *proxy rules* dahin zu verändern, dass unter bestimmten Umständen auch von den Aktionären vorgeschlagene Kandidaten für das *board of directors* in die *proxy materials* der Gesellschaft aufgenommen werden müssten.[343] Die Regelung würde nur für solche Wahlvorschläge gelten, die eine Minderheit der Direktoren beträfe (*short slate*), die volle Kontrolle über die Gesellschaft könnte weiterhin nur durch einen vollständigen *proxy contest* erreicht werden. Die gesetzliche Regelung würde außerdem nur solchen Aktionären oder Gruppen von Aktionären das Recht geben, Vorschläge zu machen, die zusammen einen Anteil an der Gesellschaft in Höhe von 3%-5% halten. Es wird außerdem darüber nachgedacht, eine Nominierung durch die Aktionäre nur dann zu erlauben, wenn bestimmte Um-

---

[337] *New York City Employees' Retirement System v. SEC*, 45 F.3d 7(2d Cir. 1995).

[338] *Group Petitions SEC for Change on Proxy Resolutions about Employment*, 27 Sec. Reg. & L. Rep. (BNA) 1366 (1995).

[339] Sec. Ex. Act. Rel. 40,018, 67 SEC Dock. 373, 377 (1998).

[340] *Rauchman v. Mobil Corp.*, 739 F.2d 205, 208 (6th Cir. 1984).

[341] Vgl. z.B. *Popular Bankshares Corp.*, avail. in LEXIS (Mar. 9, 1981).

[342] Vgl. zu den dabei einzuhaltenen *proxy rules* oben § 5 III.4.

[343] Vgl. zu diesen Vorschlägen auch unter *www.sec.gov*.

stände (*triggering events*) eintreten, die die Nominierung durch die Aktionäre nötig erscheinen lassen. Auslöser könnte etwas sein, dass die Gesellschaft es versäumt, auf eine Mehrheitsentscheidung der Aktionäre angemessen zu reagieren, oder dass ein erfolgreiches *shareholder proposal* die neu einzuführende Regelung in der Gesellschaft für anwendbar erklärt.

Die *SEC* hat öffentlich dazu aufgefordert, diese Vorschläge zu kommentieren und hat hierauf eine Vielzahl unterschiedlicher Reaktionen erhalten, wobei, wie zu erwarten war, die Mehrheit der Reaktionen aus dem Lager der betroffenen Gesellschaften negativ war, z.B. aber Pensionsfonds für die Einführung solcher Regelungen stimmten.[344] Auch in der Literatur wird inzwischen kontrovers über die Vorschläge diskutiert.[345]

5. Weitere Ausschlussgründe

Neben den bereits im Einzelnen erläuterten Gründen gibt es noch zahlreiche weitere Ausschlussgründe, die die Unternehmensverwaltung dazu berechtigen, die Aufnahme eines Abstimmungsvorschlags in seine *proxy materials* zu verweigern. Ein Abstimmungsvorschlag eines Aktionärs kann danach abgelehnt werden, wenn

- durch seine Umsetzung die Gesellschaft gegen einzelstaatliches Recht, Bundesrecht oder ausländisches Recht verstoßen würde, dem sie unterliegt,[346]
- durch den Vorschlag oder mit diesem in Zusammenhang stehende Materialien gegen die *proxy rules* insbesondere gegen *Rule 14a-9* verstoßen würde,[347]
- das *shareholder proposal* einen Gegenstand betrifft, der nur für den einreichenden Aktionär von Bedeutung ist (*personal grievance*), mit dem die übrigen Aktionäre aber nichts zu tun haben,[348]
- eine Umsetzung des Vorschlags nicht in der Macht der Gesellschaft stünde (*absence of power/authority*),[349]
- der Abstimmungsvorschlag mit einem anderen Abstimmungsvorschlag kollidiert, den die Gesellschaft selbst den Aktionären zur Abstimmung stellen will (*conflicts with company's proposal*),[350]

---

[344] Diese Reaktionen sind zusammengefasst unter *www.sec.gov/rules/other/s71003.shtml* abzurufen.

[345] Für dieEinführung eines solchen Vorschlagsrechts spricht sich etwa *Bebchuk* (2003) aus, dagegen etwa *Lipton/Rosenblum* (2003); kritisch auch *Pozen* (2003).

[346] *Rule 14a-8(i)(2).*

[347] *Rule 14a-8(i)(3).* Zu *Rule 14a-9* vgl ausführlich unter § 7.

[348] *Rule 14a-8(i)(4).*

[349] *Rule 14a-8(i)(6).*

- die Gesellschaft den Inhalt des Abstimmungsvorschlags im Wesentlichen bereits umgesetzt hat (*substantially implemented*),[351]
- der Abstimmungsvorschlag inhaltlich einem Vorschlag entspricht, den bereits ein anderer Aktionär für die gleiche Aktionärsversammlung gemacht hat (*duplication*),[352]
- das *shareholder proposal* sich im Wesentlichen mit einem Abstimmungsvorschlag deckt, der bereits innerhalb der letzten fünf Jahre in den *proxy materials* der Gesellschaft enthalten war und der nicht eine bestimmte Zahl der abgegebenen Stimmen auf sich vereinigen konnte,[353]
- sich ein Abstimmungsvorschlag auf die Höhe der gezahlten Dividende bezieht (*specific amounts of dividends*).[354]

Will die Gesellschaft einen Vorschlag aus den in *Rule 14a-8* genannten Gründen ablehnen, so genügt es nicht, dass sie dies dem Aktionär mitteilt. Sie muss dies vielmehr auch gegenüber der *SEC* erklären und ihre Gründe darlegen. Auf der Grundlage dieser Benachrichtigung entscheidet die *SEC*, ob die Ablehnung rechtmäßig war.[355]

III. Gegenstände von Shareholder Proposals

Die meisten Fälle von *shareholder proposals* betreffen soziale Angelegenheiten, wie etwa im *leading case Medical Committee for Human Rights v. Securities and Exchange Commission*[356], und werden, um Aufmerksamkeit zu erzeugen, von den auf dem entsprechenden Gebiet engagierten Gruppen eingesetzt. *Rule 14a-8* wird aber auch

[350] *Rule 14a-8(i)(9)*. Vgl. z.B. *Unicom Corp.*, 2000 WL 217935 (SEC No-Action Letter Feb. 14, 2000). Dort wurde dem Management erlaubt, ein *shareholder proposal* abzulehnen, das sich gegen einen Abstimmungsvorschlag des Managements, gerichtet auf den Zusammenschluss der Gesellschaft mit einer anderen, wandte. Grund für die Regelung ist die Tatsache, dass eine bestimmte Angelegenheit bereits den Aktionären zur Abstimmung vorgelegt ist, so dass die Aktionäre bereits die Möglichkeit haben, gegen den Vorschlag zu stimmen, eines eigenen Aktionärsantrags bedarf es somit nicht mehr, *Hazen* (2002) § 10.08[10]. Damit werden die aus *Deutschland* bekannten Gegenanträge ausgeschlossen, vgl. dazu noch unten § 19 I.3.

[351] *Rule 14a-8(i)(10)*.

[352] *Rule 14a-8(i)(11)*.

[353] *Rule 14a-8(i)(12)*.

[354] *Rule 14a-8(i)(13)*.

[355] Hat das Management einen Vorschlag der Aktionäre wirksam ausgeschlossen, so hilft es dem einzelnen Aktionär auch nicht, dass sein Begehren nach einzelstaatlichem Recht zulässig ist, da es dann trotzdem nicht Teil der Werbeunterlagen des Managements wird, denn dies bestimmt sich ausschließlich nach den *proxy rules*. Es bleibt jedoch dabei, dass ein Begehren eines einzelnen Aktionärs nach einzelstaatlichem Recht trotzdem ein zulässiges Begehren bleibt, über das die Hauptversammlung abstimmen muss. Ein Aktionär wird mit einem solchen Vorschlag jedoch keine große Aussicht auf Erfolg haben, denn nur die wenigsten Anleger nehmen an einer Hauptversammlung teil. Die eigentliche Willensbildung findet bereits im Vorfeld der Stimmabgabe bei der Bevollmächtigung des Stimmrechtsvertreters statt. Hier entscheidet sich daher auch der Erfolg eines *shareholder proposal*.

[356] 432 F.2d 659 (D.C. Cir. 1970), *vacated as moot*, 404 U.S. 403 (1972).

zunehmend dazu genutzt, Angelegenheiten der *Corporate Governance* vorzubringen.[357] Dies hat seinen Grund in den steigenden Aktivitäten von institutionellen Anlegern, die inzwischen einen Großteil aller gehandelten Aktien kontrollieren.[358] Mit der Zunahme ihres Anteilsbesitzes an börsennotierten Aktiengesellschaften, stieg auch ihr Interesse an Problemen der *Corporate Governance*. Sie unterstützen daher Maßnahmen wie die jährliche (Wieder-)Wahl aller *board*-Mitglieder, die Geheimhaltung des Abstimmungsverhaltens gegenüber der Gesellschaft und die Einführung von *cumulative voting*.[359] Institutionelle Anleger beteiligen sich auch an der Abschaffung von Maßnahmen, die eine feindliche Übernahme verhindern sollen und zuvor vom Management eingeführt worden waren.[360]

IV. Verhältnis zu den übrigen Proxy Rules

Auf den ersten Blick scheinen die *proxy rules* Abstimmungsvorschläge, die nicht die Wahl der *directors* betreffen, zu bevorzugen. Denn *Rule 14a-8* verpflichtet Gesellschaften sogar, Abstimmungsvorschläge von Aktionären in ihr eigenes *proxy statement* aufzunehmen, obwohl sie in der Regel gegen die aktuelle Unternehmenspolitik gerichtet sind. Wie gezeigt, enthält aber auch *Rule 14a-8* eine Vielzahl von Beschränkungen. Hier sei nur daran erinnert, dass der vom Aktionär beigefügte Vorschlag nicht mehr als 500 Worte enthalten darf. Gerade diese Beschränkung lässt es nötig erscheinen, dass ein aufbegehrender Aktionär, den übrigen Aktionären mehr Informationen über seinen Abstimmungsvorschlag zur Verfügung stellt, um wenigstens eine gewisse Erfolgschance gegenüber dem amtierenden Management zu haben. Dabei stellt sich die Frage nach dem Verhältnis von *Rule 14a-8* zu den übrigen *proxy rules*, denn sie können entscheidend dafür sein, welche Informationen ein Aktionär den übrigen Aktionären auf welche Weise zukommen lassen kann. Die *proxy rules*, die die Kommunikation zwischen den Aktionären regulieren, sind also maßgeblich für den Erfolg oder Misserfolg jedes Aktionärsvorschlags.[361]

Entgegen der Bedeutung der Aktionärskommunikation für den Erfolg eines Aktionärsvorschlags, werden die Möglichkeiten von Aktionären, miteinander zu kommunizieren, durch die *proxy rules* eher beschränkt. Dies liegt vor allem daran, dass durch *Rule 14a-1(l)* jedwede Kommunikation, die darauf gerichtet ist, die Wahlentscheidung anderer Aktionäre zu beeinflussen, als eine „*solicitation*", also als Werbung um Stimmen aufgefasst wird.[362] Dies gilt sogar dann, wenn die Kommunikation weder von der Gesellschaft noch von dem Aktionär ausgeht, der das *shareholder proposal* eingereicht hat.

---

[357] Vgl. auch zu den inzwischen hohen Erfolgsaussichten solcher Abstimmungsvorschläge unten § 14 II.

[358] *Cox/Hazen/O'Neal* (1997), S. 343. Vgl. zur Rolle von institutionellen Anlegern auch unten § 9 II.2.

[359] Dabei handelt es sich im Unterschied zum *straight voting* um eine Abstimmungsform, bei der die Aktionäre ihre Stimmen auf einen Kandidaten kumulieren können. Dies führt dazu, dass sich Minderheiten wenigstens ein gewisses Maß an Repräsentanz im *board of directors* sichern können. Vgl. ausführlich und mit Beispiel *Merkt* (1991) Rdnr. 490 ff. und *Beyer* (2000), S. 122 ff.

[360] *Cox/Hazen/O'Neal* (1997), S. 343.

[361] *Choi* (2000), S. 236.

[362] Vgl. zur Definition der *solicitation* bereits oben unter § 5 III.3.

Gemäß *Rule 14a-3(a)* sind *solicitations* nicht erlaubt, bevor den Aktionären ein formales *proxy statement* zugegangen ist, in dem die von der *SEC* vorgeschriebenen Informationen enthalten sind. Werbungen um Stimmrechtsvollmachten sind außerdem *Rule 14a-9* unterworfen, die falsche und betrügerische Angaben im Zusammenhang mit der Werbung um Stimmrechtsvollmachten verhindern soll.[363]

Die beschriebenen Regelungen können dazu führen, dass Aktionäre, die sich darüber austauschen wollen, wie auf ein *shareholder proposal* zu reagieren ist, vorher bei der *SEC* ein *proxy statement* einreichen müssen, auf die Zustimmung der *SEC* zu diesen Unterlagen warten müssen und dann das *proxy statement* an die entsprechenden Aktionäre versenden müssen. Sie müssen also dieselben Voraussetzungen erfüllen, die auch für denjenigen gelten, der sich direkt an die Aktionäre mit der Bitte um Erteilung einer Stimmrechtsvollmacht wendet. Dies führt nicht nur zu Kosten für die Erstellung und Versendung des *proxy statement*, sondern auch zu Verzögerungen und, vielleicht das wichtigste Hindernis, es hebt auch die Anonymität der beteiligten Personen oder Institutionen auf.[364] Da *proxy statements* durch die Einreichung bei der *SEC* öffentlich werden, sind danach das Management und seine Berater sowie andere Aktionäre in der Lage sowohl die beteiligten Personen zu bestimmen als auch zu sagen, was genau ihre Anliegen und Gründe für ihr Verhalten sind.[365]

Auch hier haben sich die Reformen der *proxy rules* von 1992 ausgewirkt. Zwar wurden die Grundsätze der *proxy*-Regulierung nicht verändert, doch enthalten die *proxy*-Regelungen nun einige Ausnahmen, die die Kommunikation zwischen den Aktionären erleichtern.[366] Vor allem die neuen Bestimmungen, nach denen die *proxy rules* in gewissen Situationen nicht anwendbar sind, können den Aktionär im Einzelfall davor bewahren, die ausführlichen und aufwendigen Informations- und Aufklärungspflichten einhalten zu müssen. So werden z.B. durch *Rule 14a-2(b)* solche Werbungen nach *Rule 14a-1(l)* ausgenommen, in denen der Aktionär nicht anstrebt, von den Aktionären eine Stimmrechtsvollmacht zu erlangen, so lange er darauf abzielt, mit seiner Kommunikation eine Verbesserung für alle Aktionäre zu erreichen und nicht nur für sich selbst. Dies führt dazu, dass viele unabhängige Aktionäre sich in einem Wettbewerb um die Stimmrechtsvollmachten inzwischen frei miteinander austauschen dürfen.[367] Anwendbar bleibt dagegen *Rule 14a-9*.[368]

---

[363] Vgl. zu *Rule 14a-9* ausführlich unten § 7.

[364] So könnten Manager zum Beispiel die Kommunikation mit solchen institutionellen Investoren verweigern, die überhaupt *shareholder proposals* unterstützen. Sie könnten außerdem beschließen mit solchen Investoren, etwa Banken und Versicherungen, keine weiteren Geschäfte zu machen, *Choi* (2000), S. 236.

[365] Derjenige, der ein *shareholder proposal* unterstützt, ist außerdem bereits nach *Rule 14a-8* verpflichtet, gegenüber dem *proxy solicitor*, also dem Unternehmen, das für das Management die Sammlung der Stimmrechtsvollmachten übernimmt, seine Identität zu offenbaren.

[366] Vgl. zu diesen Ausnahmen auch schon § 5 III.3.

[367] *Rule 14a-2(b)* schließt die Anwendung der *Rules 14a-3* bis *14a-6* sowie *Rules 14a-8* und *14a-10* bis *14a-15* aus.

[368] Vgl. zu *Rule 14a-9* noch ausführlich unten § 7.

Durch die *proxy reforms* von 1992 wurde außerdem die Definition der *proxy solicitation* dahin beschränkt, dass öffentliche Ankündigungen von Aktionären darüber, wie sie ihre Stimmrechte auszuüben gedenken, nicht mehr erfasst werden. Dies schließt die Mitteilung dieser Entscheidung in öffentlichen Reden, der Presse und sogar in Werbeanzeigen ein. Außerdem können die Gründe, die zu der entsprechenden Wahlentscheidung geführt haben, genannt werden. Da diese Ankündigungen also schon keinen Fall einer *proxy solicitation* darstellen, führt dies dazu, dass, anders als bei den Ausnahmen nach *Rule 14a-2(b)*, auch *Rule 14a-9* nicht auf sie anwendbar ist.

Im Zusammenhang mit der Durchführung eines *shareholder proposal* kann es somit zu Überschneidungen mit den übrigen *proxy rules* kommen, die demjenigen, der den Abstimmungsvorschlag eingereicht hat, zusätzliche Verpflichtungen auferlegen. Die Reformen von 1992 haben allerdings die Informationsmöglichkeiten während eines *shareholder proposal* durch die Beschränkung der Definition der *proxy solicitation* verbessert. Außerdem wurden die Möglichkeiten der Aktionäre verbessert, miteinander anonym und billig zu kommunizieren, insbesondere in den Fällen, in denen der Aktionär Maßnahmen des Managements befürchtet. Aber auch nach den Reformen von 1992 muss derjenige, der sich eines *shareholder proposal* bedient, darauf achten, wie er hierfür bei den anderen Aktionären wirbt, weil er sonst Gefahr läuft, eine Stimmrechtswerbung im Sinne der *proxy rules* durchzuführen, was zur Folge hat, dass er auch die übrigen Regelungen neben *Rule 14a-8* beachten muss.[369]

V. ERGEBNIS

Im Ergebnis lässt sich festhalten, dass *Rule 14a-8* dem Aktionär eine preiswerte und einfach durchzuführende Möglichkeit bietet, eigene Vorschläge zum Gegenstand der Diskussion und Abstimmung auf einer Hauptversammlung zu machen und dafür Stimmrechte zu sammeln. Über die Wirksamkeit einer solchen Regelung lässt sich streiten. So wird *Rule 14a-8* unter anderem wegen des umfassenden Ausnahmekatalogs kritisiert, wodurch die ursprüngliche Funktion, dem einzelnen Aktionär gegenüber dem Management ein Mittel in die Hand zu geben, mit dem er der Managementmacht wirksam entgegentreten könne, erheblich beschränkt worden sei.[370] Dies werde durch eine passive Politik der *SEC* noch verstärkt, die sich auf die Ausgabe so genannter *no-action-letters* beschränke, mit denen sie den einreichenden Aktionären mitteile, dass sie gegen den Ausschluss ihrer Abstimmungsvorschläge nichts zu unternehmen gedenke.[371] Kritisiert wird außerdem, dass die Möglichkeit, für einen bestimmten Abstimmungsvorschlag über die Gesellschaft zu werben, vornehmlich von stets denselben Aktionärsgruppen genutzt werde.

Es ist jedoch fraglich, ob eine solche negative Bewertung tatsächlich gerechtfertigt ist. Allein die Möglichkeit, einen Vorschlag bei der Gesellschaft einzureichen, sei er auch nicht verbindlicher, sondern nur empfehlender Natur, bietet dem Aktionär die Möglich-

---

[369] Vgl. zu diesen Regelungen ausführlich § 5 III.

[370] So *Tuerks* (2000), S. 93.

[371] Vgl. näher bei *Loewenfels* (1971), S. 1257 ff.

keit, sich gegenüber dem Management zumindest Gehör zu verschaffen und dies zu Kosten, die auch für die Gesellschaft als gering einzuschätzen sind.[372] Es kann auch nicht bestritten werden, dass die seit den siebziger Jahren zu beobachtende Entwicklung, die zu einer Vielzahl von Abstimmungsvorschlägen über soziale und ethische Fragen geführt hat, in vielen Fällen das Management der betreffenden Gesellschaften für bestimmte Fragen sensibilisiert hat und dazu bewegt hat, Dinge umzusetzen, die es ansonsten in seiner Unternehmenspolitik nicht beachtet hätte.[373] Zwar könnte man argumentieren, dass *Rule 14a-8* in einer Zeit, in der die Aktionärsversammlungen nur noch von Angehörigen der Gesellschaft besucht werden, die dort die von ihnen gesammelten *proxies* ausüben,[374] unmodern geworden ist, doch sollte man auch den symbolischen Wert, den allein der Bestand eines durch *Rule 14a-8* gewährten Rechtes hat, nicht unterschätzen. Denn es manifestiert letztlich die Verantwortlichkeit des Managements gegenüber den Aktionären und bietet diesen die Möglichkeit, auch Maßnahmen gegen das Management durchzusetzen.[375] Im Übrigen werden inzwischen *shareholder proposals* nicht mehr ausschließlich dazu genutzt, auf soziale oder ethische Missstände aufmerksam zu machen, sondern auch dafür, Veränderungen in Fragen der *Corporate Governance* durchzusetzen. Viele institutionelle Investoren unterstützen solche Vorschläge oder reichen sie selbst ein, von denen sie sich tatsächlich eine Veränderung erhoffen. Im Gegensatz zu den meisten sozial oder ethisch motivierten Vorschlägen haben solche Vorschläge auch eine echte Chance, eine breite Unterstützung durch die Aktionäre zu erfahren.[376]

VI. ZUSAMMENFASSUNG

Rule 14a-8 stellt eine Anomalie im Regelungsrahmen der *proxy rules* dar. Während diese sonst nur gewährleisten sollen, dass der Aktionär eine informierte Entscheidung über die Erteilung einer Stimmrechtsvollmacht treffen kann, gibt *Rule 14a-8* dem Aktionär einen Anspruch auf Aufnahme eines eigenen Abstimmungsvorschlags in die Werbungsunterlagen, mit dem sich die Unternehmensverwaltung um die Erteilung der Stimmrechtsvollmachten bewirbt. Dabei stellt *Rule 14a-8* nur geringe formelle Voraussetzungen. So kann jeder Aktionär einen Abstimmungsvorschlag einreichen, der mindestens ein Prozent der Aktien der Gesellschaft hält oder zumindest Aktien im Wert von $ 2000 seit mindestens einem Jahr besitzt. Es darf außerdem eine Begründung von bis zu 500 Worten angefügt werden. Das Management der Gesellschaft muss den übrigen Aktionären, sofern der Abstimmungsvorschlag rechtzeitig eingeht, in seinen Unterlagen dann die Möglichkeit geben, über den Vorschlag konkret mit „ja", „nein" oder „Enthaltung" abzustimmen.

---

372 *Loss/Seligman* (2001), S. 533.

373 *Purcell* (1979), S. 30. Zu den Erfolgsaussichten vgl. § 14 II.

374 *Freeman* (1957), S. 554.

375 *Loss/Seligman* (2001), S. 533. Dagegen aber *Liebeler* (1984); *Dent* (1985).

376 Vgl. zu den Erfolgsaussichten solcher *corporate governance proposals* unten § 14 II.

Neben den einzuhaltenden formellen Voraussetzungen enthält *Rule 14a-8* auch einen Katalog von Ablehnungsgründen, der es dem Management erlaubt, den Abstimmungsvorschlag wegen seines Inhalts abzulehnen. So dürfen unter anderem solche Vorschläge abgelehnt werden, in denen den Aktionären nach dem Recht der Einzelstaaten kein Mitentscheidungsrecht zukommt, die zu den Geschäften der Gesellschaft in keinem bedeutendem Zusammenhang stehen oder die sich mit der gewöhnlichen Geschäftstätigkeit befassen. Nicht erlaubt sind außerdem solche *shareholder proposals*, die in irgendeinem Zusammenhang mit der Wahl der Mitglieder des *board of directors* stehen. Hier ist ein mit dem amtierenden Management unzufriedener Aktionär gezwungen, einen *proxy contest* durchzuführen, um eine Veränderung der Zusammensetzung zu erreichen. Den Aktionären steht es jedoch offen, auch in solchen Fällen ein *shareholder proposal* einzureichen, in denen ihnen an sich kein Mitentscheidungsrecht zukommt, solange sie dieses im Sinne einer unverbindlichen Resolution formulieren. Dann resultiert daraus zwar kein verbindlicher Handlungsauftrag an das Management, doch haben die Aktionäre zumindest die Möglichkeit, der Unternehmensleitung ihre Unzufriedenheit mit bestimmten Angelegenheiten der Gesellschaft zu demonstrieren. Von dieser Möglichkeit haben in den letzten Jahrzehnten zunehmend auch institutionelle Investoren Gebrauch gemacht, die dadurch Fragen der *corporate governance* auf die Agenda der Unternehmensleitung brachten, während der Fokus von *shareholder proposals* früher eher auf sozialen und ethischen Fragen lag.

§ 7 HAFTUNG UND RECHTSSCHUTZ

I. ÜBERSICHT

Kommt es im Zusammenhang mit der Werbung von Stimmrechtsvollmachten zu Irreführungen der umworbenen Aktionäre oder anderen Verletzungen der oben beschriebenen *proxy regulation*, so kann grundsätzlich die Nutzung der Vollmachten und das Abhalten der Hauptversammlung verhindert werden, bis eine erneute korrekte Werbung um die Stimmrechtsvollmachten stattgefunden hat.[377] Dabei ist einerseits die *SEC* ermächtigt, die Einhaltung der *proxy rules* zu erzwingen, andererseits haben aber auch die Aktionäre ein Klagerecht gegen solches Verhalten und können, sofern sie einen Schaden nachweisen können, auch Ersatz verlangen.[378]

Zu beachten ist, dass ein Verstoß gegen die *proxy*-Bestimmungen während eines *proxy contest* wesentlich einschneidendere Auswirkungen haben kann, als dies in der Regel bei unumkämpften *proxy solicitations* der Fall sein wird. So kann beispielsweise schon

---

[377] Vgl. *Section 14(e) SEA*. Vgl. dazu auch *Bernstein/Fischer Henry G.* (1940), S. 238; *Dean* (1939), S. 504; *Hazen* (1979).

[378] *Cox/Hazen/O'Neal* (1997), S. 339. Zum Klagerecht der Aktionäre vgl. unten § 7 II. Zu beachten ist, dass die *SEC* nicht alle bei ihr eingereichten Unterlagen zur Werbung von Stimmrechtsvollmachten auf ihre Rechtmäßigkeit überprüft. Sie nimmt vielmehr nur Stichproben vor, vgl. auch schon oben § 5 III.4.

die unscheinbare Auslassung einer erheblichen Tatsache im *proxy statement* eines Wettbewerbers dazu führen, dass eine Werbemaßnahme untersagt oder die ihm bereits ausgestellten *proxies* für ungültig erklärt werden. Infolgedessen kann er den von ihm betriebenen Wettstreit um die Stimmrechtsvollmachten, dessen Kosten oft mehrere Millionen US-Dollar betragen, verlieren, ohne auch nur die Chance eines Erfolges gehabt zu haben.[379]

Der *SEC* stehen keine speziellen Befugnisse zu, die es ihr selbst erlauben würden, solche *proxy solicitations*, die mit den *proxy rules* nicht in Einklang stehen, zu unterbinden.[380] Sie kann allerdings gegen die rechtswidrige Sammlung von Stimmrechtsvollmachten bei den zuständigen Bundesgerichten (*District Courts*) auf Unterlassung klagen. Dieses Recht wird ihr allgemein durch *Section 21(e)* des *Securities and Exchange Act* gewährt. Die Gerichte haben die Anwendung von *Section 21(e)* außerdem auf der Grundlage ihrer *equitable powers* erweitert, um für einen umfassenden Rechtsschutz im Bereich der Stimmrechtsvertretung zu sorgen.[381] So wurden z.B. die Abstimmungsergebnisse von Hauptversammlungen für ungültig erklärt, was dazu führte, dass eine erneute Werbung um die Stimmrechtsvollmachten und eine erneute Abstimmung erforderlich war.[382]

II. RULE 14A-9 UND SEINE DURCHSETZUNG

Rule 14a-9 enthält das für den Bereich der Werbung um Stimmrechtsvollmachten maßgebliche Verbot falscher oder irreführender Aussagen im Zusammenhang mit *proxy solicitations*. Dies hat dazu geführt, dass *Rule 14a-9* diejenige Vorschrift ist, über die vor den Gerichten im Zusammenhang mit der Werbung um Stimmrechtsvollmachten am häufigsten gestritten worden ist und gestritten wird.[383] Dabei folgt aus *Rule 14a-9* zunächst nicht unmittelbar das Recht eines Aktionärs, wegen falscher oder irreführender Aussagen vor einem Gericht zu klagen (*private right of action*). *Rule 14a-9* trifft zu einem solchen Klagerecht, wie auch die übrigen *proxy rules*, überhaupt keine Aussagen.[384] Ein Individualklagerecht wurde jedoch durch die Rechtsprechung entwickelt. Der *Supreme Court* erkannte in seiner Entscheidung *J.I. Case v. Borak*[385] an, dass dem

---

[379] Vgl. *Telvest, Inc. v. Wisconsin Real Estate Inv. Trust*, 489 F. Supp. 250 (E.D. Wis. 1980); *Dillon v. Berg*, 326 F. Supp. 1214, 1235 (D. Del.), *aff'd*, 453 F. 2d 876 (3d Cir. 1971); *Central Foundry Co. v. Gondelman*, 166 F. Supp. 429, 446 f. (S.D.N.Y. 1958); siehe auch *Bagley* (1990), S. A-84 ff. m.w.N.

[380] *Sargent* (1993), S. 2-5.

[381] *Sargent* (1993), S. 2-5. *Eqitable powers* sind die den Bundesgerichten durch Gesetz übertragenen Befugnisse, aus Gründen der Billigkeit das Recht weiterzuentwickeln. Vgl. zum Begriff *equity* auch *Hay* (2000), Rdnr. 4 ff. Das *equity*-Recht erfüllt damit im anglo-amerikanischen Rechtssystem die gleiche Funktion wie im deutschen Recht das an Hand der „Billigkeitsklausel" des § 242 BGB entwickelte Prinzipienbündel, das zur Durchbrechung des positiven Rechts dient; Billigkeit und Treu und Glauben entsprechen sich im Prinzip, *Wieacker* (1956), S. 41.

[382] *Sargent* (1993), S- 2-5 f.

[383] *Loss/Seligman* (2001), S. 534.

[384] Dagegen hat die *SEC* ein auf *Section 21(e)* des *Securities and Exchange Act* gestütztes Klagerecht bei Verstößen gegen die Vorschriften zur Stimmrechtswerbung, vgl. oben unter § 7 I.

[385] 377 U.S. 426 (1964).

einzelnen Aktionär bei einer Verletzung der *proxy rules* ein implizites Individualklagerecht (*implied right of private action*) zusteht.[386] Dabei ging es in diesem Fall speziell um die Regelungen, die *Rule 14a-9* gegen falsche und betrügerische Aussagen im Hinblick auf die Nutzung der *proxy machinery* traf. Anlass für die Klage war die Behauptung eines Aktionärs, dass das Management der Gesellschaft im Zusammenhang mit einem vorgeschlagenen Zusammenschluss der Gesellschaft mit einer anderen bei der Werbung der Stimmrechtsvollmachten der Aktionäre irreführende Aussagen gemacht habe.[387] Das Gericht stützte seine Entscheidung auf die Entstehungsgeschichte von *Section 14a* des *Securities and Exchange Act* von 1934, der ein gewisses Mindestmaß an Aufrichtigkeit gegenüber den Aktionären verlangt. Er schreibt außerdem fest, dass den Aktionären einer Gesellschaft zumindest gewisse Mindestrechte innerhalb der Gesellschaft verbleiben, wobei einem fairen Wahlrecht für die Abstimmungen innerhalb der Gesellschaft eine besondere Bedeutung zukommt.[388] Der *Supreme Court* stellte fest, dass die Einräumung eines Klagerechts das wirkungsvollste Mittel sei, um eine Einhaltung der *proxy rules* zu gewährleisten.[389] Dabei erkannte er sowohl die Möglichkeit an, gegen eine betrügerische oder irreführende Maßnahme vorläufigen Rechtsschutz (*injunction*) zu erwirken, als auch im Wege einer Klage die Gesellschaft zur Unterlassung, Rückgängigmachung oder zum Schadensersatz zu verurteilen.[390]

Bei der Beurteilung von Aussagen im Zusammenhang mit *Rule 14a-9* geht es im Wesentlichen immer um zwei Fragen, die im Zusammenhang mit der Werbung von Stimmrechtsvollmachten getätigt werden. Nämlich (1.) um die Frage, ob eine bestimmte Aussage oder gerade die Unterlassung einer bestimmten Information im Hinblick auf die Entscheidung der Aktionäre falsch oder irreführend ist, und (2.), ob dieser Aussage oder Unterlassung Erheblichkeit (*materiality*) im Hinblick auf die Entscheidung der Aktionäre zukommt.[391]

1. Irreführung der Aktionäre

Eine *Note to Rule 14a-9* gibt einige Beispiele, wann eine Aussage bei der Werbung um Stimmrechtsvollmachten irreführend sein kann,[392] wobei die Bewertung im Ergebnis aber immer von den Umständen des Einzelfalls abhängt. Hierbei handelt es sich um:

- Aussagen über die zukünftige Entwicklung des Marktwerts.

---

[386] *Merkt* (1991), Rdnr. 643 ff.

[387] Verschmelzungen und andere Formen von Unternehmenszusammenschlüssen waren immer wieder die Ursache für Klagen, die den Vorwurf einer Missachtung der *proxy rules* zum Gegenstand hatten. Vgl. z.B. *TSC Indus. v. Northway, Inc.*, 426 U.S. 438 (1976); *Mills v. Electric Auto-Lite co.*, 396 U.S. 375 (1970). Siehe dazu auch *Cox/Hazen/O'Neal* (1997), Kapitel 27.

[388] *J. I. Case v. Borak*, 377 U.S. 431.

[389] *J. I. Case v. Borak*, 377 U.S. 426.

[390] *J. I. Case v. Borak*, 377 U.S. 431.

[391] *Loss/Seligman* (2001), S. 534.

[392] *Note to Rule 14a-9*. Vgl. dazu auch *Hazen* (2002), S. 94 Fn. 95; *Loss/Seligman* (2001), S. 534 f.

- Material, welches direkt oder indirekt den Charakter, die persönliche Integrität oder Reputation angreift oder das direkt oder indirekt Beschuldigungen enthält, jemand zeige ein ungehöriges, illegales oder unmoralisches Verhalten oder stehe in Verbindung mit einem solchen Verhalten, ohne dass dieses durch Fakten belegt werden kann.
- Die mangelnde Unterscheidbarkeit der Werbematerialien von den Werbematerialien anderer Personen, die für dieselbe Hauptversammlung oder für denselben Abstimmungsgegenstand Stimmrechtsvollmachten einwerben.
- Behauptungen über das Ergebnis einer Werbung von Stimmrechtsvollmachten, soweit sie vor der Abstimmung auf der Hauptversammlung, für die die Stimmrechtsvollmachten gesammelt werden, gemacht werden.

Unterlässt die eine Seite bestimmte Aussagen, die sie im Hinblick auf eine angemessene Information der Aktionäre normalerweise machen müsste, so wird dieser Mangel nicht dadurch geheilt, dass die andere Seite in einem *proxy contest* ausdrücklich darauf hinweist.[393] Auch werden bestimmte Unterlassungen nicht notwendigerweise dadurch geheilt, dass die Partei schon zu einem früheren Zeitpunkt die nun fehlenden Informationen bereits veröffentlicht hat.[394] Insgesamt muss die Angemessenheit bestimmter Veröffentlichungen jedoch am *total mix* der bereitgestellten Informationen gemessen werden.[395] Bei der Beurteilung des *total mix* können dann auch bereits zu einem früheren Zeitpunkt veröffentlichte Informationen eine Rolle spielen.

Es gibt einige Hinweise darauf, dass in dem (hier besonders interessierenden) Fall eines *proxy contest* die anzulegenden Maßstäbe dafür, was nun im Einzelfall als falsch und irreführend zu gelten hat, etwas weiter zu fassen sind, da es bereits in der Natur eines solchen Wettbewerbs liegt, dass es zu bestimmten Übertreibungen kommt, da jede Seite versucht, sich in einem möglichst guten Licht darzustellen.[396] Für den analog heranzuziehenden Fall eines *tender offer*, in dem ebenfalls verschiedene Seiten um die Gunst der Anleger kämpfen, sollten die Gerichte nach der Ansicht von *Judge Friendly* vorsichtig sein, dem Bieter Veröffentlichungspflichten für solche Tatsachen aufzuerlegen, die der Zielgesellschaft ebenfalls bekannt sind, denn dann kann man es auch der Zielgesellschaft überlassen auf diese hinzuweisen.[397] *Judge Friendly* ist der Ansicht, dass daher in einem *election contest* an die Informationspflichten nicht so strenge Anforderungen gestellt werden sollten wie etwa bei der Abstimmung über eine vom Management vorgeschlagene Verschmelzung.[398] Es reiche jedoch auch nicht, dass be-

---

[393] *Kohn v. American Metal Climax, Inc.*, 458 F.2d 255, 265 (3d Cir. 1972), *cert. denied*, 409 U.S. 874; *Gladfield v. Medfield Corp.*, 540 F.2d 1266, 1270 (5th Cir. 1976).

[394] *Smallwood v. Pearl Brewing Co.*, 489 F.2d 579, 605 (5th Cir. 1974), *cert. denied*, 419 U.S. 873.

[395] *United Paperworkers Int'l Union v. International Paper Co.*, 985 F.2d 1190, 1199 (2d Cir. 1993), 49 Bus. Law. 1225 (1994).

[396] *Loss/Seligman* (2001), S. 535.

[397] *Missouri Portland Cement Co. v. Cargill, Inc.*, 498 F.2d 851, 873 (2d Cir. 1974), *cert. denied*, 419 U.S. 883.

[398] *Gerstle v. Gamble-Skogmo, Inc.*, 478 F.2d 1281, 1300 n. 19 (2d Cir. 1973).

stimmte Andeutungen nur von spezialisierten Analysten verstanden würden.[399] Bei Wettbewerben um die Kontrolle des *board of directors* dürfen auch nicht die gleichen Grundsätze angewandt werden, die für politische Wahlen angewandt werden, bei denen jede Seite relativ frei ist, über die Gegenseite irgendwelche Behauptungen aufzustellen, wobei man dann damit rechnet, dass auch die andere Seite sich entsprechender Methoden bedienen wird und damit die Wahlkampfaussagen (der jeweils anderen Seite) wieder entkräften wird.[400]

2. Erheblichkeit

Hat man festgestellt, dass tatsächlich eine Irreführung der Aktionäre vorliegt, so ist die entscheidende Frage im Rahmen einer Klage oder eines sonstigen Verfahrens, das sich auf die Verletzung von *Rule 14a-9* stützt, ob die in der Werbung um die Stimmrechtsvollmachten unterlassenen oder irreführenden Aussagen erheblich (*material*) waren. Die Leitentscheidung hierzu erging in dem Fall *TSC Industries, Inc. v. Northway, Inc.*[401] Hier wurde zum ersten Mal ein Standard entwickelt, mit dem sich die Frage, wann eine erhebliche Unterlassung bzw. Irreführung vorliegt, beantworten lässt. Nach der Entscheidung des *Supreme Court* ist eine verschwiegene Tatsache dann erheblich, wenn ein vernünftiger Aktionär sie für seine Wahlentscheidung als wichtig empfunden hätte. Dabei ist nicht erforderlich, dass nachgewiesen wird, dass eine Entscheidung mit einer bestimmten Wahrscheinlichkeit anders ausgefallen wäre, wäre die verschwiegene Tatsache veröffentlicht worden. Der Standard verlangt vielmehr, dass mit einer gewissen Wahrscheinlichkeit die verschwiegene Tatsache die Überlegungen vernünftiger Aktionäre beeinflusst hätte. Mit anderen Worten: Die Veröffentlichung der verschwiegenen Tatsache hätte den *total mix* an verfügbaren Informationen, auf die der Aktionär seine Entscheidung stützen konnte, verändern müssen.[402]

In späteren Entscheidungen wurden die in der Entscheidung *TSC Industries, Inc. v. Northway, Inc* entwickelten Leitlinien zur Bestimmung der Erheblichkeit weiter verfeinert. Dabei entwickelte der *Supreme Court* in dem Fall *Basic, Inc. v. Levinson*[403] den Gedanken, dass die Frage der Erheblichkeit einer Information einerseits von der Wahrscheinlichkeit abhängt, dass ein bestimmtes mit dieser Information zusammenhängendes Ereignis eintreten wird, andererseits aber auch von der Schwere der Folgen, die ein bestimmtes Ereignis für eine Gesellschaft haben kann.[404] Daher kann eine bestimmte Information, die ein Ereignis betrifft, das nur mit einer sehr geringen Wahrscheinlich-

[399] Die Gesellschaften müssten ihre Aktionäre in den Worten von *Judge Friendly* jedoch auch nicht behandeln, als seien sie noch im Kindergarten, *Gerstle v. Gamble-Skogmo, Inc.*, 478 F.2d 1281, 1297 (2d Cir. 1973).

[400] *SEC v. May*, 229 F.2d 123, 124 (2d Cir. 1956).

[401] 426 U.S. 438 (1976).

[402] *TSC Indus. v. Northway, Inc.*, 426 U.S. 438, 449 (1976).

[403] 485 U.S. 224 (1988).

[404] *Basic, Inc. v. Levinson*, 485 U.S. 224, 238 (1988).

keit eintreten wird, trotzdem erheblich sein, wenn die Auswirkungen, die das Ereignis bei seinem Eintritt haben wird, groß wären.[405]

Entgegen dem Wortlaut von *Rule 14a-9* und der Entscheidung *TSC Industries, Inc. v. Northway*[406] können auch bloße Meinungsäußerungen Grundlage für eine Klage sein, denn der *Supreme Court* stellte fest, dass auch Meinungsäußerungen genau wie falsche oder verschwiegene Tatsachen die Aktionäre in erheblicher Weise irreführen können. Allerdings müssen solche Meinungsäußerungen den Kern der Transaktion treffen, für die die Zustimmung der Aktionäre eingeworben wird.

Problematisch an den von den Gerichten entwickelten Definitionen der Erheblichkeit (*Materiality*) ist, dass sie wegen ihrer relativen Weite keine Sicherheit liefert, wann nun eine Tatsache oder auch eine Meinung für die Entscheidung der Aktionäre erheblich ist. Dies wird durch die Aussage des *Supreme Court* in der Entscheidung *TSC Industries*, es komme bei der Beurteilung auch auf den *total mix* der verfügbaren Informationen an, noch verschärft. Denn hierdurch wurde das Feld für Spekulationen darüber eröffnet, dass eine bestimmte Information zwar im *proxy statement* nicht enthalten sei, diese jedoch sonst öffentlich zugänglich sei, so dass im Ergebnis keine erhebliche Irreführung vorliege.[407] In der Entscheidung *United Paperworks International Union v. International Paper Company*[408] wurde zwar festgestellt, dass es immer auf den Kontext ankomme, um die Frage, ob es auf eine bestimmte Veröffentlichung ankomme oder nicht, zu beantworten, doch bleibt es im Ergebnis dabei, dass die Entscheidungen der Gerichte bei der Frage, wann Erheblichkeit (*materiality*) vorliegt, keine große Rechtssicherheit bieten.

3. Kausalität

Eine weitere schwierige Frage im Zusammenhang mit gerichtlichen Verfahren, die sich auf eine Verletzung von *Rule 14a-9* stützen, ist, inwiefern der klagende Aktionär nachweisen muss, dass die geltend gemachte Fehlinformation ihn tatsächlich selbst getäuscht hat und damit zu einer Entscheidung geführt hat, die ansonsten anders ausgefallen wäre. Da es sich bei den Entscheidungen der Aktionäre um Kollektiventscheidungen handelt, wird das Interesse jedes Aktionärs auch durch die Abstimmungsentscheidung der übrigen Aktionäre beeinflusst. Die auf ihn wirkende Fehlinformation hat daher nicht notwendigerweise zu der Kollektiventscheidung geführt, gegen die sich der Aktionär dann mit einer Klage gestützt auf *Rule 14a-9* wendet. Eine echte Indidvidualentscheidung

---

[405] Daher durfte die Gesellschaft in dem Fall *Basic, Inc. v. Levinson* nicht verschweigen, dass sie sich in Verhandlungen über einen Zusammenschluss befand, weil durch den Zusammenschluss die Aktien der Gesellschaft enorm im Wert gestiegen wären.

[406] 426 U.S. 438 (1976).

[407] Geht man dabei von der Richtigkeit der sog. *Efficient Capital Market Theory* (*ECMT*) aus, so stellt sich bei einer Gesellschaft, die in einem effizienten Markt agiert, die Frage, wann eine Information irreführend oder unterlassen worden ist, wenn der Markt auf diese bereits reagiert hat, weil die Information an einer anderen Stelle bereits verfügbar war, *Cox/Hazen/O'Neal* (1997), S. 348. Vgl. ausführlich zur *ECMT Brealey/Myers* (2000), Kapitel 13.

[408] 999 F.2d 51 (2d Cir. 1979).

liegt nur in den Fällen vor, in denen das Gesetz den Aktionären, die gegen eine bestimmte Transaktion sind, ein Recht einräumt, sich von der Gesellschaft abfinden zu lassen.[409] Dann kann der Aktionär auch geltend machen, er hätte sich bei korrekter Information durch das *proxy statement* für einen Ausstieg aus der Gesellschaft entschieden.

Die Frage, wann die Unterlassung einer bestimmten Information bzw. die Verbreitung einer falschen oder irreführenden Information kausal geworden ist für eine bestimmte Entscheidung des Aktionärs, wird zusätzlich dadurch verkompliziert, dass der oben beschriebene Maßstab der Erheblichkeit (*materiality*) nicht verlangt, dass eine bestimmte Tatsache, wenn sie richtig veröffentlicht worden wäre, mit einer bestimmten Wahrscheinlichkeit zu einer anderen Entscheidung der Aktionäre geführt hätte.[410] Die Frage der Erheblichkeit einer bestimmten Information muss somit von der Frage der Kausalität unterschieden werden.

Es reicht jedenfalls nicht aus, dass der Aktionär nachweist, dass die durch die Abstimmung ermöglichte Transaktion im Ergebnis unfair ist.[411] Denn es ist ja nicht gesagt, dass die Aktionäre einem fairen Geschäft immer zustimmen, die Zustimmung jedoch bei einem unfairen Geschäft stets verweigern. Es ist somit vielmehr nötig, dass der Aktionär nachweist, ein Mangel im *proxy statement* selbst sei für die Entscheidung kausal geworden.[412] Nötig ist somit zumindest, dass ein bestimmter Mangel des *proxy statement* auch in einem Zusammenhang mit einer Transaktion steht, über die die Aktionäre auch tatsächlich abstimmen. Ist nur das *proxy statement* fehlerhaft, bezieht sich dieser Fehler jedoch nicht auf einen Punkt, über den die Aktionäre abstimmen, so kann ein Aktionär mit einer Klage auch keinen Rechtschutz erreichen, obwohl eventuell ein Schaden der Gesellschaft und damit des Aktionärs vorliegt. Es fehlt die so genannte *transaction-causation*-Beziehung.[413]

Zum Nachweis der Kausalität kann sich der Kläger nicht darauf berufen, bei einer richtigen und vollständigen Information im *proxy statement* wäre er in der Lage gewesen, nach einzelstaatlichem Recht ein bestimmtes Verfahren einzuleiten, denn in einem solchen Fall hätte der Aktionär auch direkt in diesem Verfahren um Rechtschutz ersuchen können.[414] Ein nach einzelstaatlichem Recht mögliches Verfahren kann somit nicht als Schaden gelten, für den die Fehler in einem *proxy statement* kausal geworden sind.

4. Verhältnis zu Rule 10b-5

Viele der wichtigen Gerichtsentscheidungen, die zu Werbungen um Stimmrechtsvollmachten ergangen sind, standen im Zusammenhang mit grundlegenden Veränderungen der Gesellschaftsverfassung wie etwa Fusionen, die einer Zustimmung durch die Aktio-

---

[409] *Cox/Hazen/O'Neal* (1997), S. 349.

[410] Vgl. oben unter § 7 II.2. Siehe auch *TSC Indus. v. Northway, Inc.*, 426 U.S. 438, 449 (1976).

[411] *Mills v. Electric Auto-Lite Co.*, 396 U.S. 375 (1970).

[412] *Mills v. Electric Auto-Lite Co.*, 396 U.S. 375, 385 (1970).

[413] *Cox/Hazen/O'Neal* (1997), S. 350.

[414] *Virginia Bankshares, Inc. v. Sandberg*, 501 U.S. 1083 (1991).

näre bedürfen.[415] Da es solche Transaktionen oft erfordern, dass die Aktien einer Gesellschaft ausgetauscht werden oder sonst über sie verfügt wird, kommt in diesen Fällen *Rule 10b-5* ebenfalls zur Anwendung.[416] Die beiden Regelungen, *Rule 14a-9* und *Rule 10b-5* stehen nebeneinander, weshalb Aktionäre in solchen Fällen auch versuchen können, nach beiden Regelungen Rechtsschutz zu erlangen.[417] Weil der durch *Rule 14a-9* gewährte Rechtschutz andere Zulässigkeitsvoraussetzungen und auch materiellrechtlich andere Voraussetzungen als *Rule 10b-5* hat, kann das aus den *proxy rules* abgeleitete Individualklagerecht noch dort Rechtsschutz gewähren, wo Klagen nach *Rule 10b-5* fehlschlagen.[418]

5. Rechtsschutz

Bei Verfahren, die sich auf die Verletzung von *Rule 14a-9* stützen, ist grundsätzlich jede denkbare Form von Rechtsschutz möglich.[419]

Ist die Abstimmung noch nicht erfolgt, so können die Gerichte anordnen, dass bestimmte Aussagen korrigiert oder fehlende Informationen nachgereicht werden. Auch eine einstweilige Anordnung eines Gerichts kann in solchen Fällen weiterhelfen, in denen die Abstimmung noch nicht stattgefunden hat.

Bei einer nachträglichen Überprüfung einer Abstimmung hängt die Zahlung von Schadensersatz davon ab, dass nachgewiesen werden kann, dass eine bestimmte Transaktion, über die die Aktionäre abzustimmen hatten, diese benachteiligt hat.[420] Auch die Gewährung von Rechtsschutz in Form bestimmter Anordnungen der Gerichte kommt nachträglich noch in Betracht. So kann ein Gericht anordnen, dass eine Hauptversammlung erneut durchgeführt werden muss, wenn es in ihrem Vorfeld zu Verletzungen der *proxy rules* gekommen ist.[421] Ist eine bestimmte Transaktion, über die die Aktionäre abgestimmt haben, jedoch bereits durchgeführt worden, legen die Gerichte strenge Maßstäbe an, bevor sie tatsächlich die Rückabwicklung des Geschäfts anordnen. Auch die An-

---

[415] Vgl. z.B. *TSC Indus. v. Northway, Inc.*, 426 U.S. 438 (1976); *Mills v. Electric Auto-Lite Co.*, 396 U.S. 375 (1970); *SEC v. Parklane Hosiery Co.*, 558 F.2d 1083 (2d Cir. 1977). Es ist allgemein anerkannt, dass die Aktionäre das Recht haben, über solche Transaktionen abzustimmen, vgl. z.B. MBCA §§ 73, 79, 84; RMBCA §§ 11.03, 12.02, 14.02, 14.03; Del.Gen.Corp.L. § 251 (einfache Mehrheit); N.Y. Bus.Corp.Law § 903 (Zwei-Drittel-Mehrheit).

[416] *Rule 10b-5* enthält ein generelles Verbot irreführender Handlungen im Zusammenhang mit dem Kauf oder Verkauf von Aktien. Die Regelung wird einerseits durch Maßnahmen der *SEC* und des *Department of Justice* durchgesetzt, andererseits können auch die verletzten Käufer oder Verkäufer von Aktien Klagen auf diese Regelung stützen.

[417] Vgl. z.B. *Schlick v. Penn-Dixie Cement Co.*, 507 F.2d 374 (2d Cir. 1974), *cert. denied*, 421 U.S. 976 (1975); vgl ausführlich zu *Rule 10b-5 Cox/Hazen/O'Neal* (1997), S. 286 ff..

[418] *Cox/Hazen/O'Neal* (1997), S. 346.

[419] *Cox/Hazen/O'Neal* (1997), S. 352.

[420] *Mills v. Electric Auto-Lite Co.*, 396 U.S. 375 (1970). Nach der Zurückverweisung an die vorhergehende Instanz wurde in diesem Fall jedoch festgestellt, dass die Bedingungen der streitigen Verschmelzung fair waren, so dass die klagenden Aktionäre im Ergebnis keinen Schadensersatz erhielten. *Mills v. Electric Auto-Lite Co.*, 552 F.2d 1239 (7th Cir. 1977).

[421] *Hazen* (2002), S. 107 f.

fechtung einer Abstimmung (*rescission*) ist möglich, scheidet jedoch in solchen Fällen aus, in denen hierdurch die Rechte Dritter berührt würden und durch die Anfechtung sehr hohe Kosten entstünden.[422]

III. ERGEBNIS

Insgesamt haben sowohl der Gesetzgeber als auch die Gerichte ein umfassendes System entwickelt, mit dem auf Verstöße gegen die *proxy rules* reagiert werden kann. Die Anerkennung eines Individualklagerechts durch die Gerichte hat den Aktionären die Möglichkeit eröffnet, sich gegen Täuschungen und Fehlinformationen zur Wehr zu setzen. Problematisch an der in diesem Zusammenhang ergangenen Rechtsprechung ist nur, dass sie wegen der Weite und Unbestimmtheit der dabei entscheidenden Voraussetzungen insbesondere für einen potenziellen Herausforderer in einem Wettbewerb um Stimmrechtsvollmachten keine Vorhersagen zulässt, welche Veröffentlichungen dabei noch zulässig sind und welche bereits unter *Rule 14a-9* fallen. Diese Weite und Unbestimmtheit belastet damit auch mögliche Herausforderer bei der Entscheidung, ob sie die Durchführung eines Wettbewerbs um Stimmrechtsvollmachten wagen sollen oder nicht.

IV. ZUSAMMENFASSUNG

Sowohl die *SEC* als auch der einzelne Aktionär können gegen eine rechtswidrige Werbung von Stimmrechtsvollmachten vorgehen. Dabei werden sie sich in der Hauptsache ihres Klagerechtes bedienen. Die *SEC* wird hierfür durch *Section 21(e)* des *Securities and Exchange Act* ermächtigt. Die Gerichte haben auf entsprechende Klagen der *SEC* umfassend reagiert und eine breite Palette von möglichen Rechtsfolgen eines Verstoßes entwickelt. Diese reichen von der Untersagung einer rechtswidrigen Werbung um Stimmrechtsvollmachten bis zur Ungültigerklärung einer bereits erfolgten Abstimmung auf einer Hauptversammlung.

Innerhalb der *proxy rules* enthält *Rule 14a-9* ein umfassendes Verbot falscher und irreführender Aussagen im Zusammenhang mit der Werbung von Stimmrechtsvollmachten. Zwar folgt aus *Rule 14a-9* zunächst kein Recht eines Aktionärs, doch haben die Gerichte anerkannt, dass eine Verletzung von *Rule 14a-9* dem einzelnen Aktionär ein Klagerecht geben kann. Voraussetzung für einen gerichtlich durchsetzbaren Anspruch aus *Rule 14a-9* ist, dass tatsächlich eine Irreführung der Aktionäre vorliegt. Dabei ist die Angemessenheit von Veröffentlichungen am *total mix* der insgesamt bereitgestellten Informationen zu messen. Der Anspruch des Aktionärs verlangt außerdem, dass die unterlassene oder irreführende Aussage erheblich (*material*) war. Das ist dann der Fall, wenn ein vernünftiger Aktionär sie für seine Wahlentscheidung als wichtig empfunden hätte. Der Aktionär muss nachweisen, dass der Mangel im *proxy statement* in einem Zusammenhang mit der Transaktion steht, über die die Aktionäre abgestimmt haben. Wegen einer Verletzung von *Rule 14a-9* kann der Aktionär jede mögliche Form von

---

[422] *Cox/Hazen/O'Neal* (1997), S. 352.

Rechtsschutz wie Schadensersatz, die Anfechtung eines Beschlusses oder bestimmte Anordnungen des angerufenen Gerichts erlangen.

Durch die beschriebenen gesetzlichen Regelungen und die Ergänzungen der Gerichte stellt das US-amerikanische Recht ein breites Spektrum an Möglichkeiten zur Verfügung, mit dem gegen Verstöße gegen die *proxy rules* vorgegangen werden kann. Hierbei treten die *SEC* sowie die Aktionäre gleichermaßen auf, um gegen Verstöße vorzugehen. Problematisch erscheint an *Rule 14a-9*, dass sie zu einem hohen Maß von Rechtsunsicherheit führt. Dies liegt zum einen daran, dass sie sich sehr weit gefasster Begriffe bedient, zum anderen aber auch an den von der Rechtsprechung entwickelten Begriffen, die ebenfalls keine genaue Vorhersage darüber zulassen, ob eine bestimmte Aussage im Zusammenhang mit der Werbung von Stimmrechtsvollmachten zulässig ist oder nicht. Diese schlechte Vorhersagbarkeit kann die Planung eines Wettbewerbs um Stimmrechtsvollmachten für einen Herausforderer erheblich belasten.

§ 8 DIE BEDEUTUNG ÜBERNAHMERECHTLICHER REGELUNGEN BEI STIMMRECHTSWETTBEWERBEN

Neben den *proxy rules*, die sowohl Herausforderer als auch amtierendes Management einzuhalten haben, müssen Herausforderer und Management in einem *proxy contest* sowie bei der Durchführung eines *shareholder proposal* vor allem auf die Einhaltung solcher Bestimmungen achten, die zur Regulierung von Übernahmeversuchen erlassen wurden. Dies gilt nicht nur in den Fällen, in denen ein Übernahmeangebot mit einem *proxy contest* verbunden wird,[423] sondern auch in allen anderen Fällen, in denen sich ein Aktionär um die Bevollmächtigung durch die übrigen Aktionäre bemüht.

I. DIE BUNDESRECHTLICHEN REGELUNGEN

Vor allem der Herausforderer in einem Wettbewerb um Stimmrechtsvollmachten, nicht unbedingt hingegen das amtierende Management, ist in vielen Fällen den vom Bund erlassenen übernahmerechtlichen Regelungen im Zusammenhang mit dem *Williams Act* ausgesetzt, die ihm verschiedene über die *proxy rules* hinausgehende Verpflichtungen auferlegen.

1. Der Williams Act

Der *Williams Act* wurde 1968 als ein Zusatz zum *Securities and Exchange Act* von 1934 vom Kongress verabschiedet und 1970 reformiert. Das Ziel des Gesetzes ist es, die Aktionäre davor zu schützen, ein Übernahmeangebot annehmen zu müssen, obwohl ihnen

[423] Dazu noch ausführlich unten § 10 und § 13.

hierfür eine verlässliche Entscheidungsgrundlage fehlt.[424] Dabei soll durch den *Williams Act* weder das amtierende Management noch der Bieter bevorzugt werden.[425] Hierzu werden den Beteiligten umfassende Veröffentlichungspflichten auferlegt, die es den Aktionären der betroffenen Gesellschaft ermöglichen sollen, die Qualitäten und Intentionen vor allem des Bieters zu beurteilen. Der *Williams Act* spielt in *proxy contests*, aber auch bei *shareholder proposals* eine große Rolle, weil er von den *proxy rules* unabhängige Regelungen enthält, die in vielen Fällen auf den Herausforderer anwendbar sind und diesen zu Veröffentlichungen zwingen, die über die *proxy rules* hinausgehen.

Der *Williams Act* besteht aus zwei Teilen: *Section 13(d)*, *13(f)*, und *13(g)* setzen bestimmte Mitteilungspflichten für bestimmte Käufe von Aktien fest, während *Section 14(d)*, *14(e)* oder *(14(f)* Übernahmeangebote und Transaktionen regulieren, die die Mehrheit im *board of directors* der Zielgesellschaft ändern.[426]

2. Die Erfordernisse nach Section 13(d)

Im Zusammenhang mit einem Wettbewerb um Stimmrechtsvollmachten ist die wichtigste Bestimmung des *Williams Act Section 13(d)*. *Section 13(d)* und die in diesem Zusammenhang erlassenen *Rules* der *SEC* erfordern, dass innerhalb von zehn Tagen ein so genannter *Schedule 13D*-Bericht eingereicht wird, nachdem die zur Veröffentlichung verpflichtete Person fünf Prozent oder mehr der Aktien eines Unternehmens erworben hat.[427] *Section 13(d)* besagt außerdem, dass der jeweilige Aktienanteil von zwei oder mehr Personen zusammenzurechnen ist, wenn diese sich über ein gemeinsames Vorgehen mit dem Ziel geeinigt haben, Aktien zu kaufen, zu halten, gemeinsam das Stimmrecht auszuüben oder auch wieder zu verkaufen.[428] Eine solche Gruppe von Aktionären

---

[424] Hierzu kann z.B. die Befürchtung gehören in der übernommenen Gesellschaft als Minderheitsaktionär zurückzubleiben. Zur sogenannten *pressure-to-tender*-Problematik bei feindlichen Übernahmen vgl. auch noch unten § 13 I.

[425] Siehe z.B. *Piper v. Chris-Craft Indus., Inc.*, 430 U.S. 1, 22, 26-31, 35 (1977); *Rondeau v. Mosinee Paper Corp.*, 422 U.S. 49, 58 (1975): Ziel des Williams Act ist es sicherzustellen, dass Aktionäre, die sich mit einem Übernahmeangebot für ihre Aktien konfrontiert sehen, nicht auf dieses reagieren müssen ohne hinreichende Information über die Qualifikationen und Intentionen der anbietenden Partei; *WLR Foods, Inc. v. Tyson Foods, Inc.*, 869 F. Supp. 419 (D.W.Va. 1994): Der Williams Act versucht ein ausgeglichenes Spielfeld in einem Wettbewerb um Aktien zu schaffen; *aff'd* 65 F.3d 1172 (4th Cir. 1995).

[426] *Section 13(e)* des *SEA* von 1934 reguliert „*going private*"-Transaktionen. Vgl. dazu auch *Nussbaum* (1993). Zu dem auf *Section 13(f)* beruhenden *Schedule 13 F*, der den Anteilsbesitz von institutionellen Investoren betrifft, vgl. Fn. 850.

[427] *Schedule 13D* bezeichnet ein von dem Berichtspflichtigen auszufüllendes Formular, welches die zu veröffentlichenden Informationen formalisiert und standardisiert abrufbar macht. Diese Veröffentlichungen sind in der Datenbank *EDGAR* der *SEC* elektronisch abrufbar unter *www.sec.gov*.

[428] *Rule 13d-5(b)*. Nach dem Willen des Gesetzgebers soll diese Regelung verhindern, dass eine Gruppe von Aktionären, die plant, ihr Wahlverhalten oder andere Aktivitäten zu poolen, den *Williams Act* umgeht, weil kein einzelnes Mitglied der Gruppe alleine die Berichtspflicht auslöst. Siehe H.R. Rep. No. 1711, 90th Cong., 2nd Sess. 2(1968) *reprinted in* 1968 U.S.C.C.A.N. 2811, 2818; siehe allgemein *Comment* (1971), S. 853 (Besprechung des Gesetzgebungsvorgangs); vgl. *Block/Hoff/Berger* (1988) mit einer Diskussion der Rechtsprechung zur Definition einer „Gruppe" (*group*) im Sinne von *Section 13(d)*.

muss dann die Veröffentlichungsplichten des *Williams Act* erfüllen und bei der *SEC* einen *Schedule 13D* einreichen. Wegen dieser Regelung wurde *Section 13(d)* als größtes Hindernis einer freien Kommunikation zwischen den Aktionären kritisiert.[429] Denn die Weite der Gruppendefinition in *Section 13(d)* führt auch im Zusammenhang mit der Sammlung von Stimmrechtsvollmachten dazu, dass in den Fällen, in denen sich eine Gruppe von Aktionären zusammenfindet, die zusammen mehr als fünf Prozent der Aktien hält, diese die aus *Schedule 13D* folgenden Veröffentlichungsvorschriften einhalten muss. Sie muss dann z.B. bekannt machen, was das Ziel ihrer Aktienkäufe ist und was ihre weitergehenden Pläne sind. Dies gilt selbst dann, wenn sich eine Gruppe zusammenfindet, die in Vorbereitung auf einen *proxy contest* weitere Aktien kauft und dabei die Fünf-Prozent-Grenze überschreitet. Sollte der herausfordernde Aktionär bzw. die zum *proxy contest* entschlossene Gruppe bereits eine *reporting person* im Sinne des *Williams Act* sein, so muss sie unter gewissen Umständen einen erneuten Bericht nach *Schedule 13D* abgeben. Dies ist z.B. der Fall, wenn die Person nun Ziele verfolgt, die zu einer starken Veränderung im Bereich des Managements, des Geschäftsbereiches, der Unternehmensstruktur oder ähnlich bedeutender Felder führen. Ein solcher Fall tritt auch ein, wenn die Gruppe zusätzliche Aktien des Unternehmens kauft. Ein Anhang zu dem bereits eingereichten Bericht muss unverzüglich, nachdem die berichtspflichtige Person ihre Investitionsziele geändert hat, eingereicht werden. Er kommt zu spät, wenn er erst mit Beginn der Umsetzung der neuen Ziele eingereicht wird.[430]

Aktionäre, die das Management herausfordern wollen, müssen daher solange aufmerksam beobachten, ob sie einen *Schedule 13D* einreichen müssen, wie sie nicht wollen, dass das Management etwas von ihren Oppositionsplänen erfährt. Dabei hilft den Aktionären auch nicht die bereits oben beschriebene Ausnahme in *Rule 14a-2(b)(2)* der *proxy rules*, die die Anwendung der *Rules 14a-3* bis *14a-6* in solchen Fällen ausschließt, in denen die Zahl der beworbenen Aktionäre nicht höher als zehn ist.[431] Stellen diese Aktionäre eine Gruppe im Sinne von *Section 13(d)* dar, so müssen sie in jedem Fall die vorgeschriebenen Veröffentlichungen vornehmen (*Schedule 13D*).

a) Definition der Gruppe im Sinne von Section 13(d)

Wie schon oben angedeutet, ist eine der wichtigsten Fragen, die sich Personen stellen müssen, die einen Wettbewerb um Stimmrechtsvollmachten beginnen wollen, ob sie eine Gruppe im Sinne von *Section 13(d)* darstellen. Denn in einem solchen Fall müssen sie einen *Schedule 13D* einreichen und riskieren damit, dass ihr Vorhaben, das amtierende Management einer Gesellschaft herauszufordern, bereits frühzeitig bekannt wird.

---

429 *Coffee* (1992), S. 5; zustimmend *Black* (1993), S. 50.

430 Siehe dazu *In re Phillips Sec. Litig.*, 881 F.2d 1236, 1245 f. (3d Cir. 1989): *promptness is issue of fact*; *Securities and Exch. Commn. v. Amster & Co.*, 762 F. Supp. 604, 610-14 (S.D.N.Y. 1991): Pflicht zur Veröffentlichung entsteht dann, wenn sich neuer Entschluss bildet; *In re United States Filter Corp.*, Exchange Act Release No. 34-17 425, [1981 Transfer Binder] Fed. Sec. L. Rep. (CCH) ¶82,803 (Jan. 7, 1981): Die Verspätung von einem Monat bei der Mitteilung des Entschlusses die Kontrolle der Gesellschaft an sich zu bringen, verletzte *Rule 13d-2(a)*, die vorschreibt, dass jede erhebliche Änderung, die Schedule 13D betrifft, unverzüglich mitzuteilen ist.

431 Vgl. zu *Rule 14a-2(b)(2)* oben unter § 5 III.3.

In *Section 13(d)* ist eine Gruppe definiert als zwei oder mehr Personen, die mit dem Ziel handeln, Aktien gemeinsam zu erwerben, zu halten oder zu verkaufen. Sie müssen dann einen so genannten *Schedule 13D* einreichen, nachdem sie zusammen mehr als fünf Prozent der Aktien erworben haben.[432] Die enumerative Aufzählung der Ziele, die zur Bildung einer Gruppe im Sinne von *Section 13(d)* verfolgt werden müssen, erlaubt es den Aktionären grundsätzlich, Umstände, die in einem *proxy contest* eine wichtige Rolle spielen können, wie z.B. die Leistungen des Managements und seine Vergütung oder die Frage, ob überhaupt ein Wettkampf eröffnet werden soll, im Vorfeld zu besprechen, ohne dass dies nach *Section 13(d)* zu enthüllen wäre, solange nicht eine Einigung unter den Herausforderern im Sinne von *Section 13(d)* zustande gekommen ist.[433]

Das Fehlen einer wirklich klaren Definition hat jedoch dazu geführt, dass es trotzdem regelmäßig zu Klagen insbesondere durch das amtierende Management kommt.[434] Solche Klagen erhöhen die Kosten des Wettkampfes um Stimmrechtsvollmachten. Außerdem setzen sie den Herausforderer schwerwiegenden Veröffentlichungspflichten aus. Die Kosten des Managements werden dagegen in der Regel von der Gesellschaft getragen.[435] Die Offenlegungspflichten auf der Seite des Managements sind auf Angelegenheiten der Gesellschaft beschränkt, während die Herausforderer oft detaillierte Einblicke in ihre privaten Verhältnisse liefern müssen. Zwar hat die Feststellung eines Gerichts, dass die Herausforderer die Vorschriften des *Williams Act* nicht eingehalten haben, rechtlich nur zur Folge, dass die Herausforderer ihre unterlassene Veröffentlichung nachholen müssen, doch kann eine solche Entscheidung in der Praxis erhebliche Folgen für die Erfolgsaussichten der Herausforderer haben. Denn eine solche Verurteilung durch ein Gericht wirft ein denkbar schlechtes Bild auf die Vertrauens-

---

432 *Rule 13d-5(b)(1)*: *„[w]hen two or more persons agree to act together for the purpose of acquiring, holding, voting, or disposing of equity securities of an issuer, the group formed thereby shall be deemed to have acquired beneficial ownership, for purposes of Sections 13(d) and 13(g) of the [1934] act, as of the date of such agreement, of all equity securities of that issuer beneficially owned by any such persons."*. Siehe *Schaffer v. Soros*, 1994 WL 381442, at *7 (S.D.N.Y. July 20, 1994): *„a group for purposes of ¶13(d) exists where there is evidence that the parties intended to act in concert"*, (*rehearing denied*).

433 Siehe z.B. *Portsmith Squar, Inc. v. Shareholders Protective Committee*, 770 F.2d 866 (9th Cir. 1985): Dort wurde entschieden, dass eine Gruppe von Aktionären, die sich geeinigt hatten einen Rechtsstreit über die Ausgabe von Aktien an einen anderen Aktionär zu finanzieren, keiner Einreichungspflicht nach *Section 13(d)* nachkommen musste.

434 Siehe z.B. *Trans World Corp. v. Odyssey Partners*, 561 F. Supp. 1315 (S.D.N.Y. 1983), wo die Behauptung, dass es sich um eine Gruppe im Sinne von *Section 13(d)* handele, nur weil die Betreffenden zusammenarbeiteten, zurückgewiesen wurde. Vgl. generell zu dem Problem von Managerklagen im Zusammenhang von 13(d) *Macey/Netter* (1987), S. 151 ff.

435 Vgl. zu den Kosten im Zusammenhang mit der Sammlung von Stimmrechtsvollmachten unten § 11.

würdigkeit und Offenheit der Herausforderer, was ihre Pläne und Ziele mit der Gesellschaft betrifft.[436]

b) Veröffentlichungspflichten nach Section 13(d)

Section 13(d) verpflichtet die berichtende Person, ihre Pläne und Vorschläge im Hinblick auf eine Reihe von Umständen zu beschreiben. Dazu gehören unter anderem:

- Der Kauf von zusätzlichen Aktien, sowie der Verkauf von Aktien des entsprechenden Unternehmens.
- Jede außergewöhnliche geschäftliche Transaktion, wie z.B. der Zusammenschluss, die Reorganisation oder Liquidation, sofern davon das entsprechende Unternehmen oder eines seiner Töchter betroffen ist.
- Der Verkauf oder die Übertragung eines erheblichen Teils der Vermögenswerte des Unternehmens oder eines seiner Töchter.
- Jeder Wechsel im Management oder *board of directors* des Unternehmens.
- Jede erhebliche Änderung in der Kapitalisierung oder Dividendenpolitik des Unternehmens.
- Jede erhebliche Änderung der Geschäfts- oder Unternehmensstruktur.
- Änderungen in der *charter*[437], den *bylaws*[438] oder anderen Instrumenten, die die Kontrollübernahme bei dem betroffenen Unternehmen verhindern können.
- Alle ähnlichen Maßnahmen.

Wenn eine erhebliche Änderung der oben genannten Veröffentlichungstatbestände eintritt, so muss unverzüglich („*promptly*") ein Anhang zu der ursprünglichen Veröffentlichung bei der *SEC* eingereicht werden.[439]

---

[436] Zur Natur des durch *Section 13(d)* gewährten Rechtsschutzes siehe z.B. *Rondeau v. Mosinee Paper Corp.*, 422 U.S. 49, 58 (1975). Darin wird festgestellt, dass das gesetzgeberische Ziel des Kongresses mit *Section 13(d)* war, den Aktionären zusätzliche Informationen an die Hand zu geben. Kein Ziel war es jedoch, dem Management eine Waffe in die Hand zu geben, mit dem es Übernahmen oder die Ansammlung großer Aktienmengen verhindern kann. Vgl. auch *Chromalloy Am. Corp. v. Sun Chem. Corp.*, 611 F.2d 240 (8th Cir. 1979), wo einstweiliger Rechtsschutz, der über die korrekte Veröffentlichung hinausgeht für zu weitgehend gehalten wird. Weitgehenderer Rechtsschutz wird nur unter außergewöhnlichen Umständen gewährt, z.B. wenn die Ausschüttung unberechtigter Vorteile oder Aktien verlangt wird oder einstweiliger Rechtsschutz gegen die Ausübung von Stimmrechten oder des Ankaufs weiterer Aktien. Siehe z.B. *Securities and Exchange Commn. v. First City Fin. Corp.*, 688F. Supp. 705 (D.C. 1988), wo die Ausschüttung von $ 2,8 Millionen verlangt wurde, 890 F.2d 1215 (D.C. Cir. 1989); *Champion Parts Rebuilders, Inc. v. Corier Corp.*, 650 F. Supp. 87 (N.D. Ill. 1986), wo eine Anordnung gegen den Erwerb und Verkauf von Aktien und die Ausübung des Wahlrechts für eine Abkühlungsphase erlassen wurde.

[437] Vgl. Fn. 109.

[438] Vgl. Fn. 110.

Das Ziel vieler Veröffentlichungspflichten nach *Section 13(d)* liegt darin, die Pläne der berichtenden Person im Hinblick auf die Zielgesellschaft bekannt zu machen. Dies ist für die berichtspflichtige Person wie auch bei anderen Offenlegungspflichten nach bundesstaatlichem *securities law* keine leicht zu erfüllende Aufgabe. Fällt die Veröffentlichung zu entschieden aus, riskiert sie eine Klage, sobald sie ihre Pläne im Nachhinein wieder ändert. Fällt sie dagegen zu unbestimmt aus, so riskiert sie eine Klage, weil sie ihrer Berichtspflicht nicht genügt hat.[440]

Die Gerichte haben sich diesem Dilemma nicht verschlossen. In der Entscheidung *Azurite Corp. v. Amster & Co.* zum Beispiel reichte eine Gruppe einen *Schedule 13D* ein, worin sie bekannt gab, dass sie Aktien mit dem Ziel eines bloßen Investments kaufte und nicht um die Kontrolle der Gesellschaft zu erlangen. Danach hielt diese Gruppe verschiedene Treffen ab, um verschiedene Möglichkeiten zu diskutieren, wie man im Hinblick auf die Gesellschaft vorgehen solle. Auch die Möglichkeit, einen *proxy contest* durchzuführen, wurde dabei diskutiert. Schließlich wurde jedoch nur ein *amendment* eingereicht, in dem die ursprünglichen Ziele bestätigt wurden. Dann kam es aber zu einem erneuten *amendment*, in dem bekannt gegeben wurde, dass man über verschiedenen Handlungsalternativen einschließlich eines *proxy contest* nachdächte. Hierauf wurde noch ein weiteres *amendment* angefügt, indem erklärt wurde, man habe sich einer *proxy*-Kampagne angeschlossen, um das amtierende Management seines Amtes zu entheben. Das Gericht befand, dass die Gruppe damit ihren Verpflichtungen aus dem *Williams Act* nachgekommen sei, da es keine Belege dafür gäbe, dass die Gruppe den Plan zur Durchführung eines *proxy contest* schon vor Einreichung des letzten *amendment* hatte.[441]

---

[439] Siehe *Section 13(d)(2)* und *Rule 13(d)-2(a)*. Grundsätzlich wird der Aktualisierungspflicht genügt, wenn der zu veröffentlichende Anhang innerhalb von zehn Tagen nach dem entsprechenden Ereignis eingereicht wird, eine schnellere Benachrichtigung kann jedoch bei entsprechender Wichtigkeit des Ereignisses erforderlich sein. Die SEC hat betont, dass "*no bright line test has been adopted in order to determine when an amendment to a Schedule 13 D is "prompt"... Strong policy considerations indicate that the "prompt" amendment requirement should be construed flexibly in order to comport with the circumstances of the particular case." In re Cooper Laboratories, Inc.*, Exchange Act Release No. 22, 171, [1984-85 Tr. Binder] Fed. Sec. L. Rep. (CCH) ¶83, 788 at 87, 526 (June 24, 1985). 17 C.F.R. §240, 13d-2(a). So ist z.B. eine einprozentige Änderung der Größe der Beteiligung eine erhebliche Änderung. *S.E.C. v. Drexel Burnham Lambert*, Inc., 837 F. Supp. 587, 590 (S.D.N.Y. 1993), *aff'd*, 16 F.3d 520 (2d Cir. 1994), *cert. denied*, 115 S. Ct. 724 (1995).

[440] Vgl. z.B. *K.N. Energy, Inc. v. Gulf Interstate Co.*, 607 F. Supp. 756 (D. Colo. 1983) und *Susquehanna Corp. v. Pan Am. Sulphur Co.*, 423 F.2d 1075 (5th Cir. 1970), in denen vor zu entschiedenen Veröffentlichungen gewarnt wird (*warning against disclosures overstating the certainty of plans*) mit *Dan River, Inc. v. Unitex Ltd.*, 624 F.2d 1216 (4th Cir. 1980), *cert. denied*, 449 U.S. 1101 (1981) und *SEC v. Amster & Co.*, 762 F. Supp. 604, 610-614 (S.D.N.Y. 1991), in denen argumentiert wird, die veröffentlichten Pläne dürften auch nicht überbewertet werden (*arguing against overstating the definiteness of plans*).

[441] 52 F.3d 15, 18-19 (2d Cir. 1995).

3. Rechtsschutz bei einer Verletzung von Section 13(d)

Veröffentlicht ein Berichtspflichtiger den *Schedule 13D* Bericht oder eine Ergänzung hierzu nicht rechtzeitig oder nicht korrekt, so kann die *SEC* gemäß *Section 21(d)* des *SEA* Maßnahmen einleiten.[442] Auch das betroffene Unternehmen hat in einem solchen Fall ein Klagerecht gegen die berichtspflichtige Person oder Gruppe.[443] Ein Recht auf Schadenersatz lässt sich dagegen aus *Section 13(d)* nicht ableiten.[444]

Einstweiliger Rechtsschutz kann nur dann verlangt werden, wenn die Gefahr von irreparablen Schäden droht und ein sonstiger angemessener Rechtsschutz gegeben ist.[445] Der bei einer Verletzung von *Section 13(d)* gewährte einstweilige Rechtsschutz kann für den Betroffenen ernsthafte Folgen haben. Gleichwohl wurde in den meisten Fällen nur ein vorübergehender Rechtsschutz gewährt. Dieser hing davon ab, ob der Betroffene die geforderten Informationen nachreichte oder ergänzte, so dass die Aktionäre die Möglichkeit der Kenntnisnahme erhielten und auf diese Informationen reagieren konnten.[446] Gelegentlich wird dem Betroffenen verboten, weiterhin Aktien des betroffenen Unternehmens zu erwerben oder weiterhin um Stimmrechtsvollmachten oder schriftliche Zustimmung (*written consent*) zu werben bis er die geforderten Ergänzungen macht.[447]

4. Die offensive Nutzung von Section 13(d)

Es ist möglich, dass der Herausforderer in einem *proxy contest* nicht unter den Anwendungsbereich von *Section 13D* fällt, damit also an sich nicht verpflichtet wäre, einen *Schedule 13D* zu veröffentlichen. Gleichwohl kann es für ihn lohnend sein, die Publikationspflichten, die das Gesetz dort vorschreibt, als ein mögliches Offensivmittel zu seinen Gunsten zu nutzen. *Schedule 13D*-Veröffentlichungen sind leicht zugänglich (z.B. im Internet über die Datenbank *EDGAR* der *SEC*)[448] und werden in der Finanz- sowie in der nationalen Presse verfolgt. Dies gilt insbesondere dann, wenn es sich bei dem Herausforderer um eine Institution oder Einzelne handelt, die als Aktivisten schon einen Namen haben.[449] Der Teil der Veröffentlichungen, in dem es um Pläne und Vorschläge des Herausforderers geht, wird oft von der Presse genau beschrieben, so dass

---

[442] Vgl. zu *Section 21(d)* bereits oben § 7 I.

[443] Siehe z.B. *Homac, Inc. v. DAS Financial Corporation*, 661 F. Supp. 776, 792 (E.D. Mich. 1987).

[444] Siehe *Diceon Electronics, Inc. v. Calvary Partners, L.P.*, 772 F. Supp. 859 (D. Del. 1991). Vgl. dazu auch schon Fn. 436.

[445] Siehe z.B. *ICN Pharmaceuticals, Inc. v. Khan*, 2 F.3d 484, 490 (2d Cir. 1993).

[446] Siehe z.B. *ICN Pharmaceuticals, Inc. v. Khan*, 2 F.3d 489 (2d Cir. 1993); *Nam Tai Electronics, Inc. v. TeleArt, Inc.*, 1994 WL 4438, at *2 (S.D.N.Y. Jan. 5, 1994).

[447] Siehe *Champion Parts Rebuilders, Inc. v. Cormier Corp.*, 650 F. Supp. 87 (N.D. Ill. 1986). Zum *written consent* vgl. Fn. 20.

[448] Vgl. *www.sec.gov*.

[449] So reichten *CAI Corp.* einen 13D-Bericht ein, indem sie einen *proxy fight* ankündigten, *Mills* (1995), S. 7; *Marvin Davis* und *Dennis Washington* reichten einen 13D-Bericht ein, indem sie bekannt gaben, dass sie eine Gruppe gebildet hätten, um den *shareholder value* bei *Mesa, Inc.* zu maximieren, *Energy Alert, June 30, 1995*; *Kirk Kerkorian* reichte einen 13D-Bericht ein, indem er eine *extraordinary corporate transaction* ankündigte, *N.N.* (1994), S. C12.

dieser mit einer erheblichen Werbewirkung rechnen kann, bevor die eigentliche *proxy*-Kampagne überhaupt begonnen hat.[450]

Ein solcher Werbeeffekt löst keine Haftung nach Bundesrecht aus, denn die Gerichte haben festgestellt, dass die Veröffentlichungsvorschriften des *Williams Act* keine Verletzung der *proxy rules* hervorrufen können.[451] Der Herausforderer muss also nicht befürchten, dass gegen ihn etwa wegen einer Verletzung von *Rule 14a-9* vorgegangen wird.[452] Der Herausforderer in einem *proxy fight* kann daher kostenlose Publicity durch die *Schedule 13D*-Berichte erlangen, solange er sich nicht zu weit von dem entfernt, was wirklich erforderlich ist, um den Berichtspflichten zu genügen.[453]

5. Kombination von Übernahmeangebot und proxy contest

In den Fällen, in denen eine Werbung von Stimmrechtsvollmachten in Verbindung mit einem Übernahmeangebot stattfindet, können sowohl auf der Seite der Herausforderer als auch auf der Seite des amtierenden Managements zusätzliche Verpflichtungen zur Veröffentlichung bestimmter Informationen zu beachten sein. So kann es beispielsweise vorkommen, dass Material, das in Zusammenhang mit einem Übernahmeangebot genutzt wird, gleichzeitig als Material zur Werbung von Stimmrechtsvollmachten anzusehen ist, was dann zur Folge hat, dass es auch im Einklang mit den *proxy rules* stehen muss.[454] Dies kann dazu führen, dass vor der Versendung der Werbeunterlagen bei der *SEC*, mit denen für die Übernahme geworben werden soll, auch solche Informationen eingereicht werden müssen, die bei einer *proxy solicitation* eingereicht werden müssen, die jedoch über das von *Schedule TO* und *Schedule 14d-9* für eine Übernahme verlangte hinausgehen.[455] Startet also jemand einen Übernahmeversuch und leitet gleichzeitig einen *proxy contest* ein, um von ihm bestimmte Kandidaten in das *board of directors* zu wählen, so verlangt die *SEC*, dass alle Materialien, die in irgendeiner Weise als Werbung um Stimmrechtsvollmachten angesehen werden können und an die Aktionäre vom Übernahmeinteressenten, der Zielgesellschaft oder auch von einem konkurrierenden *White Knight*[456] verteilt werden, im Einklang mit den *proxy rules* stehen müssen.[457] Insbesondere muss die Zielgesellschaft in ihrer Antwort auf ein Übernahmeangebot mit Pressemiteilungen und anderen öffentlichen Äußerungen vorsichtig sein, da auch auf solche bereits die *proxy rules* anwendbar sein können.[458] Zielen bestimmte

---

[450] Vgl. allgemein *Briggs* (1994), S. 99 ff.

[451] Siehe z.B. *Shamrock Holdings, Inc. v. Polaroid Corp.*, 709 F. Supp. 1311 (D. Del. 1989).

[452] Vgl. zu *Rule 14a-9* ausführlich oben unter § 7.

[453] *Briggs* (1994), Fn. 167 ff. und begleitender Text.

[454] Vgl. dazu oben unter § 5 III.

[455] Zu *Schedule TO* und *Schedule 14d-9* vgl. ausführlich bei *Lipton/Steinberger* (1978), § 2.06[2].

[456] Als *White Knight* bezeichnet man denjenigen, der mit Zustimmung des amtierenden Managements einer Gesellschaft ein konkurrierendes Angebot an die Aktionäre macht, nachdem ein anderer Bieter ihnen bereits ein „feindliches" Angebot gemacht hat, vgl. ausführlich zu dieser Abwehrstrategie *Lipton/Steinberger* (1978), § 6.06[4].

[457] *Lipton/Steinberger* (1978), § 1.06[6][iii].

[458] Siehe *ConAgra, Inc. v. Tyson Foods, Inc.*, 708 F. Supp. 257 (D. Neb. 1989) (*order vacated*), 716 F. Supp. 428 (D. Neb. 1989).

Verlautbarungen darauf ab, die Aktionäre dazu zu bewegen, ihre Stimmrechtsvollmacht einer bestimmten Person zu erteilen, diese zurückzuhalten oder gar zu widerrufen, so müssen sie mit *Regulation 14A*, also mit den *proxy rules*, übereinstimmen.

Um daher ungewollte Verletzungen der *proxy rules* zu vermeiden, sollten alle Materialien, die während eines *proxy contest* an die Aktionäre verteilt werden, vorher der *SEC* zur Verfügung gestellt werden.[459] Unterlagen, die zur Werbung von Stimmrechtsvollmachten bestimmt sind, die aber die Annahme oder Ablehnung eines Übernahmeangebots empfehlen, müssen unter Umständen als Ergänzungen zu *Schedule TO* und *Schedule 14D-9* bei der *SEC* eingereicht werden. Die *SEC* verlangt außerdem, dass die wechselseitige Beziehung des Übernahmeangebots und der Werbung um Stimmrechtsvollmachten vollständig sowohl in den Unterlagen, die der Werbung der Stimmrechtsvollmachten dienen, als auch in den Materialien, die das Übernahmeangebot betreffen, enthalten sind.[460]

Selbst in den Fällen, in denen bei der Werbung von Stimmrechtsvollmachten durch den Herausforderer nicht gleichzeitig ein Übernahmeangebot abgegeben wird, können die Regelungen für Übernahmeangebote nach Ansicht der *SEC* immer noch zur Anwendung kommen. Ist das Ziel des *proxy fight* zum Beispiel, das *board of directors* abzulösen und mit Kandidaten zu besetzen, die ein anschließendes Übernahmeangebot gutheißen würden, und werden während der Werbung um Stimmrechtsvollmachten die Bedingungen, zu denen die Übernahme durchgeführt werden soll, bekannt gemacht, so ist die Position der *SEC* nach *Rule 14d-2(b)*, dass dadurch eine Verpflichtung zur Einreichung einer *Schedule TO* und einer Verteilung des Angebots ausgelöst würde.[461]

Aus all dem wird deutlich, dass es sowohl für den Bieter als auch für die Zielgesellschaft wichtig ist, genauestens auf die Einhaltung sowohl der *proxy rules* als auch der Übernahmeregelungen zu achten, bevor im Zusammenhang mit einer geplanten Übernahme, die von einem *proxy contest* begleitet werden soll, irgendwelche öffentlichen Äußerungen gemacht werden.

II. Die einzelstaatlichen Regelungen

Einzelstaatliche Gesetze zur Regelung von Übernahmen, speziell von feindlichen Übernahmen, enthalten seit einigen Jahren vermehrt Regelungen, die sich auch gegen die Durchführung von *proxy contests* richten. Sie spielen daher bei der Durchführung eines *proxy contest*, weniger bei einem *shareholder proposal*, eine wichtige Rolle. Damit wollen die einzelnen Bundesstaaten der *USA* dem Trend in Richtung auf eine verstärkte Nutzung des *proxy contest* in Verbindung mit einem Übernahmeangebot begegnen.

---

[459] Siehe hierzu auch *David A. Sirignano, Recent Developments in SEC Tender Offer Regulation* (*Apr. 1990*) zitiert nach *Lipton/Steinberger* (1978), § 1.06[6][iii].

[460] *Sirignano*, a.a.O.

[461] *Sirignano*, a.a.O. In einer alten Fassung sah *Rule 14d-2(b)* hierfür eine Frist von fünf Tagen vor. Mittlerweile wurde *Rule 14d-2(b)* mit Wirkung zum Januar 2000 geändert und die Verteilung des Angebots ist nicht mehr fristgebunden. Hierdurch soll die Kommunikation im Vorfeld einer Übernahme erleichtert werden, vgl. *Lipton/Steinberger* (1978), § 1.06[6][iii].

Weil durch einen *proxy contest* viele Abwehrmittel gegen eine feindliche Übernahme überwunden werden können, wurden die Regelungen in den einzelstaatlichen Gesetzen zur Regelung von Übernahmen nach und nach dahin erweitert, dass sie auch die erfolgreiche Durchführung eines *proxy contest* behindern können. Dies soll jedoch im Zusammenhang mit den Abwehrmöglichkeiten gegen *proxy contests* ausführlich besprochen werden, um diesen Punkt nicht aus dem Zusammenhang mit den übrigen Abwehrmitteln zu reißen[462]

III. ERGEBNIS

Insgesamt führen die bundesrechtlichen Übernahmeregelungen zu zusätzlichen, über die *proxy rules* hinausgehenden Verpflichtungen, die vor allem die Planung und Organisation einer Kampagne gegen das amtierende Management betreffen. Denn außer in den Fällen, in denen der opponierende Aktionär die mit *Section 13(d)* verbundene Öffentlichkeit gerade für seine eigenen Zwecke ausnutzen will, muss ein möglicher Herausforderer stets auf die Einhaltung der mit *Section 13(d)* verbundenen Veröffentlichungspflichten achten. Dabei werden teilweise die Privilegien, die die *proxy rules* etwa einer kleinen Gruppe von zehn Anlegern bieten, umgangen. Das größte Problem, dass sich dem Herausforderer jedoch stellt, ist, dass *Section 13(d)* wegen der Unbestimmtheit seiner Rechtsbegriffe eine generelle Unsicherheit darüber schafft, wann und was genau zu veröffentlichen ist. Diese mangelnde Planbarkeit erinnert an die Unsicherheiten, die auch durch *Rule 14a-9* im Zusammenhang mit den *proxy rules* in den Prozess der Stimmrechtsvertretung hineingetragen werden.[463]

IV. ZUSAMMENFASSUNG

Neben den Regeln, die unmittelbar den Erwerb von Stimmrechtsvollmachten der Aktionäre betreffen, müssen die Beteiligten in einem Wettbewerb um Stimmrechtsvollmachten vor allem bestehende Übernahmeregelungen beachten. Die wichtigsten auch in einem Wettbewerb um Stimmrechtsvollmachten zur Anwendung kommenden bundesrechtlichen Regelungen sind dabei im so genannten *Williams Act* enthalten, der 1968 mit dem Ziel erlassen wurde, die Aktionäre vor den Aspekten von Übernahmeangeboten zu schützen, die sie in ihrer Entschließungsfreiheit über die Annahme oder Ablehnung eines Angebots beschränken. Dies soll vor allem dadurch erreicht werden, dass dem Aktionär umfassende Veröffentlichungspflichten auferlegt werden. Die wichtigste Vorschrift in diesem Zusammenhang ist *Section 13(d)*. Hiernach besteht die Pflicht zur Veröffentlichung, wenn eine Person oder eine Gruppe von Personen, die mit dem Ziel handelt, die Aktien der Gesellschaft nach gemeinsamen Maßstäben zu verwalten, einen Anteil von mehr als fünf Prozent der Aktien erwirbt. Daher muss auch ein Herausforderer in einem Wettbewerb um Stimmrechtsvollmachten seine Pläne im Hinblick auf die Gesellschaft veröffentlichen, wenn er die in *Section 13(d)* gesetzte Schwelle über-

---

[462] Vgl. § 10.

[463] Siehe dazu schon § 7 III.

schreitet. Wird gegen diese Veröffentlichungspflichten verstoßen, so kann die *SEC* hiergegen nach *Section 21(d)* vorgehen. Es ist außerdem anerkannt, dass der betroffenen Gesellschaft ein Klagerecht zusteht, mit dem sie die Berichtspflicht durchsetzen kann. Ein Herausforderer kann allerdings die ihn treffenden Berichtspflichten nach *Section 13(d)* auch bewusst zu seinen Gunsten einsetzen, wenn er gerade über die vorgeschriebenen Veröffentlichungen auf seine Pläne zur Werbung von Stimmrechtsvollmachten aufmerksam machen will.

Wird ein *proxy contest* mit einem Übernahmeangebot kombiniert, so müssen sowohl das amtierende Management als auch der Herausforderer zusätzliche Verpflichtungen zur Veröffentlichung bestimmter Informationen beachten. Dies kann z.B. daraus resultieren, dass Material, das der Durchführung des Übernahmeangebots dient, zugleich Material darstellt, das auch den *proxy rules* unterfällt, weil es nach der Definition der *proxy rules* auch der Werbung um Stimmrechtsvollmachten dient. Dann muss dieses Material ebenfalls bei der *SEC* eingereicht werden.

Im Ergebnis ist es für einen Herausforderer in einem Wettbewerb um Stimmrechtsvollmachten somit wichtig zu beachten, dass er nicht nur die Regelungen der *proxy rules* einhält, sondern auch übernahmerechtliche Regelungen berücksichtigt. Ähnlich wie bei *Rule 14a-9* und der auf ihr beruhenden Rechtsprechung ist an der auf *Section 13(d)* des *SEA* beruhenden Regulierung problematisch, dass die Auslegung insbesondere des Begriffs der Gruppe, die zur Veröffentlichung verpflichtet ist, aber auch die Weite der zu erfüllenden Veröffentlichungspflichten mit erheblichen Unsicherheiten belastet ist.

Übernahmeregelungen der einzelnen Bundesstaaten werden unten im Zusammenhang mit der Besprechung von Abwehrmaßnahmen gegen *proxy contests* ausführlich besprochen.

§ 9 BETEILIGTE AN WETTBEWERBEN UM STIMMEN

Nach der Darstellung der einzuhaltenden rechtlichen Regelungen soll nun das Verhalten der Beteiligten in einem Wettbewerb um die Stimmen der Aktionäre näher beschrieben werden, denn dies hat für seine Durchführung entscheidende Bedeutung.

An einem solchen Wettbewerb sind notwendigerweise immer das amtierende Management einer Gesellschaft, der Herausforderer sowie die übrigen Aktionäre der Gesellschaft beteiligt. Hinzu kommt aber sowohl auf der Seite des Managements als auch auf der des Herausforderers ein umfassender Beraterstab, ohne den heute kein erfolgreicher Wettbewerb mehr geführt werden kann. Von besonderem Interesse ist im Hinblick auf die Beteiligten vor allem, wie sie sich in einem Wettbewerb um die Stimmen der Aktionäre verhalten bzw. im Fall der Herausforderer, welche Personen mit welchen Zielen überhaupt einen solchen Wettbewerb einleiten. Dies soll im Folgenden näher betrachtet werden.

I. MANAGEMENT

Das Management einer Gesellschaft ist immer an einem Wettbewerb um die Stimmen der Aktionäre beteiligt, weil es in jedem Fall den Gegner stellt, den der oder die Herausforderer entweder aus dem Amt entfernen wollen oder den sie in einem bestimmten Punkt der Unternehmenspolitik zu einer Veränderung seines Verhaltens zwingen wollen, egal ob der Herausforderer sich dabei des klassischen *proxy contest* oder aber des *shareholder proposal* bedient. In der Regel kann sich das Management seiner Sache sicher sein, da es sich nur in vergleichsweise seltenen Fällen mit einer Opposition aufbegehrender Aktionäre auseinandersetzen muss. Es wird daher in der Regel zur Herbeiführung der Beschlussfähigkeit der Aktionärsversammlung routinemäßig die Stimmrechtsvollmachten der Aktionäre einsammeln.[464]

Dem Management stehen außerdem verschiedene Mittel zur Verfügung, um die Zufriedenheit der Aktionäre mit der amtierenden Unternehmensverwaltung zu erhöhen und damit zu verhindern, dass es überhaupt zu einem aussichtsreichen Wettbewerb kommt. Hier zeigt sich die präventive Disziplinierungswirkung, die die latente Drohung mit einem Wettbewerb hervorruft. Bestimmte Maßnahmen werden so überhaupt nicht durchgeführt, wenn sich absehen lässt, dass sich die für die Durchführung nötige Stimmenzahl nicht erreichen lässt.[465] Ein gutes Management wird daher von vornherein versuchen, den Interessen der Aktionäre entgegenzukommen und die Unternehmenspolitik entsprechend auszurichten.[466] Es kann jedoch auch kurzfristig reagieren. So kann etwa durch die Zahlung hoher Dividenden oder sogar einer Sonderausschüttung die Stimmung unter den Aktionären beeinflusst werden.[467] Das Management kann außerdem versuchen, auf bestimmte Aktionäre, die in geschäftlichem Kontakt zu der Gesellschaft stehen bzw. die an einem solchen Kontakt interessiert sind, Druck auszuüben.[468] Kommt es doch zu einem Wettbewerb um die Stimmrechtsvollmachten der Aktionäre, ist das Management stets in der Lage, auf die Herausforderung umfassend zu reagieren, um seine eigene Position zu verteidigen. Denn nach geltendem Recht trägt die Gesellschaft die Kosten seiner Kampagne.[469]

Das Management kann seine Stellung dazu ausnutzen, sich mit den Herausforderern zu einigen, um diese davon abzubringen, einen Wettbewerb tatsächlich bis zum Ende durchzuführen. Dies kann entweder in der Form geschehen, dass das Management den Herausforderern entgegenkommt und die von ihnen vorgeschlagenen Veränderungen

---

464 Dazu sind die an einer US-amerikanischen Börse notierten Gesellschaften in der Regel auch verpflichtet, vgl. z.B. *Rule 402.04 NYSE Listed Company Manual.*

465 Dabei spielen auch die professionellen Stimmrechtswerber, deren Hilfe sich das Management regelmäßig bedient, eine wichtige Rolle, weil sie die Aktionärsstruktur einer Gesellschaft kennen und daher ungefähr voraussagen können, welche Maßnahmen Aussicht auf Erfolg haben, vgl. dazu § 9 IV.1.

466 Dazu gehört es auch, Probleme einer Gesellschaft bereits möglichst früh mit den wichtigsten Anlegern der Gesellschaft wie den institutionellen Investoren zu diskutieren, damit diese erst gar nicht auf die Idee kommen, gegen das amtierende Management zu stimmen, *Pozen* (1994), S. 149.

467 *Hoffmann* (1999), S. 53.

468 Vgl. dazu auch *Heard/Sherman* (1987), S. 50 f.

469 Zur Kostentragung bei der Sammlung um Stimmrechtsvollmachten vgl. ausführlich § 11.

von sich aus durchführt.[470] Es kommt jedoch auch vor, dass die Unternehmensverwaltung einen Herausforderer durch mehr oder weniger offene Zahlung von Geld zur Aufgabe bewegen kann.[471] Diese Taktik ist vor allem im Zusammenhang mit *tender offers* bekannt geworden.[472] Dient eine solche Zahlung nur dem bloßen Machterhalt des amtierenden Managements, so wird sie als Verstoß gegen die Treupflicht angesehen.[473] In der Praxis tritt dieses Ziel jedoch meistens nicht offen zutage bzw. lässt sich die Beendigung eines Wettbewerbs auch noch aus anderen im Unternehmensinteresse stehenden Gründen rechtfertigen.[474]

Eine weitere Taktik des Managements, um sich als Beteiligter in einem Wettbewerb um die Kontrolle der Gesellschaft gut zu positionieren, besteht darin, schon im Vorfeld Abwehrinstrumente zu installieren, die einen potenziellen Herausforderer entweder schon von einem Wettbewerb abschrecken oder die Möglichkeit eines Erfolges extrem erschweren.[475]

II. Aktionär

Die Aktionäre als Eigentümer der Gesellschaft sind diejenigen, die in einem Wettbewerb um ihre Stimmrechte von den konkurrierenden Gruppen umworben werden.[476] Sie sind für den Erfolg einer Stimmrechtswerbung entscheidend, weil zu einem ihrer Rechte das Recht zur Ausübung eines mit der Aktie verbundenen Stimmrechts gehört.[477] Sie stehen daher im Mittelpunkt des Interesses.

Bei der Betrachtung der Aktionäre als Beteiligte in einem Wettbewerb um ihre Stimmen ist zwischen der Gruppe der Privatanleger insbesondere der Kleinanleger und den institutionellen Investoren zu unterscheiden, da sich beide Gruppen in einem Wettbewerb typischerweise unterschiedlich verhalten.

---

[470] Diese Fälle müssen auch bei der Frage über den Erfolg von *proxy contests* berücksichtigt werden, vgl. dazu § 14.

[471] Vgl. die ausführliche Beschreibung des *proxy contest* von *Coniston* gegen die Verwaltung von *Gillette* bei *Klein/Greyser* (1990) und *Klein/Greyser* (1989).

[472] Sogenanntes *greenmailing*. *Greenmailing* läuft klassischerweise so ab, dass ein Bieter eine Beteiligung an der Zielgesellschaft erwirbt, sich diese Beteiligung dann aber von der Zielgesellschaft zu einem deutlich über dem aktuellen Kurs liegenden Preis wieder abkaufen lässt. Gleichzeitig treffen Bieter und Zielgesellschaft ein *standstill agreement*, in welchen sich der Bieter verpflichtet, von weiteren *takeovers* für eine bestimmte mehrjährige Frist abzusehen; vgl. *Merkt* (1991), Rdnr. 1153. Eine solche Taktik lässt sich auch durch einen *proxy contest* verfolgen, indem sich der Herausforderer den eingeleiteten Wettbewerb vom amtierenden Management abkaufen lässt.

[473] *Cheff v. Mathes*, Del. Ch., 199 A.2d 548 (1964).

[474] Vgl. dazu ausführlich *Macy/McChesney* (1985).

[475] Vgl. zu den verschiedenen Möglichkeiten ausführlich unter § 10.

[476] Auch die Herausforderer in einem Wettbewerb um Stimmrechtsvollmachten kommen aus der Gruppe der Aktionäre, doch sollen diese unten ausführlich besprochen werden, vgl. § 9 III.

[477] Zur Frage, warum Aktionäre überhaupt ein Stimmrecht haben sollten, vgl. bereits § 1.

1. Privatanleger

Die Anteile, die ein durchschnittlicher Privatanleger hält, sind in der Regel viel zu klein, um damit in irgendeiner Form Einfluss ausüben zu können. Diese Anleger verhalten sich daher überwiegend „passiv“[478] oder „apathisch“.[479] Das bedeutet, dass die Aktionäre sich für die von ihnen gehaltenen Aktien höchstens als Anlageprodukt interessieren mit dem Ziel, durch die Zahlung von Dividenden bzw. die Steigerung des Aktienkurses Gewinne einstreichen zu können. Für das mit ihren Aktien verbundene Stimmrecht interessieren sie sich gewöhnlich nicht. Eine vertiefte Analyse bzw. eine laufende Information über die Lage der Gesellschaft kann von ihnen nicht erwartet werden, vielmehr wird sich ein Kleinaktionär in der Regel am aktuellen Börsenkurs orientieren. Angesichts seines unbedeutenden Anteils ist das Verhalten des Aktionärs durchaus rational. Da er keinen aktiven Einfluss auf die Geschicke der Gesellschaft nehmen kann, lohnt es sich für ihn nicht, sich im Vorfeld einer Abstimmung genau zu informieren. Ein Kleinanleger wird vielmehr darauf hoffen, dass ein anderer, wenn nötig, Maßnahmen gegen das amtierende Management ergreifen wird, von denen er dann ebenfalls anteilig profitieren wird (*freeriding*).[480] Sein Verhalten ist daher „rational apathisch“.

Aus diesem Grund unterlassen es viele Aktionäre, andere zur Ausübung ihres Stimmrechts zu bevollmächtigen oder sie bevollmächtigen die Unternehmensverwaltungen, da diese routinemäßig jedes Jahr um ihre Stimmrechtsvollmachten werben. Auch im Fall eines Wettbewerbs um ihre Stimmrechte, sei es ein Wettbewerb um die Kontrolle der Gesellschaft oder zur Durchsetzung einer bestimmten Angelegenheit, machen sich viele Aktionäre nicht die Mühe, die unterschiedlichen Positionen der streitenden Parteien zu vergleichen. In einer solchen Situation verhalten sich die meisten Anleger daher entweder vollständig passiv oder bevollmächtigen wiederum einfach das amtierende Management.[481] Für den Kleinaktionär ist es in einem Wettbewerb mit erheblichen Mühen verbunden, eine informierte Entscheidung zu treffen, denn er muss die Standpunkte der beiden konkurrierenden Parteien ausführlich miteinander vergleichen.[482] Dieser Aufwand lohnt sich jedoch angesichts der geringen Zahl der Aktien, die er besitzt, nicht. Der zur Information nötige Aufwand überwiegt den zu erwartenden Nutzen.[483] Es ist jedenfalls rationaler, weiterhin dem amtierenden Management zu vertrauen.

---

[478] *Black* (1990), S. 522.

[479] *Easterbrook/Fischel* (1991b), S. 83; *Easterbrook/Fischel* (1983), S. 420; *Clark* (1986), S. 390 ff.; *Bainbridge* (1992), S. 1079.

[480] *Byrd/Parrino/Pritsch* (1998), S. 23.

[481] Dies wird dem Aktionär in der Regel auch dadurch erleichtert, dass er auf der *proxy card* an einer Stelle angeben kann, dass er insgesamt für die Vorschläge des amtierenden Managements stimmt, ohne dass er sich im Einzelnen mit den verschiedenen Abstimmungspunkten auseinandersetzen müsste, vgl. dazu bereits § 5 III.4.

[482] Bei einem Übernahmeangebot ist es für den einzelnen Aktionär dagegen sehr viel einfacher eine Entscheidung zu treffen, denn hier hat er über den Angebotspreis eine konkrete Vergleichsgrundlage. Dies kann man als Vorteil des *tender offer* über den *proxy contest for control* ansehen. Vgl. hierzu und zum Verhältnis von *proxy contest* und *tender offer* ausführlich unten unter § 13.

[483] *Clark* (1986), S. 390 ff.

Zeigt eine Gesellschaft schlechte Leistungen, so wird sich dies früher oder später im Aktienkurs der Gesellschaft niederschlagen. Dieser ist für den Kleinanleger die am einfachsten zu beurteilende Information, die er über die Gesellschaft bekommen kann. Zeigt der Kurs Schwächen, so wird er seine Aktien verkaufen und sich nach einer neuen Anlagemöglichkeit für sein Geld umsehen (*Wall Street Rule*). Dies führt dazu, dass der Aktienkurs des angeschlagenen Unternehmens weiter sinkt. Ein sinkender Aktienkurs erhöht die Wahrscheinlichkeit, dass der Markt für Unternehmenskontrolle einen Teilnehmer auf den Plan ruft, der versucht, die Kontrolle über die Gesellschaft zu übernehmen, entweder durch einen *proxy contest* oder durch einen Übernahmeversuch.[484] Trifft dieser Herausforderer zu einem Zeitpunkt, zu dem schon ein erheblicher Wertverlust eingetreten ist, auf Altaktionäre, so wird er nun zwar eine wesentlich höhere Chance haben, diese für seine Pläne zu gewinnen, da auch bei ihnen die Unzufriedenheit mit dem amtierenden Management groß sein wird.[485] Und auch Aktionäre, die mit der Hoffnung auf eine Besserung der Unternehmensergebnisse die Aktie der Gesellschaft erst kürzlich erworben haben, werden einen Wechsel der Verwaltung begrüßen.[486] Problematisch ist dabei in der Realität, dass den Aktionären die Verknüpfung der schlechten Unternehmensergebnisse mit der schlechten Leistung des Managements klar sein muss. Wegen der oben schon beschriebenen schlechten Information der Kleinanleger können diese aber in der Regel einen solchen Schluss nicht ziehen. Für sie bleibt immer die Unsicherheit, dass der eingetretene Wertverlust auch andere Ursachen haben könnte.[487] Hinzu kommt, dass es ihnen schwer fällt, die Qualitäten der Herausforderer angemessen zu beurteilen.[488]

Diese Entwicklung wurde für die *USA* zuerst von *Adolf Berle* und *Gardiner Means* in ihrem Werk *„The Modern Corporation and Private Property"* von 1932 untersucht. *Berle* und *Means* führten damals eine empirische Untersuchung über die Streuung des Aktienbesitzes der zu dieser Zeit 200 größten Industrieunternehmen durch.[489] Ausgehend von dieser Untersuchung entwickelten sie eine Theorie der Kontrolle in Kapitalgesellschaften. Sie definierten dabei Kontrolle als die Macht, die Direktoren einer Gesellschaft auswählen zu können.[490] Unter Anwendung dieser Definition kamen sie zu dem Ergebnis, dass angesichts einer weiten Streuung des Anteilsbesitzes Kontrolle bei weit mehr als der Hälfte der untersuchten Gesellschaften nicht durch den tatsächlichen Besitz von Anteilen an einer Gesellschaft vermittelt wird, sondern durch den Zugang zu den Stimmrechten, zu deren Ausübung sich einzelne durch Einwerbung von Stimmrechtsvollmachten berechtigen lassen können.[491] *Berle* und *Means* begründeten ihr Ergebnis damit, dass der Aktionär bei der Wahl der *directors* in der Regel drei Alternativen

---

[484] Dies lässt sich auch empirisch nachweisen. Vgl. dazu § 15 II.1.

[485] *Hoffmann* (1999), S. 46.

[486] *Hoffmann* (1999), S. 46.

[487] *Hoffmann* (1999), S. 46.

[488] Vgl. dazu auch unten § 13 I.

[489] *Berle/Means* (1991), S. 84 ff. Vgl. auch *Graham/Dodd* (1934), S. 508 ff. Für Deutschland vgl. *Rathenau* (1918); für Österreich vgl. *Klein* (1904).

[490] *Berle/Means* (1991), S. 66 f.

[491] *Berle/Means* (1991), S. 84 ff.; vgl. auch *Berle* (1958).

hat:[492] So kann er völlig darauf verzichten, sein Stimmrecht auszuüben oder zumindest ausüben zu lassen. Er kann auch die Aktionärsversammlung selber aufsuchen und sein Stimmrecht dort persönlich ausüben. Die weitere Möglichkeit besteht darin, einen Dritten mit der Ausübung des Stimmrechts zu beauftragen und ihm zu diesem Zweck eine Stimmrechtsvollmacht zu erteilen. Dieser Dritte ist in der Regel ein von der Unternehmensverwaltung kontrolliertes *proxy*-Komitee.[493]

Weil der einzelne Kleinaktionär mit seiner Stimme keinerlei Kontrolle ausüben kann, beschränkt er sich in der Regel darauf, entweder sein Stimmrecht gar nicht auszuüben oder seine Stimme der Verwaltung zu geben, die diese zur Erreichung des für die Beschlussfähigkeit nötigen Quorums einwirbt. Dies führt im Ergebnis zu einer Perpetuierung der Verwaltungsmacht, ohne dass diese selbst einen bedeutenden eigenen Anteil der Aktien der Gesellschaft halten müsste. Ähnliches gilt, wenn ein Minderheitsaktionär durch den Zugang zu Stimmrechtsvollmachten seine Position zu einer Kontrolle ausbauen kann.[494] Zwar wurde durch den Erlass des *Securities Exchange Act* im Jahre 1934 und der dazugehörigen *proxy regulation* die Situation angesichts einer Vielzahl aufgetretener Missstände verbessert.[495] Doch ist es seit der Untersuchung von *Berle* und *Means* dabei geblieben, dass die Unternehmensverwaltungen die Kandidaten für das *board of directors* bestimmen und dafür die Stimmrechtsvollmachten der Aktionäre einwerben. Die Ergebnisse der empirischen Untersuchungen aus den dreißiger Jahren konnte *Means* deshalb auch noch bis in die sechziger Jahre des letzten Jahrhunderts hinein bestätigen; die Streuung des Aktienbesitzes hatte bis dahin sogar noch zugenommen.[496]

Berle und *Means* kamen in ihrer Untersuchung zu dem Ergebnis, dass wegen des Zugangs des amtierenden Managements zu den Stimmrechten der Aktionäre der Gesellschaft die Kontrolle der Gesellschaft durch die Unternehmensverwaltung vergleichsweise sicher sei.[497] Dieser Schluss führte auch dazu, dass *Berle* und *Means* dem *proxy contest* keine große Bedeutung zumaßen. Sie sahen in *proxy contests* keine Möglichkeit für die Aktionäre einer Gesellschaft, auf die Geschicke ihrer Gesellschaft Einfluss zu nehmen, da sie dort zwar die Wahl zwischen dem amtierenden Management und den Herausforderern hatten, der Sieger des *proxy contest* jedoch wieder die volle Kontrolle über die Gesellschaft gewann.[498] Diese Kontrolle würde den übrigen Aktionären nichts nützen. *Berle* merkte daher an einer anderen Stelle an, *proxy fights* seien bloß Kämpfe zwischen zwei „*Tycoons*" um die Vorherrschaft in einer Gesellschaft und daher als Re-

---

[492] *Berle/Means* (1991), S. 80 ff.

[493] So werden die vom *board of directors* bestimmten Stimmrechtsvertreter bezeichnet. Dadurch wird zumindest nach außen der Eindruck erweckt, die Stimmrechte würden nicht durch das *board of directors* ausgeübt.

[494] *Berle/Means* (1991), S. 75 ff.

[495] Vgl. zur *proxy regulation* ausführlich oben unter § 5 III.

[496] *Berle/Means* (1991), Statistical Appendix to Revised Edition (1968).

[497] *Berle/Means* (1991), S. 82.

[498] *Berle/Means* (1991), S. 82 f.

gelung ziemlich uninteressant.[499] Das Instrument des Wettbewerbs um Stimmrechtsvollmachten diene nur dazu, besonders erfolglose Unternehmensverwaltungen abzulösen, wenn ihre Inkompetenz allzu offensichtlich geworden sei.[500]

Insgesamt ist die Gruppe der privaten Kleinanleger also schwer berechenbar, und ein Wettbewerb um ihre Stimmen, auch ein solcher, in dem es nur um die Durchsetzung eines *shareholder proposal* geht, hätte nur geringe Aussicht auf Erfolg, befänden sich die Aktien zum ganz überwiegenden Teil in der Hand von weit verstreuten und unabhängigen Kleinaktionären. In einem solchen Fall wäre auch weiterhin von der von *Berle* und *Means* beobachteten Trennung von Eigentum und Kontrolle in der modernen Publikumsgesellschaft auszugehen.

2. Institutionelle Anleger

Die soeben beschriebene Situation der Trennung von Eigentum und Kontrolle wurde jedoch durch eine gegenläufige Entwicklung in den Vereinigten Staaten relativiert, die seit einigen Jahrzehnten das Machtgefüge in einer typischen US-amerikanischen Publikumsgesellschaft wieder zugunsten der Aktionäre verschiebt. Gemeint ist der Aufstieg der großen institutionellen Investoren.[501]

In den *USA* ist die Mehrheit der an den Börsen gehandelten Aktien inzwischen in den Händen von institutionellen Anlegern. Im Jahr 1990 hielten institutionelle Investoren mehr als 50% aller US-amerikanischen Aktien, im Jahre 1997 hielten sie ca. 60% der Aktien der 1000 größten Unternehmen, dieser Anteil verringerte sich bis 1999 zwar wieder auf 57,6%,[502] doch wird auch in Zukunft der Anteil der von institutionellen Anlegern gehaltenen Aktien weiter ansteigen. Insbesondere die in Fragen der Corporate Governance aktiven Pensionsfonds werden weiterhin stark wachsen.[503] Schon im Jahr 1993 verfügten die 20 größten US-amerikanischen Pensionsfonds über Mittel von etwa einer Billion US-Dollar, die sie anzulegen hatten.[504]

Durch die zunehmende Bedeutung der institutionellen Investoren wurde die von *Berle* und *Means* festgestellte Trennung von Eigentum und Kontrolle zu einem großen Teil aufgehoben. Die von ihnen festgestellte atomistische Zersplitterung der Aktionäre wurde gerade bei vielen der größten US-amerikanischen Gesellschaften durchbrochen, da hier inzwischen nicht selten über 70% der Anteile von institutionellen Gesellschaftern gehalten werden.[505] Seit der Übernahmewelle der achtziger Jahre, in der es zu einer Reihe aktionärsschädigender Missbräuche durch die amtierenden Unternehmensver-

---

[499] *Berle* (1962).

[500] *Berle/Means* (1991), S. 82.

[501] *Hamilton* (2000b), S. 397. Vgl. ausführlich zur Überwachung von US-amerikanischen Aktiengesellschaften durch institutionelle Anleger die Arbei von *Kyriakakis* (2002).

[502] Vgl. *Monks/Minow* (2001), S. 110 m.w.N. Vgl. auch *Rock* (1991), S. 447.

[503] So wächst z.B. der *Californian Employees' Retirement System* alle zwei Monate um ca. eine Mrd. Dollar, *Monks/Minow* (2001), S. 115.

[504] *Nussbaum* (1997), S. 314 f.

[505] Siehe dazu auch *Rock* (1991), S. 447.

waltungen kam, sind die großen Anleger auch zunehmend gewillt, aktiv in die Politik der von ihnen gehaltenen Gesellschaften einzugreifen.[506] Angesichts des großen Anteilsbesitzes der institutionellen Investoren, ist es für einen Herausforderer in einem Wettbewerb um Stimmen heute daher entscheidend, dass er diese auf seine Seite ziehen kann.

Seit den neunziger Jahren spielen *proxy contests* um die Kontrolle US-amerikanischer Gesellschaften wieder eine größere Rolle.[507] Auch die Erfolgsquote von *shareholder proposals*, die sich mit Fragen der *Corporate Governance* befassen, stieg in den letzten Jahren an.[508] Diese Entwicklungen sind ohne den Aufstieg der großen institutionellen Investoren und ihr zunehmendes Interesse an Fragen der Stimmrechtsausübung nicht erklärbar. Auch werden *proxy contests* nun öfter als Druckmittel durch institutionelle Anleger genutzt, wenn in einer Gesellschaft Veränderungen beim amtierenden Management durchgesetzt werden sollen.[509] Entscheidend war für diese Entwicklung, dass die institutionellen Investoren erkannten, dass sich für sie der Aufwand zur Kontrolle der von ihnen gehaltenen Unternehmen lohnte. Ursprünglich waren auch die meisten institutionellen Anleger nicht an Fragen der Unternehmensführung interessiert. Wie alle übrigen Anleger auch hielten sie nur deshalb Aktien, um diese zu einem günstigen Zeitpunkt wieder an der Börse zu verkaufen. Mit zunehmender Größe der von ihnen gehaltenen Aktienpakete wurde es jedoch schwieriger, einfach nach der so genannten „*Wall Street Rule*“ vorzugehen und Anteile zu verkaufen, sollten sie mit dem Management oder der Kursentwicklung ihres Investments unzufrieden sein.[510] Dies hatte verschiedene Gründe. Zum einen kann ein institutioneller Anleger allein wegen der Größe seines Anteils seine Aktien nicht einfach am Markt verkaufen, ohne den Kurs negativ zu beeinflussen. Ist der institutionelle Anleger mit dem Vorgehen des Managements unzufrieden, so nützt ihm außerdem in vielen Fällen auch ein Ausstieg nicht, da das kritisierte Vorgehen oft weit verbreitet ist und es ihm daher an einer attraktiven Folgeinvestition fehlt. Zudem sind viele institutionelle Anleger in ihrer Investitionspolitik dazu übergegangen, einen bestimmten Index nachzubilden.[511] In einem solchen Fall zwingt ihre Anlagepolitik sie dazu, bestimmte Gesellschaften zu halten, auch wenn die Leistungen schlecht sind und sich dies im Kurs negativ niederschlägt.[512]

Angesichts dieses Dilemmas sind institutionelle Anleger dazu übergegangen, ihr eingesetztes Vermögen durch eine stärkere Einmischung in das Management von Unterneh-

---

[506] *Monks/Minow* (2001), S. 102.

[507] Vgl. auch schon oben unter § 3 II.

[508] Vgl. dazu ausführlich § 14 II.

[509] *Baxley/Thompson* (1998), S. B 5 und unten § 14.

[510] Siehe z.B. *Ball* (1994), S. 329 f.; *Labaton* (1992), S. A1.

[511] So lehnen sich viele Pensionsfonds etwa an der Zusammensetzung des *S&P 500* an.

[512] Vgl. z.B. *Koppes/Reilly* (1995), S. 413; *Ball* (1994), S. 329; *Jensen* (1989), S. 61. Auch in Zukunft ist damit zu rechnen, dass der Anteil indexiert angelegter Mittel weiter zunehmen wird, *Gerke* (2001), S. 31 f.

men, deren Aktien sie halten, zu schützen.[513] Deshalb haben sich verschiedene institutionelle Investoren im so genannten *Council of Institutional Investors* zusammengeschlossen, um eine weitere Bündelung der Kräfte zu erreichen.[514] Dabei treten sie nicht immer nur im Namen aller Aktionäre auf. Es kann auch vorkommen, dass sie sich gegen die Minderheitsaktionäre und damit hinter das amtierende Management stellen, wodurch sie sich in manchen Fällen besondere Gegenleistungen der betroffenen Gesellschaften sichern.[515]

Sieht man dieses Interesse der institutionellen Anleger an der Führung „ihrer" Unternehmen, so verwundert es nicht, dass sie eine starke Lobby für die Liberalisierung der *shareholder communications rules* bildeten.[516]

Anfang der neunziger Jahre bemängelten Gruppen wie die *United Shareholders Association* und das *California Public Employees Retirement System*, dass der Prozess der Abstimmung durch Stimmrechtsvertreter ineffizient geworden sei und in vielen Fällen das amtierende Management bevorzuge. Diese Gruppen haben sich zunehmend Gehör verschafft und die *SEC* dazu gebracht das bestehende System gründlich zu überprüfen.[517] Dabei gingen von den an Fragen der Unternehmenskontrolle zunehmend interessierten institutionellen Anlegern maßgebliche Anregungen zu den Reformen der *proxy rules* von 1992 aus. Hierbei ist vor allem der kalifornische Pensionsfonds *CalPERS* zu nennen, der mit einem Brief an *Linda C. Quinn*, die damalige Direktorin der Abteilung *Corporate Finance* bei der *SEC*, einen entscheidenden Anstoß zur Reformierung der *proxy rules* gegeben hat.[518]

Der größte Fortschritt der Reformen von 1992 war die Erleichterung der Restriktionen, die zuvor die Aktionärskommunikation behindert hatten.[519] Denn vor den Ergänzungen der *proxy rules* scheuten sich Großinvestoren davor, sich in wichtigen ein bestimmtes Unternehmen betreffenden Fragen zu engagieren und sich bei der Ausübung ihrer Stimmrechte abzusprechen, da sie fürchteten, dass groß angelegte Diskussionen mit mehr als zehn Personen als Werbung um Stimmrechtsvollmachten angesehen werden

---

513 Dabei bedienen sie sich sowohl formeller wie informeller Mittel, vgl. dazu auch *Kyriakakis* (2002), S. 225 ff. Einige institutionelle Anleger, insbesondere öffentliche Pensionsfonds und Gewerkschaften, verfolgen neben rein finanziellen Interessen auch politische und soziale Ziele. Siehe *Romano* (1993b), S. 795, wo diskutiert wird, inwieweit sich öffentliche Pensionsfonds dem Druck ausgesetzt sehen, sozial motivierte Investitionen vorzunehmen.

514 Vgl. *www.cii.org*. Näher dazu außerdem bei *Nussbaum* (1997), S. 318.

515 *Coffee* (1991), S. 1367.

516 Siehe z.B. *Grienenberger* (1995) und oben § 3.

517 Im Juni 1991 schlug die *SEC* eine Reihe von Änderungen bezüglich des bestehenden *proxy*-Systems vor. Diese sollten die Kommunikation unter den Aktionären verbessern. Diese Änderungen zog die *SEC* im November 1991 unter dem gewaltigen Druck der Lobby des Managements dann vorübergehend wieder zurück. Eine Besprechung dieser Änderungsvorschläge findet sich bei *Levin/Lux* (1990), S. 15.

518 Der Brief ist abgedruckt in: 1 22nd Annual Institute on Securities Regulation, Band 1 S. 295 (PLI Corp. Law and Practice Handbook Series No. 712, 1990).

519 *Groskaufmanis* (1993), S. 18.

könnten. Dann hätten sie wegen dieser Diskussionen die *proxy rules* einhalten, d.h. zum Beispiel Unterlagen bei der *SEC* einreichen müssen.[520]

Welche Effekte die Ergänzungen der *proxy rules* im Jahre 1992 tatsächlich hatten, ist in Zahlen schwer zu beziffern - doch waren diese erheblich.[521] Die Reformen haben es für Aktionäre, insbesondere für institutionelle und andere große Anleger, nicht nur leichter gemacht, Wettkämpfe um Stimmrechtsvollmachten zu initiieren und dadurch an der Führung des Unternehmens teilzunehmen, sondern auch sich über Fragen der Ausübung der Stimmrechte abzusprechen und ein gemeinsames Vorgehen zu vereinbaren. Demzufolge sah sich das Management großer Gesellschaften wie *Philip Morris* oder *Eastman Kodak* in den vergangenen Jahren einer verstärkten und zunehmend erfolgreichen Opposition ausgesetzt.[522] Andererseits erübrigte sich dadurch auch zum Teil die Durchführung eines *proxy fight*. Da ein solcher nun eine tatsächliche Bedrohung darstellte, stieg die Bereitschaft des Managements, mit den eventuellen Herausforderern zu verhandeln, um eine einvernehmliche Lösung zu erzielen.[523]

Da es sich hierbei um eine wichtige Entwicklung handelt, die die gesamte *Corporate Governance*-Diskussion in den *USA* entscheidend beeinflusst hat, sollen im Folgenden die einzelnen Gruppen institutioneller Anleger kurz beschrieben werden, wobei ein besonderes Augenmerk auf ihre Rolle im Abstimmungsprozess des *proxy*-Systems gerichtet werden soll. Zu den institutionellen Anlegern gehören außer öffentlichen und privaten Pensionsfonds auch Banken, Investmentfonds, Versicherungsgesellschaften sowie Universitäten und Stiftungen. Die zur Sicherung der Altersvorsorge ihrer Mitglieder bestehenden Pensionsfonds stellen dabei die wichtigste Gruppe institutioneller Investoren dar.[524]

a) Pensionsfonds

Die Pensionsfonds bilden heute die größte Gruppe der institutionellen Investoren. Ihnen gehören inzwischen 28% des Aktienkapitals in den Vereinigten Staaten.[525] Gerade diese Fonds und insbesondere die öffentlichen Pensionsfonds haben der Unternehmenskontrolle durch die Ausübung von Stimmrechten eine neue Bedeutung gegeben und sind

---

[520] Vgl. dazu ausführlich oben unter § 5 III.3.

[521] *Coffee* (1994), S. 837.

[522] *Frenchman* (1993), S. 180; *Herzel* (1994), S. 161 ff.

[523] *Calio/Zahralddin* (1994), S. 515. Dies muss man auch bei der Frage nach dem Erfolg von Wettbewerben um Stimmrechtsvollmachten berücksichtigen, vgl. § 14. Insgesamt kommen empirische Untersuchungen zu dem Ergebnis, dass sich die Aktivitäten der institutionellen Investoren auf den Wert der betroffenen Gesellschaften positiv auswirken, *Nussbaum* (1997), S. 308; vgl. aber auch *Baums* (1996b), S. 18. Zu den Aktivitäten von *CalPERS* vgl. auch *Smith* (1996).

[524] Es bleibt nicht aus, dass im Folgenden bereits Aussagen über die Rolle getroffen werden, die institutionelle Anleger auch als mögliche Herausforderer in einem Wettbewerb um Stimmrechtsvollmachten spielen. Vgl. dazu auch noch § 9 III.

[525] *Monks/Minow* (2001), S. 122.

daher für das Verständnis der bestehenden Strukturen der *Corporate Governance* in den Vereinigten Staaten enorm wichtig.[526]

Bei den Pensionsfonds ist zwischen privaten und öffentlichen Pensionskassen zu unterscheiden, für die unterschiedliche rechtliche Regelungen gelten. Gemeinsam ist beiden Formen nur, dass sie die ihnen von den Angestellten überlassenen Mittel als Treuhänder verwalten. Welchen Verpflichtungen die Pensionsfonds dabei ausgesetzt sind, ist für die privaten Fonds durch *ERISA* geregelt.[527] Für die öffentlichen Pensionskassen fehlt dagegen eine spezialgesetzliche Regelung. Sie sind daher nur den Prinzipien der Treuhand nach dem *common law* verbunden. Beiden obliegen jedoch nach den zugrunde liegenden Treuhandverhältnissen Loyalitäts- und Sorgfaltspflichten.[528] Die Verpflichtung zur Loyalität verbietet es, dass bei Investitionsentscheidungen, zu denen auch die Ausübung der Stimmrechte gehört, andere Interessen als die der Anleger berücksichtigt werden.[529] Die spezialgesetzlichen Regelungen nach *ERISA* gehen in ihren treuhänderischen Verpflichtungen weiter als die überkommenen Regeln des *common law*. So verlangt *ERISA* diejenige Sorgfalt, die eine umsichtige Person in einer vergleichbaren Lage ausüben würde,[530] während nach dem *common law* nur die Sorgfalt in eigenen Angelegenheiten einzuhalten ist.[531]

Für die Ausübung der Stimmrechte bedeutet dies nach dem *common law*, dass ein öffentlicher Pensionsfonds, um seiner Loyalitätspflicht zu genügen, sich ausschließlich von solchen Gesichtspunkten leiten lassen darf, von denen er glaubt, dass sie den Interessen der Anleger am besten dienen.[532] Er darf sich daher nicht den Interessen oder dem Druck anderer beugen.[533] Eine direkte Verpflichtung zur Ausübung des Stimmrechts in einem bestimmten Sinne folgt daraus jedoch nicht. Auch *ERISA* sagt nichts darüber aus, wie private Pensionsfonds ihre Wahlentscheidung treffen sollen. Die privaten Pensionsfonds unterstehen nach *ERISA* jedoch der Aufsicht des *Department of Labor* (*DOL*). Dieses hat seit den achtziger Jahren wiederholt festgestellt, dass die privaten Pensionsfonds unter bestimmten Umständen verpflichtet sind, ihre Stimmrechte auszuüben.[534] Das *DOL* hat dies damit begründet, dass den Stimmrechten ein ökonomischer Wert zukomme. Von den Stimmrechten ist daher Gebrauch zu machen, wenn es um Gegenstände geht, die den Wert des Investments berühren und der durch die Stimmrechtsausübung zu erwartende Ertrag die dazu notwendigen Ausgaben übersteigt.[535] Übt der Pensionsfonds sein Stimmrecht nicht aus, so kann darin eine Verletzung der Treue-

---

[526] *Monks/Minow* (2001), S. 115.

[527] *Employees Retirement Income Security Act* von 1974, 29 USC §§ 1000 ff.

[528] *Hoffmann* (1999), S. 47.

[529] Vgl. 29 USC § 1104 (a) sowie § 170 Restatement 2nd of Trust.

[530] Vgl. 29 USC § 1104 (a): „*prudent expert rule*".

[531] Vgl. § 174 Restatement 2nd of Trust: „*prudent man rule*".

[532] *Heard/Sherman* (1987), S. 31.

[533] *Heard/Sherman* (1987), S. 31.

[534] *Heard/Sherman* (1987), S. 32 f.

[535] *Baums* (1996b), S. 20.

pflicht (*fiduciary duty*) liegen.[536] Durch die Einführung der Abstimmungspflicht durch das *DOL* wurden auch die übrigen institutionellen Investoren angeregt, sich mit ihren treuhänderischen Verpflichtungen im Zusammenhang mit Abstimmungen näher zu befassen, weil sie begannen, den Wert einer aktiveren Abstimmungspolitik zu überdenken.[537]

Ein Manager eines Pensionsfonds verliert anders als ein Manager eines Investmentfonds bei Fehlinvestitionen nicht einfach seine Kunden, sondern es drohen ihm bei einem Bruch des treuhänderischen Verhältnisses Strafen, weil er nicht sorgfältig mit den ihm anvertrauten Geldern umgegangen ist. Daraus folgt, dass die Fonds, um ihr Verlustrisiko zu streuen, eine möglichst diversifizierte und risikoarme Anlagepolitik verfolgen und dabei hauptsächlich in etablierte Gesellschaften investieren. Viele von ihnen sind auch dazu übergegangen, mit ihren Anlageentscheidungen den *S&P 500* nachzubilden, was zur Folge hat, dass auch die Wertentwicklung der Fonds exakt diesem Index folgt.[538] Eine Folge dieser passiven Anlagepolitik war, dass sich insbesondere die öffentlichen Pensionsfonds zunehmend für *Corporate Governance* Angelegenheiten zu interessieren begannen. Aus ihrer Sicht ist es schwieriger, aus einer Gesellschaft auszusteigen und dann ein neue Anlagemöglichkeit zu finden, die ihrer Anlagepolitik und Risikobereitschaft entspricht, als zu versuchen, durch gezielte Maßnahmen bestimmte Umstände in einer schlecht laufenden Gesellschaft zu ändern, um diese auf einen Kurs zurückzuführen, der zukünftige Wertsteigerungen erwarten lässt.. Wegen der Langfristigkeit ihres Anlagehorizonts sind Pensionsfonds auch in der Lage im Hinblick auf eine Gesellschaft eine langfristige Anlagepolitik zu verfolgen, sie können einerseits schlechte Zeiten aussitzen, andererseits lohnt sich auch eine aktive Politik, um die betreffende Gesellschaft zu beeinflussen. Denn von den dadurch erreichten Effekten kann auch der Fonds profitieren.

Als Aktionäre haben die Pensionsfonds im Hinblick auf die Ausübung der Stimmrechte Vorteile gegenüber einzelnen Kleinaktionären, die sie für eine aktivere Rolle in der Überwachung von Gesellschaften geradezu prädestiniert erscheinen lässt. So können sie durch ihre Größe und den vorhandenen Sachverstand die Probleme kollektiven Handelns, die einer Kontrolle der Gesellschaft durch verstreute Kleinaktionäre entgegensteht, minimieren.[539] Ein Pensionsfonds hat genügend Sachverstand, um zu ermitteln,

---

[536] *Calio/Zahralddin* (1994), S. 512. Die *proxy guidelines* des *DOL* hat dieses inzwischen in einem Bulletin veröffentlicht, nachdem sie zunächst nur auf zwei Briefen beruhten, vgl. *Denburg/Carleen* (1994), S. 3.

[537] *Buxbaum* (1990), S. 24.

[538] Da es die meisten aktiv gemanangten Fonds auf Dauer nicht schaffen, eine bessere Wertentwicklung zu erreichen als der Markt, scheint diese Anlagestrategie den treuhänderischen Verpflichtungen der Pensionsfonds am besten zu entsprechen. Fraglich erscheint nur, welche Auswirkungen eine solche Anlagestrategie auf die Dauer auf die Effizienz der Märkte haben wird, wenn ein Großteil der dort handelbaren Aktien sich in einem indexierten Portfolio befinden. Es erscheint fraglich, ob sich bestimmte Unternehmensnachrichten dann noch in zutreffender Weise im Preis niederschlagen, wenn ein Großteil der Aktien gar nicht mehr gehandelt wird, vgl. dazu *Monks/Minow* (2001), S. 116. Zur Strategie der indexorientierten Anlage siehe z.B. näher bei *Clements* (1988), S. 142 ff.

[539] Zum Verhalten der Kleinaktionäre vgl. auch schon § 9 II.1.

wann sich ein Tätigwerden lohnt. Sein Aktienanteil ist groß genug, um das *free-rider*-Problem, das daraus resultiert, dass Gewinne aus einem Wettbewerb um Stimmen immer mit den anderen Aktionären geteilt werden müssen, zu verringern, so dass sich für einen Pensionsfonds im Gegensatz zu einem Kleinanleger ein Aktivwerden in Fragen der Unternehmenskontrolle lohnt.[540] Außerdem stehen zumindest öffentliche Pensionsfonds nicht in Interessenkonflikten, denen andere institutionelle Anleger wegen ihrer geschäftlichen Verbindungen zur kontrollierten Gesellschaft ausgesetzt sein können.[541]

Unter den Pensionsfonds ist die Gruppe der öffentlichen Pensionsfonds am deutlichsten in Fragen der *Corporate Governance* hervorgetreten.[542] Regelmäßig reichen diese eigene Abstimmungsvorschläge ein oder unterstützen diejenigen anderer. Im Jahr 1998 war *TIAA-CREF*[543] der erste institutionelle Investor, der mit eigenen Kandidaten für das *board of directors* antrat und den um das *board of directors* geführten *proxy contest* tatsächlich gewann.[544] Auch die oben bereits erwähnten Reformen der *proxy regulation* im Jahre 1992 wurden entscheidend durch Impulse von öffentlichen Pensionsfonds beeinflusst.

Trotz der beschriebenen tatsächlichen und rechtlichen Zwänge, die die institutionellen Investoren zu einer aktiven Ausübung ihrer Stimmrechte bringen sollen, waren es zumeist die öffentlichen Pensionsfonds, die in Fragen der Stimmrechtsausübung eine aktive Rolle übernommen haben. Dabei handeln sie nicht aufgrund einer speziellen gesetzlichen Verpflichtung,[545] sondern aus einem politischen Druck heraus, da die Treuhänder von den Regierungen der Einzelstaaten berufen bzw. von den einzahlenden Angestellten gewählt werden.[546] Die Fonds sind bemüht, die Öffentlichkeit davon zu überzeugen, dass sie das ihnen anvertraute Geld zum Vorteil der Begünstigten verwalten.[547] Sie sind daher meistens dazu bereit, einen Wettbewerb um Stimmen zu unterstützen, wenn sie sie sich hiervon einen positiven Effekt für ihr Investment ausrechnen, egal ob es sich dabei um eine direkte Werbung von Stimmrechtsvollmachten oder ein *shareholder proposal* handelt.

---

540 Die Reduzierung des *free-rider*-Problems kann einer der Vorteile sein, die eine Übernahme der Gesellschaft gegenüber dem *proxy contest* hat, vgl auch noch § 13 I.

541 Zu den möglichen Auswirkungen von Interessenkonflikten auf den Erfolg von *proxy issue contests* und *proxy control contests* vgl. *Jarrow/Leach* (1991).

542 Die öffentlichen Pensionsfonds umfassen solche für staatliche wie für städtische Angestellte wie Lehrern, Feuerwehrmännern. Polizisten etc.

543 *TIAA-CREF* steht für *Teachers Insurance and Annuity Association College Retirement Equities Fund* mit Sitz in *New York*. Der Fonds verwaltete 2003 ein Vermögen von mehr als 290 Milliarden Dollar. Vgl. auch *www.tiaa-cref.org*.

544 *Monks/Minow* (2001), S. 138. In der Regel verhalten die institutionellen Investoren im Rahmen von *proxy contests* aber eher zurückhaltend; nur selten unterstützen sie einen solchen Wettbewerb; dies hat mit den spezifischen Nachteilen des *proxy contest* zu tun, wodurch dem einzelnen Anleger nicht immer hinreichend deutlich der Vorteil eines Kontrollwechsels in einer Gesellschaft vor Augen geführt werden kann; vgl dazu *Kyriakakis* (2002), S. 238 ff.

545 Wie oben bereits erwähnt gilt *ERISA* nur für die privaten Pensionsfonds.

546 *Sommer* (1990), S. 364.

547 *Black* (1990), S. 599.

b) Investmentfonds

Investmentfonds sind so genannte *trusts*, also treuhänderisch verwaltete Vermögen,[548] nach dem *Investment Company Act* von 1940, dem sie unterliegen. Der größte Unterschied zwischen Investmentfonds und Pensionsfonds ist, dass Investmentfonds zu jeder Zeit liquide genug sein müssen, Anlegern einen Ausstieg aus dem Fonds zu ermöglichen. Während ein Pensionsfonds genau berechnen kann, wann er wie viel Liquidität zur Befriedigung von Pensionsansprüchen zur Verfügung stellen muss, kann dies der Manager eines Investmentfonds nicht. Er arbeitet nicht darauf hin, seine Anleger im Hinblick auf ein bestimmtes Ereignis abzusichern, sondern mit dem Ziel, eine möglichst hohe Verzinsung der eingelegten Gelder zu erreichen. Der Anlagehorizont eines Investmentfonds ist daher meistens wesentlich kürzer als derjenige eines Pensionsfonds. Er kann die schlechte Leistung einer Gesellschaft nicht aussitzen wie ein Pensionsfond, sondern wird bei Anzeichen von Schwäche versuchen, sein Engagement zu reduzieren. Daher spielt für Investmentfonds die Ausübung von Stimmrechten eine weitaus geringere Rolle als für Pensionsfonds.[549]

c) Banken

Bei der Betrachtung des US-amerikanischen Bankensystems stehen meist die umfangreichen Beschränkungen im Vordergrund, denen sich die Banken in den *USA* traditionell ausgesetzt sehen. Diese lassen sich unter die Stichworte „Regionalprinzip" und „Trennbankensystem" einordnen.

Entscheidend für die Beurteilung der Rolle der Banken als Aktionäre war das durch den *Glass Steagall Act* von 1933 festgeschriebene Trennbankensystem.[550] Hierdurch wurden die das Einlagen- und Kreditgeschäft betreibenden Geschäftsbanken (*commercial banks*) und die das Effekten- und Emissionsgeschäft betreibenden Investmentbanken (*investment banks*) voneinander getrennt.[551] Die Geschäftsbanken sollten somit vom Geschäft mit Aktien, sei es auf eigene oder auf fremde Rechnung, ferngehalten werden. Durch den *Gramm Leach Bliley Financial Services Modernization Act* von 1999 wurde

---

[548] Zum Begriff des *trust* vgl. *Hay* (2000), Rdnr. 474 ff.; allgemein zu den Erscheinungsformen und zur Regulierung *Steck* (2000).

[549] So hielt z.B. die Investmentfirma *T. Rowe Price* erhebliche Anteile von *Texaco*, als *Carl Icahn* 1988 dort einen *proxy contest* startete. Der Manager eines Fonds von *T. Rowe Price* übte die Stimmrechte für den Herausforderer aus, der Manager eines anderen Fonds stimmte dagegen für das amtierende Management. Sie begründeten ihre Entscheidung damit, dass der eine Fond langfristig orientiert sei, der andere jedoch kurzfristig, *Monks/Minow* (2001), S. 113.

[550] 12 U.S.C. § 24.

[551] Dagegen meint das Regionalprinzip die regionalen Begrenzungen, die der *McFadden Act* von 1927 vorsah, 12 U.S.C. § 36. Dieser wurde aufgehoben durch Pub. L. No. 103-328, 198 Stat. 2338 (1994). Danach durften Banken grundsätzlich nur in einem Bundesstaat tätig werden, es sei denn, ein anderer Einzelstaat erlaubte eine Filialgründung, was jedoch bis in die neunziger Jahre praktisch nicht geschah. Allgemein zulässig wurden Filialgründungen und Fusionen von Banken über die Grenzen der Bundesstaaten hinweg erst seit 1994 durch den *Riegle-Neal-Act*, Pub- L. 103-328 108 Stat 2338 (1994); vgl. 12 U.S.C. §§ 36 d-f. Dies hatte eine Reihe großer Fusionen unter Banken zur Folge, vgl. dazu *Tuerks* (2000), S. 125.

diese Trennung jedoch insofern aufgegeben, als nun Geschäfts- und Investmentbanken unter einer gemeinsamen Holdingspitze in einer Gesellschaft zusammengefasst werden dürfen.[552] Damit ist das Trennbankenprinzip weitgehend aufgegeben worden.

Die Aufgabe des Trennbankenprinzips hat jedoch nicht zu einer grundlegenden Veränderung der Rolle vor allem der Geschäftsbanken im *proxy*-System geführt. Denn das Trennbankensystem wurde auch schon früher dadurch durchbrochen, dass es den Geschäftsbanken erlaubt war, als Treuhänder Aktiengeschäfte vorzunehmen.[553] Banken spielen im *proxy*-System vor allem in ihrer Funktion als Treuhänder (*trustees*) für jeden, der ihre Dienste in Anspruch nimmt, seien es Pensionsfonds oder vermögende Privatleute,[554] eine Rolle. Den Banken selbst gehört nur etwa 0,3% des gesamten Aktienbestandes der *USA*.[555] Als Treuhänder werden ihnen so genannte *trust powers* eingeräumt, in deren Rahmen sie die Wertpapierportfolios ihrer Kunden verwalten.[556]

Das Rechtsverhältnis des *trust* beurteilt sich nach dem *common law*. Es gilt daher hinsichtlich der treuhänderischen Verpflichtungen im Verhältnis zum Kunden die *prudent man rule*.[557] Weitergehende spezialgesetzliche Regelungen gibt es nicht. Nur in Fällen, in denen die Banken auch das Vermögen von privaten Pensionsfonds verwalten, ist auf die Verwaltung dieser Portfolios *ERISA* anwendbar.[558]

Banken spielen also als institutionelle Investoren eine große Rolle, da sie zwar nicht über einen erheblichen eigenen Anteil des US-Aktienbestandes verfügen, jedoch einen großen Teil durch die Verwaltung von Aktien für andere kontrollieren. Für diese von ihnen verwalteten Aktien können sie das Stimmrecht ausüben.[559] Da Banken mit den Gesellschaften, in denen sie das Stimmrecht als Treuhänder ausüben, oft auch in sonstigen Geschäftsbeziehungen stehen, ergeben sich allerdings häufig Interessenkonflikte.[560] Von Seiten des amtierenden Managements und seiner Berater wird oft erheblicher direkter oder indirekter Druck ausgeübt.[561] Dieser Druck, dem sich die Geschäftsbanken ausgesetzt sehen, hat dazu geführt, dass sie traditionell für das amtierende Management stimmen.[562] Etwas anderes gilt nur, wenn die Banken Gelder der großen Pensionsfonds

---

[552] 12 U.S.C. 93a, 15 U.S.C. §§ 6801 ff.

[553] *Baums* (1992), S. 13.

[554] Fast 3% des US-Aktienkapitals werden von Banken für Privatvermögen gehalten, *Blair* (1995), S. 46. Vgl. auch *Baums* (1992), S. 89 f. zum Umfang des Trustgeschäfts.

[555] *Black* (1990), S. 603; *Blair* (1995), S. 46.

[556] Vgl. dazu näher bei *Baums* (1992), S. 86 ff.

[557] Vgl. zur *prudent man rule* im Vergleich zur *prudent expert rule* bereits oben unter § 1 II.1.a).

[558] Zu den Regelungen von *ERISA* vgl. § 1 II.1.a).

[559] Es ist jedoch wichtig im Auge zu behalten, dass die Banken nur für einen bestimmten Teil der Aktien, für den sie im Aktienregister der Gesellschaften als Eigentümer (*record owner*) eingetragen sind, tatsächlich das Stimmrecht aufgrund ihrer Funkrion als *trustees* ausüben. Zu einem großen Teil bestimmen nämlich die dahinter stehenden wirtschaftlichen Eigentümer (*beneficial owners*) selbst, wie die zu den Aktien gehörenden Stimmrechte auszuüben sind, vgl. *Heard/Sherman* (1987), S. 16. Zu den Einzelheiten der Aktienverwahrung in den *USA* vgl. bereits § 5 III.5.

[560] Vgl. z.B. den von *Monks/Minow* (2001), S. 112, beschriebenen Fall.

[561] Wie dies geschieht wird anschaulich von *Heard/Sherman* (1987), S. 50 ff., berichtet.

[562] *Black* (1990), S. 600.

verwalten, weil diese die Ausübung der Stimmrechte aus den oben genannten Gründen stärker überwachen.[563] Viele Trustabteilungen von Banken haben *proxy voting guidelines* entwickelt, um die Einhaltung ihrer haftungsbewehrten fiduziarischen Pflichten gegenüber den Anlegern sicherzustellen.[564] Vereinzelt führen diese Regeln auch dazu, dass die Banken gegen das amtierende Management stimmen.[565] Die Unterstützung eines Wettbewerbs um die Stimmen der Aktionäre kann sich schließlich daraus ergeben, dass der Herausforderer selbst ein Kunde der Bank ist. In der Regel werden die Banken jedoch zumindest in einem *proxy contest* für das amtierende Management stimmen.[566]

d) Versicherungen

Versicherungen halten etwa 4% des Aktienkapitals in den *USA*.[567] Für Versicherungen besteht keine spezielle bundesgesetzliche Regulierung wie *ERISA* und, weil auf sie auch nicht die Regelungen der Treuhand nach dem *common law* anwendbar sind, wenn es um die Verwaltung ihres Aktienbesitzes geht, unterliegen Versicherungen bei der Ausübung der Stimmrechte keinen treuhänderischen Verpflichtungen gegenüber den Versicherten. Es gibt nur einige einzelstaatliche Gesetze, die das Versicherungswesen betreffen.

Bezüglich der Ausübung ihrer Stimmrechte verhalten sich Versicherungen traditionell passiv.[568] Da sie in vielen Fällen nicht nur als Aktionär mit einer Gesellschaft in Verbindung stehen, sondern auch als Abnehmer von Anleihen, und außerdem oft die Versicherer der betroffenen Gesellschaften sind, stimmen Versicherungen in der Regel für das amtierende Management, egal wie sich dies auf den Wert der Aktien auswirkt.[569]

e) Universitäten und Stiftungen

Universitäten und Stiftungen finanzieren sich zu einem großen Teil aus dem ihnen von Stiftern und durch Spenden zur Verfügung gestellten Vermögen. Dieses Vermögen wird mit einer breiten Streuung angelegt. Dabei wird ein Teil des Vermögens auch in Form von Aktien gehalten. In der Ausübung der mit diesen Aktien verbundenen Stimmrechte sind die meisten dieser Institutionen jedoch nie besonders hervorgetreten. Allerdings gibt es auch hier eine Tendenz, für die Vorschläge des amtierenden Managements zu stimmen.[570] Wie Banken und Versicherungen befinden sich diese Organisationen in einem gewissen Interessenkonflikt, denn das ihnen zur Verfügung gestellte Geld kommt nicht selten von ehemaligen Studenten, die nun im Management der zu kontrollierenden Gesellschaften sitzen. Oder die Gesellschaften treten selbst als Spender auf. Auch wer-

---

563 *Williams* (1988), S. 296.
564 Vgl. z.B. bei *Buxbaum* (1991), S. 1 ff.
565 *Heard/Sherman* (1987), 16 ff.
566 *Hoffmann* (1999), S. 52.
567 *Blair* (1995), S. 46.
568 Vgl. dazu *Roe* (1994), S. 60 ff.
569 *Pound* (1988), S. 243; *Monks/Minow* (2001), S. 113.
570 Vgl. dazu und auch zum Folgenden *Monks/Minow* (2001), S. 114.

den die entscheidenden Gremien der Organisationen oftmals von den gleichen Mitgliedern kontrolliert wie die *boards of directors* der großen Aktiengesellschaften. Viele Universitätsvertreter haben umgekehrt einen Sitz in den *boards of directors* ihrer größten Spender, so dass man von gegenseitiger Rücksichtnahme ausgehen kann.

III. HERAUSFORDERER

So vielfältig die Ziele sind, die mit Wettbewerben um die Stimmen der Aktionäre im Vorfeld einer Abstimmung verfolgt werden, so unterschiedlich sind auch die Personen und Gruppierungen, die solche Wettbewerbe beginnen. Meistens handelt es sich bei den Herausforderern in einem Wettbewerb um andere Gesellschaften, Großinvestoren oder institutionelle Anleger und Aktionärsgruppen bzw. einzelne Aktivisten.[571] Schlechte Chancen hätte ein Herausforderer, der keine eigenen Aktien an der Gesellschaft hält. Dieser wäre gegenüber den Aktionären als Herausforderer benachteiligt, insbesondere weil ihm weder ein Anspruch auf Aushändigung einer Aktionärsliste noch ein Anspruch auf Versendung seiner Werbematerialien durch die Aktiengesellschaft zusteht.[572] Damit wird die gezielte Kontaktaufnahme mit den umworbenen Aktionären erheblich erschwert. Auch haben außenstehende Personen natürlich kein Recht nach *Rule 14a-8,* eigene Vorschläge zur Abstimmung zu stellen, die dann in den *proxy*-Materialien des Managements enthalten sein müssen. Dieses Recht steht nur Aktionären zu.[573] Schon um seinem Begehren Glaubwürdigkeit zu verschaffen, wird ein Herausforderer in der Regel auch ein nicht unerhebliches eigenes Aktienpaket an der entsprechenden Gesellschaft halten. Dies gilt insbesondere in den Fällen, in denen es zu einem *proxy contest* um die Kontrolle der Gesellschaft kommt.[574]

Ein *proxy contest for corporate control*, der durch eine andere Gesellschaft eingeleitet wird, dient oft dem Ziel, eine Fusion oder eine Übernahme gegen den Willen des amtierenden Managements herbeizuführen.[575] Dabei verbindet das herausfordernde Unternehmen ein Übernahmeangebot mit einem *proxy contest*, um auf das amtierende Management maximalen Druck auszuüben. Einer Studie von *DeAngelo* und *DeAngelo* aus dem Jahre 1989 zufolge sind an 20% aller *proxy contests* als Herausforderer andere börsengehandelte Gesellschaften beteiligt.[576] Ein weiteres Ergebnis dieser Studie ist, dass der Marktwert der Zielgesellschaften durchschnittlich doppelt so hoch ist wie der der herausfordernden Gesellschaft, wobei in etwa der Hälfte der untersuchten Fälle, das Zielunternehmen einen kleineren oder ungefähr gleich großen Marktwert hatte, bei der anderen Hälfte hatte die Zielgesellschaft einen ganz erheblich höheren Marktwert.[577]

---

[571] *Schrager* (1986), S. 36 f.

[572] Solche Ansprüche ergeben sich für Aktionäre entweder aus einzelstaatlichem Recht oder aus *Rule 14a-7*. Siehe hierzu bereits oben unter § 5.

[573] Vgl. hierzu oben unter § 6 I.

[574] Siehe dazu auch unten § 12 III.

[575] *DeAngelo/DeAngelo* (1989), S. 39; *Schrager* (1986), S. 36. Vgl. zum Verhältnis von *proxy contests* und *tender offers* ausführlich unter § 13.

[576] *DeAngelo/DeAngelo* (1989), S. 37 ff.

[577] *DeAngelo/DeAngelo* (1989), S. 38.

DeAngelo und *DeAngelo* folgern hieraus, dass *proxy contests* durch andere Gesellschaften mit zwei unterschiedlichen Zielsetzungen durchgeführt werden: Einerseits soll durch sie bei Gesellschaften, die kleiner oder gleich groß sind, eine Fusion oder eine Übernahme unterstützt werden. Andererseits sollen sie dazu dienen, die Kontrolle in einer Gesellschaft zu übernehmen, in der etwa eine Übernahme wegen des zu hohen Kapitalbedarfs für die kleinere Gesellschaft ausscheidet.[578]

Insbesondere in den achtziger Jahren wurden viele Gesellschaften von professionellen Investoren (*corporate raiders*) übernommen und zerschlagen. Die für diese Übernahmen erforderlichen Mittel brachten sie in der Regel über hochverzinsliche Risikoobligationen (*junk bonds*) auf, die sie auf dem Kapitalmarkt platzierten. Zur Unterstützung von Übernahmeversuchen setzten sie *proxy contests* ein, um den Druck auf die amtierenden Unternehmensverwaltungen zu erhöhen, wenn diese einer Übernahme feindlich gegenüberstanden.[579] Dabei waren sie nicht unbedingt an einer erfolgreichen Übernahme interessiert. In vielen Fällen profitierten sie auch einfach von einem durch ihre Aktivitäten gesteigerten Aktienkurs oder sie ließen sich ihr Aktienpaket mit einem erheblichen Aufschlag von der Gesellschaft abkaufen und stellten im Gegenzug ihre Opposition ein.[580] Nach dem Zusammenbruch des *junk bond*-Marktes und dem Abflauen der Übernahmewelle nahmen zwar auch die Aktivitäten der *corporate raiders* ab,[581] doch sind Investoren wie *Carl Icahn* auch heute noch aktiv und sie bedienen sich dabei immer noch des *proxy contest*, um auf die betroffene Gesellschaft maximalen Druck auszuüben.[582]

Oben wurde bereits die Rolle der institutionellen Anleger beschrieben, die sich seit den achtziger Jahren zunehmend für die Unternehmenspolitik der von ihnen gehaltenen Gesellschaften interessierten.[583] Dazu gehört der Einsatz für eine größere Unabhängigkeit der Mitglieder im *board of directors*,[584] eine Verringerung der Diversifikation einer Ge-

---

[578] *DeAngelo/DeAngelo* (1989), S. 38. Die Deutung der empirischen Ergebnisse erscheint jedoch nicht zwingend, denn gerade die achtziger Jahre haben gezeigt, dass nicht die Größe einer Gesellschaft ein entscheidendes Kriterium für eine Übernahme ist, sondern die Verfügbarkeit einer ausreichenden Finanzierung (z.B. durch *junk bonds*). Auch eine kleine Gesellschaft oder ein eizelner *corporate raider* kann eine große Gesellschaft übernehmen.

[579] *Schrager* (1986), S. 36 f.

[580] Zu diesem *greenmailing* vgl. bereits § 9 I.

[581] Bekannt geworden sind in diesem Zusammenhang etwa *Carl Icahn, Ronald Perelman* und *Victor Posner*.

[582] Im Jahr 1997 startete *Carl Icahn* einen *proxy contest* zur Neubesetzung des *board of directors* von *RJR Nabisco*. *Icahn* hielt 7,3% der Aktien dieser Gesellschaft. Schließlich verkaufte er seine Aktien zu einem gestiegenen Preis und beendete auch den *proxy contest*, was ihm einen Gewinn von ca. $ 100 Mio. einbrachte.

[583] Vgl. oben unter § 9 II.2. Dort werden auch die Motive für die zunehmende Aktivität insbesondere der großen Pensionsfonds genannt.

[584] Laut *Black* (1992), S. 904, lässt sich anhand verfügbarer empirischer Informationen auch der Wert von unabhängigen Direktoren für eine Gesellschaft ablesen.

sellschaft,[585] bessere Übernahmeangebote,[586] Maßnahmen gegen die Installation von Abwehrmitteln gegen eine feindliche Übernahme in einer Gesellschaft, eine bessere Nutzung des freien *cash flow* oder eine angemessene Bezahlung des Managements. Institutionelle Investoren können wegen der Vielzahl der von ihnen gehaltenen Gesellschaften viel effizienter und mit geringeren Kosten gegen Missstände bei den von ihnen gehaltenen Gesellschaften vorgehen.[587] In der Regel streben sie nicht die volle Kontrolle über eine Gesellschaft an, sondern setzen sich nur für eine effiziente und an den Interessen der Aktionäre orientierte Unternehmenspolitik ein. Dabei führen sie auch *proxy contests* in einzelnen für eine Gesellschaft besonders wichtigen Fragen oder um im *board of directors* mit einem Sitz vertreten zu sein.[588] Fraglich war lange Zeit, ob eine vollständige Kontrollübernahme durch einen institutionellen Investor mit dessen oben bereits beschriebenen treuhänderischen Position gegenüber seinen Anlegern zu vereinbaren ist.[589] Dies wird jedoch inzwischen bejaht, und so wurde 1998 durch den öffentlichen Pensionsfonds *TIAA-CREF* der erste *proxy contest* durch einen institutionellen Anleger geführt, in dem dieser mit einem eigenen Kandidatenteam zur Neubesetzung des *board of directors* antrat.[590]

In den meisten Fällen werden die institutionellen Investoren durch *shareholder proposals* aktiv, die sie zu allen möglichen Fragen der Unternehmensführung einreichen.[591] Dabei werden auch Fragen behandelt, bei denen den Aktionären nach einzelstaatlichem Recht an sich kein Einfluss zusteht. Sie werden dann bewusst so formuliert, dass sie den Charakter einer nicht verbindlichen Aktionärsresolution ha-

---

[585] Institutionelle Investoren haben selbst ein stark diversifiziertes Portfolio, mit dem sie ihr Risiko streuen, daher kann eine starke Diversifikation einer Gesellschaft verbunden mit einem *conglomerate discount* nicht in ihrem Interesse liegen, *Black* (1992), S. 905.

[586] Weil institutionelle Investoren oft sowohl Aktien des Bieters wie des Übernahmekandidaten halten, werden sie auch die Auswirkungen der Übernahme auf beide Seiten beachten und ihr Verhalten danach steuern, *Black* (1992), S. 908 ff.

[587] *Black* (1992), S. 898, spricht in diesem Zusammenhang von *economies of scale*.

[588] *Black* (1990), S. 570 ff; *Herzel* (1994), S. 173; *Sommer* (1990), S. 369 ff. Im Jahr 1989 wurde der erste *proxy contest* durchgeführt, in dem es nicht um die Besetzung des *board of directors* ging, sondern um Fragen der Unternehmensführung. Dabei verbündete sich ein großer Einzelaktionär mit zwei institutionellen Anlegern der Gesellschaft *Honeywell*, um zu verhindern, dass vom Management ein *staggered board* (vgl. dazu § 10 III) eingeführt wurde und das Recht der Aktionäre beschränkt wurde, durch *written consent* (vgl. dazu § 10 V) abzustimmen. Hierdurch konnte verhindert werden, dass das Management die notwendige Unterstützung einwerben konnte. Das Aktivwerden der Investoren hatte einen deutlich positiven Effekt auf den Aktienpreis von *Honeywell*, vgl. *Monks/Minow* (2001), S. 137 f.

[589] *Sommer* (1990), S. 369 f.; *Herzel* (1994), S. 170, 173.

[590] Es ging dabei um die Gesellschaft *Furr's/Bishop's*, eine Restaurantkette. *TIAA-CREF* war mit diesem *proxy contest* auch erfolgreich und erhielt bei der Abstimmung 85% der Stimmen. *TIAA-CREF* machte jedoch klar, dass es sich bei dieser Aktion um eine Ausnahme handelte und nicht zu erwarten sei, dass nun regelmäßig *proxy contests* um die Kontrolle der gehaltenen Gesellschaften geführt würden, vgl. *Monks/Minow* (2001), S. 138.

[591] Eine weitere Taktik, um die Unzufriedenheit mit dem amtierenden Management auszudrücken sind sogenannte „*Just Vote No*"-Kampagnen. Dabei geht es darum, durch eine Stimmenthaltung an das amtierende Management ein Signal zu senden, dass die Unzufriedenheit der Anleger zum Ausdruck bringt, vg. dazu z.B. *Grundfest* (1993).

ben.[592] Gleichwohl senden sie ein nicht zu überhörendes Signal an das amtierende Management, dass die Aktionäre mit bestimmten Umständen in der Gesellschaft nicht zufrieden sind.[593]

Immer wieder treten auch einzelne Personen oder Aktionärsgruppen in Fragen der Unternehmensführung mit *proxy contests* oder *shareholder proposals* in Erscheinung. Darunter finden sich so unterschiedliche Personen und Gruppen wie „Aktionärsschützer", ehemalige Manager oder Direktoren der Gesellschaft, Langzeitaktionäre oder Abkömmlinge der Firmengründer.[594] In der Regel werden jedoch auch einzelne Personen, die eine Opposition in der Gesellschaft wagen, versuchen, sich der Unterstützung durch institutionelle Investoren zu versichern.[595]

Beginnend in den siebziger Jahren trat eine Reihe einzelner Personen und Organisationen auf, die über von ihnen formulierte Abstimmungsvorschläge versuchten, soziale Themen, den Verbraucherschutz oder den Umweltschutz in der entsprechenden Gesellschaft zu thematisieren. Dabei handelte es sich oft um Vereinigungen mit kirchlichem Hintergrund, Umweltschutz- oder Menschenrechtsorganisationen, aber auch um institutionelle Investoren.[596]

IV. SONSTIGE BETEILIGTE

Die eben vorgestellten Personengruppen sind zwar die an einem Wettbewerb um Stimmen unmittelbar Beteiligten, doch müssen neben diesen noch diejenigen Personen genannt und beschrieben werden, ohne die sich ein erfolgreicher Wettbewerb heute nicht mehr durchführen lässt. Gerade bei Wettkämpfen von bedeutendem Umfang, in denen es um die Kontrolle der Gesellschaft geht (*proxy contests*), wird keiner einen solchen Wettbewerb wagen, ohne sich dabei von einem mehr oder weniger umfangreichen Beraterstab unterstützen zu lassen.[597] Diese zunehmende Professionalisierung ist seit den

---

[592] Vgl. zu den rechtlichen Voraussetzungen von *shareholder proposals* bereits oben unter § 6.

[593] Angesichts des Bekanntwerdens vieler Fälle von Missmanagement und Betrug im Zuge des *Enron*-Debakels gibt es Stimmen, die verlangen, dass das Management verpflichtet werden sollte, den Vorschlägen der Aktionäre zu folgen, vgl. z.B. *Byrne* (2002), S. 47.

[594] *Schrager* (1986), S. 37. So sorgte im Jahr 2001/2002 der von *Walter Hewlett* geführte *proxy contest* um die Zustimmung der Aktionäre von *Hewlett Packard* zu einer Fusion mit *Compaq* für Aufsehen. Letztlich hing der Misserfolg dieses *proxy contest* von der Entscheidung der institutionellen Investoren ab. Da *Institutional Shareholder Services*, die die Fusion für mehrere große Anleger prüften, eine Zustimmung zur Fusion empfahl, verfehlte das Team um *Walter Hewlett* die nötige Stimmenzahl.

[595] Vgl. die ausführliche Besprechung (*case study*) des *proxy contest* um einen Sitz im *board of directors* von *Sears, Roebuck* bei *Monks/Minow* (2001), S. 362 ff. *Robert Monks* unterlag hier gegen das amtierende Management, obwohl er viele institutionelle Investoren auf seiner Seite hatte. Gleichwohl führten seine Aktivitäten zu einem erheblichen Anstieg des Aktienpreises, *Monks/Minow* (2001), S. 371.

[596] Berühmt wurde die Kampagne des späteren Präsidentschaftskandidaten *Ralph Nader*, „*Campaign GM*", im Jahre 1970. Zwar erreichte er nur ein Abstimmungsergebnis von 3%, doch wurde dies vor allem wegen der großen öffentlichen Anteilnahme als ein großer Sieg des Aktionärsaktivismus gefeiert, *Monks/Minow* (2001), S. 136; vgl. zu dieser Kampagne auch die *Frankfurter Allgemeine Zeitung* vom 08.10.2002: „Das Ende eines revolutionären Autos oder Als die Industrie den Atem anhielt".

[597] *Bagley/Berger* (1997b), S. A-31 f.

frühen fünfziger Jahren zu verzeichnen, in denen es eine Reihe großer *proxy contests* mit dem Ziel eines Kontrollwechsels in den betroffenen Gesellschaften gab.[598] So merkte die *SEC* bereits in ihrem Jahresbericht von 1956 an:

> „*A distinguishing feature of the proxy contests of the last 3 fiscal years from those in the past has been the extensive use by the contending parties of all modern media of opinion formation and communication. Public relations experts are frequently retained to determine the general strategy of the campaigns. The appeal for the shareholder's votes has been increasingly made by means of radio, television, and the public press. The press release, the press conference, and speeches before shareholders themselves and before groups having important influence upon shareholders have been a normal part of the apparatus of the contests. Reprints of published material tending to favour one group or the other have also been utilized. Furthermore, the opposition groups in many cases have engaged in concealed financing devices in connection with the purchase of shares both by themselves and by others whose votes they seek.*"[599]

Heute ist diese Professionalität für die Durchführung eines erfolgreichen *proxy fight* unausweichlich.

1. Professionelle Stimmrechtswerber

Zu den Beratern, die in einem *proxy contest* für den Erfolg sowohl des Herausforderers als auch des amtierenden Managements entscheidend sind, gehören vor allem so genannte *proxy solicitation*-Gesellschaften.[600] Ihre Aufgabe besteht darin, durch Analyse des Aktionärsbestandes, des Abstimmungsverhaltens bestimmter Aktionäre und durch Kontaktaufnahme mit den Aktionären dafür zu sorgen, dass ihre Auftraggeber als Sieger aus dem Stimmrechtswettbewerb hervorgehen.[601] In nur sehr wenigen Fällen wird bei einer umkämpften Wahl um die Besetzung des *board of directors* eine Seite auf die Beauftragung eines professionellen Stimmrechtswerbers verzichten wollen.[602] Durch ihre Erfahrung und ihre persönlichen Kontakte zur *investment community* und den *proxy*-Abteilungen der Handelshäuser und Banken sind professionelle Stimmrechtwerber in

[598] 22 SEC Ann. Rep. 35 (1956). Mehr Anmerkungen zu den großen *proxy fights* der fünfziger Jahre finden sich bei *D. Karr*, Fight for Control (1956); *J. Livingston*, The American Stockholder (1958).

[599] 22 SEC Ann. Rep. 35 (1956).

[600] Zu den führenden professionellen Stimmrechtswerbern gehören z.B. *Gerorgeson and Co.(www.georgeson.com), D.F. King (www.dfking.com), Morrow and Co. (www.morrow.com)* und die *Kissel-Blake Organization (www.kissel-blake.com).*

[601] *Waters* (1992), S.241 ff.; *Schrager* (1986), S. 30.

[602] *Heard/Sherman* (1987), S. 84.

der Regel in der Lage, eine höhere Zahl von Stimmen zu erreichen, als dies das Unternehmen oder der Herausforderer selbst könnte.[603]

Durch ihre jahrelange Erfahrung mit der Werbung von Stimmen wissen Stimmrechtswerber oft, wie ein bestimmter Aktionär oder eine bestimmte Gruppe von Aktionären im Hinblick auf bestimmte Fragen wählen wird. Aus diesem Grund werden Stimmrechtswerber bei Angelegenheiten, bei denen das Management mit einer starken Opposition rechnet, bereits bei der Frage herangezogen, ob ein bestimmter Vorschlag überhaupt zur Abstimmung gestellt werden soll.[604] So wird für verschiedene Vorschläge jeweils ein Abstimmungsszenario entwickelt, auf dessen Grundlage der Klient dann entscheiden kann, ob ein bestimmter Vorschlag zur Abstimmung gestellt werden soll oder nicht. Diese umfangreichen Vorarbeiten sind sicherlich ein entscheidender Grund dafür, warum das Management in der überwiegenden Zahl der Fälle mit einer ungestörten Werbung der Stimmen für seine Vorschläge rechnen kann. Vorschläge, bei denen es aufgrund der Analysen der *proxy solicitors* eine hohe Wahrscheinlichkeit einer Opposition der Aktionäre gibt, werden erst gar nicht zur Abstimmung gestellt. Damit kann die Hinzuziehung externer Berater bereits zu einer mittelbaren Disziplinierung des amtierenden Managements führen.

Sowohl für das amtierende Management als auch für einen möglichen Herausforderer hat die Einschaltung eines professionellen Stimmrechtswerbers unschätzbare Vorteile. Zunächst einmal nimmt der Stimmrechtswerber dem Klienten alle im Zusammenhang mit der Werbung auftretenden technischen und administrativen Arbeiten ab. Er identifiziert die *beneficial owners*, versendet die Materialien an die Aktionäre (*record holders*) und stellt sicher, dass die *beneficial owners* das *proxy*-Material von den als *record holders* fungierenden Banken und Brokern erhalten.[605] Er versucht, durch Anrufe und weitere Werbesendungen Unentschlossene zu motivieren, und führt für den Klienten über die erreichten Aktionäre und ihr voraussichtliches Abstimmungsverhalten Buch.[606]

Die erste der oben beschriebenen Funktionen, nämlich die Identifizierung der *beneficial owners*, ist im Zusammenhang mit der oben schon beschriebenen Eigentumsstruktur sicherlich besonders wichtig.[607] Denn die Registrierung der Aktien im *bank nominee name* erlaubt es dem *beneficial owner*, seine Identität vor der Gesellschaft zu verbergen, und die Gesellschaft weiß oft nicht, wer in Wirklichkeit hinter der Stimmrechtsvollmacht steht. Der wahre Eigentümer wird nur durch die Nummer seines Depots gekennzeichnet. Dies ist besonders in *proxy contests* von Nachteil, da das Management bzw.

---

603 *Heard/Sherman* (1987), S. 84. Deshalb beschäftigen auch viele Unternehmen, die um das Erreichen des nach U.S-amerikanischem Recht notwendigen Quorums fürchten, auch außerhalb eines *proxy contest* professionelle Stimmrechtsvertreter, um eine hohe Beteiligung der Aktionäre sicherzustellen. Auch bei einer erwarteten starken Opposition gegen bestimmte Managementvorschläge (z.B. Maßnahmen, die eine Übernahme verhindern sollen) wird schon im Vorfeld ein Stimmrechtswerber beauftragt, um im Fall eines Wettbewerbs einen Vorteil zu haben. *Heard/Sherman* (1987), S. 84.

604 *Heard/Sherman* (1987), S. 85.

605 Zur Unterscheidung zwischen *record holders* und *beneficial holders* vgl. § 5 III.5.

606 *Heard/Sherman* (1987), S.85.

607 Vgl. § 5 III.5.

der Herausforderer nicht weiß, wer für oder gegen sie gestimmt hat. Ein gezieltes Ansprechen dieser Personen ist somit nicht möglich. Über die Jahre haben die professionellen Stimmrechtswerber ihre eigenen Datenbanken entwickelt, die es in einem großen Teil der Fälle ermöglichen, die Nummern der Konten mit den Namen der Halter zu verbinden. Dadurch wird es dem jeweiligen Klienten des Stimmrechtswerbers ermöglicht, den *beneficial owner* noch einmal anzusprechen, um ihn zu einer Abänderung seiner bereits erteilten Vollmacht zu bewegen.[608]

Während einer *proxy*-Kampagne hält der Stimmrechtswerber engen Kontakt mit den entsprechenden Abteilungen der Broker und Banken, um sicherzustellen, dass das *proxy*-Material an die *beneficial owner* weitergeleitet wird. Anhand dieser Informationen kann entschieden werden, ob das Material ein weiteres Mal zugesandt werden muss. Durch den gehaltenen Kontakt kann der Stimmrechtswerber seinem Klienten auch schon frühzeitig Informationen darüber liefern, wie die Abstimmung bisher verläuft. Dies ist umso wichtiger, als die als *record holder* eingesetzten Banken und Broker oft mit der Weiterleitung der Abstimmungsvollmachten bis kurz vor der Hauptversammlung warten. Der Klient hat so mehr Zeit, durch weitere Werbemaßnahmen eine sich abzeichnende Niederlage abzuwenden.

Sobald die *proxy cards* bei dem um sie Werbenden eingehen, werden sie vom Stimmrechtswerber auf ihre Gültigkeit und ihren Inhalt überprüft. Gewöhnlich wird dabei das Unternehmen, das mit der Werbung der Stimmrechtsvollmachten beauftragt ist, ebenfalls für ihre Zählung auf der Hauptversammlung eingesetzt.[609]

2. Weitere Beteiligte

Zusätzlich zu den so genannten *proxy solicitation*-Gesellschaften beauftragen die widerstreitenden Parteien auch Anwaltskanzleien,[610] Investmentbanken, Public-Relations-Firmen und Wirtschaftsprüfungsgesellschaften mit der Wahrnehmung ihrer Interessen in dem anstehenden Wettbewerb um die Stimmen der Aktionäre.[611] Insbesondere in den spektakulären Wettkämpfen um die Kontrolle einer Gesellschaft, in denen ein *proxy fight* um die Kontrolle des *board of directors* der Unterstützung eines Übernahmeversuchs dient, kann ein Herausforderer ohne die Beratung durch eine Investmentbank die hierbei auftretenden finanziellen Fragen nicht bewältigen. Wegen der hohen Komplexität der rechtlichen Fragestellungen sollte auch professioneller rechtlicher Rat hinzugezogen werden, da einzelstaatliche wie bundesrechtliche Regelungen zu beachten sind, angefangen bei den Fragen der Stimmrechtsvertretung bis zu übernahmerechtlichen Regelungen.

---

[608] *Heard/Sherman* (1987), S. 85.

[609] *Heard/Sherman* (1987), S. 85.

[610] Zur Rolle von Anwälten in einem *proxy fight* siehe auch bei *Stephan* (1955); *Glenn* (1959); *Barnhill* (1965).

[611] *Schrager* (1986), S. 30; *Bagley/Berger* (1997b), S. A-31 f.

V. ERGEBNIS

Als Ergebnis ist festzuhalten, dass vor allem die Veränderung der Aktionärsstruktur weg von der Gruppe der zersplitterten Kleinaktionäre hin zu den institutionellen Anlegern nicht hoch genug eingeschätzt werden kann, will man die Frage beantworten, wie sich die einzelnen direkt an einem Wettbewerb um die Stimmen der Aktionäre beteiligten Gruppen verhalten. Dies hat zu einer neuen Macht der Aktionäre in den Vereinigten Staaten geführt und damit zu einer Wiederbelebung der wettbewerblichen Strukturen des US-amerikanischen Systems der Stimmrechtsvertretung. Diese Entwicklung hat sowohl das Management als auch die Aktionäre wie auch die möglichen Herausforderer in ihrem Verhalten entscheidend beeinflusst. Zudem zeigt sich hieran, wie wichtig neben bestimmten rechtlichen Regelungen tatsächliche Entwicklungen für das Funktionieren einer bestimmten *Corporate Governance-Struktur* sein können. Ein Investor, dessen Anteil groß genug ist, um sich Gehör in der Gesellschaft zu verschaffen oder der durch seine Größe in der Lage ist, sich auch bei anderen Großanlegern Gehör zu verschaffen, kann mit dem ihm von der Rechtsordnung zur Verfügung gestellten Rahmen ganz anders umgehen. Andererseits verschafft er auch einem kleinen Anleger die Möglichkeit, diese Aktionärsrechte wahrzunehmen, weil er jede Abstimmungsentscheidung sorgfältig auf ihre Wertigkeit überprüfen wird und seine erhebliche Stimmkraft unter Umständen zugunsten eines Herausforderers in die Waagschale werfen wird, der selbst nur sehr wenige Anteile an der betroffenen Gesellschaft hält.

Empirische Studien haben bisher noch keinen eindeutigen Beleg für einen positiven Wirkungszusammenhang zwischen der aktiven Einforderung verbesserter *Corporate Governance* durch institutionelle Investoren und der Performance von Unternehmen geliefert.[612] *Black* kommt zu der generellen Schlussfolgerung, dass der *Shareholder Activism* nach US-amerikanischem Stil nur einen sehr geringen Einfluss auf die Performance der Unternehmen ausübt.[613] *Karpoff* kommt zu einem ähnlichen Ergebnis.[614]

Wie sich die Aktivitäten der institutionellen Investoren daher in Zukunft darstellen werden, ist noch nicht absehbar. Institutionelle Investoren, die bei der Vermarktung ihrer Produkte einem hohen Wettbewerbsdruck ausgesetzt sind, werden die von ihnen eingesetzten Mittel sicherlich verstärkt auf ihren Wert überprüfen. Problematisch ist dabei, dass bei einer direkten Einflussnahme auf das Management positive Effekte aus *Shareholder Activism* allen Aktionären zufallen, während die damit verbundenen Kosten allein vom aktiven Aktionär zu tragen sind. Der hohe Wettbewerbsdruck zwischen den institutionellen Investoren und der hohe Grad an Transparenz laden geradezu zum *Free Riding* auf die Anstrengungen anderer ein.[615] Daraus könnte ein Rückzug der institutionellen Investoren aus ihren Aktivitäten resultieren bzw. könnte dies dazu füh-

---

[612] Vgl. *Council of Institutional Investors* (1994) und *Steiger* (2000) für einen Überblick über die Ergebnisse von 100 empirischen Studien zum *Shareholder Activism* und andern Corporate-Governance-Themen.

[613] *Black* (1997).

[614] *Karpoff* (1998).

[615] *Gerke* (2001), S. 29.

ren, dass sie sich vermehrt einer indirekten Kontrolle durch die Aufstellung bestimmter *Codes* bedienen.[616] Dies wird aber sicherlich nicht für alle Investoren gelten, denn gerade für große Pensionsfonds und indexierte Investmentfonds stellt sich aufgrund ihrer Anlagestrategie und ihrem Zeithorizont die Frage nach „Exit" oder „Voice" nicht,[617] da ein Ausstieg für sie nicht in Betracht kommt. Diese Anleger werden sich daher auch in Zukunft um die Werthaltigkeit ihrer Portfolios kümmern, indem sie Maßnahmen unterstützen, die zu langfristigen Verbesserungen in den betroffenen Gesellschaften führen können.

VI. ZUSAMMENFASSUNG

Von einem Wettbewerb um die Stimmen der Aktionäre werden verschiedene Personengruppen in sehr unterschiedlicher Weise berührt. Zu nennen sind dabei das Management der betroffenen Gesellschaft, deren Aktionäre, die möglichen Herausforderer sowie verschiedenste Berater, die auf beiden Seiten tätig werden. Durch die unterschiedlichen Situationen, in denen sich die beteiligten Gruppen befinden, wird auch ihr Verhalten in einem Wettbewerb um Stimmen bestimmt.

Das Management wird der Herausforderung durch einen Aktionär in der Regel feindlich gegenüberstehen, weil es sich durch diese in seiner Position gefährdet sieht, und wird sich der umfangreichen Mittel, die ihm die Gesellschaft zur Verfügung stellt, bedienen, um einen Erfolg des Herausforderers zu verhindern. Hierzu kann das Management, bereits bevor überhaupt die Durchführung einer Kampagne droht, durch präventive Maßnahmen versuchen, mögliche Herausforderer abzuschrecken. Oft wird allerdings auch versucht, dem Herausforderer entgegenzukommen und sich mit diesem gütlich zu einigen, indem einige der von ihm gestellten Forderungen erfüllt werden. Dies kann auch dazu führen, dass einem Herausforderer für die Beendigung einer Kampagne ein bestimmter Geldbetrag gezahlt wird, wenn dies auch an sich unzulässig ist.

Gegenüber der Gruppe des Managements, dessen Interessen in einem Wettbewerb um Stimmen relativ einfach zu bestimmen sind, zerfällt die Gruppe der Aktionäre der Gesellschaft in verschiedene Lager, deren Verhalten je nach Gruppe sehr unterschiedlich ausfallen kann. Zu nennen sind hier einerseits die Kleinaktionäre und andererseits die institutionellen Investoren. Die Kleinaktionäre verhalten sich in der Regel gegenüber den Angelegenheiten der Gesellschaft *„rational apathisch"*, d.h. sie investieren angesichts ihres geringen Anteils nur wenig Zeit, um sich für die Angelegenheiten der Gesellschaft zu interessieren. In der Regel stimmen sie, wenn sie überhaupt von ihrem Stimmrecht Gebrauch machen, mit dem amtierenden Management, da ihnen dieses bekannt ist. Ihr Hauptaugenmerk richten sie auf den Kurs der von ihnen gehaltenen Aktien. Fällt dieser Kurs, weil die Gesellschaft nicht erfolgreich geführt wird, so verkaufen sie ihre Aktien, anstatt sich in die Angelegenheiten der Gesellschaft einzumischen (*Wall Street Rule*). Es bedarf für einen Herausforderer daher erheblicher Anstrengungen, Kleinaktionäre auf seine Seite zu bringen. Da die starke Zersplitterung der Anteilseigner

---

[616] *Gerke* (2001), S. 29 f.

[617] Vgl. dazu *Hirschmann* (1970).

in viele einzelne Anleger über lange Zeiten hinweg das typische Bild einer US-amerikanischen Publikumsgesellschaft darstellte, sprach man als Folge hiervon von dem Phänomen der Trennung von Eigentum und Kontrolle. Die Aktionäre übten ihre aus ihrem Eigentum fließenden Kontrollrechte an einer Gesellschaft entweder gar nicht oder über das amtierende Management aus, das dadurch die zentrale Machtposition der Gesellschaft erhielt, obwohl es an der Gesellschaft keinen oder nur einen geringen eigenen Anteil besaß. Wettbewerbe um die Stimmen der Aktionäre können in einem solchen Umfeld keinen entscheidenden Beitrag zur Unternehmenskontrolle leisten.

Die über lange Zeit gültige Beobachtung der Trennung von Eigentum und Kontrolle wird durch das Aufkommen der großen institutionellen Anleger relativiert, die seit einigen Jahrzehnten dafür sorgen, dass sich das Machtgefüge in einer typischen US-amerikanischen Gesellschaft wieder zugunsten der Aktionäre verschiebt. Inzwischen ist die Mehrheit aller US-amerikanischen Aktien in den Händen institutioneller Anleger. Hierdurch wurde die atomistische Zersplitterung der Anteilseigner überwunden, und seit den achtziger Jahren sind diese Aktionäre auch zunehmend gewillt, in die Unternehmenspolitik einzugreifen. An der Spitze der Bewegung stehen die Pensionsfonds als größte institutionelle Anleger. Diese erkannten gerade auch wegen der von ihnen verfolgten breit gestreuten und an Indizes orientierten Anlagepolitik, dass sie mangels anderer Investitionsmöglichkeiten versuchen mussten, in den von ihnen gehaltenen Gesellschaften steuernd einzugreifen, um den Wert ihres Investments nachhaltig zu steigern. Hierdurch gewann die Ausübung des Stimmrechts und damit die Beteiligung an *proxy contests* und *shareholder proposals* eine neue Bedeutung. Die Pensionsfonds setzten sich zu Beginn der neunziger Jahre entscheidend dafür ein, die *proxy rules* zu reformieren, um die Kommunikation der Aktionäre zu erleichtern. Auch andere institutionelle Anleger wie Investmentfonds, Banken, Versicherungen, Universitäten und Stiftungen gewannen an Bedeutung und führten damit zu einer Abnahme der Zersplitterung unter den Anteilseignern. Sie sind jedoch vor allem wegen ihres unterschiedlichen Anlagehorizonts oder wegen anderer geschäftlicher Verknüpfungen zu den von ihnen gehaltenen Gesellschaften weniger gewillt, durch Wettbewerbe um die Stimmen der Aktionäre in Erscheinung zu treten. Insgesamt hat die Entwicklung dazu geführt, dass für den Erfolg eines Wettbewerbs heute die Abstimmungsentscheidung der institutionellen Anleger Ausschlag gebend ist.

Die Gruppe der Herausforderer setzt sich aus den unterschiedlichsten Personen und Gruppen zusammen. In den meisten Fällen handelt es sich bei den Herausforderern in einem Wettbewerb um die Stimmen der Aktionäre um andere Gesellschaften, Großinvestoren, institutionelle Anleger, Aktionärsgruppen und einzelne Aktivisten. Diese handeln aus unterschiedlichen Motiven und Zielen im Hinblick auf die Gesellschaften, in denen sie aktiv werden. Andere Gesellschaften sind oft an einem *proxy contest* beteiligt, weil sie die Kontrolle in einer Gesellschaft übernehmen wollen. Diese *proxy contests* sind dann häufig mit einem Übernahmeangebot verbunden. Aber auch professionelle Investoren bedienen sich des *proxy contest*, um über die kurzfristige Steigerung des Unternehmenswertes zu verdienen. Das Interesse der bereits benannten institutionellen Investoren, sofern sie sich über Wettbewerbe aktiv in die Unternehmenspolitik einmischen, ist in der Regel auf eine Veränderung der Unternehmenspolitik im Hinblick auf das Aktionärsinteresse ausgerichtet. Sie treten oft auch als Initiatoren von *shareholder proposals* auf, die sich mit Fragen der *Corporate Governance* befassen. Auch einzelne Personen oder Aktionärsgruppen treten immer wieder als Herausforderer in Erscheinung und verfolgen dabei die unterschiedlichsten Ziele. Besonders zu erwähnen sind die seit den siebziger Jahren verbreiteten *shareholder proposals* zu sozialen Fragen, dem Verbraucherschutz oder dem Umweltschutz.

Neben diesen direkt an einem Wettbewerb um die Stimmen der Aktionäre beteiligten Personen spielt außerdem die Gruppe der Berater vor allem in einem heiß umkämpften *proxy contest* eine entscheidende Rolle. Besonders hervorzuheben sind hierbei die professionellen Stimmrechtswerber (*proxy solicitors*), ohne die die Durchführung eines *proxy contest* nicht denkbar ist. Sie sorgen durch die Analyse des Aktienbestandes, des Abstimmungsverhaltens der Aktionäre und durch gezielte Kontaktaufnahme dafür, dass ihre Auftraggeber als Sieger aus dem Wettbewerb hervorgehen. Aber auch andere Berater wie Anwaltskanzleien, Investmentbanken, Public-Relations-Firmen und Wirtschaftsprüfungsgesellschaften können für den Erfolg einer Partei entscheidend sein.

Im Ergebnis hat in den letzten Jahrzehnten vor allem die Veränderung der Aktionärsstruktur das Verhalten der Beteiligten in Wettbewerben um die Stimmen der Aktionäre beeinflusst. Der Aufstieg der institutionellen Investoren hat den Aktionären in vielen Fällen eine neue Stimme gegeben. An dieser Entwicklung zeigt sich, wie wichtig neben einem gut gefügten rechtlichen Rahmen die tatsächlichen Umstände sind, unter denen sich ein *Corporate Governance-System* bewähren muss.

§ 10 VERTEIDIGUNGSMÖGLICHKEITEN GEGENÜBER PROXY CONTESTS

Durch die Einleitung eines *proxy contest*, in dem es um eine Neubesetzung des *board of directors* geht, wird das Management, ähnlich wie bei einem Übernahmeversuch, direkt in seinem Amt bedroht. Aus seiner Sicht ist es daher nur rational, wenn es möglichst schon im Vorfeld Maßnahmen ergreift, die den möglichen Erfolg eines Herausforderers verhindern - ohne dass ein Wettbewerb bereits konkret bevorstünde.

Bei einem bloßen *shareholder proposal* sind derartige Maßnahmen nicht möglich. Wird ein Abstimmungsvorschlag eingereicht, so muss das Management den Vorschlag des Aktionärs in sein *proxy statement* aufnehmen, sofern nicht einer der enumerativ aufgezählten Ablehnungsgründe vorliegt.[618] Ein *shareholder proposal* kann der amtierenden Unternehmensleitung aber auch nicht so gefährlich werden, da Abstimmungsvorschläge, die im Zusammenhang mit der Wahl des *board of directors* stehen, nicht erlaubt sind.[619] Die Motivation, Maßnahmen zur Verhinderung von *shareholder proposals*

---

[618] Vgl. zum *shareholder proposal* insgesamt bereits oben unter § 6, zu den Ablehnungsgründen im besonderen § 6 II.

[619] *Rule 14-8(i)(8)*; vgl. dazu auch bereits oben § 6 II.4.

zu ergreifen, ist daher auch nicht so groß wie der Wille, den Erfolg von Wettbewerben um die Kontrolle einer Gesellschaft zu verhindern.

Um einen Herausforderer in einem *proxy contest* abzuwehren oder ihn im Vorfeld bereits von seinem Vorhaben abzuschrecken, kommen verschiedene Möglichkeiten in Betracht. Oft lassen sich diese nicht von solchen Maßnahmen unterscheiden, die auch der Abwehr einer feindlichen Übernahme dienen.[620] Dies hängt einerseits damit zusammen, dass der *proxy contest* neben dem Versuch einer feindlichen Übernahme die zweite Möglichkeit ist, die Kontrolle in einer solventen Gesellschaft gegen den Willen des Managements an sich zu ziehen.[621] Maßnahmen, mit denen das Management die Ausübung dieser Stimmrechte beschränken kann, eignen sich daher grundsätzlich sowohl zur Abwehr von feindlichen Übernahmeversuchen als auch zur Abwehr von *proxy contests for corporate control*. Andererseits treten jedoch *proxy contest* und *tender offer* seit einiger Zeit auch vermehrt gemeinsam auf, um durch eine Abstimmung der Aktionäre in einer Gesellschaft bestehende Abwehrmaßnahmen gegen die feindliche Übernahme zu überwinden.[622] Um eine solche Abstimmung der Aktionäre zumindest zu erschweren, versuchen die Gesellschaften, Methoden zu etablieren, mit denen sowohl *tender offers* als auch *proxy contests* abgewehrt werden können.

Dies war nicht immer so. Als feindliche Übernahmen lange Zeit im Mittelpunkt des Interesses standen und die vorherrschende Methode darstellten, um die Kontrolle in einer Gesellschaft zu übernehmen, konzentrierten sich auch die Unternehmensleitungen vornehmlich auf die Abwehr feindlicher Übernahmeversuche. Dabei wurde den Aktionären regelmäßig empfohlen, sich bei Unzufriedenheit mit der Leistung des Managements der Mittel des *proxy*-Systems zu bedienen, anstatt ihre Aktien einem Bieter zu überlassen. Diese Position wurde jedoch aufgegeben, als die Übernahmewelle abebbte. Denn man erkannte sehr bald, dass auch *proxy contests* eine wirkliche Gefahr für das amtierende Management darstellen können und begann, auch gegen sie Barrieren zu errichten.[623]

Die beste Methode für das amtierende Management, um zu verhindern, dass es mit einem *proxy contest* konfrontiert wird, ist immer noch, wie bei dem Versuch, eine Übernahme zu verhindern, dafür zu sorgen, dass es von der Mehrzahl der Aktionäre in seiner Unternehmenspolitik unterstützt wird.[624] Da dies in vielen Fällen nicht gelingt, kann es

---

[620] Zu Abwehrstrategien gegen feindliche Übernahmeversuche siehe z.B. *Fleischer/Sussman* (1990); *Lipton/Steinberger* (1978).

[621] *Manne* (1965), S. 114.

[622] Zum Verhältnis von *proxy contest* und *tender offer* als alternative bzw. kumulative Mittel der Kontrollübernahme vgl. ausführlich § 13.

[623] *Gilson/Gordon/Pound* (1991), S. 30 f.

[624] Siehe dazu eingehend bei *Bebchuk/Kahan* (1990), S. 1101 f. Dabei kann das Management einerseits die tatsächliche Qualität seiner Handlungen steigern, um so die Zufriedenheit der Aktionäre zu bewahren oder gar zu steigern, es kann jedoch auch durch bestimmte Maßnahmen versuchen, die Wahrnehmung der Aktionäre von seiner vermeintlichen Leistungsfähigkeit in einer bestimmten Weise zu beeinflussen, etwa durch die Zahlung hoher Dividenden, Änderung der Buchführung oder *Investor Relations*-Maßnahmen, vgl. *Bebchuk/Kahan* (1990), S. 1102 f. Zum Verhalten des Managements in einem Wettbewerb um Stimmrechtsvollmachten vgl. auch schon § 9 I.

jedoch auch Maßnahmen ergreifen, die lediglich die Möglichkeit eines Erfolges des Herausforderers in einem *proxy contest* erschweren.[625] Diese Maßnahmen sollen im Folgenden beschrieben werden.

I. SHAREHOLDER RIGHTS PLANS

1. Überblick über Shareholder Rights Plans

Ungefähr die Hälfte der großen Publikumsgesellschaften in den Vereinigten Staaten hat so genannte *Shareholder Rights Plans*.[626] Diese werden oft auch *poison pills* genannt.[627] Viele weitere Gesellschaften könnten bei Bedarf solche Pläne in Kraft setzen, wenn diese gebraucht würden.[628] Sie sind in vielen Staaten der *USA* ausdrücklich gesetzlich erlaubt.[629] In den meisten anderen Staaten haben die Gerichte die Einführung solcher Pläne nicht beanstandet.[630] Dabei hat sich von einer Vielzahl verschiedener Varianten der *poison pills* der *Share Purchase Rights Plan* (*Rights Plan*) als das populärste und effektivste Abwehrmittel erwiesen.[631] Er soll deshalb im Folgenden kurz beschrieben werden.[632]

Rights Plans werden normalerweise vom *board of directors* einer Gesellschaft eingeführt; es bedarf dafür keiner Abstimmung der Aktionäre.[633] Es wird jedem Aktionär für jede Aktie, die er besitzt, durch eine Dividende ein Recht zugeteilt. Dieses Recht gibt dem Aktionär die Möglichkeit, Stamm- oder Vorzugsaktien seiner Gesellschaft oder eines potenziellen Käufers der Gesellschaft zu kaufen.[634] Mit der Ausgabe sind diese Rechte an die Aktien gebunden, für die sie erteilt wurden. Sie können auch nur mit diesen übertragen werden. Erst wenn ein so genanntes „auslösendes Ereignis" (*triggering event*) auftritt, werden handelbare Zertifikate über die Rechte an die Aktionäre verteilt und können diese ausgeübt werden.[635] Der Ausübungspreis für die ausgegebenen Rechte beträgt zunächst das Drei- bis Fünffachen des Preises, zu dem die Aktien der Gesellschaft an der Börse gehandelt werden.[636] Dies ändert sich, sobald ein Übernahmeinteressent die *flip in* oder *flip over provisions* auslöst. Die *flip in provision* wird ausgelöst, sobald der Übernahmeinteressent einen bestimmten Anteil der Aktien an

---

[625] Vgl. auch *Schrager* (1986), S. 42, der in der Bedrohung durch *proxy contests* einen Grund dafür sieht, dass Instrumente zur Verhinderung von Übernahmen eingeführt werden.

[626] *Thomas/Dixon* (1998), § 20.02.

[627] *Lipton/Steinberger* (1978), § 6.03[4].

[628] *Thomas/Dixon* (1998), § 20.02.

[629] *Black* (1990), S. 550 Fn. 97.

[630] *Black* (1990), S. 550 Fn. 97.

[631] *Lipton/Steinberger* (1978), § 6.03[4].

[632] Eine ausführliche Besprechung dieses Abwehrmittels findet sich auch bei *Lipton/Steinberger* (1978), § 6.03[4].

[633] *Thomas/Dixon* (1998), § 20.02.

[634] *Thomas/Dixon* (1998), § 20.02.

[635] *Thomas/Dixon* (1998), § 20.02.

[636] *Lipton/Steinberger* (1978), § 6.03[4][b].

der Zielgesellschaft erworben hat. Dann haben die Altaktionäre der Gesellschaft das Recht, Aktien der Zielgesellschaft mit einem erheblichen Preisnachlass zu erwerben, wobei die Erwerbsrechte des Übernahmeinteressenten durch die Bedingungen des *Rights Plan* gesperrt sind. Dies führt zu einer Verwässerung der Anteilsquote des Übernahmeinteressenten und erschwert es ihm, einen Anteil an der Gesellschaft zu erwerben, der ihm die Kontrolle ermöglicht.[637] Eine *flip over provision* soll dagegen die Aktionäre davor schützen, dass sie dazu gezwungen werden, ihre Aktien an der Zielgesellschaft abzugeben. Durch die Auslösung dieser *provision* wird den Aktionären das Recht eingeräumt, Aktien der übernehmenden Gesellschaft mit einem Abschlag zu kaufen, wenn es zu einem *freeze-out merger* oder einer ähnlichen Transaktion kommt.[638] Dadurch werden wiederum die Anteilsquoten, diesmal jedoch der übernehmenden Gesellschaft, verwässert.[639]

Insgesamt werden durch *Shareholder Purchase Rights Plans* die Kosten für einen Bieter erheblich erhöht, was im Ergebnis feindliche Übernahmeversuche abschrecken soll.[640] Beim *board of directors* verbleibt aber die Möglichkeit, die ausgegebenen Rechte vor der Auslösung der Ausübungsrechte zu einem festgelegten Preis zurückzunehmen.[641] Die Einführung eines *Shareholder Purchase Rights Plan* zwingt somit den Übernahmeinteressenten dazu, sich mit dem *board of directors* der Zielgesellschaft auseinanderzusetzen, entweder um mit diesem zu einer freundlichen Einigung zu gelangen oder um dieses durch einen *proxy contest* auszutauschen, um den *Shareholder Purchase Rights Plan* zunächst durch das *board* zurückzunehmen und dann die Übernahme durchzuführen.[642] Durch einen solchen Plan wird also die Verhandlungsmacht des *board of directors* erheblich erhöht.[643] Die *directors* sind aus ihrer *fiduciary duty* dazu verpflichtet, solche Übernahmeversuche abzuwehren, von denen sie meinen, dass sie nicht dem Interesse der Aktionäre entsprechen.[644] Ob das *board of directors* seine treuhänderischen Verpflichtungen erfüllt hat, wird von den Gerichten nach dem *Unocal standard* überprüft.[645]

2. Einfluss von Shareholder Rights Plans auf proxy contests

Ein *Shareholder Rights Plan* kann die Möglichkeiten eines potenziellen Herausforderers, einen erfolgreichen *proxy contest* zur Auswechslung des Managements zu führen, erheblich einschränken. Dabei erschwert er nicht nur den Erwerb eines bedeutenden

---

[637] *Augliera* (1989), S. 809.

[638] *Lipton/Steinberger* (1978), § 6.03[4][b].

[639] *Lipton/Steinberger* (1978), § 6.03[4][b].

[640] *Thomas/Dixon* (1998), § 20.02.

[641] *Lipton/Steinberger* (1978), § 6.03[4][b].

[642] *Lipton/Steinberger* (1978), § 6.03[4][b].

[643] Vgl. *Moran v. Household Int'l, Inc.*, 490 A.2d 1059, 1066 (Del. Ch. 1985), *aff'd*, 500 A.2d 1356 (Del. 1985).

[644] *Unocal Corp. v. Mesa Petroleum Co.*, 493 A.2d 946, 954 (Del. 1985).

[645] *Unocal Corp. v. Mesa Petroleum Co.*, 493 A.2d 946, 954 (Del. 1985); *Thomas/Dixon* (1998), § 20.02. Vgl. dazu noch ausführlich unter § 10 VIII.2.

eigenen Anteils an einer Gesellschaft, sondern kann auch die Kommunikation zwischen den Aktionären und die Werbung anderer Aktionäre erheblich belasten oder sogar verhindern.

Zunächst einmal verhindert ein solcher Plan, dass jemand einen Anteil an einer Gesellschaft erwirbt, durch den er den *triggering level* des *Rights Plan* überschreitet. Denn dadurch würde eine massive Verwässerung seines Anteilsbesitzes eintreten, wie dies bereits oben beschrieben wurde.[646] Das *board of directors* kann außerdem, sobald es von einem Aktionär erfährt, der in Vorbereitung eines *proxy contest* seinen Anteilsbesitz an der Gesellschaft ausbaut,[647] den *triggering level* des *Rights Plan* kurzfristig herabsetzen.[648]

Rights Plans können auch die Möglichkeiten der Aktionäre, miteinander zu kommunizieren, erheblich einschränken. So werden in einem *Rights Plan* alle Aktien eines *beneficial owners*[649] zusammengerechnet und zählen damit für die Frage mit, wann der *triggering level* des *Rights Plan* erreicht wird.[650] Nach der Definition vieler *Shareholder Rights Plans* stellen auch Gruppen von Aktionären einen *beneficial owner* dar.[651] Dabei werden einer Gruppe alle Aktien zugerechnet, deren Stimmrecht sie direkt oder indirekt ausüben darf, außer solchen Stimmrechtsvollmachten, die die Gruppe als widerrufliche *proxies* im Einklang mit den *proxy rules* im Rahmen einer öffentlichen Werbung um Stimmrechtsvollmachten erworben hat.[652] Durch diese breite Definition werden unzufriedene Aktionäre davon abgehalten, sich im Vorfeld eines *proxy contest* beispielsweise über die von ihnen zu nominierenden Direktoren zu einigen.[653] Noch schwieriger wird es für die potenziellen Herausforderer, wenn es von dem Ermessen des amtierenden *board of directors* abhängt, wer nach den Voraussetzungen des *Rights Plan* als *beneficial owner* welcher Aktien angesehen wird.[654]

In jüngerer Zeit haben die Gesellschaften versucht, den Erfolg von *proxy fights* durch so genannte *dead hand* oder *continuing director provisions* zu verhindern. Durch diese Bestimmungen in den entsprechenden *Rights Plans* wird nur den amtierenden *directors* oder den von ihnen bestimmten Nachfolgern erlaubt, eine *poison pill* zurückzunehmen. Hierdurch wird verhindert, dass ein Übernahmeinteressent durch einen *proxy contest* die Kontrolle über eine Gesellschaft erlangt, um dann durch das von ihm besetzte *board of*

---

646 Vgl. § 10 I.1.

647 Dies wird oft dadurch bekannt, dass der Aktionär in Erfüllung seiner Verpflichtungen aus dem *Williams Act* bestimmte Informationen bei der *SEC* einreichen muss (*Schedule 13D*), vgl. dazu oben § 8 I.2.

648 *Thomas/Dixon* (1998), § 20.02[A].

649 Vgl. zum Begriff des *beneficial owner* bereits § 5 III.5.

650 *Thomas/Dixon* (1998), § 20.02[A].

651 Dabei bedient man sich der Definition von *Rule 13D*, *Warren/Abrams* (1992), S. 663.

652 *Black* (1990), S. 551; *Warren/Abrams* (1992), S. 663.

653 *Thomas/Dixon* (1998), § 20.02[A].

654 *Black* (1990), S. 551.

directors den *Rights Plan* entfernen zu lassen, denn dann wäre der Weg für eine Übernahme der Gesellschaft frei.[655]

Vor dem Jahr 1998 waren die einzigen beiden Gerichte, die sich mit *dead hand provisions* auseinandersetzen mussten, zu völlig unterschiedliche Ergebnissen im Hinblick auf ihre Gültigkeit gekommen.[656] In der Literatur wurde dagegen für ihre Ungültigkeit gestimmt.[657] Im Jahre 1998 setzte sich dann der *Delaware Chancery Court* in dem Fall *Carmody v. Toll Brothers, Inc.*[658] mit der Gültigkeit von *dead hand provisions* auseinander. Dabei wurde festgestellt, dass solche Bestimmungen aus verschiedenen Gründen nicht mit dem Gesellschaftsrecht von *Delaware* zu vereinbaren sind. Unter anderem kollidieren sie mit dem gesetzlich bestimmten Recht der *directors*, die Geschäfte und Angelegenheiten einer *corporation* zu lenken.[659] In der Entscheidung *Quickturn Design Systems, Inc. v. Mentor Graphics Corp.*[660] musste sich der *Delaware Supreme Court* außerdem mit der Gültigkeit einer so genannten *slow hand provision* befassen.[661] Dabei stellte das Gericht fest, dass eine solche Bestimmung die gesetzlich festgeschriebenen Kompetenzen des *board of directors* in unzulässiger Weise beschränkt.[662] Außerdem würden dadurch die Möglichkeiten des *board of directors*, Verhandlungen über einen möglichen Verkauf der Gesellschaft zu führen, erheblich eingeschränkt. Das neue *board* wäre so aber nicht mehr in der Lage, seine treuhänderischen Verpflichtungen gegenüber den Interessen der Aktionäre einzuhalten.[663] Der *Delaware Supreme Court* kam daher zu dem Ergebnis, dass *dead hand* und *slow hand provisions* mit dem Recht von *Delaware* nicht zu vereinbaren sind.

Dagegen wurden *Rights Plans* mit einer *flip-over feature*, die entsprechende Regelungen nicht enthielten, von den Gerichten für zulässig erachtet, auch wenn sie die Chancen eines Herausforderers, einen *proxy contest* zu gewinnen, beschränken. Entscheidend ist nur, dass der *Rights Plan* Teil einer umfassenden Strategie ist, mit der feindliche Übernahmen verhindert werden sollen.[664] Nur in Fällen, in denen die Auswirkungen

---

[655] *Thomas/Dixon* (1998), § 20.02[A].

[656] In *Bank of New York Co. v. Irving Bank Corp.*, 528 N.Y.S.2d 482, 485 (N.Y. Sup. Ct. 1988), wurde die *dead hand provision* aufgehoben, anders dagegen in *Invacare v. Healthdyne Technologies*, 968 F.Supp 1578, 1580 (N.D. Ga. 1997), dort hatte sie Bestand.

[657] *Gordon* (1997), S. 535; *Lese* (1996), S. 2175 f.

[658] Del. Ch., C.A. No. 15983, Jacobs, V.C., 1998 WL 418896 (July 27, 1998).

[659] *Carmody v. Toll Brothers*, slip op. at 24-26.

[660] 721 A.2d 1281 (Del. 1998).

[661] Die *slow hand provision* oder *delayed redemption provision* ist der *dead hand provision* sehr ähnlich. Im Grunde stellt es nur eine abgeschwächte Version der *dead hand provision* dar, denn es verbietet einem neugewählten *board of directors* nicht generell einen bestehenden *rights plan* aufzuheben, sondern verbietet dies nur für einen begrenzten Zeitraum, etwa die ersten sechs Monate nach der Wahl. Vgl. dazu auch *Lese* (1996), S. 2208.

[662] Vgl. Del.Gen.Corp.L. § 141(a). *Quickturn Design Systems, Inc. v. Mentor Graphics Corp.*, 721 A.2d 1291 (Del. 1998).

[663] *Quickturn Design Systems, Inc. v. Mentor Graphics Corp.*, 721 A.2d 1292 (Del. 1998).

[664] *Moran v. Household Int'l, Inc.*, 490 A 2d 1059 (Del. Ch. 1985), *aff'd*, 500 A.2d 1346 (Del. 1985).

eines *Rights Plan* sehr negativ waren, erklärten die Gerichte die Anwendung in *proxy contests* für ungültig.[665]

In einem späteren Verfahren mussten die Gerichte von *Delaware* sich auch mit der Wirksamkeit eines *flip-in feature* in einem *Rights Plan* befassen und zwar in der Konstellation, dass sich der Bieter einer Kombination aus Übernahmeangebot und *proxy contest* bedient.[666] Hier griff das Gericht zunächst auf die Grundsätze zurück, die in dem bereits oben angesprochenen Fall *Moran* entwickelt worden waren. Es wandte jedoch zusätzlich den für Maßnahmen gegen feindliche Übernahmen entwickelten *Unocal*-Test an.[667] Dabei kam es zu dem Ergebnis, dass die Anwendung des *Rights Plan* angemessen war.

Insgesamt lässt sich sagen, dass in den Fällen, in denen ein Übernahmeangebot mit einem *proxy contest* verbunden wird, die Gerichte dem amtierenden *board of directors* einen großen Spielraum für die Anwendung von *poison pills* geben, auch wenn sich diese gegen die Möglichkeit eines Herausforderers richten, einen erfolgreichen *proxy contest* durchzuführen.[668] Einem Herausforderer ist daher zu raten, sich zunächst auf die Durchführung eines *proxy contest* zu konzentrieren, um so das Management zu zwingen, in Verhandlungen über eine freundliche Übernahme einzutreten, oder um das *board of directors* mit eigenen Kandidaten zu besetzen und damit die Gesellschaft zu kontrollieren.[669]

II. Einzelstaatliche Anti-Takeover Statutes

Die Entwicklung der einzelstaatlichen Gesetzgebung zur Regulierung von Übernahmen verlief in drei verschiedenen Stufen, die hier nur kurz angedeutet werden sollen, bevor die wichtigsten Regulierungen und ihre Auswirkungen auf die Durchführung von *proxy contests* beschrieben werden.[670]

Die Übernahmeaktivitäten der siebziger Jahre führten dazu, dass mehr als 35 Staaten der *USA* Gesetze erließen, um Übernahmen zu regulieren.[671] Kern dieser *first generation takeover statutes* war es, die Publizitätsvorschriften des *Williams Act* zu erweitern und den Zielgesellschaften zu ermöglichen, Übernahmeangebote über die im *Williams Act* festgelegten Fristen hinaus zu verlängern.[672] Weil die Staaten sich bei ihrer Regulierung auf die Erweiterung der bestehenden bundesrechtlichen Gesetze konzentrierten, waren sie von Beginn an erheblichen verfassungsrechtlichen Bedenken ausgesetzt, und so hat schließlich der *Supreme Court* das Gesetz des Bundesstaates *Illinois*

---

665 *Thomas/Dixon* (1998), § 20.02[B] m.w.N.

666 *Stahl v. Apple Bancorp, Inc.*, C.A. No. 11510, *available in* 1990 Del. Ch. LEXIS 121 (Aug. 9, 1990).

667 Vgl. dazu noch ausführlich § 10 VIII.2.

668 *Thomas/Dixon* (1998), § 20.02[B].

669 *Thomas/Dixon* (1998), § 20.02[B].

670 Zur einzelstaatlichen Regulierung von Übernahmen vgl. ausführlich *Lipton/Steinberger* (1978), §§ 5.02-5.05; *Merkt* (1991), Rdnr. 1112 ff.; *Lüttmann* (1992), S. 83 ff.

671 *Lipton/Steinberger* (1978), § 5.01.

672 *Lipton/Steinberger* (1978), § 5.01.

für verfassungswidrig erklärt.[673] In der Folge dieser Entscheidung änderten die Staaten ihre Gesetzgebung und es entwickelten sich die einzelstaatlichen Übernahmeregulierungen der zweiten Generation. Diese basieren alle auf den traditionellen Gesetzgebungskompetenzen der Staaten, die ihnen auf dem Gebiet des Gesellschaftsrechts weitgehende Freiheit gewähren. Die Staaten versuchten, die bereits durch den *Williams Act* regulierten Bereiche zu umgehen und die aus der *commerce clause* resultierenden verfassungsrechtlichen Probleme zu vermeiden,[674] denn diese hatten zu der bereits angesprochenen Entscheidung des *Supreme Court* geführt.[675]

Man kann von der Entwicklung einer dritten Generation von Übernahmegesetzen in den neunziger Jahren sprechen, die über den Schutz vor feindlichen Übernahmen, der bereits durch die zweite Stufe der Gesetze gewährt wird, noch hinausgehen.[676] Diese Entwicklung führte dazu, dass die Möglichkeiten der Aktionäre, durch ihr Stimmrecht Einfluss auf die Geschicke einer Gesellschaft zu nehmen, weiter beschränkt wurden.[677]

Im Folgenden sollen einige Regelungen, die in den Übernahmegesetzen der einzelnen Staaten enthalten sind, und ihre Auswirkungen auf die erfolgreiche Durchführung eines *proxy contest* näher beschrieben werden.

1. Business combination statutes

Die am weitesten verbreiteten Übernahmeregelungen der zweiten Generation sind *business combination statutes*.[678] Sie schreiben vor, dass die Gesellschaft, sobald ein Aktionär einen bestimmten Prozentsatz ihrer Aktien erwirbt (in der Regel 20 Prozent), bestimmte *business combinations* (*mergers, sales* etc.) mit dem Aktionär für einen gewissen Zeitraum nicht eingehen kann.[679] Ein solches Moratorium kann nur umgangen werden, wenn das *board of directors* die Transaktion zulässt, bevor der Aktionär die Anteilsgrenze überschreitet. *Business combination statutes* sind außerdem in einer Gesellschaft nicht anwendbar, wenn die übrigen Aktionäre in einer Abstimmung die gesetzlichen Regelungen für außer Kraft gesetzt erklären und dadurch der geplanten Transaktion zustimmen.[680]

Auf die Stimmrechte der Aktionäre haben diese Regelungen keinen beschränkenden Einfluss. Vielmehr regen sie die Durchführung eines *proxy contest* im Grunde sogar an, denn der an der Übernahme interessierte Aktionär kann durch einen solchen Wettbewerb versuchen, das *board of directors* mit eigenen Kandidaten zu besetzen, bevor er die Beteiligungsgrenze überschreitet. Bevor es zu dem Moratorium kommt, liegt es regelmäßig in der Hand des *board*, über die Anwendbarkeit des *statute* zu entscheiden.

---

[673] *Edgar v. MITE Corp.*, 457 U.S. 624, 102 S.Ct. 2629, 73 L.Ed.2d 269 (1982).

[674] *Lipton/Steinberger* (1978), § 5.01. Zum *commerce clause* vgl. bereits oben unter § 3 I.

[675] *Edgar v. MITE Corp.*, 457 U.S. 624, 102 S.Ct. 2629, 73 L.Ed.2d 269 (1982).

[676] *Thomas/Dixon* (1998), § 20.03.

[677] *Black* (1990), S. 552; *Bainbridge* (1992), S. 1090 ff.

[678] *Lipton/Steinberger* (1978), § 5.01 und § 5.03[1][a].

[679] *Thomas/Dixon* (1998), § 20.03[B]; *Lipton/Steinberger* (1978), § 5.01.

[680] Sog. *opting out*, vgl. z.B. Del.Gen.Corp.L. § 203(b)(3); vgl. auch *Thomas/Dixon* (1998), § 20.03[B].

Kontrolliert der Bieter jedoch das *board of directors*, so kann er die Anwendung des entsprechenden Gesetzes ausschließen und die Übernahme ohne Behinderungen durchsetzen. Der Bieter kann über einen *proxy contest* außerdem versuchen, die Anwendbarkeit des *statute* über eine Abstimmung der Aktionäre zu verhindern, ohne dass er gleich das gesamte *board of directors* austauschen müsste.

2. Control share acquisition statutes

Nach den *business combination statutes* sind die *control share acquisition statutes* die wichtigsten einzelstaatlichen Übernahmeregulierungen.[681] Sie sehen vor, dass ein Aktionär, der einen bestimmten Anteil der stimmberechtigten Aktien einer Gesellschaft erwirbt (in der Regel 20-30 Prozent) oder die Gesellschaft darüber informiert, dass er beabsichtigt, einen bestimmten Anteil zu erwerben, die ihm aus diese Aktien zustehenden Stimmrechte nicht ausüben darf, es sei denn, die übrigen Aktionäre stellen die Stimmrechte in einer Abstimmung wieder her.[682] Gelingt es dem Aktionär nicht, die Stimmrechte durch die übrigen Aktionäre wiederherstellen zu lassen, so kann die Gesellschaft die Aktien zu einem angemessenen Preis (*fair value*) einziehen.[683] Es ist jedoch auch bei den *control share acquisition statutes* möglich, dass die Gesellschaft durch eine Ergänzung ihrer *articles of incorporation* oder der *bylaws* das entsprechende Gesetz für nicht anwendbar erklärt.[684]

Im Gegensatz zu den *business combination statutes* können *control share acquisition statutes* einen erheblichen Einfluss auf die Durchführung eines *proxy contest* haben. Das liegt bereits daran, dass nach den jeweils anzuwendenden Gesetzen Aktien verschiedener Aktionäre zusammengerechnet werden, wenn sie eine Gruppe im Sinne der weiten Definition von *Regulation 13(d)* darstellen.[685] Halten diese Aktionäre zusammen einen Anteil, der die Anwendbarkeit des Gesetzes auslöst, so verlieren sie ihre Stimmrechte. Dies schreckt unzufriedene Aktionäre schon im Vorfeld davon ab, sich mit anderen Aktionären abzusprechen.[686] Einige *statutes* bestimmen sogar, dass sich die aufbegehrenden Aktionäre alle Aktien zurechnen lassen müssen, deren *proxies* sie in einem Wettbewerb einwerben. Überschreiten sie mit den eingeworbenen Stimmrechten die Grenze, die die Regelungen des *statute* auslösen, so können sie die Stimmrechte nicht ausüben.[687]

In den Staaten aber, in denen die Stimmrechte, die ein Aktionär in einem *proxy contest* einwirbt, nicht die Anwendung des *control share acquisition statute* auslösen, zwingen dessen Regelungen einen Übernahmeinteressenten faktisch dazu, im Vorfeld einer Übernahme einen *proxy contest* durchzuführen, um die Kontrolle über das *board of*

---

[681] *Lipton/Steinberger* (1978), § 5.01 und § 5.03[1][b].
[682] *Lipton/Steinberger* (1978), § 5.03[1][b].
[683] *Lipton/Steinberger* (1978), § 5.03[1][b].
[684] *Lipton/Steinberger* (1978), § 5.03[1][b].
[685] Vgl. dazu auch schon § 8 I.2.a).
[686] *Thomas/Dixon* (1998), § 20.03[A].
[687] *Black* (1990), S. 557.

directors zu erlangen.[688] Dieses kann in einem solchen Fall den Aktionären vorschlagen, dem Übernahmeinteressenten die Ausübung seiner Stimmrechte zu erlauben, indem das *statute* für unanwendbar erklärt wird.[689] In der Regel werden die Aktionäre diesem Vorschlag folgen.[690] Verzichtet ein Übernahmeinteressent auf einen solchen vorsorglichen *proxy contest*, so sehen die einzelstaatlichen Gesetze wie oben bereits beschrieben vor, dass das amtierende Management eine Abstimmung über die Frage abhalten muss, ob dem betroffenen Aktionär Stimmrechte zustehen sollen oder nicht. Im Zusammenhang mit einem Übernahmeangebot geht es bei dieser Abstimmung praktisch um die Frage, ob das im Raum stehende Übernahmeangebot die Zustimmung der Aktionäre findet. Gäbe es eine solche Abstimmung nicht, hätten Bieter, die eine Gesellschaft mit einem *rights plan* angreifen, keine Chance, eine Abstimmung der Aktionäre über ihr Angebot zu erreichen.[691] Wegen dieses Nachteils haben sich einige Gesellschaften dafür entschieden, das jeweils geltende *control share acquisition statute* für nicht anwendbar zu erklären (*opted out*).[692]

3. Weitere einzelstaatliche Regelungen

Es gibt eine Vielzahl weiterer einzelstaatlicher Regelungen, die darauf gerichtet sind, feindliche Übernahmen oder spezielle Ausprägungen hiervon zu verhindern oder zumindest zu erschweren, oder die dafür sorgen sollen, dass die Aktionäre in der Situation einer Kontrollübernahme fair behandelt werden.

Genannt seien hier zunächst so genannte *fair price statutes*. Sie erfordern für die Durchführung eines Zusammenschlusses der Gesellschaft mit einer anderen, dem Verkauf von Unternehmensteilen, der Liquidation der Gesellschaft oder ihrer Sanierung die Zustimmung einer qualifizierten Mehrheit,[693] wenn die durchzuführende Maßnahme nicht die speziellen *fair price* Erfordernisse des Gesetzes erfüllt. Diese Gesetze sollen in erster Linie dafür sorgen, dass nach einem Kontrollwechsel durch ein Übernahmeangebot die Aktionäre, die ihre Aktien dem Bieter nicht verkauft haben, für diese zumindest so viel erhalten wie der Bieter für die Aktien auf der Grundlage seines Übernahmeangebots gezahlt hat.[694] Eine Gesellschaft kann die Unanwendbarkeit dieser Regelungen nur durch einen Beschluss der Aktionäre herbeiführen, der die Mehrheitserfordernisse erfüllt, die auch bei einer durch das Gesetz regulierten Transaktion zu wahren sind. Daher kann auch ein *proxy contest*, durch den zunächst die Kontrolle über das *board of directors* hergestellt wird, dem Herausforderer nicht helfen. Denn sowohl nachfolgende

---

688 *Altman/Wexler* (1990), S. 168.

689 *Altman/Wexler* (1990), S. 168.

690 *Altman/Wexler* (1990), S. 168 f.

691 *Mahle* (1990), S. 748.

692 *Thomas/Dixon* (1998), § 20.03[A].

693 In der Regel wird verlangt, dass dem Vorhaben mit 80 % der stimmberechtigten Aktien zugestimmt wird, *Thomas/Dixon* (1998), § 20.03[D].

694 Damit sollen vor allem sogenannte *front-end-loaded, two-tiered offers* verhindert werden. Vgl. hierzu ausführlich z.B. *Lipton/Steinberger* (1978), § 1.09. Auf Übernahmeangebote, die sich auf alle Aktien beziehen, haben diese Regelungen dagegen keine Auswirkungen.

Transaktionen als auch der Ausstieg aus dem Gesetz erfordern die genannten Mehrheiten.

Die Bundesstaaten *Pennsylvania* und *Maine* haben Gesetze erlassen, die einen Aktionär, der 20 % oder mehr der Stimmrechte in einer Gesellschaft erwirbt, dazu zwingen, den übrigen Aktionären ein Angebot zur Übernahme ihrer Aktien zu einem fairen Preis zu machen.[695] Dies gilt auch für einen Herausforderer in einem *proxy contest*, der mehr als 20 % der Stimmen einwirbt.[696] Ein erfolgreicher Herausforderer wäre daher gezwungen, die Aktien aller Aktionäre zu übernehmen.[697]

Ungefähr dreißig Staaten haben Gesetze erlassen, die vom Management verlangen, dass es außer den nahe liegenden finanziellen Interessen der Aktionäre auch die Auswirkungen berücksichtigt, die eine Übernahme auf andere mit der Gesellschaft verbundene Gruppen wie die Arbeitnehmer, die Kunden oder die Zulieferer hat (*corporate constituencies*).[698] Diese Verpflichtung gibt dem Management auf der anderen Seite einen breiten Ermessensspielraum, Übernahmeversuche abzuwehren, weil dies sich aus der Sicht irgendeiner beteiligten Gruppe immer rechtfertigen lässt. Solange das Management dies mit der Abwehr möglicher „schädlicher" Übernahmeversuche rechtfertigen kann, erlauben die Regelungen es, dass sich bestimmte Maßnahmen auch gegen den Erfolg von *proxy contests* richten. Außerdem kann die Definition eines Übernahmeversuchs schon auf den Kontrollwechsel mittels eines *proxy contest* anwendbar sein.[699]

Das restriktivste *anti-takeover statute* hat 1990 *Pennsylvania* erlassen.[700] Dieses Gesetz ist auf Übernahmen wie *proxy contests* gleichermaßen anwendbar. Zu den bereits benannten Beschränkungen fügt es weitere hinzu. So schreibt das Gesetz unter anderem vor, dass eine *controlling person* alle Gewinne, die sie mit dem Verkauf der Aktien der kontrollierten Gesellschaft erzielt, an die Gesellschaft abzuführen hat. Das Gesetz verbietet, dass es durch eine Ergänzung der *charter* für unanwendbar erklärt wird. Ein *opting out* ist somit nicht möglich. Durch diese Regelungen wird es für einen Herausforderer sehr schwierig, einen *proxy contest* zu gewinnen, und außerdem sehr teuer, einen solchen Wettbewerb zu verlieren. Weil das Gesetz auf jeden Fall zur Anwendung kommt, muss ein Herausforderer stets eine Abstimmung darüber riskieren, ob den von ihm kontrollierten Aktien überhaupt ein Stimmrecht zukommt. Außerdem führt die Gewinnabführungsregel dazu, dass ein bewährtes Refinanzierungsmittel der Opposition, nämlich der gewinnträchtige Verkauf der Aktien an die Gesellschaft selbst oder über den Markt, versperrt ist.

---

695 *Thomas/Dixon* (1998), § 20.03[D].

696 Vgl. *Bainbridge* (1992), S. 1099 ff.

697 *Black* (1990), S. 557. Die Gesellschaften können aber auch die Anwendung ausschließen, indem sie in ihre *charter* eine entsprechende Regelung aufnehmen.

698 *Lipton/Steinberger* (1978), § 5.03[1][d].

699 *Bainbridge* (1992), S. 1098.

700 Vgl. hierzu ausführlich bei *Lipton/Steinberger* (1978), § 5.03[1][f][iii]; *Thomas/Dixon* (1998), § 20.03[G].

III. STAGGERED BOARDS UND CUMULATIVE VOTING

Um den möglichen Erfolg eines *proxy contest* zu verhindern, kann das amtierende Management versuchen, die Bestimmungen in der Satzung (*charter*), die die Wahl der Mitglieder des *board of directors* betreffen, zu seinen Gunsten zu beeinflussen.[701] Geschehen kann dies mit Hilfe eines so genannten *staggered board* oder *classified board*. Dabei handelt es sich um ein *board of directors*, bei dem nicht jedes Jahr sämtliche Direktoren neu gewählt werden. In den meisten Fällen, in denen ein solches *classified board* eingeführt wird, steht jedes Jahr nur ein Drittel der Direktoren zur Wahl.[702] Daraus ergibt sich automatisch eine Verlängerung der Amtszeit des einzelnen Mitglieds auf drei Jahre. Ein Herausforderer muss dann, um eine Mehrheit im *board of directors* zu erlangen, zumindest in zwei aufeinander folgenden Jahren erfolgreich sein und seine Kandidaten durchsetzen.

Classified boards sind in den meisten Bundesstaaten der *USA* gesetzlich erlaubt.[703] Das Gesellschaftsrecht von *Delaware* sieht außerdem vor, dass in den Fällen, in denen eine Gesellschaft ein *classified board* einführt, das Recht der Aktionäre, *directors* ohne Grund aus dem Amt zu entfernen, beschränkt wird.[704]

Zum Teil werden *classified boards* als die wirksamsten Abschreckungsmittel gegenüber *proxy contests* angesehen, insbesondere wenn es darum geht, missbräuchliche *proxy contests* zu verhindern, die nur dazu dienen, einen kurzfristigen Übernahmeerfolg zu unterstützen.[705] Denn es ist ungleich schwieriger, eine Gruppe von Herausforderern über einen längeren Zeitraum als ein Jahr zusammenzuhalten.[706] Ist jemand jedoch zur Übernahme der betroffenen Gesellschaft tatsächlich fest entschlossen, so wird er dieses Ziel auch über einen längeren Zeitraum verfolgen und in dieser Zeit das *board of directors* mit seinen Kandidaten besetzen.[707] Außerdem messen die verbliebenen *directors* zumeist bereits einer Minderheit neuer Direktoren ein großes Gewicht zu, wenn diese be-

---

[701] Siehe hierzu allgemein *Rosenbaum* (1987) und *Rosenbaum* (1988).

[702] Vgl. dazu z.B. Del.Gen.Corp.L. § 141(d). Zum *staggered board* vgl. auch *Monks/Minow* (2001), S. 194 f. Zur Auswirkung von *staggered boards* auf den Aktienpreis vgl. *Securities and Exchange Commission* (1985), S. 5.

[703] Vgl. dazu z.B. Del.Gen.Corp.L. § 141(d). Damit diese Bestimmungen durch die Herausforderer nicht umgangen werden, indem diese die Zahl der *directors* durch eine Ergänzung der *bylaws* der Gesellschaft erhöhen, so dass sie eine Mehrheit der Direktoren in einem Jahr wählen können, müssen weitere Maßnahmen ergriffen werden. Zumindest nach in *Delaware* geltendem Recht kann ein *classified board* und die Mitgliederzahl des *board of directors* nur geändert werden, wenn das *board* zustimmt, wenn diese Bestimmungen bereits in die *corporate charter* aufgenommen wurden, Del.Gen.Corp.L. § 242(b). Eine zweite Möglichkeit ist, dass von vornherin festgelegt wird, dass für eine Ergänzung der *bylaws* eine *supermajority vote* erforderlich ist.

[704] Del.Gen.Corp.L. § 141(k)(l). *Masschusetts* hat gesetzlich festgelegt, dass jede börsennotierte Gesellschaft mit Sitz in *Massachusetts* ein *classified board* haben muss. Das Gesetz legt fest, dass jedes Jahr ein Drittel der Mitglieder des *board of directors* neu gewählt werden muss, Mass.Gen.L. ch. 156, § 50A.

[705] *Wilcox* (1991), S. 511, 523.

[706] *Bainbridge* (1992), S. 1093.

[707] *Wilcox* (1991), S. 523 Fn. 160.

reits einen *proxy contest* gewonnen haben.[708] Einige *boards of directors* nutzen die verbliebene Zeit, in der die alten *directors* noch die Mehrheit stellen, jedoch auch dazu, eine Übernahme der Gesellschaft durch einen dem amtierenden Management freundlich gesonnenen Dritten zu vereinbaren.[709]

Ein noch wirksameres Verteidigungsmittel gegen *proxy contests* stellen *classified boards* dann dar, wenn sie zusätzlich mit so genanntem *contingent cumulative voting* verbunden sind. *Cumulative voting* allein erlaubt den Aktionären, die ihnen aus ihren Aktien zustehenden Stimmrechte auf so viele oder so wenige Kandidaten zu verteilen, wie sie wollen.[710] Hierdurch erhöhen sich an sich die Chancen aufbegehrender Aktionäre, einen von ihnen bestimmten Kandidaten in das *board of directors* zu wählen, weil sie ja alle ihre Stimmen auf diesen Kandidaten konzentrieren können.[711] Die Möglichkeit, die Kontrolle in einem *board* zu übernehmen, wird jedoch insgesamt erschwert. Durch *contingent cumulative voting* wird die Durchführung des *cumulative voting* immer dann angeordnet, wenn ein Herausforderer eine bestimmte Anteilsquote erreicht. Dadurch wird es dem oder den Herausforderern erschwert, die Kontrolle über das *board of directors* zu erlangen. Hat beispielsweise ein *board of directors* neun Mitglieder, die in drei Gruppen unterteilt sind, und besteht in dieser Gesellschaft *contingent cumulative voting*, so genügt es, dass das Management 25% der Stimmen in zwei aufeinander folgenden Abstimmungen kontrolliert, um die Herausforderer zu einem dritten *proxy contest* zu zwingen, um die Kontrolle in der Gesellschaft zu erlangen.

IV. Änderung des Hauptversammlungszeitpunkts und des Record Date

Dem *board of directors* steht es grundsätzlich zu, den Tag, an dem die Hauptversammlung zusammenkommen soll, sowie das Datum zu bestimmen, bis zu dem Aktionäre in das Register der Gesellschaft eingetragen sein müssen, damit sie ihr Stimmrecht auf der Hauptversammlung ausüben können (*record date*).[712]

Über dieses Recht hat das Management bereits oft versucht, Übernahmen bzw. *proxy contests* abzuwehren. Denn durch die Verlegung der jährlichen oder einer außergewöhnlichen Hauptversammlung kann es dem amtierenden Management gelingen, die Werbung der Stimmrechtsvollmachten zu seinen Gunsten zu gestalten. Dabei kann je nach den Umständen des Einzelfalls sowohl ein langer als auch ein kurzer Zeitraum für die Werbung von Stimmrechtsvollmachten dem Management entgegenkommen. Haben etwa die Herausforderer bereits einen Vorsprung bei der Sammlung von *proxies*, so kann dem Management eine Verschiebung des Hauptversammlungstermins nach hinten nutzen. Die Verkürzung des Zeitraumes zwischen dem *record date* und der Hauptver-

---

708 *Wilcox* (1991), S. 523 Fn. 160.

709 Vgl. *Thomas/Dixon* (1998), § 20.03[H].

710 Vgl. zum *cumulative voting* bereits Fn. 359.

711 *Thomas/Dixon* (1998), § 10.04.

712 Zum *record date* vgl. auch schon oben unter § 5 III.5.

sammlung beschränkt die Herausforderer in ihrer Möglichkeit, mit den übrigen Aktionären zu kommunizieren.[713]

Auch in den Fällen, in denen ein Übernahmeangebot mit einem *proxy contest* verbunden wird, kann die Änderung des *record date* entscheidende Bedeutung haben. Denn dieses entscheidet darüber, ob auch so genannte *arbitrageurs*, die die Aktien des Zielunternehmens nur gekauft haben, um an den Kurssteigerungen, die mit einem Übernahmeversuch verbunden sind, zu verdienen, auf der Hauptversammlung ihr Stimmrecht ausüben können.[714]

Die Frage, ob das amtierende Management bei der Veränderung des *record date* noch innerhalb seiner Befugnisse handelt oder diese bereits missbraucht, unterliegt der gerichtlichen Kontrolle. Stellt sich heraus, dass die Veränderung einer einmal angesetzten Hauptversammlung nur der Verteidigung der eigenen Position dient, so ist diese unwirksam.[715] Dient die Verlegung des Termins jedoch anderen Gründen, so kann sie gerechtfertigt sein, auch wenn dies in Zusammenhang mit einem *proxy contest* geschieht.[716]

V. Bylaws und Charter Provisions zur Verhinderung von Aktionärsopposition

Die *charter*[717] der Gesellschaft sowie die *bylaws*[718] können eine Vielzahl unterschiedlicher Verteidigungsmaßnahmen enthalten.

Regelungen in den *articles of incorporation* bzw. der *charter* sind in der Regel effektiver, aber für das amtierende Management in einer bereits gegründeten Gesellschaft auch schwieriger durchzusetzen. Denn eine Änderung der *charter* bedarf der Zustimmung der Aktionäre. Eine besonders wichtige Abwehrmaßnahme, die in der *charter* einer Gesellschaft geregelt wird, ist die oben bereits beschriebene Einführung eines *classified board*.[719]

Eine weitere Maßnahme ist die Beschränkung oder der Ausschluss der Möglichkeit der Aktionäre, über einen so genannten *written consent* eine Abstimmung in der Gesellschaft durchzuführen.[720] Nach dem Recht des Bundesstaates *Delaware* können die Aktionäre jede Maßnahme, über die sie entscheiden dürfen, auch im *written consent* abstimmen, es sei denn, die *charter* der Gesellschaft bestimmt etwas anderes.[721] So können die Aktionäre auch das *board of directors* mit diesem Verfahren austauschen. Dabei

---

[713] *Thomas/Dixon* (1998), § 20.05 Fn. 169.

[714] *Wilcox* (1991), S. 523.

[715] *Thomas/Dixon* (1998), § 20.05 m.w.N.

[716] *Thomas/Dixon* (1998), § 20.05 m.w.N.

[717] Siehe zu dem Begriff bereits Fn. 109.

[718] Siehe zu dem Begriff bereits Fn. 110.

[719] Vgl. § 10 III.

[720] Zum Begriff des *written consent* vgl. bereits Fn. 20.

[721] Del.Gen.Corp.L. § 228(a).

hat diese Methode den Vorteil, dass die Aktionäre nicht auf die reguläre Hauptversammlung warten und sie nicht frühzeitig das Management über ihre Pläne informieren müssen, denn in einem solchen Fall ist die Einberufung einer Hauptversammlung nicht erforderlich.[722] Wegen dieser Vorteile ist das Management versucht, das Recht der Herausforderer durch eine Ergänzung der *charter* zu beschränken oder auszuschließen. Nicht erlaubt ist es dem Management allerdings, eine Beschränkung durch die *bylaws* vorzunehmen, denn hierdurch werden die Rechte der Aktionäre auf unzulässige Weise beschränkt.[723]

Auch das bereits genannte Recht der Aktionäre, eine außerordentliche Hauptversammlung einzuberufen, um dort das *board of directors* neu zu besetzen, wird das amtierende Management zu erschweren oder auszuschalten versuchen.[724] Allerdings billigen viele Gesetze einzelner Bundesstaaten den Aktionären ein solches Recht nicht von vornherein zu, sondern dieses muss in der *charter* geregelt werden.[725] In diesen Staaten werden sich die Bemühungen des *board* dann schon auf die Verhinderung der Einräumung eines solchen Rechtes durch eine Ergänzung der *charter* richten.

Eine weitere Maßnahme, um den Erfolg von *proxy contests* zu verhindern, ist die so genannte *stock reclassification*. Dabei wird in der Regel eine ursprüngliche Stammaktie gegen zwei neue Aktien ausgetauscht. Die eine dieser beiden Aktien hat mehrere Stimmen aber nur ein geringes Dividendenbezugsrecht, die andere verbrieft eine hohe Dividende, aber kein Stimmrecht. Die Aktien mit dem Stimmrecht können in solche mit einer hohen Dividende umgetauscht werden. Je mehr dieser Aktien in solche mit einem hohen Dividendenbezugsrecht umgetauscht werden, desto höher wird der Stimmrechtsanteil derjenigen Aktionäre, die ihre mit Stimmrechten ausgestatteten Aktien behalten, etwa das Management oder Mitglieder der Gründerfamilie.[726]

Über eine Änderung oder Ergänzung der *bylaws* ist es für eine Gesellschaft wesentlich einfacher, Abwehrmöglichkeiten einzurichten. Anders als bei der Ergänzung oder Änderung der *charter* bedarf es hierzu in der Regel nicht der Zustimmung der Aktionäre. *Bylaws* können vielmehr durch einen Beschluss des *board of directors* eingeführt werden.[727]

Häufig wird zur Abwehr von Stimmrechtswerbungen in den *bylaws* der Gesellschaft eine Bestimmung aufgenommen, nach der ein von den Aktionären zu nominierender Kandidat mindestens 60 bis 90 Tage vor der Hauptversammlung der Gesellschaft ge-

---

[722] Gleichwohl müssen die Herausforderer auch die *proxy rules* einhalten. Vgl. *Rule 14a-1(l)*.

[723] Vgl. *Datapoint Corp. v. Plaza Sec. Co.*, 496 A.2d 1031 f. (Del. 1985); *Allen v. Prime Computer, Inc.*, 540 A.2d 417, 419, 421 (Del. 1988).

[724] Oft werden die Herausforderer zur Einberufung einer Hauptversammlung bereits eine Stimmrechtswerbung durchführen müssen, um ein hierfür erforderliches Quorum zu erreichen.

[725] Vgl. z.B. Del.Gen.Corp.L. § 211(d).

[726] Zu beachten bleibt dabei aber, dass die Börsen und die *NASD* in den letzten Jahren die Ausgabe von *dual-class stocks* beschränkt haben, vgl. *Thomas/Dixon* (1998), § 11.04.

[727] Nach dem Recht von *Delaware* kann im *certificate of incorporation* dem *board of directors* die Erlaubnis erteilt werden, *bylaws* zu schaffen, zurückzunehmen oder zu ergänzen. Del.Gen.Corp.L. § 109(a).

meldet werden muss. Dadurch wird es dem amtierenden *board* ermöglicht, in aller Ruhe Verteidigungsmaßnahmen zu ergreifen, um die eigene Wiederwahl sicherzustellen. Zusätzlich sehen viele dieser Bestimmungen vor, dass auch Informationen über die Qualifikation und den Hintergrund eines Kandidaten zur Verfügung gestellt werden müssen. Wird die Frist nicht eingehalten, so werden in der Regel die Kandidaten des Herausforderers nicht zur Wahl zugelassen.[728]

Oft wird den *bylaws* auch eine Bestimmung angefügt, die die Aktionäre dazu zwingt, dem *board of directors* im Voraus alle Abstimmungsvorschläge mitzuteilen, die sie auf der Hauptversammlung zur Abstimmung stellen wollen. Auch hier wird argumentiert, solche Regelungen seien notwendig, um eine informierte Abstimmungsentscheidung der Aktionäre zu ermöglichen.[729]

In den letzten Jahren haben aufbegehrende Aktionäre vermehrt versucht, die *bylaws* einer Gesellschaft im Wege einer Abstimmung der Aktionäre zu beeinflussen.[730] Insbesondere wenn es um die Rücknahme von *poison pills* zur Abwehr feindlicher Übernahmen ging, war die Wirksamkeit entsprechender Resolutionen zwischen dem Management und den Aktionären heftig umstritten.[731] Das Recht der Einzelstaaten billigt den Aktionären in der Regel ganz allgemein das Recht zu, die *bylaws* einer Gesellschaft zu ergänzen.[732] Seine Begrenzung findet dieses nur in dem Recht des Managements, die Gesellschaft eigenverantwortlich zu führen. Betrifft eine Angelegenheit die ureigenen Kompetenzen des Managements, so ist ein Handeln in diesem Bereich ausgeschlossen.[733] Dieses Recht der Aktionäre wird auch nicht dadurch beschnitten, dass in den *articles of incorporation* oder den *bylaws* auch dem *board of directors* ein solches Recht zugebilligt wird.[734] Um hier den Einfluss der Aktionäre zu beschränken, kann das Management allerdings versuchen, durch eine Ergänzung der *charter* den Aktionären ein Handeln in Eigeninitiative zu verbieten.[735]

---

[728] Die Gerichte haben in der Regel die Einführung einer solchen Regelung für zulässig erachtet und dabei auch die offizielle Begründung des Managements akzeptiert, dass die Einführung einer solchen Beschränkung dazu diene, den Aktionären eine informierte Entscheidung zu ermöglichen. Je länger allerdings die Zeitspanne ist, die vor der Zulasssung zur Abstimmung auf der Hauptversammlung liegen muss, umso schwieriger wird es aber, diese Begründung aufrechtzuerhalten. Gleiches gilt für Bestimmungen, die die Veröffentlichung von zusätzlichen Informationen über die einzelnen Kandidaten vorschreiben. Wenn diese zu umfangreich werden, kann darin wiederum eine Behinderung des Rechts der Aktionäre liegen, eigene Kandidaten aufzustellen. In solchen Fällen haben die Gerichte dann diese Bestimmungen für unzulässig erklärt. Vgl. *Thomas/Dixon* (1998), § 20.06[D].

[729] *Thomas/Dixon* (1998), § 20.06[E].

[730] Dazu bedienen sich die Aktionäre in der Regel dem *shareholder proposal* nach *Rule 14a-8*. Vgl. dazu ausführlich oben unter § 6.

[731] Vgl. dazu näher *Thomas/Dixon* (1998), § 20.06[G] m.w.N.

[732] Vgl. Del.Gen.Corp.L. § 109; N.Y.Bus.Corp.L. § 601; MBCA § 10.20.

[733] Ähnlich dem Verbot des § 119 Abs. 2 AktG, der eine Abstimmung der Aktionäre über Fragen der Geschäftsführung in das Ermessen des Vorstands stellt. Möglich bleibt allerdings, dass ein Aktionär eine sogenannte *nonbinding resolution* durchführt, die lediglich eine Handlungsempfehlung an das amtierende Management enthält, vgl. dazu bereits oben unter § 6 II.1.

[734] Vgl. Del.Gen.Corp.L. § 109(a); N.Y.Bus.Corp.L. § 601(a).

[735] Vgl. Del.Gen.Corp.L. § 109(a); N.Y.Bus.Corp.L. § 601(a).

VI. VERKAUF VON AKTIEN AN WHITE SQUIRES

Es besteht die Möglichkeit, großen und einflussreichen Aktionären im Gegenzug für ihre Abstimmung zugunsten des amtierenden Managements, spezielle Vorteile zu gewähren.[736] So ist es z.B. denkbar, dass das amtierende Management einer Bank, die an der Gesellschaft beteiligt ist, lukrative Geschäftsbeziehungen anbietet, wenn von dieser erwartet werden kann, dass sie das Management bei einem auftretenden *proxy contest* unterstützen wird, obwohl die in Anspruch genommenen Leistungen auf dem freien Markt preiswerter zu bekommen wären.[737] Das amtierende Management kann außerdem versuchen, Aktienpakete bei solchen Aktionären zu „parken", die diesem freundlich gesonnen sind und bei denen es sich somit voraussehen lässt, dass sie zugunsten des amtierenden Managements abstimmen werden.[738]

VII. EMPLOYEE STOCK OWNERSHIP PLANS

Employee stock ownership plans erlauben es dem amtierenden Management, einen großen Teil der stimmberechtigten Aktien bei der eigenen Belegschaft zu platzieren.[739] Das kann in einem Wettbewerb um die Stimmrechtsvollmachten der Aktionäre zu Vorteilen für das amtierende Management führen, weil die Belegschaft in der Regel für das Management stimmt. Der Grund hierfür ist, dass die Angestellten einen Wechsel des Managements fürchten, weil sie damit gleichzeitig den Wegfall von Arbeitsplätzen verbinden. Eine Belegschaft ist weniger daran interessiert, dass sie durch ein Übernahmeangebot einen attraktiven Preis für ihre Aktien erhält oder ein Kontrollwechsel in einem *proxy contest* eine Steigerung des Unternehmenswertes verspricht, als daran, dass die bestehenden Arbeitsplätze erhalten bleiben. Ein bestehender *employee stock ownership plan* kann daher für einen möglichen Herausforderer ein Grund sein, einen Wettbewerb um die Stimmrechtsvollmachten erst gar nicht zu versuchen, weil der Anteil der Belegschaft am stimmberechtigten Aktienkapital zu groß ist.

VIII. GERICHTLICHE KONTROLLE VON VERTEIDIGUNGSMAẞNAHMEN IN EINEM PROXY CONTEST

In Reaktion auf das wiederauflebende Interesse aufbegehrender Aktionäre an *proxy contests* haben sich, wie oben gezeigt, auch die in den Gesellschaften amtierenden Manager verstärkt der Frage zugewandt, welche Mittel angewandt werden können, um die eigene Wiederwahl sicherzustellen und den Erfolg aufbegehrender Aktionäre zu verhindern. Ihre Versuche beschäftigten auch die Gerichte und es soll daher im Folgenden ein

---

736 Siehe dazu z.B. *Brickley/Lease/Smith* (1988), S. 276 ff., die empirische Belege dafür vorbringen, dass solche Allianzen zwischen dem Management und großen institutionellen Investoren tatsächlich vorkommen. Vgl. auch *Pound* (1988), S. 242 ff.

737 Beispiel nach *Bebchuk/Kahan* (1990), S. 1104.

738 *Bebchuk/Kahan* (1990), S. 1104.

739 Vgl. zur Auswirkung von *employee stock ownership plans* auf den Erfolg von *proxy contests* ausführlich bei *Thomas/Dixon* (1998), § 20.08.

kurzer Überblick darüber gegeben werden, anhand welcher Maßstäbe die Gerichte die Verteidigungsstrategien der amtierenden Unternehmensverwaltungen überprüfen.

1. The inequitable purpose doctrine

Der erste systematische Ansatz für eine gerichtliche Kontrolle von Abwehrstrategien in *proxy contests* entwickelte sich aus drei Fällen, die in *Delaware* entschieden wurden.[740] Dabei handelte es sich um die Fälle *Canada Southern Oils, Ltd. v. Manabi Exploration Co., Inc.*,[741] *Condec Corp. v. Lunkenheimer Co.*,[742] und *Schnell v. Chris-Craft Industries, Inc.*[743] Ausgehend von der These, dass ein Mehrheitsaktionär nicht von einem ihm gegenüber feindlich gesonnenen Management von der Kontrolle der Gesellschaft abgehalten werden darf, bringen die Gerichte in diesen Fällen ihre grundsätzliche Auffassung zum Ausdruck, dass die Stimmrechte der Aktionäre nicht durch Manipulationen mit dem Ziel geschwächt werden dürfen, das amtierende Management im Amt zu halten.[744]

In allen Fällen wurden bestimmte Maßnahmen des Managements überprüft, die für sich betrachtet durchaus hätten legal sein können, die jedoch in den jeweiligen Einzelfällen nur dazu dienten, die Stimmrechte der Aktionäre zu schwächen (*impair voting rights*). So ergänzte z.B. das Management in *Schnell v. Chris-Craft Industries, Inc.*[745] die *bylaws* der Gesellschaft, um die Hauptversammlung der Gesellschaft vorziehen zu können. Diese Veränderung im Termin der Hauptversammlung zusammen mit der Weigerung des Managements, eine Liste der Aktionäre zur Verfügung zu stellen, benachteiligte eine Gruppe von Herausforderern bei der Durchführung eines *proxy contest*. Für sich betrachtet waren die Maßnahmen nach dem Recht von *Delaware* zulässig. Da die Maßnahmen jedoch nur mit dem Ziel ergriffen wurden, das amtierende Management im Amt zu halten und die legitimen Versuche der Herausforderer zu untergraben, einen *proxy contest* gegen das Management zu führen, erfolgten sie mit einem *inequitable purpose*, das den Prinzipien der *corporate democracy* entgegenlief.[746] Das Gericht verwarf daher die Maßnahmen des *board of directors* und verpflichtete die Gesellschaft dazu, den ursprünglichen Termin der Hauptversammlung einzuhalten.

Ein amtierendes *board of directors* darf die ihm zur Verfügung stehende *proxy machinery* somit nicht allein deshalb zu seinen Gunsten manipulieren, um sich selbst im Amt zu halten. Durch die drei Entscheidungen wird zunächst festgestellt, dass das amtierende Management den Wahlvorgang in einer Gesellschaft tatsächlich kontrolliert.[747]

---

[740] *Thomas/Dixon* (1998), § 20.01[A].

[741] *Canada Southern Oils, ltd. v. Manabi Exploration Co., Inc.*, 33 Del. Ch. 537, 96 A.2d 810 (Del. Ch. 1953).

[742] *Condec Corp. v. Lunkenheimer Co.*, 43 Del. Ch. 353, 230 A.2d 769 (Del. Ch. 1967).

[743] *Schnell v. Chris-Craft Industries, Inc.*, 285 A.2d 437 (Del. 1971).

[744] *Thomas/Dixon* (1998), § 20.01[A].

[745] *Schnell v. Chris-Craft Industries, Inc.*, 285 A.2d 437 (Del. 1971).

[746] *Schnell v. Chris-Craft Industries, Inc.*, 285 A.2d 439 (Del. 1971). Zum Modell der Aktionärsdemokratie vgl. näher § 2 II.

[747] Siehe zu den Vorteilen, die das Management dadurch für seine Wiederwahl hat, unten § 14 I.

Diese Kontrolle darf das Management jedoch nicht missbrauchen, um dadurch die Freiheit der Aktionäre zu beschränken, ein *board of directors* ihrer Wahl zu wählen.[748] Dann handelt es mit einem *inequitable purpose*, was dazu führt, dass die an sich zulässige Maßnahme ausnahmsweise unzulässig wird.

2. Gerichtliche Kontrolle nach dem Unocal-Standard

Der zweite, allgemeinere Maßstab, an dem sich Verteidigungsmaßnahmen gegen *proxy contests* messen lassen müssen, leitet sich aus der Entscheidung *Unocal Corp. v. Mesa Petroleum Co.* ab.[749] Obwohl diese Entscheidung eigentlich Abwehrmaßnahmen gegen feindliche Übernahmen betraf, wurde in der Entscheidung *Stroud v. Grace* festgestellt,[750] dass die in der *Unocal*-Entscheidung entwickelten Maßstäbe auch auf Maßnahmen anzuwenden seien, die die Stimmrechte von Aktionären verletzen.[751]

a) Entwicklung des Unocal-Standards für feindliche Übernahmen

Der *Supreme Court* des Staates *Delaware* entwickelte in der *Unocal*-Entscheidung einen Maßstab, an dem sich Abwehrmaßnahmen gegen feindliche Übernahmen messen lassen müssen. Die Entscheidung basierte auf folgendem Sachverhalt:

Es lag ein Übernahmeangebot zur Erlangung der Kontrolle einer Gesellschaft vor. Das amtierende Management gab ein eigenes Übernahmeangebot (*self tender*) ab, um einen erheblichen Teil der Aktien zurückzukaufen und damit das feindliche Übernahmeangebot zu verhindern.

Das Gericht bestätigte zwar, dass das Management einer Gesellschaft grundsätzlich zu einem solchen Vorgehen berechtigt ist, um ein unzureichendes Übernahmeangebot zu blockieren, das die Aktionäre außerdem einem erheblichen Druck aussetzt, die Aktien dem Bieter zu verkaufen, weil sie später finanzielle Nachteile zu befürchten haben. Doch wegen der Gefahr, dass das *board of directors* hauptsächlich aus eigennützigen Motiven und nicht im Interesse der Gesellschaft und der Aktionäre handelt,[752] stellte das Gericht zwei Bedingungen für die Zulässigkeit seines Vorgehens auf:

Zunächst müssen nachvollziehbare Gründe vorliegen, die die Vermutung stützen, dass das Übernahmeangebot tatsächlich eine Bedrohung für die Unternehmenspolitik und ihre Effektivität darstellt.[753] Zweitens muss die Abwehrstrategie, die das Management

---

[748] *Thomas/Dixon* (1998), § 20.01[A].
[749] *Unocal Corp. v. Mesa Petroleum Co.*, 493 A.2d 946 (Del. 1985).
[750] *Stroud v. Grace*, 606 A.2d 75 (Del. 1992).
[751] *Thomas/Dixon* (1998), § 20.01[B].
[752] *Unocal Corp. v. Mesa Petroleum Co.*, 493 A.2d 946, 954 (Del. 1985).
[753] *Unocal Corp. v. Mesa Petroleum Co.*, 493 A.2d 946, 955 (Del. 1985).

daraufhin ergreift, in einem vernünftigen Verhältnis zu der Bedrohung durch den feindlichen Übernahmeversuch stehen.[754]

b) Anwendung des Unocal-Standards auf Verteidigungsmaßnahmen in proxy contests

Zunächst war unklar, ob die in *Unocal* entwickelten Grundsätze auch auf *proxy contests* Anwendung finden sollten. In zwei darauf folgenden Entscheidungen des *Chancery Court* von *Delaware* - *Blasius Industries, Inc. v. Atlas Corp.*[755] und *Hubbard v. Hollywood Park Realty Enterprises, Inc.*[756] - wurde versucht, einen Maßstab für die Beurteilung von Abwehrmaßnahmen gegenüber *proxy contests* zu finden, der die Wichtigkeit von Abstimmungen durch die Aktionäre angemessen berücksichtigt.[757]

Im Fall *Blasius* griffen die Herausforderer die Abwehrmaßnahmen des Managements zunächst mit der aus der *Schnell*-Entscheidung herrührenden Argumentation an, hinter den Maßnahmen stünde ein *inequitable purpose*.[758] Dieser Ansicht schloss sich das Gericht jedoch nicht an, sondern es fragte vielmehr, inwieweit die Vorschläge der Herausforderer eine Bedrohung für die Gesellschaft darstellten und ob das Management auf diese Bedrohung in einer vernünftigen und nachvollziehbaren Weise reagiert hatte.[759] Zwar stellte das Gericht fest, dass sich die Herausforderer nicht auf die *inequitable-purpose*-Regel aus der *Schnell*-Entscheidung verlassen konnten, doch entschied es, dass Maßnahmen des Managements jedenfalls dann zu verbieten seien, wenn sie darauf abzielten, die Stimmrechte der Aktionäre zu beeinträchtigen. Ob eine entsprechende Intention des Managements vorgelegen habe, könne aus der Art der Maßnahme abgeleitet werden.[760]

In der Entscheidung *Hollywood Park* verfolgte das Gericht einen anderen Ansatz, um die Stimmrechte der Aktionäre zu schützen. Es musste hier über die Aussetzung einer an sich zulässigen *bylaw*-Bestimmung entscheiden, die anordnete, dass Kandidaten, die für das *board of directors* antreten wollten, bis zu einem bestimmten Stichtag der Gesellschaft gemeldet worden sein mussten. Das Gericht interpretierte dabei die *Schnell*-

---

[754] *Unocal Corp. v. Mesa Petroleum Co.*, 493 A.2d 946, 955 (Del. 1985). Eine ausführliche Besprechung dieser Voraussetzungen für die Zulässigkeit von Verteidigungsmaßnahmen gegenüber feindlichen Übernahmeversuchen vgl. *Gilson/Kraakman* (1989), S. 247. Der in der *Unocal*-Entscheidung eingeführte Test, wurde später in den Entscheidungen *Paramount Communications, Inc. v. Time, Inc.*, 571 A.2d 1140 (Del. 1989), und *Unitrin, Inc. v. American General Corp.*, 651 A.2d 1361 (Del. 1995), weiterentwickelt und verfeinert.

[755] *Blasius Indurstries, Inc. v. Atlas Corp.*, 564 A.2d 651 (Del. Ch. 1988).

[756] *Hubbard v. Hollywood Park Realty Enterprises, Inc.*, C.A. No. 11779, einzusehen in 1991 WL 3151 (Del. Ch. Jan. 14, 1991).

[757] *Thomas/Dixon* (1998), § 20.01[B][2].

[758] *Schnell v. Chris-Craft Industries, Inc.*, 285 A.2d 437 (Del. 1971). Vgl dazu bereits oben unter § 10 VIII.1.

[759] *Blasius Indurstries, Inc. v. Atlas Corp.*, 564 A.2d 651, 658 (Del. Ch. 1988).

[760] *Thomas/Dixon* (1998), § 20.01[B][2].

Entscheidung derart, dass *bylaw*-Bestimmungen nicht die Stimmrechte der Aktionäre unverhältnismäßig beschränken dürften.[761]

Die Gerichte entwickelten also die *Schnell*-Entscheidung weiter, indem sie nicht nur an der Voraussetzung eines *inequitable purpose* festhielten, sondern zugleich Überlegungen dahingehend anstellten, ob die Maßnahmen des Managements eine angemessene Antwort auf die Bedrohung durch die Herausforderer. darstellten (*Blasius*). Sie näherten sich damit schon einer Anwendung des *Unocal*-Maßstabs auch auf *proxy contests* an. Im Fall *Stroud v. Grace*[762] versuchte der *Supreme Court* von *Delaware* dann die Entscheidungen *Schnell* und *Blasius* in die durch die *Unocal*-Entscheidung entwickelte Methodik einzuordnen, um damit die Unsicherheit, die hinsichtlich der Beurteilung von Abwehrstrategien gegenüber *proxy contests* bestand, zu beseitigen. Der *Supreme Court* von *Delaware* erkannte zwar die Gültigkeit der vorhergegangenen Entscheidungen weiterhin an,[763] er kam jedoch zu dem Ergebnis, dass die Standards, die in diesen Entscheidungen entwickelt worden waren, sich unter die beiden Gültigkeitsvoraussetzungen der *Unocal*-Entscheidung subsumieren ließen, die für die Beurteilung von Abwehrmaßnahmen gegen feindliche Übernahmen entwickelt worden waren. Die Entscheidungen schlössen sich nicht gegenseitig aus, weil beide sich mit den Interessenkonflikten befassten, die auftreten, wenn Aktionären nicht erlaubt wird, ihr Wahlrecht ungehindert auszuüben.[764] Daher müsse ein Gericht immer die Methodik der *Unocal*-Entscheidung anwenden, wenn ein *board* irgendwelche Verteidigungsmaßnahmen gegenüber einer Herausforderung der geltenden Unternehmenspolitik anwende, sobald es dabei auch in irgendeiner Weise um die Kontrolle der Gesellschaft gehe.[765]

Wird jedoch *Unocal* auf *proxy contests* angewandt, so soll innerhalb dieser Voraussetzungen wiederum die Wertung der *Blasius*-Entscheidung gelten, die eine *compelling justification* für die Maßnahmen des Managements verlangt.[766] Nach *Stroud* muss also das untersuchende Gericht zunächst feststellen, ob es sich bei den Maßnahmen des *board* um Verteidigungsmaßnahmen handelt, bei denen die Gefahr besteht, dass sie ausschließlich den Interessen des Managements dienen. Ist dies der Fall, so müssen die Standards von *Unocal* angewandt werden. Dann muss das Gericht entscheiden, ob die Lage des Falls indiziert, dass die Maßnahmen mit dem Ziel ergriffen wurden, die Wahlmöglichkeiten der Aktionäre zu beschränken. Kann das Gericht diese Frage bejahen, so muss es untersuchen, ob für die Maßnahme eine *compelling justification* im Sinne der *Blasius*-Entscheidung vorliegt.[767] Kommt das Gericht jedoch zu dem Ergebnis, dass der *Unocal*-Standard nicht einzuhalten ist, so bleibt für eine Beurteilung nach

---

[761] *Hubbard v. Hollywood Park Realty Enterprises, Inc.*, C.A. No. 11779, einzusehen in 1991 WL 3151 (Del. Ch. Jan. 14, 1991) at * 11.

[762] *Stroud v. Grace*, 606 A.2d 75 (Del. 1992).

[763] *Stroud v. Grace*, 606 A.2d 91, 92 (Del. 1992).

[764] *Stroud v. Grace*, 606 A.2d 92 (Del. 1992).

[765] *Stroud v. Grace*, 606 A.2d 92 (Del. 1992).

[766] *Stroud v. Grace*, 606 A.2d 92 (Del. 1992).

[767] *Stroud v. Grace*, 606 A.2d 92 n.3. (Del. 1992).

Blasius nur noch wenig Raum, vielmehr kommt dann nur die *business judgement rule* zur Anwendung.[768]

Die *Unocal*-Grundsätze finden grundsätzlich sowohl auf Maßnahmen Anwendung, die das Management im Laufe eines bereits stattfindenden *proxy contest* ergreift, als auch auf solche, die schon im Vorfeld zur Abwehr eingerichtet worden sind.[769]

In einem weiteren Fall hat der *Supreme Court* von *Delaware* entschieden, dass die in *Unocal* entwickelten Standards nur dann anzuwenden seien, wenn das *board of directors* ohne Zustimmung der Aktionäre handelt. Haben die Aktionäre also den Verteidigungsmaßnahmen zugestimmt, so wird das Gericht diese nicht mehr auf ihre Gültigkeit im Verhältnis zu einer möglichen Bedrohung überprüfen. Vielmehr wird das Gericht nur die hergebrachte *business judgement rule* anwenden.[770]

IX. ERGEBNIS

Es zeigt sich, dass dem amtierenden Management eine Reihe von Maßnahmen zur Verfügung steht, mit denen es versuchen kann, den Erfolg eines *proxy contest* zu verhindern, wobei die Gerichte allerdings der Beschränkung von Stimmrechten Grenzen setzen, was sie vor allem mit der Idee der *corporate democracy* begründen.[771] *Proxy contests* lassen sich daher meist nicht gänzlich verhindern. Ihrer Durchführung können nur gewisse Hürden entgegengesetzt werden. Dies hat ihnen im Kampf gegen die verbreiteten Maßnahmen gegen feindliche Übernahmeversuche zu neuer Popularität verholfen, weil sie in der Lage sind, auch umfassende Abwehrmaßnahmen der betroffenen Gesellschaft auszuhebeln.[772] Auch heute, trotz der vielfältigen beschriebenen Abwehrmöglichkeiten gegen *proxy contests*, stellen sie immer noch eine ernstzunehmende Bedrohung des amtierenden Managements dar, die dieses nicht auf die leichte Schulter nehmen kann. Die möglichen Abwehrmittel verlangen jedoch von einem Herausforderer eine umfassende Vorbereitung eines solchen Wettbewerbs und einen langen Atem, um schließlich zum gewünschten Erfolg zu kommen.

X. ZUSAMMENFASSUNG

Die oben beschriebenen vielfältigen Möglichkeiten, die dem amtierenden Management zur Verfügung stehen, um sich gegen *proxy contests* zu wehren, können die Erfolgschancen eines Herausforderers erheblich erschweren. Dabei ist es wichtig zu erkennen, dass viele dieser Abwehrmethoden ursprünglich der Abwehr feindlicher Übernahmever-

---

[768] *Thomas/Dixon* (1998) § 20.01[B][2]. Die *business judgement rule* beschreibt den Handlungsspielraum von Direktoren, die danach für solche Verluste nicht haftbar gemacht werden können, die durch *imprudence* oder *honest error of judgement* entstanden sind. Zur *business judgement rule* vgl. näher etwa bei *Cox/Hazen/O'Neal* (1997), S. 183 ff.

[769] Vgl. *Moran v. Household Int'l, Inc.*, 500 A.2d 1346, 1350 (Del. 1985).

[770] *Williams v. Geier*, 671 A.2d 1368 (Del. 1996).

[771] Vgl. dazu auch § 2 II.

[772] *Klausner/Elfenbein* (1999), S. 354.

suche galten. Die hierfür entwickelten Methoden werden für die Abwehr beider Möglichkeiten der Kontrollübernahme, also gegen Übernahmeversuche und *proxy contests*, genutzt. So lassen sich *shareholder rights plans* auch zur Abwehr von *proxy contests* nutzen, indem das *triggering event*, durch das die Effekte des Planes eintreten, auch auf die typische Situation eines Herausforderers in einem *proxy contest* ausgerichtet wird.

Gerade in Fällen, in denen ein *proxy contest* mit einem Übernahmeangebot verbunden wird, gestehen die Gerichte dem amtierenden Management einen weiten Spielraum bei der Anwendung von *poison pills* zu. Dies kann dazu führen, dass ein Übernahmeinteressent zunächst mit einem *proxy contest* versucht, das *board of directors* anzugreifen, bevor er dann mit einem Übernahmeangebot fortfährt. Über die Kontrolle des *board of directors* kann er zunächst die *poison pill* entfernen und dadurch seinem anschließenden Übernahmeangebot zum Erfolg verhelfen. Um diese Möglichkeit der Kontrollübernahme offen zu halten, haben die Gerichte so genannte *continuing director provisions* für unwirksam erklärt, die es nur dem amtierenden Management erlauben, eine bestehende *poison pill* auszuschalten. Denn durch diese wird verhindert, dass ein Übernahmeversuch durch einen *proxy contest* unterstützt wird, mit dem die bestehende *poison pill* ausgeschaltet werden soll.

Auch die einzelstaatliche Gesetzgebung hat sich mit Kontrollwechseln in Gesellschaften auseinandergesetzt und mit ihren *anti-takeover statutes* Mittel eingeführt, die sich gegen den Erfolg von *proxy contests* richten können. Dabei haben die weit verbreiteten *business combination statutes* keinen beschränkenden Einfluss auf die Durchführung eines *proxy contest*. Vielmehr kann ein Herausforderer durch einen *proxy contest* ihre Anwendbarkeit einfach ausschließen.

Dagegen können die neueren *control share acquisition statutes* einen erheblichen Einfluss auf die Durchführbarkeit eines *proxy contest* haben. Sie führen nämlich dann, wenn ein Aktionär einen bestimmten Anteilsbesitz erreicht, dazu, dass die aus den gehaltenen Aktien resultierenden Stimmrechte solange nicht mehr ausgeübt werden können, bis eine Abstimmung der übrigen Aktionäre diese wiederherstellt. Einige *statutes* sehen dabei sogar vor, dass sich ein Herausforderer alle Aktien zurechnen lassen muss, für die er Stimmrechtsvollmachten in einem Wettbewerb einwirbt.

Eine Vielzahl weiterer Bestimmungen richten sich in einzelnen Bundesstaaten gegen den Erfolg von Kontrollübernahmen gegen den Willen des amtierenden Managements und damit auch gegen den Erfolg eines *proxy contest*, indem sie etwa bei Erwerb eines bestimmten Anteils von Stimmrechten einen Herausforderer dazu zwingen, alle Aktien der Gesellschaft zu übernehmen.

Ein weiteres weit verbreitetes Mittel, um den Erfolg von *proxy contests* zu verhindern, ist die Einführung eines *staggered board*, d.h. eines *board of directors*, bei dem jedes Jahr nicht sämtliche Direktoren, sondern nur ein bestimmter Teil zur Wahl stehen - in der Regel nur ein Drittel. Dadurch wird ein Herausforderer gezwungen, zumindest in zwei aufeinander folgenden Jahren einen *proxy contest* zu gewinnen, um die Kontrolle im *board of directors* zu übernehmen.

Das Management kann außerdem durch eine Verlegung des Hauptversammlungszeitpunktes sowie des für die Ausübung des Stimmrechts wichtigen *record date* versuchen, die Erfolgschancen eines Herausforderers zu schmälern. Ist dies jedoch die einzige Motivation für diese Maßnahmen, so ist ein solches Vorgehen unwirksam.

Auch *charter* und *bylaws* einer Gesellschaft können eine Reihe von Maßnahmen enthalten, die sich gegen den Erfolg von Wettbewerben um Stimmrechtsvollmachten wenden. Diese können sich etwa auf die Abstimmung im *written consent* beziehen oder auf die Möglichkeiten eines Aktionärs, eine außerordentliche Hauptversammlung einzuberufen. Möglich sind auch so genannte *stock reclassifications*, mit denen versucht werden kann, die Stimmverhältnisse in einer Gesellschaft zu beeinflussen. Außerdem kann hier festgelegt werden, dass die Kandidaten für das *board of directors* bzw. andere Abstimmungsvorschläge bereits sehr früh der Gesellschaft mitgeteilt werden müssen. Ebenso wie zur Abwehr feindlicher Übernahmen kann auch im Hinblick auf einen *proxy contest* das Management versuchen, große Aktienpakete bei befreundeten Aktionären (*white squires*) oder bei der Belegschaft über *employee stock ownership plans* zu platzieren.

Die Gerichte haben verschiedene Maßstäbe entwickelt, an denen sich die vom Management eingeführten Maßnahmen gegen den Erfolg eines *proxy contest* messen lassen müssen. So haben sie entschieden, dass eine Maßnahme dann unzulässig sei, wenn sie vom amtierenden Management mit einem *inequitable purpose* gegen den Erfolg eines *proxy contest* benutzt werde. Dies sei immer dann der Fall, wenn die *proxy machinery* nur mit dem Ziel manipuliert werde, sich selbst im Amt zu halten.

Außerdem wurde der für die Beurteilung von Abwehrmaßnahmen gegen feindliche Übernahmen entwickelte *Unocal*-Standard auch auf die Beurteilung von *proxy contests* übertragen. Es kommt somit darauf an, ob die ergriffenen Maßnahmen das Ziel verfolgten, die Wahlmöglichkeiten der Aktionäre zu beschränken. Ist dies der Fall, so muss weiterhin untersucht werden, ob sich hierfür eine Rechtfertigung finden lässt. Dies gilt nicht, soweit die Aktionäre den ergriffenen Maßnahmen bereits im Vorfeld zugestimmt haben.

Insgesamt steht dem amtierenden Management also eine Reihe möglicher Maßnahmen zur Verfügung, mit denen es versuchen kann, sich vor einem erfolgreichen *proxy contest* vor allem im Zusammenhang mit einem Übernahmeangebot zu wehren. Allerdings können bis heute auch im Hinblick auf die Rechtsprechung Wettbewerbe um Stimmrechtsvollmachten nicht völlig verhindert werden, so dass sie immer noch eine Möglichkeit bieten, dem Management partiell oder auch völlig die Kontrolle über die Gesellschaft zu entreißen.

§ 11 KOSTEN DES WETTBEWERBS

Von wesentlicher Bedeutung für die Durchführung eines Wettbewerbs um die Stimmen der Aktionäre ist die Frage nach der Kostentragung für die damit verbundenen Werbemaßnahmen. Während bei einem *shareholder proposal* die Kosten in einem überschaubaren Rahmen bleiben und der den Abstimmungsvorschlag Einreichende meist nur die Beratungskosten für die ordnungsgemäße Einreichung des Vorschlags trägt, können die Kosten einer Kampagne in einem echten *proxy fight* leicht die US-Dollar-Millionengrenze überschreiten.[773] Dies gilt insbesondere dann, wenn neben den Sendungen an die einzelnen Anleger weit reichende Kampagnen in überregionalen Medien geführt werden. So kostete etwa der *proxy contest* um die Kontrolle des *board of directors* bei *Lockheed* im Jahre 1990 auf Seiten des Managements circa 8 Millionen US-Dollar, auf Seiten der aufbegehrenden Aktionäre etwa 6 Millionen US-Dollar.[774] Um ein vielfaches billiger war hingegen der *proxy contest* um die Kontrolle der *Xtra Corporation*, der die Herausforderer nur 600.000 US-Dollar kostete.[775]

I. ART DER KOSTEN

Im Rahmen eines *proxy contest* werden durch verschiedene Maßnahmen Kosten verursacht. An erster Stelle sind die Kosten für die Versendung der Werbematerialien einschließlich des *proxy statement* zu nennen. Hinzu kommen Ausgaben, die durch die Beschäftigung eines professionellen Stimmrechtsvertreters entstehen, ohne den heute wegen der Komplexität der zu bewältigenden Aufgaben keine *proxy*-Kampagne mehr geführt wird.[776] Weiterhin entstehen Kosten durch die Beauftragung von Anwälten und Investmentbanken.[777] Je nach der Intensität der Auseinandersetzung entstehen außerdem Ausgaben durch allgemeine Werbung in Print- und anderen Medien, wobei hierfür wiederum Werbe- und *Public Relations*-Agenturen beauftragt werden müssen. Da an einem *proxy contest* eine Vielzahl von externen Beratern wie professionelle Stimmrechtswerber, Anwälte und Investmentbanken beteiligt sind, ist eine wesentliche Kosteneinsparung durch die zunehmende Verwendung neuer elektronischer Medien nicht zu erwarten, denn diese können zwar die Versendung der *proxy materials* und die Erteilung von Stimmrechtsvollmachten verbilligen, nicht jedoch den Beratungs- und Werbebedarf verringern, der in hart umkämpften Wettbewerben den Großteil der Kosten ausmacht.[778]

II. KOSTENTRÄGER

Die bundesstaatlichen Regelungen, etwa in Form entsprechender *SEC-Rules*, enthalten keine Antwort auf die Frage, wer die Kosten eines *proxy contest* trägt. Hier finden sich lediglich Regeln darüber, welche Informationen bezüglich der Kosten das *proxy*

---

773 Vgl. die ausführlichen Angaben bei *Bagley* (1990), S. A-6 f.

774 *Stach* (1991), S. 776.

775 *Stach* (1991), S. 776.

776 Siehe zur Rolle von professionellen Stimmrechtswerbern ausführlich § 9 IV.1.

777 Siehe zur Beschäftigung von Anwälten und Investmentbanken bereits § 9 IV.2.

778 *Baxley/Thompson* (1998), S. B5. Vgl. auch *Bhattacharya* (1997) zu den nicht notwendig positiven Auswirkungen, die die Reduzierung der Kosten von *proxy contests* auf die Gruppe der möglichen Herausforderer haben kann.

statement desjenigen, der um die Erteilung von Stimmrechtsvollmachten wirbt, enthalten muss.

So muss darüber informiert werden, wer die zu erwartenden Kosten tragen wird.[779] Geht es um die Wahl eines Mitglieds des *board of directors*, so müssen außerdem die geschätzten Gesamtkosten, die bisherigen tatsächlichen Ausgaben, die Gebühren, die an einen professionellen Stimmrechtswerber gezahlt werden müssen und, bei einer freundlichen Einigung der Parteien, die Bedingungen der Einigung mitgeteilt werden.[780] Das *proxy statement* muss außerdem eine Aussage darüber enthalten, ob die Kostenerstattung von der Gesellschaft verlangt werden wird und ob darüber von den Aktionären abgestimmt werden soll.[781]

Da also eine einheitliche bundesrechtliche Regelung fehlt, muss sich die Lösung aus dem einzelstaatlichen Gesellschaftsrecht und einschlägigen Gerichtsentscheidungen ergeben.[782] Dabei ist zwischen den Kosten, die auf Seiten des Managements entstehen, und den Kosten auf Seiten der Herausforderer zu unterscheiden.

1. Kosten beim Management

Einhellig geht die zu dieser Thematik nur vereinzelt vorhandene Rechtsprechung davon aus, dass sich das Management aufgrund eines Beschlusses des *board of directors* die eigenen Aufwendungen von der Gesellschaft erstatten lassen kann.[783] Dies gilt grundsätzlich für jede Werbemaßnahme, unabhängig davon, ob es sich um Anstrengungen im Zusammenhang mit einem Wettstreit um Stimmrechtsvollmachten oder um eine unumstrittene Werbung von Stimmrechtsvollmachten handelt. Das Management darf, soweit es bei einem *proxy contest* um die Auswechslung des *board of directors* geht, Ausgaben in einem solchen Umfang machen, wie diese für eine ausgewogene Entscheidungsfindung der Aktionäre notwendig sind.[784] Geht es dagegen bei dem Wettbewerb um die Stimmrechtsvollmachten um Fragen der Firmenpolitik (*corporate policy*), so können die Direktoren solche Ausgaben durch die Gesellschaft zur Unterstützung ihrer Politik veranlassen, von denen sie glauben, dass sie im Interesse des Unternehmens stehen.[785] Kosten persönlich motivierter Machterhaltungsmaßnahmen dürfen von der

---

779 Reg. § 240.14a-101, item 4(a)(4).

780 Reg. § 240.14a-101, item 4(b).

781 Reg. § 240.14a-101, item 4(b).

782 *Merkt* (1991), Rdnr. 663; *Waters* (1992), S. 233.

783 *Rosenfeld v. Fairchild & Airplane Corp.*, 128 N.E.2d 291, 293 (N.Y. 1955); vgl. auch *Frenchman* (1993), S. 167.

784 *Cox/Hazen/O'Neal* (1997), S. 336. In der Praxis führt dies dann in der Regel dazu, dass das Management alle Kosten erstattet bekommt, die es benötigt, um sich selbst an der Macht zu halten und das Unternehmen weiter zu kontrollieren. Siehe *Fletcher* (1996), §2052.3.

785 *Levin v. Metro-Goldwyn-Mayer, Inc.*, 264 F. Supp. 797 (S.D.N.Y. 1967); Rosenfeld v. Fairchild & Airplane Corp., 128 N.E.2d 291 (N.Y. 1955); Siehe auch *Aranow/Einhorn* (1956), S. 4 und *Loss/Seligman* (2001), S. 432.

Gesellschaft nicht übernommen werden.[786] Bei der Entscheidung über den Zweck der getroffenen Maßnahmen geht die Rechtsprechung vor dem Hintergrund der informationsfördernden Zielsetzung des *proxy*-Systems davon aus, dass wegen der Abgrenzungsschwierigkeiten im Zweifel eine unternehmenspolitische Zweckrichtung anzunehmen ist.[787] In der Regel lassen sich die persönlichen Machtinteressen des Managements und Fragen der *corporate policy* nicht genau voneinander trennen, da sie in den meisten Fällen deckungsgleich sind, beziehungsweise die Verfolgung von Firmeninteressen immer auch dem persönlichen Machterhalt des Managements dient.[788] Da sich also Wettbewerbe über Fragen der Unternehmenspolitik und Wettbewerbe, in denen es allein um personelle Fragen geht, in der Praxis nicht voneinander trennen lassen, haben sowohl die Gerichte[789] als auch die Kommentatoren aus der Literatur[790] festgestellt, dass diese Unterscheidung nicht maßgeblich sein kann. Hinzu kommt, dass das amtierende Management, das in Wirklichkeit allein am persönlichen Machterhalt interessiert ist, immer vorgeschobene Gründe dafür finden wird, warum es sich um einen Streit um Fragen der Unternehmenspolitik handelt.[791] Schließlich ist zu berücksichtigen, dass sowohl die Unterrichtung der Aktionäre als auch das Abhalten von Aktionärsversammlungen zu den Obliegenheiten der Unternehmensverwaltung gehören, so dass es widersprüchlich wäre, die Gesellschaft dafür zusätzlich zahlen zu lassen.[792]

Es ist den Gerichten nicht gelungen, Ausgaben des amtierenden Managements über das Kriterium des „*reasonable expense*" signifikant zu beschränken. In der Literatur wurde zwar im Hinblick auf verschiedene Ausgaben wie die Nutzung von Firmen zur Stimmrechtswerbung,[793] Telegramme[794] und Telefonanrufe in der letzten Minute vor der Abstimmung[795] und die Nutzung von Angestellten der Gesellschaft[796] vertreten, diese seien „*unreasonable*", da sie eher dazu dienten, die Aktionäre unter Druck zu setzen als diese

---

[786] *Levin v. Metro-Goldwyn-Mayer, Inc.*, 264 F. Supp. 797, 802 (S.D.N.Y. 1967); *Bagley/Berger* (1997a), S. A-6 f.; *Klein/Coffee* (1990), S. 164; *Loss/Seligman* (2001), S. 432.

[787] Vgl. z.B. *Steinberg v. Adams*, 90 F. Supp. 604, 608 (S.D.N.Y. 1950); *Hall v. Trans-Lux Daylight Picture Screen Corp.*, 171 A. 226, 228 f. (Del. Ch. 1934); *Braude v. Havenner*, 113 Cal. Rptr. 386, 389 (Cal. At. App. 1974); *Loss/Seligman* (2001), S. 432; *Waters* (1992), S. 252, Fn. 117.

[788] *Petzke* (1975), S. 153, *Tuerks* (2000), S. 89, der darauf hinweist, dass von den Leitentscheidungen zu dieser Frage, etwa *Hall v. Trans-Lux Daylight Picture Screen Corp.*, 171 A. 226 (Del. Ch. 1934), bis heute noch kein Gericht abgewichen ist.

[789] Siehe z.B. *Steinberg v. Adams*, 90 F. Supp. 604, 608 (S.D.N.Y. 1950); *Hall v. Trans-Lux Daylight Picture Screen Corp.*, 171 A. 226, 228 (Del. Ch. 1934).

[790] *Barnhill* (1965), S. 779; *Easterbrook/Fischel* (1983), S. 413; *Emerson/Latcham* (1952), S. 10; *Machtinger* (1968), S. 215.

[791] *Rosenfeld v. Fairchild & Airplane Corp.*, 128 N.E.2d 291, 299 (N.Y. 1955) (dissenting opinion).

[792] So zutreffend *Tuerks* (2000), S. 89 f.

[793] *Friedman* (1951), S. 952; *Emerson/Latcham* (1952), S. 10; *Machtinger* (1968), S. 215.

[794] *Emerson/Latcham* (1952), S. 11; *Machtinger* (1968), S. 215.

[795] *Emerson/Latcham* (1952), S. 11; *Machtinger* (1968), S. 215.

[796] *Friedman* (1951), S. 954.

zu informieren. Doch haben die Gerichte bisher noch nie die Erstattung solcher Kosten verboten.[797]

Auch hat bisher kein Gericht eine Definition dafür aufgestellt, inwieweit Ausgaben zur Stimmrechtswerbung wenigstens in ihrer absoluten Höhe ab einer bestimmten Stelle unzulässig (*unreasonable*) werden könnten. Zwar ist im Hinblick auf die zulässige absolute Höhe der ersetzbaren Kosten vorgeschlagen worden, hierbei solle die Art des Wettbewerbs, die Zahl der Aktionäre und die Höhe der Ausgaben der Herausforderer berücksichtigt werden.[798] Doch hat bisher noch kein Gericht Ausgaben des amtierenden Managements für exzessiv erklärt und damit eine Erstattung verhindert. Zwar ist es durchaus vorstellbar, dass allein der Bestand des Kriteriums „*reasonable*" das amtierende Management bei der Entscheidung über bestimmte Ausgaben zurückhaltender sein lässt. Doch ist in der Praxis bisher für alle Ausgaben eine Entschädigung zugesprochen worden.[799]

2. Kosten beim Herausforderer

Auch für die Entschädigung der Herausforderer besteht keine einheitliche bundesgesetzliche Grundlage, die Art und Höhe einer Entschädigung festlegt. Es bleibt somit auch hier bei den Regeln des einzelstaatlichen Gesellschaftsrechts und entsprechenden Gerichtsentscheidungen.

Danach können opponierende Aktionäre – im Gegensatz zum amtierenden Management, das sich bei einer Niederlage bei der Wahl des Direktoriums noch bis zu seinem Ausscheiden den Ersatz der ihm entstandenen Werbekosten genehmigen kann – nur dann auf einen Ersatz ihrer Aufwendungen hoffen, wenn sie einen *proxy fight* zu Zwecken eines Kontrollwechsels geführt haben. Sie müssen sich dann mit der Mehrheit der neu gewählten Direktoren eine Aufwandserstattung genehmigen und diesen Beschluss von der Hauptversammlung billigen lassen.[800]

Siegreiche Herausforderer des amtierenden Managements unterliegen im Hinblick auf eine Kostenerstattung denselben Beschränkungen, denen auch das Management ausgesetzt ist. Wieder ist erforderlich, dass sich die Oppositionsgruppe von einer *corporate-policy*-Angelegenheit zu ihrem Verhalten bewegen lassen hat und dass die getroffenen Ausgaben sich in einem vernünftigen Rahmen (*reasonable*) bewegen, was jedoch wie bei den oben schon behandelten Ausgaben des Managements regelmäßig der Fall sein

---

[797] So wurden in einigen Fällen, in denen eine Kompensation des Managements letztlich von den Gerichten erlaubt wurde, von diesem auch eine Firma zur professionellen Werbung von Stimmrechtsvollmachten beschäftigt, vgl. z.B. *Steinberg v. Adams*, 90 F. Supp. 604, 606 (S.D.N.Y. 1950); *Begleiter v. Moreland*, 33 Misc. 2d 118, 118, 225 N.Y.S.2d 577, 578 (Sup. Ct. 1961).

[798] *Barnhill* (1965), S. 779.

[799] *Bebchuk/Kahan* (1990), S. 1108.

[800] *Rosenfeld v. Fairchild & Airplane Corp.*, 128 N.E.2d 291, 293 (N.Y. 1955); *Steinberg v. Adams*, 90 F. Supp. 604, 608 (S.D.N.Y. 1950); *Grodetsky v. McCrory Corp.*, 267 N.Y.S.2d 356, 358 f. (Sup. Ct. 1966); *Bagley/Berger* (1997a), S. A-7; *Waters* (1992), S. 254; *Merkt* (1991), Rdnr. 665, *Cox/Hazen/O'Neal* (1997), S. 337.

wird.[801] Eine Obliegenheit zur Unterrichtung der Aktionäre und zur Abhaltung einer Aktionärsversammlung kommt den opponierenden Anlegern bei der Begründung der Kostenerstattungspflicht nicht zugute, da eine solche Obliegenheit nicht besteht.[802] Im Fall eines von der Opposition gewonnenen Stimmrechtswettbewerbs bei der Wahl von Direktoren kann es daher vorkommen, dass die Gesellschaft die gesamten Werbeaufwendungen des besiegten Managements und der siegreichen Opposition tragen muss.[803] Zusätzlich kann die Gesellschaft auch Kosten von unterlegenen Aktionären auf freiwilliger Basis erstatten[804] oder sich zu einer solchen Erstattung im Rahmen eines gerichtlichen Vergleichs, der bei einem im Zusammenhang mit dem Stimmrechtswettbewerb angestrengten Gerichtsverfahren vereinbart wurde, verpflichten.[805] Die Gruppe der aufbegehrenden Aktionäre bleibt aber in der Regel bei Erfolglosigkeit auf ihren Kosten sitzen. Eine anders lautende Entscheidung eines Gerichts, die auch der erfolglosen Opposition einen Kostenersatz zugesprochen hätte, liegt nicht vor.[806] Im Fall *Johnson v. Tago, Inc.*[807] wurde die Anordnung eines Gerichts, den Herausforderern ihre Aufwendungen zu erstatten, aufgehoben. Dabei wurde argumentiert, dass ein Gericht über die Frage, wofür ein Unternehmen seine Mittel einsetzt, nur entscheiden darf, wenn ein Fall von Illegalität oder eines Missbrauchs der so genannten *business judgement rule*[808] vorliegt.

Entscheidend für den Herausforderer ist also, dass er den *proxy contest* gewinnt und dass er dadurch in der Lage ist, das *board of directors* auszutauschen. Gewinnt er dagegen bloß einen *proxy contest*, in dem es um andere Fragen als den Austausch des Managements der Gesellschaft geht, etwa einen Vorschlag zum Zusammenschluss mit einem zweiten Unternehmen, so braucht der Herausforderer immer noch die Zustimmung des amtierenden Managements, um eine Entschädigung für die entstandenen Kosten zu erhalten.[809]

---

801 *Steinberg v. Adams*, 90 F. Supp. 604, 607-608 (S.D.N.Y. 1950); *Rosenfeld v. Fairchild & Airplane Corp.*, 309 N.Y. 168, 173, 128 N.E.2d 291, 293 (N.Y. 1955).

802 *Loss/Seligman* (2001), S. 434.

803 *Rosenfeld v. Fairchild & Airplane Corp.*, 128 N.E.2d 291 (N.Y. 1955); *Merkt* (1991), Rdnr. 665.

804 Dies wird freilich selten vorkommen, da das siegreiche Management wohl kaum einen ehemaligen Gegner für seine Opposition belohnen wird. Siehe *Waters* (1992), S. 255.

805 Vgl. *Weinberger v. Bankston*, [1987-1988 Transfer Binder] Fed. Sec. L. Rep. (CCH) 93, 539 (Del. C. Nov. 19, 1987); *Waters* (1992), S. 255.

806 Gegen eine Kostenerstattung wendet sich *Phillips v. SEC*, 171 F.2d 180 von 1948, eine aktuellere eventuell abweichende Entscheidung ist hierzu nicht ergangen. Vgl. zu dieser Frage auch *Friedman* (1951), S. 958.

807 188 Cal.App.3d 507, 233 Cal.Rptr. 503 (1986).

808 Zur *business judgement rule* vgl. bereits Fn. 768.

809 *Grodetsky v. McCrory Corp.*, 49 Misc. 2d 322, 323-324, 267 N.Y.S.2d 356, 358 (Supp. Ct. 1966).

III. BEWERTUNG DURCH RECHTSPRECHUNG UND LITERATUR

Die Frage, ob die geltende Rechtslage, die dem amtierenden Management stets, dem Herausforderer nur im Erfolgsfall eine Kostentragung durch die Gesellschaft beschert, richtig und angemessen ist, wird unterschiedlich beurteilt.

Zugunsten der derzeitigen Regelung wird vorgebracht, dass zwar die jetzige Praxis der Kostenerstattung auf den ersten Blick ungerecht erscheinen könnte, dass jedoch eine mögliche Alternative nicht in Sicht sei. So wäre eine mögliche Verteidigung des amtierenden Managements nicht gerade Erfolg versprechend, wenn dieses für die dabei verursachten Kosten selbst aufkommen müsste.[810] Es wäre auch nicht fördernd für die Attraktivität der Ausübung des Postens des *director* einer Gesellschaft und hätte so zur Folge, dass sich nicht mehr genügend Kandidaten zur Verfügung stellen würden.[811] Auch bestehe die Gefahr, dass es leicht zu einer starken und auch noch unternehmensfinanzierten Opposition kommen könnte, würden die Regelungen zur Kostenerstattung eine großzügigere Vergütung zugunsten von möglichen Herausforderern des *board of directors* vorsehen.[812] Befürchtet wird außerdem, dass eine Veränderung der bestehenden Rechtslage zu einer Vielzahl von *proxy contests* führen würde mit dem Risiko, dass diese Wettbewerbe nur geführt würden, um finanzielle Vorteile aus einem Kontrollerwerb zu ziehen, ohne dass die Gefahr bestünde, auf den entstandenen Kosten sitzen zu bleiben.[813]

Auch in dem oben schon besprochenen Fall *Johnson v. Tago, Inc.*[814] hatte sich das Gericht mit der Frage der Kostenerstattung auseinanderzusetzen. Das Gericht gab dabei zwar zu, dass an sich das Argument der Chancengleichheit für eine Erstattung auch der Aufwendungen des Herausforderers spreche, die dadurch verursachten erheblichen Kosten sprächen jedoch dagegen. Diese Entscheidung könne nur von der Gesellschaft nach der Durchführung eines *proxy contest* gefällt werden. Würde man anders entscheiden, so wäre die logische Konsequenz, das Gesellschaftsmittel eingesetzt würden, ohne dass diejenigen, die eigentlich von dem *proxy fight* profitieren sollen, nämlich die Aktionäre, ihre Meinung hierzu äußern könnten.[815]

Aber auch zugunsten einer großzügigeren Praxis der Kostenerstattung werden Argumente vorgebracht. Hier ist zunächst die spezifische Risikoverteilung zulasten des Herausforderers in einem Wettbewerb um Stimmrechtsvollmachten zu nennen. Einer Entscheidung, einen *proxy contest* zu beginnen, steht aus Sicht des Herausforderers nämlich entgegen, dass er nach geltendem Recht zwar gezwungen ist, alle Ausgaben selbst zu tragen, dass ihm jedoch die dadurch zu erreichenden Gewinne nur auf einer *pro rata* Basis entsprechend der Höhe seines Anteils zustehen. Andere Aktionäre haben unter

---

[810] *Cox/Hazen/O'Neal* (1997), S. 337.

[811] *Cox/Hazen/O'Neal* (1997), S. 337.

[812] *Cox/Hazen/O'Neal* (1997), S. 337.

[813] *Cox/Hazen/O'Neal* (1997), S. 337.

[814] 188 Cal.App.3d 507, 233 Cal.Rptr. 503 (1986). Siehe zur Frage des Ersatzes von Kosten bei einem gewonnenen *proxy fight* auch den Fall *Heinemann v. Datapoint corp.*, 611 A2d 950 (Del.1992).

[815] Siehe dazu auch *Eisenberg* (1970), S. 1499, 1511 ff.

den gegebenen Umständen wenig Anreize, den Herausforderer zu unterstützen, da es aus ihrer Sicht das Beste ist, den Herausforderer allein tätig werden zu lassen und im Anschluss die erzielten Gewinne einzustreichen („Trittbrettfahrer-Problem"). Daher könnte sich eine Regelung Sinn empfehlen, die von der Gesellschaft verlangen würde, dass zumindest einem erfolgreichen Herausforderer in jedem Fall die Ausgaben zu ersetzen sind. Denn dadurch wäre es möglich, die anderen Aktionäre, die an den Erfolgen des Herausforderers proportional beteiligt sind, auch an den vom Herausforderer getragenen Kosten zu beteiligen.[816]

Mehrere Stimmen in der Literatur wollen die Erstattung der angefallenen Kosten von dem Erreichen eines gewissen Mindestanteils an Stimmrechtsvollmachten abhängig machen. Dabei ist umstritten, wie hoch der zu erreichende Stimmenanteil sein sollte, um zugunsten des Herausforderers einen Rechtsanspruch auf Kostenerstattung anzunehmen.

Verschiedentlich wurde vertreten, dass auch unerfolgreichen Herausforderern ihre Kosten ersetzt werden sollten.[817] Zur Begründung wurde dafür unter anderem angeführt, es sei notwendig, um eine vollständige und faire Darstellung der umstrittenen Gegenstände sicherzustellen, dass den aufbegehrenden Aktionären die gleichen Rechte wie dem amtierenden Management eingeräumt werden, so dass die Aktionäre in der Lage sind, eine informierte Entscheidung zu treffen.[818] Dabei wurden verschiedene Methoden vorgeschlagen, mit denen bestimmt werden sollte, wann und in welcher Höhe Erstattung zu leisten sei. So vertritt *Friedman* die Meinung, dass die Herausforderer eine Mindestzahl von 10 oder 15 Prozent der Stimmen erreichen müssten.[819] *Emerson* und *Latcham* schlagen eine nach einer von ihnen entwickelten Formel zu berechnende Erstattung vor.[820]

Andere wiederum verlangen grundsätzlich, dass es dem Herausforderer gelingt, die Mehrheit der Stimmen für sich zu gewinnen. So wollen *Easterbrook* und *Fischel* eine Kostenerstattung nur dann zugestehen, wenn es der Herausforderer schafft, die Wahlen zum *board of directors* zu gewinnen.[821]

Die gründlichste Analyse der bestehenden Regelungen zur Entschädigung von Herausforderern haben in neuerer Zeit *Bebchuk* und *Kahan* vorgelegt.[822] Auch sie sprechen sich dagegen aus, Herausforderer generell für die ihnen entstandenen Kosten zu entschädigen, da dies nur zu einer unerwünschten Verbreitung solcher Wettbewerbe und

---

[816] *Choper/Coffee/Morris* (2000), S. 595 f. Das beschriebene Problem lässt sich auch mit dem Begriff des *free riding* beschreiben. Siehe zu diesem beim *proxy contest* im Gegensatz zum Übernahmeangebot auftretenden Problem auch unter § 13 I.

[817] So z.B. *Emerson/Latcham* (1952), S. 13; *Mintz* (1953), S. 96; vgl. auch *Stifel* (1959).

[818] *Friedman* (1951), S. 958; *Note* (1952), S. 235.

[819] *Friedman* (1951), S. 963.

[820] Diese lautet wie folgt: Genehmigte Ausgaben des Managements / Erreichte Stimmen des Managements = *X* / Erreichte Stimmen des Herausforderers. *X* ist dann die maximal zulässige Summe, die der Herausforderer bekommen kann, wobei er niemals mehr bekommen soll, als er tatsächlich ausgegeben hat, *Emerson/Latcham* (1953), S. 436.

[821] *Easterbrook/Fischel* (1983), S. 413 f.

[822] *Bebchuk/Kahan* (1990), S. 1071 ff.

einem Anstieg der zu erwartenden Kosten führe.[823] Wie auch andere Stimmen in der Literatur schlagen sie daher vor, die Kosten der Herausforderer dann zu erstatten, wenn diese einen bestimmten Mindestanteil an Stimmrechtsvollmachten für ihr Begehren gewinnen konnten. Durch die Einführung solcher Schwellen würde erreicht, dass sich vornehmlich solche Aktionäre ermutigt fühlen würden, deren Begehren zumindest eine gewisse Aussicht auf Erfolg hätte. Nach Meinung von *Bebchuk* und *Kahan* sollten die Herausforderer aber mangels bekannter überzeugender analytischer Argumente und empirischer Daten in *proxy control contests* jedenfalls zumindest die Mehrheit der Stimmen für sich gewinnen, um einen Anspruch auf Kostenerstattung zu erlangen.[824] Dieser Anspruch sollte dann gesetzlich begründet werden, um auf diesem Gebiet Rechtssicherheit zu gewinnen.[825]

Die gängige Praxis der Kostenerstattung unterscheidet nicht zwischen *proxy control contests* und *proxy issue contests*.[826] Dies führt in der Regel dazu, dass selbst erfolgreiche Herausforderer in einem *issue contest* keine Erstattung ihrer Kosten erwarten können, da sie ja keine Kontrolle über das *board of directors* erlangen und daher auch keine Entscheidung zu ihren Gunsten durchsetzen können. *Bebchuk* und *Kahan* setzen sich daher für eine großzügigere Erstattungsregelung im Zusammenhang mit *proxy issue contests* ein. Sie sind der Meinung, dass Herausforderer in einem *issue contest* ein höheres Maß an Kostenerstattung erlangen sollten als in Stimmrechtswettbewerben, in denen es um die Kontrolle der Gesellschaft geht.[827] Eine Erstattung solle immer schon dann erfolgen, wenn ein relativ kleiner Mindestanteil an Stimmen zugunsten der Herausforderer gesammelt wurde. Dadurch würden Aktionäre ermutigt, solche Wettbewerbe anzustrengen, die im Ergebnis dem Wert des Unternehmens dienten.[828] Eine großzügigere Erstattung sei auch deshalb nötig, weil es zum *issue contest* anders als beim *control contest*, der in Konkurrenz zum Übernahmeangebot stehe, keine Alternative gebe, um grundsätzliche Veränderungen in einer Gesellschaft durchzusetzen.[829]

Insgesamt hat die Befürchtung, eine liberalere Praxis bzw. gesetzliche Regelung der Kostenerstattung würde zu einer Vielzahl unerwünschter und unsinniger *proxy contests* führen, dazu geführt, dass eine Veränderung der gängigen Praxis der Kostenerstattung bis heute überwiegend abgelehnt wird.[830] Daher haben auch die aus dem Jahre 1990 herrührenden Vorschläge von *Bebchuk* und *Kahan* bisher weder bei den Gerichten noch bei dem zuständigen Gesetzgeber Gehör gefunden.[831] In jedem Fall wäre aber nicht zu erwarten, dass eine völlige Gleichstellung von Management und Herausforderern bei

---

[823] *Bebchuk/Kahan* (1990). Siehe dazu auch *Schulman* (1973), S. 1 ff.

[824] *Bebchuk/Kahan* (1990), S. 1122.

[825] *Bebchuk/Kahan* (1990), S. 1122.

[826] *Machtinger* (1968), S. 229.

[827] *Bebchuk/Kahan* (1990), S. 1127.

[828] *Bebchuk/Kahan* (1990), S. 1128. Zu den Auswirkungen von *proxy contests* auf den Unternehmenswert vgl. ausführlich § 15 II.2.

[829] *Bebchuk/Kahan* (1990), S. 1127 f.

[830] *Choper/Coffee/Morris* (2000), S. 596 ; *Thomas/Dixon* (1998), § 21.04[D].

[831] *Thomas/Dixon* (1998), § 21.05.

der Frage der Kostenerstattung zu einer absoluten Chancengleichheit der beteiligten Gruppen führen würde. Hier fallen die übrigen, institutionellen Vorteile des amtierenden Managements zu stark ins Gewicht.[832]

IV. ERGEBNIS

Im Ergebnis erschiene es wohl richtig, den von *Bebchuk* und *Kahan* vorgeschlagenen Mittelweg zu gehen. Dieser ließe im Bereich der *proxy contests for corporate control* alles bei der derzeitigen Rechtslage und sähe lediglich im Bereich der *proxy issue contests* eine großzügigere Vergütung vor. Hier fehlt zurzeit jede Regelung, was dazu führt, dass sogar ein in einem *proxy issue contest* erfolgreicher Herausforderer vom amtierenden Management der angegriffenen Gesellschaft keine Vergütung erwarten kann. Dies ist höchst ungerecht und schreckt außerdem potenzielle Herausforderer auch dann ab, wenn ihr Anliegen durchaus Erfolg versprechend ist. Auch die Möglichkeit, in vielen Fällen, in denen es nicht um die Auswechslung des amtierenden Managements geht, ein *shareholder proposal* einzureichen, kann die mangelhafte Kostenerstattungsregelung nicht kompensieren, denn in vielen Fällen reicht es eben nicht aus, nur einen Abstimmungsvorschlag einzureichen. Nötig ist dann vielmehr, sich aktiv an die Aktionäre zu wenden, um dem eigenen Anliegen auch eine gewisse Erfolgswahrscheinlichkeit zu verschaffen. De *lege ferenda* sollte daher eine Vergütung auch bei *proxy issue contests* zumindest im Erfolgsfall erfolgen.

Die derzeitige Lage ist somit zum Teil unbefriedigend. Die Befürchtung allerdings, dass eine liberalere Vergütungspraxis zu einer Vielzahl unerwünschter und letztlich schädlicher *proxy contests* führen würde, lässt eine Veränderung auf diesem Gebiet in naher Zukunft nicht erwarten.

V. ZUSAMMENFASSUNG

Mit der Durchführung eines *proxy contest* werden sowohl auf der Seite des amtierenden Managements als auch auf der Seite des oder der Herausforderer erhebliche Kosten verursacht, die leicht mehrere Millionen Dollar erreichen können. Während die Gesellschaft stets die Kosten für die Kampagnen des amtierenden Managements trägt, kann ein Herausforderer diese Kosten von der Gesellschaft nur ersetzt bekommen, wenn er durch einen siegreichen *proxy contest* die Kontrolle über die Gesellschaft erlangt und sich dann selbst die Erstattung genehmigt. Zwar dürfte grundsätzlich auch das Management sich nicht solche Kosten ersetzen lassen, die es nur zum bloßen Machterhalt aufwendet, sondern müsste diese Kosten selber tragen. Doch lässt sich dies in der Praxis nicht durchsetzen, da sich immer Fragen der *corporate policy* finden, die das Vorgehen des Managements rechtfertigen.

In der Literatur werden die geltenden Vergütungsregelungen zum Teil kontrovers diskutiert. Dabei reicht das vorgestellte Meinungsbild von der derzeitigen Rechtslage über

---

[832] *Bebchuk/Kahan* (1990), S. 1084. Siehe dazu auch *Yoran* (1973), S. 435 ff.. Vgl. zu den Vorteilen des Managements auch § 14 I.

eine partiell stärkere Vergütung bis zu einer erfolgsabhängigen Totalvergütung für die eingeworbenen Stimmrechtsanteile. Überzeugend erschiene es, den von *Bebchuk* und *Kahan* vorgeschlagenen Mittelweg zu gehen. Dieser beließe im Bereich der *proxy contests for corporate control* alles bei der derzeitigen Rechtslage und sähe lediglich bei *proxy issue contests* eine großzügigere Vergütung vor. Eine solche Regelung würde das Defizit der derzeitigen Regelung beheben, weil dann auch erfolgreiche Herausforderer in einem *proxy issue contest* eine Vergütung erwarten könnten. Die von *Bebchuk* und *Kahan* vorgeschlagene Regelung sollte außerdem gesetzlich fixiert werden.

Die Befürchtung, dass eine großzügigere Vergütungspraxis zu einer Vielzahl unliebsamer Wettbewerbe führen könnte, wird aber wohl auch in Zukunft eine Änderung der Rechtslage verhindern.

§ 12 DER ABLAUF EINES TYPISCHEN PROXY CONTEST ZUR AUSWECHSLUNG DES MANAGEMENTS

Nachdem die rechtlichen Regelungen, die bei der Durchführung eines Wettbewerbs um Stimmrechtsvollmachten einzuhalten sind, und die dabei beteiligten Gruppen oben beschrieben wurden, soll nun kurz ein typischer Fall eines *proxy contest* zur Auswechslung des Managements in einer Gesellschaft dargestellt werden, um die verschiedenen Stadien, an denen die unterschiedlichen von den Parteien zu beachtenden Regulierungen zur Anwendung kommen, zu verdeutlichen.[833] Während das Einreichen eines *shareholder proposal* ein relativ simpler Vorgang ist, an dem sich höchstens ein gerichtlicher Streit über seine Zulässigkeit entzündet, kann sich die Sammlung von Stimmrechtsvollmachten zur Auswechslung des Managements zu einer langwierigen, mühsamen und vor allem teuren Auseinandersetzung zwischen dem amtierenden Management und den Herausforderern entwickeln.[834] An den entsprechenden Stellen wird auf die vorangegangenen Kapitel verwiesen werden, in denen der gerade beschriebene Vorgang näher erläutert wird.

I. AUSWAHL DES ZIELOBJEKTS

Sowohl für einen mit der herrschenden Unternehmenspolitik unzufriedenen Aktionär als auch für das amtierende Management ist es wichtig zu analysieren, ob die Gesellschaft

---

[833] Wie oben in § 4 gezeigt wurde, können der Aufnahme eines *proxy contest* auch andere Gründe zugrunde liegen. Da jedoch die überwiegende Mehrzahl dieser *proxy contests* zur Auswechslung des Managements geführt werden und diese Wettbewerbe in der Regel auch die spektakulärsten sind, eignet sich ein solcher besonders für eine exemplarische Darstellung.

[834] Wird ein *shareholder proposal* eingereicht und erfährt es durch den Einreichenden oder andere Sympathisanten öffentliche Unterstützung, z.B. in Form von Werbung, die die Aktionäre auffordert, den Vorschlag zu unterstützen, so müssen diese Personen eventuell wiederum die Regelungen der *Rule 14a-1* ff. erfüllen, da ihr Auftreten dann der Definition der *solicitation* nach *Rule 14a-1* entspricht. Vgl. dazu oben § 6 IV.

als Ziel für einen erfolgreichen *proxy contest* in Frage kommt. Ein möglicher Herausforderer wird hiervon die Entscheidung abhängig machen, ob er überhaupt einen Wettbewerb um Stimmrechtsvollmachten einleiten soll.[835] Für das amtierende Management hängen davon eventuell zu erhebende Abwehrmaßnahmen ab, um potenzielle Herausforderer von einem *proxy contest* abzuhalten.[836]

Es gibt eine Reihe von Kriterien, die ein Unternehmen typischerweise für die Einleitung eines *proxy contest* geeignet erscheinen lassen. Dabei können einzelne oder auch mehrere der folgenden Merkmale auftreten:[837]

- Die Gesellschaft hat in der Vergangenheit eine im Vergleich zu ihren direkten Konkurrenten oder dem gesamten Markt schlechte Unternehmensleistung gezeigt.
- Ein großer Teil der Aktien wird von institutionellen Anlegern gehalten, wobei ein Unternehmen als umso geeigneter angesehen werden muss, je kleiner der Aktienbesitz des Managements bzw. des *board of directors* ist.
- Die Gesellschaft ist am Aktienmarkt unterbewertet, d.h. der tatsächliche Wert des Unternehmens ist größer als sein Börsenwert, was anzeigt, dass der Markt entweder die Unternehmensstrategie oder das amtierende Management für uneffektiv hält. Der Herausforderer kann dann darauf hoffen, dass durch seine Aktivitäten der Wert der Gesellschaft wieder steigt und er dadurch einen wirtschaftlichen Vorteil erlangen kann.[838]
- Die Gesellschaft besitzt ein werthaltiges Kerngeschäft (*crown jewel*), der sie zu einem attraktiven Übernahmekandidaten macht.
- Bestimmte Entscheidungen des Unternehmens haben in jüngster Zeit zu einem Fall der Aktienpreise geführt, möglicherweise in Verbindung mit dem Auftreten von Kritik an der Unternehmenspolitik. Die Kritiker können entweder Teile des Managements selbst sein oder Großaktionäre, die dann als Verbündete in einem *proxy contest* in Frage kommen.[839]
- Die Gesellschaft war auch in der Vergangenheit das Ziel oppositioneller Maßnahmen.

In Verbindung mit der Auswahl eines Zielunternehmens ist es oft hilfreich bzw. notwendig, eine Untersuchung über bestimmte Unternehmensangelegenheiten und die Ak-

---

[835] Vgl. zu den empirischen Nachweisen für die Ursachen von *proxy contests* und in welchen Gesellschaften sie auftreten unter § 15 II.

[836] Zu den möglichen Abwehrmaßnahmen vgl oben § 10.

[837] Vgl. zum folgenden *Berger/Bagley/LaRosiliere* (1995), S. 1 f.; *Sargent* (1993), S. 2-10.

[838] In der Regel wird der Herausforderer nur dann einen *proxy contest* einleiten, wenn er sich einen wirtschaftlichen Erfolg verspricht, vgl. *Bagley* (1990), S. A-1 f.

[839] Als Beispiel aus der jüngsten Zeit kann hier der *proxy contest* um die Durchführung der Fusion von *Hewlett Packard* und *Compaq* genannt werden, bei der *Walter Hewlett* unterstützt von mehreren weiteren Mitgliedern der Gründerfamilien von *Hewlett Packard* versuchte, eine Mehrheit der Aktionäre von *Hewlett Packard* gegen die Fusion hinter sich zu bringen.

tionärsstruktur durchzuführen. So kann es für die Durchführung der Kampagne neben den Kenntnissen der wirtschaftlichen Leistungsfähigkeit des Zielunternehmens ebenfalls wichtig sein zu wissen, ob das amtierende Management bestimmte Schwächen hat, die einen Ansatzpunkt für die folgende Kampagne bieten können.[840] Dies können z.B. Insichgeschäfte, sonstige Interessenkonflikte oder eine übertriebene Vergütung des Managements sein.[841] Des Weiteren muss ein Herausforderer bereits im Vorfeld analysieren, welche Abwehrmöglichkeiten dem amtierenden Management zur Verfügung stehen und welchen Einfluss diese auf seine Siegchancen haben.[842]

II. Identifizierung der Aktionäre

Entscheidend für den Erfolg eines *proxy contest* sowohl auf der Seite des Managements als auch auf der Seite der Aktionäre ist auch die genaue Analyse der Aktionärsstruktur. Diese umfasst Daten wie die Anzahl der Aktien, die von institutionellen Anlegern gehalten werden, das Verhältnis der Aktionäre zum Management und auch Informationen darüber, wo die Aktionäre anzutreffen sind.[843] Nur auf der Grundlage solcher Daten lassen sich die Werbeaktivitäten auf die entscheidenden Aktionäre ausrichten und möglichst effizient und Kosten sparend durchführen.

Für das amtierende Management ist die Identifizierung und Klassifizierung der Aktionäre ungleich einfacher als für die Herausforderer. Denn entweder verfügt das Management durch die Gesellschaft über eine Liste mit allen Aktionären oder es kann sich eine solche Liste über den *transfer agent* beschaffen. Aus solchen Listen lassen sich auch die *depositories*, Banken, Broker und anderen *nominees* ablesen, die zwar im Aktienregister der Gesellschaft eingetragen sind, jedoch nicht die für die Stimmrechtsausübung entscheidenden Personen sind. Von den *depositories* kann dann das Management eine Auflistung weiterer Banken und Broker verlangen, für die diese im Aktienregister eingetragen sind.[844] Nach *Rule 14b-1(c)* müssen Broker und Dealer der Gesellschaft auf Anfrage eine Liste mit den *non-objecting beneficial owners (NOBOs)* zur Verfügung stellen, die von diesen im *nominee name* gehalten werden. Gemäß *Rule 14b-2* gilt diese Regelung auch für Banken und andere Institutionen, die für Dritte als Treuhänder Aktien halten. Aus all diesen Informationen sollte es dem amtierenden Management zusammen mit seinen Beratern möglich sein, die Aktionäre zu identifizieren und aus der analysierten Struktur Verteidigungsstrategien zu entwickeln.

Für den Herausforderer stellt sich die Identifizierung der Aktionäre wesentlich schwieriger dar. Nach *Rule 14a-7* kann die Gesellschaft zwar dem Herausforderer auch eine Liste der Aktionäre zur Verfügung stellen. Das amtierende Management wird es in der Regel jedoch vorziehen, die Versendung der Materialien des Herausforderers zu über-

---

[840] *Sargent* (1993), S. 2-11.

[841] *Sargent* (1993), S. 2-11.

[842] Vgl. zu den Abwehrmöglichkeiten ausführlich oben unter § 10.

[843] *Berger/Bagley/LaRosiliere* (1995), S. 2; *Sargent* (1993), S. 2-11.

[844] Zur Praxis der Aktienverwahrung vgl. oben unter § 5 III.5.

nehmen.[845] Jedoch hat der Aktionär nach einzelstaatlichem Recht einen Anspruch, von der Gesellschaft einen Zugang zur Aktionärliste eingeräumt zu bekommen.[846] Dies benachteiligt den Aktionär insoweit, als es im Vorfeld eines *proxy contest* für einen Herausforderer wichtig sein kann, die Aktionärsstruktur zu verstehen, ohne dass die davon betroffene Gesellschaft schon etwas erfährt, entweder weil er wissen will, ob sich die Herausforderung des amtierenden Managements überhaupt lohnt, oder einfach, weil er hieran seine Strategie ausrichten will. In einem solchen Fall kann er nur versuchen, sich mit Hilfe einer *proxy solicitation firm* aufgrund von Veröffentlichungen bestimmter Anleger sowie der Erfahrungen der professionellen Stimmrechtswerber einen groben Überblick über die Aktionärsstruktur zu verschaffen.[847] Bei dieser Recherche kommt dem Herausforderer auch eine Vielzahl von Vorschriften entgegen, die eine Veröffentlichung von Aktienbesitz ab einer bestimmten Anteilsquote vorschreiben. So enthält bereits das *proxy statement* des Managements eine Auflistung der größten Anteilseigner sowie des Aktienbesitzes des Managements selbst.[848] Auch nach dem *Securities Act* von 1933 müssen bestimmte Aktionäre ihren Anteilsbesitz offen legen.[849] Eine wichtige Rolle spielen auch die Veröffentlichungsvorschriften nach dem *Williams Act*. Er schreibt unter bestimmten Voraussetzungen die Einreichung von *Schedules* bei der *SEC* vor, durch die der Anteilsbesitz offen gelegt wird.[850]

III. KAUF VON AKTIEN

Es ist immer schwierig, einen erfolgreichen *proxy contest* zu führen,[851] aber es ist praktisch ausgeschlossen, ihn zu gewinnen, wenn nicht der Herausforderer in einem gewissen Umfang bereit ist, sich mit Eigenmitteln in der Zielgesellschaft zu engagieren.[852] Diese Bereitschaft wird in der Regel entweder dadurch signalisiert, dass der Herausforderer einen großen Block Aktien des Zielunternehmens kauft, oder aber dadurch, dass er bereit ist, ein Übernahmeangebot abzugeben und das gesamte Unternehmen zu übernehmen. Mit dem Kauf von Aktien signalisiert der Herausforderer nicht nur sein öko-

---

845 Siehe dazu bereits oben unter § 5 III.6.a).

846 Siehe dazu bereits oben unter § 5 II.1.

847 *Sargent* (1993), S. 2-13. Zur Rolle von *proxy solicitation firms* vgl. oben § 9 IV.1.

848 *Reg. § 240.14a-101 Item 5(b)*. Zum *proxy statement* vgl auch § 5 III.4.

849 Vgl. z.B. *Form S-1, From S-2, Form S-4, Form S-11*.

850 Vgl. dazu bereits oben unter § 8 I. Die Aktienanteile institutioneller Anleger lässt sich anhand der *Schedule 13F filings* nachvollziehen. Diese müssen vierteljährlich von solchen institutionellen Anlegern eingereicht werden, deren Anteile an einer Gesellschaft einen Wert von mindestens 100 Millionen Dollar haben. Früher ließen sich diese Informationen der vierteljährlich erscheinenden Publikation *CDS/Spectrum* entnehmen. Heute lassen sich diese Informationen neben einer Vielzahl weiterer Veröffentlichungen z.B. bei *Thomson Financial Securities Data* abrufen (*www.tfsd.com*). Einzelne Veröffentlichungen lassen sich auch über die *EDGAR*-Datenbank der *SEC* abrufen (*www.sec.gov*).

851 Zu den Erfolgsaussichten eines *proxy contests* vgl. § 14 I.

852 *Sargent* (1993), S. 2-18. Dies wurde auch von der Studie über *proxy contests* von *Mulherin/Poulsen* (1998), S. 290, bestätigt, die ermittelten, dass ein Herausforderer in einem *proxy contest* durchschnittlich 9% der Aktien der Gesellschaft besitzt. Auch die Untersuchung von *Pound* (1988), S. 260 f., kam zu dem Ergebnis, dass die Wahrscheinlichkeit eines Sieges der Herausforderer um so höher ist, je mehr Aktien dieser selbst an der Gesellschaft hält.

nomisches Eigeninteresse und erlangt gleichzeitig bereits eine erhebliche eigene Stimmmacht, sondern er verdeutlicht auch den anderen Aktionären, dass er sein Handeln am Interesse der Aktionäre ausrichten wird, denn da er selbst Aktionär ist, muss dies auch in seinem Interesse liegen.[853] Nach einer Untersuchung aus den achtziger Jahren sind daher die Herausforderer mit durchschnittlich 14% an den Gesellschaften beteiligt, in denen sie einen Wettbewerb beginnen.[854] Eine optimale Anteilsgröße lässt sich jedoch nicht pauschal benennen. Dies hängt im Einzelfall davon ab, wie sich der Aktienbesitz in der betroffenen Gesellschaft auf das amtierenden Management, institutionelle Investoren, Angestellte der Zielgesellschaft und Privatanleger verteilt.[855] Wie schon beschrieben, kann die Größe des Anteilsbesitzes dazu führen, dass im Zusammenhang mit einem *proxy contest* die Voraussetzungen des *Williams Act* erfüllt werden müssen, so dass die Pläne des Herausforderers frühzeitig bekannt werden können.[856]

IV. Formierung eines Teams

1. Die Bildung eines Herausfordererkomitees

Oben wurde bereits darauf hingewiesen, wie wichtig es für den Erfolg des Herausforderers ist, dass er schon zu Beginn der Kampagne über einen hinreichend großen Anteil der Stimmen verfügt, den er für den Verlauf des Wettbewerbs hinter sich weiß.[857] Diese Aktien muss ein Herausforderer jedoch nicht unbedingt selbst erwerben, sondern er kann sich auch mit anderen unzufriedenen Aktionären zu einem Herausfordererkomitee zusammenschließen. Zur Steigerung der Erfolgsaussichten empfiehlt es sich sogar, sich schon im Vorfeld des eigentlichen Wettbewerbs mit möglichst einflussreichen Mitaktionären zusammenzuschließen.[858] Dabei muss der zum *proxy contest* entschlossene Aktionär aber beachten, dass regelmäßig schon der Kontakt mit den als Verbündeten ins Auge gefassten Mitaktionären als eine Werbung um Stimmrechtsvollmachten gilt, die nur bei Beachtung der entsprechenden *proxy*-Bestimmungen möglich ist.[859] Zumindest durch die dann greifende Registrierungspflicht bei der *SEC* erhält das amtierende Management die Möglichkeit der Kenntnisnahme von den Oppositionsaktivitäten und kann sich auf die weiteren Maßnahmen des aufbegehrenden Aktionärs oder einer entsprechenden Aktionärsgruppe einstellen.[860] Hier bietet die schon oben beschrieben *Rule*

---

[853] *Pound* (1988), S. 260 f. Die Schwierigkeit der Entscheidungsfindung für den einzelnen Aktionär im Hinblick auf die Vorteilhaftigkeit der Bevollmächtigung des Herausforderers kann als ein möglicher Nachteil eines *proxy contest* gegenüber einem Übernahmeversuch angesehen werden. Vgl. dazu § 13 I.

[854] *Pound* (1988), S. 261.

[855] *Sargent* (1993), S. 2-18. Auch *Sargent* geht jedoch davon aus, dass der Herausforderer normalerweise mindestens 10 bis 15% der Stimmrecht kontrollieren sollte, *Sargent* (1993), S. 2-18.

[856] Vgl. vor allem *Section 13d* des *Williams Act*, dessen Veröffentlichungspflichten ein Herausforderer jedoch auch strategisch zu seinen Gunsten nutzen kann, § 8 I.2 und § 8 I.4.

[857] Vgl. § 12 III.

[858] *Waters* (1992), S. 235 f.; *Bagley/Berger* (1997b), S. A-34 f.; *Bloomenthal* (1997b), § 13.12 [1]-[3].

[859] Siehe *Studebakers Corp. v. Gittlin*, 360 F.2d (2d Cir. 1966). Vgl. Dazu auch oben § 5 III.3

[860] Vgl. *Bloomenthal* (1997b), § 13.12[1]; *Waters* (1992), S. 237 f.

14a-2(b)(2) eine gewisse Erleichterung,[861] denn sie ermöglicht einem opponierenden Aktionär die Kontaktaufnahme mit bis zu zehn Mitaktionären, ohne dass dies bereits als Werbung um Stimmrechtsvollmachten zu bewerten ist. Diese Ausnahmevorschrift zugunsten oppositioneller Aktionäre schafft bereits im Vorfeld die Möglichkeit zur Formierung einer mächtigen Aktionärsgruppe,[862] insbesondere wenn sich hier schon institutionelle Anleger miteinander verständigen. Dabei müssen die Herausforderer aber trotzdem die Regelungen des *Williams Act* beachten, der bei einem Zusammenschluss von Aktionären, die gemeinsam 5 % oder mehr des gesamten Aktienkapitals der Gesellschaft halten, zu einer Meldepflicht führt, und dadurch ebenfalls das Management auf einen drohenden *proxy contest* hinweist. Allerdings können die Herausforderer auch versuchen, die Veröffentlichungspflichten offensiv und zu ihren Gunsten zu nutzen.[863]

2. Hinzuziehung externer Berater

Obwohl gegenüber dem einzelnen Aktionär immer nur das Komitee der Herausforderer oder das Management der Gesellschaft auftritt, wird die eigentliche Kampagne zur Werbung der Stimmrechtsvollmachten auf beiden Seiten durch ein professionelles Team bestehend aus Anwälten, professionellen Stimmrechtswerbern, Investmentbanken und Public Relations Experten geführt.[864] Ein solches Team sollte bereits zu einem sehr frühen Zeitpunkt gebildet werden, um bei der Zielauswahl eine vollständige *due diligence* der betroffenen Gesellschaft zu erstellen und um sicherzustellen, dass nicht Maßnahmen ergriffen werden, die den Herausforderer bereits in diesem frühen Stadium der Gefahr rechtlicher Schritte seitens des Managements aussetzen.[865]

Die Einbeziehung von professionellen Stimmrechtswerbern ist für die Durchführung einer Kampagne regelmäßig nicht zu umgehen.[866] Nur ein professioneller Stimmrechtswerber ist in der Lage, die komplizierten US-amerikanischen Strukturen des Aktienbesitzes und der Aktienverwahrung zu durchschauen und dafür zu sorgen, dass der Herausforderer die Aktionäre auch tatsächlich erreicht.[867] Dies gilt vor allem für diejenigen Fälle, in denen die Aktien des Zielunternehmens weit gestreut sind oder die Apathie der Aktionäre offensichtlich ist. Es ist daher üblich, dass die Herausforderer sich bereits vor der Entscheidung über die Einleitung eines *proxy contest* mit einem professionellen Stimmrechtswerber beraten. Professionelle Stimmrechtswerber halten oft gute Kontakte zu institutionellen und anderen großen Anlegern, Banken, Brokern und Stimmrechtstreuhändern. Diese Kontakte ermöglichen es dem *proxy solicitor* einerseits, die Reaktionen solcher Personen auf den Vorschlag des Herausforderers vorherzusagen, andererseits aber auch diese in ihrer möglichen Entscheidung zu beeinflussen. Der Stimm-

---

[861] Vgl. § 5 III.3.

[862] *Bloomenthal* (1997a), § 11.19[2][a].

[863] Vgl. zu den Verpflichtungen aus dem *Williams Act* oben § 8 I.

[864] Vgl. zu diesen Beteiligten, insbesondere zur Funktion der professionellen Stimmrechtsvertreter bereits § 9 IV.

[865] Vgl. dazu § 7.

[866] Vgl. zu Funktion und Aufgaben der *proxy solicitors* oben § 9 IV.1.

[867] Vgl. zur Praxis der Aktienverwahrung § 5 III.5.

rechtswerber sollte außerdem in der Lage sein zu ermitteln, wie groß das Aktienpaket des Herausforderers sein sollte, um ein ernsthaftes Engagement glaubhaft zu machen.

V. Kommunikation mit den Aktionären

Für den opponierenden Aktionär bzw. für die bereits organisierte Gruppe opponierender Aktionäre ist es entscheidend, einen Weg zu finden, um mit den übrigen Aktionären zu kommunizieren.[868] Dazu muss der Herausforderer, aber auch das amtierende Management ein *proxy statement* erstellen sowie ein Vollmachtsformular (*proxy card*) drucken.[869] Wie oben bereits dargestellt,[870] kann der aufbegehrende Aktionär dann aufgrund von *Rule 14a-7* entweder die Herausgabe der Aktionärsliste oder die Versendung seiner *proxy*-Unterlagen durch die Gesellschaft verlangen. Möglich ist auch, dass der Herausforderer die Liste nach einzelstaatlichem Recht erhalten hat und auf ihrer Grundlage die Werbeunterlagen versendet. Da die Gesellschaft in den meisten Fällen eine Versendung des Materials bevorzugen wird,[871] eine Aktionärsliste aber vor allem zu Zwecken der individuellen Kontaktaufnahme mit einflussreichen Aktionären und Großaktionären von elementarer Bedeutung für den Erfolg der oppositionellen Kampagne ist, wird die Oppositionsgruppe in den meisten Fällen gleichzeitig oder sogar vor ihrem Begehren gemäß *Rule 14a-7* von ihrem durch einzelstaatliches Gesetz oder durch *common law* gewährten Recht auf Einsichtnahme in die Aktionärsliste der betreffenden Gesellschaft Gebrauch machen wollen.[872]

VI. Einwerbung der Stimmrechtsvollmachten

Sobald die Herausforderer eine Aktionärsliste erhalten haben, werden sie zunächst versuchen, unter Übersendung des *proxy statement* und einiger weiterer Werbeinformationen die Aktionäre zur Ausstellung der beigelegten *proxy cards* zu bewegen.[873] Die Verwaltung kann hierauf mit so genannten „*Stop, look and listen*"-Briefen reagieren.[874] Darin werden die Aktionäre aufgefordert, auf keinen Fall der Opposition bereits eine Stimmrechtsvollmacht zu erteilen, abzuwarten, bis eine ausführliche Stellungnahme der Gesellschaft samt dazugehörigem Vollmachtsformular eingeht, und die meist in kurzer Form dargelegten Argumente der Verwaltung wohlwollend zur Kenntnis zu nehmen.[875] Diese können dann wieder durch weitere Werbemaßnahmen der Opposition, wie beispielsweise Zeitungsanzeigen, Rundfunkmitteilungen und schriftliche Kontaktaufnahme gekontert werden.[876] Ist der Informations- und Jahresbericht der Verwaltung fertig ge-

---

[868] *Bloomenthal* (1997b), § 13.12[1]-[3].
[869] *Bloomenthal* (1997a), § 11.20[1]; *Bagley/Berger* (1997b), S. A-37 ff.
[870] Vgl. § 5 III.6.a).
[871] Vgl. § 5 III.6.a).
[872] Vgl. § 5 II.1. *Waters* (1992), S. 240; *Merkt* (1991), Rdnr. 660.
[873] *Ruoff* (1999), S. 279.
[874] *Ruoff* (1999), S. 279.
[875] *Waters* (1992), S. 223 f.
[876] *Ruoff* (1999), S. 279.

stellt, kann auch diese nun die angeschriebenen Aktionäre um die Erteilung der beigefügten Vollmachtsformulare ersuchen.[877]

Die Werbeversuche der konkurrierenden Parteien können durchaus die Züge eines Wahlkampfes annehmen, wie man ihn von politischen Wahlen her kennt.[878] Dabei bedienen sich die beteiligten Parteien heute auch eigener Internetseiten, auf denen sie ihre Standpunkte darlegen und von denen man sich die von ihnen bereits getätigten Veröffentlichungen herunterladen kann.[879] Die Werbeaktivitäten können soweit gehen, dass Aktionäre durch die beteiligten Beraterfirmen telefonisch oder persönlich angesprochen und um die Erteilung einer Vollmacht gebeten werden.[880] Schwerpunkt der individuellen Werbeaktivitäten werden dabei die institutionellen Anleger sein, da diese mit ihrer gewaltigen Stimmkraft oft den Ausgang eines Stimmrechtswettstreits entscheidend beeinflussen können.[881] Dazu müssen auch die für diese Institutionen beschäftigten Analysten mit Informationen über die Stärken der eigenen Konzepte und die Schwächen der jeweiligen Gegenseite versorgt werden.

Die Werbebemühungen dauern in heftig umkämpften Wettbewerben bis kurz vor der Abstimmung an, da eine Vollmacht jederzeit frei widerruflich ist und in vielen Fällen noch bis zu diesem Zeitpunkt der Gesellschaft zu Legitimationszwecken wirksam vorgelegt werden kann.[882] Das führt auch dazu, dass die Aktionäre, die bereits der Gegenseite eine Vollmacht erteilt haben, bis zuletzt zu einer erneuten Vollmachtserteilung zugunsten der werbenden Partei aufgefordert werden, um dadurch die Stimmrechtsmacht dieser Partei zu stärken und die bereits erteilte Vollmacht durch konkludenten Widerruf wirkungslos werden zu lassen.[883]

Aus taktischen Erwägungen kann es auch vorkommen, dass das Management einer Gesellschaft, das von einer beabsichtigten Opposition bei der anstehenden Wahl der Direktoren erfahren hat, den Termin der Hauptversammlung vorverlegt und ihre Werbeunterlagen überraschend früh versendet, um dadurch seine Gegner zu überrumpeln.[884] In einem solchen Fall gerät die opponierende Aktionärsgruppe ins Hintertreffen und wird sich ihrerseits mit „*Stop, look and listen*"-Briefen an die Aktionäre wenden; baldmöglichst wird dann der Informationsbericht mit Vollmachtsformular nachgereicht; sodann

---

[877] *Ruoff* (1999), S. 279.

[878] *Ruoff* (1999), S. 279.

[879] So hatte in dem *proxy contest* um die Fusion von *Hewlett Packard* und *Compaq* jede Partei eine eigene Internetseite. Die Seite der Herausforderer um *Walter Hewlett* war bezeichnendereise unter *www.votenohpcompaq.com* abzurufen.

[880] *Merkt* (1991), Rdnr. 658.

[881] *Solomon/Schwartz/Baumann/Weiss* (1994), S. 1174; *Merkt* (1991), Rdnr. 658. Zu ihrer Rolle vgl. § 9 II.2.

[882] *Ruoff* (1999), S. 279. Zur Widerruflichkeit der Vollmachtserteilung vgl. bereits § 5 II.2.

[883] *Solomon/Schwartz/Baumann/Weiss* (1994), S. 1174. Dies richtet sich nach einzelstaatlichem Recht, vgl. § 5 II.2.

[884] *Ruoff* (1999), S. 279; *Waters* (1992), S. 223. Ist die Behinderung eines *proxy* contest dabei aber das einzige Ziel, so ist ein solches Vorgehen unzulässig, vgl. oben § 10 IV.

stehen sich die Wettstreiter wieder in der Situation gegenüber, wie sie oben beschrieben wurde.[885]

Während der Dauer der Werbemaßnahmen versuchen die Wettbewerbsparteien häufig, die jeweilige Gegenpartei durch die Beantragung von einstweiligem Rechtsschutz in der Durchführung ihrer Werbekampagne zu behindern und sich dadurch in der Gunst der Aktionäre Vorteile zu verschaffen.[886] Dabei geht es nicht nur um die Einhaltung der *proxy rules*, sondern oft auch um weitere aus anderen Vorschriften folgende Verpflichtungen, wie etwa speziellen Übernahmeregelungen.[887] Neben den Gerichten kann auch die *SEC* Maßnahmen zur Einhaltung der gesetzlichen Vorgaben einleiten. Die Verstöße gegen die einzuhaltenden Regelungen findet sie entweder selbst bei der Kontrolle der verwendeten Werbematerialien oder durch Hinweise von außen, insbesondere durch solche der streitenden Parteien. Zur Durchsetzung der einzelnen Vorschriften wird sie sich in der Regel aber auch der Gerichte bedienen und dort Unterlassungsverfügungen gegen die Partei beantragen, die gegen die gesetzlichen Vorgaben verstößt, seltener erlässt sie selber Anordnungen gegen eine der werbenden Parteien.[888]

VII. ZUSAMMENFASSUNG

Der beschriebene Ablauf macht deutlich, dass die Bezeichnung *proxy contest* bzw. *proxy fight* nicht übertrieben ist, denn es findet tatsächlich ein echter Wettbewerb bzw. Kampf um die Stimmrechtsvollmachten der Aktionäre statt. Dieser kann ähnliche Ausmaße annehmen wie bei einem umkämpften Übernahmeversuch. Auch hier treffen zwei Parteien aufeinander, die um die Kontrolle in einer Gesellschaft ringen. Dabei treten *proxy contests* wie Übernahmeversuche vermehrt in solchen Gesellschaften auf, die derzeit am Markt nicht besonders erfolgreich agieren, bei denen vorzugsweise die großen Aktionäre mit der gegenwärtigen Managementleistung unzufrieden sind, die jedoch ein aussichtsreiches Kerngeschäft betreiben. Ebenfalls wie bei Übernahmeversuchen muss der Herausforderer, ausgehend von einem ausreichend großen Eigenanteil an der betroffenen Gesellschaft, gezielt die übrigen Aktionäre identifizieren und ansprechen, um sie gegen die Werbeversuche der amtierenden Unternehmensleitung für sich zu gewinnen. Dabei müssen die hierzu ergangenen *proxy rules* beachtet werden, deren Einhaltung gerade in einem *proxy contest* sowohl durch die *SEC*, aber auch durch die beteiligten Parteien erzwungen werden kann. Ohne eine sorgfältige Planung und Durchführung, unterstützt von einem auch finanziell gut ausgestatteten Herausforderer und einem umfassenden Beraterstab, sollte ein solcher Kampf gegen ein mit den Ressourcen der betroffenen Gesellschaft ausgestattetes Management nicht gewagt werden.

---

[885] *Ruoff* (1999), S. 280.

[886] *Ruoff* (1999), S. 290; *Schrager* (1986), S. 24 ff. Zum Rechtsschutz im Zusammenhang mit der Sammlung von Stimmrechtsvollmachten vgl. § 7.

[887] Zum Rechtsschutz im Zusammenhang mit *Regulation 13d* vgl. § 8 I.3.

[888] *Ruoff* (1999), S. 280; *Solomon/Schwartz/Baumann/Weiss* (1994), S. 1174. Vgl. dazu bereits § 7.

§ 13 DAS VERHÄLTNIS VON PROXY CONTESTS UND TAKEOVERS

Verschiedentlich wurde bereits auf das besondere Verhältnis von *proxy contests* und *takeovers* hingewiesen.[889] Auf dieses Verhältnis soll im Folgenden nun ausführlicher eingegangen werden.

Kontrollwechsel in einer solventen US-amerikanischen Gesellschaft können gegen den Willen des amtierenden Managements nur durch zwei verschiedene Methoden erreicht werden:[890] *proxy contests*, die der Auswechslung des amtierenden Managements dienen (*proxy control contests*), und feindliche Übernahmen (*hostile takeovers*).[891] Während in einem *proxy contest* der Herausforderer versucht, den Kontrollwechsel durch die Überzeugung der Aktionäre, dass er die Gesellschaft besser führen werde als das amtierende Management, herbeizuführen, geht es dem Übernahmeinteressenten darum, die Anteile der anderen Anteilseigner zu kaufen und so den Kontrollwechsel herbeizuführen.

Da *proxy contests* als Methode zur Erreichung eines Kontrollwechsels also in Konkurrenz zur feindlichen Übernahme stehen, sollen diese beiden Methoden im Folgenden näher verglichen werden und ihre spezifischen Vor- und Nachteile gegenübergestellt werden. Dies ist auch wichtig, um zu verstehen, warum *takeovers* in den letzten Jahrzehnten zu dem dominierenden Modell der Kontrollübernahme geworden sind und den *proxy contest* aus dieser Rolle immer mehr verdrängt haben.[892] Die spezifischen Vor- und Nachteile beider Methoden zu verstehen, ist außerdem wichtig, um zu begreifen, warum sich in den letzten Jahren eine dritte, wenn auch nicht eigenständige Methode, zur Übernahme der Kontrolle in einer Gesellschaft mehr und mehr durchsetzte: Die Verbindung von *proxy contest* und *tender offer*. Diese Art der Kontrollübernahme hat durch die zunehmende Verbreitung von *poison pills* gegen feindliche Übernahmen immer mehr an Bedeutung gewonnen.[893] Darauf soll unten noch näher eingegangen werden.[894]

---

[889] Entgegen zum Teil anders lautenden Prognosen kam es nach dem Zusammenbruch der *junk bond*-Märkte Ende der achtziger Jahre nicht zu einem wirklichen Abflauen der Übernahmeaktivitäten. So erreichten z.B. 1999 die *merger&aquisition*-Aktivitäten die Rekordzahl von 9.933 durchgeführten Transaktionen mit einem Gesamtwert von über $ 1,358 Billiarden, 1999 Securities Industry Fact Book, S. 24.

[890] Tritt Insolvenz ein, so können die Kreditgeber aufgrund spezieller Insolvenzregeln die Kontrolle über eine Gesellschaft übernehmen, *Fischel* (1978), S. 5.

[891] *Fischel* (1978), S. 5. Mit dem Begriff der „feindlichen Übernahme“ ist der Kauf eines zur Kontrolle der Gesellschaft ausreichenden Anteils gegen den Willen, jedenfalls ohne die Zustimmung, des amtierenden Managements, gemeint. Dies kann entweder durch ein Übernahmeangebot an alle Aktionäre geschehen oder durch eine Reihe von Aktienkäufen auf dem freien Markt (an der Börse) oder durch privat ausgehandelte direkte Übernahmen von Aktienpaketen.

[892] Zur historischen Entwicklung vgl. bereits oben unter § 3.

[893] Vgl. zu *poison pills* auch schon oben unter § 10 I.

[894] Vgl. unten unter § 13 II.

I. PROXY CONTEST UND TAKEOVER ALS ALTERNATIVE MITTEL DER KONTROLLÜBERNAHME

Sowohl der *proxy contest* als auch die feindliche Übernahme können von einem Herausforderer bzw. einem Übernahmeinteressenten als eigenständige Mittel unabhängig voneinander genutzt werden, um in einer Gesellschaft gegen den Willen des amtierenden Managements die Kontrolle zu übernehmen. Dabei haben beide Methoden ihre spezifischen Vor- und Nachteile, die bei der Entscheidung für oder gegen eine der beiden Möglichkeiten gegeneinander abgewogen werden müssen.

Auf den ersten Blick erscheint der *proxy contest* als Mittel der Wahl für ein überlegenes Managementteam, das amtierende Management in einer Gesellschaft abzulösen. Denn die bloße Werbung von Stimmrechtsvollmachten erfordert nicht, dass der Herausforderer, anders als bei einem Übernahmeversuch, große Mengen an Kapital aufbringt, um die Kontrolle über die Gesellschaft zu erlangen. Vielmehr müssen die übrigen Aktionäre „ nur" von der eigenen Überlegenheit überzeugt werden.

Es gehen jedoch mit dem *proxy contest for control* im Vergleich zur Übernahme erhebliche Nachteile einher, die es fraglich erscheinen lassen, ob der *proxy contest* in der Regel das zu bevorzugende Mittel ist. Diese Nachteile waren es auch, warum, beginnend in den sechziger Jahren, viele Unternehmensleitungen in den *USA* die Übernahme als ein geeigneteres Mittel zur Ermöglichung von weiterem Wachstum erkannten und gegenüber dem *proxy contest* bevorzugten.[895] Nach *Loss* und *Seligman* führten folgende Gründe zu dieser Entwicklung:[896]

(1.) Das Übernahmeangebot war gegenüber den zum Teil erheblichen Kosten eines *proxy contest* relativ gesehen billiger, da die eingesetzten Mittel nicht nur den Kontrollerwerb ermöglichten, sondern dem Bieter auch einen erheblichen Gegenwert in Form der erworbenen Aktien erbrachten.[897] (2.) Scheiterte das Übernahmeangebot, so konnte der gescheiterte Übernahmeinteressent oft sein Aktienpaket mit einem erheblichen Gewinn abstoßen. So konnte er die erworbenen Aktien an den Übernahmekandidaten selbst oder an ein anderes Unternehmen, in dessen Arme sich das betroffene Management geflüchtet hatte, verkaufen. (3.) Das Angebot konnte auf einen bestimmten Zeit-

---

[895] Dabei folgten sie dem britischen Beispiel, wo die Vorzüge von Übernahmen gegenüber *proxy contests* bereits erkannt worden waren, *Loss/Seligman* (2001), S. 562.

[896] *Loss/Seligman* (2001), S. 562 ff.

[897] So auch *Manne* (1965), S. 110 ff. Auch *Shleifer/Vishny* (1986), die in ihrer Untersuchung an sich zu dem Ergebnis kommen, dass überlegene Herausforderer in einem *proxy contest* immer die Kontrolle über eine Gesellschaft erlangen können, begründen die Tatsache, dass *proxy contests* dennoch selten sind, damit, dass die damit verbunden Transaktionskosten sehr hoch seien. Die Behauptung, die Transktionskosten von *proxy contests* seien höher als die von Übernahmeversuchen, wird indes in der Literatur zum Teil bestritten. Nach Ansicht von *Bebchuk/Hart* (2001), S. 15, soll es in einer Vielzahl der Fälle sogar umgekehrt sein. Hier wird argumentiert, dass die Übernahmeinteressenten ja nicht nur die Kosten für die Kommunikation mit den Aktionären tragen müssten, sondern auch die Kosten, die mit der Finanzierung der Übernahme einhergehen. Nach ihrer Ansicht sind *proxy contests* so selten, weil die in der Regel schlecht informierten Aktionäre bei der Abstimmung nicht genau wissen, ob die Auswechslung des Managements für sie überhaupt irgendwelche Vorteile haben wird oder ob nur die Herausforderer Vorteile aus einem Kontrollwechsel ziehen. Vgl. auch *Schrager* (1986).

raum befristet werden, so dass die Übernahme sehr schnell durchgeführt werden konnte, was eine Verteidigung durch das amtierende Management erschwerte und die Kosten für die Übernahme begrenzte. (4.) War sich der Übernahmeinteressent sicher, dass das amtierende Management der Zielgesellschaft Widerstand leisten würde, und wollte er nicht versuchen, dessen Zustimmung zu erlangen, so konnte er das Übernahmeangebot heimlich vorbereiten und das Management überraschen. (5.) Bis 1968 gab es außer bestimmten Vorschriften in den *Holding Company and Investment Company Acts*, die den Kauf von Aktien regulierten, keine mit den *proxy rules* vergleichbare bundesrechtliche Regelung für Übernahmeangebote.[898]

Ein weiterer entscheidender Nachteil von Stimmrechtswettbewerben liegt darin, dass der Herausforderer die Kosten eines Wettbewerbs allein zu tragen hat, obwohl die dadurch realisierten Gewinne allen Aktionären im Verhältnis ihrer jeweiligen Anteilsquote zufallen (sog. *free riding*-Problem).[899] Eine zusätzliche Schwierigkeit liegt für einen Herausforderer in der einfachen Tatsache, dass er die übrigen Aktionäre von der eigenen Eignung, das Unternehmen besser zu führen als das amtierende Management, überzeugen muss.[900] Dies ist deshalb so schwierig, weil die Aktionäre aus ihrer Sicht und mit den ihnen zur Verfügung stehenden Informationen beurteilen müssen, ob sich die von den Herausforderern verfolgten Ziele tatsächlich mit ihren eigenen Interessen decken. Es besteht immer die Gefahr, dass der Herausforderer in Wirklichkeit nur eigene private Interessen verfolgt. Daraus folgt, dass die Aktionäre eher gegen einen Herausforderer stimmen werden, wenn sie die Qualität seines Konzepts und die von ihm verfolgten Interessen nicht genau bewerten können - vor allem wenn sie wissen, dass im Durchschnitt die Qualität der Herausforderer schlechter ist als die des amtierenden Managements.[901]

Selbst in Fällen, in denen ein Aktionär durchaus in der Lage wäre, die Ziele und Absichten eines Herausforderers anhand der über diesen verfügbaren Informationen angemessen zu beurteilen, werden viele Aktionäre diese Mühe nicht auf sich nehmen. So ist auch ein Herausforderer, der an sich bessere Ergebnisse liefern könnte als das amtierende Management, im Zweifel nicht in der Lage, die übrigen Aktionäre davon zu überzeugen, ihm seine Stimme zu geben.[902] Bei einer Übernahme dagegen kann der einzelne Aktionär einfach den ihm vom Übernahmeinteressenten gebotenen Preis zur Grundlage seiner Entscheidung machen. Der entscheidende Vorteil eines Übernahmeangebots ist nämlich, dass es dem umworbenen Aktionär auf einen Blick verdeutlicht, für wie leistungsfähig sich der Bieter im Bezug auf das Management der Zielgesellschaft hält. Der Aktionär muss nur den gebotenen Aktienpreis mit dem aktuellen Preis vergleichen.

[898] Ein *exchange tender offer* musste nach dem *Securities Act* von 1933 immer angezeigt werden, wobei detaillierte Informationen über die geschäftliche und finanzielle Situation beider Unternehmen enthalten sein mussten. Im Fall einer *cash offer* jedoch waren vor 1968 die einzigen regulatorischen Hindernisse die zur Verhinderung von Betrug und Insiderhandeln bestehenden *Rule 10b-5* und *Section 16* des *Securities and Exchange Act*. *Loss/Seligman* (2001), S. 563.

[899] Vgl. zum Problem der Kostentragung auch schon oben unter § 11.

[900] So jedenfalls *Bebchuk/Hart* (2001), S. 1.

[901] *Bebchuk/Hart* (2001), S. 2.

[902] Vgl. dazu auch *Pound* (1988); *Bebchuk/Kahan* (1990).

Daraus folgt, dass Abstimmungen der Aktionäre über ein Übernahmeangebot für einen durchschnittlichen Aktionär wesentlich einfacher zu entscheiden sind, denn dabei muss er sich nur zwischen dem unsicheren Wert der Gesellschaft unter dem amtierenden Management und dem von einem Übernahmeinteressenten bestimmten Wert der Gesellschaft entscheiden.[903] Ob ein Kontrollwechsel für die Aktionäre von Vorteil ist, können sie im Fall der Übernahme direkt am vom Bieter versprochenen Aktienpreis ablesen.[904]

Es gibt noch zwei weitere Probleme bei der Durchführung von *proxy contests*, die bei Übernahmen nicht auftreten. So kann es der Fall sein, dass ein Herausforderer in einem *proxy contest* tatsächlich einen Wertzuwachs des betroffenen Unternehmens erreichen kann, ihm jedoch ein Teil dieses Wertes direkt in Form privater Vorteile wieder zufließt.[905] Ein Sieg des Herausforderers wäre in diesem Fall nicht unbedingt im Interesse der Aktionäre. Erwirbt der Herausforderer die Kontrolle jedoch durch eine Übernahme der Gesellschaft, so ist es unschädlich, dass er mit dieser Übernahme letztlich nur eigene Interessen verfolgt: Hat er den Aktionären für ihre Anteile einen attraktiven Preis geboten hat, so konnten sie ihm diese Aktien verkaufen und sind somit von der nun verfolgten Unternehmenspolitik nicht mehr betroffen.[906]

Ein weiteres Problem für einen Herausforderer kann sein, dass er die Vorteile aus der Kontrolle der Gesellschaft überhaupt nur erlangen kann oder erlangen will, wenn er Eigentümer der Gesellschaft ist bzw. zumindest die Kontrolle der Gesellschaft durch einen eigenen Anteil dauerhaft gesichert hat. So kann beispielsweise für einen Herausforderer die Kontrolle der Gesellschaft nur dann lohnenswert erscheinen, wenn er durch den Kontrollerwerb Zugriff auf den *cash flow* der Gesellschaft erhalten kann. Für einen potenziellen Herausforderer könnte außerdem wichtig sein, dass sich Investitionen in

---

903 *Bebchuk/Hart* (2001), S. 5. Vgl. zur Kombination von *tender offer* und *proxy contest* auch noch unten unter § 13 II.

904 Trotzdem sind *proxy contests* nicht immer von vornherein zum Scheitern verurteilt, denn es gibt Fälle, in denen ist auch aus anderen Umständen für die Aktionäre klar erkennbar, dass die derzeitige Situation schlecht ist und dass sich diese durch einen Herausforderer eigentlich nur verbessern kann, *Bebchuk/Hart* (2001), S. 18. Wenn z.B. der Aktionär ein extremes Versagen des amtierenden Managements beobachten muss. Der Herausforderer kann auch dadurch die Entscheidung der Aktionäre erleichtern, indem er nicht bloß einen Kontrollwechsel verlangt, dessen Vorzüge den übrigen Aktionären schwer zu vermitteln sind, sondern indem er klare Maßnahmen mit einem unmittelbaren Vorteil für die Aktionäre verlangt. So verlangte *Kirk Kerkorian* im Jahre 1995 mit seinem *proxy fight* gegen das Management von *Chrysler*, dass *Chrysler* seine Barreserven an die Aktionäre ausschütten solle. Mit dieser Forderung konnte er einen derart hohen Druck auf das amtierenden Management aufbauen, dass dieses zumindest einige seiner Vorschläge tatsächlich umsetzte, um so eine Abwahl zu verhindern, *Bebchuk/Hart* (2001), S. 18.

905 Ist der Herausforderer ein anderes Unternehmen, so kann es eventuell große Synergieeffekte erzielen, von denen die übrigen Anleger naturgemäß gar nichts haben.

906 Der Erfolg eines solchen Übernahmeangebots wäre auch nicht durch das *free-rider problem* gefährdet, denn der von den Aktionären erwartete zukünftige Wert der Gesellschaft wird in jedem Fall geringer sein als der derzeitige Wert, denn die Vorteile des Kontrollerwerbs ergeben sich in der Hauptsache für den Übernehmer. Ein solches Übernahmeangebot wird daher wahrscheinlich erfolgreich sein, weil für die Aktionäre keine begründetete Hoffnung bestehen kann, dass sie als Minderheitsaktionäre noch höhere Kurse sehen werden, *Bebchuk/Hart* (2001), S. 21. Ein Übernahmeangebot kann sich in einem solchen Fall aber dem *pressure-to-tender problem* ausgesetzt sehen.

die Gesellschaft auszahlen, ohne dass er befürchten müsste, vorher wieder von der Kontrolle der Gesellschaft ausgeschlossen zu werden.[907] Dies kann er jedoch über einen *proxy contest* überhaupt nicht erreichen, vielmehr muss er sich zwingend eines *tender offer* bedienen, denn nur eine Übernahme sichert ihm auf Dauer die Kontrolle über den *cash flow* der Gesellschaft sowie die Stimmrechte der Aktien der Gesellschaft und schafft damit für die Zukunft Investitionssicherheit.

Zwar vermeiden Übernahmen als Mittel der Kontrollübernahme die oben beschriebenen Probleme von *proxy contests*, doch leiden sie unter eigenen spezifischen Nachteilen. Diese Nachteile betreffen vor allem den Ablauf der Entscheidungsprozesse der betroffenen Aktionäre: Die individuelle Entscheidung der Aktionäre darüber, ob sie das Angebot des Übernahmeinteressenten annehmen sollen oder nicht, kann sich von derjenigen Entscheidung unterscheiden, die ihrem kollektiven Interesse entspricht. Dieses Dilemma entsteht dadurch, dass die Aktionäre ein Übernahmeangebot nicht nur im Hinblick auf die zu erwartende Wertentwicklung ihrer Aktien prüfen, die im Fall des Scheiterns des Angebots eintritt, sondern auch den erwarteten Wert einer Minderheitsaktie im Fall eines Erfolges der Übernahme in ihre Entscheidung einbeziehen. Hier können zwei verschiedene Konflikte auftreten:

(1.) Das so genannte *free-rider*-Problem.[908] Diese Bezeichnung meint den Fall, dass die Aktionäre erwarten, dass der Wert ihrer Aktien nach einer erfolgreichen Übernahme höher sein wird als der vom Bieter für die Aktien gebotene Preis. Dies führt dazu, dass die Aktionäre, obwohl sie an sich wollen, dass die Übernahme Erfolg hat, ihre Aktien dem Übernahmeinteressenten nicht verkaufen. Aus diesem Grund wird dann ein attraktives Übernahmeangebot scheitern.

(2.) Das so genannte *pressure-to-tender*-Problem.[909] Dies tritt auf, wenn die Aktionäre für den Fall, dass die Übernahme stattfindet, erwarten, dass dann ihre Aktien weniger wert sind als der vom Übernahmeinteressenten gebotene Preis. Sie werden daher ihre Aktien an den Bieter verkaufen, obwohl sie eigentlich vom Erfolg der Übernahme nicht überzeugt sind. Dies kann dazu führen, dass ein an sich unattraktives Angebot erfolgreich ist.

Festhalten lässt sich somit, dass sowohl durch einen *proxy contest* als auch durch eine Übernahme die Kontrolle in einer Gesellschaft errungen werden kann. Beide Methoden haben spezifische Vor- und Nachteile. Den umfassenden Zugriff auf die Ressourcen einer Gesellschaft und eine dauernde und ungefährdete Kontrolle bietet allerdings nur die Übernahme einer Gesellschaft. Schwierigkeiten bei einem *proxy contest* entstehen hauptsächlich dadurch, dass der Herausforderer hier gegenüber den Aktionären echte Überzeugungsarbeit leisten muss. Dagegen können die Aktionäre bei einem Übernahmeversuch einfach den gebotenen Preis für eine Aktie zur Grundlage ihrer Entscheidung machen. Probleme bei einer Übernahme entstehen daraus, dass die Aktionäre sich

---

[907] *Bebchuk/Hart* (2001), S. 21.

[908] Vgl. dazu ausführlich *Grossman/Hart* (1980).

[909] Vgl. dazu ausführlich *Bebchuk* (1985). Bei dem beschriebenen Problem der Aktionäre handelt es sich um eine Ausformung des klassischen Gefangenendilemmas, vgl. dazu z.B. *Dixit/Nalebuff* (1995).

zu Entscheidungen bewegen lassen, die mit ihren eigentlichen Interessen nicht in Einklang stehen, wodurch insgesamt Ergebnisse erzielt werden, die nicht optimal sind.

II. Die Verbindung von Proxy Contest und Übernahmeangebot

Die bereits oben beschriebene Verbreitung von *anti-takeover*-Gesetzen in den einzelnen Staaten der *USA*[910] und die Weiterentwicklung von Verteidigungsmaßnahmen gegen Versuche einer feindlichen Übernahme haben dazu geführt,[911] dass Bieter bei einem Übernahmeversuch zunehmend gewillt waren, zusätzlich die Kosten und den Zeitaufwand eines *proxy contest* in Kauf zu nehmen. Durch die simultane Durchführung von Übernahme und *proxy contest* sollte eine höhere Erfolgsquote erreicht werden. Und tatsächlich ist wegen der vom *Delaware Supreme Court* verfolgten Linie, die den Direktoren einen großen Ermessensspielraum bei der Zurückweisung von Übernahmeangeboten einräumt,[912] die Kombination von Übernahmeangebot und *proxy contest* die bevorzugte Strategie bei feindlichen Übernahmen geworden.[913]

Die Kombination der Werbung um Stimmrechtsvollmachten in der Form eines *proxy contest* mit einem Übernahmeangebot kann für den Herausforderer einen oder mehrere der folgenden Vorteile haben:

- Ausschaltung von einzelstaatlichen *anti-takeover*-Gesetzen: Die einzelstaatlichen *anti-takeover*-Gesetze erlauben es im Allgemeinen dem *board of directors*, sich gegen ihre Anwendbarkeit zu entscheiden (*opting out*). Ein Herausforderer kann nun versuchen, über einen *proxy contest* die Kontrolle über das *board of directors* zu erlangen. Das neu besetzte *board of directors* kann dann die Anwendbarkeit der einzelstaatlichen Gesetze ausschließen. In vielen Fällen hält daher der Bieter eine *proxy*-Kampagne in dem Zeitraum ab, in dem die Frist seines Übernahmeangebots läuft. In diesem Übernahmeangebot wird sich der Bieter zu einem Kauf der Aktien nur unter der Bedingung verpflichten, dass sich im *proxy contest* seine Kandidaten durchsetzen und/oder dass eine Abstimmung stattfin-

[910] 1995 hatten mehr als die Hälfte der einzelnen Staaten in irgendeiner Form Regelungen, die feindliche Übernahmen zumindest erschweren sollten. Siehe z.B. Ind. Code 23_1-42; Mich. Comp. Laws Ann. 450.1790 et seq.

[911] Vgl. oben unter § 10.

[912] Siehe z.B. *Unitrin, Inc. v. American General Corp.*, 651 A.2d 1361, 1377-1384 (Del. 1995); *Paramount Communications, Inc. v. Time, Inc.*, 571 A.2d 1140 (Del. 1989).

[913] Siehe z.B. *Unitrin, Inc. v. American General Corp.*, 651 A.2d 1361, 1379 (Del. Supr. 1995). Vgl. dazu auch *Kahan* (1998).

det, die das *board of directors* zu einem Ausstieg aus der *anti-takeover*-Gesetzgebung bewegt.[914]

- Rücknahme eines *shareholder rights plan*: Ein Bieter kann einen *proxy contest* zur Auswechslung des *board of directors* beginnen, um einen *shareholder rights plan* („*poison pill*") oder ähnliche Maßnahmen, die eine Übernahme verhindern sollen, abzuschaffen, bevor das Übernahmeangebot endet.[915]
- Ausübung von Verhandlungsdruck auf das Management: Ein Übernahmeangebot mit einem Aufschlag zu dem zu erzielenden Preis am Markt verbunden mit einem *proxy contest* löst einen starken Verhandlungsdruck auf das Management durch die Aktionäre aus. Denn die Aktionäre können ihre Stimmrechte dem Management entziehen und den Herausforderer bevollmächtigen, wenn keine Reaktion des Managements erfolgt.

Eine Kombination aus einem Übernahmeangebot und der Werbung um Stimmrechtsvollmachten zwingt das amtierende Management des betroffenen Unternehmens außerdem dazu, sich gleichzeitig gegen die Möglichkeit eines ungünstigen Wahlausgangs und einer erfolgreichen Übernahme zu verteidigen. Auch können sich beide Methoden gegenseitig verstärken. So kann ein attraktives Übernahmeangebot die Position des Managements schwächen, indem es seine bisherige Leistung in Frage stellt, was wiederum die Erfolgsaussichten des *proxy contest* verbessert. Weiterhin spricht für die Kombination von *proxy contest* und Übernahmeangebot, dass die Gerichte im Inkorporationsstaat *Delaware* gegenüber Abwehrstrategien, die sich auf die Wahlrechte der Aktionäre zugunsten einer Akquisition des Unternehmens auswirken, weniger tolerant sind, als sie dies bei Abwehrmaßnahmen von feindlichen Übernahmen sind.[916]

Der Kauf von *Lotus Development Corporation* durch *IBM* im Jahre 1995 lässt sich als Modellfall einer modernen feindlichen Übernahme kombiniert mit einem *proxy contest* ansehen.[917] Am 5. Juni 1995 überraschte *IBM* den Markt und *Lotus* mit der Veröffentlichung eines Übernahmeangebots für alle Aktien von *Lotus* zu einem Preis von $ 60 pro Aktie. Dies entsprach fast dem doppelten Preis, der vor dem Angebot für die Aktie zu erzielen war.[918] Dieses Übernahmeangebot durch *IBM* hing davon ab, dass *Lotus* seine „*poison pills*" zurücknahm.[919] Zur gleichen Zeit reichte *IBM* bei der *SEC proxy*

---

[914] So versuchte z.B. im Jahre 1994 *Tyson Foods, Inc.* die Zustimmung der Aktionäre von *WLR Foods, Inc.* für einen Vorschlag zu gewinnen, durch den den Aktien, die *Tyson* in einem Übernahmeangebot zu erwerben versuchte, Wahlrechte zugebilligt werden sollten. Dies geschah unter dem Anwendungsbereich des *Virginia Control Share Act*. Dieses Ansinnen wurde jedoch durch eine Gerichtsentscheidung, indem der *Control Share Act* sowie die Verteidigungsmaßnahmen von *WLR* bestätigt wurden, verhindert. *WLR Foods, Inc. v. Tyson Foods, Inc.*, 861 F. Supp. 1277 (W.D. Va. 1994), aff'd, 65 F.3d 1172, (4th Cir., 1995).

[915] *Berger/Bagley/LaRosiliere* (1995), S. 10.

[916] Siehe z.B. *Blasius Industries v. Atlas Corp.*, 564 A.2d 651 (Del. Ch. 1988). Vgl. dazu bereits oben unter § 10 VIII.

[917] Beispiel berichtet nach *Berger/Bagley/LaRosiliere* (1995), S. 10.

[918] *Rifkin* (1995), S. C5; *N.N.* (1995b), S. 1C

[919] *N.N.* (1995a), S. 10C.

materials ein, in denen die Aktionäre von *Lotus* aufgefordert wurden, die Stimmrechtsvollmachten auf *IBM* zu übertragen, um das amtierende *board of directors* abzusetzen und neue Direktoren zu wählen.[920] Das von *IBM* nominierte *board of directors* würde der Übernahme offen gegenüber stehen[921] und die „*poison pills*“ entfernen. *IBM* erhob außerdem Klage beim *Federal Court* in *Delaware*, um die Anwendung von *anti-takeover*-Maßnahmen nach dem Recht von *Delaware* und *Massachusetts* zu blockieren.[922] Wegen des erheblichen Aufschlags des Angebots von *IBM* und der Wahrscheinlichkeit, dass der von *IBM* initiierte *proxy fight* Erfolg haben würde, erkannte das *board of directors* von *Lotus* sehr schnell, dass es sich in einer ausweglosen Situation befand. Daher akzeptierte es innerhalb von einer Woche die Übernahme, nachdem der Preis pro Aktie noch einmal erhöht worden war.[923]

Es gibt Anzeichen dafür, dass die Kombination von *proxy contest* und *tender offer* die spezifischen Probleme jedes dieser Mittel zur Kontrollübernahme verhindern kann.[924] Nach einer neueren Untersuchung von *Bebchuk* und *Hart* bietet die Kombination von *proxy contest* und *tender offer* eine Möglichkeit, Schwierigkeiten beim Erlangen der Kontrolle über eine Gesellschaft zu vermeiden.[925] Die Kombination von *proxy contest* und Übernahmeangebot kann damit bei einem Kontrollwechsel zu optimalen, d.h. aus gesamtwirtschaftlicher wie auch aus Aktionärssicht wünschenswerten Ergebnissen führen. Nach *Bebchuk* und *Hart* sollte daher die Abstimmung der Aktionäre über ein Übernahmeangebot eine notwendige und eine hinreichende Bedingung für den Erfolg eines Übernahmeversuchs sein.[926] Dies soll im Folgenden mit Bezug auf die Studie von *Bebchuk* und *Hart* näher erläutert werden:

Ist Voraussetzung für eine erfolgreiche Übernahme einer Gesellschaft, dass die Aktionäre in einer Abstimmung dem Vorhaben des Bieters zugestimmt haben, so werden rational handelnde Aktionäre einem Übernahmeangebot immer dann zustimmen, wenn der vom Bieter gebotene Preis pro Aktie den zu erwartenden Wert einer Aktie bei unveränderter Eigentümerstruktur übersteigt. Durch diesen Abstimmungsmechanismus

---

[920] *N.N.* (1995c), S. F01.

[921] *Thoyer/Reisner* (1995), S. B6. Die Erfolgschancen von *IBM* wurden dadurch vergrößert, dass *IBM* versuchen konnte, die Beteiligung der Aktionäre durch ein schriftliches Zustimmungsverfahren (*written consent*) zu gewinnen. Dies ersparte den Aufwand der Durchführung eines aufwendigen *proxy contest*. Dies ist nach dem Recht des Staates *Delaware* möglich. Danach können die Aktionäre jederzeit durch ein schriftliches Zustimmungsverfahren über Angelegenheiten abstimmen, ohne dass eine Hauptversammlung durchgeführt werden muss, es sei denn, die Satzung der Gesellschaft verbietet dies, Del.Gen.Corp.L. § 228. Zum *written consent* vgl. auch Fn. 20 und § 10 V.

[922] *Berger/Bagley/LaRosiliere* (1995), S. 10 f.

[923] *Lohr* (1995), C1, C5.

[924] Vgl. dazu bereits oben unter § 13 I.

[925] *Bebchuk/Hart* (2001), S. 3 ff. Dabei können insbesondere das *free-rider problem* sowie das *pressure-to-tender problem* gelöst werden, vgl. dazu oben unter § 13 I. In der Praxis wird tatsächlich ein großer Teil der *proxy contests* von Übernahmeangeboten begleitet, *Mulherin/Poulsen* (1998), S. 299.

[926] *Bebchuk/Hart* (2001), S. 3. Dies ist auch in der deutschen Literatur bereites mehrfach vorgeschlagen worden; vgl. nur *Lüttmann* (1992), S. 215 ff.; *Baums* (1997), S. 1314; *Baums* (1999b), S. 174 f.; vgl. auch den *Entwurf eines Gesetzes zur Regelung von Unternehmensübernahmen* (*Übernnahmegesetz*) § 40, BT-Drucks. 13/8164.

können die bei einem reinen Übernahmeangebot auftauchenden Probleme (*pressure-to-tender*, *free-riding*) vermieden werden. Dies geschieht dadurch, dass durch die hinzukommende Abstimmung dem einzelnen Aktionär der Anreiz genommen wird, als Minderheitsaktionär in der Gesellschaft zu verbleiben. Der Aktionär kann in der Abstimmung gegen das Übernahmeangebot stimmen, ohne dass er befürchten müsste, in der Gesellschaft als Minderheitsaktionär zu verbleiben und damit einen Wertverlust zu erleiden. Da auch andere Aktionäre in diesem Fall gegen das Übernahmeangebot stimmen, kommt die Übernahme nicht zustande. So wird das *pressure-to-tender problem* aufgelöst. Umgekehrt kann jedoch auch das *free-rider problem* gelöst werden, denn durch die Abstimmung der Aktionäre wird verhindert, dass diese ihre Aktien halten, um nach der geglückten Übernahme einen noch über dem vom Übernehmer gebotenen Preis liegenden Wert ihrer Aktien zu realisieren. Haben die Aktionäre der an sich in ihrem Interesse liegenden Übernahme einmal zugestimmt, sind sie hieran gebunden und müssen ihre Aktien an den Bieter verkaufen.[927]

Nach Ansicht von *Bebchuk* und *Hart* führt die Kombination von Übernahmeangebot und Abstimmung auch dann zu befriedigenden Ergebnissen, wenn die Aktionäre zwar das Übernahmeangebot des Bieters kennen, jedoch ein großer Teil von ihnen die Wertentwicklung der Aktien bei unveränderter Eigentümerstruktur nicht beurteilen kann. Dies ist der typische Fall eines Übernahmeversuchs, denn die meisten Aktionäre sind nur unzureichend über ihre Gesellschaft informiert.[928] Die Aktionäre können sich jedoch am Aktienkurs ihrer Gesellschaft orientieren. Vor dem Angebot kennen sie den Marktwert ihrer Gesellschaft. Dieser spiegelt alle Informationen wieder, die zu diesem Zeitpunkt öffentlich über die Gesellschaft bekannt sind und damit auch die Erwartungen des Marktes in die zukünftige Entwicklung der Gesellschaft.[929] Im Zusammenhang mit einem Übernahmeangebot wird jedoch in der Regel eine Vielzahl neuer Informationen bekannt. Dadurch können sich die Erwartungen, was die Entwicklung des Marktwertes bei einer weiteren Unabhängigkeit der Gesellschaft angeht, verändern. Ein durchschnittlicher Aktionär wird sich in der Regel mit diesen neuen Informationen nicht auseinandersetzen. Dies ist jedoch auch nicht nötig, da sie von informierten Marktteilnehmern analysiert werden. So wird der Marktpreis der Aktien sich wieder bei einem die neue Situation widerspiegelnden Preis einpendeln. Diesen können die uninformierten Aktionäre ihrer Entscheidung über das Übernahmeangebot zugrunde legen.[930] Halten die informierten Marktteilnehmer das Angebot für nachteilig, so wird sich der Aktien-

---

[927] Man könnte das Erfordernis der Zustimmung der Aktionäre auch so ausgestalten, dass es zwar eine notwendige, nicht aber auch eine hinreichende Bedingung für den Erfolg eines Übernahmeversuchs wäre. Dann würde man nur das *pressure-to-tender* Problem auflösen, nicht jedoch ein *free-riding* der Aktionäre verhindern, womit man sie in die Lage versetzen würde, den Bieter zu einer Erhöhung seines Angebots zu bewegen. *Bebchuk/Hart* (2001), S. 26.

[928] Dies ist aus ihrer Sicht durchaus rational, denn angesichts eines oftmals nur sehr kleinen Anteils, den sie an der Gesellschaft besitzen, lohnt sich eine umfassende Analyse der Gesellschaft für sie nicht. Zum Phänomen der sogenannten *rationalen Apathie* vgl. bereits oben unter § 9 II.1.

[929] Diese Behauptung setzt voraus, dass man der *Efficient Capital Market Theory* folgt. Vgl. dazu und zu ihren unterschiedlichen Ausprägungen ausführlich etwa *Brealey/Myers* (2000), Kapitel 13.

[930] *Bebchuk/Hart* (2001), S. 27.

kurs über dem gebotenen Preis für eine Aktie einpendeln. Übertrifft das Angebot des Marktes dagegen die Erwartungen des Marktes, so wird der Kurs leicht unter dem vom Übernahmeinteressenten gebotenen Preis liegen. Die Aktionäre können somit ihre Abstimmungsentscheidung von der Entwicklung des Aktienkurses ableiten.[931]

In den *USA* sehen nun die einzelstaatlichen Gesetze nicht generell vor, dass über ein Übernahmeangebot zwingend von den Aktionären abgestimmt werden müsste. Es gibt jedoch einige Staaten, in denen so genannte *control share acquisition statutes* gelten, die den Bieter praktisch dazu zwingen, die Zustimmung der Aktionäre zu seinem Angebot zu erlangen, da er ansonsten die Stimmrechte seiner Aktien nicht ausüben darf.[932] Die grundsätzlich fehlende Abstimmungspflicht können die Gesellschaften durch die Installation von *poison pills* ausgleichen, die in allen Staaten erlaubt sind.[933] Diese *poison pills* haben die Wirkung, dass über einen feindlichen Übernahmeversuch im Ergebnis eine Abstimmung der Aktionäre stattfindet. Ob dies wünschenswert ist, ist in der US-amerikanischen Literatur umstritten.[934] Die Analyse von *Bebchuk* und *Hart* kommt zu dem Ergebnis, dass eine solche Abstimmung positiv zu bewerten ist, weil sie das oben bereits beschriebene Dilemma der Aktionäre verhindern kann.[935]

Eine solche *poison pill* führt nämlich dazu, dass der Übernahmeinteressent mit seinem Angebot nur Erfolg haben kann, wenn er einen *proxy contest* mit dem Ziel durchführt, den *shareholder rights plan* zurückzunehmen. Ein solcher *proxy contest* ist in der Praxis aber eine Abstimmung der Aktionäre über das Übernahmeangebot.[936] Damit kann auch nach geltender Rechtslage in den *USA* eine Verbindung von Übernahmeangebot und Abstimmung über dieses realisiert werden, ohne dass etwa die geltenden Übernahmeregelungen eine solche Abstimmung ausdrücklich vorsehen. Dies setzt allerdings voraus, dass die Gesellschaft nicht auch gegen *proxy contests* solche Hürden errichtet hat, die die Auswechslung des Managements durch einen solchen schwierig und teuer ma-

---

[931] Dies funktioniert nach Ansicht von *Bebchuk* und *Hart* auch noch in den Fällen, in denen über den Wert des Angebots eine gewisse Unsicherheit herrscht, etwa weil das Angebot nicht nur eine sofortige Barzahlung beinhaltet, sondern noch ein Versprechen über bestimmte Zahlungen in der Zukunft, oder weil der Bieter den Aktionären für ihre Aktien eigene Aktien seiner Gesellschaft anbietet. Die Aktionäre können die Wahlentscheidung nur dann nicht mehr von den Aktienkursen ableiten, wenn eine erhebliche Unsicherheit hinsichtlich der Bewertung des Angebots herrscht. Dann stellt sich für die Marktteilnehmer dasgleiche Problem, das sie auch bei der Bewertung von *proxy contests* haben (s.o. § 13 I), denn auch dort besteht das Problem, dass die Aktionäre nicht genau sagen können, ob ihnen der angestrebte Kontrollwechsel nützen wird. *Bebchuk/Hart* (2001), S. 30 ff.

[932] Vgl. zu solchen *control share acquisition statutes* und ihren Auswirkungen auf *proxy contests* bereits oben unter § 10 II.2.

[933] Vgl. dazu auch schon oben unter § 10 I.

[934] Dagegen z.B. *Gilson/Schwartz* (2001), dafür z.B. *Lipton/Rowe* (2001).

[935] Vgl. oben unter § 13 I.

[936] Dabei ist der Gewinn des *proxy contest* für den Bieter eine notwendige, nicht jedoch auch eine hinreichende Bedingung für den Erfolg seines Angebots. Ein gewisser Druck auf die Aktionäre, dem Bieter ihre Aktien zu verkaufen entsteht jedoch durch die Regelungen, die einen *freeze-out* von verbleibenden Minderheitsaktionären ermöglichen. Ausführlich zu den Voraussetzungen eines *freeze-out* vgl. *Merkt* (1991), Rdnr. 1028 ff.; *Baums* (2001), S. 184 ff.

chen.[937] *Poison pills* könne somit nur dann problematisch werden, wenn gleichzeitig Methoden angewandt werden, die die Möglichkeiten eines Herausforderers beschränken, eine Abstimmung über seinen Übernahmeplan herbeizuführen.[938] Das bedeutet, dass nicht nur Hürden in Form von *poison pills* gegen die Übernahme selbst errichtet werden, sondern dass auch die Möglichkeiten, einen *proxy contest* zur Neubesetzung des *board of directors* durchzuführen, beschränkt werden.[939]

III. ERGEBNIS

Im Ergebnis kann festgehalten werden, dass in den *USA* zwei Methoden zur Auswahl stehen, um die Kontrolle über eine Gesellschaft gegen den Willen des amtierenden Managements zu erlangen: *proxy contest* und feindliche Übernahme. Um eine echte und dauerhafte Kontrolle über eine Gesellschaft zu erlangen, ist unter Bedingungen, die einen rechtlichen Rahmen für feindliche Übernahmen nicht kennen, die Übernahme dem *proxy contest* vorzuziehen. Dies zeigen auch die heftigen Übernahmeaktivitäten seit Beginn der sechziger Jahre. Die zunehmenden Möglichkeiten, feindliche Übernahmen zu verhindern, führten allerdings dazu, dass der *proxy contest for control* seine Bedeutung nicht völlig einbüßte. Vielmehr erwuchs dem Wettbewerb um Stimmrechtsvollmachten angesichts der weit reichenden Abwehrmethoden eine neue Rolle, indem er nun in der Kombination mit einem *tender offer* dazu dient, einer feindlichen Übernahme zum Erfolg zu verhelfen.

Da in den Vereinigten Staaten die Möglichkeit besteht, einen erfolgreichen Wettbewerb um Stimmrechtsvollmachten durchzuführen, war es den Unternehmensleitungen nicht möglich, den Markt für Unternehmenskontrolle durch immer neue Abwehrmethoden gegen den Versuch einer feindlichen Übernahme völlig lahm zu legen. Denn zum einen kann nach wie vor ein Kontrollwechsel durch einen Wettbewerb um Stimmrechtsvollmachten erreicht werden, zum anderen bleibt einem Übernahmeinteressenten aber auch die Möglichkeit, ein Übernahmeangebot zum Erfolg zu führen, da er es durch einen damit verbundenen *proxy contest* gegen eventuell bestehende Abwehrmittel durchsetzen kann.

Schließlich scheint die Kombination von Übernahmeversuch und *proxy contest* auch gesamtwirtschaftlich vorteilhaft zu sein, so dass sie vom Standpunkt einer optimalen *Corporate Governance* durchaus wünschenswert ist. Sie sorgt nämlich dafür, dass mit einem alleinigen Übernahmeversuch verbundene Entscheidungskonflikte der Aktionäre vermieden werden, so dass die Aktionäre ein Angebot ohne äußeren Druck beurteilen können und damit frei sind, einem ihnen günstig erscheinenden Angebot zuzustimmen.

---

[937] Hiebei sind vor allem Hindernisse entscheidend, die die Herausforderer davon abhalten jederzeit eine Abstimmung der Aktionäre durchzuführen, und solche, die verhindern, dass der Herausforderer durch einen Sieg überhaupt die Kontrolle an sich ziehen kann. *Bebchuk/Hart* (2001), S. 33. Vgl. zur Beschränkung von *special meetings* und *written consent* sowie zu *classified boards* ausführlich oben unter § 10.

[938] *Bebchuk/Hart* (2001), S. 4.

[939] Vgl. zu den verschiedenen Möglichkeiten, die einer Gesellschaft zur Verfügung stehen, den Erfolg eines *proxy contest* zu verhindern ausführlich oben unter § 10.

IV. ZUSAMMENFASSUNG

Zusammenfassend lässt sich sagen, dass in den Vereinigten Staaten grundsätzlich zwei von einander unabhängige Methoden bestehen, mit deren Hilfe ein Kontrollwechsel in einer Gesellschaft herbeigeführt werden kann, nämlich der *proxy contest for corporate control* und der *hostile takeover*. Beide Methoden haben ihre Vor- und Nachteile.

So ist ein Vorteil des *proxy contest*, dass er den Herausforderer nicht zu einem hohen Kapitaleinsatz zwingt. Er muss lediglich die Kosten für die Werbung der übrigen Aktionäre aufwenden. So kann auch dann eine Übernahme der Kontrolle versucht werden, wenn für eine Übernahme nicht genügend Mittel zur Verfügung stehen. Nachteilig wirkt sich jedoch aus, dass ein *proxy contest* oftmals langwierig und mühsam ist. Der Herausforderer muss außerdem bereit sein, die von ihm durchgesetzten Verbesserungen in der Gesellschaft mit den übrigen Aktionären zu teilen, weil er ihre Aktien ja letztlich nur als Hebel gegen das amtierende Management einsetzt, diese ihm aber nicht gehören.

Die feindliche Übernahme hat dagegen den Vorteil, dass der Übernahmeinteressent auch bei ihrem Misserfolg ein Aktienpaket erhält, das einen wirtschaftlichen Wert darstellt, der weiter verwertet werden kann. Im Erfolgsfall ist die Kontrolle der Gesellschaft dauerhaft gesichert und kann dem Übernehmer nicht wieder genommen werden. Bei einem feindlichen Übernahmeversuch wirkt sich jedoch nachteilig aus, dass sie den einzelnen Aktionär in eine dem Gefangenendilemma vergleichbare Entscheidungssituation bringt, die dazu führen kann, dass von den Aktionären an sich erwünschte Übernahmen scheitern, andererseits aber an sich unerwünschte Übernahmen zu Stande kommen.

In der Praxis ist heute eine Kombination von Übernahmeangebot und Wettbewerb um die Stimmrechtsvollmachten der Aktionäre die Regel geworden. Diese Entwicklung wurde durch die weite Verbreitung von Abwehrmaßnahmen gegen feindliche Übernahmen ausgelöst. Dabei übernimmt der *proxy contest* die Funktion, bestehende Abwehrmaßnahmen aus dem Weg zu räumen, indem diese durch ein neu gewähltes *board of directors* für unanwendbar erklärt werden. Gleichzeitig wird unabhängig von einem tatsächlichen Erfolg des oder der Herausforderer auf das amtierende Management ein erheblicher Druck ausgeübt, der die Verhandlungsbereitschaft, zu einer freundlichen Übernahme zu kommen, fördern kann. Hinzu kommt, dass die Kombination von *proxy contest* und Übernahmeangebot zu dem positiven Effekt führen kann, dass die spezifischen mit einem reinen Übernahmeversuch verbundenen Probleme verhindert werden, indem eine Abstimmung der Aktionäre über ein Übernahmeangebot erreicht wird, die nach den gesetzlichen Vorgaben sonst nicht zwingend wäre.

Damit leistet der *proxy contest* einen wichtigen Beitrag für das Funktionieren des US-amerikanischen Marktes für Unternehmenskontrolle, weil er sich einerseits als eigenständiges Mittel zur Kontrollübernahme anbietet, andererseits aber auch die Möglichkeit einer feindlichen Übernahme gegen die Anstrengungen des Managements weiterhin offen hält.

§ 14 JÄHRLICHE ANZAHL VON WETTBEWERBEN UND DEREN ERFOLG

Oben wurden ausführlich die von den Herausforderern in einem Wettbewerb um die Stimmen der Aktionäre zu beachtenden Regelungen besprochen.[940] Außerdem wurden die Möglichkeiten vorgeführt, mit denen das amtierende Management versuchen kann, sich gegen einen ungewollten Kontrollwechsel in der Gesellschaft abzusichern.[941] Um jedoch die Rolle beurteilen zu können, die solchen Wettbewerben um die Stimmen der Aktionäre in den *USA* tatsächlich zukommt, reicht die bloße Betrachtung der rechtlichen Rahmenbedingungen nicht aus. Vielmehr muss man sich auch fragen, wie häufig und mit welcher Aussicht auf Erfolg solche Wettbewerbe eigentlich geführt werden. Denn das Vorhandensein bestimmter den Aktionären zustehender Rechte nützt nichts, wenn in der Praxis nicht auch tatsächlich die Möglichkeit besteht, durch diese Rechte zu einem Erfolg zu kommen. Auch ist die Analyse der Erfolgsaussichten eine Voraussetzung dafür, um die Bedeutung zu bestimmen, die Wettbewerben um die Stimmen der Aktionäre im US-amerikanischen Corporate Governance-System überhaupt zukommt.

I. HÄUFIGKEIT UND ERFOLG VON PROXY CONTESTS

Im Verhältnis zur Zahl der vom Management insgesamt durchgeführten Werbungen um Stimmrechtsvollmachten ist die Zahl der Versuche von Herausforderern, dem Management in einem *proxy contest* entgegenzutreten, sehr gering. Die *SEC* veröffentlichte in der Zeit von 1956 bis 1977 offizielle Daten über die Werbung um Stimmrechtsvollmachten. Aus diesen geht hervor, dass das Management in den letzten elf Jahren dieses Zeitraumes, also von 1966 bis 1977, in 99,9% der Fälle in der Lage war, seine Position über die Abstimmung in der Hauptversammlung hinaus zu erhalten.[942] In der Regel war es auch so, dass selbst in den Fällen, in denen die Position des Managements tatsächlich in einem *proxy contest* herausgefordert wurde, das amtierende Management die Kontrolle über die Gesellschaft erhalten konnte und der Herausforderer unterlag. In den Jahren von 1957 bis 1977 gingen die Herausforderer im Durchschnitt lediglich in einem Viertel der Fälle als Sieger aus dem Wettstreit hervor.[943] Im Laufe der Zeit veränderte sich die Situation jedoch nach und nach zugunsten der Herausforderer. Zwar nahm die Zahl der jährlich geführten *proxy contests* nicht wesentlich zu, jedoch waren immer größere Gesellschaften beteiligt, die streitigen Beschlussgegenstände wurden vielfältiger und schließlich nahm auch die Erfolgsquote zugunsten der oppositionellen Aktionäre zu.[944] Dies führte schließlich 1990 dazu, dass zum ersten Mal seit der Rezession von 1982/83 die Herausforderer mehr *proxy fights* gewannen als die amtierenden Ma-

---

[940] Vgl. vor allem § 5, § 6 und § 8.

[941] Vgl. § 10.

[942] Vgl. *Johnson* (1991), S. 531 Fn. 217 m.w.N.

[943] Vgl. die Statistik über den Erfolg der oppositionellen Aktionäre in Wettkämpfen um Stimmrechtsvollmachten aus den Jahren 1957-1977 bei *Schrager* (1986), S. 9. Siehe auch *Wiethölter* (1961), S. 261.

[944] *Bagley* (1990), S. C&A-1; *Schrager* (1986), S. 7.

nagementteams.[945] Nach einer Erhebung des *Investor Responsibility Research Center* (*IRRC*) gewannen die Herausforderer in 41% der Fälle, das Management in 35% der Fälle. In den restlichen 24% der Fälle kam es zu anderen, nicht so eindeutigen Ausgängen der Wettbewerbe, worunter auch die einvernehmliche Beilegung eines Wettstreits fällt.[946]

Was die absoluten Zahlen der durchgeführten *proxy contests* angeht, so gehen die hierzu veröffentlichten Daten zum Teil weit auseinander.[947] Ausgehend von einer großen Zahl von *proxy contests* in den achtziger Jahren gab es nach Erhebungen der *SEC* im Jahr *1990* 75 *proxy solicitations*, bei denen ein aufbegehrender Aktionär das amtierende Management herausforderte, *1991* 65, *1992* 58, *1993* 35, *1994* 42, *1995* 59, *1996* 62 und *1997* 83.[948] *1998* gab es schließlich 59 *proxy contests*.[949] Dabei muss es nicht in allen diesen *proxy contests* um die Wahl von Direktoren gegangen sein. *Georgeson &Co.*, ein führendes Unternehmen zur Werbung um Stimmrechtsvollmachten (*proxy solicitor*), berichtet,[950] ausgehend von einer anderen Datenbank (vielleicht nur ausgehend von ihren eigenen Fällen), von anderen Zahlen. So gab es nach diesen Angaben *1993* nur 3 Fälle, in denen aufbegehrende Aktionäre das Management herausforderten, 20 bis 28 Fälle in den Jahren *1996*, *1997* und *1998* und 38 im Jahr *1999*.

Aus den vorhandenen Daten lässt sich ablesen, dass die Zahl der geführten *proxy contests* starken Schwankungen unterliegt. Es lassen sich jedoch Prallelen zwischen der Häufigkeit von *proxy contests* und auf dem U.S.-amerikanischen Markt zu beobachtenden Übernahmeaktivitäten beobachten. In den achtziger Jahren war die Zahl von Übernahmen hoch, dann ging sie mit dem Zusammenbruch der *junk-bond*-Märkte stark zurück, um sich schließlich im Laufe der neunziger Jahre wieder zu erholen, ohne dass die Dynamik und Aggressivität der achtziger Jahre wieder erreicht worden wäre.

Aus den genannten Zahlen ließe sich auf den ersten Blick leicht die Schlussfolgerung ableiten, das geltende *proxy*-System komme dem amtierenden Management einseitig entgegen und sein Zugriff auf die *proxy machinery* sei so umfassend, dass es potenziellen Herausforderern extrem schwierig gemacht würde, das amtierende Management anzugreifen. Tatsächlich lässt sich eine Reihe von Gründen anführen, warum das amtierende Management im Zusammenhang mit der Werbung um Stimmrechtsvollmachten, insbesondere zur Sicherstellung seiner Wiederwahl, Vorteile gegenüber einem potenziellen Herausforderer hat. Aus einem Wettstreit um die Erteilung von Stimmrechts-

---

[945] *Lipton/Steinberger* (1978), § 1.06[6].

[946] *Lipton/Steinberger* (1978), § 1.06[6].

[947] Untersuchungen belegen, dass zwischen 1957 und 1990 jährlich zwischen 15 und 74 Wettbewerbe um Stimmrechtsvollmachten stattgefunden haben. Vgl. die Statistiken bei *Mulherin/Poulsen* (1991b), S. 142; *Merkt* (1991), Rdnr. 658; *Schrager* (1986), S. 7.

[948] SEC, Annual Reports (1994 & 1999), so auch *Thomas/Dixon* (1998), S. 1-15. Siehe auch *Thomas* (1993); *Fleischer/Sussman* (1990), § 10.01, 10-03.

[949] U.S. Securities and Exchange Commission, 1998 *Annual Report* 39 (1999). *Thomas/Dixon* (1998) berichten für die erste Hälfte des Jahres 1999 von 39 *proxy contests*, wie sie durch Nachfrage bei der *SEC* erfahren haben wollen. *Thomas/Dixon* (1998), § 1.01[D].

[950] Zur Rolle von professionellen Stimmrechtsvertretern im Zusammenhang mit *proxy contests* vgl. § 9 IV.1.

vollmachten geht das Management daher in vielen Fällen, auch in solchen, in denen die äußeren Umstände an sich gegen das Management sprechen, als Sieger hervor.[951] Dies muss aber nicht notwendigerweise an den besseren Argumenten liegen. Vielmehr spielen hier zunächst verfahrenstechnische und sonstige Vorteile, die gesetzliche Bestimmungen und *common law* dem Management einräumen, eine entscheidende Rolle.

An erster Stelle ist hier die bereits erwähnte „*Wall Street Rule*" zu nennen.[952] Dem Management kommt entgegen, dass vor allem unzufriedene Kleinaktionäre meistens eine Auseinandersetzung mit dem Management scheuen und die Möglichkeit vorziehen, ihre Aktien am Markt zu verkaufen (*Wall Street Option* oder auch *voting by selling* genannt).[953] Daher werden sich viele Aktionäre entweder managementtreu verhalten oder ihre Beteiligungen an der Börse verkaufen, nicht jedoch an einem *proxy contest* teilnehmen. Hinzu kommt, dass dem Management ein gewisser Amtsbonus zugute kommt. Es kann darauf verweisen, dass die derzeitige Besetzung des *board of directors* bereits einmal die Mehrheit der Stimmen auf sich vereinigen konnte und durch seine Tätigkeit Erfahrung gesammelt habe.[954] Auch dies wird einen eher schlecht informierten Kleinaktionär in der Regel dazu bewegen, für das amtierende Management zu stimmen.[955] Die in der „*Wall Street Rule*" zum Ausdruck kommende Trägheit der Kleinaktionäre gilt allerdings nicht für die institutionellen Investoren, insbesondere die Pensionsfonds, die in den letzten Jahrzehnten zunehmend Abstimmungen in Gesellschaften zur Durchsetzung bestimmter Veränderungen nutzten und daher auch bereit waren, sich an *proxy contests* aktiv zu beteiligen.[956]

Zu beachten ist auch, dass das geltende Regelwerk das Management bei einem *proxy fight* in nicht zu unterschätzender Weise bevorzugt. Zum einem steht dem Management das Wahlrecht nach *Rule 14a-7* zu, das es ihm zum Nachteil der oppositionellen Aktionäre ermöglicht, deren Werbematerial lediglich zu versenden und von der Herausgabe der Aktionärsliste abzusehen.[957] Dadurch wird es dem Management ermöglicht, die Vorschläge der Opposition bereits zu kennen, bevor die Aktionäre von diesen erfahren. Außerdem behält es die Kontrolle über den zeitlichen Ablauf des *proxy contest*, weil der Herausforderer davon abhängig ist, dass das Management die Materialien an die Aktio-

---

[951] Vgl. *Bagley* (1990), S. A-1; C&A-1 m.w.N.; siehe weiterhin die Statistik bei *Schrager* (1986), S. 11, abgedruckt auch bei *Merkt* (1991), Rdnr. 658.

[952] Vgl. dazu oben unter § 9 II.1.

[953] *Merkt* (1991), Rdnr. 659.

[954] *Bagley* (1990), S. A-7; *Solomon/Schwartz/Baumann/Weiss* (1994), S. 1173 f.; *Waters* (1992), S. 230 f. Es kann für die Herausforderer in der Praxis schwer sein, geeignete Gegenkandidaten für das *board of directors* zu finden, da viele in Betracht kommende Personen einen solchen Posten zwar annehmen würden, jedoch oft nicht bereit sind, ihren Namen für eine *proxy*-Kampagne herzugeben, *Baxley/Thompson* (1998), S. B5.

[955] Die mangelnde Transparenz der Motive des Herausforderers ist auch eines der Nachteile des *proxy contest* gegenüber dem Übernahmeangebot, vgl. § 13 I.

[956] Vgl. dazu bereits § 9 II.2.

[957] Dieser Nachteil aus *Rule 14a-7* wird aber zum Teil durch die einzelstaatlich gewährten Rechte auf Einsichtnahme in das Aktienbuch wieder ausgeglichen. Siehe dazu oben unter § 5 II.1. Zu *Rule 14a-7* siehe ausführlich bereits oben unter § 5 III.6.a).

näre weiterleitet. Des Weiteren hat die Gesellschaft immer die Möglichkeit, ein Einsichtsbegehren der oppositionellen Aktionäre, auch ein solches nach einzelstaatlichem Recht, abzuweisen und diese damit zur gerichtlichen Durchsetzung ihres Informationsanspruchs zu zwingen.[958] Dies wiederum kostet wertvolle Zeit, welche von der Gesellschaft zur Vorbereitung von Gegenmaßnahmen genutzt werden kann. Dem Management wird also durch *Rule 14a-7* die Möglichkeit eingeräumt, in gewisser Weise den ablaufenden *proxy contest* zeitlich und auch inhaltlich zu kontrollieren.[959]

Darüber hinaus kann sich das Management bei der Durchführung seiner Werbekampagne der Ressourcen der Gesellschaft bedienen.[960] Auch eine möglicherweise betriebliche Dauerwerbung für seine Arbeit aufgrund einer kontinuierlichen „*Investor Relations*"-Politik erweist sich als vorteilhaft.[961] Schließlich kann sich die Verwaltung darauf verlassen, dass die Kosten ihrer eigenen Werbeanstrengungen von der Gesellschaft getragen werden.[962] Für die Herausforderer kommt außerdem erschwerend hinzu, dass in einigen Staaten seit den späten achtziger Jahren Gesetze erlassen worden sind, die sich speziell gegen die Durchführung von Stimmrechtswettkämpfen richten.[963] Außerdem hat das amtierende Management teilweise durch Regelungen in der Satzung der Gesellschaft die Durchführung von Aktionärskampagnen erschwert.[964] Ein weiterer Vorteil des Managements ist, dass dieses berechtigt ist, in der Regel durch den von ihm beauftragten *proxy solicitor* die erteilten Stimmrechtsvollmachten vor der Stimmabgabe zu prüfen.[965] So kann es noch bis zur letzten Minute vor der eigentlichen Stimmabgabe zur Not durch Telefonanrufe versuchen, die Aktionäre umzustimmen.[966] Verzichtet das Management gänzlich darauf, Stimmrechtsvollmachten zu werben, so hat es zwar gegenüber den Aktionären trotzdem bestimmte Aufklärungspflichten, doch kann es dann darauf spekulieren, dass in Anbetracht eines bestimmten Anwesenheitsquorums die Hauptversammlung überhaupt nicht beschlussfähig ist und ihm von daher keine Gefahr durch unzufriedene Aktionäre droht.[967] Und auch in den Fällen, in denen das erforderliche Quorum auch ohne Werbung von Stimmrechtsvollmachten gerade noch erreicht

---

[958] *Bagley/Berger* (1997b), S. A-59; *Bloomenthal* (1997a), § 11.19[2][c].

[959] Zur Kritik an *Rule 14a-7* vgl. auch § 5 III.6.a).

[960] Zur Frage der Kostentragung bei *proxy contests* vgl. oben unter § 11.

[961] Vgl. *Bagley* (1990), S. A-7; *Waters* (1992), S. 233.

[962] Vgl. § 11 II.1.

[963] *Thomas/Dixon* (1998), § 1.01[D]. Siehe zu diesen Gesetzen bereits oben bei der Diskussion der Abwehrmöglichkeiten gegenüber *proxy contests* unter § 10 I.2.

[964] Vgl. § 10 V.

[965] *Petzke* (1975), S. 58.

[966] *Aranow/Einhorn* (1968), S. 172. Die erteilten *proxies* sind grundsätzlich auch frei widerruflich. Vgl. § 5 II.2.

[967] Vgl. hierzu *Petzke* (1975), S. 63. Allerdings ist die Gesellschaft nach den Zulassungsregelungen der Börsen in der Regel bereits verpflichtet, den Aktionären die Möglichkeit zu geben, sich durch die Unternehmensleitung vertreten zu lassen, so dass diese Möglichkeit in der Praxis keine große Rolle spielt, vgl. bereits Fn. 464.

wird, kann sich der oft nicht unerhebliche Anteil von Aktien des Managements zu seinen Gunsten auswirken.[968]

Trotz dieser bestehenden Vorteile können *proxy contests* für einen Herausforderer dennoch erfolgreich sein. Dem entsprechen auch die oben bereits genannten Zahlen. Zwar können keine verlässlichen Aussagen darüber gemacht werden, ob die bestehenden Regelungen potenzielle Herausforderer abschrecken, einen Wettbewerb um die Stimmrechtsvollmachten der Aktionäre überhaupt zu versuchen. Allerdings ist aber auch nicht klar, inwieweit die bloße Möglichkeit der Durchführung eines Wettbewerbs das amtierende Management in seinem Verhalten auf die Interessen der Aktionäre ausrichtet.[969]

Es muss außerdem Folgendes berücksichtigt werden: Unterteilt man die vorhandenen Daten lediglich danach, ob es den Herausforderern im *proxy contest* gelingt, Sitze zu erlangen oder nicht bzw. sein Begehren mit Hilfe der nötigen Mehrheit durch eine Abstimmung durchzusetzen, so führt dies nicht unmittelbar zur Antwort auf die Frage, ob durch Wettbewerbe um Stimmrechtsvollmachten ein Herausforderer in einem *proxy contest* erfolgreich war, geschweige denn, ob dadurch schlechte Unternehmensleitungen abgelöst worden sind. So muss beispielsweise im Hinblick auf die Durchführung von *proxy contests* um die Kontrolle einer Gesellschaft vielmehr die Frage gestellt werden, mit welcher Wahrscheinlichkeit das Management eines Unternehmens ausgetauscht wird, wenn es sich in einer Art und Weise verhält, die für die Mehrheit der Aktionäre nicht hinnehmbar ist. Dabei muss betrachtet werden, inwieweit die Einleitung eines *proxy contest* dazu führt, dass in seiner Folge das Management einer Gesellschaft ausgetauscht wird.[970]

Dies muss aber nicht nur in den Fällen geschehen, in denen die Herausforderer mit ihrer Kampagne tatsächlich Erfolg haben, sondern kann auch durch Zugeständnisse der betroffenen Gesellschaft oder durch sich anschließende andere Maßnahmen verursacht werden. Erweitert man somit die Definition eines erfolgreichen *proxy contest*, so zeigt sich, dass auch die einem *proxy contest* zuzumessende Erfolgsquote wesentlich höher anzusetzen ist.

In diesem Sinne berichten z.B. *DeAngelo* und *DeAngelo* in einer von ihnen durchgeführten Untersuchung, dass es auch dann oft zum Wechsel in der Unternehmensleitung kommt, wenn das amtierende Management unmittelbar nach dem *proxy fight* zunächst im Amt bleibt.[971] Übereinstimmend mit *DeAngelo* und *DeAngelo* zeigt die Studie von *Borstadt* und *Zwirlein*, dass Unternehmen, die in einen *proxy fight* verwickelt werden, oft Veränderungen in der Zusammensetzung ihres *board of directors* oder des Managements erfahren, nachdem der Wettbewerb beendet ist.[972] Nur 40 der untersuchten 142 Unternehmen (28%), die sich einem Wettbewerb um Stimmrechtsvollmachten ausge-

---

968 *Tuerks* (2000), S. 115; *Waters* (1992), S. 231.

969 Es kommt jedenfalls vor, dass die vom Management eingestellten *proxy solicitors* von bestimmten Maßnahmen abraten, wenn sie dagegen einen zu großen Widerstand erwarten, vgl. § 9 IV.1.

970 *Alchian/Demsetz* (1972), S. 96.

971 *DeAngelo/DeAngelo* (1989), S. 36 f.

972 *Borstadt/Zwirlein* (1992), S. 23.

setzt sahen, hatten drei Jahre nach der Beilegung des Wettbewerbs noch dasselbe Management.[973] Auch *Duvall* und *Austin*[974] stellen fest, dass die Unterteilung von Stimmrechtswettbewerbungen nach der Frage, ob sie zu einem unmittelbaren Wechsel im *board of directors* geführt haben, ein willkürliches Mittel zur Beurteilung ihres Erfolges ist. Die nach ihrer Ansicht zentrale Frage ist, ob es durch den Wettbewerb zu entscheidenden Veränderungen im Zielunternehmen gekommen ist oder nicht.

Um die Erfolge zu beurteilen, die die Herausforderer gegenüber dem amtierenden Management erzielen, ist somit eine differenzierte Betrachtung geboten. Denn als Erfolg im weiteren Sinne müssen auch solche Fälle gelten, in denen es den Herausforderern zwar nicht gelungen ist, eine Mehrheit der Aktionäre auf ihre Seite zu bekommen oder bei denen es überhaupt nicht zu einer Abstimmung gekommen ist, bei denen jedoch das amtierende Management den Herausforderern entgegengekommen ist und dessen Forderungen zumindest zum Teil erfüllt hat.

Um dies beurteilen zu können, bemüht sich *Fleming* zunächst einmal darum, die Basis seiner Untersuchung im Gegensatz zu anderen Studien zu verbreitern.[975] Dabei geht es ihm um die Fälle, in denen zwar ein *proxy fight* droht, dieser jedoch nicht vollständig durchgeführt wird.[976] Tatsächlich kommt es nur in weniger als der Hälfte der Fälle, in denen ein *proxy contest* durchgeführt werden soll, zu einer Abstimmung der Aktionäre.[977] Erfolgt keine Abstimmung, so wird das betroffene Unternehmen dennoch in 21 Prozent der Fälle übernommen, in 48 Prozent der Fälle wird eine Einigung zwischen amtierendem Management und dem Herausforderer erreicht und in immerhin noch fünf Prozent der untersuchten Fälle strukturiert sich das Zielunternehmen im Zusammenhang mit dem drohenden *proxy fight* neu.[978] Nur in 26 Prozent der verhinderten *proxy fights* wird weder eine Übernahme noch eine irgendwie geartete Einigung erreicht, noch erfolgt eine Restrukturierung des betroffenen Unternehmens.[979]

In vielen Fällen reicht also bereits die Drohung mit einem *proxy contest*, um das amtierende Management einer Gesellschaft zu bewegen, den Herausforderern entgegenzu-

---

[973] *Borstadt/Zwirlein* (1992), S. 23.

[974] *Duvall/Austin* (1965), Fn. 5.

[975] *Fleming* (1995), S. 2.

[976] Andere Studien berücksichtigen die Beilegung eines *proxy contest*, bevor es zu einer Abstimmung kommt, nur in den Fällen, in denen der *proxy fight* erst sehr spät abgewendet wird, nämlich erst dann, wenn bereits ein Termin für eine Hauptversammlung festgelegt wurde. So sind neun Prozent der Fälle in der Studie von *Dodd/Warner* (1983) solche, in denen es zu keiner Abstimmung kommt, 24 Prozent in der Studie von *Pound* (1988) und 26 Prozent in der Studie von *Ikenberry/Lakonishok* (1993).

[977] *Fleming* (1995), S. 2.

[978] *Fleming* (1995), S. 2.

[979] *Fleming* (1995), S. 3.

kommen.[980] *Proxy contests* (oder auch nur die Drohung mit ihnen) können die Bereitschaft des Managements, sich wieder den Interessen der Aktionäre zuzuwenden, somit entscheidend erhöhen.[981] Dies kann im Einzelfall z.B. bedeuten, dass das amtierende *board of directors* die Wahl eines oder mehrerer Kandidaten der Opposition in das *board* befürwortet.[982]

Oben wurde bereits erwähnt, dass es für den Erfolg eines *proxy contest* wichtig ist, dass der Herausforderer ein ökonomisches Eigeninteresse an der Gesellschaft hat, in der er die Kontrolle übernehmen will, um zu signalisieren, dass seine Interessen sich mit denen der übrigen Aktionäre decken.[983] Besonders wichtig für den Erfolg in einem Wettbewerb um die Kontrolle ist jedoch auch, dass der Herausforderer seine Fachkompetenz zur Führung der Gesellschaft nachweisen kann, denn ansonsten kann er die Aktionäre nicht überzeugen, dass er für eine Verwaltung der Gesellschaft steht, die Erfolg versprechender ist als diejenige, die das amtierende Management bisher gezeigt hat.[984] Oft haben die von den Herausforderern benannten Kandidaten für das *board of directors* daher bereits Erfahrung in der Führung einer Gesellschaft, besondere Sachkenntnis im Geschäftsbereich des Unternehmens oder sie sind ehemalige Angestellte der Zielgesellschaft.[985]

Die Chancen, einen *proxy fight* zu gewinnen, steigen außerdem, wenn die betroffene Gesellschaft über einen langen Zeitraum schlechte Leistungen gezeigt hat.[986] Auch *Alchian* und *Demsetz* stellen dazu in einer Untersuchung fest, dass sich die Wahrscheinlichkeit einschneidender Maßnahmen durch die Übertragung von Stimmrechtsvollmachten auf andere Personen als das Management in den Fällen erhöht, in denen die Aktionäre oder auch ein Außenstehender glauben, dass das Management seine Sache im Hinblick auf den Unternehmenserfolg nicht gut macht.[987]

Insgesamt zeigt sich, dass zwar erhebliche Anstrengungen unternommen werden müssen, um einen *proxy contest* zu gewinnen, wobei dies auch daran liegt, dass dem Management einige strukturelle Vorteile zugute kommen. Es ist jedoch, wie die hierzu veröffentlichten Zahlen zeigen, keineswegs aussichtslos. Wichtig ist, den Erfolgsbegriff nicht zu eng zu fassen, da oftmals bereits die Androhung eines Wettbewerbs bzw. der Beginn

---

[980] Dies erklärt auch die Wirksamkeit sogenannter „*Just Vote No*"-Kampagnen, bei denen die Aktionäre durch Verweigerung ihrer Stimmen dem Management einfach eine klare Botschaft ihrer Unzufriedenheit übermitteln, denn darin ist ja auch die latente Drohung enthalten, beim nächsten Mal massiver gegen das amtierende Management vorzugehen, vgl. dazu auch *Monks/Minow* (2001), S. 141. Dasgleiche gilt für sogenannte *nonbinding shareholder resolutions*, die sich des Mechanismus von *Rule 14a-8* bedienen, um den Protest der Aktionäre zum Ausdruck zu bringen, vgl. dazu bereits oben § 6 II.1 und im Folgenden unter § 14 II.

[981] *Schulman* (1973), S. 31 f.

[982] *Lipton/Steinberger* (1978) § 1.06[6].

[983] Vgl. oben unter § 12 III.

[984] *Hoffmann* (1999), S. 55. Die Schwierigkeit dies zu vermitteln, stellt ja auch einen spezifischen Nachteil des *proxy contest* gegenüber dem *tender offer* dar, vgl. § 13 I.

[985] *DeAngelo/DeAngelo* (1989), S. 36 f.

[986] *Lipton/Steinberger* (1978), § 1.06[6]; *Duvall/Austin* (1965), S. 471.

[987] *Alchian/Demsetz* (1972), S. 72.

seiner Durchführung dazu führen können, dass die amtierende Unternehmensleitung zu Konzessionen an die Herausforderer bereit ist.

II. Häufigkeit und Erfolg von Shareholder Proposals

Die Zahl der eingereichten *shareholder proposals* ist wegen der einfachen Durchführung und der geringen Kosten wesentlich höher als die Zahl der durchgeführten *proxy contests*, bei denen der Herausforderer selbst versucht, die Stimmrechtsvollmachten der Aktionäre zu erwerben. In der *proxy season* 2002 gab es ungefähr 650 Aktionärsvorschläge, in der *proxy season* 2001 dagegen nur 478.[988]

Shareholder proposals lassen sich in so genannte *social policy resolutions* und *corporate governance resolutions* unterteilen.[989] Wie oben bereits berichtet, werden *shareholder proposals* auch in solchen Fällen eingesetzt, in denen den Aktionären nach der Unternehmensverfassung an sich kein Mitspracherecht zukommt. Sie werden dann als *nonbinding shareholder resolutions* bei der Gesellschaft eingereicht und enthalten nur eine Handlungsempfehlung an die Verwaltung.[990] Gerade im Bereich der Geschäftsführung greifen die Aktionäre oft auf solche unverbindlichen *corporate governance resolutions* zurück. *Georgeson Shareholder Communications, Inc.*, ein professioneller Stimmrechtswerber,[991] untersucht regelmäßig Abstimmungsvorschläge, die im Zusammenhang mit Fragen der *Corporate Governance* stehen.[992] Dabei werden die Zahlen der Unternehmen analysiert, die, wie die meisten Unternehmen, ihre Hauptversammlung in den ersten sechs Monaten eines Jahres abhalten. Im Jahr 1999 gab es danach 99 solcher Vorschläge. Davon befassten sich 17 mit der Abschaffung so genannter *poison pills* und 20 mit so genannten *classified boards*.[993] 46 dieser Vorschläge wurden von Gewerkschaften unterstützt, öffentliche Pensionsfonds unterstützten 18 Vorschläge, religiöse Organisationen sponserten 16 und andere Aktionärsgruppen 19 Vorschläge.

Durchschnittlich stimmten bei der Frage der Abschaffung von *poison pills* 59% für die Abschaffung, 38% dagegen und es gab 3% Enthaltungen. Bei der Abstimmung über *classified boards* stimmten durchschnittlich 48% für die Abschaffung, 51% dagegen und 1% enthielt sich der Stimme. Auch Vorschläge zur Einführung der geheimen Wahl erhielten hohe Zustimmungsergebnisse (49%), wie auch Vorschläge zur Ernennung einer Mehrheit unabhängiger Direktoren und solche, die sich mit *golden parachutes* befassten. 13 der 99 *shareholder proposals* setzten sich für bestimmte bindende Bestimmungen in den *bylaws* der Gesellschaft ein. *Georgeson* berichtet von elf dieser

---

[988] *Bloomenthal* (2002), S. 963. Zum Vergleich liefert *Arnold* (1999), S. 393 f., internationale Zahlen; vgl. dazu noch unten § 19 III.2.c).

[989] *Eisenberg* (2000), S. 325.

[990] Vgl. zur rechtlichen Zulässigkeit solcher Vorschläge oben unter § 6 II.1.

[991] Siehe zu diesem Unternehmen und zur Rolle von professionellen Stimmrechtswerbern im Allgemeinen § 9 IV.1.

[992] Ergebnisse zitiert nach *Eisenberg* (2000), S. 325.

[993] Zum *classified board* vgl. bereits § 10 III.

Fälle. In neun erreichten die Vorschläge eine Mehrheit zu ihren Gunsten, in einem Fall erreichte der Vorschlag immerhin eine Zustimmung von 46%.[994]

Vergleichbare Zahlen werden von *Kenneth Bertsch* (*Voting on Corporate Governance Shareholder Proposals-1998* (*IRRC*[995] 1999)) geliefert.[996] Nach den Erhebungen des *IRRC* wurden 1998 zugunsten der Aktionärsvorschläge durchschnittlich folgende Abstimmungsergebnisse erreicht:

Thema:	**Durchschnittliches Abstimmungsergebnis zugunsten des Aktionärsvorschlags:**
Geheime Wahl	47,3 %
Cumulative Voting	27,0 %
Board inclusiveness	14,4 %
Golden parachutes	23,9 %
Unabhängiges Nominierungskomitee	22,9 %
Mehrheit unabhängiger Direktoren	23,8 %
Bezahlung der Direktoren mit Aktien	13,0 %
Abschaffung von poison pills	58,1 %
Repeal classified board	47,9 %
Beschränkung der Bezahlung der *executives*	9,6 %

Zwar zeigen die Studien, dass die Zahl der tatsächlich errungenen Erfolge eher gering im Vergleich zur absoluten Zahl an *shareholder proposals* ist, doch nimmt die Erfolgsquote in den letzten Jahren stetig zu.[997] Dies ist darin begründet, dass die so genannten *corporate governance resolutions* gegenüber den traditionell vorherrschenden *social policy resolutions* an Bedeutung gewannen.[998] *Corporate-governance-resolutions* haben eine höhere Aussicht auf Erfolg als *shareholder proposals*, die sich mit der Durchsetzung bestimmter sozialer Fragen befassen.[999] So gab es in der *proxy season* 2002 immerhin 81 *corporate governance resolutions* in 64 verschiedenen Gesellschaften, die

---

[994] Siehe *Georgeson Shareholder Communications, Inc.*, 1999 Annual Meeting Season Wrap-Up-Corporate Governance.

[995] *Investor Responsibility Research Center.*

[996] Vgl. auch die Angaben bei *Monks/Minow* (2001), S. 137 ff.

[997] *Eisenberg* (2000), S. 325; *Gillan/Starks* (2000), S. 277. *Gillan* und *Starks* untersuchen in ihrer Studie 2042 *shareholder proposals* bei 452 Gesellschaften im Zeitraum zwischen 1987 und 1994, *Gillan/Starks* (2000), S. 301.

[998] *Cary/Eisenberg* (1995), S. 254. Bei den *social-policy resolutions* ging es vor allem um Fragen wie die Apartheidspolitik in Südafrika, die Gefahren des Rauchens usw. Als Meilenstein für die Entwicklung des Aktionärsaktivismus kann dabei die Kampagne von *Ralph Nader* bei *General Motors* 1970 angesehen werden, vgl. die ausführliche Besprechung bei *Monks/Minow* (2001), S. 136, 306 ff.

[999] *Cary/Eisenberg* (1995), S. 254 f; *Gillan/Starks* (2000), S. 277.

eine Mehrheit der abgegebenen Stimmen auf sich vereinigen konnten.[1000] Vor allem große institutionelle Investoren unterstützen zunehmend Abstimmungsvorschläge, die sich mit Fragen der *Corporate Governance* auseinandersetzen oder bringen selbst entsprechende Vorschläge ein, weil sie sich hiervon eine Steigerung des Unternehmenswertes erhoffen.[1001] Daher erreichen auch solche Vorschläge die größte Stimmenzahl, die typischerweise von den institutionellen Investoren unterstützt werden: die Abschaffung von *poison pills* und die Einführung von *confidential voting*.[1002] Hierzu trägt auch bei, dass sich die institutionellen Investoren die Zielgesellschaften danach aussuchen, ob ein großer Teil der Aktien von anderen institutionellen Investoren gehalten wird, die ihren Vorschlag mit großer Wahrscheinlichkeit unterstützen werden.[1003] Im Durchschnitt erreichten Vorschläge von institutionellen Investoren 175% mehr Stimmen als solche, die von einzelnen Aktionären eingereicht wurden.[1004] Die Ergebnisse einer Studie von *Gillan* und *Starks* zeigen außerdem, dass sich auch eine schlechte Entwicklung der Aktien eines Unternehmens entscheidend auf die Abstimmungsresultate eines *shareholder proposal* zugunsten des Herausforderers auswirken kann.[1005]

Insbesondere durch die Reformen der *proxy*-Regulierung im Jahre 1992 wurden die Möglichkeiten aufbegehrender Aktionäre zur Organisation einer unternehmensinternen Opposition verbessert. Dadurch stiegen nicht nur die Möglichkeiten für Herausforderer, die an einer Kontrollübernahme in der Gesellschaft interessiert sind, sondern auch für diejenigen, die nur bestimmte Veränderungen in der Gesellschaft durch *proxy issue proposals* durchsetzen wollen. Dies bestätigt auch *Stephen Choi* in einer Studie.[1006] Dabei kommt er zu dem Ergebnis, dass die Reformen der *proxy*-Regulierungen einen positiven Effekt auf die Kommunikationskosten der Aktionäre hatten, die infolge der Reformen gesunken sind.[1007] Die Reformen führten zwar im Ergebnis zu einer Abnahme

---

[1000] *Bloomenthal* (2002), S. 963.

[1001] *Gillan/Starks* (2000), S. 285. Zur Rolle der institutionellen Anleger vgl. bereits oben unter § 9 II.2.

[1002] *Gillan/Starks* (2000), S. 291. Ganz allgemein gilt außerdem, dass Abstimmungsvorschläge, die sich mit Übernahmen auseinandersetzen, mit mehr Unterstützung rechnen können als andere, *Gillan/Starks* (2000), S. 291.

[1003] *Gillan/Starks* (2000), S. 295, vgl. auch *Carleton/Nelson/Weisbach* (1998): Sie berichten, dass für den institutionellen Investor *TIAA-CREF* ein Kriterium für die Auswahl von Zielgesellschaften die Frage ist, ob in einer Gesellschaft ein großer Teil der Aktien von anderen institutionellen Investoren gehalten wird.

[1004] *Gillan/Starks* (2000), S. 285 ff.

[1005] *Gillan/Starks* (2000), S 295.

[1006] *Choi* (2000), S. 233 ff. Es wurden dafür Daten von Unternehmen, die an der *New York Stock Exchange* (*NYSE*), der *American Stock Exchange* (*AMEX*) und der *NASDAQ* im Zeitraum von 1991 bis 1995 ausgewertet. Sie betrafen insgesamt 361 Vorschläge, die sich mir Corporate Governance Fragen beschäftigten. Dabei wurde die zu untersuchende Zahl von Vorschlägen durch zwei Limitierungen begrenzt: (1.) Es wurden nur Vorschläge ausgewertet, die während der ersten sechs Monate eines Kalenderjahres auftraten. (2.) Es wurden nur solche Vorschläge untersucht, die von Institutionen unterstützt wurden, da viele nur von einzelnen Personen unterstützte *shareholder proposals* nur einen ganz geringen Stimmenanteil erhalten. Durch die Fokussierung auf solche Vorschläge, die durch Institutionen unterstützt werden, können aussagekräftigere Ergebnisse zu den Vorschlägen erzielt werden, die tatsächlich eine Auswirkung auf den *shareholder value* haben, *Choi* (2000), S. 237.

[1007] *Choi* (2000), S. 266.

der mittleren Stimmanteile zugunsten von *issue proposals*. Dies sollte jedoch nicht vorschnell als negative Entwicklung gedeutet werden.[1008] Die Gründe hierfür liegen nämlich zum einen darin, dass sich nach der Reform auch die Zusammensetzung derjenigen Unternehmen geändert hat, die für die Platzierung eines *shareholder proposal* geeignet erscheinen.[1009] Gesellschaften mit einem höheren Anteil der vom Management, *board of directors* und anderen Insidern gehaltenen Aktienanteilen, bei denen häufig gleichzeitig auch keine geheime Abstimmung (*confidential voting*) zulässig war, wurden nun häufiger Ziel von *shareholder issue proposals*.[1010] Da es den Herausforderern nach den Reformen leichter fiel, einen höheren Stimmenanteil zu ihren Gunsten auch in solchen Unternehmen zu erreichen, die vor den Reformen stärker durch das amtierende Management kontrolliert wurden, stieg der Nutzen von *shareholder proposals* als einem Instrument zur Kontrolle des Managements.[1011]

Zum anderen findet *Choi* in seiner Untersuchung aber auch Belege dafür, dass Gruppen, die ein *shareholder proposal* initiieren und unterstützen, nicht um das Aktionärsvermögen insgesamt zu steigern, sondern um eigene Interessen zu verfolgen, nach den Reformen von diesem Instrument vermehrt Gebrauch gemacht haben.[1012] Zu dieser Feststellung passt auch, dass die Reformen im Durchschnitt keinen signifikanten Einfluss auf die Chancen der Herausforderer hatten, einen höheren Stimmenanteil zu erlangen, außer in den Fällen, in denen es um Instrumente gegen feindliche Übernahmen und die Wahlmodalitäten zum *board of directors* ging.[1013] Damit zeigt sich, dass die Aktionäre bei ihrer Stimmabgabe sehr wohl zwischen den verschiedenen Abstimmungsvorschlägen differenzieren und auf den Wert achten, den ein bestimmter Vorschlag ihrer Meinung nach für die Gesellschaft hat.

Auf der Grundlage der gefundenen Ergebnisse plädiert *Choi* dafür, nach den Reformen noch bestehende Schranken für die Kommunikation der Aktionäre weiter abzubauen.[1014] Ausdrücklich benennt er hier die dem aufbegehrenden Aktionär stets drohende Verantwortlichkeit nach *Rule 14a-9*, durch die auch für eine Gesellschaft nützliche Kommunikation unter den Aktionären verhindert werden kann.[1015] Er kritisiert außerdem die mangelhafte Abstimmung der Übernahmevorschriften mit den *proxy*-Regulierungen, die dazu führt, dass sich zusammenschließende Aktionäre, die zusammen mehr als 5% der Aktien einer Gesellschaft halten, nach *Section 13(d)* des *Securities and Exchange Act* Informationen entsprechend dem *Schedule 13D* bei der *SEC* einreichen müssen, durch die nicht nur eine eventuell ungewollte Öffentlichkeit hergestellt wird, sondern oftmals

[1008] *Choi* (2000), S. 266.
[1009] *Choi* (2000), S. 266.
[1010] *Choi* (2000), S. 266.
[1011] *Choi* (2000), S. 266.
[1012] Hierbei nennt er vor allem die Geserkschaften und religiöse Organisationen. *Choi* (2000), S. 266.
[1013] *Choi* (2000), S. 266.
[1014] *Choi* (2000), S. 266.
[1015] *Choi* (2000), S. 266. Siehe zu *Rule 14a-9* ausführlich § 7 II.

auch *anti-takeover*-Gesetze einzelner Staaten oder die *poison pills* der Gesellschaft selbst in Kraft treten.[1016]

Insgesamt zeigt sich, dass sowohl die Identität desjenigen, der einen Aktionärsvorschlag einreicht, als auch der Inhalt dieses Vorschlages für den Erfolg eines *shareholder proposal* entscheidend ist.[1017] Auch nach den Reformen der *proxy rules* sind es hauptsächlich die von den institutionellen Investoren unterstützten *corporate governance proposals*, die eine Aussicht auf Erfolg haben. Allerdings haben diese in der Regel für das amtierende Management keinen bindenden Charakter, sondern sprechen nur eine Handlungsempfehlung aus.[1018] Trotzdem können institutionelle Investoren ihre hohen Abstimmungsergebnisse in den Verhandlungen mit dem Management als Druckmittel einsetzen. Dass sie dabei tatsächlich in der Lage sind, Druck auszuüben, spiegelt sich in der hohen Zahl der Fälle wieder, in denen zwar die Vorschläge zurückgenommen wurden, das Management dem Aktionär gegenüber jedoch Konzessionen machen musste.[1019] Ähnlich wie die Drohung mit einem *proxy contest* kann somit das Einreichen eines Abstimmungsvorschlags oder die Drohung mit einem solchen die Bereitschaft des amtierenden Managements fördern, auf die aufbegehrenden Aktionäre zuzugehen und eine einvernehmliche Lösung zu suchen. Insbesondere den *shareholder proposals* der institutionellen Anleger gehen in der Regel intensive Verhandlungen voraus, in denen zunächst versucht wird, die gewünschten Änderungen kampflos durchzusetzen.

III. ERGEBNIS

Die empirischen Daten zeigen, dass die den Aktionären eröffneten Rechte erfolgreich eingesetzt werden können, um in den betroffenen Gesellschaften Veränderungen im Interesse der Aktionäre durchzusetzen. Damit zeigt sich, dass diese die Dominanz des Managements über die *proxy machinery* trotz aller strukturellen Vorteile sehr wohl herausfordern können. Es zeigt sich außerdem, dass sowohl *proxy contest* als auch *shareholder proposal* nicht nur ein in der Praxis tatsächlich wirksames Instrument bieten die amtierende Unternehmensleitung herauszufordern, sondern auch ein erhebliches Drohpotenzial enthalten, dass das amtierende Management bereits im Vorfeld zu Konzessionen an die aufbegehrenden Aktionäre bewegen kann. Insgesamt bleibt zwar die Misserfolgsquote bei einem Wettbewerb um die Stimmen der Aktionäre hoch. Es stellt sich aber die Frage, inwieweit die Probleme, denen sich die Aktionäre gegenüber dem Management ausgesetzt sehen, insgesamt wirklich negativ bewertet werden können. Wie schon bei der Frage des Kostenersatzes, dessen Regelung oft wegen seiner Aktionärsfeindlichkeit kritisiert wurde,[1020] muss auch bei der Beantwortung der Frage nach

---

[1016] *Choi* (2000), S. 267. Zu *Section 13d* vgl. § 8 I.2.

[1017] *Gillan/Starks* (2000), S. 295.

[1018] Vgl. dazu bereits § 6 II.1.

[1019] So berichtet etwa das *Investor Responsibility Research Center*, dass 1993 51 Gesellschaften sich mit aufbegherenden Aktionären geeinigt hatten, woraufhin diese ihre eingereichten *shareholder proposals* wieder zurücknahmen, *Gillan/Starks* (2000), S. 296.

[1020] Vgl. dazu oben unter § 11 III.

der richtigen Bewertung der Erfolgschancen berücksichtigt werden, dass es in einem Unternehmen darum geht, einen Ausgleich zwischen einem einfach funktionierenden und stabilen System der Stimmrechtsvertretung und der Gefahr einer Zementierung gegebener Machtverhältnisse herzustellen.

IV. ZUSAMMENFASSUNG

Bei der Betrachtung der Anzahl der jährlich durchgeführten Wettbewerbe um die Stimmen der Aktionäre und deren Aussichten auf Erfolg muss zunächst einmal zwischen *proxy contests* und *shareholder proposals* unterschieden werden.

Im Vergleich zu den insgesamt durchgeführten Werbungen um Stimmrechtsvollmachten fällt die Zahl der tatsächlich geführten *proxy fights* verschwindend gering aus. Zum überwiegenden Teil wirbt somit das amtierende Management die Stimmrechtsvollmachten der Aktionäre ein, ohne dass es dabei von einem aufbegehrenden Aktionär herausgefordert würde. Zwar lassen sich verschiedene strukturelle Vorteile im geltenden *proxy system* zugunsten des jeweiligen Managements ausmachen, doch lässt sich daraus nicht der Schluss ziehen, die Einleitung eines *proxy contest* verspreche keine Aussicht auf Erfolg. Dies wird schon von den verfügbaren empirischen Daten widerlegt, die den Herausforderern bei der Einleitung eines *proxy contest* eine gute Erfolgsaussicht bescheinigen. Hinzu kommt, dass auch von einem empirisch schwer messbaren Abschreckungseffekt durch die latente Drohung des Auftretens eines *proxy contest* ausgegangen werden muss. Der mit der Einleitung eines *proxy contest* zu erzielende Erfolg muss sich außerdem nicht unbedingt in einem tatsächlich gewonnen Wettbewerb äußern, sondern kann auch darin bestehen, dass, ausgelöst durch den Wettbewerb, das amtierende Management dem Herausforderer entgegenkommt und ihm im Hinblick auf seine Forderungen Zugeständnisse macht, so dass es im Ergebnis zu einer friedlichen Beilegung des Wettbewerbs kommt.

Die Zahl der eingereichten *shareholder proposals* liegt wesentlich höher als die der begonnenen *proxy contests*, was nicht überraschend ist angesichts der erheblich niedrigeren Kosten, die das Einreichen eines Abstimmungsvorschlags verursacht. Dabei lassen sich diese Vorschläge in *social policy resolutions* sowie *corporate governance resolutions* unterteilen. Zwar ist die Zahl der tatsächlich gewonnenen *shareholder proposals* eher gering, doch nimmt sie seit einigen Jahren zu, was vor allem damit zusammenhängt, dass sich der Schwerpunkt der Abstimmungsvorschläge von den *social policy resolutions* zu den *corporate governance resolutions* verschiebt. Dies liegt vor allem daran, dass die institutionellen Investoren dieses Mittel für sich entdeckt haben und inzwischen durchaus bereit sind, Vorschläge zu unterstützen, von denen sie sich einen Vorteil für die Gesellschaft erhoffen, oder sogar selber solche Vorschläge einzureichen. Auch hier griffe eine bloße Betrachtung der tatsächlichen Erfolge zu kurz, da viele *shareholder proposals* ebenfalls nicht zur Abstimmung gelangen, weil bereits im Vorfeld eine Einigung mit dem amtierenden Management erreicht wurde.

Die analysierten Daten zeigen somit, dass die den Aktionären gewährten Rechte nicht ins Leere laufen, sondern dass ein opponierender Aktionär mit dem ihm zur Verfügung gestellten Mittel des *proxy contest* sowie des *shareholder proposal* durchaus Veränderungen in einer Gesellschaft herbeiführen kann. Ob solchen Aktivitäten insgesamt tatsächlich eine positive Wirkung für die betroffenen Gesellschaften zukommt, indem sich dies etwa in einer Steigerung des Unternehmenswertes ausdrückt, soll im Folgenden untersucht werden.

§ 15 EMPIRISCHE UNTERSUCHUNGEN ZU WETTBEWERBEN UM STIMMEN

Es konnte gezeigt werden, dass ein Wettbewerb um die Stimmen der Aktionäre in den *USA* nicht nur rechtlich möglich ist, sondern dass derjenige, der einen solchen Wettbewerb wagt, durchaus die Chance hat, Veränderungen in der angegriffenen Gesellschaft auch gegen den Willen der amtierenden Unternehmensleitung durchzusetzen.[1021] Ein Herausforderer ist somit in der Lage, eigene Vorstellungen in einer Gesellschaft umzusetzen und damit in die laufende Geschäftspolitik einzugreifen. Um die beschriebenen Institute *proxy contest* und *shareholder proposal* jedoch im Hinblick auf ihre Rolle beurteilen zu können, die sie zur Durchsetzung einer effizienten und am Interesse der Aktionäre ausgerichteten Unternehmensleitung spielen, ist es aber auch erforderlich zu analysieren in welchen Gesellschaften solche Wettbewerbe typischerweise auftreten und welche Wirkungen sie auf diese haben. Im Folgenden sollen daher verschiedene empirische Studien im Hinblick auf diese Fragen untersucht werden.[1022] Die vorgestellten Studien beziehen sich dabei in der Regel auf Veränderungen des Unternehmenswerts, die durch die Durchführung von Wettbewerben um die Stimmen der Aktionäre verursacht werden.

I. EMPIRISCHE UNTERSUCHUNGEN ÜBER URSACHEN UND WIRKUNGEN VON SHAREHOLDER PROPOSALS

Betrachtet man die kurzfristigen Reaktionen des Aktienmarkts auf *shareholder proposals*, soweit hierzu Zahlen verfügbar sind, so fällt auf, dass sich im Zusammenhang mit *shareholder proposals* keine besonderen Reaktionen feststellen lassen.[1023] Dies gilt unabhängig von der Person, die den Abstimmungsvorschlag auf die Tagesordnung bringt.[1024]

Soweit es die so genannten *social policy resolutions* betrifft, überrascht dieses Ergebnis nicht besonders, denn diese Abstimmungsvorschläge haben für die betroffenen Gesell-

---

[1021] Vgl. dazu oben unter § 14.

[1022] Die von solchen Untersuchungen zutage geförderten Ergebnisse lassen sich im Hinblick auf ihre Qualität durchaus kritisieren, vgl. z.B. *Hamilton* (2000a), doch lassen sich daraus mit der gebotenen Vorsicht zumindest bestimmte Trends ablesen, vor allem wenn eine Vielzahl solcher Untersuchungen zu gleichen oder ähnlichen Ergebnissen kommt.

[1023] *Gillan/Starks* (2000), S. 298.

[1024] *Gillan/Starks* (2000), S. 298.

schaften insgesamt in der Regel nur eine untergeordnete Bedeutung. Im Hinblick auf die für die Unternehmenspolitik entscheidenden *corporate governance proposals* müssen die zur Verfügung stehenden Daten jedoch weiter aufgeschlüsselt werden, um zu einem vollständigen Bild zu gelangen.

Es gibt überzeugende empirische Hinweise darauf, dass der Markt auf die Einführung von *poison pills* mit einem Abschlag auf den Unternehmenswert reagiert.[1025] Gleiches gilt für die Einführung anderer Maßnahmen, mit denen der Erfolg eines Übernahmeangebots vereitelt werden soll.[1026] Betrachtet man dagegen die Reaktionen des Marktes auf die Bekanntmachung eines *shareholder proposal*, das sich für die Rücknahme solcher Maßnahmen einsetzt, so würde man erwarten, dass diese positiv ausfallen.[1027] Dies lässt sich jedoch empirisch nicht nachweisen. Vielmehr ist sogar ein Preisabfall zu beobachten.[1028]

Gerade für die Vorschläge, die sich mit Abwehrmitteln gegen feindliche Übernahmeversuche beschäftigen, lässt sich diese Entwicklung des Unternehmenswertes jedoch plausibel erklären:[1029]

Versucht man, aus den Reaktionen des Aktienmarktes auf *shareholder proposals* Rückschlüsse auf die Wirksamkeit und Effektivität solcher Maßnahmen zu ziehen, so erscheint dies aus folgenden Gründen problematisch: Wie schon *Jensen* und *Warner* im Hinblick auf andere Formen von Bekanntmachungen im Zusammenhang mit einem Unternehmen betonten, muss man auch bei *shareholder proposals* zwischen den tatsächlichen Auswirkungen der Maßnahme (*real effect*) und den Auswirkungen, die die Information über eine bevorstehende Maßnahme auslöst (*information effect*), unterscheiden.[1030] Sieht man den Aktionärsaktivismus grundsätzlich positiv und wird die Information darüber im Falle eines *shareholder proposal* auch erst an dem Tag veröffentlicht, an dem die *proxy materials* an die Aktionäre versandt werden, so würde man erwarten, dass die Bekanntmachung eines solchen Vorgangs mit einem überdurchschnittlichen Gewinn der Aktien des betroffenen Unternehmens verbunden ist.[1031] Ein solcher Ablauf entspricht jedoch nicht der wirklichen Lage. Tatsächlich ist es nämlich so, dass gerade institutionelle Investoren zunächst versuchen, mit dem amtierenden Management über die gewünschte Veränderung zu verhandeln. Sie werden daher ein *shareholder proposal* nur dann einreichen, wenn sich das Management weigert, auf die Vorschläge der Aktionäre einzugehen. Daraus kann ein erheblicher *information effect* resultieren. Denn die öffentliche Bekanntmachung des *shareholder proposal* informiert die übrigen Investoren auch darüber, dass das Management nicht bereit ist, auf die Ak-

---

[1025] Vgl. dazu ausführlich *Comment/Schwert* (1994); *Ryangaert* (1988) und *Malatesta/Walking* (1988).

[1026] Vgl. dazu näher bei *Bhagat/Jefferis* (1991); *Agrawal/Mandelker* (1990) und *Jarrel/Poulsen* (1987).

[1027] Solche *shareholder proposals* haben in der Regel auch die höchsten Erfolgsaussichten. Vgl. dazu oben § 14 II.

[1028] *Gillan/Starks* (2000), S. 300.

[1029] Vgl. auch *Maug* (1999), S. 27 ff., nach dessen Modell sich die Wirksamkeit von Abstimmungen nicht unbedingt am Aktienkurs ablesen lässt.

[1030] *Jensen/Warner* (1988), S. 3 ff.

[1031] *Gillan/Starks* (2000), S. 280.

tionäre zuzugehen. In einem solchen Fall kann die eigentlich positive Wirkung des Aktionärsaktivismus durch die gleichzeitig damit verbundene negative Information aufgezehrt werden, so dass sich mit der Veröffentlichung sogar eine negative Tendenz einstellen kann.[1032]

Vorschläge von einzelnen aktiven Investoren scheinen dagegen einen leicht positiven Einfluss auf die Aktienpreise des betroffenen Unternehmens zu haben.[1033]

Insgesamt kann die Tatsache, dass mit einem *shareholder proposal* keine signifikanten Steigerungen des Unternehmenswertes verbunden sind, nicht verwundern, denn hierfür ist das bloße Durchsetzen eines Abstimmungsvorschlags auch nicht das adäquate Mittel. Ein Investor, der große Vermögensgewinne erreichen will, müsste dann schon versuchen, einen Kontrollwechsel etwa durch einen Übernahmeversuch herbeizuführen.[1034]

II. EMPIRISCHE UNTERSUCHUNGEN ÜBER URSACHEN UND WIRKUNGEN VON PROXY CONTESTS

Nach der Betrachtung von Ursachen und Wirkungen von *shareholder proposals* sollen diese nun auch für *proxy contests* dargestellt werden. Die hierzu verfügbare Literatur ist ungleich größer und umfangreicher, was damit zusammenhängt, dass auch die Auswirkungen auf die betroffene Gesellschaft ungleich größer sind, schließlich kann der *proxy contest* zu einem Kontrollwechsel in der betroffenen Gesellschaft führen.

Die *theory of the firm*[1035] beschreibt den Wettbewerb um Stimmrechtsvollmachten als einen integralen Bestandteil der Kontrollmittel, die der Disziplinierung des Managements dienen sollen. Weil der *proxy contest* neben dem *tender offer* die zweite Möglichkeit ist, einen Kontrollwechsel gegen den Willen des amtierenden Managements in einer Gesellschaft herbeizuführen, würde man, ausgehend von der *theory of the firm*, auch vom *proxy contest* erwarten, dass er vornehmlich bei solchen Unternehmen auftritt, die im Vergleich zum Markt, in dem sie agieren, nur eine unterdurchschnittliche Leistung erbringen, was gleichzeitig zu einer unterdurchschnittlichen Wertentwicklung führt. Da das amtierende Management für die aktuelle Unternehmenspolitik verantwortlich zeichnet, wird früher oder später ein Kontrollwechsel in der Gesellschaft für eine Veränderung in der Leitung der Gesellschaft sorgen. Hierdurch werden *agency*-Kosten reduziert und der Unternehmenswert steigt wieder an.[1036]

Ausgehend von diesen in der Theorie entwickelten Vorgaben zur Funktion von *proxy contests* bei der Kontrolle von Unternehmungen haben verschiedene empirische Untersuchungen versucht, die Ursachen und Auswirkungen von *proxy contests* zu erforschen, um dadurch Nachweise darüber zu erlangen, ob *proxy contests* tatsächlich die ihnen

---

[1032] *Gillan/Starks* (2000), S. 280.

[1033] *Gillan/Starks* (2000), S. 303. Vgl dazu auch die *case study* bei *Monks/Minow* (2001), S. 362 ff., über das Engagement von *Monks* bei *Sears, Roebuck & Co.*

[1034] *Shleifer/Vishny* (1986), S. 462 f.

[1035] Siehe z.B. *Alchian/Demsetz* (1972); *Manne* (1965).

[1036] *Borstadt/Zwirlein* (1992), S. 23. Zu *agency costs* vgl. bereits oben unter § 2 III.

zugedachte Funktion ausüben. Dabei konzentrieren sie sich zum einen auf die Frage, wann und in welchen Gesellschaften überhaupt *proxy contests* auftreten, zum anderen untersuchen sie die Wirkungen von Wettbewerben um Stimmrechtsvollmachten, indem sie vor allem versuchen zu bestimmen, wie sich der Unternehmenswert im Zusammenhang mit einem *proxy contest* entwickelt.

1. Empirische Belege für die Ursachen von proxy contests

Eine Studie von 64 *proxy contests* im Zeitraum von 1956 bis 1960, für die ausreichende Zahlen zur Verfügung standen, erbrachte den wenig überraschenden Beweis, dass Unternehmen, deren Verzinsung des eingesetzten Kapitals bzw. deren Umsatzrendite im Vergleich zu ihren Konkurrenten niedrig ist, sich nicht nur öfter einem *proxy contest* ausgesetzt sehen, sondern dass diese Wettkämpfe auch eine höhere Chance auf Erfolg haben als bei Unternehmen, die sich durch eine hohe Verzinsung des eingesetzten Kapitals, hohe Umsatzrenditen, einen großen Gewinn pro Aktie und großzügige Dividendenzahlungen auszeichnen.[1037] Die bestimmenden Faktoren scheinen also ökonomische Variablen zu sein, die normalerweise dazu genutzt werden, die Leistung des Managements zu messen.[1038]

Eine Reihe weiterer Studien analysiert die Leistungen von betroffenen Unternehmen in der Zeit vor der Einleitung des *proxy fight*. Die meisten dieser Untersuchungen konzentrieren sich auf bestimmte an der Bilanz des jeweiligen Unternehmens ablesbare Kennzahlen (*accounting performance*) und kommen in der Regel zu dem Ergebnis, dass die betroffenen Unternehmen vor dem Wettkampf um die Besetzung des *boards of directors* eine schlechte Leistung zeigten. Ähnliche Ergebnisse wie *Duvall* und *Austin* liefert z.B. auch die Studie von *DeAngelo*[1039], die 86 *proxy contests* im Zeitraum zwischen 1970 und 1983 untersucht, ebenso die Analyse von 37 Wettbewerben um Stimmrechtsvollmachten im Zeitraum von 1968 bis 1983 durch *Mukherjee* und *Varela*[1040], die Untersuchung von 97 Stimmrechtswettbewerben im Zeitraum von 1968 bis 1987 durch *Ikenberry* und *Lakonishok*[1041], sowie die Studie von *Sridharan* und *Reinganum*[1042] über 38 *proxy fights* von 1978 bis 1985.

Diese unterdurchschnittliche Leistungsfähigkeit vor der Durchführung von Wettkämpfen um Stimmrechtsvollmachten passt genau zu der von der *theory of the firm* gelieferten Beschreibung der Zielgesellschaften.[1043]

[1037] *Duvall/Austin* (1965), S. 464; *Austin* (1964), S. 108.

[1038] *Loss/Seligman* (1989), S. 1987 Fn. 175.

[1039] *DeAngelo* (1988).

[1040] *Mukherjee/Varela* (1993).

[1041] *Ikenberry/Lakonishok* (1993).

[1042] *Sridharan/Reinganum* (1995).

[1043] So im Ergebnis auch *Mulherin/Poulsen* (1998), S. 281.

2. Empirische Belege für die Wirkungen von proxy contests

Oben wurde festgestellt, dass ein Herausforderer in einem *proxy contest* durchaus gute Erfolgschancen gegen das amtierende Management hat.[1044] Dieses Ergebnis liefert jedoch noch keine Antwort auf die Frage, ob der *proxy fight* mit all seinen bestehenden Ineffizienzen, die sich aus den rechtlichen Rahmenbedingungen ergeben, ein effektives Mittel darstellt, um in einer Gesellschaft nicht nur Veränderungen zu verursachen, sondern auch zu einer besseren und effizienteren Unternehmensleitung zu gelangen.

Eine gängige Methode, um diese Wirkungen des *proxy fight* zu messen, ist es zu untersuchen, ob sich die Wirkung solcher Wettbewerbe in einer Steigerung des Unternehmenswertes und damit des Aktionärsvermögens nachweisen lässt. Gerade bei an der Börse notierten Publikumsgesellschaften ist dabei die Entwicklung des Aktienkurses rund um einen *proxy contest* ein interessanter Indikator, aus dem sich Rückschlüsse auf die Qualität der Unternehmensleitung ziehen lassen. Die meisten Untersuchungen konzentrieren sich daher auf die Untersuchung der Entwicklung der Kurse der betroffenen Gesellschaften.

Systematische Untersuchungen von *proxy contests* in den *USA* sind regelmäßig und übereinstimmend zu dem Ergebnis gekommen, dass sich das Aktionärsvermögen im Zeitraum vor einem Wettbewerb bis zur eigentlichen Ankündigung des *proxy contest* bereits positiv entwickelt.[1045] So kommen zum Beispiel *Dodd* und *Warner*[1046] in ihrer Studie zu einer durchschnittlichen Zunahme von 11,9% in einem Zeitraum von 60 Tagen bis zur Ankündigung. Dabei weisen sie darauf hin, dass der formalen Verkündung des *proxy fight* oft schon beträchtliche Aktivitäten der Herausforderer vorangehen, was sie zu dem Schluss führt, dass der eigentlich entscheidende Termin für die Bemessung von etwaigen Wertveränderungen bereits vor dem formalen Verkündigungstermin liegt.[1047] Diese Annahme wird von der Untersuchung von *DeAngelo* und *DeAngelo* bestätigt, die einen Anstieg von 18,76% in einem Zeitraum von 40 Tagen bis zu dem Zeitpunkt messen, an dem die Tätigkeit der Herausforderer tatsächlich beginnt.[1048] Bezogen auf das tatsächliche Verkündigungsdatum messen sie nur noch kleinere Gewinne.[1049] Auch *Fleming* kommt in seiner Untersuchung[1050] zu dem Ergebnis, dass die Gewinne im Zusammenhang mit der Ankündigung eines *proxy contest* erheblich sind. So stellt er einen marktbereinigten Anstieg der Gewinne für die Aktionäre von durchschnittlich 10,51 % in einem Zeitraum von 40 Tagen vor der Ankündigung des Wettbewerbs bis zur Verkündigung des Ergebnisses in den Fällen fest, in denen es nicht zu einer Abstimmung der Aktionäre kommt.[1051] Dieser Gewinn ist sogar größer als in den

---

[1044] Vgl. § 14 I.

[1045] Kritisch im Hinblick auf die oft behaupteten Zusammenhänge zwischen dem Aktienpreis und bestimmten Abstimmungsergebnissen *Maug* (1999), S. 4 f.

[1046] *Dodd/Warner* (1983).

[1047] *Dodd/Warner* (1983), S. 422 f.

[1048] *DeAngelo/DeAngelo* (1989), S. 40.

[1049] *DeAngelo/DeAngelo* (1989), S. 40.

[1050] *Fleming* (1995).

[1051] *Fleming* (1995), S. 3.

Fällen, in denen tatsächlich eine Abstimmung der Aktionäre stattfindet, denn hier beträgt der durchschnittliche Anstieg des Kurses nur 9,6 %.[1052] Die Zunahme des Unternehmenswertes in den Fällen, in denen der *proxy fight* letztlich nicht zu Ende geführt wird, konzentriert sich bei den Unternehmen, die übernommen oder restrukturiert werden.[1053] Dies stimmt auch mit den Ergebnissen der Studie von *DeAngelo* und *DeAngelo* überein.[1054]

Für den gesamten Zeitraum, über den sich der Wettkampf erstreckt, haben frühere Untersuchungen ebenfalls eine positive and signifikante Zunahme des Aktionärsvermögens festgestellt. So berichten zum Beispiel *Dodd* und *Warner* von einer Steigerung des Unternehmenswertes von 8,2% gemessen 60 Tage vor der Ankündigung bis zur Beendigung des *proxy fight*.[1055] Die Studien von *DeAngelo* und *DeAngelo*[1056] sowie von *Borstadt* und *Zwirlein*[1057] berichten von ähnlichen Ergebnissen. Dabei führen *Dodd* und *Warner* die erzielten Gewinne hauptsächlich auf die Überwachungstätigkeit der aufbegehrenden Aktionäre und der Erwartung einer dadurch verbesserten Entwicklung der betroffenen Gesellschaft zurück. *DeAngelo* und *DeAngelo* sehen die erzielten Wertzuwächse eher durch Übernahmen oder Liquidierungen in der Zeit nach dem Wettbewerb begründet. Zu einem ähnlichen Ergebnis kommen auch *Mulherin* und *Poulsen* in einer Studie aus dem Jahr 1991.[1058] Sie kommen zu dem Schluss, dass erhebliche Verbesserungen in der *accounting performance* des betroffenen Unternehmens von dem Vorhandensein eines Übernahmeangebots während der Opposition der Herausforderer abhängt.

Obwohl diese Ergebnisse hinsichtlich der Verkündigung des Wettbewerbs und der gesamten Dauer des *proxy contest* dafür sprechen, dass der Wettkampf um Stimmrechtsvollmachten den Aktionären insgesamt zugute kommt, werden solche Schlüsse von einigen Untersuchungen in Frage gestellt. Denn diese kommen zu dem Schluss, dass sich der Aktienkurs der betroffenen Gesellschaften nach der Durchführung des *proxy contest* wieder negativ entwickelt. So berichten etwa *Dodd* und *Warner* von einer Abnahme des Aktionärsvermögens für den Zeitraum zwischen der Ankündigung eines Stimmrechtswettbewerbs und seiner Beendigung.[1059] *Ikenberry* und *Lakonishok* berichten sogar von einem noch größeren Verlust von –17,2% für den Zeitraum von fünf bis 24 Monaten nach Ankündigung.[1060] Und auch *Borstadt* und *Zwirlein* kommen zu ähnlichen Ergebnissen.[1061] Dadurch werden die in der Ankündigungsphase erreichten Wertsteigerungen mehr als ausgeglichen.[1062]

1052 *Fleming* (1995), S. 3.

1053 *Fleming* (1995), S. 3.

1054 *DeAngelo/DeAngelo* (1989), S. 29 ff.

1055 *Dodd/Warner* (1983), S. 417.

1056 *DeAngelo/DeAngelo* (1989), S. 29 ff.

1057 *Borstadt/Zwirlein* (1992), S. 28.

1058 *Mulherin/Poulsen* (1991a).

1059 *Dodd/Warner* (1983), S. 417.

1060 *Ikenberry/Lakonishok* (1993), S. 421.

1061 *Borstadt/Zwirlein* (1992), S. 23.

1062 *Ikenberry/Lakonishok* (1993), S. 421.

Dagegen kommt etwa *van Heeckeren* in ihrer Studie zu einem völlig anderen Ergebnis.[1063] Sie findet bei der Untersuchung von *proxy contests* aus den fünfziger Jahren heraus, dass in den auf einen *proxy fight* folgenden Jahren sehr wohl ein signifikanter Anstieg des Unternehmenswertes erfolgt, gleich, wie sich das Ergebnis des Wettbewerbs darstellt.[1064]

Durch die in einigen Untersuchungen festgestellten Verluste wird die dem *proxy contest* nach der Unternehmenstheorie zugedachte Funktion, durch seine Unternehmenskontrolle die Effizienz von unternehmerischen Leistungen zu steigern, die sich dann letztlich in einem Gewinn für die Aktionäre niederschlägt, erheblich in Frage gestellt.

Eine Ursache für den Wertverlust der Aktien nach der Ankündigung des *proxy fight* könnte der Anteil der *proxy contests* sein, in denen es den Herausforderern nicht gelingt, Sitze im *board of directors* zu erlangen. Dies wäre eine plausible Erklärung, denn der Markt würde so die Unternehmen abstrafen, die es nicht schaffen, trotz einer bestehenden Unzufriedenheit mit der aktuellen Leistung, die Gesellschaft neu auszurichten. Jedoch zeigen etwa die Ergebnisse von *Dodd* und *Warner*, dass der nach Ankündigung eines Wettbewerbs einsetzende Wertverlust in den Fällen bedeutsamer ist, in denen es den opponierenden Aktionären gerade gelingt, Sitze im *board of directors* zu erkämpfen.[1065] *Ikenberry* und *Lakonishok* berichten sogar von einem nachwettbewerblichen Wertverlust von 28,6 % für die 50 Unternehmen ihrer Untersuchung, in denen die Herausforderer einen Platz im *board of directors* erreichen.[1066] Dagegen kommt es nach ihrer Untersuchung in den Fällen, in denen das amtierende Management seine Posten behält, nur zu unerheblichen Veränderungen.[1067] Diese negativen Entwicklungen in den Fällen, in denen die opponierenden Aktionäre Sitze erlangen, stellt die Funktion von *proxy contests*, wie sie von der *theory of the firm* beschrieben werden, erheblich in Frage.[1068]

Allerdings muss auch untersucht werden, wie diese zum Teil widersprüchlichen Ergebnisse zu bewerten sind und ob auf ihrer Grundlage ein endgültiges Urteil gefällt werden kann. Problematisch scheint nämlich bei den bereits besprochenen Untersuchungen die Auswahl der für die Beurteilung relevanten Stimmrechtswettbewerbe zu sein. Unterteilt man bei einer Untersuchung der Wirkungen von *proxy contests* die verfügbaren Daten lediglich danach, ob es den Herausforderern im *proxy contest* gelingt, Sitze im *board of directors* zu erhalten oder nicht, so führt dies nicht unmittelbar zur Antwort auf die Frage, ob durch Wettbewerbe um Stimmrechtsvollmachten schlechte Unternehmensleitungen abgelöst werden bzw. ob *proxy contests* für die Aktionäre positive Wirkungen haben können.

1063 *van Heeckeren* (1993).

1064 *van Heeckeren* (1993).

1065 *Dodd/Warner* (1983), S. 417.

1066 *Ikenberry/Lakonishok* (1993), S. 421.

1067 *Ikenberry/Lakonishok* (1993), S. 421.

1068 So auch *Mulherin/Poulsen* (1998), S. 284.

Oben wurde bereits darauf hingewiesen, dass sich der Erfolg eines *proxy contest* nicht nur daran messen lassen kann, ob es dem Herausforderer tatsächlich gelungen ist, das *board of directors* mit seinen Kandidaten zu besetzen. Es muss nicht einmal unbedingt zu einer Abstimmung kommen, um in vielen Fällen eine Veränderung in den betroffenen Gesellschaften zu erreichen.[1069] Die entscheidende Frage bei einem *proxy contest for corporate control* ist vielmehr, mit welcher Wahrscheinlichkeit das Management eines Unternehmens ausgetauscht wird, wenn es sich in einer Art und Weise verhält, die für die Mehrheit der Aktionäre nicht hinnehmbar ist.[1070] Das bedeutet jedoch, dass auch eine Untersuchung der Auswirkungen von *proxy contests* auf das Aktionärsvermögen auf einer möglichst breiten Datengrundlage zu erfolgen hat, bei der der Erfolg eines Wettbewerbs nicht nur daran gemessen werden kann, ob es dem Herausforderer gelungen ist, Sitze im *board of directors* zu erlangen. Die oben beschriebenen Studien lassen daher eine abschließende Beurteilung der Wirkungen von *proxy contests* nicht zu.

Anhaltspunkte dafür, inwiefern es durch das Institut von *proxy contests* zu einer Disziplinierung des Managements kommen kann und wie sich dies insgesamt positiv auf das Aktionärsvermögen auswirkt, liefert *Fleming* in seiner bereits angesprochenen Studie auf einer breiten Datengrundlage.[1071] So bezieht er in seine Untersuchung auch solche Wettbewerbe ein, bei denen es gar nicht zu einer Abstimmung der Aktionäre kam, etwa weil sich Herausforderer und amtierendes Management bereits vorher einigten. Diese Studie widerspricht dem pauschalen Ergebnis, dass es nach der Durchführung eines *proxy contest* zu Wertverlusten der betroffenen Gesellschaften kommt. Sie kommt vielmehr zu dem Ergebnis, dass die Aktionäre durch einen *proxy contest* erhebliche Gewinne realisieren können. Dabei ist es unerheblich, ob es zu einer Abstimmung über den umstrittenen Punkt kommt oder nicht. In beiden Fällen treten vergleichbare Gewinne auf.[1072] Die Mehrheit dieser Gewinne findet sich bei solchen Unternehmen, die innerhalb eines Jahres nach einem *proxy fight* übernommen werden.[1073] Auffallend negative Wertentwicklungen für die Aktionäre finden sich auch nach dieser Untersuchung in den auf einen *proxy contest* folgenden Jahren, in denen es den Herausforderern gelingt, Sitze im *board of directors* zu erkämpfen.[1074] Aus den von der Studie untersuchten Fällen lässt sich aber kein genereller Trend dahin erkennen, dass die Wertentwicklungen in den auf die Ankündigung eines *proxy contest* folgenden Jahren generell positiv oder negativ sind.[1075] Insgesamt gibt es eher wenige Anzeichen für eine Abnahme des Unternehmenswertes in den auf die Ankündigung eines *proxy contest* folgenden Jahren. In einem Zeitraum von fünf Jahren nach der Ankündigung eines *proxy fight* sind die auftretenden marktbereinigten Gewinne ziemlich stabil, sowohl in den Fällen, in denen es zu einer Abstimmung der Aktionäre kam, als auch in den Fällen, in

---

[1069] Vgl. oben unter § 14 I.

[1070] *Alchian/Demsetz* (1972), S. 96.

[1071] *Fleming* (1995). Vgl. bereits oben § 14 I.

[1072] *Fleming* (1995), S. 16 f.

[1073] *Fleming* (1995), S. 16 f.

[1074] *Fleming* (1995), S. 16 f.

[1075] *Fleming* (1995), S. 19.

denen eine solche nicht auftrat.[1076] Erhebliche Abschläge auf den Unternehmenswert (minus 19,36%) in den auf die Ankündigung folgenden 24 Monaten mussten die Aktionäre nur in den Fällen hinnehmen, in denen es dem Herausforderer gelang, Sitze im *board of directors* zu erlangen.[1077] Die Ergebnisse der oben bereits benannten Untersuchung von *Ikenberry* und *Lakonishok* werden daher zum Teil auf einer breiteren Grundlage bestätigt, doch bleibt es bei dem in dieser Studie gefundenen Ergebnis, dass die Wertsteigerungen bezogen auf alle untersuchten Unternehmen dauerhaft sind.[1078]

Auch *DeAngelo* und *DeAngelo*[1079] kommen bei der Untersuchung der Liquidation und des Verkaufs von Unternehmen, die sich einem *proxy contest* ausgesetzt sahen, zu dem Ergebnis, dass bei 15 der untersuchten Unternehmen, in denen der anschließende Verkauf auf die Oppositionstätigkeit der Herausforderer zurückgeführt werden konnte, eine Wertsteigerung von 15,16% für die gesamte Wettbewerbszeit zu verzeichnen war; dies verglichen mit einer Wertsteigerung von nur 2,9% für die 45 Unternehmen, in denen eine auf die Herausforderer zurückzuführende Veräußerung nicht festzustellen war. *Borstadt* und *Zwirlein* zeigen ebenfalls, dass die Performance der von ihnen untersuchten Unternehmen in der Zeit nach einem *proxy contest* auch davon beeinflusst wird, ob diese in der folgenden Zeit übernommen wurden.[1080] Dabei unterscheiden sie sich in ihrer Schlussfolgerung jedoch von *DeAngelo* und *DeAngelo*, indem sie zu dem Ergebnis kommen, dass die mit dem *proxy contest* in Verbindung stehenden Gewinne ihre Ursache nicht nur in der gleichzeitigen Übernahme des Unternehmens haben, sondern auch in den durch den *proxy contest* selbst ausgelösten Wirkungen liegen können.

Die aktuellsten Ergebnisse zur Beantwortung der hier im Raum stehenden Frage liefert zurzeit die Untersuchung von *Mulherin* und *Poulsen* aus dem Jahr 1998.[1081] Sie setzt sich nicht nur kritisch mit früheren Studien auseinander, sondern liefert auf einer breiten Basis von Daten eine aktuelle Analyse der Wirkungen von *proxy contests*.[1082] Die Studie kommt zu dem Schluss, dass die Einleitung eines *proxy contest* vom Markt positiv bewertet wird.[1083] Wird die Zielgesellschaft übernommen, so erfährt das Unternehmen einen nachhaltigen Wertzuwachs.[1084] Im Gegensatz dazu erleiden Unternehmen, die ein Übernahmeangebot ablehnen, nach dem Wettbewerb einen Rückgang des Unternehmenswertes.[1085] Bei *proxy contests*, die nicht im Zusammenhang mit einem Übernahmeversuch stehen, kommt es im Hinblick auf die Wertentwicklung darauf an, ob der lei-

---

1076 *Fleming* (1995), S. 3.

1077 *Fleming* (1995), S. 3.

1078 *Fleming* (1995), S. 3.

1079 *DeAngelo/DeAngelo* (1989), S. 29 ff.

1080 *Borstadt/Zwirlein* (1992), S. 29.

1081 *Mulherin/Poulsen* (1998).

1082 Die Aktualität dieser Untersuchung ist vor allem auch wegen der *proxy*-Reformen aus dem Jahr 1992 von Bedeutung, die, wie oben schon besprochen (vgl. § 5 III), eine Vielzahl von Änderungen der rechtliche Rahmenbedingungen brachten. Vgl. dazu auch *Pound* (1992); *Sharara/Hoke-Witherspoon* (1993).

1083 *Mulherin/Poulsen* (1998), S. 303.

1084 *Mulherin/Poulsen* (1998), S. 303.

1085 *Mulherin/Poulsen* (1998), S. 303.

tende Manager der Gesellschaft (*senior officer*) ausgewechselt wird. Es zeigt sich, dass, gleich ob es Herausforderern gelingt, Sitze im *board of directors* zu erlangen, der für die Aktionäre zu verzeichnende Wertzuwachs messbar größer ist, wenn das *senior management* ausgetauscht wird.[1086] Insgesamt weisen die gefundenen Ergebnisse darauf hin, dass *proxy fights*, die Veränderungen im Unternehmen bewirken, für die Aktionäre vorteilhaft sind. Die gesammelten Daten indizieren, dass verwirklichte Übernahmen von Unternehmen die treibende Kraft hinter den Gewinnen sind, die während eines *proxy fight* erzielt werden. Hier werden die bedeutendsten Wertzuwächse verzeichnet. Bei den Unternehmen, die nicht übernommen werden, kommt es darauf an, ob das *senior management* ersetzt wird oder nicht.

Die Ergebnisse stimmen mit dem Modell von *Boot*[1087] überein, der davon ausgeht, dass die Auswechslung des Managements optimale Entflechtungsentscheidungen erzwingt. Die Untersuchung von *Mulherin* und *Poulsen* unterstützt auch die Ansicht in der Literatur, dass eine Voraussetzung für fast alle erfolgreichen Umstrukturierungen der Austausch des amtierenden oberen Managements des jeweiligen Unternehmens ist.[1088]

Die gefundenen Ergebnisse stimmen auch mit denen verwandter Untersuchungen überein, die sich allgemein mit den Gründen und den Wirkungen eines Austauschs des Managements auseinandersetzen. So kommt zum Beispiel *Weisbach*[1089] in seiner Studie, in der er die Entflechtungsaktivitäten nach einer Reihe von Übernahmen in den Jahren 1971 bis 1982 untersucht, dazu, dass die Wahrscheinlichkeit einer Trennung von renditeschwachen Vermögenswerten nach einem Wechsel des Managements ansteigt. In ihrer Untersuchung des Verhaltens von Unternehmen nach der Auswechslung des Managements im Zeitraum von 1984 bis 1989 bestätigen *Denis* und *Denis*[1090] ebenfalls eine starke Restrukturierungstätigkeit. In der Analyse der Jahre 1983 bis 1989 kommen *Denis* und *Serrano* zu dem Ergebnis, dass selbst in den Unternehmen, die eine feindliche Übernahme abwehren konnten, ein Wechsel in der Unternehmensleitung eintritt und eine Restrukturierung stattfindet.[1091]

Unterteilt man den von *Mulherin* und *Poulsen* untersuchten Zeitraum in verschiedene Phasen, so fällt besonders auf, dass in der Periode von 1984 bis 1989 bei den Unternehmen, in denen das Management nicht ausgewechselt wurde, trotzdem in vielen Fällen Anstrengungen zur Neuausrichtung des Unternehmens eingeleitet wurden. Genau in dieser Periode gab es jedoch auch die meisten Übernahmeversuche. Diese Ergebnisse bestätigen die Beobachtungen von *Mikkelson* und *Partch*,[1092] die zeigen, dass der Markt für Manager in der Hochphase der Übernahmeaktivitäten von 1984 bis 1988 einer höhe-

---

1086 *Mulherin/Poulsen* (1998), S. 303.
1087 *Boot* (1992).
1088 *Hofer* (1980), S. 25.
1089 *Weisbach* (1995).
1090 *Denis/Denis* (1995), Tabelle 7.
1091 *Denis/Serrano* (1996).
1092 *Mikkelson/Partch* (1997), S. 205 ff.

ren Disziplinierung ausgesetzt war als in den vergleichsweise ruhigeren Zeiten von 1989 bis 1993.

Insgesamt wurde von den durchgeführten Untersuchungen die wichtige Rolle von *proxy contests* bei der Ergänzung von Übernahmeangeboten bestätigt.[1093] Damit stellt sich auch die Vorhersage von *Roe*[1094] von 1993 als richtig heraus, dass sich im Gegenzug zur Erschwerung von Übernahmen durch *antitakeover laws, poison pills* und *shark repellants* neue Strategien zur Durchführung von Übernahmen entwickeln würden.[1095] Denn durch einen *proxy contest* kann eine zunächst feindliche Übernahme in eine freundliche umgewandelt werden, indem durch die Werbung von genügend Stimmrechtsvollmachten eine Auswechslung des Managements herbeigeführt wird, das dann auf die Nutzung von *poison pills* oder entsprechender gesetzlicher Möglichkeiten verzichtet. Dass durch begleitende *proxy fights* Übernahmeangebote erleichtert werden können, ist ein Grund für das in der Studie von *Comment* und *Schwert*[1096] gefundene Ergebnis, dass die wachsenden Hürden gegen Übernahmen Transaktionen zur Erlangung der Unternehmenskontrolle nicht systematisch verhindern konnten. Es zeigt sich außerdem, dass auch isoliert durchgeführter *proxy contest* den Aktionären erhebliche Wertzuwächse bringen kann, dass dies jedoch davon abhängt, wie der Herausforderer die Kontrolle über die Gesellschaft nutzt.

III. ERGEBNIS

Im Ergebnis lässt sich aus den ausgewerteten Studien zu *shareholder proposals* und *proxy contests* zumindest eine Tendenz dahin ablesen, dass diese als tatsächlich effektive Instrumente bewertet werden können, um durch von ihnen ausgeübte Kontrolle die Effizienz der Unternehmensleitung zugunsten der Aktionäre zu erhöhen. Dabei muss hervorgehoben werden, dass das Institut des *shareholder proposal* erst durch die verstärkte Nutzung zur Durchsetzung bestimmter *Corporate-Governance*-Standards seine heutige Bedeutung erlangt hat. Diese Bedeutung wiederum wäre ohne die Aktivitäten der großen institutionellen Investoren, allen voran der Pensionsfonds, nicht denkbar. Auch an dieser Stelle zeigt sich also, wie entscheidend sich rechtliche Rahmenbedingungen und tatsächliche Entwicklungen ergänzen können und diese bestimmten rechtlichen Regelungen erst zur Wirksamkeit verhelfen. Damit soll nicht gesagt werden, dass die sozial motivierten Aktionärsvorschläge der siebziger Jahre keine Wirkung gehabt hätten, doch beschränkten sie sich mehr darauf, bestimmte Themen in die Diskussion zu bringen, deren Auswirkungen auf den Wert der Gesellschaft für die Aktionäre eher gering war. Ein Kontrolleffekt ging von diesen Vorschlägen nicht aus.

[1093] Vgl. zum Verhältnis von *proxy contests* und Übernahmeangeboten auch ausführlich § 13.

[1094] *Roe* (1993), S. 393.

[1095] Auf diese neuen Strategien versuchten die Gesellschaften jedoch wiederum mit Abwehrmöglichkeiten zu reagieren. Allerdings lässt sich das Stimmrecht der Aktionäre nicht so leicht beschränken. Vgl. hierzu ausführlich oben unter § 10.

[1096] *Comment/Schwert* (1994).

Auch im Hinblick auf *proxy contests* kann festgehalten werden, dass die in der Theorie gemachten Vorhersagen über das Auftreten und die Wirkungsweise von Wettbewerben um Stimmrechtsvollmachten tatsächlich durch die Praxis bestätigt werden. *Proxy contests* beleben den US-amerikanischen Markt für Unternehmenskontrolle, indem sie in Gesellschaften, die nur unterdurchschnittliche Leistungen zeigen, die Ablösung des amtierenden Managements ermöglichen. Sie haben außerdem die Möglichkeit offen gehalten, eine erfolgreiche Übernahme einer Gesellschaft auch gegen den Willen des amtierenden Managements zu realisieren, auch wenn dieses eine Reihe von Instrumenten in der Gesellschaft installiert hat, die einen solchen Erfolg an sich verhindern sollen. Insgesamt zeigt sich in den empirischen Untersuchungen, dass die durch die Durchführung eines *proxy contest* zu erwartenden Effizienzsteigerungen tatsächlich eintreten können und die beteiligten Aktionäre davon durch eine Steigerung des Unternehmenswertes profitieren.

IV. ZUSAMMENFASSUNG

Empirische Studien zu Ursachen und Wirkungen von Wettbewerben um die Stimmen der Aktionäre versuchen, vor allem anhand der Entwicklung des Unternehmenswertes vor, während und nach der Durchführung eines solchen Wettbewerbs Schlüsse auf seine Funktion für die Effizienz der Unternehmensleitung zu ziehen.

Soweit für *shareholder proposals* überhaupt empirische Untersuchungen verfügbar sind, zeigen diese, dass das Einreichen von Abstimmungsvorschlägen keine oder nur sehr geringe Reaktionen des Aktienmarktes hervorruft. Dies gilt sowohl für die so genannten *social policy resolutions* als auch für die *corporate governance resolutions*. Angesichts der geringen Stimmrechtsanteile, die auf *social policy resolutions* entfallen, überrascht dieser Befund nicht. Aber auch die Bedeutung von einzelnen *corporate governance resolutions* ist im Hinblick auf die gesamte Gesellschaft eher gering. Es kommt außerdem hinzu, dass diese Abstimmungsvorschläge oft der letzte Schritt in einer Reihe von Bemühungen zur Veränderung bestimmter Angelegenheiten in einer Gesellschaft sind. Hatten diese keinen Erfolg, so reagiert der Markt auf die Ankündigung eines *shareholder proposal* nicht oder sogar negativ.

Bei der empirischen Untersuchung von *proxy contests* lassen sich dagegen eindeutigere Ergebnisse finden. Diese lassen Rückschlüsse auf Funktion und Wirkung solcher Wettbewerbe zu. Sie bestätigen insgesamt die theoretische Vorhersage, dass *proxy contests* in der Regel in solchen Gesellschaften auftreten, die eine im Vergleich zum Markt unterdurchschnittliche Leistung zeigen. Die Studien zeigen außerdem, dass die Aktionäre im Zusammenhang mit der Durchführung der Wettbewerbe zum Teil erhebliche Gewinne verbuchen können. Dabei beginnt der Anstieg der Bewertung der Unternehmensanteile bereits im Vorfeld der eigentlichen Ankündigung eines *proxy contest* und setzt sich während des gesamten Ablaufs des *proxy contest* fort.

Zum Teil widersprüchliche Ergebnisse liefert die Untersuchung der Wertentwicklung der betroffenen Gesellschaften nach der Beendigung eines *proxy contest*. Hier kommen einige Studien zu dem Ergebnis, dass sich der Unternehmenswert wieder negativ entwickelt und die erreichten Gewinne wieder verloren gehen. Dies hängt allerdings auch mit der Auswahl der untersuchten *proxy contests* zusammen. Neueste Studien, die auf einer sehr breiten und umfassenden Datenmenge gründen, konnten einen solchen generell negativen Trend nicht bestätigen. Sie belegen vielmehr, dass Gesellschaften, die im Zusammenhang mit einem *proxy contest* übernommen werden und solche, bei denen die Auswechslung des *board of directors* auch zu einer Veränderung der Managementstruktur der Gesellschaft führt, nachhaltige Wertsteigerungen erfahren, die auch nach der Beendigung des Wettbewerbs erhalten bleiben. Dies gilt sogar dann, wenn die Herausforderer den *proxy contest* nicht gewinnen. Allein die Tatsache, dass überhaupt ein *proxy contest* in einem Unternehmen versucht wird, kann hiernach dazu führen, dass auch andere externe Marktteilnehmer das Unternehmen einer genaueren Betrachtung unterziehen.

Insgesamt bestätigen damit die Ergebnisse der empirischen Untersuchungen die den Wettbewerben um die Stimmen der Aktionäre zugedachte theoretische Funktion. Dies lässt sich vor allem für *proxy contests* feststellen, bei denen es im Vergleich zu *shareholder proposals* um einschneidendere Änderungen in der Unternehmenspolitik geht und denen daher vom Markt eine wesentlich größere Bedeutung zugemessen wird.

§ 16 Gesamtergebnis

Die Beschreibung der Ausgestaltung und Funktionsweise von Wettbewerben um die Stimmen der Aktionäre auf den vorangegangenen Seiten hat gezeigt, dass gerade in kritischen Phasen einer Gesellschaft den Stimmrechten eine bedeutende Rolle zukommt. Die in den *USA* bestehende Gefahr der Abschottung des Managements von der Kontrolle durch die Aktionäre durch das zulässige und verbreitete Verwaltungsstimmrecht kann durch Wettbewerbe um die Stimmen der Aktionäre beschränkt werden.

Während im Normalfall die routinemäßige Einwerbung der Stimmrechtsvollmachten durch das amtierende Management eine ausreichend große Präsenz der Anleger auf der Hauptversammlung sichert und damit die Kontinuität der herrschenden Unternehmenspolitik ermöglicht, kann der Wettbewerb um die Stimmen der Aktionäre in der Krise einer Gesellschaft für eine notwendige Unterbrechung dieser Kontinuität sorgen und damit die Interessen erneut an die Mehrheit der Anleger binden.

Die Ausführungen haben gezeigt, dass die in den *USA* bestehenden rechtlichen Regelungen diesen Prozess grundsätzlich ermöglichen. Problematisch erscheinen höchstens Einzelheiten wie die Weiterleitungsverpflichtung nach *Rule 14a-7*,[1097] die mangelnde Abstimmung der *proxy rules* mit den übernahmerechtlichen Regelungen[1098] oder einzelne Fragen der Kostenerstattung.[1099] Die empirischen Befunde etwa zur Erfolgsquote

---

[1097] Vgl. dazu oben § 5 III.6.a).

[1098] Vgl. dazu oben § 8 I.

[1099] Vgl. dazu oben § 11 III.

der Herausforderer[1100] oder den Auswirkungen von Wettbewerben um die Stimmen der Aktionäre auf den Unternehmenswert[1101] zeigen, dass der rechtliche Rahmen die erfolgreiche Durchführung von Wettbewerben ermöglicht.

Insgesamt trägt damit das US-amerikanische Recht der Tatsache Rechnung, dass die Präsenzhauptversammlung nicht der Realität in einer modernen *corporation* entspricht, sondern die für den Erfolg oder Misserfolg einer Maßnahme entscheidende Willensbildung bereits im Vorfeld der Abstimmung bei der Erteilung der Stimmrechtsvollmachten stattfindet. In diesen Willensbildungsprozess im Vorfeld der Hauptversammlung müssen opponierende Anleger eingreifen, wollen sie einen relevanten Einfluss auf die Geschicke ihrer Gesellschaft erhalten. Wäre dies nicht möglich und bestünde eine entsprechende Regulierung nicht, wäre die Vertretung der Aktionäre durch das Management im *proxy system* eine offene Einladung zum Missbrauch von Verwaltungsmacht, denn es bestünde nicht einmal die Chance, dass das amtierende Management durch eine Abwahl oder eine andere *shareholder resolution* in seiner Stellung bedroht wäre.[1102]

In tatsächlicher Hinsicht konnte die von *Berle* und *Means* beobachtete Trennung von Eigentum und Kontrolle[1103] und der daraus gezogene Schluss, dass Wettbewerben um die Stimmen der Aktionäre keine entscheidende Rolle zukomme, in dieser Form nicht bestätigt werden. Dies ist vor allem durch die sich seit einigen Jahrzehnten verändernde Aktionärsstruktur begründet, die über die institutionellen Investoren zu einer neuen Verbindung von Eigentum und Kontrolle geführt hat. Die Aktionäre sind in den *USA* alles andere als machtlos. Es zeigt sich, dass die Etablierung der für die Alterssicherung von Millionen von Arbeitnehmern eingerichteten Pensionsfonds mit ihrem langfristigen Anlagehorizont dem Aktionärsaktivismus und damit den Wettbewerben um die Stimmen der Aktionäre in den *USA* eine neue Bedeutung gegeben hat. In tatsächlicher Hinsicht haben aber auch die Etablierung des *proxy contest* als ein das typische Übernahmeangebot begleitendes Instrument sowie die sich auf Übernahmeregelungen beziehenden *shareholder proposals* dem Wettbewerb um die Stimmen der Aktionäre eine neue Bedeutung gegeben.

Damit zeigt sich, dass für das Verständnis von Funktion und Wirkungsweise des US-amerikanischen *proxy system* sowohl die Betrachtung der rechtlichen Rahmenbedingungen als auch der tatsächlichen Umstände, auf die dieser rechtliche Rahmen trifft, entscheidend ist. Der Wettbewerb um die Stimmen der Aktionäre im Vorfeld von Abstimmungen erhält seine Bedeutung eben nicht nur durch die ihn ermöglichenden rechtlichen Regelungen, sondern auch durch die glaubhafte Aussicht für das amtierende Management, dass es Aktionäre gibt, die die ihnen zur Verfügung gestellten Mittel tatsächlich einsetzen oder zumindest unterstützen werden.

Die Beschreibung von Wettbewerben um die Stimmen der Aktionäre in den *USA* wurde oben mit der Frage nach der Funktion und der Bedeutung von Stimmrechten in einer

---

[1100] Vgl. dazu oben § 14.

[1101] Vgl. dazu oben § 15.

[1102] *Loss/Seligman* (2001), S. 488.

[1103] Vgl. dazu oben § 9 II.1.

modernen *corporation* begonnen.[1104] Es wurden die verschiedenen Strömungen von *shareholder democracy* über die *principal-agent*-Theorie bis hin zur Vertragstheorie beschrieben. Nach allen hierzu vertretenen Ansichten kam dem Stimmrecht der Aktionäre zwar eine grundsätzliche und wichtige Bedeutung zu, die gesetzten Schwerpunkte waren jedoch unterschiedlich, was sich darauf auswirkte, welchen Stellenwert Wettbewerbe um die Stimmen der Aktionäre nach der jeweiligen Theorie haben sollten.

Blickt man nun ausgehend von den gefundenen Ergebnissen auf die verschiedenen Ansichten zurück, so muss man feststellen, dass jedenfalls aus der Sicht des Prinzips der *shareholder democracy* das bestehende *proxy system* defizitär ist. Dieser Zustand führt dazu, dass von den Vertretern des Modells der Aktionärsdemokratie eine weitere Reform des bestehenden Systems gefordert wird.[1105]

Betrachtet man das *proxy system* dagegen aus dem Blickwinkel des *principal-agent*-Konfliktes und der Vertragstheorie, so fällt die Bilanz nicht so negativ aus. Die empirischen Daten haben gezeigt, dass ein Herausforderer in einem Wettbewerb um Stimmrechtsvollmachten nicht nur erfolgreich sein, sondern auch Wertsteigerungen erreichen kann, die mit einer gleichzeitigen Übernahme der angegriffenen Gesellschaft oder mit einer Auswechslung des Managements der Gesellschaft einhergehen. Dies zeigt, dass der Markt der Durchführung solcher Wettbewerbe die Reduzierung von *agency costs* zutraut. Auch aus Sicht der Vertragstheorie kommt Wettbewerben um die Stimmen der Aktionäre eine große Bedeutung zu. Wie die Darstellungen gezeigt haben, waren sie in den letzten Jahrzehnten ein wichtiger Faktor für die Wahrung der Funktionsfähigkeit eines US-amerikanischen Marktes für Unternehmenskontrolle. Sie sind in der Lage, die „vertraglichen" Beziehungen zwischen dem amtierenden Management und den Aktionären entweder zu verändern oder sogar durch einen Kontrollwechsel vollständig zu beenden.

Insgesamt können somit Wettbewerbe um die Stimmen der Aktionäre in den *USA* zu einer effizienteren und an den Interessen der Aktionäre ausgerichteten Unternehmenspolitik beitragen. Sie stellen bestehende Machtstrukturen in Frage und können die faktische Beherrschung der *corporation* durch ihre Verwaltung zu einem gewissen Teil ausgleichen. Dass die in den *USA* herrschenden Abstimmungsstrukturen dabei hinter der vor allem von der *SEC* und den Gerichten postulierten *shareholder democracy* zurückbleiben, kann dabei nicht als Nachteil gewertet werden. Eine Aktionärsdemokratie ist in einer an wirtschaftlichen Interessen ausgerichteten *Corporate Governance*-Struktur kein für sich zu verfolgender Wert.[1106] Bestehende Strukturen müssen sich vielmehr daran messen lassen, inwiefern sie einer effizienten und an den Interessen der Aktionäre als *residual claimants* ausgerichteten Unternehmensführung dienen. Gemessen daran kann festgehalten werden, dass das US-amerikanische System der Stimmrechtsvertretung angesichts der ansonsten bestehenden Beherrschung durch die Unternehmensverwal-

[1104] Vgl. § 2.

[1105] Vgl. dazu bereits § 2 II.

[1106] Vgl. dazu bereits § 2 V.

tungen durch die Möglichkeit von Wettbewerben um die Stimmen der Aktionäre hierzu einen wichtigen Beitrag leistet.

§ 17 ZUSAMMENFASSUNG DER DARSTELLUNG ZUM US-AMERIKANISCHEN RECHT

Wettbewerbe um die Stimmen der Aktionäre sind seit langem ein selbstverständlicher Teil des US-amerikanischen Systems der Stimmrechtsvertretung. Sie haben die Funktion, die in der Gesellschaft beherrschende Position des amtierenden Managements herauszufordern und in Frage zu stellen. Diese mächtige Stellung der Unternehmensverwaltungen in den *USA*, die dort als selbstverständlich hingenommen wird, ist in den Prinzipien des Verwaltungsstimmrechts begründet. Die Unternehmensverwaltungen dürfen selbst Stimmrechtsvollmachten (*proxies*) einwerben und die mit den Aktien verbundenen Stimmrechte für die Aktionäre ausüben. Sie sind dazu auch tatsächlich gezwungen, wollen sie das für die Beschlussfähigkeit der Hauptversammlung nötige Quorum erreichen. Da somit in den *USA* in der Regel die Verwaltungen der Gesellschaften die Stimmrechtsvollmachten der Aktionäre einwerben, entsteht eine Situation, die erhebliche Kontrolldefizite im Hinblick auf das amtierende Management vermuten lässt. Schließlich führt dies dazu, dass sich die Verwaltung einer Gesellschaft selbst kontrolliert. Es entsteht eine Machtkonzentration bei der Verwaltung, die befürchten lässt, dass die Aktionäre als Eigentümer der Gesellschaft eine wirksame Kontrolle der Verwaltung nicht mehr durchführen könnten, bestünden nicht Möglichkeiten, den Einfluss der Verwaltung durch Wettbewerbe um die Stimmen der Aktionäre herauszufordern.

Solche Wettbewerbe lassen sich zunächst in *proxy contests* und *shareholder proposals* unterteilen. Diese unterscheiden sich wesentlich dadurch, dass bei einem klassischen *proxy contest* ein Herausforderer des amtierenden Managements selbst versucht, durch Ansprechen der Aktionäre ihre Stimmrechtsvollmachten einzuwerben. Bei dem wesentlich jüngeren von der *SEC* eingeführten *shareholder proposal* versucht dagegen der Herausforderer nicht selbst, von den übrigen Aktionären Stimmrechtsvollmachten zu erhalten, sondern er reicht bei der Gesellschaft einen Abstimmungsvorschlag für die Hauptversammlung ein, den dann das amtierende Management in seine eigenen Unterlagen aufnehmen muss, mit denen es selbst bei den Aktionären um die Erteilung von Stimmrechtsvollmachten wirbt. Der Aktionär kann für den Vorschlag des Herausforderers stimmen und verpflichtet damit das um seine Stimme werbende Management, seine Stimme in der entsprechenden Weise für ihn auszuüben. So kann ein opponierender Aktionär wirtschaftlich betrachtet Stimmen zugunsten seines Vorschlags werben, ohne den teuren und aufwendigen Weg einer eigenen Werbung von Stimmrechtsvollmachten gehen zu müssen.

Der rechtliche Rahmen, der bei der Werbung von Stimmrechtsvollmachten zu beachten ist, setzt sich sowohl aus einzelstaatlichen als auch aus bundesrechtlichen Regelungen zusammen. Dabei ist grundsätzlich das einzelstaatliche allgemeine Vertretungsrecht (*agency law*) zu beachten. Dieses regelt vor allem, wie eine Vollmacht erteilt werden kann, ob sie widerruflich ist, wie weit sie reicht und wann sie endet. Das einzelstaatliche Recht gewährt dem Aktionär außerdem Informations- und Einsichtsrechte, die es ihm ermöglichen können, die übrigen Aktionäre zu identifizieren, um sie dann gezielt um die Erteilung ihrer Stimmrechtsvollmacht zu bitten. Dabei ist es jedoch erforderlich, dass der Aktionär mit einem *proper purpose* handelt, da ihm die Gesellschaft die gewünschten Informationen ansonsten verweigern darf.

Jeder, der um die Stimmrechte der Aktionäre wirbt, muss außerdem die auf der Grundlage des *Securities and Exchange Act* von 1934 von der *SEC* erlassenen bundesrechtlichen Regelungen zur Stimmrechtsvertretung (*proxy rules*) beachten. Diese Regelungen wurden von der *SEC* eingeführt, um dem Aktionär, der in der Regel nicht persönlich auf der Hauptversammlung erscheint, bei der Bevollmächtigung des Stimmrechtsvertreters eine informierte Entscheidung zu ermöglichen. Sie enthalten daher zum Großteil Informations- und Veröffentlichungspflichten. Die *proxy rules* sichern dem aufbegehrenden Aktionär allerdings im Falle eines *proxy contest* auch den Zugang zu den übrigen Aktionären. Denn nach *Rule 14a-7* kann der aufbegehrende Aktionär entweder die Herausgabe einer Aktionärsliste oder die Versendung seiner Werbeunterlagen durch das Management verlangen, wobei dem amtierenden Management ein Wahlrecht zukommt. Auch sind es die *proxy rules*, die dem Aktionär in *Rule 14a-8* das Recht zugestehen, den Unterlagen des Managements, mit dem dieses um die Erteilung von Stimmrechtsvollmachten bittet, einen eigenen Abstimmungsvorschlag (*shareholder proposal*) beizufügen. Die hierfür zu erfüllenden formellen Voraussetzungen sind sehr gering, der Gesellschaft steht allerdings ein Katalog von Gründen zur Verfügung, der es ihr erlaubt, Vorschläge als unzulässig zurückzuweisen. Hierzu gehören vor allem Angelegenheiten, die die gewöhnlichen Geschäfte der Gesellschaft betreffen, aber auch solche, die sich auf die Wahl von Direktoren für das *board of directors* beziehen. Damit bleibt einem potenziellen Herausforderer für eine Neubesetzung des *board of directors* nur der Weg über einen *proxy contest*. Nicht zurückgewiesen werden dürfen solche Vorschläge, die der Verwaltung ein bestimmtes Vorgehen nur empfehlen, auch wenn es sich bei dem Abstimmungsvorschlag um eine Angelegenheit handelt, über die die amtierende Unternehmensleitung an sich allein entscheiden kann. Damit sind so genannte *nonbinding shareholder resolutions* möglich, die dem amtierenden Management gleichwohl das Ausmaß der Unzufriedenheit mit der aktuellen Unternehmenspolitik verdeutlichen können.

Verstöße gegen die *proxy rules* können entweder von der *SEC* geahndet oder von einem am Wettbewerb Beteiligten gerügt werden. Vor allem der Herausforderer in einem Wettbewerb um Stimmrechtsvollmachten muss darauf achten, dass er neben den Regelungen, die sich mit der Sammlung von Stimmrechtsvollmachten befassen, auch übernahmerechtliche Regelungen einhält, die ihn vor allem bei der Bildung eines Herausfordererkomitees treffen können.

Das Management kann durch verschiedene Maßnahmen versuchen, die erfolgreiche Durchführung von *proxy contests* von vornherein zu verhindern. Dabei kann es sich auch solcher Maßnahmen bedienen, die an sich für die Abwehr feindlicher Übernahmeversuche entwickelt wurden. Diese beziehen sich oft auf die mit den Aktien verbundenen Stimmrechte, so dass sie auch die Durchführbarkeit eines *proxy contest* behindern können. Bei der Beurteilung der Zulässigkeit solcher Maßnahmen richteten sich die Gerichte nach den für die Beurteilung von Abwehrmöglichkeiten gegen feindliche Übernahmen entwickelten Maßstäben. Allerdings achten sie darauf, dass das Stimmrecht der Aktionäre als solches prinzipiell unangetastet bleibt.

Neben dem Management der angegriffenen Gesellschaft sind verschiedene Gruppen an einem Wettbewerb um die Stimmen der Aktionäre beteiligt. Während die Interessen und das Verhalten des Managements noch relativ einfach zu bestimmen sind, zerfällt die Gruppe der beteiligten Aktionäre in verschiedene Lager, die sich ganz unterschiedlich verhalten. Zu nennen sind hier die Kleinaktionäre, deren rationale Apathie es in einem Wettbewerb zu überwinden gilt, und die institutionellen Investoren. In der Gruppe der institutionellen Investoren befassen sich insbesondere die Pensionsfonds sehr aktiv mit der Ausübung ihrer Stimmrechte. Wegen ihres inzwischen enormen Stimmanteils in den US-amerikanischen Gesellschaften hängt von ihrer Entscheidung vielfach der Erfolg oder Misserfolg einer oppositionellen Maßnahme in Form eines *proxy contest* oder *shareholder proposal* ab. Sie treten auch vermehrt selbst als Initiatoren bestimmter oppositioneller Maßnahmen auf und beschränken sich nicht nur darauf, andere Herausforderer des amtierenden Managements zu unterstützen. Damit verliert die von *Berle* und *Means* beobachtete Trennung von Eigentum und Kontrolle in einer modernen Publikumsgesellschaft durch das Auftreten der großen institutionellen Investoren ihre uneingeschränkte Gültigkeit.

Die Kosten für den Herausforderer sind bei einem *shareholder proposal* eher gering. Bei einem *proxy contest* dagegen trägt der Herausforderer des amtierenden Managements ein erhebliches Kostenrisiko. Die auftretenden Kosten können leicht in die Millionen Dollar gehen. Der Herausforderer kann nur dann sicher sein, dass ihm die entstandenen Kosten ersetzt werden, wenn es ihm durch den *proxy contest* gelingt, das *board of directors* neu zu besetzen, denn dann kann ihm dieses einen Kostenersatz genehmigen. Gewinnt der Herausforderer den *proxy contest* in einer anderen Angelegenheit, so erlangt er keine Kontrolle über die Gesellschaft, weil sich an der Zusammensetzung des *board of directors* nichts ändert. Dann geht er in der Regel leer aus.

Speziell der *proxy contest* steht als Mittel zur Kontrollübernahme in einem Konkurrenzverhältnis zum *tender offer*. Mit beiden Mitteln kann die Kontrolle in einer solventen Gesellschaft gegen den Willen des amtierenden Managements erlangt werden. Dabei haben beide Methoden spezifische Vor- und Nachteile. So muss zwar der Herausforderer in einem *proxy contest* nicht einen so hohen Kapitaleinsatz bringen, doch ist er im Falle des Erfolgs gezwungen, die erreichten Erfolge mit den übrigen Aktionären zu teilen. Der Übernahmeinteressent steht auch noch bei einem Misserfolg gut da, weil er in diesem Fall immer noch ein werthaltiges Aktienpaket hält. Sein Angebot kann jedoch bei den Aktionären unter Umständen Entscheidungskonflikte auslösen mit der Folge, dass vorteilhafte Angebote scheitern und schlechte Angebote erfolgreich sind. In der Praxis ist heute eine Kombination aus Übernahmeangebot und *proxy contest* die Regel, bei der der *proxy contest* die Funktion erfüllt, bestehende Abwehrmöglichkeiten auszuschalten. Diese Kombination scheint die Möglichkeit zu bieten, die mit beiden Methoden verbundenen spezifischen Nachteile zu umgehen, denn sie führt durch den *proxy contest* im Ergebnis zu einer Abstimmung der Aktionäre über die Übernahme, was die mit einer Übernahme verbundenen Entscheidungskonflikte aufheben kann.

Betrachtet man die absoluten Zahlen der jährlich durchgeführten Wettbewerbe Stimmen, so zeigt sich, dass die Zahl der jährlich eingereichten *shareholder proposals* erheblich höher ist als die der durchgeführten *proxy contests*. Nur in sehr wenigen Fällen wird das amtierende Management in einem *proxy contest* herausgefordert. In den Fällen, in denen es dann aber zu einem solchen Wettbewerb kommt, sind die Erfolgsaussichten des Herausforderers gar nicht schlecht. Dabei darf der Blick nicht nur auf solche *proxy contests* gerichtet werden, bei denen es tatsächlich gelingt, eine Abstimmung zu gewinnen. In vielen Fällen erreicht der Herausforderer nämlich bereits im Vorfeld einer Abstimmung, dass ihm das amtierende Management entgegenkommt. Dies gilt auch bei *shareholder proposals*. Ihre Erfolgsquote steigt seit einiger Zeit an, was mit den zunehmenden Aktivitäten der institutionellen Investoren zusammenhängt, die versuchen, über *shareholder proposals* bestimmte *Corporate-Governance*-Standards durchzusetzen. Auch sie versuchen oft bereits im Vorfeld einer Abstimmung, eine Einigung mit dem Management zu erreichen, und haben vielfach hiermit Erfolg. Insgesamt zeigt sich, dass Wettbewerbe um Stimmen dem Aktionär durchaus die Chance einräumen, in einer Gesellschaft Veränderungen durchzusetzen.

Betrachtet man die empirischen Untersuchungen, die zu Ursachen und Wirkungen von Wettbewerben um die Stimmen der Aktionäre durchgeführt wurden, so lässt sich zunächst festhalten, dass Wettbewerbe in der Regel in solchen Unternehmen auftreten, die im Vergleich zum Markt eine unterdurchschnittliche Wertentwicklung zeigen. Im Zusammenhang mit Wettbewerben um Stimmrechte lassen sich sehr unterschiedliche Auswirkungen auf die Wertentwicklung der betroffenen Gesellschaften feststellen. Bei *proxy contests* lässt sich insgesamt eine positive Auswirkung auf die Wertentwicklung feststellen. Dies gilt sogar dann, wenn die Herausforderer den *proxy contest* nicht gewinnen. Die größten Wertzuwächse treten dabei auf, wenn Unternehmen im Zusammenhang mit dem *proxy contest* übernommen werden. Dagegen führen *shareholder proposals* zumindest kurzfristig keine signifikanten Veränderungen des Unternehmenswertes herbei. Dies verwundert insofern nicht, als das *shareholder proposal* hierfür auch nicht das angemessene Mittel ist. Um eine Wertsteigerung zu erreichen, muss der Aktionär schon versuchen, die Kontrolle in der Gesellschaft zu übernehmen. *Shareholder proposals* können aber dazu führen, solche für die Aktionäre positiven Kontrollwechsel zu ermöglichen, indem sie im Vorfeld dazu beitragen, bestehende Hemmnisse abzubauen.

Insgesamt zeigt die Beschreibung von Ausgestaltung und Funktionsweise von Wettbewerben um die Stimmen der Aktionäre, dass diese gerade in kritischen Phasen einer Gesellschaft den Stimmrechten der Aktionäre eine bedeutende Rolle zuweisen. Die in den *USA* durch das Verwaltungsstimmrecht bestehende Gefahr der Abschottung des Managements von der Kontrolle durch die Aktionäre kann durch die Durchführung von Wettbewerben um Stimmen beschränkt werden. Der zu diesem Zweck geschaffene rechtliche Rahmen ist grundsätzlich in der Lage, dies zu gewährleisten. Aber auch die in den *USA* bestehende Aktionärsstruktur unterstützt die Wirksamkeit von Wettbewerben um Stimmen, weil sich inzwischen eine große Zahl von institutionellen Investoren für die Ausübung der mit ihren Aktien verbundenen Stimmrechte interessiert. Wettbewerbe um die Stimmen der Aktionäre können somit zu einer effizienteren und an den Interessen der Aktionäre ausgerichteten Unternehmenspolitk beitragen. Dass die in den *USA* zu beobachtenden Abstimmungsstrukturen dabei hinter dem Postulat einer funktionierenden *shareholder democracy* zurückbleiben, kann nicht als Nachteil gewertet werden. Das Postulat einer Aktionärsdemokratie sollte in einer an wirtschaftlichen Interessen ausgerichteten *Corporate Governance*-Struktur kein für sich zu verfolgender Wert sein. Insgesamt trägt das US-amerikanische Recht der Tatsache Rechnung, dass die Präsenzhauptversammlung nicht der Realität in einer modernen *corporation* entspricht. Vielmehr findet die für den Erfolg oder Misserfolg einer Maßnahme entscheidende Willensbildung bereits im Vorfeld der Abstimmung bei der Erteilung der Stimmrechtsvollmachten statt. Hier können potenzielle Herausforderer bereits auf die Willensbildung Einfluss nehmen und über einen Wettbewerb um die Stimmrechtsvollmachten der Aktionäre ihrem Anliegen zum Erfolg verhelfen.

2. Kapitel: Wettbewerbe um Stimmen im deutschem Recht

§ 18 Das deutsche System der Stimmrechtsvertretung

I. Einleitung

Das deutsche System der Stimmrechtsvertretung ist seit langem Gegenstand einer intensiven Diskussion. Insbesondere die unter dem Stichwort „Depotstimmrecht der Banken" zusammenzufassende Diskussion hat zahlreiche Autoren auf den Plan gerufen.[1107] Dabei war das deutsche System der Stimmrechtsvertretung auch Gegenstand rechtsvergleichender Untersuchungen insbesondere im Hinblick auf das US-amerikanische *proxy*-System.[1108] Seit dem der Gesetzgeber mit neuen Anforderungen im *KonTraG*[1109] auf Anregungen und Kritik in der Wissenschaft reagiert hat,[1110] ebbte die Diskussion zwar wieder etwas ab, doch werden auch weiterhin Fragen der Stimmrechtsvertretung z.B. auch im Hinblick auf die neuen Medien intensiv diskutiert.[1111] Hinzu kommen tatsächliche Veränderungen in der Banken- und Unternehmenslandschaft. Diese haben zu einer Verschiebung der als dringend empfundenen Probleme geführt. War eben noch die Macht der Banken und ihre Beschränkung ein nicht nur gesellschaftsrechtlich drängendes Problem, so wird heute angesichts eines zunehmenden Rückzugs der Banken aus der Stimmrechtsvertretung bzw. wegen der wachsenden Internationalisierung der Eigentümerstruktur eine Gefährdung der Funktionsfähigkeit der Hauptversammlung oder wegen der Zulassung des Verwaltungsstimmrechts durch das *NaStraG*[1112] eine unkontrollierte Verwaltungsmacht befürchtet.

Angesichts dieser ausführlichen wissenschaftlichen Durchdringung des Themas soll es hier nur um einen Überblick über die geltende Rechtslage und aktuelle Strömungen in

---

[1107] Vgl. dazu z.B. *Baums* (1996b); *Westermann* (1996); *Schneider/Burgard* (1996); *Lutter* (1995b); *Schmidt* (1994); *Wenger* (1992); *Hüffer* (2004), § 135 Rdnr. 1 ff.; *Geßler et al.* (1973), § 135 Rdnr. 5 ff., *Schmidt* (2002), S. 854 f.; *Pfeiffer* (1987); *Rasch* (1976); *Püttner* (1963); *Sherman/Kaen* (1997); *Karst* (1982).

[1108] Siehe hierzu zuletzt insbesondere *Hoffmann* (1999); *Tuerks* (2000) und *Ruoff* (1999) sowie *Hohn Abad* (1995). Zur Situation in Europa vgl. *Becker* (2001).

[1109] Gesetz zur Kontrolle und Trensparenz im Unternehmensbereich, BGBl. I (1998), S. 736.

[1110] Vgl. zum Beispiel die Stellungnahmen der Sachverständigen *Adams, Baums, Götz, Hopt, Kübler, Lutter* und *Wenger* vor dem Rechtsausschuss des Deutschen Bundestages, abgedruckt im AG-Sonderheft von 1997, S. 9 ff.

[1111] Dabei geht es insbesondere um die Fragen der *virtuellen Hauptversammlung*, der *Online-Hauptversammlung* und des *Internet Proxy Voting*, vgl. *Zetsche* (2002), S. 5 f.

[1112] Gesetz zur Namensaktie und zur Erleichterung der Stimmrechtsausübung vom 18.1.2001, BGBl. I, S. 123.

Wissenschaft und Praxis gehen, um die sich anschließende Diskussion über wettbewerbliche Elemente im Bereich der Stimmrechtsvertretung in das geltende System des deutschen Aktienrechts einzuordnen.

II. ÜBERBLICK ÜBER DIE GELTENDE RECHTSLAGE

Grundlegend ist zunächst, dass nach § 134 Abs. 3 S. 1 AktG das Stimmrecht in einer deutschen Aktiengesellschaft durch einen Bevollmächtigten ausgeübt werden kann. Die Vollmacht ist gemäß § 134 Abs. 3 S. 2 AktG schriftlich zu erteilen,[1113] wenn nicht die Satzung eine Erleichterung bestimmt.[1114]

Bevollmächtigt werden kann im Grunde jeder, den der Aktionär mit der Ausübung seines Stimmrechts betrauen will. Auch einem opponierenden Aktionär sind somit keine Grenzen gesetzt, sich zur Ausübung des Stimmrechts in seinem Sinne von den anderen Aktionären bevollmächtigen zu lassen. Im Jahre 2001 ist durch den neuen § 134 Abs. 3 S. 3 AktG auch die Bevollmächtigung von durch die Gesellschaft benannten Stimmrechtsvertretern indirekt für zulässig erklärt worden,[1115] indem für diesen Fall vorgeschrieben wird, dass die Vollmachtserklärung von der Gesellschaft drei Jahre nachprüfbar festzuhalten ist und außerdem § 135 Abs. 4 S. 1 bis 3 AktG entsprechend anzuwenden ist. Dabei sieht das Gesetz keine Einschränkung des Personenkreises der möglichen Stimmrechtsvertreter vor, die durch eine Gesellschaft angeboten werden können.[1116] Durch § 135 AktG werden für den Unterfall der Stimmrechtsvertretung

---

[1113] Soweit Schriftlichkeit der Vollmacht erforderlich ist, richten sich die Voraussetzungen nach § 126 f. BGB.

[1114] Die Vorschrift ist im Zuge des *NaStraG* (vgl. Fn. 1112) geändert worden. Eingefügt wurde die Möglichkeit, durch die Satzung eine Erleichterung vom Erfordernis der Schriftlichkeit einzuführen. Damit hat sich das Aktienrecht insbesondere neuen elektronischen Möglichkeiten geöffnet, die für die Bevollmächtigung genutzt werden können, denn es ist damit auch möglich, die Vollmacht z.B. mittels eines Bildschirmformulars auf der Homepage der Gesellschaft zu erteilen. Vgl. auch die Begründung zum *NaStraG*, BT-Drs. 14/4051, S. 15. Zum Ersatz der schriftlichen Form durch die elektronische Form vgl. auch *Noack* (2001); *Hüffer* (2002), § 134 Rdnr. 22a.

[1115] Siehe zur Entwicklung des Verwaltungsstimmrechts in Deutschland auch unten § 19 III.2.b). Auf eine detaillierte Ausgestaltung des Verfahrens hat der Gesetzgeber bisher verzichtet (vgl. Begr. zur Beschlussempfehlung des Rechtsausschusses, BT-Drs. 14/4618 v. 15.11.2000). Dies war auch beabsichtigt, um zunächst Erfahrungen zu sammeln, um diese in eine spätere gesetzgeberische Maßnahme einfließen zu lassen, vgl. *Seibert* (2001), S. 55. Für den praktischen Einsatz muss der geltende und auch im Folgenden näher beschriebene allgemeine Rahmen zunächst genügen. Vgl. dazu auch *Wiebe* (2002) Fn. 15 m.w.N.

[1116] In den Materialien zur Gesetzesänderung nimmt der Gestzgeber auch ausdrücklich auf das angloamerikanische *proxy voting* Bezug. Auch hier gibt es keine Beschränkungen hinsichtlich der Person des Stimmrechtsvertreters einer Gesellschaft, vgl. Beschlussempfehlung und Bericht des Rechtsausschusses (6.Ausschuss), BT-Drs. 14/4618 vom 15.11.2000, S. 14; a.A. z.B. *Kindler* (2001), S. 1687, der die Gesellschaft selbst, ihre Organe sowie der Gesellschaft vertraglich verpflichtete Personen von der Stimmrechtsvertretung ausschließen will. Zur Diskussion über den zulässigen Personenkreis vgl. außerdem *Hanloser* (2001), S. 355 ff.; *Habersack* (2001), S. 187; *Noack* (2001), S. 62; *Bunke* (2002), S. 60; *Wiebe* (2002), S. 189 f.

durch Kreditinstitute[1117] und geschäftsmäßig Handelnde[1118] besondere Anforderungen gestellt, wobei die Abgrenzung zwischen einer einfachen Stimmrechtsvertretung und einer solchen, bei der die zusätzlichen Voraussetzungen des § 135 AktG einzuhalten sind, ausschließlich über die Person des Vertreters erfolgt.[1119] Gemäß § 135 Abs. 4 S. 2 AktG kann die Vertretung des Aktionärs durch das Kreditinstitut auch im Namen dessen, den es angeht, erfolgen, sofern dies in der Vollmacht bestimmt ist.[1120] Diese Form der Vertretung stellt zwar nach der gesetzlichen Systematik die Ausnahme dar (§ 135 Abs. 4 S. 1 AktG), ist jedoch in der Praxis die Regel.[1121]

Die Frage der Vertretungsmacht ist nach den allgemeinen Grundsätzen vom zugrunde liegenden Innenverhältnis getrennt zu betrachten.[1122] Sie richtet sich nach den § 164 ff. BGB, soweit im § 135 AktG nicht besondere Regelungen enthalten sind.[1123] Eine Stimmrechtsausübung, der eine Vollmacht zugrunde liegt, die die erforderliche Form nicht einhält, ist unwirksam, ein auf ihr beruhender Beschluss kann mit der Anfechtungsklage angegriffen werden.[1124] Bei der Erteilung der Vollmacht an ein Kreditinstitut oder eine andere geschäftsmäßig handelnde Person sind außerdem die Voraussetzungen des § 135 Abs. 2 AktG zu beachten. Ein Verstoß hiergegen führt zwar nach § 135 Abs. 6 AktG nicht zur Unwirksamkeit der Stimmabgabe, doch stellt er eine Vertragsverletzung im Innenverhältnis dar.

[1117] Was ein Kreditinstitut im Sinne von § 135 AktG ist, richtet sich nach § 1 Abs. 1 KWG, *Kölner Kommentar zum Aktiengesetz* (1986), § 135 Rdnr. 6; vgl. auch *Hoffmann* (1999), S. 73 m.w.N.

[1118] Zu Personen, die bei der Ausübung des Stimmrechts für andere geschäftsmäßig handeln, vgl. § 135 Abs. 9 AktG. Entscheidend für die Anwendung des § 135 AktG auf einen Stimmrechtsvertreter ist, dass ein besonderes Eigeninteresse des Vertreters an der Stimmrechtsvertretung besteht, das die Anwendung besonderer Regelungen rechtfertigt, *Kölner Kommentar zum Aktiengesetz* (1986), § 135, Rdnr. 81; *Hoffmann* (1999), S. 73.

[1119] *Hoffmann* (1999), S. 73.

[1120] Der Vertreter legitimiert sich gegenüber der Gesellschaft auf die gleiche Weise, wie wenn er selbst Aktionär wäre. Daher hat die Gesellschaft auch keine Möglichkeit nachzuprüfen, ob die Voraussetzungen einer wirksamen Vertretung tatsächlich vorliegen, *Kölner Kommentar zum Aktiengesetz* (1986) § 135 Rdnr. 49. Die verdeckte Vertretung ist auch bei der Verwaltungsvollmacht möglich, § 134 Abs. 3 S. 3 2. Hs. AktG mit Verweis auf § 135 Abs. 4 S. 1-3 AktG.

[1121] *Kölner Kommentar zum Aktiengesetz* (1986), § 135 Rdnr. 11. Die Vertretung im Namen dessen, den es angeht, hat für den Vertreter den Vorteil, dass für die Ausübung der Vollmacht ein geringerer Verwaltungsaufwand erforderlich ist, da sich der Vertreter in der Regel über eine Hinterlegungsbescheinigung der entsprechenden Wertpapiersammelbank gegenüber der Gesellschaft legitimieren kann, bei der offenen Vertretung ist dagegen regelmäßig die Vorlage der Vollmacht nötig. Für den Aktionär besteht der Vorteil, dass er gegenüber der Gesellschaft anonym bleiben kann, *Hoffmann* (1999), S. 78. Bei der Erteilung einer Verwaltungsvollmacht bleibt der Aktionär zumindest gegenüber den anderen Aktionären anonym, *Wiebe* (2002), S. 188.

[1122] Zum vertretungsrechtlichen Abstraktionsprinzip vgl. *Flume* (1992), S. 839 ff.

[1123] Es handelt sich um eine Vollmacht, also um rechtsgeschäftlich erteilte Vertretungsmacht (§ 166 Abs. 2 S. 1 BGB), *Geßler/Hefermehl/Eckardt/Kropff* (1973), § 134 Rdnr. 41.

[1124] *Kölner Kommentar zum Aktiengesetz* (1986), § 135 Rdnr. 108. Vgl. auch BGHZ 14, 264, 267 f.; 59, 369; 86, 1, 3. Zu den Voraussetzungen und Rechtsfolgen der Anfechtungsklage vgl. z.B. *Hüffer* (2002), § 243 Rdnr. 3 ff.

Zwischen Stimmrechtsvertreter und Aktionär besteht im Innenverhältnis regelmäßig ein Auftragsverhältnis nach den § 662 ff. BGB. Wird der Stimmrechtsvertreter nur gegen ein Entgelt tätig, so handelt es sich jedoch um einen Geschäftsbesorgungsvertrag nach den § 675 ff. BGB.[1125] Soweit § 135 AktG Regelungen enthält, die sich auf das Verhältnis zwischen Aktionär und Stimmrechtsvertreter beziehen, modifizieren diese die allgemeinen aus dem jeweiligen Auftrags- bzw. Geschäftsbesorgungsvertrag bestehenden Verpflichtungen.[1126] Nach dem Grundverhältnis ist der bevollmächtigte Vertreter in der Regel verpflichtet, das Stimmrecht auch tatsächlich auszuüben, was sich schon aus den allgemeinen Regeln des Auftragsrechts ergibt. Üblich ist jedoch, in die Bevollmächtigung einen Vorbehalt aufzunehmen, von der Vollmacht keinen Gebrauch machen zu müssen.[1127] Für Kreditinstitute ergibt sich aus § 135 Abs. 10 AktG die Verpflichtung zur Ausübung des Stimmrechts im Namen des Vertreters, wenn es für den Aktionär Aktien der Gesellschaft verwahrt oder an Stelle des Aktionärs in das Aktienregister eingetragen ist und sich gegenüber Aktionären der Gesellschaft zur Ausübung des Stimmrechts in derselben Hauptversammlung erboten hat.[1128]

Bei der Ausübung des Stimmrechts hat das Kreditinstitut oder der geschäftsmäßig Handelnde Weisungen des Aktionärs zu beachten.[1129] Auch dies ergibt sich bereits aus dem zugrunde liegenden Auftrags- oder Geschäftsbesorgungsverhältnis.[1130] Dies wird auch von den §§ 128 Abs. 2 und 135 Abs. 5 AktG, die beide von der Weisungsgebundenheit des Vertreters ausgehen, vorausgesetzt.[1131] Umstritten ist, inwieweit eine Verwaltungs-

---

[1125] In der Vergangenheit war die unentgeltliche Ausübung des Stimmrechts durch die depotführenden Banken die Regel. Zur Frage, warum die Banken diesen Service trotz damit verbundener Kosten unentgeltlich anboten vgl. *Baums* (1996b), S. 12 ff. Zur Entwicklung des Depotstimmrechts vgl. außerdem unten § 19 III.2.a). Von den nach dem Auftragsrecht einzuhaltenden Verpflichtungen bei der Ausübung des Vollmachtsstimmrechts sind die Verpflichtungen zu trennen, die aus dem zwischen Aktionär und Bank bestehenden Depovertrag folgen, der als gemischttypischer Vertrag mit Elementen des Verwahrungs- und Geschäftsbesorgungsvertrages anzusehen ist, *Canaris* (1981), Rdnr. 2089. Hier finden auch die Regelungen des *Depotgesetzes* Anwendung. Vgl. zum ganzen auch *Hoffmann* (1999), S. 73 f.

[1126] *Hoffmann* (1999), S. 74. Wegen der detaillierten Regelung des § 135 AktG ist ein Rückgriff auf die allgemeinen Vorschriften eher selten nötig, nicht geregelt ist in § 135 etwa ein Aufwendungsersatzanspruch (§ 670 BGB) und ein Schadensersatzanspruch wegen Vertragsverletzung (§ 280 Abs. 1 BGB). Dass die Schadensersatzpflicht nicht im voraus ausgeschlossen werden kann, ist dann jedoch wieder im § 135 Abs. 11 AktG geregelt.

[1127] *Hüffer* (2002), § 135 Rdnr. 14.

[1128] Auch hier haben sich durch das *NaStraG* (vgl. Fn. 1112) Änderungen ergeben, indem eine Regelung für den Fall der *street name* Registrierung aufgenommen wurde. Durch die Vorschrift soll verhindert werden, dass die Banken die Vertretung von Aktionären ablehnen, die ihnen missliebige Weisungen erteilen, und dadurch auch gegenüber eigenen Abstimmungsvorschlägen kritische Stimmen nicht auf der Hauptversammlung berücksichtigt werden, *Canaris* (1981), Rdnr. 2193.

[1129] *Hüffer* (2002), § 135 Rdnr. 19; *Kölner Kommentar zum Aktiengesetz* (1986), § 135 Rdnr. 52; *Geßler/Hefermehl/Eckardt/Kropff* (1973), § 135 Rdnr. 65.

[1130] *Staudinger* (1993), vor § 662 Rdnr. 24.

[1131] Die Weisungsgebundenheit der Stimmrechtsvertretung kann wegen dieser Vorschriften auch nicht abbedungen werden. Die Weisungsgebundenheit ist zusammen mit den Spezialregelungen der §§ 128 Abs. 2 und 135 Abs. 5 AktG zwingendes Recht, *Hoffmann* (1999), S. 78.

vollmacht nur aufgrund spezieller Weisung ausgeübt werden darf.[1132] Die *Regierungskommission Corporate Governance* hat sich dafür ausgesprochen, dass der Gesetzgeber eine Klarstellung in das Aktienrecht aufnimmt, dass Stimmabgaben durch von der Gesellschaft benannte Stimmrechtsvertreter nur zulässig sind, wenn diesen ausdrücklich Weisung erteilt wurde.[1133] Wortlaut und Systematik der geltenden Regelung sprechen gegen eine Weisungsgebundenheit. Denn die Regelung des § 134 Abs. 3 S. 3 verweist auf § 135 Abs. 4 S. 1-3 AktG, nicht jedoch auf Abs. 1.[1134]

Eine einmal erteilte Vollmacht erlischt nach der Neuregelung des § 135 Abs. 2 AktG durch das *NaStraG*[1135] nun nicht mehr automatisch nach spätestens fünfzehn Monaten. Sie kann vielmehr unbefristet ausgestellt werden. Das bevollmächtigte Kreditinstitut hat jedoch jährlich und deutlich hervorgehoben auf die Möglichkeit hinzuweisen, die erteilte Vollmacht zu widerrufen und einen anderen Vertreter zu bevollmächtigen.[1136] Die Möglichkeit, die erteilte Vollmacht jederzeit zu widerrufen, modifiziert die allgemeine Regelung des § 168 S. 2 BGB. Von ihr kann nicht abgewichen werden.

Um den Aktionär, der einen Stimmrechtvertreter bevollmächtigen will, in die Lage zu versetzen, eine informierte Entscheidung zu treffen und dem Bevollmächtigten entsprechende Weisungen zu erteilen, bestimmt § 125 Abs. 1 AktG, welche Informationen der Vorstand im Vorfeld der Hauptversammlung zu verbreiten hat. Hierzu gehören neben der Einberufung der Hauptversammlung und der Tagesordnung auch Anträge und Wahlvorschläge anderer Aktionäre.[1137] Bekannt zu machen sind auch alle Informationen, die die Gesellschaft gemäß § 124 AktG im Zusammenhang mit der Tagesordnung zu veröffentlichen hat. Durch die Regelung des § 128 Abs. 1 AktG wird sichergestellt, dass die den Kreditinstituten zugesandten Materialien tatsächlich die dahinter stehenden Aktionäre erreichen.[1138] Hierbei handelt es sich wiederum um eine sich aus dem Depotvertrag ergebende Verpflichtung,[1139] die unabhängig von der Absicht besteht, den Aktionär auf der Hauptversammlung zu vertreten, sowie unabhängig von einer vorangegangenen Vertretung oder dem Verlangen nach Mitteilung im Umfang des § 125

[1132] Für eine Weisungsobliegenheit plädieren *Noack* (2001), S. 75; *Habersack* (2001), S. 187 f.; dagegen sind *Riegger* (2001), S. 214 und *Hanloser* (2001), S. 355; für ein Wahlrecht der Gesellschaft plädiert dagegen *Bachmann* (2001), S. 638 f.

[1133] *Baums* (2001) Rdnr. 122. Auch der *Deutsche Corporate Governance Codex* enthält in 2.3.3 die Empfehlung, dass der Vorstand einer Gesellschaft den Aktionären einen Vertreter zur Verfügung stellen soll, der weisungsgebunden das Stimmrecht für sie ausübt.

[1134] Vgl. *Kindler* (2001), S. 1687; *Hanloser* (2001), S. 355. Bedenkenswert ist auch das Argument von *Wiebe* (2002), der bezweifelt, dass sich die rationale Apathie der Kleinaktionäre (vgl. dazu bereits oben unter § 9 II.1) im Hinblick auf eine Weisungserteilung an die Verwaltung ändern würde.

[1135] Vgl. Fn. 1112.

[1136] Das Gesetz verweist hier auf die Regelung des § 125 Abs. 1 S. 2 AktG.

[1137] Zu den einzelnen Rechten der Aktionäre, Anträge und Wahlvorschläge zu machen, vgl. unten § 19 I.

[1138] Das Gesetz verpflichtet ein Kreditinstitut, die Mitteilungen nach § 125 Abs. 1 AktG an die Aktionäre weiterzuleiten, wenn es Inhaberaktien der Gesellschaft für den Aktionär verwahrt oder es für Namensaktien, die ihm nicht gehören, in das Aktienregister eingetragen ist.

[1139] *Canaris* (1981), Rdnr. 2187.

Abs. 1 AktG.[1140] Mit der Weiterleitung der Mitteilungen nach § 125 Abs. 1 ist die Verpflichtung des Kreditinstituts jedoch auch erfüllt, darüber hinaus gehende Informationen müssen nicht erteilt werden.[1141]

Nach § 128 Abs. 2 S. 6 AktG müssen Kreditinstitute und Aktionärsvereinigungen auf personelle Verflechtungen hinweisen, sofern sie beabsichtigen, die Vertretung von Aktionären auf der Hauptversammlung zu übernehmen. Sie müssen nach § 128 Abs. 2 S. 7 außerdem ihre nach § 21 WpHG meldepflichtigen Anteile mitteilen.[1142]

Bei Fehlern des Stimmrechtsvertreters bei der Ausübung des Stimmrechts kann sich dieser haftbar machen.[1143] Ansprüche des vertretenen Aktionärs können sich zunächst einmal aus dem zugrunde liegenden Innenverhältnis ergeben. Dabei wird es sich in der Regel um eine positive Vertragsverletzung des zwischen den Parteien bestehenden Auftrags- bzw. Geschäftsbesorgungsvertrags handeln.[1144] Machen die Banken eigene Abstimmungsvorschläge, obliegen ihnen besondere Sorgfaltspflichten.[1145] Dies gilt auch für gesellschaftseigene Vertreter, solange sie nicht an Einzelweisungen gebunden sind.[1146] In Betracht kommen außerdem - in seltenen Fällen - deliktische Ansprüche.[1147] Eine Anfechtung bei der Verletzung von Verpflichtungen aus dem Innenverhältnis zwischen Stimmrechtsvertreter und Aktionär scheidet hingegen nach § 243 Abs. 3 AktG bzw. § 135 Abs. 6 AktG aus.[1148] Dies soll auch dann gelten, wenn der Aktionär von einem gesellschaftseigenen Stimmrechtsvertreter vertreten wird.[1149] Zugunsten der Aktionäre, die den Stimmrechtsvertreter nicht beauftragt haben, können sich Ansprüche gegen diesen aus einer Verletzung der Treuepflicht ergeben, die der BGH in der „Girmes“-Entscheidung auf § 179 Abs. 1 BGB analog gestützt hat.[1150]

[1140] *Burmeister* (1976), S. 263 f.

[1141] *Geßler/Hefermehl/Eckardt/Kropff* (1973), § 128 Rdnr. 32. Auf Verlangen sind dem Aktionär jedoch eine Abschrift von Jahresabschluss, Lagebericht, Bericht des Aufsichtsrats und Vorschlag des Vorstands zur Verwendung des Bilanzgewinns auszuhändigen, § 175 Abs. 2 S. 2 AktG.

[1142] Zu § 21 WpHG vgl. z.B. *Assmann/Schneider* (1999) § 21; *Hüffer* (1999) Anh. § 21 WpHG und auch noch unten § 19 II.

[1143] Vgl. ausführlich bei *Kascha* (1997).

[1144] Vgl. § 280 BGB. Vgl. auch *Henssler* (1993), S. 106.

[1145] Vgl. dazu auch *Marsch-Barner* (1993), S. 185 ff.

[1146] *Wiebe* (2002), S. 194.

[1147] Vgl. *Tuerks* (2000), S. 14 f.

[1148] *Wiebe* (2002), S. 194.

[1149] *Wiebe* (2002), S. 194.

[1150] BGH NJW 1995, 1739, 1742. Vgl. dazu auch *Hoffmann* (1999), S. 152 ff.; *Tuerks* (2000), S. 15 ff; *Dreher* (1993b); *Dreher* (1993a); *Lutter* (1995a); *Wenger* (1993); neu und umfassend auch *Rose* (2003). Zur Frage, inwieweit dies auch für den gesellschaftseigenen Stimmrechtsvertreter gilt, vgl. *Wiebe* (2002), S. 194 f. Siehe dort auch zur Frage, inwieweit die Gesellschaft selbst, die den Stimmrechtsvertreter benannt hat, als Anspruchsgegener in Betracht kommt, *Wiebe* (2002), S. 195 f. Zu Treuepflichten im Aktienrecht insbesondere der Stimmrechtsvertreter vgl. auch *Hennrichs* (1995); *Nodoushani* (1997); *Schmitt* (1997); *Röhricht* (2003).

§ 19 DER WETTKAMPF UM STIMMEN NACH GELTENDEM DEUTSCHEM RECHT

In Deutschland ist der Begriff des Wettbewerbs um Stimmrechtsvollmachten im Bezug auf die eigene Rechtsordnung (noch) unüblich. Von einem Phänomen wie dem *proxy contest* kann hier noch nicht gesprochen werden. Es stellt sich allerdings die Frage, inwieweit die geltende Rechtslage einem Aktionär, der aus bestimmten Gründen Stimmrechtsvollmachten für eigene Zwecke sammeln wollte, entgegenkäme und hierfür Möglichkeiten eröffnete.[1151] Zwar wurde oben bereits festgestellt, dass auch nach deutschem Recht grundsätzlich jedermann berechtigt ist, sich zur Ausübung der Stimmrechte der Aktionäre einer Gesellschaft bevollmächtigen zu lassen,[1152] doch beantwortet dies nicht die Frage, inwieweit das geltende Recht dem einzelnen Aktionär nicht auch darüber hinaus gehende Möglichkeiten bietet, unmittelbar oder mittelbar Stimmrechte für die eigene Sache einzuwerben. Daher soll im Folgenden untersucht werden, was das geltende Recht einem unzufriedenen Aktionär zurzeit erlaubt, bzw. was einer Stimmrechtswerbung entgegensteht. Dass ein solches Vorgehen in Deutschland bisher unüblich ist, kann ja auch rein tatsächliche Gründe haben, während ein Wettbewerb auf der Grundlage der geltenden Regelungen theoretisch möglich und Erfolg versprechend wäre. Deshalb ist es sinnvoll, die Aufmerksamkeit auf die Faktoren zu lenken, die auch im amerikanischen Recht schon als entscheidend für die erfolgreiche Durchführung eines *proxy contest* ermittelt wurden: Dies ist zum einen der Zugang zu den Aktionären[1153] und zum anderen die Frage der Kostentragung[1154].

Bezüglich der bei einem Wettbewerb um Stimmrechtsvollmachten entstehenden Kosten fehlt in Deutschland bereits jede Regelung. Der aufbegehrende Aktionär wäre hier auf sich gestellt und könnte mangels einer gesetzlichen Grundlage keinen finanziellen Ausgleich erwarten. Da ein Herausforderer bei der wichtigen Frage der Kosten also in Deutschland auf ungünstige Voraussetzungen trifft, soll das Augenmerk zunächst auf die generellen Möglichkeiten gerichtet werden, überhaupt andere Aktionäre bereits im Vorfeld einer Hauptversammlung für die eigene Sache zu werben.

Im Folgenden sollen zunächst die im Aktienrecht enthaltenen Minderheitenrechte untersucht werden. Diese bedürfen hinsichtlich ihrer Ausübung in der Regel der Unterstützung durch eine bestimmte Aktienzahl. Die Durchsetzung eines solchen Rechts zieht dann häufig einen Beschluss der Hauptversammlung nach sich, in der die Minderheit zur Durchsetzung ihres Anliegens eine ausreichende Stimmenzahl auf ihr Anliegen vereinigen muss. In allen diesen Angelegenheiten kann es daher für einen aufbegehrenden Aktionär entscheidend sein, ob das geltende Recht den Zugang zu den Aktionären er-

---

[1151] Ein berühmt gewordener Fall eines Wettkampfes um Stimmrechtsvollmachten in Deutschland war die Werbung von Stimmrechtsvollmachten durch *Bolko Hoffmann* zur Verhinderung eines Sanierungsplanes für die damalige *Girmes AG*, Vgl. bereits § 18 II a.E. und auch § 19 II.

[1152] Vgl. dazu und zu den dabei einzuhaltenden Regeln oben unter § 18 II.

[1153] Siehe zur U.S.-amerikanischen Rechtslage oben unter § 5 II.1, § 5 III.6.a) und § 6.

[1154] Siehe zur U.S.-amerikanischen Rechtslage oben unter § 11.

öffnet. Anschließend sollen die sonstigen Möglichkeiten zur Erlangung von Stimmrechtsvollmachten unabhängig von speziellen Rechten betrachtet werden.

I. BESTEHENDE MINDERHEITENRECHTE

Im Aktiengesetz ist eine Reihe von Aktionärsrechten festgeschrieben, so etwa das Recht, die Hauptversammlung einzuberufen (§ 122 Abs. 1 AktG), das Recht, einen Punkt der Tagesordnung zu bestimmen („Zusatzanträge"; § 122 Abs. 2 AktG), das Gegenantragsrecht („Gegenanträge"; 126 AktG), oder das Recht, eine Sonderprüfung einzuleiten (§§ 142 ff. AktG). Die Ausübung dieser Rechte ist in einigen Fällen an die Erfüllung eines bestimmten Quorums gebunden. So benötigt man für die Einberufung der Hauptversammlung die Unterstützung von mindestens fünf Prozent des Grundkapitals (§ 122 Abs. 1 AktG). Das Gleiche gilt, wenn es um Zusatzanträge geht (§ 122 Abs. 2 AktG), wobei hier alternativ ein anteiliger Betrag von 500.000 Euro am Grundkapital genügt. Zur Einsetzung eines Sonderprüfers durch ein Gericht braucht man die Unterstützung von Anteilen in Höhe von zehn Prozent des Grundkapitals oder einem anteiligen Betrag von einer Million Euro (§ 142 Abs. 2 AktG).[1155] Gegenanträge kann nach deutschem Recht jeder stellen. Gerade diese Fälle, in denen die aufbegehrenden Aktionäre ein bestimmtes Quorum benötigen, sind für das hier in Frage stehende Problem des Wettbewerbs um die Stimmen der Aktionäre interessant. Denn in vielen Fällen, in denen Aktionäre angesichts bestimmter Missstände in einem Unternehmen darüber nachdenken, besagte Rechte geltend zu machen, sind sie dazu mangels ausreichender Anteile nicht in der Lage. Sie müssten sich somit um die Unterstützung anderer Anteilseigner bemühen, um die vom Gesetzgeber für erforderlich gehaltenen Voraussetzungen zu erfüllen. Doch auch in dem Fall, dass ein opponierender Aktionär zu einem vom Vorstand bekannt gemachten Abstimmungsvorschlag einen Gegenantrag stellt und hierfür nicht mehr erforderlich ist, als dass er Aktionär der Gesellschaft mit nur einer Aktie ist, stellt sich die Frage, ob der Minderheitsaktionär die Möglichkeit hat, für diesen Gegenantrag ausreichend zu werben und bei den übrigen Aktionären Vollmachten zu erlangen, die seine Opposition unterstützen. Denn auch in Deutschland nehmen die meisten Aktionäre an der Hauptversammlung nicht selbst teil, sondern sie lassen sich vertreten. Es ist daher entscheidend, bereits im Vorfeld auf die Stimmrechte der Aktionäre zugreifen und sich von diesen bevollmächtigen lassen zu können. Daher soll im Folgenden untersucht werden, wie bei den einzelnen Aktionärsrechten schon nach geltendem Recht eine Werbung von Stimmrechtsvollmachten erfolgen kann.

[1155] Nach dem Entwurf des *Bundesjustizministeriums* für ein *Gesetz zur Unternehmensintigrität und Modernisierung des Anfechtungsrechts* (*UMAG*) sind für die Einsetzung des Sonderprüfers zukünftig nur noch Anteile in Höhe des hundertsten Teils des Grundkapitals oder mit einem Börsenwert von 100.000 Euro erforderlich. Der Gesetzentwurf (Stand Januar 2004) kann unter *www.bmj.bund.de* abgerufen werden. Zum Entwurf des *UMAG* vgl. *DAV* (2004); *ders.* (2005); *Diekmann/Leuering* (2004); *Wilsing* (2005); *Seibert* (2005); *Gantenberg* (2005); *Holzborn/Bunnemann* (2005).

1. Einberufungsrecht

Eine Minderheit, die einen Anteil am Grundkapital von mindestens fünf Prozent vertritt, kann an den Vorstand das Verlangen richten, die Hauptversammlung einzuberufen, § 122 Abs. 1 S. 1 AktG. Der für die Ausübung des Rechts notwendige Anteil am Grundkapital kann gem. § 122 Abs. 1 S. 2 AktG durch die Satzung herabgesetzt werden. Da § 122 AktG im Zusammenhang mit dem aktienrechtlichen Teilnahmerecht steht,[1156] spielt es für die Geltendmachung keine Rolle, um was für Aktien es sich im Hinblick auf den zur Ausübung dieses Rechts notwendigen Anteil am Grundkapital handelt (Stämme, Vorzüge, voll oder auch nur teilweise eingezahlt).[1157] Die Vertretung anderer Aktionäre ist bei der Ausübung des Einberufungsrechts zulässig, allerdings muss sich die Vollmacht auf das Einberufungsverlangen richten; die bloße Stimmrechtsvollmacht genügt nicht.[1158] Umstritten ist, ob die Bevollmächtigung der Schriftform bedarf. Befindet sich der Bevollmächtigte im Besitz der Aktienurkunden, so entfällt aufgrund ihrer Legitimationswirkung die Erforderlichkeit des Nachweises einer Bevollmächtigung.[1159] Tritt der Bevollmächtigte jedoch in fremdem Namen auf, so könnte man mangels einer speziellen Anordnung im Gesetz und der Regel des § 167 Abs. 2 AktG folgend von einer grundsätzlichen Formfreiheit der Vollmacht ausgehen.[1160] Vertreten wird aber auch, dass in analoger Anwendung von § 134 Abs. 3 S. 2 AktG bei der Vollmachtserteilung die Schriftform einzuhalten ist.[1161] Da die Gesellschaft jedoch in jedem Fall einen Nachweis der Vollmacht verlangen kann und in der Regel auch verlangen wird, ist die Schriftlichkeit der Vollmachtserteilung auch nach ersterer Meinung praktisch notwendig.[1162]

Geht es nun für die aufbegehrenden Aktionäre mangels ausreichender eigener Anteile um die Einwerbung weiterer Anteilseigner, insbesondere um die Einwerbung von Einberufungsvollmachten bei verstreuten Einzelaktionären, so sieht das Gesetz hierfür keinen Weg vor, über den es der Opposition möglich wäre, die übrigen Aktionäre zu erreichen. Hat die Gesellschaft Inhaberaktien ausgegeben, so kennt nicht einmal die Gesellschaft ihre Aktionäre. Eine den aufbegehrenden Aktionären zugute kommende Weiterleitungspflicht der Depot führenden Banken bezüglich entsprechender Werbeunterlagen, wie dies etwa § 128 Abs. 1 AktG für die Einberufung der Hauptversammlung vorsieht, besteht nach geltendem Recht nicht. Hat die Gesellschaft dagegen Namensaktien ausgegeben, so kennt zwar die Gesellschaft durch die Eintragung im Aktienregister gemäß § 67 Abs. 1 AktG die Aktionäre, doch ist seit der Neufassung des § 67 AktG durch das *NaStraG*[1163] ein Einsichtsrecht des Aktionärs in dieses Register ausdrücklich

[1156] Siehe zum Teilnahmerecht *Hüffer* (2002), § 118 AktG Rdnr. 12 ff.

[1157] *Hüffer* (2002), § 122 Rdnr. 2.

[1158] *Hüffer* (2002), § 122 Rdnr. 2.

[1159] *Großkommentar zum Aktiengesetz* (1992), § 122 Rdnr. 14.

[1160] *Großkommentar zum Aktiengesetz* (1992), § 122 Rdnr. 14.

[1161] *Hüffer* (2002), § 122 Rdnr. 4.

[1162] So auch *Geßler/Hefermehl/Eckardt/Kropff* (1973), § 122 Rdnr. 22; *Großkommentar zum Aktiengesetz* (1992), § 122 Rdnr. 14.

[1163] Vgl. dazu Fn. 1112.

ausgeschlossen bzw. nur im Hinblick auf die über ihn gespeicherten Daten zulässig (§ 67 Abs. 6 AktG). Auch bei Namensaktien, bei denen die Depot führende Bank für den Aktionär im Aktienregister eingetragen ist (sog. *street name*-Registrierung),[1164] besteht eine der Regelung in § 128 Abs. 1 AktG entsprechende Weiterleitungspflicht nicht.

Der opponierende Gesellschafter ist somit darauf beschränkt, ihm persönlich bekannte oder aufgrund eigener Recherchen bekannt gewordene Anteilseigner anzusprechen oder zu versuchen, durch Öffentlichkeitsarbeit für sein Anliegen zu werben und zu hoffen, dass sich andere Aktionäre angesprochen fühlen und ihm eine entsprechende Vollmacht erteilen.[1165]

2. Zusatzanträge zur Tagesordnung

Gemäß § 122 Abs. 2 AktG können Aktionäre, deren Anteile zusammen mindestens fünf Prozent des Grundkapitals ausmachen oder die den anteiligen Betrag von 500.000 Euro erreichen, verlangen, dass Gegenstände zur Beschlussfassung einer Hauptversammlung bekannt gemacht werden („Zusatzanträge"). Hierfür gilt hinsichtlich der Werbung anderer Aktionäre, um das notwendige Quorum zu erreichen, das oben zu § 122 Abs. 1 AktG Gesagte. Der Zugang zu den Mitaktionären ist deshalb für einen opponierenden Aktionär schwierig, wenn nicht gar unmöglich.

Sollte es aber tatsächlich einer Minderheit gelungen sein, einen bestimmten Tagesordnungspunkt als Beschlussgegenstand der Hauptversammlung durchzusetzen, so stellt sich im Rahmen von § 122 Abs. 2 AktG die Frage, welche Möglichkeiten die Minderheit nun zur Durchsetzung ihres Vorschlags hat. Denn die bloße Bekanntmachung eines von ihr unterstützten Beschlussgegenstandes bringt ihr zunächst nichts, außer vielleicht dass sie eine gewisse Signalwirkung erreichen kann. So kann sie bei einem einigermaßen spektakulären Auftritt noch darauf hoffen, dass sie ein Echo in den Medien findet und diese über den Fall berichten. Dies ist aber vor allem für solche Anleger interessant, die Abstimmungsvorschläge zu sozialen oder umweltpolitischen Fragen einreichen, nicht aber für solche Abstimmungsvorschläge, die die *Governance* der entsprechenden Gesellschaft betreffen. Hier ist entscheidend für die Effizienz dieses Minderheitenrechts, dass die opponierende Minderheit zur Mehrheit werden kann, das heißt, dass sie in der Lage ist, die übrigen Aktionären zu erreichen und für ihren Vorschlag zu werben, um dann auf der Hauptversammlung eine genügende Anzahl an Stimmen für ihren Beschlussgegenstand zu erhalten. Dies gilt umso mehr, als es in einer Publikunsgesellschaft darum gehen kann, die *rationale Apathie* der Kleinaktionäre zu überwinden.[1166]

1164 Vgl. zur in den *USA* weit verbreiteten Registrierung im *street name* bereits oben unter § 11I.1.a). Zu den rechtlichen Problemen im deutschen Recht vgl. *Than/Hannöver* (2000) S. 307 ff.

1165 Zu den Veröffetnlichungen nach dem WpHG vgl. unten § 19 II. Das gleiche Problem hat auch derjenige, der versucht, in einer Gesellschaft eine Sonderprüfung durchzusetzen. Nach § 142 Abs. 2 AktG können Aktionäre einen Antrag auf Bestellung von Sonderprüfern stellen, wenn sie zusammen den zehnten Teil des Grundkapitals oder den anteiligen Betrag von einer Million Euro erreichen. Vgl. hierzu näher bei *Hüffer* (2002), § 142 Rdnr. 18 ff. Zu den geplanten Änderungen vgl. Fn. 1155.

1166 Vgl. zum *rational apathischen* Verhalten der Aktionäre bereits oben § 9 II.1.

Nach dem im deutschen Recht geltenden Prinzip der Präsenzhauptversammlung könnte man annehmen, es komme für den Erfolg eines Beschlussgegenstandes nur darauf an, möglichst viele Stimmen auf der Hauptversammlung zu erzielen.[1167] In der Realität sind jedoch die meisten Anleger auf der Hauptversammlung nicht anwesend.[1168] Ein großer Teil von ihnen tritt entweder gar nicht in Erscheinung oder wird vertreten, indem er im Vorfeld der Hauptversammlung Stimmrechtsvollmachten erteilt.[1169] Das bedeutet im Ergebnis, dass es für den Erfolg einer Abstimmung über einen bestimmten Tagesordnungspunkt entscheidend ist, von den Aktionären, die persönlich nicht erscheinen, bereits im Vorfeld entsprechende Stimmrechtsvollmachten zu erhalten, die der opponierende Aktionär in seinem Sinne nutzen kann, um so bei der Abstimmung eine Mehrheit zu erlangen.

Fraglich ist nun, wie die am Erfolg eines bestimmten Abstimmungspunktes interessierten Anleger bereits vor dem eigentlichen Tag der Hauptversammlung die übrigen Aktionäre erreichen können, um bei ihnen um die Erteilung von Stimmrechtsvollmachten zu werben. Im Folgenden soll einmal der Weg eines solchen Beschlussgegenstandes von der Bekanntmachung bis zur Abstimmung auf der Hauptversammlung in kurzen Worten nachgezeichnet werden:

Die Tagesordnung wird zunächst gemäß §§ 124 Abs. 1 S. 1, 121 Abs. 3 AktG in den Gesellschaftsblättern bekannt gemacht.[1170] Ist darin der Tagesordnungspunkt der Minderheit noch nicht enthalten, so können nachgereichte Beschlussgegenstände noch binnen zehn Tagen nach der Einberufung der Hauptversammlung bekannt gemacht werden.[1171] Vorstand und Aufsichtsrat haben gemäß § 124 Abs. 3 S. 1 AktG zu jedem Beschlussgegenstand in der Bekanntmachung einen Abstimmungsvorschlag abzugeben, es sei denn, es geht um die Bestellung von Aufsichtsratsmitgliedern oder Prüfern. Dann hat nur der Aufsichtsrat solche Vorschläge zu machen.[1172] In der Regel empfehlen Abstimmungsvorschläge die Ablehnung des von der Minderheit eingebrachten Tagesordnungspunktes. Im Folgenden macht nun der Vorstand seine Mitteilungen im Sinne von

---

[1167] Die Idee der Präsenzhauptversammlung setzt sich auch in der Diskussion über die Einbeziehung der neuen Medien in die Abhaltung von Hauptversammlungen fort, denn auch hier geht man davon aus, dass die Aktionäre zumindest *online* selbst an der Hauptversammlung teilnehmen. Vgl. zur Diskussion um die Online-Hauptversammlung z.B. *Zetsche* (2002); *Hanloser* (2001); *Pikó/Preissler* (2002); *Habersack* (2001); *Riegger* (2001); *Kindler* (2001); *Hüther* (2001); *Fleischhauer* (2001); *Claussen* (2001); *Spindler* (2000); *Hirte* (2000); *Hasselbach* (2000); *Noack* (1998b).

[1168] Vgl. dazu noch unten § 19 III.2.b).

[1169] Insgesamt sinkt die durchschnittliche Hauptversammlungspräsenz, vgl. *Baums/Fraune* (1995), S. 97 m.w.N., sowie das Beispiel von *Klawitter* (2001), S. 38, zur Lage bei der *DaimlerChrysler AG*, vgl. auch noch unten § 19 III.2.b).

[1170] Beachte bei der Frage nach den Gesellschaftsblättern § 25 AktG, der bestimmt, dass Bekanntmachungen zumindest in den Bundesanzeiger eingerückt werden müssen. Daneben kann die Gesellschaft noch weitere Blätter zu ihren Gesellschaftsblättern erklären. Durch das *NaStraG* (Fn. 1112) wurden auch elektronische Informationsmedien neben dem Bundesanzeiger zugelassen. Durch das *Tranparenz- und Publizitätsgesetz* (*TransPubG*), BGBl. 2002 I S. 2681, wurde auch der Bundesanzeiger auf die elektronische Form umgestellt, vgl. *www.ebundesanzeiger.de.*

[1171] Vgl. § 124 Abs. 1 S. 2 AktG.

[1172] Vgl. § 124 Abs. 3 S. 1 AktG.

§ 125 AktG. Dabei übersendet er in der Regel entweder, sofern die Gesellschaft Inhaberaktien ausgegeben hat, den Kreditinstituten die entsprechenden Materialien im Sinne von § 125 Abs. 1 AktG, oder er schickt diese, wenn die Gesellschaft Namensaktien ausgegeben hat, direkt an die im Aktienregister registrierten Inhaber der Aktien (§ 125 Abs. 2 Nr. 3 AktG). An Kreditinstitute versandte Unterlagen sind von diesen gemäß § 128 Abs. 1 an die einzelnen Aktionäre weiterzuleiten.[1173] Dies gilt gemäß § 128 Abs. 1 AktG einerseits für Inhaberaktien, die von dem entsprechenden Kreditinstitut aufbewahrt werden und andererseits für Namensaktien, die der Bank zwar nicht gehören, für die sie jedoch im Aktienregister eingetragen ist.[1174]

Beabsichtigt das Kreditinstitut, in der Hauptversammlung das Stimmrecht für Aktionäre auszuüben, so hat es zu den gemäß § 128 Abs. 1 AktG weitergeleiteten Materialien eigene Abstimmungsvorschläge zu machen (§ 128 Abs. 2 S. 1 AktG), bzw. sind bei der Verwahrung von Namensaktien, für die das Kreditinstitut nicht in das Aktienregister eingetragen ist, diese Abstimmungsvorschläge zugänglich zu machen (§ 128 Abs. 2 S. 2 AktG). Abstimmungsvorschläge sind nur dann ausdrücklich mitzuteilen, wenn das Kreditinstitut beabsichtigt, von den Vorschlägen der Verwaltung[1175] abzuweichen. Erteilt der Aktionär der Bank keine Weisung, so kann die Bank das Stimmrecht entsprechend den zuvor mitgeteilten eigenen Vorschlägen ausüben.[1176] Diese Regelung führt in einem Großteil der Fälle dazu, dass, weil die Banken in aller Regel im Sinne der Verwaltung abstimmen,[1177] ein Beschlussantrag einer Minderheit keine Beachtung findet. Die von einer Minderheit gestellten Anträge zur Beschlussfassung erreichen zwar über die Mitteilungen der Banken die Aktionäre, doch nur in der gesetzlich vorgeschriebenen „Minimalform". Ein großer Werbeeffekt geht hiervon jedenfalls nicht aus. Oft kümmern sich die Kunden auch überhaupt nicht um die zugesandten Materialien, was traditionell dazu führt, dass die Banken entsprechend ihren eigenen Beschlussvorschlägen abstimmen, was wiederum den Vorschlägen der Verwaltung entspricht. Die gesetzlichen Regelungen führen somit dazu, dass zwar die Vorschläge den einzelnen Aktionär erreichen, doch immer nur indirekt über die Mitteilungen der Verwaltung, entweder durch

---

1173 Eine Verpflichtung der Kreditinstitute zur Weiterleitung der in § 125 Abs. 1 AktG bestimmten Mitteilungen besteht selbst dann, wenn die Voraussetzungen des § 125 Abs. 1 AktG nicht erfüllt sind, wenn sie also in der letzten Hauptversammlung keine Stimmrechte für Aktionäre ausgeübt haben und eine Mitteilungspflicht nach § 128 Abs. 1 an sich von der Anforderung entsprechender Mitteilungen abhängt. Die Verpflichtung zur Anforderung entsprechender Mitteilungen folgert die herrschende Meinung aus der Rolle der Kreditinstitute als Informationsmittler, vgl. *Hüffer* (2002), § 128 Rdnr. 6.

1174 Bei dieser aus den *USA* als sogenannte *street name*-Registrierung bekannten Form der Verwahrung (vgl. oben § 11I.1.a)) von Namensaktien lässt sich die Bank für den Aktionär in das Aktienregister eintragen. Die Depotbank kann dann treuhänderisch für ihren Depotkunden in der Hauptversammlung die Rechte des Anlegers ausüben. Damit bleibt der eigentliche Aktionär anonym. Wie § 135 Abs. 7 AktG zeigt, ist die Wahl einer solchen Struktur auch zulässig. Vgl. dazu *Than/Hannöver* (2000), S. 279, 307.

1175 § 124 Abs. 3 S. 1 AktG.

1176 Vgl. § 128 Abs. 2 S. 4 AktG. Dies alles setzt natürlich eine ordnungsgemäße Bevollmächtigung der Bank voraus. Während § 128 AktG nur die Frage der Weiterleitung von Informationen (Abs.1) und die Verpflichtungen bei geplanter Stimmrechtsausübung regelt (Abs. 2), wird die Frage der Bevollmächtigung im Aktienrecht in §§ 134, 135 AktG geregelt.

1177 Vgl. dazu noch § 19 III.

die Verwaltung selbst oder durch die Depotbanken. Der aufbegehrende Aktionär ist in seinem Zugang zu den Aktionären beschränkt, so dass seine eigene Werbekampagne den einzelnen Aktionär nicht zielgerichtet ansprechen kann. Wie oben bereits erwähnt, besteht nach der Neufassung von § 67 AktG durch das *NaStraG*[1178] in einer Gesellschaft, die Namensaktien ausgegeben hat, auch keine Möglichkeit mehr, das Aktienregister einzusehen.

In jüngster Zeit werben vermehrt Verwaltungen um Stimmrechtsvollmachten.[1179] In Gesellschaften, in denen Namensaktien ausgegeben sind, kennt das Unternehmen seine Aktionäre, und Mitteilungen sind an die Aktionäre direkt zu richten (§ 125 Abs. 2 Nr. 3 AktG). Allerdings verbessert sich hierdurch die Situation für Minderheiten bei der Durchsetzung eigener Beschlussgegenstände nicht. Denn ihre Vorschläge werden den Anlegern nach wie vor nur gemäß den gesetzlichen Minimalforderungen präsentiert. Einem möglichen Herausforderer fehlt eine Möglichkeit, andere Aktionäre anzusprechen und für sein Vorhaben zu werben.

Für einen Tagesordnungspunkt können somit nach geltendem Recht im Vorfeld einer Hauptversammlung nur Stimmen über andere Stimmrechtsvertreter gesammelt werden, sofern der aufbegehrende Aktionär die anderen Aktionäre nicht aus eigenen Quellen kennt. Ein möglicher Herausforderer kann somit grundsätzlich nur darauf hoffen, dass die Aktionäre den etablierten Stimmrechtsvertretern Weisungen erteilen, dass diese die Stimmrechtsvollmacht zugunsten seines Vorschlags ausüben sollen.

3. Gegenanträge und Vorschläge zur Wahl des Aufsichtsrats

Gemäß dem durch das *Transparenz- und Publizitätsgesetz*[1180] neu gefassten § 126 Abs. 1 AktG ist ein Gegenantrag eines Aktionärs einschließlich des Namens des Aktionärs, der Begründung und einer etwaigen Stellungnahme der Verwaltung den in § 125 Abs. 1 bis 3 AktG genannten Berechtigten unter den dortigen Voraussetzungen zugänglich zu machen, wenn der Aktionär spätestens zwei Wochen vor dem Tage der Hauptversammlung der Gesellschaft den Antrag gegen einen Vorschlag von Vorstand und Aufsichtsrat zu einem bestimmten Punkt der Tagesordnung mit Begründung an die in der Einberufung hierfür mitgeteilte Adresse übersandt hat. Für „Zugänglich machen" des Gegenantrags durch die Gesellschaft genügt das Einstellen in die Webseite der Gesellschaft, wobei aber darauf zu achten sein wird, dass der Gegenantrag ohne großen Suchaufwand auf der Webseite aufgefunden werden kann.[1181]

§ 126 Abs. 2 AktG enthält verschiedene Gründe, warum der Gegenantrag eines Aktionärs und dessen Begründung nicht zugänglich gemacht zu werden braucht. Vor allem braucht die Begründung des Gegenantrags gemäß § 126 Abs. 2 S. 2 AktG nicht zugänglich gemacht zu werden, wenn sie insgesamt mehr als 5000 Zeichen beträgt.

[1178] Vgl. Fn. 1112.

[1179] Vgl. dazu noch unten § 19 III.2.b).

[1180] Vgl. BGBl. 2002 I S. 2681.

[1181] BegrRegE zu § 126 AktG n.F., BT-Drucks. 14/8769 = NZG 2002, 213, 224. Vgl. auch *Hirte* (2003), S. 74 f.

Damit wurde die Mitteilungsverpflichtung der alten §§ 126, 125 AktG abgeschafft.[1182] Dies führt dazu, dass auch Kreditinstitute und Aktionärsvereinigungen die Gegenanträge nicht mehr gemäß § 128 AktG weiterleiten müssen, weil sich die Mitteilungspflicht auf Mitteilungen nach § 125 AktG bezieht, von dem aber Gegenanträge nun nicht mehr umfasst werden.

Die Neuerungen in § 126 AktG gelten sinngemäß auch für § 127 AktG, nach dem einzelne Aktionäre berechtigt sind, Vorschläge für die Wahl des Aufsichtsrates oder des Abschlussprüfers zu machen. Auch diese müssen seit der Änderung durch das *TransPubG* nicht mehr mitgeteilt werden. Durch das „Zugänglich machen" ist es zumindest theoretisch möglich, bereits im Vorfeld einer Hauptversammlung für die Wahl von Personen in den Aufsichtsrat zu werben, die sonst nicht zur Wahl vorgeschlagen worden wären, ohne dass sich die Aktionäre hierzu besonders organisieren müssten.[1183] Allerdings ist dies nicht mit der generellen Möglichkeit für den Aktionär verbunden, eine bestimmte Weisung für die Ausübung seines Stimmrechts zu erteilen. Das Erteilen einer solchen Weisung ist nur im Rahmen der Stimmrechtsvertretung nach § 128 AktG möglich.[1184]

Die neuen gesetzlichen Regelungen führen somit dazu, dass ein Gegenantrag eines Aktionärs bzw. dessen Begründung den einzelnen Aktionär nicht mehr unmittelbar über die Mitteilungen der Gesellschaft erreicht. Da dem Aktionär jedoch in jedem Fall die Tagesordnung bekannt gegeben werden muss, führt dies nicht dazu, dass die Aktionäre einer Gesellschaft über einen Abstimmungspunkt nicht informiert wären, es hat lediglich zur Folge, dass die Informationen über den beabsichtigten Gegenantrag nicht mehr unmittelbar den einzelnen Aktionär erreichen, sondern nun in der Regel auf der Webseite der Gesellschaft eingesehen werden müssen. Es wird sich erweisen müssen, ob hiervon negative Folgen für eine wünschenswerte Aktionärsopposition ausgehen oder ob die für die Änderung angeführte Begründung der hohen Kosten und der Fehleranfälligkeit der alten Regelung ihre Berechtigung behält.[1185]

4. Zusammenfassung und Ergebnis

Fasst man die oben beschriebenen Abläufe zusammen, so lässt sich im Ergebnis sagen, dass das Gesetz zwar gewährleistet, dass die Aktionäre über eventuelle Oppositionstätigkeiten informiert werden oder sich zumindest informieren können, dass jedoch ein wirklicher Zugang zu den einzelnen Aktionären nicht möglich ist, um diese aktiv für bestimmte oppositionelle Maßnahmen zu werben. Die gesetzlichen Regelungen sorgen zwar dafür, dass die Aktionäre von einer bestimmten oppositionellen Tätigkeit erfahren, jedoch immer nur indirekt entweder über die Mitteilungen des Vorstands oder über das zugänglich machen durch die Gesellschaft. Dabei wird dem opponierenden Aktionär auch kein Recht eingeräumt, über seine Vorschläge zu informieren. Möglichkeiten einer

---

[1182] Vgl hierzu auch *Hüffer* (2002), § 126 Rdnr. 2 ff.

[1183] So auch *Hoffmann* (1999), S. 82 zur alten Gesetzeslage.

[1184] Vgl. § 128 Abs. 2 S. 4 und 5 AktG.

[1185] Vgl. BegrRegE zu § 126 AktG n.F., BT-Drucks. 14/8769 = NZG 2002, 213, 224.

direkten gezielten Ansprache, die sich genauerer Methoden bedient als über die allgemeinen Medien, und die daher auch in der Lage wäre, die *rationale Apathie* der Aktionäre zu überwinden, sind vom Gesetz nicht vorgesehen. Dem deutschen Recht fehlt damit ein wettbewerbliches Element, das einer opponierenden Minderheit zumindest die theoretische Möglichkeit zu einer Ansprache der Aktionäre geben würde. Angesichts der geringen persönlichen Präsenz von Anlegern auf den Hauptversammlungen ihrer Gesellschaften kann jedoch ein entscheidender Einfluss auf einer Hauptversammlung nur von demjenigen ausgeübt werden, der entweder selber ausreichend Anteile hält oder in der Lage ist, bereits im Vorfeld einer Hauptversammlung Stimmrechtsvollmachten zu sammeln.

II. SONSTIGE MÖGLICHKEITEN DES ERWERBS VON STIMMEN

Oben wurde versucht, die einzelnen Rechte der Aktionäre daraufhin zu untersuchen, inwieweit sie es unzufriedenen Aktionären ermöglichen, eine unternehmensinterne Opposition zu organisieren. Daneben sieht das Gesetz derzeit keine Möglichkeiten der Aktionärskommunikation vor, durch die eine Opposition im Vorfeld einer Hauptversammlung Stimmen zu ihren Gunsten sammeln könnte. Die früher bestehende Möglichkeit, das Aktienregister bei Gesellschaften mit Namensaktien einzusehen, besteht seit der Abschaffung dieses Anspruchs aus § 67 Abs. 5 AktG durch das *NaStraG*[1186] nicht mehr. Zwar steht es jedem Aktionär sowie jedem Dritten frei, sich von den übrigen Aktionären zur Ausübung des Stimmrechts bevollmächtigen zu lassen,[1187] doch erfordert dies, dass der Interessent öffentlich Werbung für seine Absichten macht, etwa in Zeitungen oder anderen Medien. Da er die Aktionäre nicht direkt ansprechen kann, ist er darauf angewiesen, dass die Aktionäre ihn von sich aus zur Ausübung ihres Stimmrechts bevollmächtigen.

Eine solche Werbung von Stimmrechtsvollmachten ist erst einmal durchgeführt worden. Dabei forderte der Herausgeber des *Effekten-Spiegels*, *Bolko Hoffmann*, die Aktionäre der *Girmes AG* in Anzeigen auf, ihn zur Ausübung ihres Stimmrechts zu bevollmächtigen. *Hoffmann* gelang es auf diesem Weg, eine Sperrminorität zu erreichen, mit der er gegen ein Sanierungskonzept für die angeschlagene *Girmes AG* stimmte.[1188]

Dieser Fall zeigt, dass die Organisation einer wirkungsvollen Opposition zwar möglich, jedoch mit erheblichen Schwierigkeiten verbunden ist, da sich der aufbegehrende Aktionär allein auf seine öffentliche Kommunikation verlassen muss. Nicht außer Acht gelassen werden darf auch die Tatsache, dass es sich bei der *Girmes AG* um eine eher kleine Publikumsgesellschaft handelte, bei der sich daher auch der zu betreibende Auf-

---

[1186] Vgl. Fn. 1112.

[1187] Vgl. hierzu bereits oben unter § 18 II.

[1188] Die *Girmes AG* musste daraufhin Konkurs anmelden, was zu der bekannten BGH-Entscheidung führte, die sich mit der Haftung des Stimmrechtsvertreters auseinandersetzt, BGH WM 1995, 882 ff, siehe dazu ausführlich z.B. bei *Hoffmann* (1999), S. 109 ff. und auch schon oben § 18 II a.E. und Fn. 1150, 1151.

wand in einem gewissen Rahmen hielt.[1189] Würde ein Investor bei der bestehenden Rechtslage aber versuchen, in einer großen Publikumsgesellschaft wie etwa der *Deutschen Telekom AG* oder der *DaimlerChrysler AG* eine Opposition allein über eine öffentliche Werbekampagne zu organisieren, so wäre dies wahrscheinlich aussichtslos, jedenfalls würde eine entsprechende Entscheidung angesichts des Verhältnisses von zu erwartenden Kosten und der Wahrscheinlichkeit eines Erfolges ein unkalkulierbares Risiko darstellen. Es fehlt an Möglichkeiten der direkten Ansprachen der Aktionäre. Sie sind dem aufbegehrenden Aktionär nicht bekannt, auch nicht über ihre Stimmrechtsvertreter, denn z.B. die Banken sind nicht verpflichtet, die von ihnen über Vollmachten ausgeübten Stimmrechte zu veröffentlichen.[1190]

Eine gewisse Publizität der Aktionärsstruktur schaffen noch die Veröffentlichungspflichten nach den §§ 21 ff. WpHG.[1191] Sie sind Teil des speziellen vom Gesellschaftsrecht zu unterscheidenden Kapitalmarktrechts.[1192] Die im WpHG enthaltenen Regelungen haben an sich nicht das gesellschaftsrechtliche Verhältnis unter den Aktionären bzw. zwischen den Aktionären und der Gesellschaft im Auge, im Mittelpunkt steht vielmehr der Kapitalmarkt als solcher, insbesondere die Börse.[1193] So ist eines der wichtigsten Ziele des WpHG der Anlegerschutz durch Transparenz.[1194] Das Geschehen an der Börse soll für den Anleger so transparent wie möglich erscheinen. Kein eigentliches Ziel des WpHG ist es somit, den Aktionären einer Gesellschaft ihre Mitaktionäre zu ermitteln, um in der Gesellschaft bestimmte Änderungen durchzusetzen. Trotzdem verschaffen die Veröffentlichungspflichten der §§ 21 und 22 WpHG auch jedem Aktionär die Möglichkeit, große Anleger, die mindestens fünf Prozent der Aktien einer Gesellschaft halten, zu identifizieren und gezielt anzusprechen. § 21 WpHG verpflichtet nämlich denjenigen, der durch Erwerb, Veräußerung oder auf sonstige Weise 5, 10, 25, 50 oder 75 % der Stimmrechte an einer börsennotierten Gesellschaft erreicht, überschreitet oder unterschreitet, der Gesellschaft sowie der Bundesanstalt für Finanzdienstleistungsaufsicht[1195] unverzüglich das Erreichen, Überschreiten oder Unterschreiten schriftlich mitzuteilen. Diese Mitteilungen werden von der Bundesanstalt veröffentlicht und sind jederzeit z.B. im Internet abrufbar.[1196] Dadurch werden sie für jedermann verfügbar und damit auch für jeden Aktionär, der daran interessiert ist, andere Aktionäre für seine eigenen Ziele zu werben. Die Schwelle der Meldepflicht ist jedoch aus der Sicht eines aufbegehrenden Aktionärs sehr hoch. Hiervon werden gerade bei großen Gesellschaften nur wirklich außergewöhnlich große Anteilseigner erfasst. Auch die meisten institutio-

---

[1189] Die *Girmes AG* hatte ein Stammkapital von etwa 50 Millionen DM.

[1190] Vgl. amtliche Begründung zum WpHG, vgl auch *Becht/Böhmer* (2002), S. 150.

[1191] Zur Offenlegung von Aktienbesitz nach deutschem Recht allgemein vgl. *Arends* (2000).

[1192] Zur Abgrenzung des Kapitalmarktrechts vom Gesellschaftsrecht vgl. etwa *Mülbert* (1995), S. 107 ff.

[1193] *Kümpel* (1996), S. 33 ff.; *Assmann/Schneider* (1999), vor § 21 Rdnr. 12 ff.

[1194] *Hüffer* (1999), Anh. § 22, § 21 WpHG Rdnr. 1; *Kümpel* (1996), S. 132.

[1195] Die Bundesanstalt für Finanzdienstleistungsaufsicht wurde durch das Finanzdienstleistungsaufsichtsgesetz (FindaG) vom 22. April 2002 (BGBl. I S. 1310) ins Leben gerufen und nimmt nun die Funktionen des Bundesaufsichtsamtes für den Wertpapierhandel war, das der frühere Adressat der Mitteilungen nach § 21 WpHG war.

[1196] Die entsprechende Datenbank ist einzusehen unter *www.bafin.de/database/stimmrechte.htm.*

nellen Investoren erreichen niemals solche Anteilsquoten, so dass der Informationsgehalt dieser Veröffentlichungen für einen möglichen Herausforderer eher gering ist.[1197] Hinzu kommt, dass gemäß § 10 Abs. 1 a S. 3 KAAG Fonds, die unter das KAAG fallen, ihren Anteilsbesitz erst ab einem Anteil von 10% offen legen müssen. Es wird insofern eine Ausnahme von § 21 WpHG gemacht, weil der Gesetzgeber davon ausging, dass diese Unternehmen bereits von sich aus im Interesse ihrer Kunden handeln.[1198]

III. AKTIONÄRSSTRUKTUR UND STIMMRECHTSAUSÜBUNG

1. Die herkömmliche Struktur der Aktionäre und ihre Stimmrechtsausübung

Allein die Betrachtung der in Deutschland bestehenden rechtlichen Rahmenbedingungen bei der Sammlung von Stimmen im Vorfeld einer Hauptversammlung lässt keine Aussage darüber zu, welche Bedeutung wettbewerblichen Elementen in der deutschen Unternehmensverfassung zukommt bzw. warum solchen Elementen bisher keine entscheidende Rolle zukommt. Hierzu ist vielmehr erforderlich, die bestehenden tatsächlichen Verhältnisse in einer Aktiengesellschaft näher zu betrachten. Das bedeutet vor allem zu untersuchen, wie sich die Aktionäre von Aktiengesellschaften zusammensetzen, wie sie ihre Stimmrechte ausüben und welche oppositionellen Maßnahmen sie ergreifen.

Hier lässt sich zunächst festhalten, dass im Hinblick auf direkte Wettbewerbe um Stimmrechtsvollmachten, also die aus den *USA* bekannten klassischen *proxy contests*, keine speziellen Aussagen getroffen werden können, weil solche Wettbewerbe in Deutschland bisher keine Rolle gespielt haben.[1199]

Auch im Hinblick auf die übrigen Minderheitenrechte lässt sich zeigen, dass auch diesen Rechten bisher keine entscheidende Bedeutung zukommt, wenn es um die Durchsetzung von Veränderungen in einer deutschen Aktiengesellschaft im Hinblick auf bestimmte Angelegenheiten der *Corporate Governance* geht. Vielmehr wurden solche Rechte bisher eher im Sinne der aus den *USA* bekannten *social policy resolutions* genutzt.[1200] Eine große Bedeutung im Zusammenhang mit Fragen der *Corporate Governance* kam diesen Rechten bisher nicht zu. Wenn durch oppositionelle Aktionäre in Fragen der *Corporate Governance* Maßnahmen ergriffen wurden, so waren sie in der Regel auch nicht erfolgreich und erhielten nur geringe Zustimmung.

Es stellt sich daher vor allem die Frage, warum bisher im Vorfeld einer Hauptversammlung nur in den wenigsten Fällen ernsthaft um die Stimmen der Aktionäre geworben wird und es dementsprechend auch keine Wettbewerbe um die Erteilung entsprechender Vollmachten gibt. Um die hierfür entscheidenden Gründe zu ermitteln, ist es

[1197] Im Rahmen ihrer Diversifikationsstrategien halten institutionelle Investoren in der Regel weniger als 1-3% des Aktienkapitals einer Gesellschaft, *Gerke* (2001), S. 5.

[1198] *Becht/Böhmer* (2002), S. 150.

[1199] Zum in diesem Zusammenhang bekannt gewordenen *Girmes*-Fall vgl. bereits oben § 19 II.

[1200] Vgl. dazu z.B. *Mertens* (1997).

zunächst erforderlich auf spezifische Besonderheiten der Anteilseignerstruktur in deutschen Aktiengesellschaften hinzuweisen, weil sich daraus erkennen lässt, warum wettbewerbliche Elemente im Bereich der Kontrolle deutscher Aktiengesellschaften bisher nur eine untergeordnete Rolle gespielt haben.

Stellt man dabei im Rahmen dieser Arbeit allein auf börsennotierte Aktiengesellschaften ab, so muss zunächst zwischen Gesellschaften unterschieden werden, die von einem oder mehreren Großaktionären beherrscht werden, und solchen, die sich in mehrheitlichem Streubesitz befinden.

Traditionell wird in Deutschland ein Großteil der Aktiengesellschaften von einem oder mehreren Großaktionären beherrscht.[1201] Dies gilt auch für die an der Börse notierten Gesellschaften. Daraus resultiert ein vergleichsweise niedriger Streubesitz.[1202] Das führt dazu, dass die meisten von deutschen Unternehmen emittierten Aktien von anderen (Nichtfinanz-)Unternehmen gehalten werden.[1203] Im Jahr 1992 waren dies immerhin 42,4%.[1204] Auch im Zeitraum von 1993 bis 1997 wurden noch mehr als 41% aller an den Börsen notierten Aktiengesellschaften von (Nichtfinanz-) Unternehmen kontrolliert; dagegen kontrollierten Banken und Versicherungen nur 4% der an der Börse notierten Aktiengesellschaften auf der Grundlage eigener Aktien.[1205]

Eine weitere Folge dieser Konzentration in der Struktur der Anteilseigner war es, dass etwa 80% aller an der Börse gelisteten Unternehmen einen Aktionär haben, der mindestens 25% der Aktien hielt, wobei es sich dabei typischerweise nicht um Finanzinvestoren handelte.[1206] Der größte Anteilseigner kontrollierte im Jahre 2001 im Schnitt 60% der Stimmrechte in einer Gesellschaft.[1207]

Es lässt sich allerdings beobachten, dass die Anteilseignerkonzentration mit zunehmender Größe der betrachteten Gesellschaften sinkt. So war sie immer schon in den Unternehmen des *DAX 30* wesentlich geringer als der Durchschnitt, was auch daran liegen dürfte, dass die Unternehmen in diesem Index einem stärkeren Interesse von Anlegern ausgesetzt sind. Außerdem muss eine Gesellschaft, um im *DAX 30* gelistet zu werden, bereits eine relativ große Streuung ihrer Aktien nachweisen, um die für den Index geforderte Liquidität sicherzustellen.[1208] So besteht bei den DAX-Unternehmen nur ein

---

1201 Vgl. *Becht/Böhmer* (2002), S. 128 ff.; *Franks/Mayer* (2001), S. 945 ff.; *Adams* (1994), S. 148 ff.; *Wenger/Kaserer* (1998), S. 503 ff., *Köke* (2001b), S. 268 f. Vgl. auch *Edwards/Fischer* (1994), *Franks/Meyer* (1990) und *Barca/Becht* (2001).

1202 *Gerke/Mager* (2003), S. 551.

1203 *Baums* (1996a), S. 325 f.

1204 *Baums* (1996a), S. 325.

1205 *Köke* (2001b), S. 276.

1206 *Gorton/Schmid* (1996), S. 6 f., vgl auch die entsprechenden Angaben bei *Franks/Mayer* (2001), S. 944 und *Köke* (2001b), S. 271.

1207 *Wójcik* (2003), S. 1442.

1208 *Becht/Böhmer* (2002), S. 136; *Wójcik* (2003), S. 1453.

durchschnittlicher Stimmrechtsblock von 11% gegenüber 52,1% für den gesamten deutschen Markt.[1209]

In Gesellschaften mit einer konzentrierten Anteilseignerstruktur spielen die beschriebenen Rechte im Hinblick auf die Kontrolle der Gesellschaft eine geringe und allenfalls symbolische Rolle, vor allem wenn es um Fragen der Unternehmensführung geht, wenn also ein Aktionär auf der Hauptversammlung Fragen der *Corporate Governance* thematisieren möchte, denn die Mehrheitsgesellschafter benötigen diese nicht, weil sie ihren umfassenden Einfluss auf die beherrschte Gesellschaft auch anders nämlich aufgrund ihres beherrschenden Einflusses durchsetzen können. Sie sind auch weder darauf angewiesen, für die von ihnen verfolgten Interessen die Stimmrechte anderer Anleger einzuwerben, noch müssen sie verhindern, dass eine bestimmte Gruppe, etwa Banken oder die Unternehmensverwaltungen, über die Vertretung der übrigen Aktionäre einen beherrschenden Einfluss auf „ihre" Gesellschaft erlangen.

So bestimmen die beherrschenden Aktionäre in der Regel den Vorsitzenden des Aufsichtsrats, wenn sie nicht sogar alle Vertreter der Anteilseigner im Aufsichtsrat bestimmen.[1210] Hieran zeigt sich auch die Beziehung zwischen der Konzentration der Eigentümerstrukturen in Deutschland und dem Funktionieren des Aufsichtsrats.[1211] Über den Aufsichtsrat können diese Anteilseigner dann auch einen Vorstand bestimmen, der ihren Vorstellungen entgegenkommt.[1212] Durch den von ihnen bestimmten Aufsichtsrat können sie ihre Vorstellungen als Mehrheitsgesellschafter in der Gesellschaft durchsetzen.

Zwar könnte man hieraus nun folgern, diese Großaktionäre hätten als Eigentümer den nötigen Anreiz (*incentive*) und auch den nötigen Einfluss, das Management zu kontrollieren, was sich positiv auf die Ergebnisse der entsprechenden Unternehmen auswirken müsste,[1213] doch führt diese Situation auch zu Konflikten zwischen diesen Anlegern und den Minderheitsaktionären.[1214] Die Konzentration der Aktien in den Händen einzelner Anleger kann zu Entscheidungen führen, die zwar für den kontrollierenden Aktionär vorteilhaft sind, aber nicht im Interesse der Minderheit liegen.[1215] Der Transfer von Ressourcen zum beherrschenden Aktionär kann außerdem zu einer unterdurchschnittlichen Entwicklung der betroffenen Gesellschaft führen.[1216]

Da viele Unternehmen wiederum von anderen Unternehmen kontrolliert werden, kann die Überwachungsqualität wiederum unter internen *agency conflicts* leiden, weshalb diese Unternehmen eine ausreichende Überwachung des amtierenden Managements

---

1209 *Becht/Böhmer* (2002), S. 135, wobei sich die Angaben auf solche Unternehmen beziehen, die nicht dem Fianzsektor zuzurechnen sind.

1210 *Franks/Mayer* (2001), S. 952 f.

1211 *Wójcik* (2003), S. 1433 Fn. 1.

1212 Vgl. § 84 AktG.

1213 Vgl. dazu *Shleifer/Vishny* (1986), S. 461 ff.

1214 *LaPorta/Lopez-de-Silanes/Shleifer* (1999), S. 471 ff.

1215 *Bebchuk* (1999), S. 3 ff.

1216 Vgl. dazu auch *Baums* (1999a), S. 112.

vermissen lassen können.[1217] Laut einer Untersuchung von *Köke* werden ungefähr 40 % aller börsennotierten Gesellschaften von anderen Unternehmen beherrscht, die nicht der Finanzbranche zuzurechnen sind.[1218]

Der Minderheit ist es nicht, auch nicht durch einen Wettbewerb um Stimmrechtsvollmachten, möglich, gegen diese fest gefügten Machtstrukturen in einer Gesellschaft anzugehen. Festzuhalten bleibt allerdings, dass im Rahmen einer solchen Anteilseignerstruktur nicht die typischen Probleme einer Publikumsgesellschaft gelöst werden müssen, in denen die amtierende Unternehmensverwaltung verursacht durch die *rationale Apathie* der kleinen und verstreuten Anleger selbst einen beherrschenden Einfluss auf die betroffene Gesellschaft erlangt.[1219] Vielmehr stellt sich die Frage, wie die Minderheit ihre Interessen gegenüber der Mehrheit sichern kann. Anleger, die hier entschieden und wirkungsvoll die Interessen dieser Minderheiten vertreten, sind bisher mit Ausnahme der Aktionärsvereinigungen und vereinzelter Anleger nicht aufgetreten. Insbesondere fehlte es bisher an einer Gruppe ausschließlich portfolio-interessierter institutioneller Investoren.[1220]

Betrachtet man dagegen die Gesellschaften, die sich in mehrheitlichem Streubesitz befinden, worunter sich in der Regel, wie oben gezeigt, auch die größten deutschen Gesellschaften befinden, die im DAX 30 notiert sind, so haben auch hier bisher gegen das aus Aufsichtsrat und Vorstand bestehende amtierende Management gerichtete oppositionelle Maßnahmen nur eine untergeordnete Rolle gespielt. Immerhin 38% aller Aktiengesellschaften weisen eine solche breit gestreute Anteilseignerstruktur auf.[1221] Prägend für die Hauptversammlungen dieser Gesellschaften war dabei stets die Stimmrechtsausübung durch die Banken als Stimmrechtsvertreter, durch das diese entscheidenden Einfluss ausüben konnten.[1222]

So zeigen die von *Baums* und *Fraune* auf der Grundlage von Hauptversammlungen des Jahres 1992 ermittelten Daten für Gesellschaften, die sich mehrheitlich im Streubesitz befinden, dass die Banken einschließlich der von ihnen abhängigen Kapitalanlagegesellschaften die dominierenden Stimmrechtsvertreter auf deutschen Hauptversammlungen sind.[1223] Im Durchschnitt entfielen auf sie etwa 84% der Stimmrechte in einer Hauptversammlung.[1224]

Diese starke Position konnten die Banken durch die weite Verbreitung der Inhaberaktie und das gleichzeitige Verbot des Verwaltungsstimmrechts erreichen. Dadurch waren sie

---

[1217] *von Thadden* (1990).

[1218] *Köke* (2001b), S: 274 ff.

[1219] Vgl. dazu bereits ausführlich oben unter § 9 II.1.

[1220] Vgl. dazu noch unten § 19 III.2.c).

[1221] *Köke* (2001b), S. 276.

[1222] *Franks/Mayer* (2001), S. 944. Vgl. auch schon *Franks/Mayer* (1998), S. 656 f.

[1223] Vgl. *Baums/Fraune* (1995), S. 101 ff. *Böhm* (1992), S. 66 ff. und Anhang, Tab. 24 und 28, kommt zu ganz ähnlichen Ergebnissen, ebenso *Gottschalk* (1988), S. 298. Nur scheinbar anders, aufgrund einer anderen Auswahl von Gesellschaften, *Perlitz/Seger* (1994), S. 62, Tab. 6.

[1224] *Baums/Fraune* (1995), S. 101.

in der Regel die einzigen, die über einen Zugang zu den Aktionären verfügten, da sie die Depots ihrer Kunden verwalteten. Da die Aktien allein auf den Inhaber lauteten, kannten auch nur die sie verwahrenden Banken den Aktionär und die genaue Zahl der von ihm gehaltenen Anteile. Weil die Banken mit der Weiterleitung von hauptversammlungsspezifischen Informationen auch regelmäßig die Stimmrechtsvollmachten der Aktionäre einwarben, kam ihnen zusammen mit ihrem eigenen Anteilsbesitz eine erhebliche Einflussmöglichkeit zu. Die Kosten für die Weiterleitung der Unterlagen des Unternehmens bekamen sie von der Gesellschaft zumindest teilweise ersetzt.[1225]

Die aus dieser Entwicklung herrührende Bankenmacht war lange Zeit Gegenstand heftiger Kritik,[1226] die in vielerlei gesetzgeberischen Maßnahmen mündete,[1227] so zuletzt in die Neuregelungen durch das *KonTraG*.[1228] Sie führte in jüngerer Zeit auch zu noch weitergehenden Vorschlägen zur weiteren Reform des deutschen Systems der Stimmrechtsvertretung.[1229] Eine grundlegende Änderung dieses Systems etwa hin zu einem aus dem US-amerikanischen Recht bekannten *proxy system* war aber zumindest nach herrschender Meinung nicht möglich, weil darin keine tragfähige Alternative gesehen wurde.[1230]

Es lässt sich beobachten, dass die Banken in der Regel entsprechend den Vorschlägen der Verwaltung abstimmten.[1231] Dieses Stimmverhalten ist nicht auf Weisungen der vertretenen Aktionäre zurückzuführen, da in der Regel nur wenige Prozent der Aktionäre von ihrem Weisungsrecht Gebrauch machen.[1232] Dabei gilt das beschriebene Abstimmungsverhalten sowohl für Abstimmungsvorschläge der Verwaltung als auch für solche, die von Aktionären auf die Tagesordnung gesetzt werden.[1233]

Sucht man nach Begründungen für das Verhalten der Banken, die in der Regel die amtierende Unternehmensleitung unterstützten, so kommt als Erklärung im Hinblick auf das Abstimmungsverhalten der Banken zunächst in Betracht, dass auch die Verwaltung einer großen Aktienbank sich gegenüber einer Hauptversammlung verantworten muss

---

[1225] Vgl. § 128 Abs. 6 Nr. 2 AktG in Verbindung mit der entsprechenden Verordnung. Vgl. dazu auch *Fraune* (1996), S. 19 f. mit weiteren Einzelheiten.

[1226] Überblick hierzu bei *Raiser* (1992), § 16 Rdnr. 86 ff.; *Körber* (1989), S. 28 ff., 52 ff.; vgl. auch *Baums* (1996b), S. 11; *Hopt* (1997), S. 45; *Wenger* (1997), S. 59 ff.; *Peltzer* (1996), S. 26; zuletzt auch wieder bei *Tuerks* (2000), S. 249 ff.; *Ruoff* (1999); S. 339 ff. , *Hoffmann* (1999), S. 222 ff. Zur Rolle der Banken insgesamt und weniger kritisch vgl. *Edwards/Fischer* (1994); *Gorton/Schmid* (1996); *Gorton/Schmid* (2000). Vgl. auch Fn. 1107 m.w.N.

[1227] Vgl. zu diesen Bemühungen die Ausführungen von *Körber* (1989), S. 41 ff.

[1228] Vgl. Fn. 1109.

[1229] Vgl. z.B. *Tuerks* (2000), S. 249 ff.

[1230] Vgl. etwa *Hüffer* (1999), § 135 Rdnr. 3; *Körber* (1989), S. 32 ff.; *Meyer* (1978), S. 11; *Hopt* (1997), S. 45; a.A. *Baums* (1996b), S. 21 ff.; *Baums/von Randow* (1995), S. 145 ff. Zu einer grundlegenden Änderung dieses Systems durch das nun zulässige Verwaltungsstimmrecht vgl. unten § 19 III.2.b).

[1231] *Baums/Fraune* (1995), S. 109 f.

[1232] Nach einer Schätzung der *Dresdner Bank* aus den siebziger Jahren erteilten nur 2 bis 3% der Aktionäre abweichende Weisungen für die Stimmrechtsausübung in der Hauptversammlung, vgl. *Roth* (1973), S. 94.

[1233] *Baums/Fraune* (1995), S. 112.

und deshalb prinzipiell nicht an einer Einschränkung des Handlungsspielraums der Verwaltung interessiert ist.[1234] Dies kann dazu führen, dass Beschlussvorschläge, ohne Befürwortung durch die Unternehmensverwaltung des Unternehmens, in dessen Hautversammlung abgestimmt wird, prinzipiell abgelehnt werden, um nicht selbst im eigenen Entscheidungsspielraum beschnitten zu werden.[1235] Insgesamt folgt aber auch aus der Tatsache, dass die Banken eben nur fremde Anteile vertreten, aber kein eigentliches eigenes Eigentümerinteresse repräsentieren ein Grund für ihr fehlendes Engagement für Initiativen aus dem Kreis der Anleger. Im Übrigen könnten auch sie den ihnen zukommenden Einfluss ebenso wie ein Großanleger über den Aufsichtsrat ausüben, weil sie aufgrund ihrer Stimmmacht auch die Wahlen zu diesem Gremium bestimmen können.[1236]

Neben den üblicherweise von den Banken vertretenen Aktionären agierende Aktionärsgruppen mit einem nennenswerten Gewicht traten in den Publikumsgesellschaften in der Regel nicht auf oder sie spielten keine entscheidende Rolle.[1237] Insbesondere kam den aus den *USA* bekannten Pensions- und Investmentfonds, für die sich aus verschiedenen bereits näher erläuterten Gründen ein Engagement für Fragen der *Corporate Governance* eher lohnt,[1238] in Deutschland bisher keine entscheidende Bedeutung zu. So üben Versicherungen die Stimmrechte aus ihren zum Teil erheblichen Beteiligungen in der Regel nicht selbst aus,[1239] sondern erteilen befreundeten Kreditinstituten Stimmrechtsvollmachten.[1240] Auch die inländischen Investmentfonds, auf die in der Studie von *Baums* und *Fraune* nur etwas mehr als 10% der auf der Hauptversammlung vertretenen Stimmen entfielen,[1241] übten die Stimmrechte aus den von ihnen gehaltenen Aktien bisher meistens nicht selbst aus, sondern ließen sich durch Unterbevollmächtigte vertreten, die auch die Anteile der Banken vertraten.[1242] Die Ausübung von Stimmrechten durch Pensionsfonds und ausländische Anleger spielte überhaupt keine oder nur eine untergeordnete Rolle.[1243]

2. Tendenzen

Es lässt sich allerdings beobachten, dass sich die beschriebenen Strukturen seit einigen Jahren ändern und noch nicht abzusehen ist, ob daraus eine völlig andere Aktionärsstruktur hervorgehen wird, die auch zu einer Veränderung des Systems der Stimmrechtsvertretung und damit auch zu einer Neubewertung der Funktion von Wettbewerben um Stimmrechte und Stimmrechtsvollmachten führen kann. Aber auch im herge-

---

1234 *Baums/Fraune* (1995), S. 111. Zu den daraus entstehenden *agency costs* vgl. auch schon § 2 III.

1235 *Baums/Fraune* (1995), S. 111.

1236 *Franks/Mayer* (2001), S. 974.

1237 *Baums/Fraune* (1995), S. 111 f.

1238 Vgl. dazu ausführlich oben unter § 9 II.2.

1239 Vgl. zu diesen Beteiligungsquoten *Baums/Fraune* (1995), S. 98.

1240 *Baums/Fraune* (1995), S. 106 f.

1241 *Baums/Fraune* (1995), S. 111.

1242 *Baums/Fraune* (1995), S. 107 f.

1243 *Baums/Fraune* (1995), S. 111.

brachten System der Stimmrechtsvertretung selbst sind Veränderungen im Gang, die zu einer Neubewertung führen könnten und damit der Durchsetzung von wettbewerblichen Elementen im Bereich der Stimmrechtsvertretung Auftrieb verleihen können.

So läst sich beobachten, dass die Zahl der Gesellschaften mit einer breit gestreuten Aktionärsstruktur zunimmt.[1244] Es lässt sich auch zeigen, dass die Konzentration von Anteilseignern in den letzten Jahren gerade bei solchen Gesellschaften geringer ist, die neu an der Börse gelistet werden.[1245] Richtig ist auch, dass im Hinblick auf Deutschland verfügbare empirische Daten zur Anteilseignerstruktur, dem Ausmaß von Verflechtungen zwischen einzelnen Gesellschaften aber auch zur Stimmrechtsvertretung auf den Hauptversammlungen, die aus den neunziger Jahren stammen heute bereits nicht mehr für sich beanspruchen können, ein realistisches Bild der Wirklichkeit zu zeichnen. Dafür verliefen die Entwicklungen etwa am Kapitalmarkt aber auch im Hinblick auf die Beteiligungsstruktur deutscher Gesellschaften zu schnell.[1246]

Im Folgenden soll besonders auf bestimmte Entwicklungen hingewiesen werden, die speziell für den Bereich der Stimmrechtsvertretung zukünftige Veränderungen erwarten lassen und insbesondere die bereits beschriebenen Publikumsgesellschaften und damit die größten deutschen Gesellschaften betreffen werden.

a) Rückgang des Depotstimmrechts

Oben wurde als ein kennzeichnendes Merkmal des deutschen Systems der Stimmrechtsvertretung für die Publikumsgesellschaften das so genannte Depotstimmrecht benannt.[1247] In der Rolle der Banken wurde auch international eine Spezialität des deutschen Corporate Governance-Systems gesehen,[1248] wobei immer schon fraglich war, ob die Rolle der Banken für das Corporate Governance-System Deutschlands insgesamt nicht zum Teil auch überbewertet wurde.[1249]

Angesichts der aktuellen Entwicklungen ist es aber fraglich, ob dieses die Stimmrechtsvertretung in Deutschland traditionell dominierende Modell auch in Zukunft weiterhin die Rolle spielen wird, die ihm in der Vergangenheit zukam. Prägend für das vorherrschende System war ja bisher der oben bereits beschriebene Zusammenhang zwischen Inhaberaktie und Depotstimmrecht, der den Banken einen exklusiven Zugang zu den Aktionären sicherte.

1244 *Van der Elst* (2000), S. 31, im Hinblick auf den Zustand im Jahr 1999. Für den Zeitraum von 1993-1997 stellte *Köke* (2001b), S. 273, dagegen für börsennotierte Aktiengesellschaften noch fest, dass die Konzentration der Aktionäre in 47,2% der untersuchten Gesellschaften zunahm und nur in 27,8% der Fälle abnahm.

1245 *Wójcik* (2003), S. 1453.

1246 So im Hinblick auf den Aussagewert bestimmter Studien auch *Berrar* (2001), S. 41 ff. Zur gestiegenen Bedeutung der Aktiengesellschaft auch im Hinblick auf den möglichen Zugang zum Kapitalmarkt vgl. auch *Hansen* (2000).

1247 Vgl. dazu auch Fn. 1107 mit weiteren Literaturangaben.

1248 *LaPorta/Lopez-de-Silanes/Shleifer* (1999), S. 471 ff.; *Gorton/Schmid* (2000), S. 29 ff.

1249 *Edwards/Fischer* (1994); *Breuer* (1998), S. 537 ff.; *Hopt* (1998), S. 227 ff.; *Gorton/Schmid* (2000), S. 70; auf fehlende empirische Befunde weisen auch *Gerke/Mager* (2003), S. 550, hin.

Seit einiger Zeit lässt sich nun beobachten, dass viele große Publikumsgesellschaften ihre Aktien von Inhaber- auf Namensaktien umgestellt haben.[1250] Gründe dafür sind nicht nur das gestiegene Interesse der handelnden Gesellschafter an einer verbesserten Investor Relations Politik oder einer stärkeren Kontrolle der Aktionärsstruktur, sondern in vielen Fällen auch einfach der Wunsch, sich die Möglichkeit zu eröffnen, an einer US-amerikanischen Börse direkt gelistet zu werden.[1251] Dies ist nach den Regeln der großen Börsen in den *USA* jedoch nur mit Namensaktien (*registered shares*) möglich. Der Aktionär ist damit der Gesellschaft bekannt[1252] und kann von ihr direkt angesprochen werden bzw. muss dies auch.[1253] Mit den Neuregelungen durch das *NaStraG*[1254] entfällt bei Namensaktien die Verpflichtung der Banken, auf die Hauptversammlung bezogene Unterlagen gegen Erstattung der anfallenden Kosten weiterzuleiten.[1255] Sie müssen nun dem Aktionär gemäß § 125 Abs. 2 Nr. 3 AktG direkt zugeleitet werden. Dies kann dazu führen, dass die entsprechenden Banken ihre Stellung als Stimmrechtsvertreter zunehmend einbüßen, weil sie nun nicht mehr das Bindeglied zwischen Gesellschaft und Aktionär darstellen.

Abzuwarten bleibt in diesem Zusammenhang jedoch, wie zumindest die Großbanken auf die Änderung des § 128 Abs. 2 S. 2 AktG reagieren, der sie von der Pflicht entbindet, den Aktionär vor jeder Hauptversammlung schriftlich zu kontaktieren. Denn hierdurch werden die Kosten der Stimmrechtsvertretung erheblich reduziert.[1256] Zusammen mit der Aufhebung der zeitlichen Beschränkung einer einmal erteilten Vollmacht, § 135 Abs. 2 AktG, könnte daher weiterhin ein Anreiz für die Vertretung der Depotkunden bestehen.[1257] Eine Entwicklung weg vom Depotstimmrecht könnte außerdem dadurch begrenzt werden, dass mehr und mehr Anleger nicht sich selbst, sondern ihre Depotbank in das Aktienregister eintragen lassen (*street name*-Registrierung).[1258] Dies ist, wie

---

[1250] Vgl. etwa die in der Regierungsbegründung zum *NaStraG* angeführten Beispiele *DaimlerChrysler AG*, *Siemens AG*, *Deutsche Telekom AG*, etc., BT-Drs. 14/4051, S. 9. Vgl. zur Namensaktie auch noch unten § 25 I.

[1251] Vgl. hierzu *Wunderlin* (2000).

[1252] Gemäß § 67 Abs. 1 AktG wird der Aktionär bei der Gesellschaft mit seinem Namen, dem Geburtsdatum, der Adresse, der Stückzahl oder der Aktiennummer und bei Nennbetragsaktien mit dem Betrag im Aktienregister eingetragen.

[1253] Vgl. § 125 Abs. 2 Nr. 3 AktG.

[1254] Vgl. Fn. 1112.

[1255] Wie dies bei Inhaberaktien weiterhin der Fall ist, vgl. §§ 125 Abs. 1, 128 Abs. 1 und Abs. 6 i.V.m. der entsprechenden Rechtsverordnung.

[1256] *Bachmann* (2001), S. 636 Fn. 5.

[1257] *Bachmann* (2001), S. 636 Fn. 5.

[1258] Ein Grund hierfür könnte sein, dass man gegenüber der Gesellschaft anonym bleiben will. So zum Beispiel, wenn größere Anteilspakete etwa in Vorbereitung eines Übernahmeversuchs erworben werden sollen. Bei der Verpflichtung aus § 21 WpHG bleibt es jedoch (vgl. dazu bereits § 19 II). Die aus dem amerikanischen Recht bekannte Registrierung im *street name* ist durch das Aktiengesetz ausdrücklich anerkannt (§ 128 Abs. 1 AktG) und es finden sich speziell darauf abgestimmte Regelungen wie die Weiterleitungspflicht nach § 128 Abs. 1 AktG, die sicherstellen sollen, dass der hinter der eingetragenen Bank stehende Aktionär seine Rechte wahrnehmen kann.

oben bereits gezeigt,[1259] die in den *USA* übliche Form der Registrierung. Käme diese auch in Deutschland zu einer stärkeren Bedeutung, so bliebe die Funktion der Bank als Bindeglied zwischen der Gesellschaft und ihren Aktionären erhalten, denn es wäre weiterhin nur der Bank bekannt, wer hinter der Eintragung als eigentlich Berechtigter steht.[1260] Die Unterlagen der Gesellschaft müssten wie bei den Inhaberaktien weiterhin über die Depotbank an die Aktionäre weitergeleitet werden,[1261] so dass die Bank ihre Funktion als Bindeglied zwischen Gesellschaft und Aktionär behielte.

Auch durch die zunehmende Werbung der Unternehmensverwaltung um die Stimmrechte der Aktionäre könnte der Anteil der von den Banken vertretenen Aktionäre zurückgehen, denn auch diese Aufforderungen zur Bevollmächtigung werden von den Banken mit den übrigen Unterlagen an die Aktionäre weitergeleitet. Sie können somit zu der von den Banken angebotenen Stimmrechtsvertretung in Konkurrenz treten. Abzuwarten bleibt allerdings auch hier die Entwicklung der *street-name*-Registrierungen. Wenn nämlich eine Bank anstelle des Aktionärs in das Aktienregister eingetragen ist, wird dieser kaum die Gesellschaft zur Ausübung seines Stimmrechts bevollmächtigten, obwohl auch die Bank, über die er registriert ist, um Bevollmächtigung ersucht, denn die *street-name*-Registrierung wird in der Regel gewählt, um gegenüber der Gesellschaft anonym zu bleiben.[1262]

Auch eine wachsende Veränderung der Aktionärsstrukturen könnte das Depotstimmrecht weiter aushöhlen.[1263] Hier ist zunächst zu beobachten, dass die Kreditinstitute selbst ihren Beteiligungsbesitz abbauen und sich auch aus den Aufsichträten der entsprechenden Gesellschaften zurückziehen.[1264] Einige dieser Beteiligungen werden dabei nicht wirklich verkauft, sondern an selbständig geführte Holdings ausgegliedert. Dieser Trend wird auch durch die Studie von *Wojcik* bestätigt, der zu dem Ergebnis kommt, dass der gesamte Finanzsektor sich mehr und mehr aus seinem kontrollierenden Einfluss zurückzieht und sich nun eher als Portfolio-Investor versteht.[1265]

Aber auch ausländische Anleger spielen hier eine gewichtige eine Rolle, weil sie sich zur Verwahrung ihrer Aktien nicht eines Kreditinstituts im Sinne des Aktienrechts bedienen und ihnen daher ein Stimmrechtsvertreter nicht zur Verfügung steht.[1266] Zudem

---

[1259] Vgl. oben unter § 5 III.5.

[1260] Von *Hüther* wird vorgebracht, dass der Gesetzgeber dem Aktionär mit der Beschränkung des Einsichtsrechts in das Aktienregister durch den neuen § 67 Abs. 6 AktG zumindest ein mögliches Motiv für die Registrierung im *street name* genommen hat, indem er ihm die Angst zum „gläsernen Aktionär" zu werden genommen hat, *Hüther* (2001), S. 70. In den *USA* dagegen haben Aktionäre unter gewissen Umständen das Recht die Aktienregister einzusehen, vgl. dazu oben unter § 5 II.1, auch dort wird für die dort übliche *street name* Registrierung als Grund der Wunsch der Aktionäre nach Anonymität angegeben, vgl. § 1II.1.a).

[1261] § 128 Abs. 1 AktG.

[1262] *Hüther* (2001), S. 70.

[1263] Vgl. dazu auch noch unten § 19 III.2.c).

[1264] *Mülbert* (1998), S. 485 f.; *O'Sullivan* (2000), S. 283 f.; *Gerke/Mager* (2003), S. 552, berichten, dass der Anteil der Bankenvertreter seit 1990 bis 1998 von 8,3 % auf 4,7 % zurückgegangen sei.

[1265] *Wójcik* (2003), S. 1445.

[1266] Zur Warnehmung von Aktionärsrechten durch ausländische Anleger vgl. *Preissler* (2001).

könnte auch der steigende Anteil inländischer institutioneller Investoren wie Pensionsfonds oder anderer großer Aktienfonds, die von den etablierten Banken unabhängig sind oder jedenfalls unabhängig geführt werden, dazu führen, dass der Anteil der von den Kreditinstituten vertretenen Aktionäre abnimmt.[1267]

Zu dem beschriebenen Trend zur Namensaktie tritt außerdem die zunehmende Weigerung der Kreditinstitute, die Vertretung der Aktionäre, wie traditionell in Deutschland üblich, kostenfrei im Rahmen des mit ihnen abgeschlossenen Depotvertrages zu übernehmen. Hierzu wurde lange von den Banken vorgebracht, man reiße sich nicht um die Vertretung der Aktionäre,[1268] was von vielen angesichts der damit verbundenen Einflussmöglichkeiten bezweifelt wurde,[1269] und tatsächlich war die Vertretung lange Zeit selbstverständlicher Service im Rahmen eines Depotvertrages. In jüngerer Zeit ist jedoch zu beobachten, dass vor allem die im Aktienhandel mit Privatanlegern engagierten Direktbanken eine Stimmrechtsvertretung entweder überhaupt nicht mehr oder nur noch gegen Entgelt übernehmen.[1270] Auch die genossenschaftlichen Banken und die Sparkassen haben die Vertretung ihrer Kunden auf der Hauptversammlung eingestellt.[1271] Die Banken beschränken sich somit auf ihre gesetzlich vorgeschriebenen Weiterleitungspflichten, ohne sich jedoch selbst in die Stimmrechtsvertretung einzuschalten. Sollte sich dieser Trend fortsetzen, scheiden schon aus diesem Grund in Zukunft die Banken als Stimmrechtsvertreter mehr und mehr aus, unabhängig von einem weiterhin anhaltenden Trend zur Namensaktie und unabhängig von einer sich weiter verbreitenden *street name*-Registrierung.

Die beschriebenen Entwicklungen, die im drastischsten Fall zu einem Ende des Depotstimmrechts führen könnten, und zwar unabhängig davon, ob es um Inhaber- oder Namensaktien geht, haben für Willensbildung und Kontrolle in der Aktiengesellschaft weit reichende Konsequenzen.[1272] Denn unabhängig von möglichen Nachteilen aus dem Einfluss der Banken hat die durch diese angebotene Stimmrechtsvertretung doch die Abstimmungen auf den Hauptversammlungen stabilisiert, indem sie Zufallsmehrheiten verhinderte. Durch den Wegfall der Banken werden sich auch, sofern nicht entsprechende Gegenbewegungen einsetzen, wie die weitere Verbreitung des Verwaltungsstimmrechts, die Präsenzen auf den Hauptversammlungen weiter verringern. In diesem Zusammenhang ist bereits von einem sich abzeichnenden „Vakuum" gesprochen worden.[1273] Darauf soll sogleich noch näher eingegangen werden.[1274]

[1267] *Escher-Weingart* (1999), S. 246.

[1268] *Christians* (1990), S. 47.

[1269] Vgl. z.B. *Baums* (1996b), S. 13.

[1270] So bieten die Banken *Consors*, *Comdirect* oder *DAB* eine Stimmrechtsvertretung nicht mehr an, sondern beschränken sich auf die bloße Weiterleitung von Mitteilungen, zu denen sie gesetzlich verpflichtet sind. Vgl. auch *Hüther* (2001), S. 70 Fn. 23.

[1271] Vgl. z.B. *Die Welt* vom 18.01.2003 und *Frankfurter Allgemeine Zeitung* vom 30.08.2003, S. 19.

[1272] So auch *Hüther* (2001), S. 70.

[1273] So *Bachmann* (1999), S. 2102.

[1274] Vgl. unten § 19 III.2.b).

b) Durchsetzung des Verwaltungsstimmrechts in Deutschland

Die Entwicklung des Depotstimmrechts der Banken könnte, sofern nicht entsprechende Gegenentwicklungen einsetzen, wie oben beschrieben, zu einer nachlassenden Vertretung von Aktionären auf den Hauptversammlungen ihrer Gesellschaften führen. Es besteht jedoch auf der anderen Seite ein erhebliches Interesse der Gesellschaften an einer hohen Präsenz der Aktionäre auf der Hauptversammlung. So ist es aus Sicht der Gesellschaftsorgane Vorstand und Aufsichtsrat nicht nur wünschenswert, dass die von ihnen unterbreiteten Abstimmungsvorschläge eine möglichst breite Legitimationsbasis haben, sondern es entsteht zusätzlich das Problem, dass das relative Stimmengewicht der am Tag der Hauptversammlung vertretenen Anteilseigner mit größerem Aktienbesitz bei niedriger Präsenz zunimmt.[1275] Selbst Inhaber vergleichsweise kleiner Aktienpakete können dann einen Anteil am vertretenen Stimmrechtspotenzial erreichen, der leicht einer Sperrminorität (25 % und eine Stimme) gleichkommt.[1276] Dies führt zu dem Effekt, dass mit einem geringen Kapitaleinsatz und nur entsprechend geringem Risiko für alle übrigen Eigenkapitalgeber weit reichende Entscheidungen getroffen werden können. Entscheidungsmacht und Risikotragung fallen auseinander, was zu entsprechenden Fehlanreizen im Bereich der Unternehmenskontrolle führt. Damit stellt sich für die Beteiligten die Frage, wie die sich hier aufzeigende Lücke ausgefüllt werden kann, um auch in Zukunft eine möglichst hohe Präsenz in deutschen Hauptversammlungen zu erreichen.

Eine Möglichkeit, die Präsenz weiterhin auf einem annehmbaren Niveau zu halten, stellt die in jüngster Zeit verstärkt ins Interesse gerückte Vertretung durch die Verwaltung dar.[1277] Dieses im U.S.-amerikanischen Gesellschaftsrecht bekannte und zur Sicherstellung der erforderlichen Anwesenheit einer Mindestzahl von Aktionären zur Erreichung des notwendigen Quorums bewährte Mittel[1278] war und ist in Deutschland seit langem

---

1275 *von Rosen* (1996), S. 290. So betrug die Präsenz bei der Hauptversammlung der *DaimlerChrysler AG* auf der Hauptversammlung im Jahr 2000 nur noch 39,64 % und 39,1 % im Jahr 1999, dem ersten Jahr nach der Umstellung auf Namensaktien, im Vergleich zu 63,7 % in der letzten ordentlichen Hauptversammlung der *Daimler-Benz Aktiengesellschaft* im Jahr 1998, *Klawitter* (2001), S. 37. Im Jahr 2003 ging die durchschnittliche Präsenz auf den deutschen Hauptversammlungen auf 49,1% zurück und lag damit erstmals unter 50%, bei *Adidas* waren sogar nur 23% des Kapitals vertreten, vgl. *Frankfurter Allgemeine Zeitung* vom 30.08.2003, S. 19. Diese von der *Deutschen Schutzvereinigung für Wertpapierbesitz e.V.* (*DSW*) ermittelten Daten sind auch unter *www.wertpapier.de* abrufbar.

1276 So konnte die Investorengruppe *Cobra* mit dem von ihr zeitweilig kontrollierten Anteil an der *Commerzbank AG* bei einer Präsenz von 56 % ca. 30 % des auf der Hauptversammlung vertretenen Kapitals stellen, *Handelsblatt* Nr. 103 v. 21.5.2000, S. 29.

1277 Wenn hier von einer Vertretung durch die Verwaltung gesprochen wird, so sind damit alle Fälle gemeint, in denen der Aktionär einen von der Gesellschaft benannten Stimmrechtsvertreter mit der Ausübung seines Stimmrechts beauftragt, *Hüffer* (2002), § 134 Rdnr. 26 ff.

1278 Vgl. zur Funktionsweise der Einwerbung von Stimmrechtsvollmachten durch die Verwaltung den Überblick oben unter § 5 III.1-4.

umstritten.[1279] Die in Deutschland herrschende Meinung ging lange Zeit davon aus, dass die Vertretung der Aktionäre durch die Verwaltung unzulässig sei.[1280] In jüngster Zeit ist die Diskussion hierüber jedoch wieder in Gang gekommen.[1281] Ausgelöst wurde dies durch das Vorgehen der *Deutschen Telekom AG*, die ihren Aktionären die Möglichkeit eröffnete, einer von ihr beauftragten und bezahlten Wirtschaftsprüfungsgesellschaft Stimmrechtsvollmacht zu erteilen. Gegen diesen neuen „Service" angestrengte Verfahren hatten keinen Erfolg.[1282] Andere Unternehmen folgten dem Beispiel der *Deutschen Telekom AG*, um sinkenden Hauptversammlungspräsenzen durch die abnehmende Vertretung von Anlegern durch die Banken und die mangelhafte Präsenz der zunehmenden Zahl von ausländischen Anlegern auszugleichen.[1283] Auch nach der Umstellung auf Namensaktien gingen viele Gesellschaften zu einem Modell der gesellschaftseigenen Stimmrechtsvertreter über.[1284]

Über die grundsätzliche Zulässigkeit des Verwaltungsstimmrechts kann heute kein Streit mehr bestehen,[1285] hat sich doch der Gesetzgeber mit der Neuregelung des § 134 Abs. 3 S. 3 AktG durch das *NaStraG* der sich verbreitenden Praxis gebeugt und durch die Verpflichtung zur Aufbewahrung entsprechender Datenbestände das Verwaltungsstimmrecht in Deutschland indirekt anerkannt,[1286] ohne dass hierzu eine Klärung in Wissenschaft oder Rechtsprechung erfolgt wäre.[1287]

[1279] Interessant ist in diesem Zusammenhang, dass Mitte des neunzehnten Jahrhunderts, wenn es in besonderen Fällen nötig war, Abstimmungsmehrheiten mit Hilfe von Kleinaktionären zu erlangen, die erforderlichen Stimmrechtsvollmachten von der Verwaltung der entsprechenden Gesellschaft selbst gesammelt wurden, ohne dass es auf eine Einschaltung der Banken ankam. Gab es in solchen Fällen eine die Verwaltung bekämpfende Gegenpartei, so kam es zu Stimmrechtskäufen, bei denen die konkurrierenden Parteien versuchten, sich gegenseitig zu überbieten, *Tuerks* (2000), S. 5 f. Zur Zulässigkeit von Stimmrechtskäufen und ihrer allgemeinen Bewertung in den *USA* vgl oben unter § 5 II.2.

[1280] *Hüffer* (1999), § 134 Rdnr. 25; *Zöllner* (1975), S. 603; *Püttner* (1963), S. 153; *Ruoff* (1999), S. 35 ff. Anders z.B. *Wiethölter* (1961), S. 334 ff.

[1281] *Hüther* (2001), S. 71; *Bachmann* (1999), S. 2103; *Ruoff* (1999), 35 ff.; *von Randow* (1998), S. 1564 ff.; *Semler* (1999) § 38 Rdnr. 52; *Singhof* (1998), S. 670 ff.; *Tuerks* (2000), S. 164.

[1282] *LG Baden-Baden*, ZIP 1998, 1308, dieses Urteil wurde durch das *OLG Karlsruhe* (ZIP 1999, 750) bestätigt.

[1283] So etwa die *DaimlerChrysler AG*, die, wie die *Siemens AG* auch, ihren Aktionären sogar eine direkte Bevollmächtigung der Gesellschaft bzw. eines Angestellten ermöglichte, *Hüther* (2001), S. 71.

[1284] *Marsch-Barner* (2001), S. 271.

[1285] A.A. *Kindler* (2001), S. 1687, der eine Bevollmächtigung solcher Personen für ausgeschlossen hält, „bei denen die Weisungen des Aktionärs mit eigenen Beschlussvorschlägen oder vertraglichen Verpflichtungen gegenüber der Gesellschaft in Konflikt geraten können". Dagegen wird von *Bachmann* (2001), S. 636 Fn. 4, zurecht eingewandt, dass diese Ansicht nicht überzeuge, weil der Gesetzgeber eine bereits bestehende Praxis legalisieren wollte. Zu dieser gehörte jedoch auch schon die Bevollmächtigung gesellschaftsnaher Personen.

[1286] Vgl. auch schon oben unter § 18 II. Dabei ist die Verwaltung nicht an eine zustimmende Entscheidung der Hauptversammlung gebunden, vgl. *Bachmann* (1999), S. 2106. Zur Frage, ob eine entsprechende Obliegenheit in den *Code of Best Practice* aufzunehmen ist vgl. *Bachmann* (2001), S. 638. Ein solcher ist in Form des *Deutschen Corporate Governance Codex, Regierungskommission Deutscher Corporate Governance Kodex* , nunmehr aufgestellt worden.

[1287] *Bachmann* (2001), S. 635.

Insgesamt ist daher mit einer Zunahme von Angeboten der Unternehmensverwaltungen zu rechnen, die dem Aktionär die Bevollmächtigung eines von der Gesellschaft benannten Stimmrechtsvertreters ermöglichen werden. Dies wird ähnlich wie in den *USA* zur Folge haben, dass sich die amtierende Unternehmensverwaltung aus Vorstand und Aufsichtsrat weiterhin einer stabilen eigenen Mehrheit sicher sein kann. Das Verwaltungsstimmrecht könnte an die Stelle oder zumindest neben das Bankenstimmrecht treten. Auch wenn eine ausdrückliche Weisung zur Ausübung der Stimmrechte erteilt werden müsste,[1288] käme ein solches Verwaltungsstimmrecht der amtierenden Unternehmensverwaltung immer noch entgegen, denn die rationale Apathie der meisten Kleinaktionäre würde doch dazu führen, dass sie für die von der Verwaltung vorgeschlagenen Abstimmungspunkte votieren, weil sie sich im Normalfall schon nicht mit den möglichen Abstimmungsalternativen auseinandersetzen werden.[1289] Wie die US-amerikanische Erfahrung zeigt, bedarf es zur Überwindung dieser Apathie einer sehr großen Unzufriedenheit mit dem amtierenden Management sowie erheblicher Werbeanstrengungen durch einen Herausforderer. Lediglich von großen institutionellen Investoren, für die sich die Auseinandersetzung mit Fragen der Unternehmensführung lohnt, kann hier die Ausübung von Druck auf die amtierende Unternehmensleitung erwartet werden. Diese eröffnen gleichzeitig für einen aufbegehrenden Aktionär die Chance, zugunsten seines Abstimmungsvorschlags Stimmrechte im Vorfeld der Hauptversammlung zu sammeln, weil solche Anleger auch die oppositionellen Aktivitäten in einer Gesellschaft auf ihre Wirksamkeit für eine nachhaltige Steigerung des Unternehmenswerts untersuchen werden. Auf diese soll daher im Folgenden eingegangen werden.

c) Verstärkte Rolle institutioneller Investoren in Deutschland

Wie bereits die Entwicklung von 1984 bis 1992 zeigt spielt zwar der Anteilsbesitz deutscher institutioneller Investoren, auf alle Aktiengesellschaften und nicht nur auf börsennotierte Gesellschaften oder gar auf die DAX-Werte bezogen, eine zwar stetig wachsende, aber doch minder bedeutende Rolle.[1290] Auch empirische Zahlen aus dem Jahr 1998 zeigen deutlich, warum institutionellen Investoren in Deutschland bisher nicht die Bedeutung zukommt, die sie in den *USA* aber auch in *Großbritannien* haben. Dementsprechend sind sie auch auf dem Kapitalmarkt weniger aktiv. Waren 1998 44% aller zirkulierenden Aktien in den *USA* in den Händen von Versicherungen, Pensionsfonds, Investmentfonds und anderen Finanzinvestoren, Banken ausgenommen, und sogar 50% in *Großbritannien*, so betrug diese Quote in *Deutschland* lediglich 20%.[1291] Dagegen hielten Banken in *Deutschland* rund 10% aller an den Börsen gehandelten Aktien, was im Gegensatz zu den angelsächsischen Verhältnissen steht, wo die Banken traditionell

---

1288 Zu dieser Streitfrage vgl.bereits oben § 18 II.

1289 Vgl. dazu bereits oben unter § 9 II.1.

1290 *Baums* (1996a), S. 326. Vgl. auch *Fraune* (1996), S. 143 ff. Die Investmentbranche wird in *Deutschland* vollständig durch das *Gesetz über Kapitalanlagegesellschaften* (*KAAG*) geregelt.

1291 *Nürk* (1998), S. 179.

fast keine Aktien besitzen.[1292] Auch ausländische institutionelle Investoren fielen, was die Stimmrechtsausübung anbetrifft, bisher praktisch kaum ins Gewicht.[1293]

Einer der entscheidenden Gründe für das Fehlen von institutionellen Investoren in Deutschland ist das im Gegensatz zu den angelsächsischen Ländern traditionell umlagefinanzierte staatliche Rentensystem (*pay-as-you-go basis*).[1294] Dies verhindert, dass in großen Mengen Kapital für die Altersversorgung gesammelt werden muss, und steht daher auch der Bildung von institutionellen Investoren entgegen. So machte das Gesamtvermögen von Pensionsfonds in *Deutschland* 1998 nur 6% des Bruttosozialprodukts aus, in den *USA* dagegen fast 60% und bis zu 80% und mehr in Ländern wie *Großbritannien*, der *Schweiz* und den *Niederlanden*.[1295] Dieser geringe Anteil wird in Deutschland auch nicht durch die Anteile von Versicherungen ausgeglichen.[1296] Traditionell wurde auch das deutsche System der betrieblichen Altersversorgung nicht durch Pensionsfonds sondern durch Pensionsrückstellungen geprägt.[1297] Die geringe Entwicklung von Investmentfonds im Vergleich zu anderen Ländern kann außerdem mit dem unterschiedlichen Anlageverhalten deutscher Haushalte erklärt werden, denn diese spielen in *Deutschland* erst seit den siebziger Jahren eine zunehmende Bedeutung, in den *USA* dagegen bereits seit den vierziger Jahren.[1298]

Gerade die Tatsache, dass ein Großteil der börsennotierten Unternehmen nicht als reine Publikumsgesellschaften bezeichnet werden können und deutsche institutionelle Anleger einschließlich der Banken als Anteilseigner nur eine untergeordnete Rolle spielen, lässt deutlich werden, weshalb sich die deutsche Literatur zum Gesellschaftsrecht herkömmlich in so hohem Maß mit Konzernrecht, bisher aber weniger mit der Bedeutung institutioneller Anleger in diesem Zusammenhang beschäftigt hat.[1299]

Längerfristig ist jedoch zu erwarten, dass sich die Bedeutung institutioneller Investoren für den deutschen Kapitalmarkt und damit für die an den Börsen notierten deutschen Aktiengesellschaften ändern wird, und zwar nicht nur was die Investition betrieblicher Ruhegelder angeht, sondern auch, was die Finanzierung der Renten und Pensionen betrifft.[1300] Die zunehmende Bedeutung privater Altersversorgung wird die Entwicklung von langfristig orientierten institutionellen Investoren in *Deutschland* weiter vorantreiben, je mehr das staatliche Rentensystem seine Leistungen einschränkt und je umfangreicher auch der Staat durch Veränderung der Rahmenbedingungen und weitere Anreize die Bildung einer kapitalgedeckten Alterssicherung fördert.[1301] So lässt sich beobachten, dass in Deutschland die von institutionellen Investoren gehaltenen Portfolios gemessen

---

[1292] *Nürk* (1998), S. 179.

[1293] *Baums/Fraune* (1995), S. 108; vgl. dazu auch *König* (1993).

[1294] *Nürk* (1998), S. 180.

[1295] *Nürk* (1998), S. 181.

[1296] *Nürk* (1998), S. 181.

[1297] *Nürk* (1998), S. 182.

[1298] *Nürk* (1998), S. 185.

[1299] *Baums* (1996a), S. 327.

[1300] *Baums* (1996a), S. 330; *Escher-Weingart* (2000), S. 403; *Gerke/Mager* (2003), S. 563.

[1301] *Nürk* (1998), S. 195; *Gerke* (2001), S. 8 f.; *Gerke/Mager* (2003), S. 563.

in US-Dollar in den Jahren 1990 bis 1998 durchschnittlich um 12,1% pro Jahr wuchsen.[1302] Im Zeitraum von 1991 bis 1999 konnten die institutionellen Investoren ihren Anteil am gesamten Aktienbestand nahezu verdreifachen, während der Anteil der privaten Haushalte kontinuierlich zurückging.[1303] Auch in Deutschland werden vermehrt privat organisierte Pensionsfonds auftreten, die sich in der Hauptsache um die Wertentwicklung ihrer Portfolios kümmern. Eine solche Gruppe institutioneller Investoren ist in Deutschland bislang unbekannt, wird aber den Druck in Richtung auf eine stärker an dem angelsächsischen Modell des *shareholder capitalism* orientierten Corporate-Governance-Struktur erhöhen.[1304]

Es wird zum Teil erwartet, dass Fonds der traditionellen Aufsicht der Banken ein Gegengewicht entgegensetzen können.[1305] Damit wären sie aber auch in der Lage, den Unternehmensverwaltungen ein Gegengewicht entgegenzusetzen, sofern deren Bedeutung bei der Stimmrechtsvertretung weiter ansteigt.[1306] Insbesondere die Übernahme angelsächsischen Verhaltens kann zu einer verstärkten Diskussion über die Unternehmensführung in einer Gesellschaft führen, weil die aus diesem Rechtskreis stammenden Fonds regelmäßig hohe Anforderungen an die interne Corporate Governance der von ihnen gehaltenen Gesellschaften stellen.[1307] Erste Schritte in diese Richtung sind bereits erkennbar.[1308] Dabei ist sicherlich die gezielte Ausübung des Stimmrechts der sichtbarste Ausdruck einer aktiven Einflussnahme auf die Governance eines Unternehmens.[1309] Investmentfonds wie die genossenschaftliche *Union Investment*, die *DWS* oder *SEB Invest* haben bereits damit begonnen auf Hauptversammlungen das Wort zu ergreifen und darüber zu sprechen, dass sie gegen die Vorschläge des Managements gestimmt haben.[1310] Auch Gespräche mit dem amtierenden Management ebenso wie eine Abstimmung der Fonds untereinander sind zunehmend zu erwarten.[1311]

Auch im Hinblick auf US-amerikanische Investoren lässt sich ein eindeutiger Trend erkennen, die aus den international gehaltenen Aktien folgenden Stimmrechte auch tat-

---

1302 *OECD* (2000), S. 20, 32-34.

1303 *Gerke* (2001), S. 10 f.

1304 *Wójcik* (2003), S. 1435; vgl. auch *Clark/Mansfield/Tickell* (2002).

1305 *Escher-Weingart* (1999), S. 246.

1306 Vgl. dazu bereits oben unter § 19 III.2.b).

1307 *Frankfurter Allgemeine Zeitung* vom 13.06.1998: „Großanleger bauen auf persönliche Kontakte" (S. 23). Vgl. auch schon *Gode* (1996).

1308 Vgl. *Financial Times Deutschland* vom 27.05.2003 zur Ankündigung deutscher Fondsgesellschaften, sich verstärkt um die Corporate Governance in den von ihnen gehaltenen Gesellschaften zu kümmern. Vgl. auch *Strenger* (2003), S. 703 ff., zur Frage wie die Evaluation der *Corporate Governance* eines Unternehmens erfolgt.

1309 *Strenger* (2003), S. 708.

1310 Vgl. *Financial Times Deutschland* vom 27.05.2003. So haben z.B. die Investmentfonds *Union Investment* und *DWS* bereits 2000 auf der Hauptversammlung der *Volkswagen AG* ihre Unzufriedenheit mit dem amtierenden Management geäußert, vgl. *Wójcik* (2003), S. 1431.

1311 Vgl. *Financial Times Deutschland* vom 27.05.2003.

sächlich auszuüben.[1312] Dabei kommen diesen Investoren zunehmend auch technologische Verbesserungen entgegen, die die Ausübung des Stimmrechts weiter vereinfachen.[1313] Das *IRRC* beobachtet jedoch gleichzeitig eine Zunahme der Aktivitäten der heimischen Investoren, wobei diese Aktivitäten sowohl Treffen mit Vertretern der betroffenen Gesellschaften umfassen als auch die Einreichung von bestimmten Abstimmungsvorschlägen oder die Organisation einer Opposition gegen das amtierende Management.[1314]

Insgesamt lassen die beschriebenen Entwicklungen nicht nur eine zunehmende Bedeutung institutioneller Investoren in Deutschland erwarten, sondern auch eine erweiterte Rolle im Rahmen der Unternehmenskontrolle. Abstimmungen in Gesellschaften können hierdurch eine neue und für die betroffenen Unternehmensleitungen größere Relevanz gewinnen, weil sie sich mit einer höheren Zahl von Aktionären konfrontiert sehen, die die Ausübung ihres Stimmrechts zur Unternehmenskontrolle nutzen. Damit werden aber insgesamt die Chancen für oppositionelle Aktivitäten aus dem Kreis der Anleger erhöht, weil jeder Herausforderer auf eine zunehmende Zahl von Aktionären trifft, die sich mit der Ausübung ihres Stimmrechts tatsächlich auseinandersetzen und sich nicht in rationaler Apathie üben. Daher ist auch für den Fall, dass langfristig die institutionellen Investoren von einer aktiven Einflussnahme auf die von ihnen gehaltenen Gesellschaften wieder abrücken, wie dies zum Teil schon aus Kostengründen angenommen wird,[1315] davon auszugehen, dass die Stimmrechtsausübung durch die Aktionäre in einer Gesellschaft einen höheren Stellenwert erhalten wird, denn institutionelle Anleger werden vermehrt durch *voting guidelines* und andere Vorgaben dazu übergehen, einzelne Abstimmungspunkte konkret auf ihren Nutzen für die betroffene Gesellschaft zu überprüfen.

§ 20 ERGEBNIS

Im Ergebnis bietet das deutsche Recht einem potenziellen Herausforderer nur sehr eingeschränkte Rechte für eine unternehmensinterne Opposition. Zwar besteht kein Zweifel an der grundsätzlichen Zulässigkeit der Stimmrechtsvertretung durch jeden beliebigen Dritten, doch ist das deutsche Aktienrecht auf die Durchführung solcher Wettbewerbe nicht ausgerichtet. Bei den bestehenden Minderheitenrechten gibt die geltende Rechtslage einem Aktionär höchstens die Möglichkeit, von einer bestimmten Aktion Kenntnis zu erlangen. Den weiterführenden Schritt, dem Herausforderer auch ein Recht auf einen Zugang zu den Aktionären zu gewähren, damit dieser bei den Aktionären um

[1312] *Arnold* (1999), S. 392 für die institutionellen Investoren, die sich des *Investor Responsibility Research Center* (*IRRC*) bedienen.

[1313] *Arnold* (1999), S. 398.

[1314] *Arnold* (1999), S. 393; auch die Anzahl von Abstimmungsvorschlägen, die durch Aktionäre eingereicht wurden, stieg in dem vom *IRRC* beobachteten Zeitraum von 1994 bis 1997 von 22 auf 101 an, *Arnold* (1999), S. 393.

[1315] So etwa *Gerke/Mager* (2003), S. 564.

deren Stimmrechtsvollmacht werben kann, geht das deutsche Aktienrecht nicht bzw. es wurden erst in jüngster Zeit Möglichkeiten der Kommunikation durch die Änderung des § 67 AktG verbaut. Möglich ist allenfalls eine mittelbare Sammlung von Stimmrechten über die etablierten Stimmrechtsvertreter wie Banken oder zunehmend auch die Unternehmensverwaltungen. Im Bereich der Stimmrechtsvertretung konzentrierte sich der Gesetzgeber lange Zeit auf eine Verhinderung von Missbräuchen bei den etablierten Stimmrechtsvertretern wie etwa den Banken. Damit ist das deutsche Recht letztlich immer noch auf die Durchführung der Hauptversammlung als Präsenzversammlung eingerichtet. Dem Aktionär wird zwar klargemacht, worum es auf dieser Hauptversammlung geht. Es werden aber keine Wege aufgezeigt, wie ein Herausforderer die *rationale Apathie* der Aktionäre überwinden und ihnen bereits im Vorfeld der Hauptversammlung alternative Wege für eine Unternehmensleitung aufzeigen kann, ohne dass die Aktionäre an der Hauptversammlung teilnehmen müssten.

Das geringe Interesse an wettbewerblichen Elementen im Bereich von Abstimmungen in Aktiengesellschaften lässt sich mit den beschriebenen tatsächlichen Verhältnissen in *Deutschland* erklären. Diese Verhältnisse verändern sich jedoch und lassen die Zunahme wettbewerblicher Aktivitäten auch im Bereich der Stimmrechtsausübung erwarten. Bisher hat sich das deutsche Recht hierauf noch nicht eingestellt.

§ 21 ZUSAMMENFASSUNG

Auch im deutschen Recht dürfen die Stimmrechte der Aktionäre nach § 134 Abs. 3 S. 1 AktG durch einen Bevollmächtigten ausgeübt werden. Dabei kann der Aktionär im Grunde jeden bevollmächtigen, den er mit der Ausübung seines Stimmrechts betrauen will. Auch die Bevollmächtigung eines von der Gesellschaft benannten Stimmrechtsvertreters ist möglich, aber auch die Bevollmächtigung eines der amtierenden Unternehmensleitung feindlich gegenüberstehenden Aktionärs.

Auf die Stimmrechtsvertretung sind zunächst die allgemeinen vertretungsrechtlichen Regelungen der §§ 164 ff. BGB anwendbar. Sie werden lediglich durch einzelne Vorgaben des Aktiengesetzes modifiziert. So ist grundsätzlich Schriftform einzuhalten. Außerdem trifft das Gesetz ergänzende Regelungen für den Fall, dass der Stimmrechtsvertreter ein Kreditinstitut oder eine andere geschäftsmäßig handelnde Person ist. Im Innenverhältnis zwischen Aktionär und Stimmrechtsvertreter besteht in der Regel ein Auftrags- bzw. Geschäftsbesorgungsvertrag. Bei der Vertretung durch ein Kreditinstitut oder einen geschäftsmäßig Handelnden sind die Weisungen des Aktionärs hinsichtlich der Ausübung des Stimmrechts zu beachten. Ob auch die Verwaltung nach geltendem Recht die Weisungen der Aktionäre einhalten muss, ist umstritten. Die einmal erteilte Vollmacht erlischt nicht mehr mit dem Ablauf von fünfzehn Monaten, sondern kann neuerdings auch unbefristet erteilt werden.

Um den Aktionär in die Lage zu versetzen, eine informierte Entscheidung zu treffen, bestimmt § 125 AktG, welche Informationen der Vorstand im Vorfeld der Hauptversammlung zu verbreiten hat. Dazu gehören neben der Einberufung der Hauptversammlung und der Tagesordnung auch Anträge und Wahlvorschläge anderer Aktionäre. Die Kreditinstitute sind nach § 128 AktG verpflichtet, diese an die Aktionäre, für die sie die Aktien verwahren, weiterzuleiten.

Der Stimmrechtsvertreter kann sich bei Fehlern bei der Ausübung des Stimmrechts der Aktionäre haftbar machen. Dabei kommen sowohl Ansprüche aus Vertragsverletzung als auch deliktische Ansprüche in Betracht. Zugunsten der Aktionäre, die den Stimmrechtsvertreter nicht mit der Ausübung ihres Stimmrechts betraut haben, können sich Ansprüche gegen den Stimmrechtsvertreter zudem aus einer Verletzung der Treuepflicht gemäß § 179 Abs. 1 BGB analog ergeben.

Versucht nun ein Aktionär, bestimmte Angelegenheiten gegen die amtierende Unternehmensleitung durchzusetzen, so kann er sich zwar nach geltendem Recht von den Aktionären bevollmächtigen lassen. Es stellt sich jedoch die Frage, wie er die Aktionäre gezielt ansprechen soll. Zunächst einmal stehen ihm verschiedene Minderheitenrechte zur Verfügung, die ihm den Zugang zu den übrigen Aktionären gewähren könnten. So hat der Aktionär etwa das Recht, eine Hauptversammlung einzuberufen, das Recht, einen Tagesordnungspunkt auf der Hauptversammlung zu bestimmen, ein Gegenantragsrecht oder das Recht, eine Sonderprüfung einzuleiten. Ein Aktionär kann sogar eigene Vorschläge zur Wahl des Aufsichtsrats abgeben. Die Ausübung dieses Rechts ist in einigen Fällen an die Erfüllung eines bestimmten Quorums gebunden. Um dieses Quorum zu erfüllen, kann bereits ein Interesse des einzelnen Aktionärs bestehen, andere Aktionäre für sein Vorhaben zu werben. Aber auch um den durchgesetzten Rechten, wie etwa der Platzierung eines Tagesordnungspunktes oder eines Gegenantrags, zum Erfolg zu verhelfen, ist es für den Aktionär wichtig, Stimmrechtsvollmachten der übrigen Aktionäre zu sammeln, um gegen die Stimmrechtsmacht der amtierenden Unternehmensleitung oder der etablierten Stimmrechtsvertreter zu votieren.

Insgesamt lässt sich festhalten, dass das Gesetz zwar zum Teil dafür sorgt, dass die übrigen Aktionäre von der Ausübung eines bestimmten Rechts erfahren, dass es jedoch keine ausdrücklichen Möglichkeiten vorsieht, mit denen ein Aktionär andere Aktionäre gezielt ansprechen und sie zur Erteilung einer Stimmrechtsvollmacht auffordern könnte. Möglich ist allenfalls, dass die Aktionäre den etablierten Stimmrechtsvertretern Weisungen zur Ausübung des Stimmrechts zugunsten eines Aktionärsbegehrens erteilen. Zwar bestand bei einer Gesellschaft, die Namensaktien ausgegeben hat, lange Zeit ein Recht darauf, das Aktienregister bei der Gesellschaft einzusehen, doch hat der Gesetzgeber dieses Recht in jüngster Zeit aufgehoben. Lediglich über die nach den §§ 21, 22 WpHG zu erfüllenden Pflichtveröffentlichungen kann ein interessierter Aktionär einige große Anleger in einer Gesellschaft identifizieren und dann ansprechen, doch bleibt ihm auch hiernach ein Kommunikationskanal zu den meisten institutionellen Investoren versperrt. Letztlich bleibt dann nur noch die Ansprache über die Medien, die jedoch gerade gegenüber den Kleinaktionären so ineffizient wie wirkungslos sein wird.

Im deutschen Recht sind somit Regelungen, die einem aufbegehrenden Aktionär die Möglichkeit geben würden, die übrigen Aktionäre gezielt anzusprechen und um ihre Stimmrechtsvollmachten zu werben, nicht vorhanden. Elemente, die eine wettbewerbliche Ausgestaltung der Stimmrechtswerbung fördern, sind kaum vorhanden. Vielmehr hat sich der Gesetzgeber lange Zeit darauf konzentriert, Missstände im bestehenden System der Stimmrechtsvertretung zu bekämpfen. Gerade um die *rationale Apathie* der Kleinaktionäre zu überwinden, muss ein Herausforderer jedoch in der Lage sein, Kleinaktionäre direkt anzusprechen und zu umwerben.

Für die Zukunft ist zu erwarten, dass unter den Anlegern das Bedürfnis nach Möglichkeiten zur erfolgreichen Durchführung oppositioneller Maßnahmen ansteigen wird. Dies wird unterstützt durch sich vollziehende Veränderungen in der Anteilseignerstruktur und der zunehmenden Bedeutung institutioneller Anleger, die die *Corporate Governance* der von ihnen gehaltenen Unternehmen im Auge behalten. Die Zahl börsennotierter Gesellschaften mit einer breit gestreuten Anteilseignerstruktur wird weiter zunehmen. Um stabile Mehrheiten auf den Hauptversammlungen zu erreichen werden sowohl das Banken- als auch das Verwaltungsstimmrecht weiterhin eine bedeutende Rolle im Bereich der Stimmrechtsvertretung spielen. Sollen oppositionelle Aktivitäten eine ernstzunehmende Aussicht auf Erfolg haben, so müssen auch die Herausforderer die Möglichkeit bekommen, bereits im Vorfeld einer Hauptversammlung gezielt auf die Willensbildung der übrigen Aktionäre einzuwirken.

3. KAPITEL: RECHTSVERGLEICH UND WÜRDIGUNG

§ 22 VERGLEICH ZWISCHEN DEUTSCHEM UND US-AMERIKANISCHEM RECHT

I. SYSTEMUNTERSCHIEDE ZWISCHEN DEN USA UND DEUTSCHLAND

Bei der Betrachtung der Möglichkeiten, im Vorfeld einer Hauptversammlung Stimmrechte für eigene Zwecke bzw. zur Durchsetzung von Aktionärsrechten zu sammeln, wurde deutlich, dass das deutsche Aktienrecht dem einzelnen Aktionär nur sehr beschränkte Wege bietet, zur Durchsetzung eigener Interessen die übrigen Aktionäre gezielt anzusprechen.[1316] Der Aktionär besitzt gegenüber der Gesellschaft, die, sofern sie Namensaktien ausgegeben hat, als einzige ihre Aktionäre kennt, keine Rechte, die ihm eine gezielte Kommunikation mit den übrigen Aktionären ermöglichen würden. Durch die Aufhebung von § 67 Abs. 5 AktG durch das *NaStraG*[1317] wurden nach altem Recht zumindest theoretisch bestehende Kommunikationswege weiter eingeschränkt. Lediglich über andere Stimmrechtsvertreter, denen die Aktionäre Weisungen zur Ausübung ihres Stimmrechts erteilen können, kann ein Herausforderer Stimmen für seine Vorschläge erhalten.

Dagegen enthalten sowohl die unterschiedlichen Gesellschaftsrechte der Einzelstaaten der *USA* als auch das in den Vereinigten Staaten herrschende Bundesrecht eine Vielzahl von Regelungen, die eine Kommunikation und Organisation der Aktionäre gewährleisten sollen.[1318] In den *USA* sind also direkte Wettbewerbe um Stimmrechtsvollmachten möglich und durch die rechtlichen Rahmenbedingungen abgesichert.

In Deutschland dagegen steht einem Herausforderer kein entsprechendes Recht zu, das den Zugang zu den Aktionären eröffnen würde. Zwar bietet auch das deutsche Recht dem einzelnen Aktionär die Möglichkeit, Abstimmungsvorschläge oder Gegenanträge bei der Gesellschaft einzureichen, doch konnte dieses Recht hierzulande bislang nicht die Wirkung erreichen, die in den *USA* inzwischen dem *shareholder proposal* zukommt.[1319] Vielmehr wird dieses Recht meistens im Sinne der in den *USA* in den siebziger Jahren vorherrschenden *social policy resolutions* gebraucht.[1320] Die Verbindung des *shareholder proposal* mit den Werbematerialien der Verwaltung stellt in den *USA* außerdem eine weite Verbreitung der Vorschläge sicher, da diese Materialien allen Aktionären zugehen. Auf dem von der Verwaltung zur Verfügung gestellten Vollmachtsfor-

---

[1316] Vgl. oben unter § 19.

[1317] Vgl. Fn. 1112.

[1318] Vgl. dazu oben unter § 5.

[1319] Vgl. dazu oben unter § 6.

[1320] Vgl. dazu auch *Mertens* (1997).

mular kann dann direkt für oder gegen den Vorschlag gestimmt werden. In Deutschland dagegen sind bisher nur Kreditinstitute bzw. die geschäftsmäßig handelnden Vertreter verpflichtet, dem Aktionär die Möglichkeit zu geben, Weisungen zur Stimmrechtsausübung zu erteilen. Die von ihnen abgegebenen Beschlussempfehlungen orientieren sich allerdings in der Regel an den Vorschlägen der amtierenden Unternehmensleitung. Eine Dynamik wie in den *USA*, wo insbesondere institutionelle Investoren und speziell Pensionskassen *shareholder proposals* zunehmend auch zur Durchsetzung von Fragen der Unternehmensleitung nutzen, ist in Deutschland bisher ausgeblieben. Zwar darf auch in den *USA* auf ein *corporate governance proposal* nicht verbindlich über Fragen der aktuellen Geschäftsführung entschieden werden, jedoch besteht die Möglichkeit so genannter *nonbinding shareholder resolutions*, die jedenfalls mit den Materialien des Managements mitgeteilt werden müssen. Haben sie Erfolg, so geben sie dem amtierenden Management doch ein starkes Signal, dass es seine Geschäftspolitik besser ändern sollte. Nach geltendem deutschen Recht ist ein solches Vorgehen nicht möglich, da Fragen der Geschäftsführung nach § 126 Abs. 2 S. 1 Nr. 2 AktG in Verbindung mit § 119 Abs. 2 AktG abgelehnt werden können.

Hieraus nun ohne weiteres den Schluss zu ziehen, das deutsche Aktienrecht sei im Hinblick auf die Ausbildung einer funktionierenden Aktionärskommunikation defizitär und daher eine Reform bzw. Weiterentwicklung erforderlich, wäre jedoch vorschnell.

Bei dem Vergleich verschiedener Rechtsordnungen oder Teilen davon können aussagekräftige Ergebnisse nämlich nur dann erreicht werden, wenn sich der Vergleich vom Prinzip der Funktionalität leiten lässt, das als Grundsatz jede Rechtsvergleichung beherrschen sollte.[1321] Es können nur diejenigen Bereiche verschiedener Rechtsordnungen miteinander verglichen werden, die dieselbe Aufgabe bzw. dieselbe Funktion erfüllen.[1322] Zwar hat die Rechtsordnung in jeder Gesellschaft im Wesentlichen die gleichen Probleme zu lösen, jedoch sind die Antworten hierauf zum Teil sehr verschieden.[1323] Die Ausgangsfrage muss daher rein funktional gestellt werden, d.h. das zu untersuchende Problem frei von den Systembegriffen der eigenen Rechtsordnung formuliert werden.[1324] Dabei kann es auch nicht darum gehen, pauschal die Überlegenheit einer Rechtsordnung festzustellen, vielmehr sollte nach Einzelfragen differenziert werden.[1325]

Das bedeutet hier, dass ausgehend von der Funktion, die Wettbewerbe um Stimmrechte in den *USA* erfüllen, danach zu fragen ist, wie dieses Problem im deutschen Aktienrecht traditionell gelöst wurde bzw. im geltenden Recht gelöst wird oder eben nicht hinreichend gelöst wird. Erst dann kann von einem fruchtbaren Vergleich gesprochen werden und erst dann können Überlegungen dazu angestellt werden, ob und inwieweit das deutsche Recht fortzuentwickeln wäre.

[1321] *Zweigert/Kötz* (1996), S. 33.

[1322] *Zweigert/Kötz* (1996), S. 33.

[1323] *Zweigert/Kötz* (1996), S. 33.

[1324] *Zweigert/Kötz* (1996), S. 33.

[1325] *Merkt* (2001), S. 150.

Traditionell wird das US-amerikanische System der *Corporate Governance* als marktbasiert angesehen, geprägt durch liquide Kapitalmärkte und eine breit gestreute Eigentümerstruktur.[1326] Das Management wird von einem externen Markt für Unternehmenskontrolle überwacht und von einem *board of directors*, das in vielen Fällen von unternehmensunabhängigen Mitgliedern dominiert wird.[1327] Ein solches System wird auch als „*outsider system*“ bezeichnet.[1328]

Dagegen haben die Mehrheit der europäischen Staaten so genannte „*insider systems*“ mit nur einer kleinen Zahl an der Börse notierter Gesellschaften, einer konzentrierten Anteilseignerstruktur und nur vereinzelten Übernahmeaktivitäten.[1329] So wird daher auch das deutsche System als „beziehungsorientiert“ (*relationship-oriented*) angesehen, bei dem die handelnden Manager von einer Kombination aus Banken, großen Anteilseignern sowie einem Geflecht zwischengesellschaftlicher Beziehungen kontrolliert werden, das über sehr lange Zeiträume stabil bleibt.[1330] Die Bedeutung der gegenseitigen Verflechtungen sowie der Banken implizieren, dass die Rolle von portfolio-orientierten Investoren wie Investment- und Pensionsfonds entgegen der Situation in den *USA* bisher marginal war.[1331] Ein externer Markt für Unternehmenskontrolle existierte nicht oder war nur sehr schwach ausgebildet.[1332] Der Aktienmarkt spielt für die Kontrolle deutscher Gesellschaften traditionell nur eine untergeordnete Rolle. Immer noch ist die Zahl der an der Börse gelisteten Gesellschaften und ihre Marktkapitalisierung gemessen an der gesamtdeutschen Wirtschaftleistung gering.[1333] Nur wenige Gesellschaften haben Aktien mit einem hohen Gesamtumsatz. Im Jahr 2002 sorgten nur zehn Gesellschaften bereits für einen Anteil am Gesamtumsatz der *Deutschen Börse* von über 60%.[1334] Große Anteile an Aktiengesellschaften wurden typischerweise außerhalb der Börsen zwischen großen Anteilseignern verkauft, wobei solche Transaktionen Preisvereinbarungen zulasten der Minderheitsgesellschafter erlaubten.[1335] Dementsprechend sind auch feindliche Übernahmen in Deutschland bisher selten.

[1326] *Kaplan* (1997), S. 251; *Berglöf* (1997), S. 115.

[1327] *Kaplan* (1997), S. 251.

[1328] *Franks/Mayer* (2001), S. 944.

[1329] *Franks/Mayer* (2001), S. 944; *Berglöf* (1997), S. 115.

[1330] *Kaplan* (1997), S. 251, in diesem Zusammenhang wurden die Banken und Versicherungen auch als „Spinnen“ in einem Netz aus gegenseitigen Verflechtungen und gekreuzten Beteiligungen bezeichnet, an denen eine Vielzahl von Gesellschaften aus allen Branchen beteiligt waren, vgl. dazu ausführlich *Schneider-Lenné* (1994); *Wenger/Kaserer* (1998).

[1331] Vgl. dazu ausführlich *Davis/Steil* (2001).

[1332] *Kaplan* (1997), S. 251; *Adams* (1990), S. 66.

[1333] *Van der Elst* (2000), S. 8 f.

[1334] Vgl. *World Federation of Exchanges*, 2002 WFE Annual Report - Part 2: WFE Statistics, S. 125, abzurufen unter *www.fibv.com.*

[1335] *Franks/Mayer* (2001), S. 974; Vgl. auch*Köke* (2001a). Durch die Einführung des WpÜG sollen die Minderheitsaktionäre von börsennotierten Gesellschaften vor solchen Transaktionen geschützt werden, vgl. *Baums/Thoma* (2004), Vor § 35 Rdnr. 104; *Haarmann/Riehmer/Schüppen* (2002), Vor §§ 35 bis 39, Rdnr. 26 ff. Auch in den *USA* können große Anteilseigner beim Verkauf ihrer Aktien häufig Zuschläge auf den aktuellen Preis erzielen, vgl. *Barclay/Holderness* (1989), S. 394.

Die prägenden Eigenschaften des deutschen *Corporate-Governance-Systems* wie der unterentwickelte Aktien- und Markt für Unternehmenskontrolle, die Mitbestimmung sowie eine hohe Anteilseignerkonzentration sind kein Zufall, sondern bedingen sich gegenseitig. Denn letztlich wäre eine breite Streuung der Aktien die Voraussetzung für einen liquiden Aktienmarkt und einen funktionierenden Markt für Unternehmenskontrolle.[1336] Durch die Konzentration der Anteilseigner kann außerdem den bestehenden Mitbestimmungsregeln ein wirksames Gegengewicht entgegengesetzt werden, weil es die Vertretung der Anteilseignerinteressen sicherstellt.[1337]

Schon diese grundlegenden Strukturen machen deutlich, warum das US-amerikanische System zur Ausbildung wettbewerblicher Elemente wie dem *proxy contest* neigte, während in Deutschland ein Bedürfnis hierfür nicht bestand.

Auf der Grundlage der jeweiligen Merkmale sind die Unterschiede und Gemeinsamkeiten des U.S.-amerikanischen *proxy*-Systems und des deutschen Systems der Stimmrechtsvertretung insbesondere im Zusammenhang mit dem in Deutschland lange Zeit umstrittenen Depotstimmrecht der Banken in vielen Arbeiten eingehend untersucht worden.[1338] In beiden Ländern ist eine Stimmrechtsvertretung zunächst einmal grundsätzlich möglich. Sie erfüllt auch in beiden Ländern die gleiche Funktion, nämlich sicherzustellen, dass auch die Stimmrechte der nicht persönlich an der Hauptversammlung teilnehmenden Aktionäre auf dieser ausgeübt werden können. Lange Zeit fand sich jedoch ein entscheidender Unterschied beim Vergleich der zur Vertretung zugelassenen Personen bzw. Institutionen. Während das US-amerikanische System der Stimmrechtsvertretung durch Unternehmensverwaltungen als Vertreter der Aktionäre beherrscht wird, wird die Vertretung vor allem der Kleinaktionäre in Deutschland traditionell durch die Depotbanken sichergestellt. Eine Bevollmächtigung der Unternehmensverwaltung war unzulässig, eine entsprechende Vollmacht nichtig.[1339] Einzig die Kreditinstitute durften die Stimmrechte ihrer Aktionäre auch auf der eigenen Hauptversammlung vertreten, sofern der Aktionär ihnen spezielle Weisungen zur Ausübung erteilt hatte.[1340] Durch dieses Verbot des Verwaltungsstimmrechts sollte eine Selbstkontrolle der Verwaltung mit den aus ihr folgenden Interessenkonflikten verhindert werden. In diesem den angelsächsischen Kapitalmärkten unbekannten System der Vertretung insbesondere der Kleinanleger durch Kreditinstitute ist ein weiterer Grund dafür zu sehen, weshalb, anders als in den *USA* und in *Großbritannien*, die Kontrolle der Verwaltung in Publikumsgesellschaften durch institutionelle Investoren bisher in *Deutschland* kaum eine Rolle gespielt hat.[1341] Während es dort wegen der üblichen Vertretung der Aktionäre durch die Verwaltung darum geht, der Macht der Unternehmensverwaltung ein weiteres Gegengewicht gegenüberzustellen, hat das deutsche Recht eine unmittelbare professio-

---

1336 *Becht* (1999), S. 2, 7 ff.

1337 *Roe* (1998), S. 362, 372.

1338 Vgl. dazu auch schon die Nachweise bei Fn. 1108.

1339 Vgl. *Hüffer* (1999), § 134 Rdnr. 25; *Zöllner* (1975), S. 603; *Püttner* (1963), S. 153; *Ruoff* (1999), S. 35 ff. Anders z.B. *Wiethölter* (1961), S. 334 ff.

1340 Vgl. § 135 Abs. 1 S. 2 AktG.

1341 *Baums* (1996a), S. 327.

nelle Vertretung der Kleinanleger selbst entwickelt.[1342] Es lassen sich jedoch im Hinblick auf die Banken keinesfalls ähnliche Aktivitäten wie bei den angelsächsischen institutionellen Investoren entdecken. So haben sie bisher keine generellen Abstimmungsrichtlinien oder *voting guidelines*, wie sie von U.S.-amerikanischen institutionellen Investoren bekannt sind, entwickelt.[1343]

Da somit in Deutschland die Stimmrechte bereits von gesellschafsfremden Personen in der Hauptsache durch Banken ausgeübt wurden, konzentrierte sich die Diskussion auf die Interessenkonflikte, denen sich diese ausgesetzt sahen. Gegenstand gesetzgeberischer Maßnahmen waren daher auch diejenigen Bereiche, in denen die Banken gestützt auf eigene Beteiligungen und ihr Depotstimmrecht, Einfluss ausüben konnten, indem sie etwa die Aufsichtsräte dominierten. Möglichkeiten der Aktionäre, die etablierten Kontrollstrukturen herauszufordern und etwa eigene Stimmrechte zu sammeln, spielten in der deutschen Diskussion traditionell eine untergeordnete Rolle. Im deutschen Recht sind daher auch Rechte und Instrumente, die eine Organisation der Aktionäre gegen Vorstand und Aufsichtsrat ermöglichen würden, nur gering ausgebildet. Gleichzeitig lag die Kontrolle der Unternehmensverwaltungen traditionell in den Händen nur weniger großer Aktionäre bzw. der Banken, die außerdem auch noch die jeweiligen Kleinaktionäre vertraten, so dass die Organisation einer Opposition gegen das amtierende Management auch ohne bestimmte Rechte möglich war.[1344]

In den *USA* dagegen dominieren die Unternehmensverwaltungen den Prozess der Stimmrechtsvertretung. Anders als in Deutschland stand hierfür eine andere Gruppe nicht zur Verfügung und angesichts der zersplitterten Aktionärsstruktur war die Herausbildung eines Systems der Stimmrechtsvertretung zur Herstellung der Beschlussfähigkeit der Hauptversammlung notwendig. Die Unternehmensverwaltungen haben daher einen umfassenden Zugriff auf die *proxy machinery* und stellen damit eine angemessene Vertretung der Aktionäre auf der Hauptversammlung sicher. Der Gesetzgeber hat auf die hieraus entstehenden Interessenkonflikte mit einer umfassenden *proxy regulation* reagiert. Diese soll zum einen sicherstellen, dass der Aktionär bei der Bevollmächtigung über die Angelegenheiten der Gesellschaft hinreichend informiert ist, außerdem soll den Aktionären die Möglichkeit gegeben werden, die umfassende Macht der Verwaltung herauszufordern. Deshalb gewährt der Gesetzgeber den Aktionären einen gewissen Zugang zur *proxy machinery* und ermöglicht außerdem die Kommunikation der Aktionäre untereinander, so dass sich eine gesellschaftsinterne Opposition zum amtierenden Management bilden kann. Der Aktionär kann entweder über ein *shareholder proposal* oder

---

[1342] *Baums* (1996a), S. 329.

[1343] *Baums* (1996a), S. 329.

[1344] Empirische Erhebungen zeigen denn auch, dass die Wahrscheinlichkeit, dass eine schlecht agierende Unternehmensleitung ausgewechselt wird, sowohl in den *USA* als auch in Deutschland etwa gleich groß sind, *Kaplan* (1997), S. 256 f; *Franks/Mayer* (2001), S. 944. Dies gilt auch für die Gesellschaften, die aufgrund des Vollmachtsstimmrechts der Banken beherrscht werden, *Franks/Mayer* (2001), S. 944. Unterschiede bestehen allerdings in den Fällen, in denen es in einer Gesellschaft zu einem Kontrollwechsel kommt: Hier sind in *Deutschland* nicht nur die realisierten Gewinne niedriger, sondern es kommt auch seltener zu einem Austausch des amtierenden Managements, *Franks/Mayer* (2001), S. 974 f.

über einen *proxy contest* direkt oder indirekt versuchen, Stimmrechte zu sammeln, um seine Vorstellungen in der Gesellschaft durchzusetzen. Hierdurch soll die Dominanz der Verwaltung zumindest geschwächt werden, da sie vor allem der Gefahr ausgesetzt wird, dass ihre Vorschläge auf der Hauptversammlung scheitern könnten bzw. dass sie von unzufriedenen Aktionären aus dem Amt entfernt wird.

Das deutsche System der Stimmrechtsvertretung war mit seinem lange Zeit vertretenen Verbot des Verwaltungsstimmrechts und der vorherrschenden Unternehmenskontrolle durch die Banken über Eigenbeteiligungen und zusätzliche Vollmachten ihrer Depotkunden völlig anders konzipiert und forderte daher die Etablierung eines dem *proxy contest* entsprechenden Instituts nicht gerade heraus. Die Kontrolle wurde ja bereits durch unternehmensfremde Instanzen ausgeübt. Sie sicherten zum einen eine hohe Präsenz auf den Hauptversammlungen und zum anderen die unabhängige Kontrolle durch die Verwaltung. Ein groß angelegtes Einwerben von Stimmrechtsvollmachten an den Banken vorbei wurde daher auch so gut wie nie versucht.[1345] Auch die oben beschriebenen Minderheitenrechte spielten keine große Rolle.

Im Zusammenhang mit der Beschreibung der deutschen Verhältnisse wurde aber schon darauf hingewiesen, dass verschiedene Entwicklungen in *Deutschland* für eine weitere Angleichung der Verhältnisse in *Deutschland* und den *USA* sorgen werden. Diese werden insbesondere die Publikumsgesellschaften betreffen, in denen bisher die Banken eine vorherrschende Stellung eingenommen haben. Darauf soll im Folgenden eingegangen werden.

II. Entwicklung des deutschen Corporate-Governance-Systems in Richtung auf den angelsächsischen Shareholder Capitalism

Es stellt sich somit die Frage, ob Gedanken des in den *USA* als Teil des *proxy*-Systems etablierten *shareholder proposal* und *proxy contest* zur Bewältigung deutscher aktienrechtlicher Probleme neue Impulse liefern können, entstammen sie doch wie oben beschrieben einem in seiner Funktionsweise anderen System der Stimmrechtsvertretung. Dieses geht im Normalfall von einer Vertretung der Aktionäre durch die Verwaltung aus und schafft mit der Möglichkeit des Wettbewerbs nur ein notwendiges Gegengewicht hierzu. Im deutschen Aktienrecht lag die Unternehmenskontrolle dagegen traditionell auf den Schultern der Banken und so sind auch die gesetzlichen Regeln auf diese abgestimmt.

Das bestehende System der Stimmrechtsvertretung wurde jedoch auch schon vor den im Folgenden zu beschreibenden aktuellen Entwicklungen von vielen heftig kritisiert und eine Überlegenheit des US-amerikanischen Modells festgestellt.[1346] Dabei wurde vor allem auf die auch im deutschen System bestehenden Interessenkonflikte hingewiesen und bemängelt, dass die deutschen Regelungen nicht dazu geeignet seien, den Aktio-

---

[1345] Zum *Girmes*-Fall siehe bereits oben unter § 19 II.

[1346] So im Ergebnis z.B. *Tuerks* (2000), S. 164 für das Verwaltungsstimmrecht.

närsinteressen zur Durchsetzung zu verhelfen.[1347] Diese Kritik führte zu Vorschlägen, die zu einem völligen Systemwechsel im Bereich der Stimmrechtsvertretung geführt hätten,[1348] aber auch zu Vorschlägen, wie durch die Stärkung von Information und Kommunikation der Aktionäre eine Verbesserung der Situation erreicht werden könnte.[1349] Der Gesetzgeber reagierte schließlich mit dem *KonTraG*,[1350] das zumindest in einigen Bereichen für Abhilfe sorgen sollte. Es kann jedoch kaum bezweifelt werden, dass sich das deutsche Corporate-Governance-System auch aus tatsächlicher Seite derzeit einem starken Veränderungsdruck ausgesetzt sieht.

Angesichts der an den deutschen Kapitalmärkten in den letzten Jahren eingetretenen Dynamik und damit in Zusammenhang stehender nicht nur rechtlicher sondern auch wirtschaftlicher Entwicklungen lohnt es sich jedoch, die Frage nach einer Öffnung des deutschen Rechts insbesondere im Hinblick auf eine Verbesserung der Aktionärskommunikation neu zu stellen. In diesem Zusammenhang muss auf die oben bereits beschriebenen Veränderungsprozesse hingewiesen werden, die in der Lage sind, das deutsche System der Stimmrechtsvertretung dem US-amerikanischen *proxy system* weiter anzunähern.[1351]

So lässt sich für die Jahre 1997 und 2001 nachweisen, dass die Zahl großer börsennotierter Aktiengesellschaften, die über maßgebliche Stimmrechte in mehr als fünf anderen börsennotierten Aktiengesellschaften verfügten zurückging. Gleichzeitig verringerte sich auch die Zahl der Gesellschaften, in denen solche Stimmrechte ausgeübt werden konnten erheblich.[1352] Dies zeigt, dass sich der Anteil derjenigen Gesellschaften, die traditionell über eine Vielzahl von Verflechtungen mit anderen Gesellschaften verbunden waren, zurückging und damit auch ihr Einfluss. Es ist zu erwarten, dass die bereits zu beobachtenden Veränderungen der Anteilseignerstrukturen sich weiter fortsetzen werden. Der hier zu beobachtende Rückgang der Konzentration, die Auflösung von Verflechtungen und die Veränderung der Rolle der Banken und Versicherungen von kontrollierenden Anlegern zu portfolio-orientierten Anlegern legen den Schluss nahe, dass sich das deutsche System der Corporate Governance den aus den *USA* und *Großbritannien* bekannten Strukturen annähert.[1353] Daher lässt sich die Frage stellen, ob sich möglicherweise das etablierte Modell der Stimmrechtsvertretung in der Publikumsgesellschaft durch ein Ende oder zumindest eine erhebliche Reduzierung des Depotstimmrechts von selbst erledigen wird.[1354] Zum anderen fragt sich, ob, angetrieben durch den „Siegeszug" der Namensaktie und den Rückzug der Depotbanken, das Ver-

---

[1347] Vgl. zum Beispiel die Stellungnahmen der Sachverständigen *Adams, Baums, Götz, Hopt, Kübler, Lutter* und *Wenger* vor dem Rechtsausschuss des Deutschen Bundestages, abgedruckt im AG-Sonderheft von 1997, S. 9 ff.

[1348] Vgl. zum Beispiel die Vorschläge von *Baums/von Randow* (1995).

[1349] Vgl. z.B. *Hoffmann* (1999), S. 229 ff.

[1350] Vgl. Fn. 1109.

[1351] Vgl. dazu oben § 19 III.2.

[1352] *Wójcik* (2003), S. 1449.

[1353] So auch *Wójcik* (2003), S. 1455.

[1354] Vgl. dazu oben § 19 III.2.a).

waltungsstimmrecht an die Stelle des bisherigen Depotstimmrechts treten wird, um weiterhin eine möglichst hohe Präsenz auf den Hauptversammlungen zu erreichen.[1355] Es ist außerdem zu erwarten, dass in Zukunft unabhängige institutionelle Investoren neben ihrer Wirkung auf die bestehenden Anteilseignerstrukturen in vielen Gesellschaften für eine Belebung der Corporate-Governance-Diskussion sorgen werden. Die nachlassende Konzentration auf der Seite der Anteilseigner kann zu einer Steigerung der Liquidität des deutschen Kapitalmarktes führen, was wiederum die Etablierung wettbewerblicher Elemente im Bereich der Unternehmenskontrolle auch im Hinblick auf die Einwerbung von Stimmen fördern könnte. Durch diese miteinander verwobenen Entwicklungen könnte sich die deutsche Situation der US-amerikanischen annähern, so dass sich hieraus ein neues Interesse an der Funktionsweise des *proxy system* ergeben kann. Dies kann zumindest für die zunehmende Zahl von börsennotierten Aktiengesellschaften gelten, die sich im Streubesitz befinden. Daher soll im Folgenden untersucht werden, ob und unter welchen Voraussetzungen eine Förderung von Wettbewerben um die Stimmen der Aktionäre insbesondere über die Verbesserung der Aktionärskommunikation eine Möglichkeit bietet, auf die beschriebenen Entwicklungen zu reagieren.[1356]

§ 23 ZUSAMMENFASSUNG UND ERGEBNIS

Die oben beschriebenen Unterschiede zwischen deutschem und US-amerikanischem Recht, vor allem aber die aktuellen Entwicklungen im deutschen System der Stimmrechtsvertretung lassen folgende Schlüsse zu:

Sowohl das US-amerikanische als auch das deutsche Stimmrechtsvertretungssystem haben Methoden herausgebildet, die eine möglichst hohe Präsenz auf den Hauptversammlungen sicherstellen sollen. Im US-amerikanischen System geschieht dies, angeregt auch durch eine nach einzelstaatlichem Recht vorgeschriebene Mindestpräsenz, ohne die die Hauptversammlung gar nicht beschlussfähig ist, im Normalfall durch die Einwerbung der Stimmrechtsvollmachten durch die Verwaltung. Im deutschen Stimmrechtsvertretungssystem wurden die Anleger zumindest der großen Publikumsgesellschaften traditionell durch die Kreditinstitute vertreten, bei denen sie ihre Depots unterhielten. Dieses in Deutschland bisher vorherrschende System ist jedoch zurzeit in einem grundlegenden Wandel begriffen, der vor allem durch eine Aufgabe der Stimmrechtsvertretung durch die Depotbanken in Verbindung mit einer Zunahme der Vertretung der Aktionäre durch die Verwaltung gekennzeichnet ist. Damit lässt sich feststellen, dass sich das deutsche System zurzeit dem US-amerikanischen *proxy*-System annähert. Während jedoch das US-amerikanische *proxy*-System bereits durch eine auf seine Bedürfnisse abgestimmte Regulierung verfügt, fehlen dem deutschen Aktiengesetz Regelungen, die insbesondere auf eine Zunahme des Verwaltungsstimmrechts ausgerichtet wä-

---

1355 Vgl. dazu oben § 19 III.2.b).

1356 Siehe unten § 24 f.

ren. Denn bisher hat sich der Gesetzgeber im *NaStraG*[1357] nur zu einer indirekten Anerkennung des Verwaltungsstimmrechts durchgerungen,[1358] dabei jedoch in der amtlichen Regierungsbegründung zur Neufassung des § 135 AktG selbst angemerkt, „dass das Vollmachtsstimmrecht der Banken nach und nach obsolet werden" wird.[1359] Eine weitergehende Regulierung ist bisher nicht erfolgt.

Das US-amerikanische *proxy*-System ist von dem Anliegen geprägt, einerseits eine Vertretung der Aktionäre durch die Verwaltung zu ermöglichen, um möglichst hohe Präsenzen auf den Hauptversammlungen zu erreichen, andererseits aber die damit verbundenen Interessenkonflikte und Kontrolldefizite zu vermeiden. Hierzu dienen nicht nur Regelungen, die einen unmittelbaren Missbrauch der Stimmrechtsvollmachten durch das Management verhindern sollen,[1360] sondern auch das Bemühen, die Kommunikation zwischen den Aktionären zu fördern, um so das Defizit der Willensbildung auf einer *de facto* nicht mehr vorhandenen Präsenzversammlung zu beheben.[1361] Durch den einerseits einzelstaatlich, vor allem jedoch bundesstaatlich gesicherten Anspruch auf Einsichtnahme in das Aktienregister steht jedem Aktionär der Weg offen, mit den übrigen Anteilseignern zu kommunizieren. Dieses Recht wird durch entsprechende Informationspflichten und die Kontrolle der *SEC* und der Gerichte abgesichert. Damit wird in den *USA* dem vorherrschenden System der Stimmrechtsvertretung ein ausgleichendes konkurrierendes Element zur Seite gestellt, das die etablierten Machtverhältnisse innerhalb der Gesellschaften von Zeit zu Zeit herausfordert, aber auch durch die bloße Möglichkeit seines Auftretens disziplinierend wirken kann. Die Aktionärsrechte sind in den letzten Jahren durch die wachsende Rolle der institutionellen Investoren und hier besonders der Pensionsfonds zu einer neuen Bedeutung gekommen.[1362]

Da in Deutschland entsprechende Regelungen komplett fehlen, aber auch die tatsächlichen Umstände völlig anders sind, fällt ein direkter Rechtsvergleich mit den *USA* schwer.[1363] Die Kontroll- und Disziplinierungsfunktion, die Wettbewerbe um Stimmen der Aktionäre in den *USA* ausüben, wurden in Deutschland traditionell von Finanzintermediären übernommen. Konsequent richteten sich daher auch die wissenschaftliche Diskussion sowie die Regelungsbemühungen des Gesetzgebers bisher darauf, die Missbrauchsrisiken im bestehenden System zu verringern.

Wie gezeigt, ist jedoch fraglich, ob diese überkommenden Strukturen auch in Zukunft zu einem überzeugenden System der Stimmrechtsvertretung beitragen können. Im Ergebnis muss auf der Grundlage der hinsichtlich der beiden Länder gefundenen Ergeb-

---

[1357] Fn. 1112.

[1358] Vgl. § 134 Abs. 3 S. 3 AktG.

[1359] Amtliche Begründung zum Regierungsentwurf des *NaStraG* zu § 134 AktG, BT-Drucks. 14/4051, S. 16.

[1360] Hierzu gibt es vor allem umfassende Informationspflichten und Kontrollrechte der *SEC* aber auch private Klagerechte, vgl. dazu oben § 7.

[1361] SEC Release No. 34-31326 (1992).

[1362] Vgl. § 9 II.2.

[1363] So auch *Hüther* (2001), S. 74.

nisse überlegt werden, inwieweit sich bestimmte Elemente des US-amerikanischen *proxy*-Systems, die die Organisation der Aktionäre ermöglichen, als Vorbild für entsprechende im deutschen Aktienrecht einzuführende Regelungen nutzen lassen. Da wegen der zu erwartenden weiteren Verbreitung des Verwaltungsstimmrechts eine Angleichung der tatsächlichen Verhältnisse in Deutschland an die der *USA* wahrscheinlich ist, stellt sich die Frage, ob das deutsche Recht um durch hier in Frage stehende wettbewerbliche Elemente ergänzt werden muss, um die Unternehmensverwaltungen sowohl präventiv als auch repressiv zu disziplinieren. Letztlich muss auch das deutsche Recht anerkennen, dass die Idee der Präsenzhauptversammlung durch heutige Aktionärsstrukturen und das Verhalten der Anleger in Frage gestellt wird. Die korporative Willensbildung findet vornehmlich im Vorfeld der Hauptversammlung statt. Das US-amerikanische Recht versucht seit langem, darauf Antworten zu finden. Dagegen war das deutsche System der Stimmrechtsvertretung auch noch in jüngster Zeit eher darauf gerichtet, Missbräuche und Interessenkonflikte im etablierten System zu verhindern, doch steht angesichts der tatsächlichen Entwicklungen nun vielleicht das gesamte etablierte System vor einem Umbruch. Auf diese sich abzeichnenden Entwicklungen hat der Gesetzgeber bisher nicht reagiert, im Gegenteil, er hat bestehende Chancen für einen Wettbewerb um Stimmen in letzter Zeit weiter vermindert. Welche Möglichkeiten bestehen, dieser Situation gerecht zu werden, soll im Folgenden untersucht werden.

4. Kapitel: Förderung von Wettbewerben um Stimmen in Deutschland

Im vorhergehenden Kapitel wurde festgestellt, dass sich das deutsche und das US-amerikanische System der Stimmrechtsvertretung vor allem durch die entscheidenden Veränderungen im deutschen System der Stimmrechtsvertretung bei Publikumsgesellschaften aneinander annähern, da hier einerseits die vorherrschende Rolle der Banken abnimmt und andererseits die Verwaltung der Gesellschaft in den Prozess der Stimmrechtsvertretung eintritt. Damit steigt der Einfluss der Unternehmensverwaltungen auf die von ihnen geführten Gesellschaften. Es ist in Zukunft möglich, dass die Unternehmensverwaltungen die Mehrheit der Aktionäre und auch der Aktien auf der Hauptversammlung vertreten. Damit drängt sich die Frage auf, ob nicht über die Einführung von Regelungen nachzudenken ist, die auch in Deutschland die oben für die *USA* beschriebenen wettbewerblichen Elemente ermöglichen bzw. weiter fördern.

Bevor jedoch versucht werden soll, hierauf zu antworten, soll für das deutsche Rechtssystem untersucht werden, an welcher Stelle sich unter den Gegebenheiten der deutschen Unternehmensverfassung eine Förderung von Stimmrechtswettbewerben überhaupt anbieten könnte bzw. wo zu erwarten ist, dass solche Wettbewerbe tatsächlich eine positive Kontrollwirkung entfalten könnten. Es stellt sich in diesem Zusammenhang auch die Frage, inwieweit ein Eingreifen des Gesetzgebers bei der Entwicklung wettbewerblicher Elemente überhaupt wünschenswert ist, oder ob er es nicht vielmehr selbstregulativen Elementen überlassen sollte, für die nötigen Entwicklungen zu sorgen.

§ 24 Verbesserung der Corporate Governance durch Wettbewerbe um Stimmen

Als Ergebnis der Betrachtung des US-amerikanischen Regelungssystems von Wettbewerben um die Stimmen der Aktionäre konnte festgestellt werden, dass diese einen wichtigen Beitrag zur Unternehmenskontrolle in den *USA* liefern. Zwar scheint es schwierig, den tatsächlichen Wert der von den bestehenden Instituten ausgehenden Kontrolle zu bestimmen, insbesondere weil sich das durch den bloßen Bestand solcher Mittel bestehende Abschreckungs- und Drohpotenzial nicht hinreichend genau ermitteln lässt, doch kann insgesamt nicht geleugnet werden, dass den Aktionären hier Mittel an die Hand gegeben werden, die eine glaubhafte Bedrohung der Unternehmenspolitik des Managements darstellen. Dieses Ergebnis gilt sowohl für den Fall, dass durch einen Wettbewerb um Stimmrechtsvollmachten ein vollständiger Kontrollwechsel durch Ablösung des amtierenden Managements erreicht werden soll (*proxy contest for corporate control*), als auch für den Fall, dass nur bestimmte Entscheidungen in der Gesellschaft auch gegen die Unternehmensverwaltung in eine bestimmte Richtung gelenkt werden sollen, was meistens durch *shareholder proposals*, aber auch durch *proxy contests* geschieht.

Dabei wird die Durchführung von Wettbewerben in den *USA* letztlich vor allem durch verschiedene Möglichkeiten der Aktionärskommunikation, die auf einzelstaatlicher und auf bundesrechtlicher Ebene bestehen, gefördert. Hierzu gehören Informations- und Einsichtsrechte sowie der Anspruch gegen die Gesellschaft auf Weiterleitung des eigenen Materials oder begründeter Vorschläge. Dagegen setzt die US-amerikanische Rechtsordnung keinen besonderen Anreiz zur Aufnahme von *proxy contests*, indem sie den Herausforderern generöse Kostenerstattungsansprüche zusprechen würde. Nur in Fällen, in denen ein Herausforderer auch über einen *proxy contest* die Kontrolle über das *board of directors* an sich ziehen kann, besteht eine sichere Möglichkeit, sich die zum Teil erheblichen Kosten auch erstatten zu lassen.

Es stellt sich nun die Frage, welche Auswirkungen die Einführung von Möglichkeiten zur gezielten Werbung anderer Aktionäre im deutschen Recht tatsächlich haben würde. Es ist ja nicht nur so, dass das US-amerikanische Regulierungssystem hierfür Möglichkeiten bereithält, die den Vorgang des Einwerbens von Stimmrechten unterstützt, sondern auch andere Elemente der US-amerikanischen Unternehmensverfassung kommen der Wirksamkeit solcher Wettbewerbe entgegen. So kann etwa das *board of directors* in der Regel mit einer einfachen Mehrheit abgewählt werden. Damit ist anders als im dualistischen deutschen System mit Vorstand und Aufsichtsrat ein direkter Zugriff auch auf das Management der Gesellschaft möglich.

Fraglich ist somit, ob angesichts des sich unterscheidenden Regelungsrahmens in Deutschland überhaupt Elemente zur Förderung von Wettbewerben um Stimmen der Aktionäre eingeführt werden können und sollten, ohne dass zugleich erhebliche Teile der Unternehmensverfassung in Frage gestellt würden, um ein Funktionieren solcher Wettbewerbe zu ermöglichen.

I. Effekte für den Markt für Unternehmenskontrolle

In den *USA* steht der *proxy contest* neben dem Erwerb einer Anteilsmehrheit an einer Gesellschaft als eines von zwei möglichen Mitteln zur Kontrollübernahme in einer solventen Gesellschaft und stellt neben der feindlichen Übernahme eine weitere Möglichkeit dar, die Kontrolle in einer Gesellschaft gegen den Willen des amtierenden Managements zu übernehmen.[1364] Im US-amerikanischen Rechtssystem ist insbesondere wegen der dortigen Mehrheitserfordernisse eine Kontrollübernahme durch einen *proxy contest* möglich und findet in der Praxis, wenn auch nicht häufig, statt. Zwar wurde der *proxy contest* als Weg zur Kontrollübernahme in einer Gesellschaft oft kritisiert und so etwa als die teuerste, unsicherste und am wenigsten genutzte Technik zur Kontrollübernahme bezeichnet.[1365] Doch zeigen die Ergebnisse der oben vorgelegten Untersuchungen, dass *proxy contests*, und zwar nicht nur erfolgreich durchgeführte, eine das Management disziplinierende Wirkung entfalten und so einen erheblichen Druck ausüben

[1364] *Manne* (1965), S. 114. Vgl. auch § 13.

[1365] *Manne* (1965), S. 114.

können.[1366] Hinzu kommt in neuerer Zeit die Funktion von Wettbewerben um Stimmrechtsvollmachten als Mittel zur Unterstützung eines Übernahmeversuchs.[1367] Hierdurch kann auf das amtierende Management, das sich oft im Vorfeld durch entsprechende Maßnahmen vor feindlichen Übernahmen zu schützen versucht, zusätzlicher Druck ausgeübt werden, indem entweder die aufgerichteten Barrieren durch eine Mehrheit der Aktionäre entfernt werden oder zumindest damit glaubhaft gedroht werden kann.[1368] Das dem U.S.-amerikanischen System inhärente wettbewerbliche Element im System der Stimmrechtsvertretung führt somit zu einer Stärkung des Marktes für Unternehmenskontrolle.[1369]

Fraglich ist, ob auch im deutschen Recht die Förderung von Wettbewerben um Stimmrechtsvollmachten zu einer solchen Entwicklung führen könnte, d.h. ob auch hierzulande der Markt für Unternehmenskontrolle durch die Erleichterung von Wettbewerben um Stimmrechtsvollmachten profitieren würde.

1. Wettbewerbe um Stimmrechtsvollmachten als Mittel der Kontrollübernahme

Zunächst stellt sich die Frage, ob Wettbewerbe um Stimmrechtsvollmachten in Deutschland überhaupt jemals ein Mittel zur Übernahme der Kontrolle in einer Gesellschaft sein könnten. Denn ein grundlegender Unterschied zwischen dem deutschen und dem US-amerikanischen Recht könnte die Nutzung eines Wettbewerbs um Stimmrechtsvollmachten im deutschen Recht erschweren. Dieser Unterschied liegt in der unterschiedlichen Organisationsverfassung der Aktiengesellschaft in Deutschland und den *USA*. Während in den *USA* die Unternehmensleitung durch das *board of directors* ausgeübt wird und alle die Geschäftsführung betreffenden Entscheidungen von ihm getroffen werden können, teilen sich in Deutschland Vorstand und Aufsichtsrat diese Aufgabe.[1370] Das einheitliche Leitungsgremium in den *USA* kann ein Herausforderer durch einen erfolgreichen *proxy contest* mit einfacher Mehrheit aus dem Amt entfernen und mit seinen eigenen Kandidaten besetzen.[1371] Nach deutschem Recht wird nur der Aufsichtsrat und nicht etwa auch der Vorstand durch die Aktionäre bestimmt.[1372] In einem Wettbewerb um Stimmrechtsvollmachten könnte der Herausforderer daher auch nur den Aufsichtsrat austauschen.

Dies wäre schon nach geltender Rechtslage grundsätzlich möglich, denn gemäß § 103 Abs. 1 S. 1 AktG können Aufsichtsratsmitglieder, die von der Hauptversammlung ohne

---

[1366] Dies wird im Übrigen auch von *Manne* nicht bestritten, *Manne* (1965), S. 114, doch lagen zu seiner Zeit darüber noch keine verlässlichen Studien vor, *Manne* (1965), Fn. 16.

[1367] Vgl. dazu oben unter § 13 II.

[1368] Siehe dazu bereits oben unter § 10.

[1369] Zum Begriff des Marktes für Unternehmenskontrolle vgl. bereits Fn. 63.

[1370] Dabei ist der Vorstand nach § 75 Abs. 1 AktG zur eigenverantwortlichen Leitung der Aktiengesellschaft berufen, der Aufsichtsrat hat den Vorstand hierbei nach § 111 Abs. 1 AktG zu überwachen.

[1371] Vgl. z.B. § 8.08 (a) RMBCA; § 141 (k) Del.Gen.Corp.L. Es sei denn, es handelt sich um ein *classified board*. Dann braucht der Herausforderer die Mehrheit in zwei aufeinanderfolgenden ordentlichen Hauptversammlungen. Vgl. dazu näher unter § 10 III.

[1372] Nach § 101 Abs. 1 S. 1 AktG wählt die Hauptversammlung den Aufsichtsrat.

Bindung an einen Wahlvorschlag gewählt worden sind, von dieser auch vor Ablauf ihrer Amtszeit abberufen werden.[1373] Allerdings bedarf dieser Beschluss einer Mehrheit, die mindestens drei Viertel der abgegebenen Stimmen betragen muss, soweit die Satzung nicht ein anderes Mehrheitsverhältnis vorsieht.[1374] Dabei kann das Mehrheitserfordernis nach § 133 AktG nur auf eine einfache Stimmenmehrheit abgesenkt, nicht jedoch aufgegeben werden.[1375] In Aktiengesellschaften, die von § 1 MitbestG erfasst werden, ist bei der Zusammensetzung des Aufsichtsrats außerdem das Mitbestimmungsrecht der Arbeitnehmer zu beachten.[1376] In diesem Fall kann ein Teil der Mitglieder des Aufsichtsrat nicht von den Aktionären bestimmt werden, diese Mitglieder können daher auch nicht durch einen Wettbewerb um Stimmrechtsvollmachten aus ihrem Amt entfernt werden.[1377]

Schließlich können auch in Deutschland unter Umständen nicht alle Mitglieder des Aufsichtsrates gleichzeitig zur Wahl stehen.[1378] Zwar sind in der Regel die Amtszeiten aller Aufsichtsratsmitglieder gleich lang, eine Abweichung hiervon ist allerdings möglich, denn § 102 Abs. 1 AktG ist insoweit dispositiv, da er nur einen zeitlichen Rahmen für die Bestellung vorsieht.[1379] Dies ermöglicht es etwa, anfangs kürzere Bestellzeiten für einen Teil der Organmitglieder zu bestimmen, um so eine Versetzung im Rhythmus der Wiederbestellung zu erreichen. Denn im Rahmen der gesetzlichen Höchstdauer kann die Amtszeit der Aufsichtsratsmitglieder kürzer festgelegt werden, und es ist nicht zwingend, dass die Amtszeit für alle Aufsichtsratsmitglieder gleich sein muss.[1380] Eine vollständige Neubesetzung des Aufsichtsrats würde daher unter Umständen mehrere Jahre dauern, soweit hierzu nicht auf § 103 Abs. 1 S. 1 AktG zurückgegriffen werden könnte.

Ginge es somit in einer deutschen Aktiengesellschaft einem Herausforderer um die Kontrolle der Gesellschaft, so müsste er, um die aktuelle Geschäftspolitik der Gesellschaft bestimmen zu können, zunächst versuchen, den Aufsichtsrat mit „seinen" Mitgliedern zu besetzen. Diese wiederum müssten den Vorstand nach § 84 Abs. 3 S. 1 AktG abberufen. Die Abberufung des Vorstands vor dem Ablauf seiner Amtszeit setzt

---

[1373] Die Amtszeit für ein Mitglied des Aufsichtsrats darf nach § 102 Abs. 1 AktG nicht für eine längere Zeit als bis zur Beendigung der Hauptversammlung bestellt werden, die über die Entlastung für das vierte Geschäftsjahr nach Beginn der Amtszeit beschließt. Grob gerechnet beträgt die zulässige Höchstdauer somit fünf Jahre, *Hüffer* (2002), § 102 Rdnr. 2.

[1374] Vgl. § 103 Abs. 1 S. 2, 3 AktG.

[1375] *Hüffer* (2002), § 103 Rdnr. 4.

[1376] Vgl. § 101 Abs. 1 S. 1 AktG. Zu anderen Grundlagen der Mitbestimmung vgl. z.B. bei*Schmidt* (2002), § 28 III.

[1377] Zur Abberufung dieser Mitglieder des Aufsichtsrats vgl. § 23 MitbestG bzw. § 12 DrittelbG. Aus der Mitbestimmung ergibt sich außerdem das weitere Problem, dass sich bei Erfolg eines Herausforderers bei der Besetzung von Aufsichtsratsposten nicht nur Anteilseigner und Arbeitnehmervertreter gegenüberstehen, sondern dass sich die Gruppe der Anteilseigner in unterschiedliche Lager aufspalten kann.

[1378] Zu solchen sog. *staggered boards* bzw. *classified boards* in den *USA* vgl. bereits oben § 10 III.

[1379] *Hüffer* (2002), § 102 Rdnr. 1.

[1380] *Haarmann/Riehmer/Schüppen* (2002), § 33 Rdnr. 63; *Baums/Thoma* (2004), § 33 Rdnr. 37; *Hüffer* (2002), § 102 Rdnr. 4.

allerdings voraus, dass ein wichtiger Grund vorliegt. Diese Voraussetzung muss unbedingt erfüllt werden,[1381] denn das Gesetz will hierdurch eine Abhängigkeit des Vorstands vom Aufsichtsrat vermeiden, was seiner eigenverantwortlichen Leitungsfunktion gemäß § 76 Abs. 1 AktG nicht entsprechen würde.[1382] Ein wichtiger Grund liegt vor, wenn die Fortsetzung des Organverhältnisses bis zum Ende der Amtszeit für die Aktiengesellschaft unzumutbar ist.[1383] Unter bestimmten Umständen ist es denkbar, dass der Herausforderer diesen wichtigen Grund selbst herbeiführen kann. Gelingt es einem Herausforderer nämlich, die Mehrheit der Stimmrechtsvollmachten für sich zu gewinnen, so kann er auf der Hauptversammlung durch einen Mehrheitsbeschluss dem Vorstand das Vertrauen entziehen.[1384] Besetzt er dann gleichzeitig den Aufsichtsrat mit seinen Kandidaten, so können diese den Vorstand ohne eine weitere Angabe von Gründen abberufen,[1385] denn gemäß § 84 Abs. 3 S. 2 AktG gilt der Vertrauensentzug durch die Hauptversammlung bereits als wichtiger Grund für die Abberufung.

Einem Herausforderer stünde es natürlich frei, einzelne Vorschläge zur Wahl von Aufsichtsratsmitgliedern zu machen,[1386] wenn Aufsichtsratsposten wiederbesetzt werden müssen. Dann müsste er für diesen Kandidaten Stimmrechtsvollmachten sammeln, um die nach § 133 Abs. 1 AktG erforderliche einfache Stimmenmehrheit auf seinen oder seine Kandidaten zu vereinigen. Auf diesem Weg in der Gesellschaft einen Kontrollwechsel herbeizuführen, erscheint jedoch ebenfalls extrem schwierig, wenn nicht sogar unmöglich. Denn zum einen kann der Herausforderer hierdurch immer nur versuchen, diejenigen Aufsichtsräte zu bestimmen, für die aufgrund des Ablaufs der Amtszeit eines anderen Aufsichtsrates ein Posten frei wird, so dass sich eine Kontrollübernahme wohl über mehrere Jahre hinziehen würde, zum anderen hätte auch dann der Herausforderer noch nicht die Hürde überwunden, dass er nach deutschem Recht zur vollständigen Übernahme der Kontrolle auch den Vorstand austauschen müsste, wofür es wiederum eines wichtigen Grundes bedürfte.

Ein weiteres Hindernis, das einen potenziellen Herausforderer von der Durchführung eines *proxy contest* um die Kontrolle in der Gesellschaft abhalten kann, stellt § 30 Abs. 2 WpÜG dar.[1387] § 30 Abs. 2 WpÜG regelt, dass einem Bieter auch solche Stimmrechte eines Dritten aus Aktien der Zielgesellschaft in voller Höhe zugerechnet werden, mit dem der Bieter sein Verhalten in Bezug auf die Zielgesellschaft auf Grund einer

---

[1381] *Kölner Kommentar zum Aktiengesetz* (1986), § 84 Rdnr. 26.

[1382] *Kropff* (1965), S. 106.

[1383] *Hüffer* (2002), § 84 Rdnr. 26; *Fleck* (1985), S. 680.

[1384] Vgl. § 84 Abs. 3 S. 2 AktG. Das Beschlusserfordernis folgt aus § 118 Abs. 1 AktG. Nach herrschender Meinung soll es für einen Vertrauensentzug auch ausreichen, wenn die Entlastung nach § 120 AktG verweigert wird, *Geßler/Hefermehl/Eckardt/Kropff* (1973), § 120 Rdnr. 45; *Kölner Kommentar zum Aktiengesetz* (1986), § 84 Rdnr. 105; a.A. *Hüffer* (2002), § 84 Rdnr. 30.

[1385] ÖOGH AG 1999, 140, 141.

[1386] Hierzu hat er nach §§ 127, 126 AktG auch ein Recht. Vgl. auch schon § 19 I.3.

[1387] Vgl. dazu die bereits ergangene Rechtsprechung *OLG Frankfurt a.M.* NZG 2004, 865 ff.; ZIP 2003, 1977 ff.; *OLG Stuttgart* ZIP 2004, 2232 ff.; *OLG München* ZIP 2005, 856 sowie allgemein *Baums/Thoma (2004)* § 30 Rdnr. 67 ff.

Vereinbarung oder in sonstiger Weise abstimmt (sog. *acting in concert*). Ausgenommen sind lediglich Vereinbarungen über die Ausübung von Stimmrechten in Einzelfällen.

Bei entsprechender Auslegung führt § 30 Abs. 2 WpÜG dazu, dass einem Herausforderer die eingeworbenen Stimmrechte zugerechnet werden, so dass er bei Überschreiten der Kontrollschwelle von 30 % gemäß § 35 WpÜG ein Pflichtangebot zu veröffentlichen hätte. Anhaltspunkte hierfür liefert bereits die Gesetzesbegründung zu § 2 Abs. 5 WpÜG, in der es heißt, ein abgestimmtes Verhalten in sonstiger Weise könne beispielsweise durch ein gleichgerichtetes Abstimmungsverhalten in der Hauptversammlung geschehen, ohne dass es hierzu eines Stimmbindungsvertrages zwischen dem Bieter und den gemeinsam handelnden Personen bedürfe. Eine ausdrückliche Absprache sei nicht erforderlich.[1388] Bei der Besetzung des Aufsichtsrats dürfte jedoch die Frage entscheidend sein, ob man hierin eine Ausübung von Stimmrechten in einem Einzelfall oder eine auf Dauer angelegte Kontrolle der Gesellschaft sieht. Diese Frage ist in der hierzu bisher ergangenen Rechtsprechung umstritten und wird für den Fall eines Kontrollwettbewerbs im US-amerikanischen Sinne mit der Ansprache möglicherweise tausender Aktionäre überhaupt noch nicht diskutiert.

Nach Ansicht des *OLG Frankfurt* sollen Stimmrechte nur zugerechnet werden, wenn die Parteien bewusst mit dem Ziel zusammenarbeiten, die Mitgliedschaftsrechte koordiniert und kontinuierlich auszuüben.[1389] Erforderlich sei eine nachhaltige und beständige Einflussnahme auf die Zielgesellschaft.[1390] Vertreten wird außerdem, dass sich in zeitlicher Hinsicht das abgestimmte Verhalten auf eine regelmäßige und nicht nur gelegentliche Interessenkoordination beziehen muss.[1391] Daher soll nach einer Ansicht die Zurechnung auch bei Absprachen im Hinblick auf die Wahl des Aufsichtsrats in nur einer Hauptversammlung ausscheiden.[1392] Auch bei einem klassischen *proxy contest* könnte daher von einem *acting in concert* sicher nicht die Rede sein. Vielmehr bleibt nach einem solchen Wettbewerb der obsiegende Herausforderer allein zurück. Er übt die Kontrolle über die Gesellschaft nicht fortgesetzt mit den von ihm eingeworbenen Stimmen aus.

Anders hat jedoch das *OLG München* entschieden.[1393] Nach dem *OLG München* muss der Begriff des „Einzelfalls" nicht formal sondern materiell verstanden werden. Ein abgestimmtes Verhalten im Einzelfall ist daher nur dann gegeben, wenn es punktuell, also auf einen konkreten Einzelfall bezogen ist und nicht auf eine bestimmte zeitliche

---

[1388] BT-Drucks. 14/7034, S. 34.

[1389] *OLG Frankfurt a.M.* NZG 2004, S. 865, 867.

[1390] *OLG Frankfurt a.M.* NZG 2004, S. 865, 867; ebenso *OLG Stuttgart* ZIP 2004, S. 2232, 2237.

[1391] *Caspar* (2003), S. 1476; *Kölner Kommentar zum WpÜG* § 30 Rdnr. 137 ff.; a.A. *Geibel/Süßmann (2002)* § 30 Rdnr. 27, wonach am Begriff „langfristig" nicht mehr festgehalten werden könne.

[1392] *LG München I* DB 2004, 1252, 1253; ebenso *Schockenhoff/Schumann* (2005), S. 568 ff.; *Schwark (2004)* § 30 WpÜG Rdnr. 24; *Assmann/Schneider (2003)* § 22 WpHG Rdnr. 165, wo eine Zurechnung wegen abgestimmten Verhaltens bei der Wahl des Aufsichtsrats erst angenommen wird, wenn sich die Vereinbarung entweder über mindestens zwei Hauptversammlungsperioden erstreckt oder mit der einmaligen Absprache zur Aufsichtsratswahl weitergehende Ziele verfolgt werden.

[1393] *OLG München* ZIP 2005, S. 856 ff.

Intensität angelegt ist.[1394] Damit führt umgekehrt grundsätzlich jedes einzelne abgestimmte Verhalten mit nachhaltiger Wirkung auf die Herrschaftsverhältnisse der Zielgesellschaft, also auf deren Geschäftsführungs- und Aufsichtsorgane, zur Zurechnung.[1395] Auch die *Bundesanstalt für Finanzdienstleistungsaufsicht* legt den Begriff des *„abgestimmten Verhaltens“* sehr extensiv aus und hat die Ansicht vertreten, dass auch in der Verständigung von Aktionären auf zu wählende Aufsichtsratsmitglieder im Vorfeld einer Hauptversammlung ein abgestimmtes Verhalten liegen könne.[1396]

Im Einzelnen bleibt abzuwarten, wie sich die *Bundesanstalt* in diesem Zusammenhang verhalten wird. Auch bleibt abzuwarten, wie der *Bundesgerichtshof* die Frage letztlich entscheiden wird. Ein möglicher Herausforderer müsste jedoch die Regelungen des WpÜG in seine Überlegungen einbeziehen.

In den *USA* wird in den Gesellschaften häufig so genanntes *cumulative voting* praktiziert, das die Möglichkeit einer Minderheit verbessert, zumindest einen Kandidaten für das *board of directors* durchzusetzen.[1397] Es ist daher in vielen Fällen für einen Herausforderer nicht nötig, die Stimmrechtsvollmachten der Mehrheit der Aktionäre zu sammeln, sondern es reicht schon ein bedeutend kleinerer Teil der Aktien, weil er diese Stimmen dann kumulativ für einen Kandidaten ausüben kann. In Deutschland ist eine Änderung des Prinzips der einfachen Stimmenmehrheit nach § 133 Abs. 2 AktG zwar zulässig, die herrschende Meinung lehnt jedoch die Zulässigkeit der einer Minderheit entgegenkommenden Verhältniswahl ab.[1398] Es bleibt somit dabei, dass ein Herausforderer die Mehrheit der Stimmen auf der Hauptversammlung stellen muss, um auch nur ein Mitglied des Aufsichtsrats bestimmen zu können. Gelingt es ihm jedoch, diese Mehrheit zu erreichen, so kann er in jedem Fall die Wahlen nach seinem Belieben bestimmen.

Im Ergebnis muss somit festgestellt werden, dass allein durch eine Verbesserung der Aktionärskommunikation und der Möglichkeit, Stimmrechtsvollmachten der Aktionäre zu sammeln, in Deutschland nicht zu erwarten wäre, dass es einer nennenswerten Anzahl oppositioneller Aktionäre gelingen würde, die Unternehmenskontrolle über einen Stimmrechtswettbewerb an sich zu ziehen. Dem steht die geltende Organisationsverfassung einfach entgegen. Zwar wäre es nach dem geltenden Recht grundsätzlich möglich, dass ein Herausforderer den Aufsichtsrat austauscht und über diesen gegebenenfalls auch den Vorstand der Gesellschaft nach Ablauf der nach § 84 Abs. 1 S. 1 AktG vorgesehenen Regelbestellung von fünf Jahren bestimmt, doch stellt es eine kaum zu überwindende Hürde für einen Herausforderer dar, wenn er auf der Hauptversammlung hierfür eine Mehrheit von drei Vierteln der abgegebenen Stimmen erreichen muss. Daher kann auch nicht erwartet werden, dass die Drohung mit einem solchen Wettbewerb, die in den *USA* das amtierende Management dazu bewegen kann, mit dem Herausforderer

---

[1394] *OLG München* ZIP 2005, S. 856, 857.

[1395] *OLG München* ZIP 2005, S. 856, 857.

[1396] Kritisch *Weiler/Meyer* (2003), S. 910.

[1397] Vgl. zum Begriff des *cumulative voting* bereits Fn. 359.

[1398] *Baumbach/Hueck* (1968), § 101 Rdnr. 4; *Geßler/Hefermehl/Eckardt/Kropff* (1973), § 101 Rdnr. 29; *Kölner Kommentar zum Aktiengesetz* (1986), § 101 Rdnr. 14; a.A. *Hüffer* (2002), § 133 Rdnr. 33.

in Verhandlungen zu treten oder seinen Forderungen entgegenzukommen, einen nennenswerten Effekt haben wird. Hier könnte nur eine Erleichterung der Abberufung des Aufsichtsrates und des Vorstands helfen.[1399]

2. Wettbewerbe um Stimmen als Mittel zur Unterstützung einer Übernahme

Im Zusammenhang mit der Diskussion der Effekte von Wettbewerben um Stimmen auf den Markt für Unternehmenskontrolle stellt sich auch für die Beurteilung der Situation in Deutschland die Frage, ob solche Wettbewerbe, sollten sie in Zukunft leichter und effizienter durchzuführen sein, Übernahmen erleichtern bzw. unterstützen könnten. Oben wurde bereits beschrieben, dass in den *USA* inzwischen eine feindliche Übernahme in der Regel von einem *proxy contest* begleitet wird.[1400] Damit kann es dem Übernahmeinteressenten gelingen, bestehende Abwehrmöglichkeiten auszuschalten und so einer Übernahme zum Erfolg zu verhelfen. Auch kann durch eine Verknüpfung von Übernahmeangebot und *proxy contest* im Ergebnis eine Abstimmung der Aktionäre über die Übernahme zustande kommen, die nach geltendem Recht in den *USA* nicht vorgeschrieben wäre, die jedoch dazu führt, dass mit einer Übernahme typischerweise verbundene Probleme vermieden werden können.[1401] Die Einleitung eines *proxy contest* kann außerdem zur Folge haben, dass auf ein durch Abwehrmittel gegen feindliche Übernahmen geschütztes Management überhaupt Druck ausgeübt werden kann. So muss in vielen Fällen ein *proxy contest* überhaupt nicht bis zur entscheidenden Abstimmung durchgeführt werden, sondern es kann eine gütliche Einigung mit dem Management herbeigeführt werden. Für die *USA* wurde außerdem gezeigt, dass sich in den letzten Jahren verstärkt und mit zunehmendem Erfolg *shareholder proposals* mit Fragen der *Corporate Governance* beschäftigen, und dabei speziell auch mit der Abschaffung solcher Maßnahmen, die den Erfolg eines Übernahmeversuchs verhindern sollen.[1402]

Auch in Deutschland ist mit einer weiteren Zunahme von Übernahmeaktivitäten zu rechnen. Es stellt sich daher die Frage, ob nicht eine Förderung von Wettbewerben um Stimmrechtsvollmachten bzw. die Förderung der Aktionärskommunikation überhaupt, zu einer Unterstützung des Marktes für Unternehmenskontrolle führen würde. Im Zusammenhang mit dem Versuch einer feindlichen Übernahme wären auch in Deutschland Wettbewerbe um die Stimmen der Aktionäre denkbar, und die Durchführung könnte für einen möglichen Herausforderer von Interesse sein.

[1399] Vgl. dazu bereits *Hoffmann* (1999), S. 217 ff.

[1400] Vgl. oben unter § 13 II.

[1401] Namentlich können das *pressure-to-tender* sowie das *free-rider*-Problem durch eine Abstimmung vermieden werden, vgl. *Bebchuk/Hart* (2001) und ausführlich oben unter § 13 II.

[1402] Vgl. oben § 14 II.

Feindliche Übernahmen werden in Deutschland vom *Wertpapiererwerbs- und Übernahmegesetz* (*WpÜG*) geregelt.[1403] Nach dem *WpÜG* kann der Vorstand einer Aktiengesellschaft von der Hauptversammlung einer Gesellschaft zur Vornahme von Handlungen ermächtigt werden, um den Erfolg eines Übernahmeangebots zu verhindern, soweit diese in die Zuständigkeit der Hauptversammlung fallen.[1404] Eine solche Ermächtigung kann die Hauptversammlung dem Vorstand im Wege eines Vorratsbeschlusses nach § 33 Abs. 2 S. 2 WpÜG für einen Zeitraum von 18 Monaten erteilen. Die Hauptversammlung kann den Vorstand außerdem in der konkreten Übernahmesituation zu solchen Handlungen ermächtigen (*post-bid*-Beschluss).[1405]

Der Gegner einer Abwehrmaßnahme kann nun daran interessiert sein, den Einsatz von Abwehrmaßnahmen zu verhindern oder diese durch einen zweiten Beschluss der Hauptversammlung wieder zurückzunehmen. Hier finden sich also potenzielle Ansatzpunkte für einen Wettbewerb um die Stimmen der Aktionäre. In der konkreten Übernahmesituation kann der Herausforderer versuchen, selbst eine Hauptversammlung nach § 122 Abs. 1 AktG einzuberufen,[1406] wozu er in der Regel bereits aufgrund der eigenen Anteile berechtigt sein wird,[1407] und dort eine Aufhebung der zuvor von der Hauptversammlung erteilten Ermächtigung zu erreichen. Ebenso wie eine Ermächtigung nach § 202 Abs. 1 AktG zur Schaffung von genehmigten Kapitals kann auch die nach § 33 Abs. 2 WpÜG erteilte Ermächtigung zur Durchführung von Abwehrmaßnahmen durch

---

[1403] Das *WpÜG* ist der zentrale Teil des Gesetzes zur Regelung von öffentlichen Angeboten zum Erwerb von Wertpapieren und Unternehmensübernahmen, als dessen Art. 1 es am 22.12.2001 verkündet worden ist (BGBl. I, S. 3822). Inzwischen ist am 30. April 2004 die europäische Übernahmerichtlinie in Kraft getreten (*Richtlinie 2004/25/EG des Europäischen Parlaments und des Rates vom 21. April 2004 betreffend Übernahmeangebote, Amtsblatt der Europäischen Union vom 30. April 2004*). Sie muss bis Mai 2006 in nationales Recht umgesetzt werden. Zu ihrem Inhalt sowie zur notwendigen Anpassung des WpÜG vgl. u.a. *Glade/Haak/Hellich* (2004); *Grundmann* (2005); *Hopt/Mülbert/Kumpan* (2005); *Krause* (2004); *Maul* (2005); *Maul/Muffat-Jeandet* (2004); *Mülbert* (2004); *Seibt/Heiser* (2005); *Wiesner* (2004).

[1404] In die Zuständigkeit der Hauptversammlung fallen nach der Konzeption des *WpÜG* grundsätzlich alle Abwehrmaßnahmen des Vorstands, es sei denn, es liegt eine der in § 33 Abs. 1 S. 2 WpÜG formulierten Ausnahmen vor, *Baums/Thoma* (2004), § 33 Rdnr. 42 ff.; *Haarmann/Riehmer/Schüppen* (2002), § 33 Rdnr. 49, 98; ein Überblick über die möglichen Abwehrmaßnahmen findes sich in den Rdnr. 77 ff. Vgl. zu den möglichen Abwehrmaßnahmen durch Vorratsbeschlüsse ausführlich auch *von Nussbaum* (2003), S. 137 ff. Auch nach Umsetzung der Übernahmerichtlinie (vgl. dazu bereits oben unter 1403) wird die Hauptversammlung über solche Maßnahmen entscheiden, die geeignet sind, den Erfolg eines Angebots zu vereiteln, vgl. Art. 9 Abs. 2 der Richtlinie.

[1405] Vgl. § 16 Abs. 3 WpÜG, der dann die Annahmefrist für das vom Bieter gemachte Angebot auf zehn Wochen verlängert, um sicherzustellen, dass die Hauptversammlung einberufen und durchgeführt werden kann, und mögliche Beschlüsse der Hauptversammlung zur Ermächtigung des Vorstands zu Handlungen, die den Erfolg des Angebots verhindern könnten, durch den Vorstand umgesetzt werden können; vgl. Regierungsbegründung, BR-Drucks. 574/01, S. 112 f. Vgl. zu § 16 auch *Baums/Thoma* (2004); *Haarmann/Riehmer/Schüppen* (2002) und *Assmann/Pötzsch/Schneider* (2002); siehe zu solchen *post-bid*-Beschlüssen auch *Winter/Harbarth* (2002), S. 13 f.; *Geibel/Süßmann* (2002), § 33 Rdnr. 57 ff. Zu den möglichen Beschlussinhalten vgl. *Schneider* (2002), S. 131 f.

[1406] Zu § 122 Abs. 1 AktG vgl. bereits oben § 19 I.1.

[1407] Dieses Recht kann auch nicht durch Regelungen der Satzung zum Nachteil der Aktionäre modifiziert werden, § 122 Abs. 1 S. 2 AktG.

bloße Satzungsänderung gemäß §§ 179 ff. AktG aufgehoben werden,[1408] weil es um eine bloße Rückverlagerung der Kompetenz vom Vorstand auf die Hauptversammlung geht.[1409]

Hat sich der Vorstand nicht bereits durch einen Vorratsbeschluss zur Vornahme von Abwehrmaßnahmen ermächtigen lassen, so kann er immer noch nach der Veröffentlichung der Angebotsunterlagen eine Hauptversammlung einberufen und sich auf dieser zur Abwehr des Übernahmeversuchs ermächtigen lassen.[1410] Für einen Bieter besteht dann ein erhebliches Interesse, unmittelbar oder mittelbar Stimmrechte zu sammeln, um einen Erfolg der Hauptversammlung für den Vorstand zu verhindern.

Auch bei einem nach § 33 Abs. 2 WpÜG zu erteilenden Vorratsbeschluss kann ein hiermit nicht einverstandener Aktionär versuchen, eine Ermächtigung des Vorstands zu verhindern. Hierzu kann er zunächst einen Gegenantrag einreichen. Dann könnte für ihn auch die Sammlung von Stimmrechtsvollmachten anderer Aktionäre von Interesse sein, um diesem Gegenantrag auf der Hauptversammlung zum Erfolg zu verhelfen. Die Erfolgsaussichten sind je nach der in der Gesellschaft vorherrschenden Aktionärsstruktur auch nicht unbedingt schlecht, denn nach § 33 Abs. 2 AktG bedarf der Ermächtigungsbeschluss einer Mehrheit von drei Vierteln des bei der Abstimmung vertretenen Grundkapitals,[1411] so dass bereits die Kontrolle von einem Viertel des bei der Abstimmung vertretenen Grundkapitals ausreicht, um den Vorratsbeschluss zu verhindern.

Bedient sich der Vorstand anderer Möglichkeiten, den Versuch einer Übernahme abzuwehren, etwa mit Genehmigung durch den Aufsichtsrat (§ 33 Abs. 1 S. 2 WpÜG), so könnte ein aufbegehrender Aktionär allerdings nur auf dem oben beschriebenen Weg versuchen, die Unternehmensleitung über den Aufsichtsrat unter Druck zu setzen.[1412] Einen direkten Zugriff auf den Vorstand hat ein Bieter nach geltendem deutschem Aktienrecht eben nicht.

Insgesamt kann man aber zu dem Ergebnis kommen, dass eine Förderung von Wettbewerben um Stimmen der Aktionäre den Markt für Unternehmenskontrolle durch eine Unterstützung von Übernahmeversuchen fördern würde. Es konnten verschiedene Ansatzpunkte aufgezeigt werden, an denen für einen Bieter das Interesse bestehen könnte, in den Prozess der Willensbildung in der Gesellschaft einzugreifen, um eine Abschottung der amtierenden Unternehmensleitung vor einer Bedrohung durch eine feindliche Übernahme zu verhindern.

[1408] Vgl. zu § 202 Abs. 1 AktG *Kölner Kommentar zum Aktiengesetz* (1986), § 202 Rdnr. 7.

[1409] Vgl. zu § 202 Abs. 1 AktG *Hüffer* (2002), § 202 Rdnr. 18.

[1410] Näheres dazu regeln § 16 Abs. 3 und 4 WpÜG. Vgl dazu auch *Baums/Thoma* (2004), § 16 Rdnr. 61 ff.; *Haarmann/Riehmer/Schüppen* (2002), § 16 Rdnr. 18 ff.

[1411] Nötig ist außerdem immer noch die einfache Stimmenmehrheit nach § 133 Abs. 1 AktG, weil § 33 Abs. 2 WpÜG nur die notwendige Kapitalmehrheit bestimmt, vgl. zu § 202 Abs. 2 AktG *Hüffer* (2002), § 202 Rdnr. 9.

[1412] Vgl. oben § 24 I.1.

II. BESCHRÄNKUNG DER VERWALTUNGSHERRSCHAFT

Neben den Effekten, die eine Förderung von Wettbewerben um die Stimmen der Aktionäre auf den Markt für Unternehmenskontrolle hätte, könnte die Vereinfachung der Möglichkeiten zur Sammlung von Stimmrechtsvollmachten den Aktionären auch in anderen Bereichen ähnlich wie in den *USA* neuen Einfluss auf die Unternehmenspolitik verschaffen.

Bei der gesamten Diskussion um die Stimmrechtsvertretung ist zu berücksichtigen, dass verschiedene Situationen in einer Gesellschaft unterschieden werden müssen. Laufen die Geschäfte einer Gesellschaft gut und gibt es unter den Aktionären ein hohes Maß an Zufriedenheit mit der amtierenden Unternehmensleitung, so wird es auch nur ein geringes Interesse der Aktionäre an einem Kontrollwechsel oder sonstiger oppositioneller Aktivitäten in der Gesellschaft geben. In einer solchen Situation kann das Interesse aller beteiligten Gruppen nur darauf gerichtet sein, der amtierenden Unternehmensleitung auf der Hauptversammlung stabile Mehrheiten zu verschaffen, um in der Gesellschaft für Kontinuität zu sorgen und Zufallsmehrheiten zu verhindern.[1413] Da nun der überwiegende Teil der Aktionäre nicht persönlich an der Hauptversammlung teilnimmt, muss ein Stimmrechtsvertretungssystem dafür sorgen, dass diese auf der Hauptversammlung vertreten werden, um eine hinreichende Präsenz zu erreichen. In diesen Situationen ist nicht ersichtlich, warum die Vertretung der Aktionäre durch die Banken einer Vertretung der Aktionäre durch die Verwaltung vorzuziehen sein sollte. Beide Gruppen sehen sich unterschiedlichen Interessenkonflikten ausgesetzt, so dass sie dem Verdacht ausgesetzt sind, bei der Stimmrechtsvertretung eigene Interessen zu verfolgen.[1414] Sofern man zur Vermeidung jeglicher Interessenkonflikte die Stimmrechtsvertretung nicht gänzlich anders regeln will,[1415] ist eine Vertretung sowohl durch die Unternehmensverwaltung als auch durch die Banken sinnvoll. Auch andere professionelle Stimmrechtsvertreter wie die Aktionärsvereinigungen eignen sich grundsätzlich dafür, die Aktionäre auf der Hauptversammlung zu vertreten. Denn entscheidend ist zunächst einmal, dass überhaupt ein möglichst großer Teil der Anteile auf der Hauptversammlung vertreten ist. Die Alternative kann nur sein, dass ein Großteil der Aktionäre überhaupt nicht auf der Hauptversammlung vertreten ist. Gegen ein weiteres Anwachsen des Verwaltungseinflusses auf die Stimmrechtsvertretung ist somit unter diesem Gesichtspunkt nichts einzuwenden.

Die latent vorhandenen Interessenkonflikte, die letztlich jeden Vertreter betreffen,[1416] machen es jedoch notwendig, dafür Sorge zu tragen, dass sich der Einfluss einer be-

---

[1413] Vgl. dazu auch schon oben § 19 III.2.b).

[1414] Wobei auch die Banken traditionell die Unternehmensverwaltung mit ihren Vorschlägen unterstützten, vgl. dazu bereits oben unter § 19 III.1.

[1415] Vgl. dazu z.B. den Vorschlag von *Baums/von Randow* (1995), S. 152 ff., die die Einführung unabhängiger Stimmrechtsintermediäre vorschlugen. Auch nach schweizerischem Recht ist die Gesellschaft verpflichtet, bei der Einwerbung von Vollmachten an Organvertreter gleichzeitig einen unabhängigen Vertreter zu benennen (Art. 689c OR). Dazu ausführlich bei *Ruoff* (1999), S. 98, der die Einführung einer solchen Regelung für Deutschland aber ablehnt, a.a.O., S. 379 ff.

[1416] Vgl. dazu und den hierdurch verursachten *agency costs* bereits oben unter § 2 III.

stimmten Gruppe auf die Ausübung der Stimmrechte nicht zu sehr verfestigt. Ein gutes System der Stimmrechtsvertretung sollte deshalb gewährleisten, dass der Einfluss auf die Stimmrechtsvertretung immer wieder herausgefordert werden kann. Dadurch wird einerseits eine permanente Disziplinierungswirkung auf die agierenden Stimmrechtsvertreter ausgeübt, andererseits jedoch die konkrete Möglichkeit eröffnet, bei Unzufriedenheit der Aktionäre den etablierten Gruppen die Stimmrechtsvollmachten streitig zu machen. Diesen Weg versucht das US-amerikanische *proxy system* mit Hilfe von Wettbewerben um die Stimmen der Aktionäre zu gehen. Zwar hat die Verwaltung sowohl organisatorische als auch finanzielle Vorteile gegenüber dem Herausforderer, weil sie sich der Ressourcen der Gesellschaft bedienen kann, doch ist die erfolgreiche Durchführung sowohl eines *proxy contest* als auch eines *shareholder proposal* grundsätzlich möglich. Auch in Deutschland könnte die Förderung wettbewerbliche Elemente im Bereich der Stimmrechtsvertretung zu einer Begrenzung des Zugriffs der Unternehmensverwaltung auf den Prozess der Willensbildung und Abstimmung in einer Gesellschaft führen.

Ein größerer Wettbewerb um die Stimmen der Aktionäre könnte sich einerseits in allen Bereichen auswirken, in denen die Aktionäre einer Maßnahme zustimmen müssen, um dieser Wirksamkeit zu verleihen. Hier käme einem Herausforderer entgegen, dass viele Maßnahmen etwa zur Kapitalbeschaffung oder zur Herabsetzung des Kapitals einer Mehrheit von drei Vierteln des bei der Beschlussfassung vertretenen Grundkapitals bedürfen, so dass ein Herausforderer eine solche Entscheidung bereits mit einem Anteil von einem Viertel des bei der Beschlussfassung vertretenen Grundkapitals verhindern könnte.[1417] Auch Maßnahmen, deren Durchführung sich nach dem Umwandlungsgesetz richtet, können Gegenstand eines Streits mit den Aktionären sein. So bedarf etwa die beabsichtigte Verschmelzung zweier Gesellschaften eines Verschmelzungsbeschlusses nach § 65 Abs. 1 S. 1 AktG, den mit der Transaktion unzufriedene Aktionäre mit einer Sperrminorität von einem Viertel des auf der Hauptversammlung vertretenen Kapitals verhindern können.[1418] Interessant könnte die Möglichkeit eines Wettbewerbs um die Stimmen der Aktionäre auch in solchen Fällen werden, in denen nach der *Holzmüller-* bzw. der *Gelatine-Entscheidung* des *BGH* ein ungeschriebenes Abstimmungsrecht der

---

[1417] Auf diese Weise gelang es auch *Bolko Hoffmann* die Sanierung der *Girmes AG* zu verhindern. Vgl. zum Fall *Girmes* bereits oben unter § 19 II. Damit zeigt sich gleichzeitig auch ein möglicher Nachteil dieser Mehrheitserfordernisse, denn im Gegensatz zur US-amerikanischen Regelung, wo regelmäßig eine einfache Mehrheit ausreicht, können in Deutschland bereits mit einem Stimmanteil von 25 % plus eine Stimme Maßnahmen blockiert werden.

[1418] Nach deutschem Recht wäre der Zusammenschluss von *Compaq* und *Hewlett Packard*, um den im Jahr 2001/2002 in den *USA* ein erbitterter *proxy fight* geführt wurde, wahrscheinlich nicht gelungen, denn die von *Walter Hewlett* geführte Gruppe der Dissidenten hätte wohl eine Sperrminorität erreicht. Für den Zusammenschluss reichte allerdings eine einfache Mehrheit aus.

Hauptversammlung anzunehmen ist.[1419] In solchen Fällen geht es immer um Strukturmaßnahmen von herausragender Bedeutung, von denen der Vorstand vernünftigerweise nicht annehmen kann, er dürfe sie in ausschließlich eigener Verantwortung treffen, ohne die Hauptversammlung zu beteiligen.[1420] In diesen Fällen ist es sehr gut vorstellbar, dass in der Gesellschaft Aktionäre mit der zu beschließenden Maßnahme unzufrieden sind und versuchen werden, diese zu verhindern.[1421]

Aber auch in Bereichen, in denen den Aktionären an sich keine Mitspracherechte zukommen, könnte eine Öffnung des deutschen Aktienrechts zu einer stärkeren Berücksichtigung von Aktionärsinteressen führen.[1422] Wie die Erfahrungen in den *USA* zeigen, können die Aktionäre nämlich auch einen erheblichen Druck auf die Unternehmensleitung ausüben, wenn es ihnen gelingt, ihr Missfallen mit einer bestimmten Maßnahme kollektiv zur Geltung zu bringen, auch wenn ihnen nach geltendem Recht in der Sache eigentlich überhaupt kein Mitspracherecht zusteht. In den *USA* ist es aufbegehrenden Aktionären durch solche so genannte *nonbinding shareholder resolutions* oder *just-vote-no* Kampagnen in vielen Fällen gelungen, die Verwaltung zur Veränderung oder sogar Unterlassung einer geplanten Maßnahme zu bewegen.[1423] Möglich wäre zum Beispiel, dass die Aktionäre gegen eine geplante Veränderung des Vergütungssystems für den Vorstand Stimmen sammeln und damit ihrem Missfallen an einer in ihren Augen unverhältnismäßigen Erhöhung der Gehälter Ausdruck verleihen, obwohl die Aushandlung der Vergütung an sich Sache des Aufsichtsrats ist.[1424] In einem solchen Fall soll ein Herausforderer nach überkommener Auffassung allerdings keinen Tagesordnungspunkt gemäß § 122 Abs. 2 AktG in der Hauptversammlung zur Abstimmung

---

[1419] Vgl. BGHZ 83, 122 (*Holzmüller*) sowie BGH v. 26. April 2004 - II ZR 155/02 = NJW 2004, 1860 ff. (*Gelatine*). Die dogmatische Herleitung der Vorlagepflicht ist umstritten. Während der BGH sie im *Holzmüller*-Urteil auf § 119 Abs. 2 AktG stützte (BGHZ 83, 122, 131), leitet die Literatur die Vorlagepflicht aus einer Gesamtanalogie zu den gesetzlich geregelten Strukturmaßnahmen, §§ 179 Abs. 1, 186 Abs. 3 und 4, 293 Abs. 2, 339 ff., 361, 62 ff. AktG, ab; vgl. nur *Lutter* (1988), S. 182. Im *Gelatine*-Urteil hat der BGH versucht, diesen Meinungsstreit aufzulösen, indem er die aus seiner Sicht zutreffenden Elemente beider Ansätze aufnimmt und die ungeschriebene Zuständigkeit der Hauptversammlung als Ergebnis einer „offenen Rechtsfortbildung" ausweist, vgl. BGH NJW 2004, 1860, 1863. Zur Durchführung solcher Beschlüsse vgl. *Horbach* (2001). Zum *Gelatine*-Urteil vgl. *Bungert* (2004); *Fleischer* (2004); *Weißhaupt* (2004).

[1420] BGHZ 83, 122, 131.

[1421] Dabei bleibt freilich zu beachten, dass eine Durchführung der Strukturmaßnahme ohne Zustimmung der Hauptversammlung nichts an der Vertretungsmacht des Vorstands (§ 82 Abs. 1 AktG) ändert, so dass die pflichtwidrige Maßnahme im Außenverhältnis anders als etwa bei § 179a AktG wirksam wird, *Hüffer* (2002), § 119 Rdnr. 16.

[1422] Eine Abstimmung der Aktionäre kommt in solchen Fällen nur in Betracht, wenn der Vorstand der Hauptversammlung eine bestimmte Angelegenheit zur Entscheidung vorlegt, § 119 Abs. 2 AktG.

[1423] Vgl. dazu oben § 6 II.1.

[1424] Vgl. § 87 AktG. Voraussetzung wäre natürlich, dass die Aktionäre überhaupt wissen, wie hoch die Bezüge des Vorstands sind. Bei Einhaltung des *Corporate Governance Kodex* sind die Bezüge des Vorstands individualisiert bekanntzumachen, *Regierungskommission Deutscher Corporate Governance Kodex* 4.2.4. In Zukunft wird eine Veröffentlichung der individualisierten Vorstandsbezüge im Anhang zum Jahresabschluss und zum Konzernabschluss gesetzlich vorgeschrieben, vgl. den *Gesetzentwurf der Bundesregierung über die Offenlegung der Vorstandsvergütungen (Vorstandsvergütungs-Offenlegungsgesetz – VorstOG)* abzurufen unter *www.bmj.de*.

stellen können, denn in Bereichen, über die die Hauptversammlung nach § 119 Abs. 2 AktG nur auf Vorlage des Vorstands entscheiden darf, soll § 119 Abs. 2 AktG auch solche Entscheidungen der Hauptversammlung ausschließen, die nur ein Vertrauens- oder Misstrauensvotum bedeuten oder sich auf rechtlich unverbindliche Meinungsäußerungen der Hauptversammlung reduzieren. Dabei sei grundsätzlich unerheblich, ob ein solcher Beschluss nichtig nach § 241 Nr. 3 AktG,[1425] anfechtbar[1426] oder ein rechtlich wirkungsloser (Nicht-)Beschluss wäre.[1427] In jedem Fall würde er ja den von den aufbegehrenden Aktionären verfolgten Zweck erfüllen, der Unternehmensleitung die Unzufriedenheit der Aktionäre vor Augen zu führen. Nach bisher unbestrittener Rechtslage ist ein solches Vorgehen jedoch nicht möglich, denn gemäß § 126 Abs. 2 Nr. 2 AktG analog könne der Vorstand den Tagesordnungspunkt ablehnen.[1428]

Insgesamt würde die Förderung von Wettbewerben um Stimmrechtsvertretern einem Markt für Stimmrechtsvertretung zugute kommen, von dem zu erwarten wäre, dass er nicht nur die Beteiligung der Aktionäre an der Willensbildung in der Gesellschaft fördern, sondern auch die Überwachung der Unternehmensleitung verbessern würde. Dies ist umso wünschenswerter, als mit der oben beschriebenen Zunahme der Verwaltungsmacht durch die Zulassung des Verwaltungsstimmrechts und mit einer abnehmenden Vertretung der Aktionäre durch die depotführenden Banken die Herausbildung neuer Möglichkeiten der Stimmrechtsvertretung dringlich erscheint. Letztlich geht es auch hier darum, inwieweit es für einen Herausforderer möglich ist, Kontrolle in einer Gesellschaft auszuüben und etablierte Machtverhältnisse herauszufordern. Allein eine Verbesserung der Möglichkeiten für einen potenziellen Herausforderer, eine wirksame Opposition in einer Gesellschaft aufzubauen, hätte auf die amtierende Verwaltung eine Anreiz- und Disziplinierungsfunktion.[1429] Dies erscheint umso wichtiger, als sich die Willensbildung in einer modernen Publikumsgesellschaft bereits im Vorfeld einer Hauptversammlung abspielt. Wem es nicht gelingt, die Aktionäre bereits in diesem Zeitraum für sich zu gewinnen, der hat in der Regel keine Chance, auf der Hauptversammlung eine entscheidende Anzahl von Stimmen für sich zu gewinnen. Die rationale Apathie vieler Aktionäre lässt sich nur durch gezielte Werbemaßnahmen überwinden. Dazu muss ein potenzieller Herausforderer insbesondere die Möglichkeit haben, den einzelnen Aktionär direkt anzusprechen. Die Erfahrungen aus den *USA* lehren, dass dies eine Möglichkeit ist, die vorherrschende Apathie zu brechen. Die Erfahrungen in den *USA* mit Wettbewerben um die Stimmen der Aktionäre haben außerdem gezeigt, dass diese eine disziplinierende Wirkung entfalten, die sich letztlich in einer Steigerung des Unternehmenswertes äußert. Dies gilt sowohl für *proxy contests* als auch für *shareholder proposals*.

[1425] *Kölner Kommentar zum Aktiengesetz* (1986), § 119 Rdnr. 32 f.

[1426] *Geßler/Hefermehl/Eckardt/Kropff* (1973), § 119 Rdnr. 26.

[1427] *Baumbach/Hueck* (1968), § 119 Rdnr. 10; *Henn* (1998), § 20, 691, Fn. 686.

[1428] *Großkommentar zum Aktiengesetz* (1992), § 122 Rdnr. 51; *Mertens* (1997), S. 487 ff.

[1429] So auch *Bachmann* (2001), S. 640.

III. Zweckmäßigkeit einer gesetzlichen Regulierung in Deutschland

Das deutsche System der Stimmrechtsvertretung befindet sich, wie oben bereits dargestellt, im Wandel.[1430] Vor allem die Zunahme von Dienstleistungen zur Stimmrechtsvertretung durch die Gesellschaften selbst bei gleichzeitig abnehmenden Stimmrechtsvertretungen durch die Banken kann das gewohnte System grundlegend verändern. Dabei treffen diese Veränderungen das deutsche Aktienrecht relativ unvorbereitet. Eine diese Entwicklungen und ihre möglichen Konsequenzen berücksichtigende wissenschaftliche Diskussion befindet sich erst in den Anfängen.[1431] Es stellt sich die Frage, wie eine Reaktion auf die sich verändernden Umstände aussehen sollte. Um diese zu beantworten, soll hier zunächst untersucht werden, ob zur Verbesserung der derzeitigen Situation gesetzgeberisches Handeln erforderlich ist oder ob es ausreicht, auf eine Ordnung durch den Markt bzw. eine Selbstregulation der beteiligten Kreise zu setzen.

In den Vereinigten Staaten ist das System der Stimmrechtsvertretung durch eine Vielzahl einzelstaatlicher wie bundesrechtlicher Regelungen bestimmt. Hinzu kommen die unterschiedlichen Regelungen der einzelnen Börsen, die an eine Zulassung einer Gesellschaft ebenfalls bestimmte Voraussetzungen knüpfen. Vor allem die *SEC* versucht über ihre *proxy*-Regulierung, sowohl für den Aktionär Transparenz bei der Vollmachtserteilung herzustellen, als auch potenziellen Herausforderern des amtierenden Managements Chancengleichheit zu ermöglichen. Diese Vielzahl der vorhandenen Regelungen sowie ihr Zusammenspiel auch mit dem Recht der Einzelstaaten machen das US-amerikanische *proxy system* aber kompliziert und erfordern die permanente Kontrolle durch die *SEC*. Fraglich ist daher, ob eine Förderung wettbewerblicher Elemente im deutschen Recht nur um den Preis einer umfassenden Regulierung im US-amerikanischen Stil, insbesondere einer staatlichen Aufsicht, zu haben ist.[1432]

Bei der gesetzlichen Anerkennung des Verwaltungsstimmrechts durch das *NaStraG*[1433] hat der Gesetzgeber davon abgesehen, das Verfahren, in dem es der Verwaltung erlaubt sein soll, die Stimmrechte der Aktionäre auszuüben, näher auszugestalten. Auch ist keine Aufsicht, z.B. durch die *Bundesanstalt für Finanzdienstleistungsaufsicht*, eingeführt worden, die derjenigen durch die *SEC* entsprechen würde und von nun an die Kontrolle über die Stimmrechtsvertretung übernehmen könnte.[1434] Fraglich ist jedoch, ob bei einem Verzicht auf eine Regulierung durch den Gesetzgeber zu erwarten wäre, dass der Markt von selbst Wettbewerbe um Stimmen hervorbringen würde bzw. ob dies überhaupt funktionieren könnte. Zwar erlauben neue Kommunikationsformen wie das

---

[1430] Vgl. oben unter § 24 III.

[1431] Vgl. z.B. *Hüther* (2001); *Bachmann* (2001); *Bachmann* (1999); *Wiebe* (2002).

[1432] So zur Einführung eines Verwaltungsstimmrechts *Hüffer* (2002), § 135 Rdnr. 3 a. Der Gesetzgeber hat jedoch das Verwaltungsstimmrecht mit dem *NaStraG* (vgl. Fn. 1112) einfach anerkannt, ohne eine weitreichendere staatliche Aufsicht einzuführen, als sie vorher bestand.

[1433] Vgl. Fn. 1112.

[1434] Vgl. *Seibert* (2001), S. 56.

Internet den Aktionären auch neue Möglichkeiten, sich zu organisieren,[1435] doch erscheint es fraglich, ob allein aus solchen Aktivitäten ein glaubhaftes Gegengewicht zu einer durch das Verwaltungsstimmrecht zunehmend stärkeren Unternehmensleitung resultieren kann. Keinesfalls könnte der Markt das Hindernis überwinden, dass nach geltendem Recht keine Möglichkeit besteht, die Aktionäre gezielt und vollständig anzusprechen.[1436] Dies kann für die Organisation einer wirkungsvollen Opposition jedoch entscheidend sein, weil ein Herausforderer nur hierdurch die Chance erhält, die rationale Apathie der umworbenen Kleinaktionäre gezielt zu überwinden und so zumindest rechtlich die gleichen Chancen erhält wie das amtierende Management, das über die Aktionärslisten jederzeit Zugang zu den Aktionären der Gesellschaft hat, soweit diese Namensaktien eingeführt hat. Ohne einen regulativen Rahmen ist somit nicht zu erwarten, dass allein der Markt wirkungsvolle Wettbewerbe um Stimmen hervorbringen wird, auch wenn bei einer schlecht agierenden Unternehmensleitung die Unzufriedenheit der Aktionäre groß sein mag.

Ist somit ein regulativer Rahmen erforderlich, so ist damit noch nicht die Frage beantwortet, wie sich ein solcher bilden sollte. Denkbar ist, neben einer weitgehenden staatlichen Regulierung auf eine Selbstregulierung der beteiligten Kreise zu setzen.[1437] Mit seinen komplexen Regelungen stellt das in den *USA* herrschende *proxy system* sicherlich eine Extremlösung dar. Es kann daher nicht um eine bloße Kopie gehen. Auch das US-amerikanische System ist das Ergebnis einer jahrzehntelangen Entwicklung. In das deutsche Recht sollten somit zunächst Regelungen eingefügt werden, die es ermöglichen, mit Wettbewerben um Aktionärsstimmen Erfahrungen zu sammeln. Dies ist deshalb so wichtig, weil auch tatsächliche Entwicklungen wie die Entwicklung des Kapitalmarkts oder der Aktionärsstruktur auf die Entwicklung solcher Wettbewerbe einen entscheidenden Einfluss haben.[1438]

Es könnten auch Regelungen in den *Deutschen Corporate Governance Codex* aufgenommen werden,[1439] die der Förderung einer Aktionärskommunikation bzw. Opposition dienen. Ein solcher Kodex kann in besonderer Weise zu einer Deregulierung und Flexi-

---

[1435] In einem in den *USA* sehr bekannten Fall organisierten sich die Aktionäre der Gesellschaft *United Companies Financial* über ein *Yahoo message board.* Auch für die Initiatoren überraschend stellte sich schließlich heraus, dass an der Kommunikation über das Internet Aktionäre mit einem Anteil von insgesamt 40 Prozent der Aktien teilnahmen. Dies ermöglichte es den Aktionären schließlich, auf die Gesellschaft einen entscheidenden Einfluss ausüben zu können, vgl. dazu *Monks/Minow* (2001), S. 144 f. Vgl. zu dieser Selbstorganisation der Aktionäre auch *Berger/LaRosiliere* (1998).

[1436] Der Gesetzgeber hat § 67 Abs. 5 AktG a.F. durch das *NaStraG* (vgl. Fn. 1112) abgeschafft. So auch *Bachmann* (2001), S. 637.

[1437] So *Bachmann* (2001), S. 637 f.

[1438] So führte z.B. auch in den *USA* der Aufstieg der institutionellen Investoren dazu, dass auch Wettbewerbe um Stimmrechtsvollmachten, seien es *proxy contests* oder *shareholder proposals*, einen neuen Stellenwert bekamen (vgl. zur Rolle institutioneller Investoren bereits oben § 9 II.2). Eine solche Entwicklung hat aber mit den rechtlichen Rahmenbedingungen und ihrer Nutzung unmittelbar nichts zu tun. Zu den institutionellen Anlegern in Deutschland vgl. schon oben unter § 19 III.2.c). *Kübler* (1994), S. 565 ff.

[1439] Abzurufen unter *www.corporate-governance-code.de.*

bilisierung beitragen.[1440] Nach Ansicht der Regierungskommission kann sich jedoch der Abbau zwingender Gesetzesvorschriften nur auf solche Vorschriften beziehen, die einer flexiblen Anpassung an besondere Verhältnisse bedürfen, nicht dagegen auf grundlegende Prinzipien der deutschen Unternehmensverfassung, die der Entscheidung und Ordnung durch den Gesetzgeber vorbehalten bleiben müssen.[1441] Dem ist grundsätzlich zuzustimmen. Dies muss auch für neu zu schaffende Aktionärsrechte gelten. Zwar erscheint es denkbar, dass die Kommunikation der Aktionäre auch durch Empfehlungen im *Corporate Governance Kodex* gefördert wird, etwa indem die Gesellschaft ein Aktionärsforum im Internet einrichtet oder auf den Websites der Gesellschaften *Links* auf Abstimmungsvorschläge professioneller Stimmrechtsvertreter (Aktionärsvereinigungen) gesetzt werden,[1442] doch sollte die Gewährung echter Rechte, die etwa einem Aktionär den Zugriff auf die übrigen Aktionäre ermöglicht, dem Gesetzgeber überlassen bleiben. Dies auch deshalb, weil die Erfahrungen aus den *USA* zeigen, dass sich eine Unternehmensverwaltung im Zweifel mit allen Mittel gegen einen Versuch wehren wird, aus den Reihen der Aktionäre eine Veränderung in der Gesellschaft herbeizuführen, mit der sie nicht einverstanden ist oder die sie in ihrer Position bedroht.[1443] Es ist fraglich, ob sich eine Unternehmensverwaltung dann noch an die Empfehlungen eines unverbindlichen Kodex halten wird.[1444] Hierfür ist es vielmehr erforderlich, dass dem Aktionär konkrete einklagbare Rechte zustehen. Nötig erscheint zwar keine dem US-amerikanischen Beispiel folgende umfassende Regulierung zur Förderung einer wirkungsvollen Aktionärskommunikation, doch sollte das Aktiengesetz den entscheidenden regulativen Rahmen enthalten, der dann durch die Gerichte und die Empfehlungen des *Corporate Governance Kodex* weiter verfeinert würde. Angesichts der geringen Erfahrung, die in Deutschland mit Wettbewerben um Stimmen der Aktionäre bestehen, wäre es empfehlenswert, das Aktienrecht zunächst an bestimmten Stellen zu öffnen, um überhaupt einmal Erfahrungen mit diesem Instrument zu sammeln. Zeigt sich nach einiger Zeit, dass bestimmte Missstände auftreten, so kann der Gesetzgeber regelnd nachsteuern oder der

---

[1440] *Baums* (2001) Rdnr. 7.

[1441] *Baums* (2001) Rdnr. 7. Hierdurch verliert ein solcher Kodex auch nicht seinen Sinn, denn eine Aufgabe liegt ja auch darin, die für die Unternehmensleitung entscheidenden Grundsätze, auch wenn sie bereits gesetzlich festgeschrieben sind, übersichtlich zusammenzustellen, *Baums* (2001) Rdnr. 7 f.

[1442] Vgl. auch den Vorschlag der *Regierungskommission Corporate Governance*, *Baums* (2001), Rdnr. 123. Um Streit zwischen den verschiedenen Aktionärsvertretern darüber zu vermeiden, auf wessen Vorschläge denn verwiesen werden soll, könnte man im Kodex als Empfehlung festlegen, dass auf die drei Aktionärsvereinigungen zu verweisen ist, die in der letzten Hauptversammlung die relativ meisten Stimmen vertreten haben. Bisher hat die *Regierungskommission Deutscher Corporate Governance Kodex* eine entsprechende Regelung aber noch nicht in den *Kodex* augenommen, vgl. *www.corporate-governance-code.de*.

[1443] Vgl. z.B. den von *Monks* beschriebenen Fall bei *Sears, Roebuck & Co.*, *Monks/Minow* (2001), S. 363 ff. Viele Gesellschaften in den *USA* haben auch versucht, sich durch umfangreiche Maßnahmen von der Bedrohung durch *proxy contests* abzuschotten, vgl. zu den möglichen Abwehrmöglichkeiten oben unter § 10.

[1444] Zur Verbindlichkeit der Kodex-Empfehlungen vgl. *Hommelhoff/Schwab* (2003), S. 56 f. Auch die von einem Kodex ausgehende Drohung mit *adverser Publizität* wird in Extremfällen nicht zu einer Befolgung führen, solange sich die amtierende Unternehmensleitung nicht ernsthaft in ihrer Position gefährdet sieht. Zum Begriff der *adversen Publizität* vgl. *Hommelhoff/Schwab* (2003), S. 58 m.w.N.

Bundesanstalt für Finanzdienstleistungsaufsicht weitere Kompetenzen ähnlich denen der *SEC* zuweisen. Dies erscheint umso angebrachter, als die Entwicklung im Bereich der Stimmrechtsvertretung auch von vielen tatsächlichen Entwicklungen abhängt, die der Gesetzgeber weder bestimmen noch sicher abschätzen kann.[1445] Auch in den *USA* hat sich die Bedeutung von Stimmrechtswettbewerben durch die Aktivitäten der großen institutionellen Investoren stark verändert, ohne dass dies zunächst am rechtlichen Rahmen etwas geändert hätte.

Sofern also darüber nachgedacht wird, Wettbewerbe um die Kontrolle einer Gesellschaft auch über die Sammlung von Stimmen zuzulassen, ohne dass dies in einer Übernahme der Gesellschaft münden müsste, wäre der Gesetzgeber aufgerufen die entscheidenden Schritte zu vollziehen. So müsste er für einen Zugangsmöglichkeit von einzelnen Aktionären zu den Mitaktionären sorgen. Auch ließe sich nur gesetzlich die Abberufungsschwelle für den Aufsichtsrat senken oder *cumulative voting* eingeführt werden. Auch im Hinblick auf *shareholder proposals* könnte nur der Gesetzgeber dafür sorgen, dass diese im Formular für die Erteilung von Vollmachten an die Verwaltung enthalten sein müssten und sich außerdem über die Fälle des § 119 Abs. 2 AktG hinaus auch auf Handlungsempfehlungen im Kompetenzbereich von Vorstand und Aufsichtsrat beziehen dürfen.[1446]

IV. ERGEBNIS

Festzuhalten bleibt, dass sich eine Förderung von Wettbewerben um die Stimmen der Aktionäre sowohl auf den Markt für Unternehmenskontrolle als auch ganz allgemein im Hinblick auf eine Verbesserung der Kontrolle der Unternehmensleitung positiv auswirken würde. Dabei würde angesichts der deutschen Unternehmensverfassung auch bei einer Förderung von Stimmrechtswettbewerben der Zugriff auf das amtierende Management einer Gesellschaft, also den Vorstand, schwieriger bleiben als in den Vereinigten Staaten, weil die Kontrolle des Vorstands nach deutschem Recht über den Aufsichtsrat vermittelt wird. Zwar ließen sich die Modalitäten für die Bestellung und Abberufung von Vorstand und Aufsichtsrat weitergehend verändern, so dass diese eher zugunsten eines Erfolges aufbegehrender Aktionäre wirken würden, doch bleibt es in jedem Fall dabei, dass sich die Unternehmensleitung in Deutschland eben aus zwei Organen zusammensetzt, die jedes für sich eine unabhängige Rechtsposition in einer Aktiengesellschaft einnehmen. Dieser dualistische Aufbau der Unternehmensleitung soll hier

---

[1445] Zu den Folgen eines durch institutionelle Investoren geprägten Kapitalmarkts und deren Regulierung vgl. auch das Gutachten für den *Deutschen Bundestag* von *Gerke* (2001).

[1446] Vgl. zu solchen möglichen Veränderungen ausführlich unten § 25.

auch nicht in Frage gestellt werden.[1447] Hinzu kommt, dass Aufsichtsräte gerade der großen Publikumsgesellschaften mitbestimmt sind, so dass ein Großteil der Mitglieder des Aufsichtsrats schon aus diesem Grund nicht durch einen *proxy contest* angegriffen werden können. Echte Wettbewerbe um die Kontrolle einer Gesellschaft dürften deshalb auch bei einer weiteren Förderung durch den Gesetzgeber eher die Ausnahme bleiben. Dagegen wäre es sehr wohl zu begrüßen, wenn im Zusammenhang mit der Verhinderung oder Durchführung von feindlichen Übernahmeversuchen Wettbewerbe um die Stimmen der Aktionäre möglich wären. Hier ist auch eher zu erwarten, dass sich für einen Bieter das Bedürfnis entwickelt, gegen bestimmte Maßnahmen, die einer Übernahme im Weg stehen, vorzugehen. Unabhängig von den Auswirkungen auf den Markt für Unternehmenskontrolle ist aber auch an anderer Stelle eine Verbesserung der Kontrolle der Unternehmensverwaltung zu erwarten, denn auch bei anderen Entscheidungen der Hauptversammlung, in denen es nicht um die Kontrolle einer Gesellschaft geht, kann die Möglichkeit eines Wettbewerbs um die Stimmen der Aktionäre zu einer Disziplinierung der amtierenden Unternehmensleitung führen.

Insgesamt hängt der Eintritt der oben beschriebenen Effekte nicht nur von den vom Gesetzgeber zu schaffenden Rahmenbedingungen ab, sondern auch davon, wie sich die tatsächlichen Strukturen vor allem in der Zusammensetzung der Aktionäre als Eigentümer entwickeln und inwiefern zunehmend Anleger bereit sein werden, ihre Rechte in der Gesellschaft auch zu nutzen.[1448] Der Gesetzgeber kann versuchen, hierfür einen rechtlichen Rahmen zu schaffen, der zumindest die Möglichkeit eines größeren Aktionärsaktivismus bietet.

V. ZUSAMMENFASSUNG

Bei der Betrachtung von Wettbewerben um die Stimmen der Aktionäre in den *USA* wurde deutlich, dass diese für die dortige Unternehmensverfassung eine wichtige Rolle bei der Kontrolle der Unternehmensverwaltung spielen. Es stellt sich jedoch die Frage, ob diese auch in Deutschland einmal eine entsprechende Rolle spielen könnten. Betrachtet man zunächst die Auswirkungen, die Wettbewerbe um die Stimmen der Aktionäre auf den Markt für Unternehmenskontrolle haben können, so sollte man analog der Bedeutung solcher Wettbewerbe in den *USA* zwischen solchen Wettbewerben unterscheiden, die direkt dazu geführt werden, die Kontrolle in einer Gesellschaft zu über-

---

[1447] Durch das *Gesetz zur Einführung der Europäischen Gesellschaft (SEEG)* in Kraft getreten am 29. Dezember 2004 wurde die europäische Verordnung Nr. 2157/2001 über das Statut der Europäischen Gesellschaft (SE) konkretisiert und in ihren Details ausgeführt. Die SE erlaubt die Einrichtung einer monistischen Unternehmensverfassung (vgl. §§ 20 ff. SEEG sowie Art. 43 ff. der Verordnung 2157/2001). Gem. § 29 Abs. 1 SEEG können Mitglieder des Verwaltungsrats vor dem Ablauf ihrer regelmäßigen Amtszeit mit einer Mehrheit von drei Vierteln der abgegebenen Stimmen von ihrem Amt abberufen werden; die Satzung kann eine andere Mehrheit und weitere Erfordernisse bestimmen. Welche Rolle die SE in der Praxis spielen wird bleibt abzuwarten. Zur SE vgl. näher *Merkt* (2003); *Menjucq* (2003); *Nagel* (2004); *Neye* (2004); *Horn* (2005); *Müller-Bonanni/Melot de Beauregard* (2005); *Wollburg/Banerjea* (2005); *Storck* (2005).

[1448] Vgl. zur Bedeutung und Rolle der institutionellen Investoren bereits oben unter § 19 III.2.c).

nehmen, und solchen Wettbewerben, die mit dem Ziel geführt werden, einen parallel dazu gestarteten Übernahmeversuch zu unterstützen.

Hinsichtlich ersterer Wettbewerbe ergibt sich ein wichtiger Unterschied zu den Vereinigten Staaten bereits aus der unterschiedlichen Organisationsverfassung der Aktiengesellschaft in Deutschland und in den *USA*. In den *USA* besteht die Unternehmensleitung nur aus dem *board of directors*, in Deutschland dagegen teilen sich Vorstand und Aufsichtsrat diese Aufgabe. Das *board of directors* kann von den Aktionären mit einfacher Mehrheit abgewählt werden, durch seine Neubesetzung kann der Herausforderer die Kontrolle in der Gesellschaft direkt übernehmen. In Deutschland dagegen bestimmen die Aktionäre nur den Aufsichtsrat, der dann wiederum den Vorstand bestellt. In der Regel bedarf es einer Mehrheit von drei Vierteln der abgegebenen Stimmen, um den Aufsichtsrat vorzeitig aus dem Amt zu entfernen. In einer großen Aktiengesellschaft trifft der Herausforderer zusätzlich auf einen mitbestimmten Aufsichtsrat, bei dem schon ein großer Teil der Mitglieder gar nicht abwählbar ist. Auch die Durchsetzung nur eines Kandidaten ist in Deutschland schwieriger, weil eine der Minderheit entgegenkommende Verhältniswahl nach überwiegender Auffassung unzulässig sein soll. Wollte man somit echte Kontrollwettbewerbe ermöglichen, so müsste man mehr tun, als die Kommunikationsmöglichkeiten der Aktionäre untereinander zu verbessern. Nötig wären außerdem Änderungen der Mehrheitserfordernisse bei der Wahl des Aufsichtsrats. Schließlich ist jedenfalls zurzeit auch an den mitbestimmungsrechtlichen Regelungen nicht zu rütteln.

Im Zusammenhang mit dem Versuch einer Übernahme ergeben sich hingegen einige Punkte, an denen es für einen Herausforderer interessant sein könnte, Stimmrechtsvollmachten der übrigen Aktionäre zu sammeln. So etwa, wenn der Vorstand sich von der Hauptversammlung zur Vornahme von Handlungen ermächtigen lassen möchte, um den Erfolg eines Übernahmeangebots zu verhindern. Soweit der Vorstand bereits zur Vornahme bestimmter Abwehrmaßnahmen ermächtigt ist, kann ein Herausforderer zudem versuchen, diese Ermächtigung durch einen erneuten Hauptversammlungsbeschluss wieder zu entziehen.

Die Förderung von Wettbewerben um Stimmen der Aktionäre könnte über die konkreten Auswirkungen auf den Markt für Unternehmenskontrolle hinaus dazu führen, dass die Aktionäre ganz neue Einflussmöglichkeiten auf die Unternehmenspolitik erhalten. Auch müssten die etablierten Stimmrechtsvertreter wie die Banken und in Zukunft auch die Unternehmensverwaltungen stets damit rechnen, dass sie ihren kontrollierenden Einfluss verlieren oder die Aktionäre sich sogar gegen sie wenden. In allen Bereichen, in denen die Aktionäre einer bestimmten Maßnahme zustimmen müssen, bestünde für den unzufriedenen Aktionär die Möglichkeit, aktiv gegen diese Maßnahmen vorzugehen. Eine entsprechende Öffnung vorausgesetzt, könnten die Aktionäre sogar in Fragen der Geschäftsführung über die aus den *USA* bekannten *nonbinding shareholder resolutions* einen Weg zum Ausdruck ihrer Unzufriedenheit mit der aktuellen Geschäftspolitik erhalten. Dies wäre umso wirkungsvoller, als die eigentliche Hauptversammlung zunehmend an Bedeutung verliert. Die eigentliche Willensbildung findet vor dieser statt, und auch bereits zu diesem Zeitpunkt muss es den Aktionären möglich sein, sich für die eigentliche Abstimmung zu organisieren. Gesetzgeberisch sollte man dabei nicht nur auf eine Selbstregulierung der beteiligten Kreise setzen. Vielmehr sollte der Gesetzgeber durch gezielte Maßnahmen versuchen, das deutsche Recht für Stimmrechtswettbewerbe zu öffnen. Dabei muss und sollte nicht von vornherein eine Komplexität der Regelungen erreicht werden, wie sie das US-amerikanische *proxy system* auszeichnet. Auftretende Missstände können besser durch spätere regulative Maßnahmen behoben werden, nachdem ausreichende Erfahrungen gesammelt wurden.

§ 25 Maßnahmen zur Förderung von Wettbewerben um Stimmen in Deutschland

Nachdem der grundsätzliche Wert von Wettbewerben um Stimmen auch für das deutsche *Corporate Governance*-System hervorgehoben wurde, stellt sich nunmehr die Frage, welche konkreten Maßnahmen hierbei ins Auge zu fassen wären. Daher sollen im Folgenden verschiedene zum Teil bereits in der Literatur diskutierte Überlegungen vorgestellt werden. Auch die *Regierungskommission Corporate Governance* hat sich bereits mit diesem Thema befasst und hierzu Vorschläge unterbreitet.[1449] Diese sollen in die nachfolgende Diskussion mit einbezogen werden.

I. Rückgängigmachen des § 67 Abs. 6 AktG

„Die Zukunft gehört der Namensaktie",[1450] so oder ähnlich wurde der vor wenigen Jahren einsetzende Trend hin zur Namensaktie und weg von der Inhaberaktie bezeichnet. Eine zunehmende Zahl deutscher Unternehmen stellte ihre Aktien auf Namensaktien um. Dies vor allem, um sich den Zugang zu den Kapitalmärkten der *USA* zu erschließen und damit internationale Anleger für sich zu interessieren, aber auch um eine aktivere *Investor Relations*-Politik zu betreiben.

Die Namensaktie bietet durch ihre Ausgestaltung an sich sehr gute Voraussetzungen, um die für direkte Wettbewerbe um Stimmrechtsvollmachten so wichtige Aktionärskommunikation zu fördern. Denn im Gegensatz zur Situation bei Inhaberaktien kennt bei Namensaktien zumindest die Gesellschaft ihre Aktionäre. Sie ist verpflichtet, ein Aktienregister zu führen, in das gem. § 67 Abs. 1 AktG der Name des Inhabers, sein Wohnort, sein Beruf und die Anzahl der von ihm gehaltenen Aktien einzutragen sind.

Diese Informationen einer Gesellschaft, die Namensaktien ausgegeben hatte, standen bis zum 1. Januar 2001 auch dem interessierten Aktionär zur Verfügung.[1451] Denn nach § 67 Abs. 5 AktG a.F. war jedem Aktionär auf Verlangen Einsicht in das Aktienbuch zu gewähren.[1452] Ein berechtigtes oder schutzwürdiges Interesse an der Einsichtsnahme

---

[1449] Vgl. *Baums* (2001), Rdnr. 50, 131.

[1450] *Blitz* (1999), S. 23.

[1451] Zu diesem Zeitpunkt traten die Gesetzesänderungen durch das *NaStraG* (vgl. Fn. 1112) in Kraft.

[1452] Vgl. dazu z.B. *Diekmann* (1999), S. 1987.

musste der Aktionär nicht nachweisen.[1453] Dabei war das Einsichtsrecht umfassend, d.h. es war nicht auf die Daten betreffend die eigene Person beschränkt, sondern der Aktionär konnte auch die Daten aller übrigen Aktionäre einsehen. Umstritten war nur, in welcher Form die Daten dem einsichtsberechtigten Aktionär zur Verfügung gestellt werden mussten.[1454] Sinn und Zweck der Vorschrift war es, den Aktionären die Möglichkeit zu geben, sich über ihre Mitaktionäre zu informieren, untereinander Verbindungen zu organisieren und so eine Opposition zur Unternehmensleitung aufzubauen.[1455] Hier war also der auch dem U.S.-amerikanischem *proxy contest* zugrunde liegende Gedanke der Selbstorganisation opponierender Aktionäre ein Motiv für die bis zur Einschränkung durch das *NaStraG*[1456] sehr großzügige Möglichkeit der Einsichtsnahme. Ausgehend davon lag es nahe, dem Aktionär ein von der Gesellschaft betriebenes Informationssystem in gleicher Weise zugute kommen zu lassen.[1457] In der Praxis sind im Zusammenhang mit dem Einsichtsrecht niemals Probleme relevant geworden, weil auch niemand von diesem Recht Gebrauch machte, und so wurde es auch in der Literatur nicht weiter diskutiert.[1458]

Fraglich ist, ob daraus der Schluss gezogen werden kann, dass die Selbstorganisation der Aktionäre in der Praxis hinreichend effektiv mit der Hilfe von Aktionärsschutzverbänden und öffentlichen Medien erfolgte, so dass aus diesem Grund eine Einsichtnahme in die Bücher der Gesellschaften nicht nötig war.[1459] Dieser Schluss erscheint sowohl wegen der bis vor kurzer Zeit geringen Verbreitung von Namensaktien als auch angesichts der bereits beschriebenen fest gefügten Aktionärsstruktur und des vorherrschenden Systems der Vertretung der Aktionäre vorschnell, da in der Praxis eine Organisation der Minderheitsaktionäre gerade nicht zur Debatte stand.

Mit der Änderung des Gesetzes durch das *NaStraG* wurde das Einsichtsrecht der Aktionäre abgeschafft.[1460] Künftig hat jeder Aktionär nach dem neuen § 67 Abs. 6 AktG nur noch Anspruch darauf, seine eigenen über ihn bei der Gesellschaft gespeicherten Daten einzusehen. Wer in welcher Weise noch an der Gesellschaft beteiligt ist, kann der Aktionär nach neuer Rechtslage nicht mehr erfahren. Dadurch wurde die Möglichkeit eines Zugangs zu den Mitaktionären verbaut. Die Gesetzesänderung wurde angesichts der zunehmenden Verbreitung der Namensaktie mit der Notwendigkeit, die Daten der be-

---

1453 *Hüffer* (1999) § 67 Rdnr. 18: „Nur auf die Aktionärseigenschaft kommt es an." Damit war das Einsichtsrecht nach dem Aktienrecht wesentlich einfacher durchzusetzen als in den US-amerikanischen Einzelstaaten gewährte Einsichtsrechte. Hier muss der Aktionär in der Regel noch ein *proper purpose* nachweisen, damit ihm Einblick in die Listen gewährt wird, vgl. dazu oben § 5 II.1. Vgl. zur alten Rechtslage auch *Burgard* (1992), S. 44.

1454 *Dammann/Kummer* (2000), S. 48.

1455 *Kropff* (1965), S. 87.

1456 Vgl. Fn. 1112.

1457 So jedenfalls *Dammann/Kummer* (2000), S. 49.

1458 *Dammann/Kummer* (2000), S. 49. Vgl. z.B. die Kommentierung von *Hüffer* (1999) zu § 67 AktG.

1459 *Dammann/Kummer* (2000), S. 49.

1460 Nur bei nicht an der Börse notierten Gesellschaften im Sinne von § 3 Abs. 2 AktG kann hiervon abgewichen werden und die Satzung weiterhin ein Einsichtsrecht vorsehen, § 67 Abs. 6 S. 2 AktG.

teiligten Aktionäre zu schützen, begründet.[1461] Es sollte vor allem verhindert werden, dass die zuvor jedem Aktionär offen stehenden Informationen zu Zwecken missbraucht werden, die mit der Investition des Aktionärs in die Gesellschaft in keinem Zusammenhang stehen. Dabei scheidet ein zusätzlicher Schutz gegenüber der Datenerhebung durch das Bundesdatenschutzgesetz (BDSG) aus, da die Kenntnisnahme durch das Aktienrecht abschließend geregelt ist.[1462] Tatsächlich ist ein eklatanter Missbrauchsfall bisher nicht bekannt geworden.[1463] Es wurde im Vorfeld der Reform des Einsichtsrechts lediglich auf die sich im Zusammenhang mit der Verbreitung des Aktienbesitzes bietenden Möglichkeiten zur verstärkten Nutzung solcher Daten hingewiesen.[1464] An den Einfluss des Einsichtsrechts auf die Aktionärskommunikation bzw. die Herausbildung einer wirkungsvollen Opposition wurde dabei nicht gedacht bzw. wurde die durch das WpHG sowie § 810 BGB gewährte Transparenz für ausreichend erachtet.[1465]

Die Organisation einer einflussreichen Opposition im Unternehmen wurde so jedoch erheblich erschwert. Ein aufbegehrender Aktionär ist nun darauf angewiesen, die nötigen Informationen über seine Mitaktionäre auf anderem Weg zu erfahren, wobei er sich dabei im wesentlichen auf Veröffentlichungen von Großinvestoren wie institutionellen Anlegern verlassen muss.[1466]

Die Missbrauchsrisiken sind, angesichts der zunehmenden Verbreitung des Aktienbesitzes quer durch die Bevölkerung und in Anbetracht der vielfältigen Möglichkeiten der modernen Datenverarbeitung, nicht von der Hand zu weisen.[1467] Doch stellt sich die Frage, ob nicht mit der Neuregelung des § 67 Abs. 5 AktG eine zu restriktive Regelung gefunden wurde, die die Organisation von opponierenden Aktionären gerade im Hinblick auf eine sich zersplitternde Eigentümerstruktur stark behindert, wenn nicht gar ausschließt. Zwar ist es richtig, dass auch weiterhin Stimmrechtsanteile ab fünf Prozent nach § 21 ff. Wertpapierhandelsgesetz (WpHG) der *Bundesanstalt für Finanzdienstleistungsaufsicht* den Wertpapierhandel zu melden sind,[1468] doch stellt sich die Frage, ob dadurch eine die Selbstorganisation der Aktionäre ermöglichende Transparenz erreicht werden kann. Angesichts der Tatsache, dass selbst große institutionelle Anleger selten mehr als wenige Prozent eines Unternehmens besitzen und selbst diese Anteile bereits hohe Millionen- bzw. Milliardeninvestitionen darstellen,[1469] muss man dies wohl bezweifeln. Für die Organisation von Oppositionsaktivitäten können jedoch gerade institutionelle Aktionäre enorm wichtig sein, wie sich auch in den *USA* gezeigt hat. *Wiebe* befürchtet, dass sich aus der Schließung des Aktienregisters neue Informationsasym-

---

[1461] Vgl. *Begründung zum Entwurf des NaStraG*, BT-Drs. 14/4051, S. 10.

[1462] *Dammann/Kummer* (2000), S. 54.

[1463] *Dammann/Kummer* (2000), S. 46.

[1464] *Dammann/Kummer* (2000), S. 46

[1465] Vgl. *Begründung zum Entwurf des NaStraG*, Bundestags-Drucksache 14/4051, S. 10.

[1466] Vgl. zu den Veröffentlichungspflichten nach § 21 ff. WpHG oben unter § 19 II.

[1467] Vgl. auch *Schmitz* (2003), S. 35 ff.

[1468] So *Dammann/Kummer* (2000), S. 57, zur Frage, ob auch durch die Neuregelung des § 67 AktG die notwendige Transparenz gewahrt bleibt.

[1469] Vgl. z.B. *Baums/Fraune* (1995), S. 99 ff.

metrien ergeben, denn aufgrund der ihr zur Verfügung stehenden Informationen hat die Verwaltung sehr gute Möglichkeiten, die Aktionäre anzusprechen und zu umwerben, den Aktionären jedoch bleibt dieser Weg verschlossen.[1470] Ihnen bleibt lediglich die Möglichkeit, Anträge nach § 126 AktG zu stellen.[1471] Er schlägt daher vor, *de lege ferenda* an eine neuerliche Öffnung des Aktienregisters für die Aktionäre zu denken.[1472] Die angeführten datenschutzrechtlichen Erwägungen rechtfertigten keineswegs eine völlige Versagung des Einsichtsrechts, sondern ließen im Rahmen einer Interessenabwägung durchaus die Verwendung der Daten zum Zwecke der Binnenkommunikation der Aktionäre zu.[1473] Auch der *Regierungskommission Corporate Governance* lag ein Vorschlag vor, der für eine grundsätzliche Öffnung des Aktienregisters plädierte, wobei die Daten durch strafrechtlich zu bewehrende Verwendungsrestriktionen vor Missbrauch geschützt werden sollten.[1474]

Es ist deshalb zu fragen, ob die erst vor kurzem eingeführte Regelung rückgängig gemacht werden sollte. Festzustellen ist zunächst, dass ein Recht des Aktionärs auf absolute Anonymität nicht existiert.[1475] Das Informationsinteresse der Öffentlichkeit ist jedoch mit dem allgemeinen Persönlichkeitsrecht des Aktionärs auf informationelle Selbstbestimmung aus Art. 1 Abs. 1 und Art. 2 Abs. 1 GG in Einklang zu bringen.[1476] Bedenkenswert ist daher zunächst die Ansicht der *Regierungskommission*, dass der Vorschlag einer Öffnung des Aktienregisters verbunden mit einer strafrechtlich zu bewehrenden Verwendungsrestriktion in der Praxis nur schwer zu kontrollieren und deshalb abzulehnen ist.[1477] Außerdem ist auch nicht sicher, wie aussagekräftig die Aktienregister in Zukunft sein werden, sollte sich auch hierzulande eine Registrierung im *street name* weiter durchsetzen.[1478] Hinzu kommt, dass sich seit einiger Zeit der Blick auf die Namensaktie wieder wandelt, weil sich zumindest bei einigen Gesellschaften die hiermit verbundenen Erwartungen nicht erfüllt haben. So gibt es schon einige Gesellschaften, die aus Kostengründen von der Namensaktie abgerückt sind und Inhaberaktien ein-

1470 *Wiebe* (2002), S. 199.

1471 *Wiebe* (2002), S. 199.

1472 *Wiebe* (2002), S. 199.

1473 Vgl. *Wiebe* (2002), S. 199; *Hüther* (2001), S. 76; *Huep* (2000), S. 1628; a.A. *Spindler* (2000), 424 f.; *Kindler* (2001), S. 1681 hält dagegen eine freiwillige Bereitstellung der Daten durch die Aktionäre für ausreichend.

1474 *Baums* (2001), Rdnr. 130.

1475 *Arends* (2000), S. 7; *Witt* (1998), S. 1 ff.; *Wiebe* (2002), S. 199; a.A. *Siebel* (1991), S. 772 und 784.

1476 *Witt* (1998), S. 4. Vgl. zu der Frage einer verfassungsrechtlichen Garantie der Einsicht in das Aktienregister zu Kommunikationszwecken auch *Schmitz* (2003), S. 38 ff.

1477 *Baums* (2001), Rdnr. 130.

1478 *Baums* (2001), Rdnr. 130. Vgl dazu bereits oben unter § 19 III.2.a).

geführt haben.[1479] Soweit auch andere effektive Möglichkeiten den Zugang zu den Aktionären ermöglichen, gibt es außerdem keinen Grund, die bestehenden datenschutzrechtlichen Bedenken nicht ernst zu nehmen.[1480] Denn dann stellen diese Möglichkeiten ein im Gegensatz zur Öffnung des Aktienregisters milderes Mittel dar und bringen die widerstreitenden Interessen zu einem besseren Ausgleich.[1481] Im Ergebnis ist deshalb von einem Rückgängigmachen des neuen § 67 Abs. 6 AktG abzuraten.

II. Weiterleitungsanspruch aufbegehrender Aktionäre

Oben wurde sowohl einem uneingeschränkten als auch einem eingeschränkten Einsichtsrecht in das Aktienregister im Sinne des *NaStraG* eine Absage erteilt.[1482] Allerdings wurde auch festgestellt, dass eine Öffnung des deutschen Aktienrechts für die Durchführung von Stimmrechtswettbewerben notwendig ist.[1483]

Damit stellt sich die Frage, welche Alternativen in Betracht kommen, um die für den Erfolg eines solchen Wettbewerbs nötige Aktionärskommunikation zu ermöglichen.

In Betracht käme hier in Anlehnung an den Anspruch des Herausforderers im U.S.-amerikanischen Recht aus *Rule 14a-7* die Einführung eines Weiterleitungsanspruchs zugunsten der aufbegehrenden Aktionäre.[1484] So hätte ein Aktionär, der zur Wahrnehmung bestimmter Minderheitenrechte oder zur Organisation einer Opposition in bestimmten, die Gesellschaft betreffenden Angelegenheiten, andere Anteilseigner werben möchte, gegenüber der Gesellschaft einen Anspruch auf Weiterleitung der von ihm zur Werbung bestimmten Materialien. Wie ein solcher Anspruch aussehen könnte und in welchen Fällen er bestehen sollte, soll im Folgenden diskutiert werden.

1. Vorschlag der Regierungskommission Corporate Governance

In ihrem im Sommer 2001 veröffentlichten Bericht spricht sich die *Regierungskommission Corporate Governance* dafür aus, die Kommunikation zwischen den Aktionären in

---

[1479] Dazu gehören die *Garry Weber AG* und die *Software AG*, vgl. die *FAZ* vom 19.09.2003, „Namensaktein haben an Glanz verloren", abzurufen unter *www.faz.net*. Es ist allerdings noch nicht absehbar, wie die Entwicklung im Hinblick auf die Namensaktie in Zukunft verlaufen wird. Erst im Juni 2003 erging eine neue Verordnung des Bundejustizministeriums über die Kostenerstattung bei der Weiterleitung von Aktionärsmitteilungen durch die Banken, die die Weiterleitung bei Inhaberaktien um bis zu 30 % verteuert. Die Aufwendungen für Angaben der Institute über die Besitzverhältnisse bei Namensaktien gehen dagegen bis 2005 kontinuierlich um 80 % zurück. Dies könnte zu einem neuen Schub für die Namensaktie führen, vgl. *FAZ*, a.a.O.

[1480] Vorgeschlagen wurde auch, ein Einsichtsrecht in das Aktienregister zwar zu gewähren, den einzelnen Aktionär jedoch dadurch in seinem Anspruch auf Anonymität zu schützen, dass er selbst bestimmen soll, ob Dritte seine personenbezogenen Daten einsehen dürfen, *Schmitz* (2003), S. 50 ff. Dies hat jedoch den Nachteil, dass dann die Kommunikation zwischen den Aktionären gerade hierdurch wieder behindert wird.

[1481] Vgl. dazu den Vorschlag einer Weiterleitungspflicht unter § 25 II.

[1482] Vgl.oben unter § 25 I.

[1483] Vgl. dazu ausführlich § 24.

[1484] Vgl. zu *Rule 14a-7* ausführlich oben § 5 III.6.a).

solchen Fällen zu erleichtern, in denen das Gesetz für das Geltendmachen von Aktionärsrechten einen bestimmten Mindestbesitz bzw. eine bestimmte Mindeststimmrechtsquote verlangt.[1485] Nachdem sie sich ebenfalls gegen ein uneingeschränktes Einsichtsrecht im Sinne der alten Regelung des § 67 Abs. 5 AktG ausgesprochen hat, sieht auch sie die Notwendigkeit, die Aktionärskommunikation in Deutschland durch andere den Aktionären zustehende Rechte zu fördern. Einen Bedarf sieht sie dabei vor allem im Zusammenhang mit solchen Rechten, deren Ausübung die Überwindung eines Schwellenwertes voraussetzt.[1486] Zur Unterstützung dieser Ansicht wird argumentiert, dass die zunehmende unmittelbare Beteiligung von Privatanlegern am Aktienmarkt und die damit verbundene Streuung des Aktienbesitzes eine Erleichterung der Kommunikation erfordere, wenn die entsprechenden Rechte nicht leer laufen sollen.[1487] Durch die Weiterentwicklung der modernen Kommunikationswege sei die geforderte Kommunikation heute auch kostengünstig möglich.[1488]

Die angestrebte Förderung oppositioneller Aktionärskommunikation soll durch die Einführung eines neuen § 127 a AktG erreicht werden.[1489] Dieser soll gemäß dem ursprünglich von der Regierungskommission erörterten Vorschlag dem einzelnen Aktionär das Recht einräumen, sich mit einer Aufforderung an die anderen Aktionäre, sich seinem Begehren anzuschließen, an den Vorstand der Gesellschaft zu wenden.[1490] Diese Aufforderung hätte der Vorstand dann binnen zwei Wochen auf der Internetseite der Gesellschaft zu veröffentlichen und außerdem nach § 125 AktG mitzuteilen.[1491] Über die Mitteilungsverpflichtung des § 125 AktG wäre sichergestellt, dass sich ein opponierender Aktionär, ohne die übrigen Aktionäre zu kennen, an diese wenden könnte, um für seine Vorschläge zu werben. Befänden sich Namensaktien im Umlauf, so wäre der Vorstand nach § 125 Abs. 2 Nr. 3 AktG verpflichtet, den im Aktienregister verzeichneten Aktionären die Mitteilung zuzusenden. Soweit im Aktienregister nur eine Bank im *street name* für den eigentlichen Aktionär eingetragen wäre, müsste diese nach § 128 Abs. 1 AktG die Mitteilung an den Depotkunden weiterleiten. Hätte die Gesellschaft dagegen Inhaberaktien ausgegeben, so würde der Vorstand die Unterlagen des aufbegehrenden Aktionärs an die verwahrenden Depotbanken versenden (§ 125 Abs. 1 AktG). Diese wiederum wären nach § 128 Abs. 1 AktG verpflichtet, die übermittelten Unterlagen an ihre Depotkunden weiterzuleiten.

Der Vorschlag setzt voraus, dass der aufbegehrende Aktionär die Kosten übernimmt, die der Gesellschaft durch die Weiterleitung der Werbematerialien entstehen.[1492] Außer-

---

[1485] *Baums* (2001), Rdnr. 131.

[1486] *Baums* (2001), Rdnr. 131.

[1487] *Baums* (2001), Rdnr. 131.

[1488] *Baums* (2001), Rdnr. 131.

[1489] *Baums* (2001), Rdnr. 131.

[1490] *Baums* (2001), Rdnr. 131.

[1491] Die Empfehlung der *Regierungskommission Corporate Governance* beruht auf einem der Kommission vorgelegten Vorschlag, der die Einführung eines § 127 a AktG zum Inhalt hatte. Er sah jedoch die Einführung einer Veröffentlichungspflicht im Bundesanzeiger und nicht auf der *Homepage* der Gesellschaft vor. *Baums* (2001), Rdnr. 131.

[1492] *Baums* (2001), Rdnr. 131.

dem kann die Verwaltung die Veröffentlichung aus den Gründen des § 126 Abs. 2 S. 1 Nr. 1 bis 3 AktG ablehnen sowie auch, wenn eine auf denselben Sachverhalt gestützte Aufforderung bereits ergangen ist.[1493]

Nach Ansicht der *Regierungskommission* sollte bei einer Einführung des § 127 a AktG in den Vorschriften, in denen für das Geltendmachen von Aktionärsrechten ein bestimmter Mindestbesitz oder eine Mindeststimmrechtsquote gefordert wird, auf § 127 a AktG verwiesen werden.[1494] Die Regierungskommission ist nicht der Ansicht, dass ein Missbrauch der Vorschrift befürchtet werden müsste, indem auf Kosten der Gesellschaft regelmäßig zur Unterstützung womöglich sinnloser Anträge aufgerufen wird. Denn die Aktionäre sollen nach dem Vorschlag ja die Kosten zunächst selbst tragen und tragen diese auch endgültig, wenn der Aufruf keinen Erfolg hat.[1495] Durch einen Verweis von § 127 a AktG auf § 126 Abs. 2 S. 1 Nr. 1 bis 3 AktG müssten Vorschläge, die auf offensichtlich falschen oder irreführenden Angaben beruhen, erst gar nicht veröffentlicht werden.[1496]

Die *Regierungskommission* hat sich diesem Vorschlag grundsätzlich angeschlossen, hält jedoch die Veröffentlichung des oppositionellen Begehrens auf der Webseite der Gesellschaft für ausreichend.[1497]

2. Stellungnahme

Eine Umsetzung der soeben vorgestellten Änderungsvorschläge würde sicherlich zu einer Stärkung der bereits bestehenden Minderheitenrechte führen. Richtig ist es, hier auf eine gesetzliche Regelung zu setzen. Lösungen, die etwa eine freiwillige Bereitstellung der nötigen Daten durch die Aktionäre selbst voraussetzen,[1498] versprechen nicht die erforderliche Verlässlichkeit und Genauigkeit, die mit einer gesetzlichen Regelung erreicht würden und die für die Durchführung eines Wettbewerbs um die Stimmen der Aktionäre absolut erforderlich sind.

Zunächst ist jedoch dem ursprünglichen Vorschlag, der eine Weiterleitungsverpflichtung vorsah, der Vorzug vor einer bloßen Veröffentlichungsverpflichtung auf der Webseite der Gesellschaft zu geben. Durch die Ausgestaltung eines Weiterleitungsanspruchs als Anspruch, der gegenüber der Gesellschaft besteht, würde gewährleistet, dass das Begehren der Minderheit in jedem Fall alle Anteilseigner erreicht, da zu seiner Verbreitung das vom Aktiengesetz vorgesehene Informationssystem genutzt wird. Dies ist bei einer bloßen Veröffentlichung nicht der Fall. Das vom Aktiengesetz vorgesehene Informationssystem stellt sowohl bei Inhaber- als auch bei Namensaktien sicher, dass über die Mitteilungspflicht des Vorstands gemäß § 125 AktG und die Weiterleitungs-

---

[1493] *Baums* (2001), Rdnr. 131.
[1494] *Baums* (2001), Rdnr. 131.
[1495] *Baums* (2001), Rdnr. 131.
[1496] *Baums* (2001), Rdnr. 131.
[1497] *Baums* (2001), Rdnr. 131.
[1498] So *Kindler* (2001), S. 1681.

pflicht der Kreditinstitute nach § 128 AktG alle Aktionäre erreicht werden.[1499] Durch die spezielle Ausgestaltung als Weiterleitungsanspruch wird zudem die Anonymität der Anleger gewahrt, ohne jedoch eine Kommunikation zwischen diesen gänzlich auszuschließen.

Richtig erscheint auch die Annahme, dass ein wesentlicher Missbrauch dieser Rechte nicht zu befürchten wäre, da die von den aufbegehrenden Aktionären zunächst einmal selbst zu tragenden Kosten, die nur im Erfolgsfall ersetzt werden müssen, ein nicht zu unterschätzendes Risiko für die Opposition darstellen, das diese nur bei hinreichender Aussicht auf Erfolg zu tragen bereit sein wird. Es ist auch nicht zu befürchten, dass eine Weiterleitungsverpflichtung zu einer organisatorischen Überlastung des Vorstands führen würde.[1500] Wie in den *USA* würde auch in Deutschland die Kommunikation mit den Aktionären weiter professionalisiert und mit Hilfe spezieller Firmen abgewickelt.[1501] Der Vorstand kann diese Aufgabe somit delegieren. Die Kosten hat zunächst einmal der Herausforderer zu tragen.[1502] Die Erfahrung in den *USA* hat außerdem gezeigt, dass es die Unternehmensverwaltungen bei dem dort bestehenden Wahlrecht nach *Rule 14a-7* bevorzugen, die Versendung der Materialien des Herausforderers zu übernehmen, weil sie so eine gewisse Kontrolle über den Stimmrechtswettbewerb behalten können.

Von einer entsprechenden gesetzlichen Regelung wäre somit eine wettbewerbliche Öffnung im Bereich der Stimmrechtsvertretung zu erwarten. In der Begründung und Anwendung einer gesetzlichen Regelung eines entsprechenden Weiterleitungsrechts sollte allerdings nicht die Erfüllung bestimmter Mindestbesitzmengen oder Mindeststimmrechtsquoten im Fordergrund stehen, sondern ein möglicher Abstimmungserfolg auf der Hauptversammlung. Auch dem Vorschlag der *Regieungskommission* liegt weiterhin der Grundgedanke zugrunde, dass es in der Hauptsache darum gehe, bestimmte Voraussetzungen für das Geltendmachen eines Minderheitenrechts zu erfüllen, also etwa die Beteiligungsquoten des § 122 Abs. 2 AktG zu erreichen. Dies kann in einer modernen Publikumsgesellschaft jedoch nur ein erster Schritt sein, um ein bestimmtes Recht überhaupt geltend machen zu können. Entscheidend ist dann aber, bereits im Vorfeld einer Hauptversammlung Stimmen für den eigenen Vorschlag in Form von Stimmrechtsvollmachten sammeln zu können, um dann die auf der eigentlichen Hauptversammlung stattfindende Abstimmung gewinnen zu können. Dies ist deshalb entscheidend, weil sich gerade bei umstrittenen Abstimmungen die eigentliche Willensbildung bereits vor der Hauptversammlung abspielt. Daher sollten die abstimmungsbezogenen Rechte der Aktionäre eben nicht nur darauf ausgerichtet werden, überhaupt ein Recht auf der Hauptversammlung geltend machen zu können, sondern auch darauf, bereits im Vorfeld einer Hauptversammlung die für den Erfolg eines bestimmten Rechts erforderlichen

---

[1499] Vgl. dazu auch bereits oben unter § 18 II.

[1500] So aber *Schmitz* (2003), S. 47 f.

[1501] Auch in *Deutschland* bieten inzwischen professionelle Stimmrechtswerber (*proxy solicitors*) aus den *USA* ihre Dienste an, so z.B. *Georgeson Shareholder* (*www.georgesonshareholder.com*). Zur Rolle solcher *proxy solicitors* vgl. bereits oben unter § 9 IV.1.

[1502] Vgl. dazu noch unten § 25 II.3.

Stimmen in Form von Stimmrechtsvollmachten einwerben zu können. Dies bedeutet gedanklich eine weitere Abkehr von der Idee der Präsenzhauptversammlung.

Dazu müsste jedoch die ursprünglich von der *Regierungskommission* diskutierte Weiterleitungsverpflichtung nicht grundsätzlich verändert werden. Wichtig erscheint es jedoch, sie entsprechend zu begründen, um sicherzustellen, dass sich ihre Anwendung an den angesprochenen Begründungen ausrichten kann und sich zu einem Instrument der aktiven Werbung um Stimmrechtsvollmachten für bestimmte Angelegenheiten entwickeln kann. Beschränkungen, wie die in dem Vorschlag gemachte Einschränkung der Begründungsmöglichkeit auf einhundert Worte müssten zumindest für die Fälle, in denen es tatsächlich um die Einwerbung von Stimmrechtsvollmachten geht und damit um einen echten Wettbewerb um Stimmrechtsvollmachten im Sinne des US-amerikanischen Rechts, aufgegeben werden.

Eine entsprechende Erweiterung, die in Richtung der oben diskutierten *Rule 14a-7* ginge,[1503] wäre jedenfalls dann erforderlich, wenn man sich den oben angestellten Überlegungen zu den Auswirkungen von Wettbewerben um Stimmrechtsvollmachten auf den Markt für Unternehmenskontrolle sowie ganz allgemein auf die Möglichkeiten einer besseren Disziplinierung und Überwachung der Unternehmensverwaltung anschließt. Mit in Betracht zu ziehen ist dabei auch die Möglichkeit, dass es in Zukunft auch in Deutschland bei der Werbung um Stimmrechtsvollmachten nicht nur um die Einbeziehung weit verstreuter Einzelaktionäre geht, sondern auch um die Beteiligung von institutionellen Investoren an der Unternehmenskontrolle. Dann muss man auch in anderen Fällen als den klassischen Minderheitenrechten einem Herausforderer die Möglichkeit geben, die übrigen Aktionäre anzusprechen und für sein Anliegen zu werben und auch Stimmrechtsvollmachten zu erhalten, denn durch diese großen Anleger wird die Wahrscheinlichkeit, auf der Hauptversammlung für ein bestimmtes Anliegen eine Mehrheit zu erhalten, stark vergrößert.[1504]

Es sollte deshalb darüber nachgedacht werden, ob der von der *Regierungskommission* angedachte Weiterleitungsanspruch zugunsten der Aktionäre erweitert werden kann. Dem Aktionär könnte in all den Fällen, in denen er gegen die etablierten Stimmrechtsvertreter, seien es Banken, sei es die Unternehmensverwaltung selbst, Stimmrechtsvollmachten seiner Mitaktionäre im Vorfeld einer Hauptversammlung sammeln möchte, ein Anspruch auf Weiterleitung seiner Materialien inklusive der entsprechenden Vollmachtsformulare gegeben werden.

Insgesamt bliebe die Möglichkeit der Aktionäre, gegen die amtierende Unternehmensleitung eine wirkungsvolle Opposition aufzubauen, zwar in jedem Fall durch eine Weiterleitungspflicht behindert. Denn wie bei *Rule 14a-7* würde so die Unternehmensverwaltung frühzeitig von den Aktivitäten der Aktionäre erfahren. Die Kerngruppe einer unternehmensinternen Opposition würde sich daher zunächst im Verdeckten bilden und erst nach Analyse der Erfolgsaussichten und Ausarbeitung einer Strategie das Weiterleitungsrecht nutzen, doch lassen die oben aufgezeigten Gründe im Hinblick auf ein

---

[1503] Vgl. dazu oben unter § 5 III.6.a).

[1504] Vgl. dazu bereits oben unter § 19 III.2.c).

direktes Einsichtsrecht in das Aktienregister keine andere Lösungsmöglichkeit erkennen.

3. Die Einführung eines Aktionärsforums durch das UMAG

In Anlehnung an den oben beschriebenen und bewerteten Vorschlag der *Regierungskommission Corporate Governance* wird nun durch das *UMAG*[1505] ein neuer § 127 a AktG eingeführt. Dieser sieht jedoch anders als von der *Regierungskommission* vorgesehen keinen Weiterleitungsanspruch des Aktionärs vor. Die Kontaktaufnahme zwischen den Aktionären soll vielmehr dadurch erleichtert werden, dass künftig ein Aktionär direkt eine Veröffentlichung im elektronischen Bundesanzeiger in einem neu zu schaffenden „Aktionärsforum" veranlassen kann.[1506] Bei dem Aktionärsforum soll es sich um eine neue Rubrik des nicht amtlichen Teils des elektronischen Bundesanzeigers handeln, die ausschließlich der Kommunikation zwischen den Aktionären dient. Dort sollen künftig alle Aktionäre einer Gesellschaft miteinander Informationen austauschen können, soweit dies zur wirksamen Ausübung von Aktionärsrechten erforderlich ist. Dies soll immer dann der Fall sein, soweit der Aktionär beabsichtigt, Rechte geltend zu machen, für deren Ausübung das Gesetz Schwellenwerte festsetzt, also einen Mindestbesitz oder eine Mindeststimmrechtsquote verlangt. Vorstand und Aufsichtsrat einer betroffenen Gesellschaft können zu der Aufforderung eines Aktionärs Stellung nehmen.

Zunächst ist die Einrichtung eines derartigen Aktionärsforums grundsätzlich zu begrüßen, insbesondere dann, wenn sich hieraus eine Plattform bildet, auf der der interessierte Aktionär alle die Gesellschaft betreffenden relevanten Informationen abrufen kann.[1507] Auch zeigt die Erfahrung aus den *USA*, dass Internetforen durchaus wirkungsvoll gegen eine amtierende Unternehmensleitung eingesetzt werden können.[1508] Es stellt sich allerdings die Frage, inwieweit ein solches Forum tatsächlich in der Lage ist über die von ihm ausgehende Informationswirkung hinaus, die hier im Mittelpunkt stehenden Wettbewerbe um Stimmrechte und Stimmrechtsvollmachten zu fördern. Denn mit ihrer Ausrichtung auf die Überwindung gewisser erforderlicher Schwellenwerte für die Geltendmachung bestimmter Rechte hält auch dieser Vorschlag an der Ausrichtung des deutschen Aktienrechts auf die Präsenzhauptversammlung fest. Dem aufbegehrenden Aktionär soll in der Hauptsache die Möglichkeit gegeben werden, ein bestimmtes Recht auf der Hauptversammlung geltend zu machen, also z.B. einen eigenen Abstimmungspunkt zu benennen. Effektive Möglichkeiten, einem Vorschlag durch die Sammlung der entsprechenden Stimmrechtsvollmachten bereits im Vorfeld einer Hauptversammlung zum

---

[1505] Vgl. bereits Fn. 1155.

[1506] Vgl. *www.ebundesanzeiger.de*.

[1507] Vgl. aber die vom *DAV* (2005), S. 10, geäußerten Bedenken. Dort wird befürchtet, die betroffene Gesellschaft könnte durch die Veröffentlichung in dem Forum beim elektronischen Bundesanzeiger massiv in ihren Rechten berührt werden. Befürwortet wird daher, wenn überhaupt, die Einrichtung eines solchen Forums bei der Gesellschaft, die sich so gegen schädliche Eingriffe wehren könne. Vgl. auch die Stellungnahme des *Bundesrats*, BR-Drucks. 3/05, S. 8, der ebenfalls Vorkehrungen gegen gesetzeswidrige Veröffentlichungen vorsehen möchte.

[1508] Vgl. dazu bereits das in Fn. 1435 beschriebene Beispiel.

Erfolg zu verhelfen, sieht das Gesetz dagegen nicht vor. Der Gesetzesvorschlag kann daher den oben befürworteten Weiterleitungsanspruch nicht ersetzen und bleibt damit auch weit hinter den von der *Regierungskommission* entwickelten Ideen für einen neuen § 127 a AktG zurück.

III. KOSTENREGELUNG

Der oben diskutierte Vorschlag der *Regierungskommission* sieht außerdem vor,[1509] dass die Kosten, die dem Aktionär bei der Verfolgung seiner Rechte über den neuen § 127 a AktG entstehen, zu erstatten sind, wenn seinem Begehren entsprochen wird, die von ihm angestoßene Maßnahme also erfolgreich ist.[1510] Damit wird eine dem US-amerikanischen Recht ähnliche Kostenregelung eingeführt. Auch in den *USA* werden nur einem erfolgreichen Herausforderer seine Kosten ersetzt.

In den *USA* kann sich der Herausforderer jedoch der Kostenerstattung nur dann tatsächlich sicher sein, wenn er mit dem *proxy contest* die Kontrolle über das *board of directors* erlangt, dagegen nicht, wenn er einen Wettbewerb gewinnt, in dem es gar nicht um die Kontrolle der Gesellschaft ging.[1511] Die von der *Regierungskommission* vorgeschlagene Regelung geht also insoweit über das US-amerikanische Recht hinaus, als sie die Frage der Vergütung nur mit der Frage des Erfolges verknüpft. Eine zusätzliche Genehmigung durch die Unternehmensverwaltung ist hiernach nicht erforderlich. Für die betroffene Gesellschaft besteht also kein Entscheidungsspielraum.

Diesem Vorschlag ist ausdrücklich zuzustimmen. Er kommt auch der an der US-amerikanischen Regelung zu Recht geäußerten Kritik entgegen, deren Vorschläge in die gleiche Richtung gehen.[1512] Aus den schon bei der Besprechung der US-amerikanischen Kostenregelung genannten Gründen sollte die Schwelle für den Kostenersatz auch keinesfalls niedriger angesetzt werden.[1513] Eine Regelung, die die Erstattung der Kosten etwa schon bei Erreichen eines gewissen Mindestanteils der abgegebenen Stimmen vorsähe, würde nur dazu führen, dass die Gesellschaft eine Fülle von Aktivitäten finanzieren müsste, die von vornherein keine Aussicht auf Erfolg haben.

IV. ABSENKEN DER ABBERUFUNGSSCHWELLEN FÜR DEN AUFSICHTSRAT

Oben[1514] wurde bereits darauf hingewiesen, dass Wettbewerbe um Stimmrechtsvollmachten, bei denen es um eine Neubesetzung des Aufsichtsrates geht, nur dann eine ernstzunehmende Aussicht auf Erfolg hätten, wenn auch die Mehrheitserfordernisse für die Abberufung des Aufsichtsrats in § 103 Abs. 1 S. 1 AktG auf eine einfache Mehrheit

---

[1509] Vgl. § 25 II.1.

[1510] *Baums* (2001), Rdnr. 131.

[1511] Vgl. dazu bereits § 11 II.2.

[1512] Vgl. dazu bereits § 11 III und § 11 IV.

[1513] Vgl. zu diesen Gründen § 11 III.

[1514] Vgl. § 24 I.1.

herabgesetzt werden.[1515] Zwar könnte man dagegen argumentieren, angesichts der geringen Präsenzen auf deutschen Hauptversammlungen bräuchte ein Herausforderer dann nur noch einen unverhältnismäßig geringen Anteil der stimmberechtigten Aktien einzuwerben, um die nötige Mehrheit auf einer Hauptversammlung zu erreichen, doch wird dies gerade für den Fall des *proxy contest* nicht zutreffen. Da in einem solchen Wettbewerb erheblich größere Anstrengungen unternommen werden, Stimmrechtsvollmachten von den stimmberechtigten Aktionären zu erhalten, werden in diesen Wettbewerben auch die Präsenzen sehr viel höher liegen.

Dagegen wäre es nicht unbedingt erforderlich, die Abberufungsmöglichkeiten für den Vorstand zu verändern. Es wurde bereits dargestellt, dass eine Auswechslung des Vorstands bereits heute möglich wäre, indem ihm die Hauptversammlung das Vertrauen entzieht.[1516] Dann kann der Aufsichtsrat den Vorstand abberufen. Im Rahmen einer Anpassung der Mehrheitserfordernisse für die Abberufung des Aufsichtsrats böte es sich allerdings an, in § 84 Abs. 3 AktG klarzustellen, dass die Auswechslung des Aufsichtsrats auch einen wichtigen Grund für die Auswechslung des Vorstands im Sinne des Gesetzes darstellt. In jedem Fall sollte aber klargestellt werden, dass ein Vertrauensentzug durch die Hauptversammlung in diesen Fällen möglich ist und nicht etwa ein unsachlicher Grund im Sinne des § 84 Abs. 3 S. 2 AktG.[1517]

V. Einführung des cumulative voting

In den *USA* besteht in vielen Gesellschaftsrechten einzelner Staaten für eine Gesellschaft die Möglichkeit zur Besetzung des *board of directors* das so genannte *cumulative voting* einzuführen.[1518] Ein Aktionär erhält dabei so viele Stimmen pro Aktie, wie Sitze zu vergeben sind, und kann diese Stimmrechte kumulieren und zugunsten eines Kandidaten einsetzen. Ein solches Recht erleichtert es einer Minderheit zumindest einen Platz in einem *board of directors* zu besetzen. Durch ein solches Wahlsystem wird auch die Anzahl der in einem Wettbewerb um Stimmrechte einzuwerbenden Stimmen drastisch verringert, um zumindest einen Sitz im Aufsichtsrat besetzen zu können. Zurzeit ist die Einführung eines solchen Verhältniswahlrechts in Deutschland nach wohl herrschender Ansicht nicht möglich.[1519]

Auch die *Regierungskommission* setzte sich mit einem Vorschlag auseinander, der vorsah, dass bei einem *free float* von Aktien von mindesten 25% auch Vertreter von Aktionärsvereinigungen zur Wahl zum Aufsichtsrat vorgeschlagen werden müssten.[1520] Deren Wahl sollte durch ein einzuführendes Verhältniswahlrecht abgesichert werden.[1521]

[1515] Vgl. dazu auch schon *Hoffmann* (1999), S. 231.

[1516] Vgl. oben unter § 24 I.1.

[1517] So auch *Hoffmann* (1999), S. 231.

[1518] Vgl. zum *cumulative voting* bereits Fn. 359.

[1519] Vgl. dazu bereits oben unter § 24 I.1.

[1520] *Baums* (2001), Rdnr. 50.

[1521] *Baums* (2001), Rdnr. 50.

Aus den von der *Regierungskommission* vorgebrachten Gründen ist jedoch von der verpflichtenden Einführung eines *cumulative voting* abzuraten.[1522] Minderheitenvertreter müssten auch im Aufsichtsrat wiederum vor der Mehrheitsmacht geschützt werden und es würde zu unnötigen Polarisierungen kommen, die der Führung der Gesellschaft abträglich wären.[1523] Gegen die Einführung des *cumulative voting* spricht außerdem die derzeitige durch die Mitbestimmungsregeln vorgeschriebene Besetzung des Aufsichtsrats. Durch die Einführung eines Verhältniswahlrechts bestünde die Gefahr, dass zusätzliche Konfliktpotenziale in die Gruppe der Anteilseignervertreter getragen würden. Auch wäre es möglich, dass arbeitnehmernahe Gruppen Sitze im Aufsichtsrat erlangen, was dazu führen könnte, dass das derzeitige auch vom Gesetz vorgesehene Übergewicht der Anteilseignervertreter im Aufsichtsrat ausgehebelt würde.[1524]

Möglich erschiene es allerdings, das Aktienrecht dem *cumulative voting* insofern zu öffnen, dass es durch eine Hauptversammlungsentscheidung in einer Aktiengesellschaft eingeführt werden könnte. Dann hätten es die Aktionäre in der Hand, sich für ein entsprechendes Wahlsystem zu entscheiden.

VI. FÖRDERUNG VON CORPORATE GOVERNANCE RESOLUTIONS

In den *USA* ist es dem Anleger, der entweder ein Prozent der Anteile an einer Gesellschaft hält oder Aktien im Wert von mindestens 2000 $, möglich, so genannte *shareholder proposals* im Sinne der in Deutschland bekannten Zusatzanträge (§ 122 AktG) einzureichen.[1525] Diese wurden bereits oben ausführlich beschrieben.[1526] So kann der einzelne Aktionär mit einem relativ geringen Anteilsbesitz ohne Durchführung eines teuren und aufwendigen *proxy contest* für ein bestimmtes Anliegen werben, indem dieses den Werbeunterlagen (*proxy statement*) des Managements beigefügt wird. Die angesprochenen Aktionäre können dann auf den *proxy cards* des Managements über die jeweiligen Vorschläge abstimmen. Vertreter der einzelnen Aktionäre bleibt das Management, doch wird das Stimmrecht im Sinne des aufbegehrenden Aktionärs ausgeübt. Dieser wirbt somit mittelbar Stimmen in seinem Sinne ein. Das *shareholder proposal* stellt damit eine preiswerte Alternative zum ansonsten notwendigen *proxy fight* dar. Zwar hat die Gesellschaft das Recht, Vorschläge aus vielerlei Gründen abzulehnen, doch können die Aktionäre über die so genannten *nonbinding shareholder resolutions* auch Fragen der Unternehmensleitung und Geschäftsführung zur Abstimmung bringen und damit dem amtierenden Management ein zwar unverbindliches aber doch deutliches Zeichen ihrer Unzufriedenheit zukommen lassen.

In Deutschland steht der Ausnutzung des § 122 Abs. 2 AktG für derartige *corporate governance resolutions* vor allem § 119 Abs. 2 AktG entgegen, der es der Hauptver-

---

[1522] *Baums* (2001), Rdnr. 50.

[1523] *Baums* (2001), Rdnr. 50.

[1524] Vgl. auch *Berrar* (2001), S. 238.

[1525] *Rule 14a-8*.

[1526] Vgl. oben unter § 6.

sammlung verbietet, über Fragen der Geschäftsführung zu entscheiden, solange nicht der Vorstand eine solche Entscheidung verlangt.[1527]

Zu überlegen wäre allenfalls, ob sich nicht auch das deutsche Recht den in den *USA* verbreiteten *nonbinding shareholder resolutions* öffnen sollte.[1528] Diese enthalten zwar lediglich unverbindliche Handlungsempfehlungen an die Unternehmensverwaltung, doch konnte gezeigt werden, dass die Aktionäre, insbesondere durch die Unterstützung der institutionellen Investoren, hierdurch zum Teil erheblichen Einfluss auf die Unternehmenspolitik ausüben können.[1529] Die in den *USA* mit diesen Resolutionen gewonnene Erfahrungen sind vor allem seit die institutionellen Investoren sie für die Durchsetzung von Änderungen der Unternehmenspolitik nutzen, durchweg positiv, dienen sie doch dazu, das Management zur Verfolgung der Interessen der Aktionäre anzuhalten. Auch in Deutschland könnte die Durchführung einer solchen Resolution der amtierenden Unternehmensleitung ein Signal der Unzufriedenheit der Aktionäre mit ihrer aktuellen Unternehmenspolitik geben.

Nun wäre die Durchführung einer solchen Resolution auch bereits dann möglich, wenn man den oben besprochenen Weiterleitungsanspruch wie vorgeschlagen einführen würde.[1530] Denn dann könnte sich ein unzufriedener Aktionär direkt an die Aktionäre wenden und um ihre Unterstützung werben. Dem stünde § 119 Abs. 2 AktG solange nicht entgegen, als es bei einer allgemeinen Willensbekundung bliebe.[1531] Allein dafür wäre ein Beschluss der Hauptversammlung nicht erforderlich. Allerdings müsste der Aktionär sich selbst mit dem damit verbundenen Aufwand an die Aktionäre wenden und auch die hierdurch hervorgerufenen Kosten alleine tragen. Könnte eine Empfehlung zu Fragen der Geschäftsführung auf die Tagesordnung der Gesellschaft gesetzt werden, so müssten die um Stimmrechte werbenden Vertreter, also Banken oder die Unternehmensverwaltung, hierfür Weisungen der Aktionäre einholen. Es kommt hinzu, dass ein echter Hauptversammlungsbeschluss auch dann noch einen anderen Charakter hat, wenn er unverbindlich ist, denn er stellt immerhin eine offizielle Willensbekundung des Gesellschaftsorgans Hauptversammlung dar.

Ermöglicht werden müsste somit, dass in der Hauptversammlung unverbindlich und empfehlend auch über Themen abgestimmt werden könnte, die an sich nicht in die Kompetenz der Hauptversammlung fallen und über die sie nach § 119 Abs. 2 AktG nur dann verbindlich abstimmen darf, wenn ihr eine entsprechende Angelegenheit zur Entscheidung vorgelegt würde. Dies erfordert allerdings weniger eine Erweiterung des bestehenden § 122 Abs. 2 AktG, als vielmehr eine Änderung des § 119 Abs. 2 AktG, die es den Aktionären ermöglichen würde, unverbindliche Hauptversammlungsbeschlüsse zu fassen, um damit ihre Meinung im Hinblick auf bestimmte Maßnahmen der Unternehmensleitung zum Ausdruck zu bringen.

[1527] Siehe zu den §§ 122 und 126 AktG bereits oben unter § 19 I. Vgl. zu weiteren Veränderungsvorschlägen auch *Hoffmann* (1999), S. 233.

[1528] Vgl. zum rechtlichen Rahmen § 6 II.1.

[1529] Vgl. § 14 II und § 15 I.

[1530] Vgl. § 25 II.

[1531] Vgl. dazu auch schon § 24 II.

Im Übrigen könnte die geltende Regelung des § 122 AktG bestehen bleiben. Die *Regierungskommission* hat sich dafür ausgesprochen, die Bekanntmachungsverpflichtung in § 122 Abs. 2 AktG in ihrer bestehenden Fassung zu belassen.[1532] Diesem Vorschlag kann grundsätzlich zugestimmt werden. Bietet ein Kreditinstitut die Vertretung des Aktionärs auf der Hauptversammlung an, so hat es den Aktionär gemäß § 128 Abs. 2 S. 4 AktG um die Erteilung einer Weisung zu den einzelnen Tagesordnungspunkten zu bitten,[1533] Gilt dies, wie es die *Regierungskommission* vorgeschlagen hat, zukünftig auch für die Bevollmächtigung der Verwaltung, so wird durch diese Regelung sichergestellt, dass der Aktionär bereits im Vorfeld über den Vorschlag abstimmen darf.[1534] Damit kann auch nach deutschem Recht ein möglicher Herausforderer über die großen Stimmrechtsvertreter Stimmrechte für seinen Abstimmungsvorschlag erlangen.

VII. EINFLUSS NEUER MEDIEN AUF DIE VORGESCHLAGENEN ÄNDERUNGEN

Zum Teil werden auch mit den neuen elektronischen Medien große Erwartungen im Hinblick auf die Beteiligung der Aktionäre an Abstimmungen gehegt.[1535] Insbesondere die Kleinaktionäre, die in rationaler Apathie ihr Stimmrecht nicht nutzen oder dies pauschal durch eine Bank ausüben lassen, sollen nun für eine unmittelbare Teilnahme an einer Online-Hauptversammlung gewonnen werden.[1536] Dabei soll die unmittelbare *online*-Teilnahme zum einen das Gefühl geben, „dabei zu sein",[1537] sie soll aber auch dem Aktionär ermöglichen, aktiv auf das Geschehen auf der Hauptversammlung Einfluss nehmen zu können.[1538] Damit erscheint eine direkte Beteiligung der Aktionäre an der Hauptversammlung möglich, was auch eine direktere Kontrolle der Verwaltung durch die Anteilseigner erlaubt.

Ob sich die mit der Einführung einer Online-Hauptversammlung verbundenen Hoffnungen allerdings erfüllen, bleibt abzuwarten. Vorsicht erscheint jedenfalls insoweit geboten, als hierdurch eine wesentliche Erhöhung der „Anwesenheitsquoten" erwartet wird, denn die Teilnahmemöglichkeit via Internet ermöglicht zwar technisch eine unmittelbare Teilnahme des abwesenden Aktionärs über das Internet, doch ist es fraglich, ob sie die vorherrschende rationale Apathie vor allem der Kleinaktionäre wird überwinden können.[1539] Damit bleibt es zwar richtig, die Online-Teilnahme an einer Hauptver-

---

[1532] *Baums* (2001), Rdnr. 99.

[1533] Vgl. auch § 128 Abs. 2 S. 5 AktG, der bestimmt, dass dem Aktionär die Ausübung seines Weisungsrechts durch ein Formular zu erleichtern ist.

[1534] *Baums* (2001), Rdnr. 122.

[1535] Zu den Auswirkungen der elektronischen Kommunikation vgl. z.B. *Wiebe* (2002), S. 203.

[1536] Vgl. zur Online-Hauptversammlung auch *Zetsche* (2002); *Hanloser* (2001); *Pikó/Preissler* (2002); *Habersack* (2001); *Riegger* (2001); *Kindler* (2001); *Hüther* (2001); *Fleischhauer* (2001); *Claussen* (2001); *Spindler* (2000); *Hirte* (2000); *Hasselbach* (2000); *Noack* (1998b); *Noack* (1998a); *Schmitz* (2003), S. 122 ff.

[1537] *Baums* (2001), Rdnr. 116.

[1538] *Baums* (2001), Rdnr. 116.

[1539] So auch *Bachmann* (2001), S. 643.

sammlung zu ermöglichen, doch wird auch in Zukunft die Stimmrechtsausübung durch Vertreter eine entscheidende Rolle spielen.

Es wird daher auch in Deutschland kein Weg daran vorbeiführen, weiterhin ein funktionierendes Stimmrechtsvertretungssystem anzubieten, das den Aktionären bereits im Vorfeld der Hauptversammlung ermöglicht, an der Willensbildung ihrer Gesellschaft beteiligt zu werden. Dieses Stimmrechtsvertretungssystem muss so offen sein, dass es nicht bloß bestehende Machtstrukturen in einer Gesellschaft perpetuiert, sondern durch wettbewerbliche Elemente eine wirksame Kontrolle der Unternehmensleitung ermöglicht. Die verstärkte Nutzung der neuen Medien wie etwa des Internet kann aber auch im Vorfeld der Hauptversammlung bei der Werbung von Stimmrechtsvollmachten eine große Rolle spielen. Denkbar wäre z.B., dass die Unternehmensleitung ihrer oben vorgeschlagenen Weiterleitungsverpflichtung auch dadurch nachkommen kann, dass sie die Materialien des Herausforderers in elektronischer Form weiterleiten kann.[1540] Insgesamt könnte die Weiterentwicklung elektronischer Methoden zur Kommunikation mit den Aktionären und zur Erteilung von Stimmrechtsvollmachten zumindest in bestimmten Bereichen zu Kosteneinsparungen und damit zu einer Verbilligung von Stimmrechtswettbewerben beitragen.[1541] Allerdings zeigen die Erfahrungen aus den *USA*, dass die meisten Kosten durch die Einschaltung von Beratern und die Finanzierung von Werbekampagnen entstehen, so dass in diesem Bereich auch in Zukunft keine Verbilligung zu erwarten ist.[1542]

VIII. ERGEBNIS

Es wurden einige Vorschläge zur Veränderung des Aktienrechts gemacht, die dazu beitragen sollen, wettbewerbliche Elemente im Bereich der Stimmrechtsausübung zu etablieren. Wie gezeigt, müsste dies vor allem durch eine Verbesserung der Kommunikationsmöglichkeiten der Aktionäre untereinander erfolgen. Auch die *OECD* empfiehlt in ihren 1999 veröffentlichten *Principles of Corporate Governance*, die Bedeutung von Abstimmungen dadurch zu erhöhen, dass den Aktionären durch sichere elektronische Mittel die Möglichkeit gegeben wird, miteinander in Verbindung zu treten, ohne dass sie gleich die mit der Aufforderung zur Abgabe von Stimmrechtsvollmachten verbundenen Formalitäten einhalten müssen.[1543] Die Verbesserung der Kommunikationsmöglichkeiten allein reicht jedoch nicht aus. Vielmehr müssen darin auch die Möglichkeiten eines aufbegehrenden Aktionärs verbessert werden, für die von ihm vertretenen Anliegen im Vorfeld von Abstimmungen Stimmen der Aktionäre zu sammeln, um dann auch bei der Abstimmung auf der Hauptversammlung eine Erfolgschance zu haben. Denn auch die Weiterentwicklung elektronischer Abstimmungsmöglichkeiten, die in Zukunft eine Online-Teilnahme an einer Hauptversammlung gestatten, können die

---

[1540] Zur vorgeschlagenen Weiterleitungsverpflichtung vgl. § 25 II.

[1541] Zum Problem, dass eine Verbilligung der Stimmrechtsausübung nicht unter allen Umständen wünschenswert ist vgl. *Börgers* (2000), S. 531 ff.

[1542] Vgl. zu den durch einen Wettbewerb um Stimmrechtsvollmachten in den *USA* verursachten Kosten bereits § 11.

[1543] *OECD Principles of Corporate Governance, Part Two - Annotations* I.C.3. (*www.oecd.org*).

Notwendigkeit der Sammlung von Stimmen im Vorfeld einer Hauptversammlung nicht ersetzen, weil nicht zu erwarten ist, dass von einer solchen Online-Teilnahme genügend Anleger Gebrauch machen werden.

Mit einer Veränderung der rechtlichen Rahmenbedingungen allein wird sich an der derzeitigen Situation im Bereich der Stimmrechtsausübung jedoch nicht viel ändern. Gerade die Situation in den Vereinigten Staaten in den vergangenen Jahrzehnten hat gezeigt, wie wichtig neben den rechtlichen auch die Entwicklung der tatsächlichen Bedingungen ist. Es bleibt abzuwarten, wie sich in Deutschland die Aktionärsstruktur entwickeln wird, ob auch hierzulande einmal eine nennenswerte Zahl an von den Gesellschaften unabhängigen Investoren auftreten werden, die die ihnen zur Verfügung gestellten Rechte offensiv nutzen, um die Unternehmenspolitik in den entsprechenden Gesellschaften zu beeinflussen. Entwicklungen wie die steigende Internationalität des Anlegerkreises aber auch das weitere Wachstum von langfristig orientierten Fonds, die die Alterssicherung für ihre Kunden sicherstellen sollen, machen eine ähnliche Entwicklung wie in den *USA* möglich. Der Gesetzgeber ist daher aufgerufen, die notwendigen gesetzlichen Schritte zu tun, um das deutsche Aktienrecht dem Wettbewerb im Bereich der Stimmrechtsvertretung zu öffnen.

IX. ZUSAMMENFASSUNG

Erkennt man grundsätzlich die Notwendigkeit an, Wettbewerbe um Stimmen der Aktionäre in Deutschland zu fördern, so stellt sich die Frage, wie sich das deutsche Aktienrecht verändern müsste, um die Durchführung solcher Wettbewerbe auch in Deutschland zu ermöglichen.

Zunächst könnte man an eine Rückgängigmachung der durch das *NaStraG* herbeigeführten Änderungen des § 67 AktG denken und das Einsichtsrecht in das Aktienregister einer Gesellschaft wieder jedem Aktionär ermöglichen. Die hierdurch erreichte Publizität könnten dann die Herausforderer für ihre Zwecke nutzen. Dagegen sprächen jedoch die für die Änderung des § 67 AktG vorgebrachten datenschutzrechtlichen Bedenken. Zwar lässt sich ein Recht auf absolute Anonymität auch aus datenschutzrechtlichen Erwägungen nicht herleiten, doch erscheint eine erneute Änderung des erst kürzlich reformierten § 67 AktG nicht angebracht, vor allem wenn sich die gewünschte Kommunikation zwischen den Aktionären auch auf andere Weise als durch eine erneute Öffnung des Aktienregisters erreichen lässt.

Denkbar wäre es, einen Anspruch der Aktionäre gegen die Gesellschaft zu schaffen, der analog der Regelung von *Rule 14a-7* den Aktionären das Recht einräumt, über die Gesellschaft mit den anderen Aktionären in Kontakt zu treten. Die von der *Regierungskommission Corporate Governance* entwickelten Vorschläge sind daher zu begrüßen. Dann wäre ein allgemeiner Kommunikationskanal geöffnet, der es einem Herausforderer ermöglichen würde, einen Wettbewerb um Stimmrechtsvollmachten gegen die die Stimmrechtsvertretung in einer Gesellschaft beherrschenden Gruppen, die Unternehmensleitung oder etwa bestimmte Banken, durchzuführen. Bei der Umsetzung sollte allerdings darauf geachtet werden, dass der Weiterleitungsanspruch weit genug gefasst wird, um eine aktive Sammlung von Stimmrechten im Vorfeld einer Hauptversammlung zu ermöglichen. Hierbei kann es nicht nur darum gehen, genügend andere Aktionäre zu gewinnen, um die Anforderungen an die Geltendmachung bestimmter Minderheitenrechte zu erfüllen. Ermöglicht werden muss vielmehr der Erfolg eines oppositionellen Beschlusses auf der Hauptversammlung. In diesem Zusammenhang ist die im *UMAG* vorgesehene Einführung eines Aktionärsforums im Internet zwar zu begrüßen, reicht allerdings nicht aus.

Die Kosten für oppositionelle Maßnahmen sollten einem Herausforderer nur im Falle seines Erfolges ersetzt werden, wobei dieser Anspruch nicht von einer zusätzlichen Entscheidung der Unternehmensleitung abhängen sollte. Eine niedrigere Schwelle für den Kostenersatz sollte nicht eingeführt werden, um die Gesellschaft davor zu schützen, sich mit einer Flut von oppositionellen Aktivitäten auseinandersetzen zu müssen, die jedoch keine hinreichende Aussicht auf Erfolg haben.

Zur Förderung echter Stimmrechtswettbewerbe um die Kontrolle von Aktiengesellschaften wäre es außerdem erforderlich, die Mehrheitserfordernisse für die Abberufung des Aufsichtsrats in § 103 Abs. 1 S. 1 AktG auf eine einfache Mehrheit herabzusetzen. Sonst wäre die Bedrohung durch eine mögliche Ablösung nicht glaubwürdig. Dagegen sollte die Besetzung des Aufsichtsrats mit Minderheitsvertretern nicht durch die Einführung eines *cumulative voting* gefördert werden, da dies nicht zur Struktur eines deutschen mitbestimmten Aufsichtsrats passt.

Möglich wäre auch, den Aktionären in Deutschland zu erlauben, Abstimmungspunkte auf die Tagesordnung der Hauptversammlung zu setzen, die Fragen der Geschäftsführung betreffen. Die hierzu getroffenen Beschlüsse sollten den Vorstand der Gesellschaft nicht binden, doch würden so unverbindliche Aktionärsresolutionen (*corporate governance proposals*) ermöglicht, wie sie in den Vereinigten Staaten sehr erfolgreich vor allem gegen Maßnahmen eingesetzt werden, die zur Abwehr einer feindlichen Übernahme bestimmt sind. Nach einer hierzu erforderlichen Änderung des § 119 Abs. 2 AktG könnten die Aktionäre über eine solche Resolution ihre Unzufriedenheit mit der amtierenden Unternehmensleitung zum Ausdruck bringen.

Festzuhalten bleibt, dass die vorgeschlagenen Änderungen zwar die rechtliche Position der Aktionäre stärken könnten und vor allem die Möglichkeiten der Aktionärskommunikation verbessern würden, doch hat die Beschreibung der US-amerikanischen Situation gezeigt, wie wichtig die Herausbildung einer aktiven Aktionärsstruktur ist, um den zur Verfügung gestellten Rechten zur Durchsetzung zu verhelfen. Die Förderung der Aktionärskommunikation erscheint aber auf jeden Fall wünschenswert, um die Kontrolle der amtierenden Unternehmensleitung zu verbessern.

Nicht zu erwarten ist, dass die zunehmende Einführung elektronischer Abstimmungselemente das aktive Werben um die stimmberechtigten Aktionäre ersetzen können wird. Entscheidend bleibt deshalb auch in Zukunft, bereits im Vorfeld einer Hauptversammlung auf die Willensbildung der Aktionäre Einfluss nehmen zu können, weil eben die Mehrheit der Aktionäre auf der Hauptversammlung nicht anwesend ist. Nur auf diese Weise können sich Herausforderer der amtierenden Unternehmensleitung gegen die etablierten Stimmrechtsvertreter, die traditionell zugunsten der Unternehmensleitungen stimmen, durchsetzen und Veränderungen in den betroffenen Gesellschaften erreichen.

ABKÜRZUNGSVERZEICHNIS

A.	Atlantic Reporter/Annotated
A.2d	Atlantic Reporter, Second Series
a.A.	andere Ansicht
a.a.O.	am angegebenen Ort
a.E.	am Ende
a.F.	alte Fassung
Abs.	Absatz
AcP	Archiv für die civilistische Praxis
AG	Aktiengesellschaft/Die Aktiengesellschaft (Zeitschrift)
AktG	Aktiengesetz
Ala.	Alabama
Am. Econ. Rev.	American Economic Review
Am. U. L. Rev.	American University Law Review
Am.	American
Ann.	Annotated/Annotation
App.	Appellate/Appeal(s)
Art.	Artikel
Aufl.	Auflage
BaFin	Bundesanstalt für Finanzdienstleistungen
BB	Der Betriebs-Berater
Bd.	Band
BDSG	Bundesdatenschutzgesetz
BegrRefE	Begründung Referentenentwurf
BegrRegE	Begründung Regierungsentwurf
BetrVerfG	Betriebsverfassungsgesetz
BGB	Bürgerliches Gesetzbuch
BGBl.	Bundesgesetzblatt
BGH	Bundesgerichtshof
BGHZ	Entscheidung des Bundesgerichtshofs in Zivilsachen

BR-Drucks.	Bundesratsdrucksache
BT-Drucks.	Bundestagsdrucksache
Bus. Law.	Business Lawyer
Bus.	Business
bzw.	beziehungsweise
c.	chapter
C.	Code
C.A.	Court of Appeal(s)
C.F.R.	Code of Federal Regulations
Cal. L. Rev.	California Law Review
Cal.	California
CalPERS	California Public Employees' Retirement System
Case W. Res. L. Rev.	Case Western Reserve Law Review
Ch.	Chancery/Chancery Court/Chancery Division
ch.	chapter
Cir.	Circuit
Clev.-Marshall L. Rev.	Cleveland Marshall Law Review
Co.	Company
Colo.	Colorado
Colum. L. Rev.	Columbia Law Review
Comm.	Commission
Cong.	Congress
Cornell L. Q.	Cornell Law Quarterly
Corp.	Corporation(s)
Ct.	Court
Ct.App.	Court of Appeals
D.	District, (Federal) District Court
D.C.	District Court/District of Columbia
d.h.	das heißt
DAV	Deutscher Anwaltverein

DB	Der Betrieb
Del. Code. Ann.	Delaware Code Annotated
Del. Gen. Corp. L.	General Corporation Law of Delaware
Del. J. Corp. L.	Delaware Journal of Corporate Law
Del.	Delaware
Del.Gen.Corp.L.	Delaware General Corporation Law
Del.Supr.	Delaware Supreme Court
Ders.	Derselbe
Div.	Division
DOL	Department of Labour
DrittelbG	Drittelbeteiligungsgesetz
E.	Eastern
E.D.	Eastern District
ECMT	Efficient Capital Market Theory
Ed./ed.	Edition/Editor(s)
et seq.	et squentes
F.	Federal/Federal Reporter
F.2d	Federal Reporter, Second Series
FAZ	Frankfurter Allgemeine Zeitung
Fed. Sec. L. Rep.	Federal Securities Law Report
Fn.	Fußnote
Ga. L. Rev.	Georgia Law Review
Geo. L. Rev.	Georgetown Law Review
Geo. Mason U. L. Rev.	George Mason University Law Review
GG	Grundgesetz
h.M.	herrschende Meinung
H.R.Rep.	House of Representatives Reports
Harv. Bus. Rev.	Harvard Business Review

Harv. L. Rev.	Harvard Law Review
Hrsg.	Herausgeber
Hs.	Halbsatz
i.V.m.	in Verbindung mit
Inc./inc.	Incorporated
Ind.	Indiana
J. Corp. L.	The Journal of Corporation Law
J. Fin. Econ.	Journal of Financial Economics
J. L. & Econ.	Journal of Law and Economics
J. Legal Stud.	Journal of Legal Studies
J. Pol. Eco.	Journal of Political Economy
JITE	The Journal of Institutional and Theoretical Economics
JZ	Juristenzeitung
KonTraG	Gesetz zur Kontrolle und Transparenz im Unternehmensrecht
L. Rev.	Law Review
L.	Law(s)
L.Ed.2d	Lawyer Edition, Second Series
L.P.	Limited Partnership
La.	Louisiana
Law.	Lawyer
LG	Landgericht
m.w.N.	mit weiteren Nachweisen
Mass.	Massachusetts
Mass.Gen.L.	Massachusetts General Law
MBCA	Model Business Corporation Act
Mich. L. Rev.	Michigan Law Review
Mich. S. B. J.	Michigan State Bar Journal

Mich.	Michigan
Minn.	Minnesota
Mio.	Millionen
Misc.2d	Miscellaneous, Second Series
MitbestG	Mitbestimmungsgesetz
Mrd.	Milliarden
N.	North(ern)
n.	Note
N.E.	North Eastern Reporter
N.E.2d	North Eastern Reporter, Second Series
n.F.	neue Fassung
N.J.	New Jersey
N.N.	nomen nescio
N.W.	North Western Reporter
N.W.2d	North Western Reporter, Second Series
N.Y. L. Sch. L. Rev.	New York Law School Law Review
N.Y.	New York/New York Reporter
N.Y.2d	New York Reporter, Second Series
N.Y.Bus.Corp.Law	New York Business Corporation Law
N.Y.L.J.	New York Law Journal
N.Y.S.	New York Supplement
N.Y.S.2d	New York Supplement, Second Series
NASD	National Association of Securities Dealers
NaStraG	Gesetz zur Namensaktie und zur Erleichterung der Stimmrechtsausübung, Namensaktiengesetz
Nat. L. J.	The National Law Journal
Neb.	Nebrasca
NJW	Neue Juristische Wochenschrift
No.	Number
Northwestern U. L. Rev.	Northwestern University Law Review
Nr.	Nummer

NZG	Neue Zeitschrift für Gesellschaftsrecht
OLG	Oberlandesgericht
öOGH	österreichischer Oberster Gerichtshof
OR	schweizerisches Obligationenrecht
P.	Pacific Reporter
p.	page(s)
P.2d	Pacific Reporter, Second Series
Pa.	Pennsylvania
pub.	public
Pub.L.	Public Law
Rdnr.	Randnummer
Rep.	Reporter/Reports
Rev. Sec. Reg.	The Review of Securities Regulation
Rev.	Review/Revised
RIW	Recht der Internationalen Wirtschaft, Außenwirtschaftsdienst des Betriebsberaters
RMBCA	Revised Model Business Corporation Act
Rptr.	Reporter
S.	Seite; bei Gesetzeszitaten Satz
S.Ct.	Supreme Court/Supreme Court Reporter/Superior Court
S.D.N.Y.	Southern District of New York
S.W.	South Western Reporter
S.W.2d	South Western Reporter, Second Series
SEC	Securities and Exchange Commission
Sec. Reg. L. J.	Securities Regulation Law Journal
Sec.	Section(s)/Securities
Sess.	Session
So.	Southern Reporter

So.2d	Southern Reporter, Second Series
Stan. L. Rev.	Stanford Law Review
Stat.	Statute(s)
Sup.Ct.	Supreme Court/Superior Court
Supp.	Supplement
Tenn.	Tennessee
Tex. L. Rev.	Texas Law Review
TIAA-CREF	Teachers Insurance and Annuity Association College Retirement Equities Fund
TransPubG	Transparenz- und Publizitätsgesetz
Tul. L. Rev.	Tulane Law Review
U. Chi. L. Rev.	University of Chicago Law Review
U. Cin. L. Rev.	University of Cincinnati Law Review
U. Det. L. Rev.	University of Detroit Law Review
U. Mich. J. L. Ref.	University of Michigan Journal of Law Reform
U. Pa. L. Rev.	University of Pennsylvania Law Review
U.	Uniform
U.S.C.	United States Code
U.S.C.	United States Code
U.S.C.A.	United States Code Annotated
U.S.C.C.A.N.	United States Code Congressional and Administrative News
UCLA L. Rev.	University of California at Los Angeles Law Review
UMAG	Gesetzentwurf zur Unternehmensintigrität und Modernisierung des Anfechtungsrechts
US/U.S.	United States/United States Report
USA	Vereinigte Staaten von Amerika
usw.	und so weiter
v.	versus
Va.	Virginia

Vand. L. Rev.	Vanderbilt Law Review
vgl.	vergleiche
Vol(s).	Volume(s)
W.	West(ern)
W.D.	Western District
Wash. U. L. Q.	Washington University Law Quarterly
Wis. L. Rev.	Wisconsin Law Review
WL	Westlaw
WM	Wertpapier-Mitteilungen, Zeitschrift für Wirtschafts- und Bankrecht
WpHG	Gesetz über den Wertpapierhandel
WpÜG	Gesetz zur Regelung von öffentlichen Angeboten zum Erwerb von Wertpapieren und von Unternehmensübernahmen
Yale L. Rev.	Yale Law Review
z.B.	zum Beispiel
ZGR	Zeitschrift für Unternehmens- und Gesellschaftsrecht
ZHR	Zeitschrift für das gesamte Handelsrecht und Wirtschaftsrecht
ZIP	Zeitschrift für Wirtschaftsrecht (früher: Zeitschrift für die gesamte Insolvenzpraxis)
ZvglRWiss	Zeitschrift für vergleichende Rechtswissenschaft

Ergänzend wird verwiesen auf *Kirchner, Hildebert*, „Abkürzungsverzeichnis der Rechtssprache“, 5. Auflage, Berlin 2003.

LITERATURVERZEICHNIS

Adams, M. (1990): Höchststimmrechte, Mehrfachstimmrechte und sonstige wundersame Hindernisse auf dem Markt für Unternehmenskontrolle. In: AG 1990, S. 63 ff.

Adams, M. (1994): Die Usurpation von Aktionärsbefugnissen mittels Ringverflechtung in der "Deutschland AG". In: AG 1994, S. 148 ff.

Agrawal, A./Mandelker, G. (1990): Large shareholders and the monitoring of managers: the case of antitakeover charter amendments. In: 25 Journal of Financial and Quantitative Analysis (1990), S. 143 ff.

Alchian, A. A./Demsetz, H. (1972): Production, Information Costs, and Economic Organization. In: 62 Am. Econ. Rev. (1972), S. 777 ff.

Altman, T./Wexler, B. (1990): Counseling Insurgents in Takeover-Related Situations: A Tactical Overview. In: Practising Law Institute (Hrsg.): Proxy Contests, Institutional Investors, Management Responses, New York 1990, S. 145 ff.

Aranow, E. R./Einhorn, H. (1956): Corporate Proxy Contests: Expenses of Management and Insurgents. In: 42 Cornell L. Q. (1956), S. 4 ff.

Aranow, E. R./Einhorn, H. (1968): Proxy Contests for Corporate Control, 2. Auflage, New York - London 1968.

Arends, V. (2000): Die Offenlegung von Aktienbesitz nach deutschem Recht, Wiesbaden 2000.

Arnold, C. (1999): Voting Abroad: Practical Experiences. In: Baums, T./Wymeersch, E. (Hrsg.): Shareholder Voting Rights and Practices in Europe and the United States, London 1999, S. 391 ff.

Assmann, H.-D./Pötzsch, T./Schneider, U. H. (2002): Wertpapiererwerbs- und Übernahmegesetz Kommentar, Köln 2002.

Assmann, H.-D./Schneider, U. H. (2003): Kommentar zum Wertpapierhandelsgesetz, 3. Auflage, 2003.

Augliera, A. (1989): Shareholder Rights Plans: Saying No to Inadequate Tender Offers. In: 57 Fordham L. Rev. (1989), S. 803 ff.

Austin, D. V. (1964): The Causes of Proxy Contests: An Empirical Study. In: 19 Journal of Finance (1964), S. 107 ff.

Axe, L. (1942): Corporate Proxies. In: 41 Mich. L. Rev. (1942), S. 38 ff. und 225 ff.

Bachmann, G. (1999): Namensaktie und Stimmrechtsvertretung. In: WM 1999, S. 2100 ff.

Bachmann, G. (2001): Verwaltungsvollmacht und "Aktionärsdemokratie": Selbstregulative Ansätze für die Hauptversammlung. In: AG 2001, S. 635 ff.

Bagley, C. (1990): Proxy Contests and Corporate Control, Washington D.C. 1990.

Bagley, C./Berger, D. (1997a): Proxy Contest and Corporate Control: Conducting the Proxy Campaign, Washington D.C. 1997.

Bagley, C./Berger, D. (1997b): Proxy-Contests and Corporate Control: Strategic Considerations, Washington D.C. 1997.

Bainbridge, S. (1992): Redirecting State Takeover Laws at Proxy Contests . In: Wis. L. Rev. (1992), S. 1071 ff.

Ball, D. (1994): Revolution in the Board Room. In: 68 St. John's L. Rev. (1994), S. 329 ff.

Balotti, F. /Finkelstein, J. (1999): The Delaware Law of Corporations and Business Associations, 3. Auflage, Stand: 1999, New York 1999.

Barca, F./Becht, M. (2001): The Control of Corporate Europe, Oxford 2001.

Barclay, M. /Holderness, C. (1989): Private Benefits From Control of Public Corporations. In: 25 J. Fin. Econ. (1989), S. 371 ff.

Barnhill, C. (1965): The Corporate Raider: Contesting Proxy Solicitations and Take Over Offers. In: 20 Bus. Law (1965), S. 763 ff.

Baumbach, A./Hueck, A. (1968): Aktiengesetz, 13. Auflage, München 1968.

Baums, P. (2001): Ausschluss von Minderheitsaktionären, Frankfurt a.M. 2001.

Baums, T. (1992): Verbindungen von Banken und Unternehmen im amerikanischen Wirtschaftsrecht, Tübingen 1992.

Baums, T. (1996a): Rechtstatsachen zu "Institutionellen Investoren und Publikumsgesellschaft". In: Feddersen, D./Hommelhoff, P./Schneider, U. H. (Hrsg.): Corporate Governance, Köln 1996, S. 324 ff.

Baums, T. (1996b): Vollmachtstimmrecht der Banken - Ja oder Nein? In: AG 1996, S. 11 ff.

Baums, T. (1997): Vorschlag eines Gesetzes zu öffentlichen Übernahmeangeboten. In: ZIP 1997, S. 1310 ff.

Baums, T. (1998): Shareholder Representation and Proxy Voting in the European Union: A Comparative Study. In: Hopt, K. J. et al. (Hrsg.): Comparative Corporate Governance - The State of the Art an Emerging Research -, Oxford 1998, S. 545 ff.

Baums, T. (1999a): Germany. In: Baums, T. (Hrsg.): Shareholder Voting Rights and Practices in Europe and the United States, The Hague - London - Boston 1999, S. 109 ff.

Baums, T. (1999b): Notwendigkeit und Grundzüge einer gesetzlichen Übernahmeregelung. In: von Rosen, R./Seifert, W. G. (Hrsg.): Die Übernahme börsennotierter Unternehmen, Frankfurt a.M. 1999, S. 165 ff.

Baums, T. (2001): Unternehmensführung - Unternehmenskontrolle - Modernisierung des Aktienrechts: Bericht der Regierungskommission "Corporate Governance", Köln 2001.

Baums, T./Fraune, C. (1995): Institutionelle Anleger und Publikumsgesellschaft: Eine empirische Untersuchung. In: AG 1995, S. 97 ff.

Baums, T./Thoma, G. (2004): Kommentar zum Wertpapiererwerbs- und Übernahmegesetz, Stand: Mai 2004, Köln 2004.

Baums, T./von Randow, P. (1995): Der Markt für Stimmrechtsvertreter. In: AG 1995, S. 145 ff.

Baxley, C. /Thompson, M. (1998): An insurgent planning to initiate a proxy contest needs to assemble a team of advisers, develop a detailed understanding of the target and prepare a strategy. In: The National Law Journal (1998), S. B 5 ff.

Bebchuk, L. (1985): Toward Undistorted Choice and Equal Treatment in Corporate Takeovers. In: 98 Harv. L. Rev. (1985), S. 1695 ff.

Bebchuk, L. (1989a): The Debate on Contractual Freedom in Corporate Law. In: 89 Colum. L. Rev. (1989), S. 1395 ff.

Bebchuk, L. (1989b): Limiting Contractual Freedom in Corporate Law: The Desirable Constraint on Charter Amendments. In: 102 Harv. L. Rev. (1989), S. 1820 ff.

Bebchuk, L. (1992): Federalism and the Corporation: The Desirable Limits on State Competition in Corporate Law. In: 105 Harv. L. Rev. (1992), S. 1437 ff.

Bebchuk, L. (1999): A Rent-Protection Theory of Corporate Ownership and Control, The Harvard John M. Olin Discussion Paper Series (www.law.harvard.edu/-programs/olin_center), Working Paper 7203, Cambridge 1999.

Bebchuk, L. (2003): The Case for Shareholder Access to the Ballot, The Harvard John M. Olin Discussion Paper Series (www.law.harvard.edu/programs/olin_center), Discussion Paper No. 428, Cambridge 2003.

Bebchuk, L. /Hart, O. (2001): Takeover Bids Versus Proxy Fights in Contests for Corporate Control - Discussion Paper Series No. 3073, Centre for Economic Policy Research, 2001, abrufbar unter: www.cepr.org.

Bebchuk, L. /Kahan, M. (1990): A Framework for Analyzing Legal Policy Towards Proxy Contests. In: 78 Cal. L. Rev. (1990), S. 107 ff.

Becht, M. (1999): European corporate governance: trading off liquidity against control, SSRN Electronic Paper Collection, 1999, abrufbar unter: http://ssrn.com/abstract-=160588.

Becht, M./Böhmer, E. (2002): Ownership and Voting Power in Germany. In: Barca, F./Becht, M. (Hrsg.): The Control of Corporate Europe, Oxford 2002, S. 128 ff.

Becker, B. (2001): Die institutionelle Stimmrechtsvertretung der Aktionäre in Europa - Vorschläge für europäische Mindeststandards auf der Grundlage einer rechtsvergleichenden Analyse der Stimmrechtsvertretungssysteme in Deutschland, Spanien, Frankreich und Italien, Frankfurt a.M. 2001.

Berger, D. /Bagley, C. /LaRosiliere, M. (1995): The Future of Proxy Contests: Some Strategic and Legal Considerations, 1995, abrufbar unter: www.wsgr.com.

Berger, D. /LaRosiliere, M. (1998): Takeovers and Shareholder Communication Via the Internet, 1998, abrufbar unter: www.wsgr.com.

Berglöf, E. (1997): Reforming corporate governance: redirecting the European agenda. In: Economic Policy (1997), S. 93 ff.

Berle, A. (1958): "Control" in Corporate Law. In: 58 Colum. L. Rev. (1958), S. 1212 ff.

Berle, A. (1962): Modern Functions of the Corporate System. In: 62 Colum. L. Rev. (1962), S. 433 ff.

Berle, A./Means, G. (1991): The Modern Corporation and Private Property, New Brunswick-London 1991.

Bernstein, S./Fischer Henry (1940): The Regulation of the Solicitation of Proxies: Some Reflections on Corporate Democracy. In: 7 U. Chi. L. Rev. (1940), S. 226 ff.

Berrar, C. (2001): Die Entwicklung der Corporate Governance in Deutschland im internationalen Vergleich, Baden-Baden 2001.

Beyer, P. (2000): Minderheitsvertreter im Aufsichtsrat - Eine Studie zum US-amerikanischen und deutschen Recht, Baden-Baden 2000.

Bhagat, S./Jefferis, R. (1991): Voting power in the proxy process. In: 30 J. Fin. Econ. (1991), S. 193 ff.

Bhattacharya, U. (1997): Communication Costs, Information Acqusition, and Voting Decisions in Proxy Contests. In: 10 Review of Financial Studies (1997), S. 1065 ff.

Black, B. (1990): Shareholder Passivity Reexamined. In: 89 Mich. L. Rev. (1990), S. 520 ff.

Black, B. (1992): Agents watching the Agents: The Promise of Institutional Investor Voice. In: 39 UCLA L. Rev. (1992), S. 811 ff.

Black, B. (1993): Next Steps in Corporate Governance Reform: 13(D) Rules and Control Person Liability. In: Journal of Applied Corporate Finance (1993), S. 41 ff.

Black, B. (1992): The Value of Institutional Investor Monitoring: The Empirical Evidence. In: 39 UCLA L. Rev. (1992), S. 895 ff.

Black, B. (1997): Shareholder Activism and Corporate Governance in the United States, Columbia University, Discussion Paper 1997.

Blair, M. (1995): Ownership and Control - Rethinking Corporate Governance for the 21st Century, Washington D.C. 1995.

Blitz, J. (8.10.1999): Die Zukunft gehört der Namensaktie. In: Handelsblatt vom 8.10.1999, S. 23.

Block, D./Hoff, J./Berger, D. (1988): Considerations in Stock Accumulation Programs. In: PLI Corp. L. & Practice Course Handbook Series No. 592 (Hrsg.): Hostile Battles for Corporate Control, 1988,

Bloomenthal, H. (1997a): Going Public and the Public Corporation, Stand: März 1997, Deerfield - New York - Rochester 1997.

Bloomenthal, H. (1997b): Securities and Federal Corporate Law, Stand: März 1997, Deerfield - New York - Rochester 1997.

Bloomenthal, H. (2002): Securities Law Handbook, Volume 1, 2003 Edition, Deerfield - New York - Rochester 2002.

Boot, A. (1992): Why Hang on to Loosers? Divestitures and Takeovers. In: 47 The Journal of Finance (1992), S. 1401 ff.

Borstadt, L./Zwirlein, T. (1992): The Efficient Monitoring Role of Proxy Contests: An Empirical Analysis of Post-Contest Control Changes and Firm Performance. In: 21 Finacial Management (1992), S. 22 ff.

Brealey, R./Myers, S. (2000): Principles of Corporate Finance, 6. Auflage, Boston 2000.

Breuer, R.-E. (1998): The Role of Financial Intermediaries and Capital Markets. In: Hopt, K. J. et al. (Hrsg.): Comparative Corporate Governance - The State of the Art and Emerging Research -, Oxford 1998, S. 537 ff.

Brickley, J./Lease, R./Smith, C. (1988): Ownership Structure and Voting on Antitakeover Amendments. In: 22 J. Fin. Econ. (1988), S. 267 ff.

Briggs, T. (1994): Shareholder Activism, and Insurgency Under the New Proxy Rules. In: 50 Bus. Law. (1994), S. 99 ff.

Bungert, H. (2004): Festschreibung der ungeschriebenen „Holzmüller“-Hauptversammlungszuständigkeiten bei der Aktiengesellschaft, BB 2004. In: BB 2004, S. 1345 ff.

Bunke, C. (2002): Fragen der Vollmachtserteilung zur Stimmrechtsausübung nach §§ 134, 135 AktG. In: AG 2002, S. 57 ff.

Burgard, U. (1992): Die Offenlegung von Beteiligungen bei der Aktiengesellschaft. In: AG 1992, S. 41 ff.

Burmeister, K. (1976): Weitergabe-, Mitteilungspflichten und Stimmrechtsvollmacht für Kreditinstitute (§§128, 135 AktG). In: AG 1976, S. 262 ff.

Buxbaum, R. (1985): The Internal Division of Powers in Corporate Governance. In: 73 Cal. L. Rev. (1985), S. 1671 ff.

Buxbaum, R. (1990): Institutional Ownership and the Restructuring of Corporations - With Special Reference to Takeovers. In: Baur/Hopt/Mailänder (Hrsg.): Festschrift für Steindorff, Berlin - New York 1990, S. 7 ff.

Buxbaum, R. (1991): Institutional Investors and Corporate Managers: A Comparative Perspective. In: 57 Brooklyn Law Review (1991), S. 1 ff.

Byrd, J./Parrino, R./Pritsch, G. (1998): Stockholder-Manager Conflicts and Firm Value. In: 54 Financial Analyst Journal (1998), S. 14 ff.

Byrne, J. (5.6.2002): How To Fix Corporate Governance. In: Business Week - European Edition vom 5.6.2002, S. 43.

Böhm, J. (1992): Der Einfluss der Banken auf Großunternehmen, Hamburg 1992.

Börgers, T. (2000): Is Internet Voting a Good Thing. In: 156 JITE (2000), S. 531 ff.

Calio, J./Zahralddin, R. (1994): The Securities and Exchange Commission's 1992 Proxy Amendments: Questions of Accountability. In: 14 Pace Law Review (1994), S. 459 ff.

Canaris, C.-W. (1981): Bankvertragsrecht, 2. Bearbeitung. HGB Großkommentar, begründet von Hermann Staub, 3. Auflage, Berlin - New York 1981, S. Band III, 3. Teil ff.

Caplin, M. (1953): Shareholder Nominations of Directors: A Programm for Corporate Suffrage. In: 39 Vand. L. Rev. (1953), S. 141 ff.

Carleton, W./Nelson, J./Weisbach, M. (1998): The Influence of Institutions on Corporate Governance Through Private Negotiations: Evidence from TIAA-CREF. In: 53 The Journal of Finance (1998), S. 1335 ff.

Cary, W./Eisenberg, M. (1974): Federalism and Corporate Law: Reflections upon Delaware. In: 83 Yale L. Rev. (1974), S. 663 ff.

Cary, W./Eisenberg, M. (1988): Cases and Materials on Corporations, 6. Auflage, New York 1988.

Cary, W./Eisenberg, M. (1995): Cases and Materials on Corporations, 7. Auflage, New York 1995.

Casper, M. (2003): Acting in Concert – Grundlagen eines neuen kapitalmarktrechtlichen Zurechnungstatbestandes. In: ZIP 2003, 1469 ff.

Cherno, M./Zelenty, M. (1984): Solicitations in Proxy Contests. In: 17 Rev. Sec. Reg. (1984), S. 965 ff.

Choi, S. (2000): Proxy issue proposals: impact of the 1992 SEC proxy reforms. In: 16 Journal of law, economics, & organization (2000), S. 233 ff.

Choper, J./Coffee, J. Jr./Morris, C. Jr. (2000): Cases and Materials on Corporations , 5. Auflage, Gaithersburg 2000.

Christians, F. (1990): Der Aktionär und sein Stimmrecht. In: AG 1990, S. 47 ff.

Clark, G./Mansfield, D./Tickell, A. (2002): The German social market in the world of global finance: pension investment management and the limits of consensual decision making. In: 27 Transactions of the Institute of British Geographers, New Series (2002), S. 91 ff.

Clark, R. (1979): Vote Buying and Corporate Law. In: 29 Case W. Res. L. Rev. (1979), S. 776 ff.

Clark, R. (1986): Corporate Law, Boston - Toronto 1986.

Claussen, C. (2001): Hauptversammlung und Internet. In: AG 2001, S. 161 ff.

Clements, J. (26.12.1988): Don't Just Do Something, Sit There. In: Forbes vom 26.12.1988, S. 142.

Coffee, J. Jr. (1991): Liquidity Versus Control: The Institutional Investor as Corporate Monitor. In: 91 Colum. L. Rev. (1991), S. 1277 ff.

Coffee, J. Jr. (10.1.1992): Proxy Contests: The Shape of the Future. In: N.Y.L.J. vom 10.1.1992, S. 5.

Coffee, J. Jr. (1994): The SEC and the Institutional Investor: A Half-Time Report. In: 15 Cardozo L. Rev. (1994), S. 837 ff.

Comment, R. (1971): Section 13(d) and Disclosure of Corporate Equity Ownership. In: 119 U. Pa. L. Rev. (1971), S. 853 ff.

Comment, R./Schwert, G. (1994): Poison or Placebo? Evidence on the Deterrence and Wealth Effects of Modern Antitakeover Measures. In: 39 J. Fin. Econ. (1994), S. 3 ff.

Conard, A. (1988): Beyond Managerialism: Investor Capitalism. In: 22 U. Mich. J. L. Ref. (1988), S. 117 ff.

Council of Institutional Investors (1994): Does Ownership Add Value? A Collection of 100 Empirical Studies, Washington D.C. 1994.

Cox, J./Hazen, T. /O'Neal, F. (1996): Corporations, Stand: 1996, Boston - New York - Toronto - London 1996.

Cox, J /Hazen, T. /O'Neal, F. (1997): Corporations, New York 1997.

Cox, J./Hillman, R./Langevoort, D. (1991): Securities Regulation, 1. Auflage, Boston - Toronto - London 1991.

Cox, J.D./Hillman, R. W./Langevoort, D. C. (1997): Securities Regulation, 2. Auflage, New York 1997.

Dammann, U./Kummer, T. (2000): Namensaktie und Datenschutz. In: von Rosen, R./Seifert, W. G. (Hrsg.): Die Namensaktie, Frankfurt a.M. 2000, S. 45 ff.

DAV (2005): Stellungnahme des Deutschen Anwaltsvereins durch den Handelsrechtsausschuss zu dem Regierungsentwurf eines Gesetzes zur Unternehmensintegrität und Modernisierung des Anfechtungsrechts (UMAG). Stellungnahme Nr. 21/05, Berlin, März 2005, abzrufen unter www.anwaltverein.de.

Davis, E. /Steil, B. (2001): Institutional Investors, Cambridge, MA 2001.

Dean, A. (1939): Non-Compliance with Proxy Regulation: Effect on Ability of Corporation to Hold Valid Meeting. In: 24 Cornell L. Q. (1939), S. 483 ff.

DeAngelo, H./DeAngelo, L. (1989): Proxy Contests and the Governance of Publicly Held Corporations. In: 23 J. Fin. Econ. (1989), S. 29 ff.

DeAngelo, L. (1988): Managerial Competition, Information Costs, and Corporate Governance: The Use of Accounting Measures in Proxy Contests. In: 10 Journal of Accounting and Economics (1988), S. 3 ff.

Denburg, H./Carleen, D. (31.10.1994): DOL bulleting on proxy voting, corporate governance. In: N.Y.L.J. vom 31.10.1994, S. 3.

Denis, D./Denis, D. (1995): Performance Changes Following Top Management Dismissals. In: 50 The Journal of Finance (1995), S. 1029 ff.

Denis, D./Serrano, J. (1996): Active investors and management turnover following unsuccessful control contests. In: 40 J. Fin. Econ. (1996), S. 239 ff.

Dent, G. (1985): SEC Rule 14a-8: A Study in Regulatory Failure. In: 30 N.Y.L. Sch. L. Rev. (1985), S. 1 ff.

Dent, G. (1989): Toward Unifying Ownership and Control in Public Corporation. In: Wis. L. Rev. (1989), S. 881 ff.

Diekmann, H. (1999): Namensaktien bei Publikumsgesellschaften. In: BB 1999, S. 1985 ff.

Diekmann, H./Leuering, D. (2004): Der Referentenentwurf eines Gesetzes zur Unternehmensintegrität und Modernisierung des Anfechtungsrechts (UMAG). In: NZG 2004, S. 249 ff.

Dietl, C.-E./Lorenz, E. (2000): Wörterbuch für Recht, Wirtschaft und Politik, 6. Auflage, München 2000.

Dixit, A./Nalebuff, B. (1995): Spieltheorie für Einsteiger, Stuttgart 1995.

Dodd, P./Warner, J. (1983): On Corporate Governance: A Study of Proxy Contests. In: 11 J. Fin. Econ. (1983), S. 401 ff.

Dreher, M. (1993a): Die Schadensersatzhaftung bei Verletzung der aktienrechtlichen Treuepflicht durch Stimmrechtsausübung. In: ZIP 1993, S. 332 ff.

Dreher, M. (1993b): Treuepflichten zwischen Aktionären und Verhaltenspflichten bei der Stimmrechtsausübung. In: 157 ZHR (1993), S. 150 ff.

Duvall/Austin (1965): Predicting the Results of Proxy Contests. In: 20 The Journal of Finance (1965), S. 464 ff.

Easterbrook, F./Fischel, D. (1983): Voting in Corporate Law. In: 26 J. L. & Econ. (1983), S. 395 ff.

Easterbrook, F./Fischel, D. (1986): Close Corporations and Agency Costs. In: 38 Stan. L. Rev. (1986), S. 271 ff.

Easterbrook, F./Fischel, D. (1991a): The Corporate Contract. In: Bebchuk, L. A. (Hrsg.): Corporate Law and Economic Analysis, Cambridge 1991, S. 186 ff.

Easterbrook, F./Fischel, D. (1991b): The Economic Structure of Corporate Law, Cambridge - London 1991.

Easterbrook, F./Fischel, D. (1991c): Voting in Corporate Law, Cambridge - London 1991.

Edwards, J./Fischer, K. (1994): Banks, Finance and Investment in Germany, Cambridge 1994.

Eisenberg, M. (1970): Access to the Corporate Proxy Machinery. In: 83 Harv. L. Rev. (1970), S. 1489 ff.

Eisenberg, M. (2000): Corporations and Other Business Organizations, 8. Auflage, New York 2000.

Van der Elst, C. (2000): The equity markets, ownership structures and control: towards an international harmonisation?, Working Paper 2000-04, Financial Law Institute Working Paper Series (www.law.ugent.be/fli), Working Paper 2000-04, Gent 2000.

Emerson, F./Latcham, F. (1951): Further Insight into more Effective Shareholder Participation: The Sparks-Withington Proxy Contest. In: 60 Yale L. Rev. (1951), S. 429 ff.

Emerson, F. /Latcham, F. (1952): Proxy Contest Expenses and Shareholder Democracy. In: 4 Case W. Res. L. Rev. (1952), S. 5 ff.

Emerson, F./Latcham, F. (1953): Proxy Contests: A Study in Shareholder Souvereignty. In: 41 Cal. L. Rev. (1953), S. 393 ff.

Escher-Weingart, C. (1999): The Development of Corporate Governance in Germany - Some Annotations to Jeffrey Gordon. In: 5 Columbia Journal of European Law (1999), S. 243 ff.

Escher-Weingart, C. (2000): Corporate Governance Strukturen - ein deutsch-U.S.-amerikanischer Rechtsvergleich. In: 99 ZVglRWiss (2000), S. 387 ff.

Fama, E./Jensen, M. (1983): Separation of Ownership and Control. In: 26 J. L. & Econ. (1983), S. 301 ff.

Finkelstein, J./Varallo, G. (1986): Actions by Written Consent in Control Contests - Strategic and Legal Considerations. In: 14 Sec. Reg. L. J. (1986), S. 3 ff.

Finkelstein, J./Varallo, G. (1987): Actions by Written Consent in Control Contests - New Legislation and Recurring Questions. In: 15 Sec. Reg. L. J. (1987), S. 253 ff.

Fischel, D. (1978): Efficient Capital Market Theory, the Market for Corporate Control, and the Regulation of Cash Tender Offers. In: 57 Tex. L. Rev. (1978), S. 1 ff.

Fischel, D. (1982a): The Corporate Governance Movement. In: 35 Vand. L. Rev. (1982), S. 1259 ff.

Fischel, D. (1982b): The "Race to the Bottom" Revisited: Reflections on Recent Developments in Delaware's Corporation Law. In: 76 Northwestern U.L. Rev. (1982), S. 913 ff.

Fischel, D. (1987): Organized Exchanges and the Regulation of Dual Class Common Stock. In: 54 U. Chi. L. Rev. (1987), S. 119 ff.

Fleck, H.-J. (1985): Das Dienstverhältnis der Vorstandsmitglieder und Geschäftsführer in der Rechtsprechung des BGH. In: WM 1985, S. 677 ff.

Fleischer, A. Jr./Sussman, A. (1990): Takeover Defense, 5. Auflage, 1990.

Fleischer, H. (2004): Ungeschriebene Hauptversammlungszuständigkeiten im Aktienrecht: Von „Holzmüller" zu „Gelatine". In: NJW 2004, S. 2335 ff.

Fleischhauer, J. (2001): Hauptversammlung und neue Medien. In: ZIP 2001, S. 1133 ff.

Fleming, M. (1995): New Evidence on the Effectiveness of the Proxy Machinery, Federal Reserve Bank of New York, Research Paper # 9503, NewYork 1995.

Fletcher, W. (1996): Fletcher Cyclopedia of the Law of Private Corporations, Deerfield - New York - Rochester 1996.

Flume, W. (1992): Allgemeiner Teil des Bürgerlichen Rechts - Zweiter Band - Das Rechtsgeschäft, 4. unveränd. Auflage, Berlin 1992.

Frank, H. (1976): The Future of Corporate Democracy. In: 28 Baylor L. Rev. (1976), S. 39 ff.

Franks, J./Mayer, C. (1998): Bank Control, Takeovers, and Corporate Governance in Germany. In: Hopt, K. J. et al. (Hrsg.): Comparative Corporate Governance - The State of the Art an Emerging Research -, Oxford 1998, S. 641 ff.

Franks, J./Mayer, C. (2001): Ownership and Control of German Corporations. In: 14 Review of Financial Studies (2001), S. 943 ff.

Franks, J./Meyer, C. (1990): Capital markets and corporate control: a study of France, Germany and the UK. In: 10 Economic Policy (1990), S. 191 ff.

Fraune, C. (1996): Der Einfluss institutioneller Anleger in der Hauptversammlung, Köln - Berlin - Bonn - München 1996.

Freeman (1957): An Estimate of the Practical Consequences of the Stockholder's Proposal Rule. In: 34 U. Det. L. J. (1957), S. 549 ff.

Frenchman, R. (1993): The Recent Revisions to Federal Proxy Regulations: Lifting the Ban on Shareholder Communication. In: 68 Tul. L. Rev. (1993), S. 161 ff.

Friedman, D. (1951): Expenses of Corporate Proxy Contests. In: 51 Colum. L. Rev. (1951), S. 951 ff.

Gantenberg, P. (2005): Die Reform der Hauptversammlung durch den Regierungsentwurf eines Gesetzes zur Unternehmensintegrität und Modernisierung des Anfechtungsrechts. In: DB 2005, S. 207 ff.

Geibel, S./Süßmann, R. (2002) : Wertpapiererwerbs- und Übernahmegesetz (WpÜG), Kommentar, München 2002.

Gerke, W. (2001): Strukturen und Regulierung von Investment- und Pensionsfonds in ausgewählten Ländern , Gutachten für die Enquete-Kommission "Globalisierung der Weltwirtschaft - Herausforderungen und Antworten", AU Stud 14/08, Berlin 2001.

Gerke, W./Mager, F. (2003): Die Rolle von Banken und Finanzintermediären bei der Corporate Governance. In: Hommelhoff, P./Hopt, K. J./von Werder, A. (Hrsg.): Handbuch Corporate Governance - Leitung und Überwachung börsennotierter Unternehmen in der Rechts- und Wirtschaftspraxis, Köln 2003, S. 549 ff.

Geßler, E./Hefermehl, W./Eckardt, U./Kropff, B. (1973): Aktiengesetz, Kommentar, München 1973.

Gillan, S./Starks, L. (2000): Corporate governance proposals and shareholder activism: the role of institutional investors. In: 57 J. Fin. Econ. (2000), S. 275 ff.

Gilson, R./Black, B. (1995): The Law and Finance of Corporate Acquisitions, 2. Auflage, 1995.

Gilson, R./Gordon, L./Pound, J. (1991): How the Proxy Rules Discourage Constructive Engagements: Regulatory Barriers to Electing a Minority of Directors. In: 17 J. Corp. L. (1991), S. 29 ff.

Gilson, R./Kraakman, R. (1989): Delaware's Intermediate Standard for Defensive Tactics: Is there Substance to Proportionality Review? In: 44 Bus. Law. (1989), S. 247 ff.

Gilson, R./Schwartz, A. (2001): Sales and Elections as Methods for Transferring Corporate Control, Working Paper No. 206, Stanford Law School 2001.

Glade, A./Haak, A. /Hellich, P. (2004): Die Umsetzung der Übernahmerichtlinie in das deutsche Recht (Teil I). In: Der Konzern 2004, S. 455 ff.

Glade, A./Haak, A. /Hellich, P. (2004): Die Umsetzung der Übernahmerichtlinie in das deutsche Recht (Teil II). In: Der Konzern 2004, S. 515 ff.

Glenn, G. (1959): Struggles for Corporate Control. In: 38 Mich. S. B. J. (1959), S. 13 ff.

Gode, W. (1996): Insitutionelle Anleger und ihre Erwartungen gegenüber den Gesellschaften. In: Feddersen, D./Hommelhoff, P./Schneider, U. H. (Hrsg.): Corporate Governance, Köln 1996, S. 316 ff.

Goforth, C. (1994): Proxy Reform as a Means of Increasing Shareholder Participation in Corporate Governance: To Little, but no to Late. In: 43 Am. U. L. Rev. (1994), S. 379 ff.

Gordon, J. (1997): Just Say Never? Poison Pills, Deadhand Pills, and Shareholder-Adopted Bylaws: An Essay for Warren Buffet. In: 19 Cardozo L. Rev. (1997), S. 511 ff.

Gorton, G./Schmid, F. (1996): Universal banking and the performance of German firms, Working Paper 5453, National Bureau of Economic Research (www.nber.org), Cambridge, MA 1996.

Gorton, G./Schmid, F. (2000): Universal banking and the performance of German firms. In: 58 J. Fin. Econ. (2000), S. 29 ff.

Gottschalk, A. (1988): Der Stimmrechtseinfluss der Banken in den Aktionärsversammlungen von Großunternehmen. In: WSI Mitteilungen 1988, S. 294 ff.

Graham, B./Dodd, D. (1934): Security Analysis, Rockland, Massachusetts 1934.

Grienenberger, W. (1995): Institutional Shareholder and Corporate Governance, Practicing Law Institute 1995.

Groskaufmanis, K. (1993): Proxy Reform and the Brave New World of Investor Relations: Ten Rules Of Thumb for the 1990s. In: 7 No. 12 Insights (1993), S. 18 ff.

Großkommentar zum Aktiengesetz (1993), 4. Auflage, Berlin - New York 1992.

Grossman, S. /Hart, O. (1980): Takeover Bids, the Free-Rider Problem, and the Theory of the Corporation. In: 11 Bell Journal of Economics (1980), S. 42 ff.

Grundfest, J. (1990): The Subordination of American Capital. In: 27 J. Fin. Econ. (1990), S. 89 ff.

Grundfest, J. (1993): Just Vote No: A Minimalist Strategy for Dealing with Barbarians Inside the Gates. In: 45 Stan. L. Rev. (1993), S. 857 ff.

Grundmann, S. (2005): Die rechtliche Verfassung des Marktes für Unternehmenskontrolle nach Verabschiedung der Übernahme-Richtlinie. In: NZG 2005, S. 122 ff.

Haarmann, W./Riehmer, K./Schüppen, M. (2002): Öffentliche Übernahmeangebote, Kommentar zum Wertpapiererwerbs- und Übernahmegesetz, Heidelberg 2002.

Habersack, M. (2001): Hauptversammlung und Internet. In: 165 ZHR (2001), S. 172 ff.

Hamilton, R. (1991): The Law of Corporations, 3. Auflage, St. Paul, MN 1991.

Hamilton, R. (2000a): Corporate Governance in America 1950-2000: Major Changes But Uncertain Benefits. In: 25 J. Corp. L. (2000), S. 349 ff.

Hamilton, R. (2000b): The Law of Corporations in a Nutshell, 5. Auflage, St. Paul 2000.

Hanloser, S. (2001): Proxy-Voting, Remote-Voting und Online-Hauptversammlung: § 134 Abs. 3 S. 3 AktG nach dem NaStraG. In: NZG 2001, S. 355 ff.

Hansen, H. (2000): Die Renaissance der Aktie. In: AG 2000, S. R 123 ff.

Hasselbach, K. (2000): Hauptversammlung im Internet. In: ZGR 2000, S. 258 ff.

Hay, P. (2000): US-amerikanisches Wirtschaftsrecht, München 2000.

Hazen, T. (1979): Administrative Enforcement: An Evaluation of the Securities and Exchange Commission's Use of Injunctions and other Enforcement Methods. In: 31 Hast. L. J. (1979), S. 427 ff.

Hazen, T. (2002): The Law of Securities Regulation - Volume 2, 4. Auflage, St. Paul, Minn. 2002.

Heard, J./Sherman, H. (1987): Conflicts of Interest in the Proxy Voting System, Washington D.C. 1987.

van Heeckeren, J. (1993): Raiders and Regulators: Structural Change in the Market for Corporate Control in the 1950s, University of Oregon 1993.

Henn, G. (1998): Handbuch des Aktienrechts, 6. Auflage, Heidelberg 1998.

Henn, H./Alexander, J. (1983): Law of Corporations and other Business Enterprises, St. Paul 1983.

Hennrichs, J. (1995): Treuepflichten im Aktienrecht. In: AcP 1995, S. 221 ff.

Henssler, M. (1993): Verhaltenspflichten bei der Ausübung von Aktienstimmrechten durch Bevollmächtigte. In: 157 ZHR (1993), S. 91 ff.

Herzel, L. (1994): Boards of Directors Versus Institutional Investors. In: Baums, T./Buxbaum, R. M./Hopt, K. J. (Hrsg.): Institutional Investors and Corporate Governance, Berlin - New York 1994, S. 161 ff.

Hirschmann, A. (1970): Exit, Voice, Loyalty; Response to Decline in Firms, Organizations, and States, Cambridge 1970.

Hirte, H. (2000): Der Einfluss neuer Informationstechniken auf das Gesellschaftsrecht und die corporate-governance Debatte. In: Baums, T./Hopt, K. J./Horn, N. (Hrsg.): Corporations, Capital Markets and Business in the Law, Liber Amicorum Richard M. Buxbaum, 2000, S. 283 ff.

Hirte, H. (2003): Das Transparenz- und Publizitätsgesetz und seine Auswirkungen auf das Gesellschaftsrecht. In: Hirte, H. (Hrsg.): Das Transparenz- und Publizitätsgesetz - Einführende Gesamtdarstellung, München 2003, S. 1 ff.

Hofer, C. (1980): Turnaround Strategies. In: 1 Journal of Business Strategy (1980), S. 19 ff.

Hoffmann, J. (1999): Systeme der Stimmrechtsvertretung in der Publikumsgesellschaft: Eine vergleichende Betrachtung insbesondere der Haftung des Stimmrechtsvertreters im deutschen und U.S.-amerikanischen Recht, Baden-Baden 1999.

Hohn Abad, M. (1995): Das Institut der Stimmrechtsvertretung im Aktienrecht - Ein europäischer Vergleich, Münster 1995.

Holzborn, T./Bunnemann, J. (2005): Änderungen im AktG durch den Regierungsentwurf für das UMAG. In: BKR 2005, 51 ff.

Hommelhoff, P./Schwab, M. (2003): Regelungsquellen und Regelungsebenen der Corporate Governance: Gesetz, Satzung, Codices, unternehmensinterne Grundsätze. In: Hommelhoff, P./Hopt, K. J./von Werder, A. (Hrsg.): Handbuch Corporate Governance - Leitung und Überwachung börsennotierter Unternehmen in der Rechts- und Wirtschaftspraxis, Köln 2003, S. 51 ff.

Hopt, K. (1997): Stellungnahme zur Aktienrechtsreform 1997. In: AG-Sonderheft 1997, S. 42 ff.

Hopt, K. (1998): The German two-tier board: experience, theories, reforms. In: Hopt, K. J. et al. (Hrsg.): Comparative Corporate Governance - The State of the Art an Emerging Research -, Oxford 1998, S. 227 ff.

Hopt, K./Mülbert, P./Kumpan, C. (2005): Reformbedarf im Übernahmerecht. In: AG 2005, S. 109 ff.

Horbach, M. (2001): Verfahrensfragen bei Holzmüller-Beschlüssen der Hauptversammlung - Mehrheitserfordernis und Unterrichtung der Aktionäre. In: BB 2001, S. 893 ff.

Horn, N. (2005) : Die Europa-AG im Kontext des deutschen und europäischen Gesellschaftsrechts, DB 2005, S. 147 ff

Huep, T. (2000): Renaissance der Namensaktie - Möglichkeiten und Probleme im geänderten aktienrechtlichen Umfeld. In: WM 2000, S. 1623 ff.

Hüffer, U. (1999): Aktiengesetz, 4. Auflage, München 1999.

Hüffer, U. (2004): Aktiengesetz, 6. Auflage, München 2004.

Hüssy, H. (1959): Stimmrechtausübung durch Stellvertretung im amerikanischen Aktienrecht, Zürich 1959.

Hüther, M. (2001): Namensaktien, Internet und die Zukunft der Stimmrechtsvertretung. In: AG 2001, S. 68 ff.

Ikenberry, D./Lakonishok, J. (1993): Corporate Governance through the Proxy Contest: Evidence and Implications. In: 66 Journal of Business (1993), S. 405 ff.

Jarrel, G./Poulsen, A. (1987): Shark repellents and stock prices: the effects of antitakeover amendments since 1980. In: 19 J. Fin. Econ. (1987), S. 127 ff.

Jarrow, R./Leach, J. (1991): The Relevance of Fiduciary Conflict-of-Interests in Control versus Issue Proxy Contests. In: 26 Journal of Financial and Quantitative Analysis (1991), S. 533 ff.

Jensen, M. (1986): Agency Costs of Free Cash Flow, Corporate Finance and Takeovers. In: 76 Am. Econ. Rev. (1986), S. 323 ff.

Jensen, M. (1989): Eclipse of the Public Corporation. In: 66 Harv. Bus. Rev. (1989), S. 61 ff.

Jensen, M./Meckling, W. (1976): Theory of the Firm: Managerial Behavior, Agency Costs and Ownership Structure. In: 3 J. Fin. Econ. (1976), S. 305 ff.

Jensen, M./Warner, J. (1988): The distribution of power among corporate managers, shareholders and directors. In: 20 J. Fin. Econ. (1988), S. 3 ff.

Johnson, L. (1991): Souvereignity over Corporate Stock. In: 16 Del. J. Corp. L. (1991), S. 485 ff.

Kahan, M. (1998): Jurisprudential and Transactional Developments in Takeovers. In: Hopt, K. J. et al. (Hrsg.): Comparative Corporate Governance - The State of the Art and Emerging Research, Oxford 1998, S. 683 ff.

Kaplan, S. (1997): Corporate Governance and Corporate Performance: A Comparison of Germany, Japan, and the U.S. In: Chew, D. H. (Hrsg.): Studies in International Corporate Finance and Governance Systems; A Comparison of the U.S., Japan, & Europe, Oxford 1997, S. 251 ff.

Karpoff, J. (1998): The Impact of Shareholder Activism on Target Comapanies, A Survey of Empirical Findings, University of Washington, Working Paper 1998.

Karst, C. (1982): Reform des Vollmachtstimmrechts, Berlin 1982.

Kascha, T. (1997): Zivil- und gesellschaftsrechtliche Grundlagen einer Haftung des Stimmrechtsbeauftragten für sein Abstimmungsverhalten in der Hauptversammlung der Aktiengesellschaft, Münster 1997.

Kindler, P. (2001): Der Aktionär in der Informationsgesellschaft. In: NJW 2001, S. 1678 ff.

Klausner, M./Elfenbein, J. (1999): The United States. In: Baums, T. (Hrsg.): Shareholder Voting Rights and Practices in Europe and the United States, The Hague - London - Boston 1999, S. 353 ff.

Klawitter, U. (2001): Der Einsatz von E-Mail-Sheets für Stimmrechtsvollmacht und Stimmrechtsausübung. In: Noack, U./Spindler, G. (Hrsg.): Unternehmensrecht und Internet, München 2001,

Klein, F. (1904): Die neueren Entwicklungen in Verfassung und Recht der Aktiengesellschaft, Wien 1904.

Klein, N./Greyser, S. (1989): Gillette vs. Coniston: Communication in a Proxy Fight - Case Study, Harvard Business School, Boston 1989.

Klein, N./Greyser, S. (1990): Gillette vs. Coniston: Communication in a Proxy Fight - Case Study, Harvard Business School, Boston 1990.

Klein, W./Coffee, J. Jr. (1990): Business Organizations and Finance, 4. Auflage, Westbury 1990.

Köke, J. (2001a): Control transfers in corporate Germany: Their frequency, causes and consequences, Zentrum für Europäische Wirtschaftsforschung (www.zew.de), Discussion Paper No. 00-67, Mannheim 2001.

Köke, J. (2001b): New Evidence on Ownership Structures in Germany. In: Kredit und Kapital 2001, S. 257 ff.

Kölner Kommentar zum Aktiengesetz (1985): §§ 1-147, Köln 1985.

Kölner Kommentar zum Aktiengesetz (1996): §§ 76-117, 2. Aufl., Köln 1996.

Kölner Kommentar zum Aktiengesetz (1995): §§ 179-240, 2. Aufl., Köln 1995.

Kölner Kommentar zum WpÜG (2003): Köln 2003.

König, M. (1993): Teilnahmen ausländischer Anleger an der Hauptversammlung. Eine empirische Untersuchung., Institut für Bankrecht, Universität Frankfurt a. M., Arbeitspapier Nr. 10, Frankfurt a. M. 1993.

Koppes, R./Reilly, M. (1995): An Ounce of Prevention: Meeting the Fiduciary Duty to Monitor an Index Fund Through Relationship Investing. In: 20 J. Corp. L. (1995), S. 413 ff.

Körber, U. (1989): Die Stimmrechtsvertretung durch Kreditinstitute: Überlegungen zur Fortentwicklung des deutschen Rechts unter Berücksichtigung der Vorschläge der Europäischen Kommission, Berlin 1989.

Krause, H. (2004): BB-Europareport: Die EU-Übernahmerichtlinie – Anpassungsbedarf im Wertpapiererwerbs- und Übernahmegesetz. In: BB 2004, S. 113 ff.

Kropff, B. (1965): Aktiengesetz, Düsseldorf 1965.

Kübler, F. (1994): Institutional Investors and Corporate Governance: A German Perspective. In: Baums, T./Buxbaum, R. M./Hopt, K. J. (Hrsg.): Institutional Investors and Corporate Governance, Berlin - New York 1994, S. 565 ff.

Kümpel, S. (1996): Wertpapierhandelsgesetz, Eine systematische Darstellung, 1996.

Kyriakakis, K. (2002): Die Überwachung einer US-amerikanischen Aktiengesellschaft durch institutionelle Anleger, Frankfurt a.M. 2002.

Labaton, S. (15.10.1992): S.E.C. Will Require Full Disclosure of Executive Pay. In: New York Times vom 15.10.1992, S. A1.

LaPorta, R./Lopez-de-Silanes, F./Shleifer, A. (1999): Corporate ownership around the world. In: 54 J. Pol. Eco. (1999), S. 471 ff.

Lese, S. (1996): Preventing Control From the Grave: A Proposal for Judical Treatment of Dead Hand Provisions in Poison Pills. In: 96 Colum. L. Rev. (1996), S. 2175 ff.

Levin, J./Lux, H. (10.12.1990): Proxy Reform Heat's Up as SEC Prepares Stance. In: Investment Dealer's Digest vom 10.12.1990, S. 15.

Liebeler, S. (1984): A Proposal to Rescind the Shareholder Proposal Rule. In: 18 Ga. L. Rev. (1984), S. 425 ff.

Lipton, M./Rosenblum, S. (1991): A New System of Corporate Governance: The Quingennial Election of Directors. In: 58 U. Chi. L. Rev. (1991), S. 187 ff.

Lipton, M./Rosenblum, S. (2003): Election Contests in the Company's Proxy: An Idea Whose Time Has Not Come - Working Draft 8/15/03, Cambridge 2003.

Lipton, M./Rowe, P. (2001): Pills, Polls, and Professors: A Reply to Professor Gilson, Working Paper 01-006, New York University Center for Law and Business 2001.

Lipton, M./Steinberger, E. (1978) : Takeovers & Freezeouts, Stand: 2001, New York, New York 1978.

Loewenfels, B. (1971): SEC-"No Action"-Letter: Some Problems and suggested approaches. In: 71 Colum. L. Rev. (1971), S. 1257 ff.

Lohr, S. (13.6.1995): Lotus's Rich Price: Cash and Freedom, Too. In: New York Times vom 13.6.1995, S. C1, C5.

Loss, L./Seligman, J. (1989): Securities Regulation, 3. Auflage, Boston - New York - Toronto - London 1989.

Loss, L./Seligman, J. (2001): Fundamentals of Securities Regulation, 4. Auflage, Boston - New York - Toronto - London 2001.

Lutter, M. (1988): Zur Vorbereitung und Durchführung von Grundlagenbeschlüssen in Aktiengesellschaften. In: Goerdeler, R. et al. (Hrsg.): Festschrift für Fleck, Berlin - New York 1988, S. 169 ff.

Lutter, M. (1995a): Das Girmes-Urteil. In: JZ 1995, S. 1053 ff.

Lutter, M. (1995b): Macht der Banken. In: NJW 1995, S. 2766 ff.

Lüttmann, R. (1992): Kontrollwechsel in Kapitalgesellschaften, Baden-Baden 1992.

Macey, J. /Netter, J. (1987): Regulation 13D and the Regulatory Process. In: 65 Wash. U. L. Q. (1987), S. 131 ff.

Machtinger, H. (1968): Proxy Fight Expenditures of Insurgent Shareholders. In: 19 Case W. Res. L. Rev. (1968), S. 212 ff.

Macy, J./McChesney, F. (1985): A Theoretical Analysis of Corporate Greenmail. In: 95 Yale L. J. (1985), S. 13 ff.

Mahle, S. (1990): Proxy Contests, Agency Costs, and Third Generation Anti-Takeover Statutes. In: 15 J. Corp. L. (1990), S. 721 ff.

Malatesta, P./Walking, R. (1988): Poison pill securities: Stockholder Wealth, profitability and ownership structure. In: 20 J. Fin. Econ. (1988), S. 347 ff.

Manne, H. (1964): Some Theoretical Aspects of Share Voting. In: 64 Colum. L. Rev. (1964), S. 1427 ff.

Manne, H. (1965): Mergers and the Market for Corporate Control. In: 73 J. Pol. Eco. (1965), S. 110 ff.

Markham, J./Hazen, T. (2000): Broker-Dealer Operations Under Securities and Commodities Law: Financial Responsibilities, Credit Regulation and Customer Protection, Vol. 23 A, St. Paul, Minn. 2000.

Marris, R. (1964): The Economic Theory of Managerial Capitalism, New York 1964.

Marsch-Barner, R. (1993): Treuepflichten zwischen Aktionären und Verhaltenspflichten bei der Stimmrechtsbündelung. In: 157 ZHR (1993), S. 172 ff.

Marsch-Barner, R. (2001): Neuere Entwicklungen im Vollmachtstimmrecht der Banken. In: Lutter, M./Sigle, W./Scholz, M. (Hrsg.): Festschrift für Peltzer zum 70. Geburtstag, Köln 2001, S. 261 ff.

Maug, E. (1999): How Effective is Proxy Voting? Information Aggregation and Conflict Resolution in Corporate Voting Contests, SSRN Electronic Paper Collection, 1999, abrufbar unter: http://ssrn.com/abstract=157693.

Maul, S. (2005): Die EU-Übernahmerichtlinie – ausgewählte Fragen. In: NZG 2005, S. 151 ff.

Maul, S./Muffat-Jeandet, D. (2004): Die EU-Übernahmerichtlinie – Inhalt und Umsetzung in nationales Recht (Teil I), AG 2004, 221

Maul, S./Muffat-Jeandet, D. (2004): Die EU-Übernahmerichtlinie – Inhalt und Umsetzung in nationales Recht (Teil II), AG 2004, 306

Menjucq, M. (2003): Das "monistische" System der Unternehmensleitung in der SE. In: ZGR 2003, S. 679 ff.

Merkt, H. (1991): US-amerikanisches Gesellschaftsrecht, Heidelberg 1991.

Merkt, H. (2001): Entwicklungen des Gesellschafts- und Kapitalmarktrechts in den USA - Vorbild für Deutschland und Europa? In: Kapitalmarktorientierte Rechnungslegung 2001, S. 142 ff.

Merkt, H. (2003): Die monistische Unternehmensverfassung für die europäische Aktiengesellschaft aus deutscher Sicht - Mit vergleichendem Blick auf die Schweiz, das Vereinigte Königreich und Frankreich -. In: ZGR 2003, S. 650 ff.

Mertens, H.-J. (1997): Das Minderheitsrecht nach § 122 Abs. 2 AktG und seine Grenzen. In: AG 1997, S. 481 ff.

Meyer, H. (1978): Auftragsstimmrecht - Im Namen des Aktionärs, Köln 1978.

Mikkelson, W./Partch, M. (1997): The decline of takeovers and desciplinary managerial turnover. In: 44 J. Fin. Econ. (1997), S. 205 ff.

Mills, S. (13.9.1995): Suitor Plans a Proxy Battle for Commercial Federal. In: Am. Banker vom 13.9.1995, S. 7.

Mintz, S. (1953): Use of Corporate Funds for Proxies and Other Expenses in Fight over Corporate Management. In: 8 Intramural L. Rev. (1953), S. 90 ff.

Monks, R./Minow, N. (2001): Corporate Governance, 2. Auflage, Oxford - Malden 2001.

Mukherjee, T./Varela, O. (1993): Corporate Operating Performance, Corporate Takeovers, and Management Turnover. In: 20 Journal of Business Finance and Accounting (1993), S. 417 ff.

Mülbert, P. (1995): Aktiengesellschaft, Unternehmensgruppe und Kapitalmarkt, München 1995.

Mülbert, P. (1998): Bank Equity Holdings in Non-Financial Firms and Corporate Governance: The Case of German Universial Banks. In: Hopt, K. J. et al. (Hrsg.): Comparative Corporate Governance, Oxford 1998, S. 445 ff.

Mülbert, P. (2004): Umsetzungsfragen der Übernahmerichtlinie – erheblicher Änderungsbedarf bei den heutigen Vorschriften des WpÜG, NZG 2004, S. 633 ff.

Mulherin, H./Poulsen, A. (1991a): Does a Proxy Have Real Moxie? The Performance Effects of Proxy Contests in the 1980s (unpublished manuscript), Clemsen University, 1991.

Mulherin, H./Poulsen, A. (1991b): Poxy Reform as a Single Norm? Evidence Related to Cross-Sectional Variation in Corporate Governance. In: 17 J. Corp. L. (1991), S. 125 ff.

Mulherin, H./Poulsen, A. (1998): Proxy contest and corporate change: implications for shareholder wealth. In: 47 J. Fin. Econ. (1998), S. 279 ff.

Müller-Bonanni, T./Melot de Beauregard, P. (2005): Mitbestimmung in der Societas Europaea, GmbHR 2005, S. 195 ff.

Nagel, B. (2004) : Die Europäische Aktiengesellschaft (SE) in Deutschland - der Regierungsentwurf zum SE-Einführungsgesetz, NZG 2004, S. 833 ff.

Neye, H.-W. (2004) : BB-Gesetzgebungsreport: Der Gesetzentwurf zur Einführung der Europäischen Gesellschaft vor den Ausschussberatungen im Bundestag, BB 2004, S. 1973 ff.

N.N. (11.5.1994): Kerkorian Filing Lists Options Regarding Chrysler. In: Houston Post vom 11.5.1994, S. C12.

N.N. (6.7.1995a): Lotus Considers Takeover Alternatives. In: Baltimore Morning Sun vom 6.7.1995, S. 10C.

N.N. (6.7.1995b): Lotus Investors File Suit in IBM Buyout. Lotus Shareholders Back Sale. In: St. Paul Pioneer Press vom 6.7.1995, S. 1C.

N.N. (6.7.1995c): What Happened Yesterday - IBM-Lotus: The Latest. In: Washington Post vom 6.7.1995, S. F01.

Noack, U. (1998a): Hauptversammlung und Neue Medien. In: BB 1998, S. 2533 ff.

Noack, U. (1998b): Moderne Kommunikationsformen vor den Toren des Unternehmensrechts. In: ZGR 1998, S. 592 ff.

Noack, U. (2001): Stimmrechtsvertretung in der Hauptversammlung und NaStraG. In: ZIP 2001, S. 57 ff.

Nodoushani, A. (1997): Die Treuepflicht der Aktionäre und ihrer Stimmrechtsvertreter: Überlegungen zur gesellschaftsrechtlichen Treuepflicht bei persönlicher Stimmrechtsausübung und bei Stimmrechtsvertretung, Baden-Baden 1997.

Note (1952): Proxy Solicitation Costs and Corporate Control. In: 61 Yale L. J. (1952), S. 229 ff.

Nürk, B. (1998): Institutional investors and their implications for financial markets in germany. In: Blommestein, H. (Hrsg.): Institutional investors in the new financial landscape, Paris 1998, S. 179 ff.

Nussbaum, M. (1993): Substantive and Disclosure Requirements Under the Williams Act. In: PLI Corp. L. & Practice Course Handbook Series No. B4-7051 (Hrsg.): Acquisitions, Mergers, Spin-Offs, and Other Restructurings, 1993,

Nussbaum, W. (1997): Corporate Governance durch Pensionskassen. In: Schweizerische Zeitschrift für Sozialversicherung und berufliche Vorsorge (1997), S. 305 ff.

von Nussbaum, K. (2003): Die Aktiengesellschaft als Zielgesellschaft eines Übernahmeangebots, Baden-Baden 2003.

O'Sullivan, M. (2000): Contests for Corporate Control: Corporate Governance and Economic Performance in the United States and Germany, Oxford 2000.

OECD (2000): Institutional Investors, Statistical Yearbook, Paris 2000.

Olson, J./Pitt, H. (2000): Securities in the Electronic Age: A Practical Guide to the Law and Regulation, 2. Auflage, Stand: 2000, 2000.

Peltzer, M. (1996): Die Vertretung der Aktionäre in Hauptversammlungen von Aktiengesellschaften. In: AG 1996, S. 26 ff.

Perlitz, M./Seger, F. (1994): The Role of Universal Banks in German Corporate Governance. In: 6 Journal of Business and the Contemporary World (1994), S. 42 ff.

Petzke, J. (1975): Die Stimmrechtsausübung durch Stellvertretung im deutschen und amerikanischen Recht, Nürnberg 1975.

Pfeiffer, H. (1987): Die "Macht der Banken" und die Fakten. In: Die Bank 1987, S. 270 ff.

Pikó, R./Preissler, T. (2002): Die Online-Hauptversammlung bei Publikumsgesellschaften mit Namensaktien. In: AG 2002, S. 223 ff.

Pinto, A./Branson, D. (1999): Understanding Corporate Law, New York - San Francisco 1999.

Pound, J. (1988): Proxy Contests and the Efficiency of Shareholder Oversight. In: 20 J. Fin. Econ. (1988), S. 237 ff.

Pound, J. (1992): Beyond Takeovers: Politics Comes to Corporate Control. In: 70 Harv. Bus. Rev. (1992), S. 83 ff.

Pound, J. (1993): The Rise of the Political Model of Corporate Governance and Corporate Control. In: 68 N.Y.U.L. Rev. (1993), S. 1003 ff.

Pozen, R. (1994): Institutional Investors: The Reluctant Activists. In: 72 Harv. Bus. Rev. (1994), S. 140 ff.

Pozen, R. (2003): Institutional Perspective on Shareholder Nominations of Corporate Directors, The Harvard John M. Olin Discussion Paper Series (www.law.harvard.-edu/programs/olin_center), Discussion Paper No. 429, Cambridge 2003.

Preissler, T. (2001): Wahrnehmung der Aktionärsrechte in der Hauptversammlung einer deutschen Aktiengesellschaft mit globalen Namensaktien durch in den USA ansässige Aktionäre. In: WM 2001, S. 113 ff.

Purcell (1979): Management and the "Ethical" Investor. In: 57 Harv. Bus. Rev. (1979), S. 24 ff.

Püttner, G. (1963): Das Depotstimmrecht der Banken, Berlin 1963.

Raiser, T. (1992): Recht der Kapitalgesellschaften - Ein Handbuch für Praxis und Wissenschaft, 2. Auflage, München 1992.

von Randow, P. (1998): Stimmrechsvertretung nach Art des Hauses. In: ZIP 1998, S. 1564 ff.

Rasch, H. (1976): Depotstimmrecht und Beteiligungsmacht. In: NJW 1976, S. 501 ff.

Rathenau, W. (1918): Vom Aktienwesen - eine geschäftliche Betrachtung, Berlin 1918.

Regierungskommission Deutscher Corporate Governance Kodex: Deutscher Corporate Governance Kodex, abrufbar unter: www.corporate-governance-code.de.

Riegger, B. (2001): Hauptversammlung und Internet. In: 165 ZHR (2001), S. 204 ff.

Rifkin, G. (13.6.1995): How Stock Turned to Deal for Lotus Chief. In: New York Times vom 13.6.1995, S. C5.

Rock, E. (1991): The Logic and (Uncertain) Significance of Institutional Shareholder Activism. In: 79 Geo. L. J. (1991), S. 445 ff.

Roe, M. (1993): Takeover Politics. In: Blair, M. (Hrsg.): The Deal Decade: What Takeovers and Leveraged Buyouts Mean for Corporate Governance, Washington D.C. 1993, S. 321 ff.

Roe, M. (1994): Strong Managers, Weak Owners, Princeton 1994.

Roe, M. (1998): German Co-determination and German securities markets. In: Hopt, K. J. et al. (Hrsg.): Comparative Corporate Governance - The State of the Art an Emerging Research -, Oxford 1998, S. 361 ff.

Roe, M. (2003): Delaware's Competition. In: 117 Harv. L. Rev. (2003), S. 588 ff.

Romano, R. (1993a): The Genius of American Corporate Law, Washington, D.C. 1993.

Romano, R. (1993b): Public Pension Fund Activism in Corporate Governance Reconsidered. In: 93 Colum. L. Rev. (1993), S. 795 ff.

Rose, M. (2003): Stimmrechtsvertretung und Haftung in der Aktiengesellschaft, Berlin 2003.

von Rosen, R. (1996): Die Repräsentanz der Streubesitzaktionäre in der Hauptversammlung deutscher Aktiengesellschaften. In: Feddersen, D./Hommelhoff, P./Schneider, U. H. (Hrsg.): Corporate Governance, Köln 1996, S. 289 ff.

Rosenbaum, V. (1987): Takeover Defenses: Profiles of the Fortune 500 (1987), 1987.

Rosenbaum, V. (1988): Takeover Defenses: Profiles of the Fortune 500 , 1987 Update, 1988.

Roth, G. (1973): Die Herrschaft der Aktionäre in der Publikums-AG als Gegenstand rechtssoziologischer Betrachtung. In: Heinrich Wilhelm Kruse (Hrsg.): Festschrift für Heinz Paulick zum 65. Geburtstag 9. Mai 1973, Köln 1973, S. 81 ff.

Ruoff, C. (1999): Stimmrechtsvertretung, Stimmrechtsermächtigung und Proxy-System - Stimmrechtsausübung durch Intermediäre in Aktionärsversammlungen - Deutschland, Schweiz und USA im Rechtsvergleich, München 1999.

Ryangaert, M. (1988): The effect of poison pill securities on shareholder wealth. In: 20 J. Fin. Econ. (1988), S. 377 ff.

Röhricht, V. (2003): Treupflichten der Aktionäre, insbesondere des Mehrheitsgesellschafters. In: Hommelhoff, P./Hopt, K. J./von Werder, A. (Hrsg.): Handbuch Corporate Governance - Leitung und Überwachung börsennotierter Unternehmen in der Rechts- und Wirtschaftspraxis, Köln 2003, S. 513 ff.

Sadat-Keeling, L. (1984): The 1983 Amendments To Shareholder Proposal Rule 14a-8: A Retreat from Corporate Democracy? In: 59 Tul. L. Rev. (1984), S. 161 ff.

Sargent, M. (1993): Proxy Contest Handbook 1993, 1993.

Schmidt, K. (2002): Gesellschaftsrecht, 4. Auflage, Köln - Berlin - Bonn - München 2002.

Schmidt, M. (1994): Die Stimmrechtsvertretung durch Kreditinstitute: Überlegungen zu einer eigenen Treuepflicht der Kreditinstitute als Stimmrechtsvertreter gegenüber der AG und deren Aktionären, Hamburg 1994.

Schmitt, G. (1997): Die Haftung der Depotbank als Stimmrechtsvertreter: eine Untersuchung zur Reichweite der gesellschaftsrechtlichen Treuepflicht, Frankfurt a.M. - Berlin - Bern - New York - Paris - Wien 1997.

Schmitz, U. (2003): Der Einfluß neuer Technologien auf die Aktionärsmitverwaltung, Köln 2003.

Schneider-Lenné, E. (1994): The role of German markets and the German universal banks, supervisory boards, and interlocking directorships. In: Dimsdale, N./Prevezer, N. (Hrsg.): Capital Markets and Corporate Governance, Oxford 1994, S. 284 ff.

Schneider, U. (2002): Die Zielgesellschaft nach Abgabe eines Übernahme- oder Pflichtangebots. In: AG 2002, S. 125 ff.

Schneider, U./Burgard, U. (1996): Transparenz als Instrument der Steuerung des Einflusses der Kreditinstitute auf Aktiengesellschaften. In: DB 1996, S. 1761 ff.

Schockenhoff, M./Schumann, A. (2005): Acting in Concert – geklärte und ungeklärte Rechtsfragen. In: ZGR 2005, S. 568 ff.

Schrager, R. (1986): Corporate Conflicts: Proxy Fights in the 1980s, Washinton D.C. 1986.

Schulman, S. (1973): The Costs of Free Speech in Proxy Contests for Corporate Control. In: 20 Wayne L. Rev. (1973), S. 1 ff.

Schwartz, D. (1971a): Proxy Power and Social Goals - How Campaign GM Succeeded. In: 45 St. John's L. Rev. (1971), S. 764 ff.

Schwark, E. (2004): Kapitalmarktrechtskommentar, 3. Aufl., München 2004.

Schwartz, D. (1971b): The Public-Interest Proxy Contest: Reflections on Campaign GM. In: 69 Mich. L. Rev. (1971), S. 421 ff.

Securities and Exchange Commission (1985): Shark Repellents and Stock Prices: The Effects of Antitakeover Amendments Since 1980, Washington DC 1985.

Seibert, U. (2001): Aktienrechtsnovelle NaStraG tritt in Kraft - Übersicht über das Gesetz und Auszüge aus dem Bericht des Rechtsausschusses. In: ZIP 2001, S. 53 ff.

Seibert, U. (2005): UMAG und Hauptversammlung – Der Regierungsentwurf eines Gesetzes zur Unternehmensintegrität und Modernisierung des Anfechtungsrechts (UMAG). In: WM 2005, S. 157 ff.

Seibt, C. /Heiser, K. (2005): Analyse der EU-Übernahmerichtlinie und Hinweise für eine Reform des deutschen Übernahmerechts, ZGR 2005, 200.

Semler, F.-J. (1999): 7. Kapitel. Hauptversammlung. In: Hoffmann-Becking, M. (Hrsg.): Münchener Handbuch des Gesellschaftsrecht, Bd. 4, Aktiengesellschaft, 2. Auflage, München 1999, S. 405 ff.

Sharara, M./Hoke-Witherspoon, A.-E. (1993): The Evolution of the 1992 Shareholder Communication Proxy Rules and Their Impact on Corporate Governance. In: 49 Bus. Law. (1993), S. 327 ff.

Sherman, H./Kaen, F. (1997): Die deutschen Banken und ihr Einfluß auf Unternehmensentscheidungen. In: IFO Schnelldienst 1997, S. 3 ff.

Shleifer, A./Vishny, R. (1986): Large Shareholders and Corporate Control. In: 94 J. Pol. Eco. (1986), S. 461 ff.

Shleifer, A./Vishny, R. (1997): A Survey of Corporate Governance. In: 52 The Journal of Finance (1997), S. 737 ff.

Siebel, U. (1991): Zur Auskunftspflicht des Aktionärs - Übersicht mit Hinweisen auf englisches Recht. In: Kübler, F./Mertens, H.-J./Werner, W. (Hrsg.): Festschrift für Theodor Heinsius zum 65. Geburtstag, Berlin 1991, S. 771 ff.

Singhof, B. (1998): Die Beauftragung eines "Treuhänders" durch eine AG zwecks kostenloser Stimmrechtsvertretung für einzelne Aktionäre. In: NZG 1998, S. 670 ff.

Smith, M. (1996): Shareholder Activism by Institutional Investors: Evidence from CalPERS. In: 51 The Journal of Finance (1996), S. 227 ff.

Soderquist, L. (1996): Understanding the Securities Law, Stand: Sept. 1996, New York 1996.

Soderquist, L. /Sommer, A. Jr. (1986): Corporations, Charlottesville 1986.

Solomon, L. et al. (1994): Corporations, Law and Policy, 3. Auflage, St. Paul 1994.

Sommer, A. Jr. (1990): Corporate Governance in the 90ies: Managers v. Institutions. In: 59 U. Cin. L. Rev. (1990), S. 357 ff.

Spindler, G. (2000): Internet und Corporate Governance - ein neuer virtueller (T)Raum. In: ZGR 2000, S. 420 ff.

Spindler, G./Hüther, M. (2000) : Das Internet als Medium der Aktionärsbeteiligung in den USA. In: RIW 2000, S. 329 ff.

Sridharan, U./Reinganum, M. (1995): Determinants of the Choice of the Hostile Takeover Mechanism: An Empirical Analysis of Tender Offers and Proxy Contests. In: 24 Finacial Management (1995), S. 57 ff.

Stach, M. (1991): An Overview of Legal and Tactical Considerations in Proxy Contests: The Primary Means of Effecting Fundamental Corporate Change in the 1990s. In: 13 Geo. Mason U. L. Rev. (1991), S. 745 ff.

Staudinger, J. v. (1993): Kommentar zum Bürgerlichen Gesetzbuch, 13. Auflage, Berlin 1993.

Steck, K.-U. (2000): Regulierung von US-amerikanischen Investmentgesellschaften (Investment Companies), Frankfurt 2000.

Steiger, M. (2000): Institutionelle Investoren im Spannungsfeld zwischen Aktienmarktliqudität und Corporate Governance, Baden-Baden 2000.

Stephan (1955): Highlights of the Montgomery Ward Proxy Contest from a Lawyer's Viewpoint. In: 11 Bus. Law. (1955), S. 86 ff.

Stevenson, R. (3.12.1990): Investor Suggests Lockheed Concentrate on the Military. In: New York Times vom 3.12.1990, S. D9.

Stifel, L. (1959): Shareholder Proxy Fight Expenses. In: 8 Clev.-Marshall L. Rev. (1959), S. 339 ff.

Storck, C. (2005): Gestaltungsalternativen im Rahmen der Europäischen Gesellschaft (SE), FinanzBetrieb 2005, S. 153 ff.

Strenger, C. (2003): Corporate Governance und Anteilseigner, insbesondere institutionelle Anleger. In: Hommelhoff, P./Hopt, K. J./von Werder, A. (Hrsg.): Handbuch Corporate Governance - Leitung und Überwachung börsennotierter Unternehmen in der Rechts- und Wirtschaftspraxis, Köln 2003, S. 697 ff.

von Thadden, E.-L. (1990): On the Efficiency of the Market for Corporate Control. In: 43 Kyklos (1990), S. 635 ff.

Than, J./Hannöver, M. (2000): Depotrechtliche Fragen bei Namensaktien. In: von Rosen, R./Seifert, W. G. (Hrsg.): Die Namensaktie, Frankfurt a.M. 2000, S. 279 ff.

Thomas, L. (1965): Irrevocable Proxies. In: 43 Tex. L. Rev. (1965), S. 733 ff.

Thomas, R./Dixon, C. (1998): Aranow & Einhorn on Proxy Contests for Corporate Control, 3. Auflage, Stand: 1999, 1998.

Thomas, R. (1993): Judical Review of Defensive Tactics in Proxy Contests: When Is Using a Rights Plan Right? In: 46 Vand. L. Rev. (1993), S. 503 ff.

Thoyer, J. /Reisner, C. (7.10.1995): Corporate Law. In: Nat. L. J. vom 7.10.1995, S. B6.

Tuerks, R. (2000): Depotstimmrecht versus U.S.-proxy-system - Der Beitrag von Finanzintermediären zur Optimierung der Unternehmenskontrolle, München 2000.

Tunc, A./Tunc, S. (1955): Le droit des Etats-Unis d'Amérique, Sources et Techniques, Paris 1955.

Warren, I./Abrams, K. (1992): Evolving Standards of Judical Review of Procedural Defenses in Proxy Contests. In: 47 Bus. Law. (1992), S. 647 ff.

Waters, M. (1992): Proxy Regulation, New York 1992.

Weiler, L./Meyer, I. (2003): "Abgestimmtes Verhalten" gemäß § 30 WpÜG: Neue Ansätze der Bundesanstalt für Finanzdienstleistungsaufsicht? In: NZG 2003, S. 909 ff.

Weisbach, M. (1995): CEO Turnover and the Firm's Investment Decisions. In: 37 J. Fin. Econ. (1995), S. 159 ff.

Weißhaupt, F. (2004): Holzmüller-Informationspflichten nach den Erläuterungen des BGH in Sachen"Gelatine". In: AG 2004, S. 585 ff.

Wenger, E. (1992): Universalbankensystem und Depotstimmrecht. In: Gröner, H. (Hrsg.): Der Markt für Unternehmenskontrolle, Berlin 1992, S. 73 ff.

Wenger, E. (1993): Der Fall Girmes - ein Stück aus dem Tollhaus. In: ZIP 1993, S. 321 ff.

Wenger, E. (1997): Stellungnahme zur Aktienrechtsreform 1997. In: AG-Sonderheft 1997, S. 57 ff.

Wenger, E./Kaserer, C. (1998): German banks and corporate governance: a critical view. In: Hopt, K. J. et al. (Hrsg.): Comparative Corporate Governance - The State of the Art and Emerging Research -, Oxford 1998, S. 499 ff.

Westermann, H. (1996): Vollmachtstimmrecht und Streubesitzaktionäre in der Hauptversammlung deutscher Aktiengesellschaften. In: Feddersen, D./Hommelhoff, P./Schneider, U. H. (Hrsg.): Corporate Governance, Köln 1996, S. 264 ff.

Wharton, C./Lorsch, J./Lord Hanson (1991): Advice and Dissent: Rating th Corporate Governance Compact. In: 35 Harv. Bus. Rev. (1991), S. 137 ff.

Wieacker, F. (1956): Zur rechtstheoretischen Präzisierung des § 242 BGB, Tübingen 1956.

Wiebe, A. (2002): Vorstandsmacht statt Bankenmacht? Aktienrechtlicher Rahmen und strukturelle Auswirkungen der Einfürung eines Verwaltungsstimmrechts (§ 134 Abs. 3 S. 3 AktG). In: 166 ZHR (2002), S. 182 ff.

Wiesner, P. M. (2004): Die neue Übernahmerichtlinie und die Folgen, ZIP 2004, 343

Wiethölter, R. (1961): Interessen und Organisation der Aktiengesellschaft im deutschen und amerikanischen Recht, Karlsruhe 1961.

Wilcox, J. (1991): A Proxy Contest Check List; Band 713 aus: PLI Corp. Law and Practice Course Handbook Series, 1991 .

Williams, D. (1988): Proxy Voting in the Banking Community. Annual Review of Banking Law, 1988, S. 289 ff.

Wilsing, H.-U. (2005): Der Regierungsentwurf des Gesetzes zur Unternehmensintegrität und Modernisierung des Anfechtungsrechts – Neuerungen für die aktienrechtliche Beratungspraxis. In: DB 2005, S. 207 ff.

Winter, M./Harbarth, S. (2002): Verhaltenspflichten von Vorstand und Aufsichtsrat der Zielgesellschaft bei feindlichen Übernahmeangeboten nach WpÜG. In: ZIP 2002, S. 1 ff.

Winter, R. (1977): State Law, Shareholder Protection and the Theory of the Corporation. In: 6 J. Legal Stud. (1977).

Witt, C.-H. (1998): Übernahme von Aktiengesellschaften und Transparenz der Beteiligungsverhältnisse, Passau 1998.

Wollburg, R./Banerjea, N. (2005): Die Reichweite der Mitbestimmung in der Europäischen Gesellschaft, ZIP 2005, S. 277 ff.

Wunderlich, M./Kummert, T. (2000): Rechtliche Behandlung, Übertragung und Börsenhandel von Namensaktien in den USA. In: von Rosen, R./Seifert, W. G. (Hrsg.): Die Namensaktie, Frankfurt a.M. 2000 , S. 143 ff.

Wunderlin, R. (2000): Die Einführung der deutschen Namensaktie in den USA über "US-Registered Shares". In: von Rosen, R./Seifert, W. G. (Hrsg.): Die Namensaktie, Frankfurt 2000, S. 387 ff.

Wójcik, D. (2003): Change in the German model of corporate governance: evidence from blockholdings 1997-2001. In: 35 Environment and Planning A (2003), S. 1431 ff.

Yoran, A. (1973): Restraints on Incumbent Directors in Intracorporate Battles for Control. In: 20 Wayne L. Rev. (1973), S. 431 ff.

Zetsche, D. (2002): Vorwort. In: Zetsche, D. (Hrsg.): Die virtuelle Hauptversammlung, Berlin 2002, S. 5 ff.

Zöllner, W. (1963): Die Schranken mitgliedschaftlicher Stimmrechtsmacht bei den privatrechtlichen Personenvereinigungen, München - Berlin 1963.

Zweigert, K./Kötz, H. (1996): Einführung in die Rechtsvergleichung auf dem Gebiet des Privatrechts, 3. Auflage, Tübingen 1996.

Zöllner, W. (1975): Die Ausübung des Stimmrechts für fremde Aktien durch die Aktiengesellschaft auf ihrer Hauptversammlung. In: Hefermehl, W./Gmür, R./Brox, H. (Hrsg.): Festschrift für Westermann, Karlsruhe 1975, S. 603 ff.

Frankfurter wirtschaftsrechtliche Studien

Herausgegeben von
Theodor Baums, Andreas Cahn, Friedrich Kübler, Hans-Joachim Mertens,
Eckard Rehbinder, Gunther Teubner

Band 1 Tomas Brinkmann: Unternehmensinteresse und Unternehmensrechtsstruktur. Aufgaben und Grenzen eines normativen Regulativs unternehmenspolitischer Prozesse. 1983.

Band 2 Rüdiger Hahn: Behinderungsmißbräuche marktbeherrschender Unternehmen. Eine Untersuchung der Beeinträchtigung von Wettbewerb und Marktstruktur durch horizontalen Nichtleistungswettbewerb als Gegenstand der Mißbrauchaufsicht nach § 22 Abs. 4 S. 2 Nr. 1 GWB. 1984.

Band 3 Peter Buchmann: Registerpublizität und Gläubigerschutz bei der Einmann-Gesellschaft. 1984.

Band 4 Christian Joerges/Eugen Hiller/Knut Holzscheck/Hans-W. Micklitz: Vertriebspraktiken im Automobilersatzteilsektor. Ihre Auswirkungen auf die Interessen der Verbraucher. 1985.

Band 5 Annette Boerner: Die Haftung des herrschenden Kommanditisten. 1985.

Band 6 Dirk H. Mahler: Rechtsmißbrauch und einstweiliger Rechtsschutz bei Dokumentenakkreditiven und "Akkreditiven auf erstes Anfordern": Eine rechtsvergleichende Untersuchung. 1986.

Band 7 Brigitte Kratz: Ausländische Eingriffsnorm und inländischer Privatrechtsvertrag. 1986.

Band 8 Dimitris Tsibanoulis: Die genossenschaftliche Gründungsprüfung. 1987.

Band 9 Jürgen Braun: Rechtsfragen des Transport-Unfall-Informations- und Hilfeleistungs-Systems der deutschen chemischen Industrie. 1987.

Band 10 Thomas Pfeiffer: Die Bedeutung des privatrechtlichen Immissionsschutzes. Eine Untersuchung zu §§ 1004, 906 BGB. 1987.

Band 11 Michael Bothe/Josef Brink/Christian Kirchner/Albrecht Stockmayer: Rechtsfragen der internationalen Verschuldungskrise. Voraussetzungen, Formen und Verfahren internationaler Umschuldungsmaßnahmen und Umschuldungsvereinbarungen. 1988.

Band 12 Felix Dörr: Die fehlerhafte GmbH. 1989.

Band 13 Rolf Trittmann: Anwendungsprobleme des Haager Beweisübereinkommens im Rechtshilfeverkehr zwischen der Bundesrepublik und den Vereinigten Staaten von Amerika. Exklusive Regelung zur Überbrückung der Unterschiede zwischen dem kontinental-europäischen und anglo-amerikanischen Zivilprozeßrechtssystem? 1989.

Band 14 Margaretha Sudhof: Dreieckige Rechtsverhältnisse im Wirtschaftsverwaltungsrecht - Am Beispiel von Konkurrentenklagen. 1989.

Band 15 Michael Weigel: Schriftformklauseln in Allgemeinen Geschäftsbedingungen. 1989.

Band 16 Hans-Peter Schröder: Der sichere Weg bei der Vertragsgestaltung. 1990.

Band 17 Matthias Haas: Haftungsfreizeichnungsklauseln in Allgemeinen Geschäftsbedingungen. Eine rechtsdogmatische und ökonomische Analyse. 1991.

Band 18 Andreas Hahn: Instandhaltungsverträge. Begriffe, Einordnung, Rechtsfolgenbestimmung, Auswirkung auf die Kautelarpraxis. 1991.

Band 19 Jürgen Götz: Der Entherrschungsvertrag im Aktienrecht. 1991.

Band 20 Friedrich Wächtershäuser: Das Gesellschaftsrecht des internationalen Joint Ventures. 1992.

Band 21 Christina Escher-Weingart: Nutzungsausfall als Schaden und sein Ersatz. 1993.

Band 22 Jean-Claude Zerey: Rechtliche Probleme der Finanzierung von *Leveraged Buyouts* und *Tender Offers* durch Banken in den USA und in der Bundesrepublik Deutschland. Eine rechtsvergleichende Studie über die Rolle der Banken bei Unternehmenskontrolltransaktionen in den USA und in der Bundesrepublik Deutschland. 1994.

Band 23 Markus Bauer: Gläubigerschutz durch eine formelle Nennkapitalziffer - Kapitalgesellschaftsrechtliche Notwendigkeit oder überholtes Konzept? Eine rechtsvergleichende Untersuchung der Gläubigerschutzkonzepte des amerikanischen und deutschen Kapitalgesellschaftsrechts. 1995.

Band 24 Marion Vollmann: Minderheitenschutz im aktienrechtlichen Beschlußmängelrecht. Eine Bestandsaufnahme und Vorschläge zu einer rechtspolitischen Reform. 1997.

Band 25 Lydia Klose-Mokroß: Gläubigerschutz im Kapitalgesellschaftsrecht am Beispiel der Lehre von der verdeckten Sacheinlage. 1997.

Band 26 Stephan Aubel: Der vereinfachte Bezugsrechtsausschluß. Aktionärs- und Gesellschaftsinteressen beim vereinfachten Bezugsrechtsausschluß nach Maßgabe des § 186 Absatz 3 Satz 4 AktG. 1998.

Band 27 Kurt Peter Dittrich: Die Privatplazierung im deutschen Kapitalmarktrecht. Eine Untersuchung der Vorschriften des Auslandinvestmentgesetzes, des Wertpapier-Verkaufsprospektgesetzes und des Gesetzes über Kapitalanlage-Gesellschaften unter Berücksichtigung des Rechts der Vereinigten Staaten von Amerika und des Vereinigten Königreichs. 1998.

Band 28 Viola Sailer: Aktienrechtliche Minderheitskompetenzen zwischen Mißbrauch und unternehmerischer Entscheidungsfreiheit. 1999.

Band 29 Marc Zimmerling: Kapitalerhaltung und Konzernfinanzierung. Eine Untersuchung der kapitalerhaltungsrechtlichen Problematik aufsteigender Sicherheiten im Konzern. 1998.

Band 30 Joachim Wichert: Die Finanzen der Kommanditgesellschaft auf Aktien. 1999.

Band 31 Kerstin Andrea Müller: Produktverantwortung und ihre Durchsetzung. Eine kartellrechtliche Beurteilung von Selbstverpflichtungen im Umweltrecht aus deutscher und europäischer Sicht unter besonderer Berücksichtigung der Altautoentsorgung. 1999.

Band 32 Bettina Friedrich: Konvergenzen im Gesellschaftsrecht. Recht-Fertigung durch Status- und Befundsicherung. 2000.

Band 33 Rudolf Lemke: Haftungsrechtliche Fragen des Ratingwesens – ein Regelungsproblem? 2000.

Band 34 Klaus R. Roller: Die Vergütung des Aufsichtsrats in Abhängigkeit vom Aktienkurs. 2000.

Band 35 Bettina Bokelmann: Personelle Verflechtungen über Aufsichtsräte. Aufsichtsratsmitglieder mit hauptberuflicher Vorstandsfunktion. 2000.

Band 36 Kai-Uwe Steck: Regulierung von US-amerikanischen Investmentgesellschaften (Investment Companies). Unter besonderer Berücksichtigung des National Securities Markets Improvement Act of 1996 (NSMIA) und anderer aktueller Rechtsanpassungen. 2000.

Band 37 Kristofer Bott: Wissenszurechnung bei Organisationen. 2000.

Band 38 Ursula Lenzen: Unerlaubte Eingriffe in die Börsenkursbildung. 2000.

Band 39 Martin Schulz: Verfassungsrechtliche Vorgaben für das Kollisionsrecht in einem Gemeinsamen Markt. Eine rechtsvergleichende Untersuchung zu den Grenzen einzelstaatlicher Anknüpfungsmethoden im internationalen Vertrags-, Delikts- und Gesellschaftsrecht am Beispiel der Vereinigten Staaten von Amerika. 2000.

Band 40 Maximilian Koch: Diversifizierung und Vorstandskompetenzen. 2001.

Band 41 Corrado Wohlwend: Die Hauptversammlung im Wandel der Kommunikationsformen. 2001.

Band 42 Michael Rozijn: Der Unternehmensmaklervertrag. Zur Anwendung des allgemeinen Maklervertragsrechts auf Mergers & Acquisitions-Dienstleistungen. 2001.

Band 43 Konstantinos N. Kyriakakis: Die Überwachung einer US-amerikanischen Aktiengesellschaft durch institutionelle Anleger. 2002.

Band 44 Uta Fredebeil: Aktienemissionen. Das underwriting agreement (der Übernahmevertrag) und seine spezifischen Klauseln. 2002.

Band 45 Michaela G. Döbler: Die Einführung des WTO-weiten Erschöpfungsgrundsatzes in das Markenrecht der EU und der USA. 2002.

Band 46 Jan Liersch: Regulierung des Blockhandels an den organisierten Aktienmärkten der Vereinigten Staaten, Großbritanniens und Deutschlands. 2002.

Band 47 Sascha Lotze: US-amerikanisches Kapitalmarktrecht und Internet. Aufsichts- und haftungsrechtliche Fragen des Internet-Einsatzes bei Wertpapieremissionen und im Wertpapierhandel. 2002.

Band 48 Boris Trautmann: Die Konkurrenz von Haftpflicht- und Versicherungsanspruch. Ein Beitrag zur ökonomischen Analyse des Rechts unter Berücksichtigung von Unsicherheit und Verhaltensanomalien. 2002.

Band 49 Matthias Möller: Rechtsformen der Wagnisfinanzierung. Eine rechtsvergleichende Studie zu den USA und zu Deutschland. 2003.

Band 50 Heiner Feldhaus: Die Eignung zur erheblichen Kursbeeinflussung bei der Ad-hoc-Publizität. Eine rechtsvergleichende und interdisziplinäre Untersuchung unter Berücksichtigung der europarechtlichen Vorgaben. 2003.

Band 51 Matthias Janke: Gesellschaftsrechtliche Treuepflicht. Neubewertung der richterrechtlichen Generalklausel im Rahmen einer rechtsvergleichenden und ökonomischen Analyse. 2003.

Band 52 Katrin Thoma: Eigengeschäfte des Vorstands mit der Aktiengesellschaft. Eine vergleichende Untersuchung zum englischen, U.S.-amerikanischen und deutschen Recht. 2003.

Band 53 Mathias Stöcker: Rechtsfragen grenzüberschreitender Unternehmenszusammenschlüsse - unter besonderer Berücksichtigung des Falles Daimler/Chrysler - 2003.

Band 54 Otto Korte: Zur mißbräuchlichen Wahrnehmung der aktienrechtlichen Anfechtungsbefugnis. 2003.

Band 55 Wilhelm Wilderink: Die Auflösung, die Übertragung und die Verschmelzung von In vestmentfonds. 2003.

Band 56 Anja Birkenkämper: Rechtsfragen feindlicher Übernahmen. Jurisitische Nachlese zum Fall Krupp/Thyssen. 2003.

Band 57 Manuel Lorenzo Alonso: Die Neuausrichtung der Zwischenstaatlichkeitsklausel der Art. 81, 82 EG. Folgen der neuesten Entwicklungen des Gemeinschaftsrechts für die Zwischenstaatlichkeitsklausel - unter besonderer Berücksichtigung des Bankenbereichs. 2003.

Band 58 Dirk Kocher: Kapitalgesellschaft & Co. KG in Finnland. Eine Untersuchung zur Frage der Übertragbarkeit der deutschen Grundtypenvermischung auf das finnische Recht. 2003.

Band 59 Ruiting Qin: Parteiautonomie: Eine rechtsvergleichende Untersuchung. Versuch zur Entwicklung einer Gerechtigkeitsjurisprudenz im IPR. 2003.

Band 60 René Runte: Walter Julius Derenberg – Leben und Werk. 2004.

Band 61 Udo Prinz: Umstrukturierung durch *Schemes of Arrangement* mit Gesellschaftern im englischen Recht. – Ein Vorbild? 2004.

Band 62 Rainer Schmitz: Die Haftung des Vorstands gegenüber den Aktionären. Eine rechtsvergleichende Untersuchung nach deutschem und US-amerikanischem Recht. 2004.

Band 63 York Oehlschläger: Die typische und atypische stille Beteiligung an einer Aktiengesellschaft. Möglichkeiten und Grenzen der Gestaltung für die stille Gesellschaft zwischen Personengesellschaftsrecht, Aktienrecht, Konzernrecht und Umwandlungsrecht. 2004.

Band 64 Stefan Klein: Die Rechtsstellung auswärtiger Gesellschaften im deutschen und US-amerikanischen Recht. Ein Beitrag zur Neuausrichtung des deutschen internationalen Gesellschaftsrechts unter besonderer Berücksichtigung des Europäischen Gemeinschaftsrechts. 2004.

Band 65 Knut Sauer: Haftung für Falschinformation des Sekundärmarktes. 2004.

Band 66 Michael Senger: Bankenaufsicht, Unternehmensverbindungen und Bankengruppen. 2004.

Band 67 Maximilian Rittmeister: Gewährleistung beim Unternehmenskauf. Die Gewährleistungshaftung des Verkäufers bei einem Unternehmenskauf seit In-Kraft-Treten des Schuldrechtsmodernisierungsgesetzes. 2005.

Band 68 Ole Ziegler: Der Anteilserwerb am Kapitalmarkt nach der Schuldrechtsreform. 2005.

Band 69 Maia Tacheva: Rechtsbehelfe des Käufers im Warenkaufrecht. Eine rechtsvergleichende Untersuchung des Übereinkommens der Vereinten Nationen über Verträge über den internationalen Warenkauf (CISG), des englischen Sale of Goods Act, des bulgarischen Kaufrechts und des deutschen Kaufrechts vor und nach dem Schuldrechtsmodernisierungsgesetz. 2005.

Band 70 Michael Lange: Rechtsfragen der Finanzierung eines feindlichen Übernahmeangebotes. Am Beispiel der großen Publikumsgesellschaft nach US-amerikanischem und deutschem Recht. 2005.

Band 71 Niklas Dieterich: Outsourcing bei Kapitalanlagegesellschaften. 2005.

Band 72 Julia Sernetz: Derivate und Corporate Governance. Kompetenzen und Pflichten des Vorstands von Aktiengesellschaften beim Einsatz von Derivaten. 2006.

Band 73 Marcel Polte: Aktiengattungen. Eine rechtsvergleichende Untersuchung zum deutschen, US-amerikanischen und englischen Recht. 2005.

Band 74 Jens Bornscheid: Stapled Stock (Verbundaktien). 2006.

Band 75 Robert F. Thoma: Der Wettbewerb um Stimmen im US-amerikanischen und deutschen Aktienrecht. 2006.

www.peterlang.de

Peter Lang · Europäischer Verlag der Wissenschaften

Caspar Frhr. v. Schnurbein

Missbrauch von Minderheitsrechten im deutschen und italienischen Aktienrecht

Frankfurt am Main, Berlin, Bern, Bruxelles, New York, Oxford, Wien, 2005. 276 S.
Saarbrücker Studien zum Privat- und Wirtschaftsrecht.
Herausgegeben von Johann Paul Bauer, Michael Martinek und Helmut Rüßmann.
Bd. 47
ISBN 3-631-53165-6 · br. € 51.50*

Minderheitsrechte des Aktienrechts verschaffen ihren Inhabern eine gewisse Machtposition, welche immer wieder Gegenstand von Missbrauch ist.
Die Problematik wird zunächst anhand von Sperrminoritäten vergleichend untersucht. Inwieweit die vom BGH zur missbräuchlichen Sperrminorität entwickelten Grundsätze auch auf die S.p.A. Anwendung finden können, wird unter Zugrundelegung der in Italien zum Mehrheitsmissbrauch ergangenen Rechtsprechung erörtert. Sodann wird aufgezeigt, warum die Anfechtungsklage gegen einen Beschluss der Hauptversammlung in Italien keine erpresserische Wirkung haben kann und daher so genannte räuberische Aktionäre nicht vorkommen. Abgerundet wird die Untersuchung durch eine Erörterung der europarechtlichen Implikationen des Missbrauchs von Minderheitsrechten.

Aus dem Inhalt: Dogmatische Grundlagen des Missbrauchs · Sperrminorität · Definition der Sperrminorität · Erscheinungsformen und Voraussetzungen · Missbrauch · Sanktionen · Anfechtungsklage · Europarechtliche Implikationen

Frankfurt am Main · Berlin · Bern · Bruxelles · New York · Oxford · Wien
Auslieferung: Verlag Peter Lang AG
Moosstr. 1, CH-2542 Pieterlen
Telefax 00 41 (0) 32 / 376 17 27

*inklusive der in Deutschland gültigen Mehrwertsteuer
Preisänderungen vorbehalten

Homepage http://www.peterlang.de

FSC
www.fsc.org
MIX
Papier | Fördert
gute Waldnutzung
FSC® C083411

Kolibri 360 GmbH
Ferdinand-Jühlke-Straße 7
99095 Erfurt, Deutschland
produktsicherheit@kolibri360.de

Druck:
CPI Druckdienstleistungen GmbH
im Auftrag der
Kolibri 360 GmbH
Ferdinand-Jühlke-Str. 7
99095 Erfurt